KB038691

머 리 말

Robert J. Sternberg *Tufts University*

1950년대 내가 초등학생이었을 때, 내가 다니던 학교에서는 구성주의에 관한 아무런 논쟁도 없었음이 분명했다. 즉 우리는 반복적으로 설교적이고 설명적인 수업의 기초를 토대로 배웠다. 나는 프로젝트나 발견학습 기회를 거의 기억할 수 없다. 존 듀이의 연구가 한동안 주위를 둘러싸긴 했지만, 그때까지 그 용어는 단어집으로 들어간 적이 없었다고 생각한다. 나는 이런 교수방법을 통해 특별히 잘 배우지는 못했으며, 요즘 나에게는 초등학교가 백지같은데, 아마도 너무나 많은 해가 지나갔기 때문이리라. 그러나 그들이 우리들에게 가르쳤던 그런 모든 사실들은 나의 머리에서 바람처럼 사라져버렸다. 보다 많은 발견학습이 필요했다는 생각이 든다!

내가 중등학교에 다니던 1960년대에, 새로운 파도가 밀려 왔었다. 발견학습이 분명히 들어왔다. 우리는 SMSG 수학, PSSC 물리학, BSCS 생물학, CHEM Study 화학을 배웠다. 발견학습에 무거운 강조점이 주어졌다. 학생들은 대부분 자신들의 학습을 구성하도록 기대되었다. 나는 그런 날들로부터도 역시 많은 것을 기억하지 못한다! 10학년 때, BSCS blue-book으로 생물학을 공부하고 있을 때, 나는 BSCS로 공부하는 학생들의 학습과 사실 낡은 생물학 책이었던 Modern Biology로 공부하던 학생들의 학습을 비교하는 연구를 하고 싶다고 생물학 선생님께 제안했다. 나는 그 학생들이 우리보다 학습을 더 많이 하고 있다고 생각한다는 것을 그녀에게 말했다. 그녀는 이런 제안에 썩 내켜하지 않았지만, 다른 학급을 담당하는 선생님과 공동으로 그 연구를 하도록 허락했다. 각 집단은 다른 집단에 대한 테스트는 물론 자체 테스트를 치렀다. 결과는 분명했다. 즉 BSCS 시험에 대해 Modern Biology 학생들도 BSCS 학생들만큼 잘 보았지만, Modern Biology 학생들은 그들 자신의 자체적인 테스트에 대해 더 잘 치루었다. 그래서 설교적이

- i -

고, 설명적인 수업방법이 더 나은 결과를 낳은 것 같았다. 나는 그 시절에 많이 학습하지 못했다. 보다 많은 설명적인 학습이 필요했다는 생각이 든다!

나는 1960년대의 이론가들이 아마도 무시했던 것 같은 중요한 것을 학습했다. 즉, 비판적으로 생각해 보면, 당신은 무엇을 생각할 것인지에 관한 내용을 먼저 가질 필요가 있다. 사고 없는 내용은 비활성적이고 무의미하지만, 내용 없는 사고 는 공허하다.

16살이었던 1966년부터 내가 그것을 자세히 쓴 적도 없고 출판 크레딧도 가진 적이 없었던 나의 생물학 실험에 대해 보고할 기회를 준 당신에게 감사한다! 그렇 긴 하지만, 나는 진지한 요지를 만들기 위해 애쓰고 있다. 즉 이 책의 저자들 대 부분이 인식하고 있는 것처럼, 설명적 수업이 나은지 아니면 발견식 수업이 더 나 은지의 여부가 질문이 아니다. 우리는 벌써 그런 질문을 떠났다고 생각한다. 지금 의 질문은 어떤 환경하에서, 그리고 누구에게, 이떤 종류의 수업이 다른 것보다 우월한가이다. 그것은 이 책에 있는 대부분의 저자들이 다루는 질문이다.

그 이슈는 과학 수업의 사례에서 특히 강조되고 있으며, 이 책에 있는 장들이 거기에 특별한 관심을 기울이고 있다. 만약 당신이 생각할거리를 전혀 가지고 있 지 않다면 당신은 과학자들처럼 생각할 수 없다. 더욱이, 발견학습은 어떤 학문의 기본적인 내용을 학습하는 데 무겁고 혼란스러운 방식이 될 수 있다. 그러나 만약 당신이 과학적으로 사고하기 위한 학습 없이 지식기반을 흡수한다면 과학자가 되 기 위해 학습할 수 없다. 그리고 우리가 과학적 사고에 관해 얘기할 때, 비록 어 떤 과학자들이 실제로 사용한다고 할지라도 극히 소수인 방법을 제외하고 교과서 가 아니라, 학생들에게 흔히 가르쳐지는 이상적인 "과학적 방법"이 실제로 행해지 는 그대로의 과학적 사고에 관해 우리는 말하고 있는 것이다.

극단은 유용하지 않다고 나는 믿고 있다. 과학에서 대학원생들을 가르쳤던 우리 들 가운데 어떤 사람들이 테스트에서 그리고 코스에서는 탁월하게 하지만 이론적 이고 실험적인 개발 및 분석에 관해 과학적으로 사고하는 것에서 거의 기능을 개 발하지 못하는 것 같은 학생들을 접했다는 것을 나는 의심한다. 그러나 우리 또한 기본적인 사실을 결여하고 있으며 심지어 과거 아이디어가 무엇이었는지도 모르기 때문에 창조적으로 되고 싶지만 과거 아이디어를 뛰어넘을 수 없는 학생들을 갖게 된다.

초급대학 수준에서조차도 단지 사실을 가르치는 것이 그렇게 도움이 되지 않는다는 것을 기억하는 것이 중요하다. 1968년에 나는 심리학개론을 공부했다. 만약 어떤 사람이 오늘날 심리학개론 교재를 살펴본다면, 1968년의 나의 개론 교재와 겹치는 것이 거의 없을 것이다. 나는 심리학개론 코스에서 C를 받았기 때문에 그것이 좋은 것이라고 생각한다! 과학 코스의 내용은 과학이 변함에 따라 변한다. 그러나 뇌가 어떻게 작동하는지, 사람들이 어떻게 자신의 신념을 확신하거나 혹은 타인을 확신하는 데 실패하는지, 그리고 사람들이 비정상적으로 행동할 수 있는 몇 가지 방식에 대한 기초를 학습하지 않고서 만약 어떤 사람이 심리학 개론을 통과한다면, 그 사람이 "심리학 개론"을 진정으로 학습했다고 말할 수 있을지 불분명하다.

이 책은 학습에서 구성주의에 관한 견해의 대안적 요지를 제시하는 엄청난 일을 하고 있다. 모든 장들은 함께 구성주의라는 이슈에 균형 잡힌 접근을 제시한다. 대부분, 이 책은 장들 간뿐만 아니라 장들 내에서도 균형을 이루고 있다. 나는 이 책을 읽고서 많은 것을 배웠으며, 당신도 마찬가지일 것이다. 보다 지시적인 방식 혹은 보다 발견 기반 방식에서, 이 책으로부터 능동적으로 혹은 수동적으로 학습한다 할지라도, 당신은 이 책을 읽음으로써 많은 것을 배울 것이다.

저자 서문

이 책은 2007년에 개최된 미국교육연구회(American Educational Research Association)의 연례 정기총회에서의 논쟁에 고무되었다. 저명한 많은 학자들이 실제 논쟁에 참여하기를 정중히 거절했던 반면, 우리가 접촉했던 사실상 모든 사람들은 이 책의 각 장에 기고하는 것에 동의했다는 것을 생각하니 흥미롭다. 이 책에는 논쟁과 같은 것도 등장하기 때문에 그 차이는 특히 주목할 만하다. 각자 자신들이 써야 할 장을 끝낸 다음, 구성주의 수업의 성패에 관한 논쟁의 양쪽 진영에 있는 저자들은 다른 진영의 이슈를 주장하는 두 명의 학자들로부터의 질문에 답하는 데 동의했으며, 경우에 따라서는 수차례의 질문과 답변 사이클이 있었다. 아마도 실제 논쟁에서보다는 더 자유로운 탓으로 이런 논쟁에서 제기된 이슈에 대한 고려 능력이 훨씬 더 커다란 참여 준비에 기여했다.

시의 적절하게 이 책을 마무리하기 위해, 저자들에게 엄격하고도 비교적 신속한 스케줄을 부과해야만 했다. 질문자가 저자의 최초 답변에 대응할 기회를 가질 수 있도록 대화 부분에 대한 스케줄은 점점 더 엄중해지게 되었다. 교육연구자와 교육실천가들에 의해 이슈가 활발하게 논의되는 동안 이 책이 목표로 하는 사람들에게 책이 출판될 수 있도록 모든 장의 저자들이 대체로 이런 가이드라인을 준수해 준 것에 대해 감사를 표하고 싶다. 다양한 기한에 관해 우리들로부터 받았던 많은 독촉장의 필요성을 각 장의 저자들이 이제는 평가할 수 있으리라고 믿는다. 우리의 모든 노력의 결과에 그들도 우리들만큼 기쁘기를 기대한다.

책을 준비하는 모든 단계에서 Naomi Silverman의 도움과 격려에 매우 감사한다. 그녀는 주말에도 근무했으며 심지어 휴가 중에도 이 책의 준비과정에서 발생했던 수많은 질문에 답했다. 그녀의 조력이 없었더라면 이 책이 원활하게 마무리될 수 없었을 것이다. 원고를 모아서 정리한 Thea Freygang의 도움에도 감사한다. 마지막으로, 이 책을 위한 준비는 개인 간 동의(Inter Personnel Agreement)를 통해 첫 번째 저자에게 Fort Benning 소재 미국육군연구소(United States Army Research Institute)로부터의 기금에 의해 일부 지원받았음을 밝혀둔다.

역자 서문

우리나라 제 7차 교육과정에 그 철학이 상당 부분 반영되어 있다는 점에서 알수 있는 것처럼 구성주의 교육의 이론과 실제는 오늘날 학습과학, 수업공학, 교육과정과 교수, 그리고 교육심리학 분야를 폭넓게 지배하고 있다. 하지만, 구성주의는 학습 환경 설계의 어려움과 그로 인한 빈약한 경험적 연구결과 등으로 인해 교육계 안팎에서 끊임없는 논란과 비판의 대상이 되어온 것 또한 사실이다. 이 책은 2007년에 개최된 미국교육연구회(AERA)의 연례 정기총회에서 벌어졌던 논쟁을 계기로 저술되었다. 구성주의 수업: 성공인가 아니면 실패인가?라는 제목이 암시하는 것처럼, 구성주의 수업방법에 관해 찬성하는 혹은 반대하는 관점을 바탕으로 양쪽 진영의 선도적인 학자들이 각기 자신들의 입장에서 치열한 공방을 전개하는 내용을 담고 있는 책이다.

이 책은 다음과 같은 내용으로 구성되어 있다. 첫째, 구성주의를 지지하는 이론가들의 관점, 둘째, 구성주의 견해를 반대하는 정보처리 이론가들로부터의 도전, 그리고 셋째, 실제적인 관점에서 구성주의 프레임워크를 논의하는 수학과 과학 교육은 물론 텍스트 이해, 동기, 공학과 같은 분야에 있는 선도적 연구자들로부터의 코멘트 등으로 구성되어 있다. 이 책의 두드러진 특징은 서로 다른 입장을 주장하는 연구자들이 논쟁을 통해 소통을 추구하고 있다는 점이다. 즉, 각 장은 본문에 이어 이와 반대되는 견해를 가진 저자가 그 장에 관해 질문을 제기하고, 그런 질문에 본문 저자의 답변이 뒤따르는 논의로 구성되어 있다. 이런 논의들은 두 입장들 간의 차이를 명료화하고 때로는 그 차이를 좁히려고 노력하며 아울러 필요로하는 공동연구 및 의제를 확인함으로써 최종적으로 두 입장들 간의 소통이 가능한 공통적인 토대를 구축하려고 시도하고 있다.

이 책을 번역하면서 더욱 실감한 것이기도 하지만 전통적인 객관주의와 그 대안 가운데 하나로 등장한 구성주의에 대해 역자가 항상 가지는 생각이 있다. 즉, 객관주의에 대해 가르칠 때는 명쾌하고 개운하지만 소통이 부족한 듯한 미진함, 그리고 구성주의에 대해서는 명목상으로 이끌리는 한편으로 도대체 무엇을 어떻게 가르쳐야 하지라는 막막한 불안감을 떨칠 수 없었던 기억이 있고 그것은 지금도 마찬가지이다. 결국 당연한 귀결이겠지만 두 가지 관점 모두 서로 상보적인 관계로 자립매김 할 수밖에 없다는 절충적인 생각으로 결론짓지 않을 수 없다.

　사실 이 책에 대한 번역을 청탁받은 것은 상당히 오래전 일이다. 원래 관심이 있던 주제인지라 덥석 받아 바로 번역작업에 착수했지만 할수록 점점 더 힘에 부친다는 것을 느꼈다. 진부한 얘기지만 번역이란 작업의 어려움을 새삼스럽게 절감하게 되었다. '번역이 제2의 창작이다'라는 말을 속으로 수없이 되뇌이면서, 던져 놓았다가도 이래서는 안된다면서 다시 추스르기를 수차례 거듭하고서야 비로소 이렇게나마 마무리하게 되었다. 번역을 끝내고서 다시 한 번 번역작업의 중요성 그리고 나와 같은 직업을 가진 사람들의 사회적 책무성을 되새길 기회를 갖게 된 것을 고맙게 생각한다. 역자 나름대로는 책임감을 바탕으로 최선의 노력을 기울였다고 자부한다. 번역상의 오류가 없을 수 없으므로 제현의 기탄없는 질책을 기꺼이 받아 계속 보완해 나가려고 한다.

　끝으로 번역서적이 출간되기 어려운 출판여건하에서도 이 책이 세상에 나오기까지 도움을 주신 박영스토리의 안상준 상무님과 수고하신 모든 스탭분들의 노고에 진심으로 감사드린다.

2014년 8월

방 선 욱

차 례

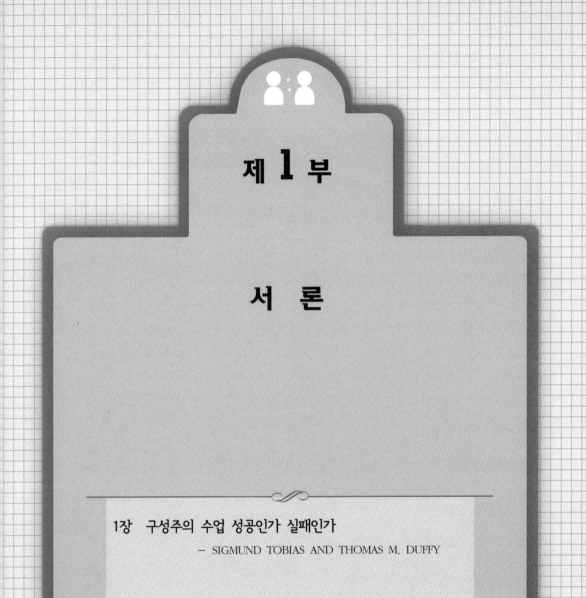

제 1 부

서 론

1장 구성주의 수업 성공인가 실패인가
— SIGMUND TOBIAS AND THOMAS M. DUFFY

제1장
구성주의 수업 성공인가 실패인가

Sigmund Tobias   *Institute for Urban and Minority Education,*
                        Teachers College, Columbia University
Thomas M. Duffy   *School of Education, Indiana University*

    K-12 이전 수준과 중등교육 이후 수준 모두에서 현행 교육시스템에 대한 불만이 점차 늘어남에 따라 효과적인 학습환경 설계는 그 중요성이 더욱 커지고 있다. 두 가지 수준 모두 전략적으로 광범위한 변동이 있어오긴 했지만, 지난 20여 년 동안 지배적인 수업설계 방식이 "구성주의(constructivism)"라는 개념적 프레임워크와 이론에 의해 주도되어 왔다는 것은 거의 틀림없다. 이 책의 목적은 수업자료의 교수와 개발에 적용되고 있는, 구성주의의 현 상태를 논의하고자 하는 것이다.

    물론 구성주의는 새로운 견해가 아니다. Von Glasersfeld(1989)는 구성주의 이론의 기원을 18세기 초 이탈리아 철학자 Giambattista Vico의 업적으로 돌리고 있다. Von Glasersfeld가 서술했던 것처럼, "인식론적 작인들(epistemic agents)은 사람들이 자기 스스로 구성했던 인지구조만 알 수 있다는 것이다 … '안다는 것(to know)'은 어떻게 만드는지를 안다는 것을 의미한다는 것이 Vico의 기본적인 아이디어 가운데 하나이다"(1989, p. 123). 이 책의 여러 장에서 반영되고 있는 것처럼, 오늘날 또 다시 관심을 끄는 근원은 Vygotsky(1978), Dewey(1929), Piaget(1952), 그리고 Bruner(1966)의 업적으로까지 거슬러 올라갈 수 있다. 그러나 구성주의 이론의 성장과 수업 적용을 위한 보다 직접적인 자극은 최근에 발표된 세 편의 논문과 관련되어 있음이 틀림없다. 지식은 학습자들의 활동 속에 있고 아울러 지식은 그런 활동의 산물이며 또한 그런 활동이 발생하는 맥락과 문화의 산물이라는 것을 Brown, Collins 및 Duguid (1989)는 주장했다. 이와 같은 상황성 견해(situativity view)는 구성주의 프레임워크의 특징을 정의하는 것 가운데 하나이다. 그것은 개념, 절차 및 사실로 구성된 정보를 처리하는 것으로 학습을 보는 정보처리적 견해와는 대조적이다. 전통적인 견해 (Chanquoy, Tricot, & Sweller, 2007)에서는 맥락을 거의 중요시하지 않았던 데 반해, 구성주의자들은 학습자들의 목표를 포함하고 있는 맥락을 필수적인 것으로 보았다.

Resnick(1987)은 자신의 AREA 회장 취임연설에서, 학교 밖의 비공식적 학습 (informal learning)이라는 관점에서 상황성 견해를 검토했다. 특히, 그녀는 학교의 학습 설계에 일상적 활동에서의 학습을 대조하였으며, 그런 두 가지 맥락이나 상황이 학습된 것(what is learned)에 어떻게 영향을 미치는지를 연구했다. 그녀는 학교 밖의 학습이 전형적으로 포함하고 있는 네 가지 차이점 즉, 개별학습보다는 사회적으로 공유된 활동, 탈맥락적인 상징적 사고보다는 직접적인 참여(engagement), 남의 도움을 받지 않는 독자적인 사고보다는 인지적 도구의 사용(예컨대, 경사도 계산기를 사용하는 기와장이), 그리고 일반적 기능보다는 상황 특수적인 기능 학습을 주목했다.

Lave와 Wenger(1991)는 공동체에서의 학습에 대한 보다 민족지학적(ethnographic)인 분석에까지 상황성 프레임워크를 확장했다. 실천공동체에 대한 그들의 연구는 혹자가 실천공동체에 참여할 때 도제제도(apprenticeship)를 통해, 그리고 가장 중요한 것으로 정체성의 개발을 통해 상황학습(situated learning)의 역할을 입증했다.

이런 연구로부터 발생하는 구성주의에 대한 관심은 대부분 수업 조건에 대한 정보화 시대의 영향으로부터 나온다고 Duffy와 Jonassen(1992)은 추측했다. "학습과 수업에 대한 전통적인 모형은 내용영역에 있는 정보를 숙달하는 형식을 강조했다 … 그러나 대부분의 내용영역을 숙달하는 것은 더 이상 가능하지 않거나(내용이 너무 많다) 혹은 합리적이지도 않다(내용이 너무 빨리 변한다)"(1992, p. ix). 따라서, 이런 관점에서, 학습의 이론적 기초보다는 새로운 학습수요를 충족시키기 위한 새로운 접근방법에 대한 요구에 관심이 있었다.

Duffy와 Jonassen(1992)은 구성주의 수업설계자와 전통적인 수업설계자를 수업설계에 관한 대화에 끌어들임으로써 수업설계를 위한 구성주의 학습 견해의 함의를 확인하려고 노력했다. 그 목적은 구성주의와 수업설계 원리의 개발에 바탕을 두고 있는 수업이론의 기초를 조성하기 위해 공통적인 실마리를 찾는 것이었다.

Duffy와 Jonassen(1992)의 책이 출간된 지 17년이 경과하는 동안, 구성주의와 결합된 수업이론을 개발하는 데 있어서나 구성주의와 결합된 설계 원리를 확인하는 데 있어 거의 진전이 없었다. 새롭게 등장하는 수업이론의 결여는 구성주의 이론에 대한 정교화 작업의 결여와 나란히 한다. 사실, 우리들에게 구성주의는 수업을 정밀하게 서술하도록 하거나 혹은 설계 전략을 처방하도록 하는 하나의 이론으로서보다는 여전히 하나의 철학적 프레임워크로 남아있는 것으로 보인다.

물론, 구성주의 프레임워크에 바탕을 두고 있는 수많은 수업모형이 있다. 그러나 테스트될 수 있는 방식으로 공통적인 원리를 정의한다거나 혹은 모형의 이론적 토대를 정교화하기 위해 모형 간에 서로 교차시켜 보려는 노력은 거의 없다. 설계원리를 확인하기 위한 주목할 만한 노력은 미국과학재단(National Science Foundation)에 의해 지원받으며 이스라엘 공과대학(Israeli Institute of Technology)(Kali, 출판 중; http://design-principles.org)이 주도하고 있다. 이런 데이터베이스는 주로 공학을 활용하기 위해 설계 특징(design feature)을 정의한다. 그 설계 특징은 위계적으로 연결된 원리에 연계되어 있다. 따라서 그 데이터베이스는 가능성(potential)을 제공한다. 그러나, 그 데이터베이스는 원리와 특징의 일관성이 평가될 수 있는 이론적 프레임워크를 유도하기 위해 제공하거나 시도하지 않는다. 또한 그것은 원리와 특징의 활용과 제한에 대해 보다 강력한 수업 가이던스를 제공하도록 도와주는 연구 기초를 생성해 온 것 같지도 않다.

잘 세분화된 수업이론이나 혹은 학습 원리에 대한 표현의 결여는 스캐폴딩 즉, 수업에서 가이던스를 제공하는 것에 대한 논의에서도 볼 수 있다. 그것은 Wood, Bruner 및 Ross(1976)에 의해 소개되었으며, "고도로 강요된 상황(highly constrained situation)"(Pea, 2004)을 창출하는 것으로 언급되었다. Bruner도 발견학습을 소개했기 때문에 이것이 흥미로운데, 발견학습은 학습 시 최소한의 가이던스를 제공하는 것으로 해석되어 왔다(Kirschner, Sweller, & Clark, 2006). 스캐폴딩은 두 가지 방식에서 보다 폭넓은 가이던스의 활용과는 서로 다르다(Pea, 2004 참고). 첫째, 가이던스는 학습자가 앞으로 나아갈 수 없을 때에만 제공된다. 즉, 가이던스는 조력 없이 학습자들이 할 수 있는 것을 넘어 진전하도록(beyond move) 스캐폴드하거나 도와준다. 둘째, 가이던스는 학습자가 능력을 발달시킴에 따라 점진적으로 철회되거나 사라진다. 오직 필요할 때에만 가이던스를 제공한다는 아이디어가 아마도 구성주의는 가이던스를 제공하지 않는다는 오해의 근원이 되었을지도 모른다.

스캐폴딩이 구성주의 학습 환경 설계에 중추적이지만, 구성주의자들은 스캐폴딩의 활용을 위한 검증가능한 원리−혹은 심지어 구체적인 가이던스조차 공식화하는데 능장을 부렸다. 학습과학저널 「The Journal of the Learning Sciences」의 스캐폴딩에 대한 특집에 수록된 논문들을 논의하는 가운데, Pea(2004)는 다음과 같이 명기했다:

어떤 작인(들)[what agent(s)] 및 설계된 가공물(designed artifacts)이 어떤 특정 학습자에게 그리고 어떤 특정 과제에 어떤 형태의 지원을 제공함으로써, 그런 스캐폴딩이 없다면 성취할 수 없는 것으로 알려진 그 과제에 대해 그 학습자로 하여금 바람직한 숙달 수준을 수행하도록 하는데 충분하다는 것을 스캐폴딩 이론은 성공적으로 예측해야만 한다.

(2004, p. 443)

학습자의 역량을 증진시키기 위한 어떤 종류의 적응적으로(adaptively) 적절한 순서정하기(sequencing)에 있어 어떤 종류의 스캐폴드가 ... 제공되어야 하는지에 관한 의사결정을 하기 위해 즉각적으로 쓸 수 있는 어떤 규칙도 수업설계자는 갖고 있지 않다.

(2004, p. 445)

교육에서 구성주의의 인기와 더불어 이런 구체성의 결여 때문에, 구성주의 프레임워크로부터 도출된 수업모형이 도전을 받아왔다는 것은 놀라운 일이 아니다. 가장 최근에, 인간의 인지구조에 대한 지식을 가정하면 구성주의 기반의 수업방법은 효과적일 수 없다는 것을 Kirschner 등(2006)은 주장했다. 인지구조에 관한 그들의 주장은 광범위하게 받아들여지고 있는 정보처리모형(information-processing model)에 기초하고 있는데, 정보처리모형은 제한된 용량의 작동기억을 장기기억 속에 저장하기 위한 관문(gateway)으로 정의한다. 이런 정보처리 관점으로부터, 학습자, 특히 초보자는 작동기억의 한계로 말미암아 정보를 효과적으로 처리할 수 없으며, 결과적으로 학습애로를 겪는다고 그들은 주장한다. Kirschner 등에 따르면, 최소한으로 가이드되는 수업(minimally guided instruction)은 작동기억에 과중한 부담을 지운다. 그들은 학습자에게 최소한의 가이던스만 주는 패러다임이라고 간주하는 구성주의 패러다임의 실패를 보여주는 연구를 리뷰하며 주장하고 있다.

　Kirschner 등(2006)의 논문이 발표된 후 구성주의 입장을 방어하는 일련의 논문들 (Schmidt, Loyens, van Gog, & Paas, 2007; Hmelo-Silver, Duncan, & Chinn, 2007; Kuhn, 2007) 그리고 Sweller, Kirschner 및 Clark(2007)의 논문들에 대한 응답이 뒤따랐다. 모든 구성주의 접근방법은 실패했다는 그 논문의 핵심 주장에 관해, 원천 논문 (original article) 또한 이 장의 첫 번째 저자가 조직하고 의장을 맡았던 2007년 미국 교육연구회(Debate, 2007) 컨퍼런스에서 주장된 논쟁을 자극했다. 그러나, 그들은 구성주의에 근거한 수업을 최소한의 학습 가이던스를 제공하는 것으로 즉, 이 책의 여러 장에서 수록되어 뜨겁게 논쟁하고 있는 하나의 견해로 보았다. 논쟁에 참여한 모든 사람들(Kirschner, Rosenshine, Jonassen, & Spiro)은 여타 많은 학자들과 더불어 이 책에 수록된 여러 장들을 저술했다.

　이 책은 논쟁에 의해 자극받았으며, 구성주의 수업에 대한 지지자와 반대자 모두에게 가능한 세부적으로 그들의 견해를 이 책의 각 장에 제시하도록 요청한 바, 구성주의자들의 주장을 지지하거나 혹은 논박하는 증거들이 제시되고 논의될 것이다. 그러므로 우리는 상이한 관점을 명료화하고 아울러 공동의 토대(common ground) 혹은 적어도 구성주의 교수 관점이 가진 함의(implication) 평가 전략에 대한 동의를 구하려고 연구자들 간의 논의를 촉진하기 위해 노력했다. 이 책의 첫째 섹션에서는, 구성주의자들에게 자신들의 수업이론과 구성주의에 대한 수업이론의 연계를 제시해 주도록 요청했으며 아울러 구성주의 수업방법을 지지하는 연구를 서술하도록 요구했다. 두 번째 섹션에서는 구성주의 기반 수업이론에 의문을 가지고 있는 학자들에게 구성주의 수업이론을 비판하고 아울러 뒷받침하는 연구 증거와 함께 자신들의 대안적 견해를 제시하도록 요청했다. 마지막으로, 구성주의자들과 대안적 견해를 가진 학자들 양쪽에 구성주의에 대한 지지를 평가하기 위한 목적하에 특정 영역 연구를 검토하도록 요청했다. 이런 영역은 읽기이해력, 수학, 과학, 그리고 공학의 활용이다.

　어떤 입장에 대해 지지자들과 반대자들에 의해 쓰여진 장에서 한 가지 주된 문제점은 그들이 서로 너무나 자주 과거를 얘기한다는 것이다. 구성주의에 의해 고지된 수업의 경우, 무엇이 증거를 구성하는가, "가이던스(guidance)"란 무엇을 의미하는가, 발견된 학습결과 등에 관해 상이한 가정이 있다. 우리는 이런 이슈들을 해결하거나 혹은 적어도 이런 이슈들을 명료화하는 데 도움을 줄 논의를 촉진하기 위해 노력했으며, 아울러 저자들 간의 논의를 촉진함으로써 공동의 토대를 수립하기 위해 노력했다. 일반적으로 구성주의자로 간주되는 학자들에게 반대되는 견해를 제시하는 적어도 두 개 장의 저자들에게 질문하도록 요청한 다음 그들이 받았던 답변에 대응할 기회를 제공했다. 마찬가지로, 구성주의 견해에 의문을 가지고 있는 학자들에게 적어도 두 명의 "구성주의(constructivist)" 장을 쓴 저자들에게 질문하도록 요청하고 그 답변에 대응하도록 요구했다. 이런 대화는 질문을 받은 저자의 장 다음에 게재되어 있다.

●○ 장들 간의 관계

구성주의자들의 섹션에서, Jonassen(2장)은 구성주의 입장에 대한 일반적인 개관을 제공하고, 장기기억의 변화로 학습을 정의하는 Kirschner 등(2006)의 견해에 이의를 제기하며, 인지구조를 검토하는 몇 가지 다른 방식을 서술하고 있다. Jonassen은 정말 중요한 것은 장기기억에 저장되어 있는 학습의 종류(the kind of learning)라고 주장한다. 그 다음에 Jonassen은 다수의 상이한 종류의 학습을 제안한다. 또한 학습에 대한 일원화된(unitary) 정의는 무엇보다도 학습에 대한 생화학적 기초와 같은 개념들, 그리고 개념적 변화를 무시하는 것이라고 그는 주장한다.

Schwartz, Lindgren 및 Lewis(3장)는 구성주의 수업이 모든 목적에 이상적일 수는 없다고 주장한다. 현행 학습이 계열적 문제해결을 위한 준비보다 미래학습을 위한 준비상황에서 구성주의 수업이 더 우월할 수도 있을 것이라고 그들은 주장한다. 수업이 끝난 후 지식 수립하기(knowledge building)는 학교를 졸업한 이후 개인들에게 결정적으로 중요하며, 구성주의 수업의 우월성은 그 때 가장 분명해진다고 주장하며, 이를 지지하는 몇 가지 연구를 Schwartz 등은 지적하고 있다. 만약 수업목표가 즉각적인 문제해결을 위한 것이라면, 구성주의 수업은 덜 이상적일 수도 있다고 주장한다.

Herman과 Gomez(4장)는 구성주의 수업에 대한 비판이 동기, 교실의 사회적 맥락, 여타 측면의 수업 역동(dynamics of instruction)과 같은 수업과정의 결정적 구성요소를 무시한다고 주장한다. 이어서 그들은 과학에서 학생들의 읽기를 지원하는 것에 대한 자신들의 연구를 논의하고, 그런 영역에서 학생들의 읽기를 가이드하기 위해 개발된 도구를 서술하고 있다.

Wise와 O'Neill(5장)은 실험적인 "높은 수준의 가이던스 대 낮은 수준의 가이던스" 연구가 구성주의 수업의 근본적인 장점에 관해 추론하기 위한 타당한 기초를 제공할 수 없다고 주장한다. 그들은 예제(worked example)에 특히 초점을 맞추어서 몇 가지 문헌을 개관한 다음, 가이던스의 양은 가이던스가 유용하게 특징지어질 수 있는 단지 하나의 차원에 지나지 않는다고 주장한다. 그들은 가이던스가 전달되는 맥락과 타이밍이 반드시 고려되어야만 할 두 가지 부가적인 관심사라고 주장한다. 그 다음에 그들은 비구조화된 문제 영역에서 가이던스의 적정량(optimal quantity), 맥락(context), 그리고 타이밍(timing)을 제시하고 있다.

여타 구성주의 저자들처럼, 구성주의 수업방법이 모든 수업목표에 이상적이지 않을 수도 있다고 Spiro와 DeSchryver(6장)는 주장한다. 예컨대, 수학과 같은 구조화된 영역에서는 명시적 수업방법이 우월할 수도 있는 반면, 의학적 진단과 같은 비구조화된 영역에서는 구성주의 수업이 우월한 결과로 유도할 것이라고 주장한다. 스피로는 비구조화된 영역에서는 인지융통성이론(cognitive flexibility theory)이 최선의 수업방법으로 유도된다고 주장한다.

Sweller(7장)는 명시적 수업 주창자들의 섹션을 시작한다. 다양한 구성주의 접근방법 가운데 발견학습, 문제기반 학습 혹은 탐구학습을 주창하는 구성주의자들은 학생들이 그들 자신의 지식획득 장치에 맡겨졌을 때, 의도적인 학교학습과 같은 진화적 2차 지식(evolutionary secondary knowledge)이 말하기, 듣기, 혹은 수단-목표 분석 학습과 같은 진화적 1차 지식(evolutionary primary knowledge)처럼 쉽게 발생할 수 있다고 가정하는 것으로 보인다고 스웰러는 진화적 관점(evolutionary perspective)에서 주장한다. 학교에서 배우는 읽기, 쓰기, 그리고 여타 진화적 2차 교과목은 상대적으로 최근에 발달되었으므로, 말하기와는 달리 명시적으로 가르쳐져야만 한다고 Sweller는 주장한다. 우리는 타인을 모방하도록 진화되었으므로, 위에서 논의된 구성주의 접근방법에서 정보를 보류하는 것은 그런 진화적 원리를 거스르는 것 같다고 Sweller는 주장한다.

구성주의자들은 교육학(pedagogy)과 인식론(epistemology)이 유사하다고 가정하는 경향이 있다고 Kirschner(8장)는 주장한다. 아동은 성인 전문가와는 여러모로 다르기 때문에, 학생들에게 과학자처럼 행동하도록 요구함으로써 과학을 가르치는 것은 거의 성공할 수 없다고 그는 지적한다. 내용지식, 조건화된 지식 즉, 절차를 적용할 시점에 관해 제한된 조건을 이해하는 것이나 혹은 신속하게 지식을 회상하는 능력과 같은 성인 전문가의 인지적 능력을 아동은 지니고 있지 않다고 그는 주장한다. 만약 아동들이 과학자처럼 행동함으로써 과학을 배워야 한다면 이런 모든 것들이 요구될 것이라고 Kirschner는 주장한다.

상이한 연구자들은 흔히 조작적 정의와 사전적인 정의가 가지각색인 가이던스와 수업 지원을 제공한다고 Clark(9장)는 적고 있다. 학생들이 스스로 이용가능한 해답에 도달할 수 있도록 하기 위해 그런 해결책을 보류하는 구성주의의 실제에 Clark는 의문을 가진다. 과제가 어떻게 그리고 언제 수행되어야만 하는지에 대해 가이던스는 정확하고 완전한 시범을 제공해야만 한다는 것을 Clark는 시사한다. 더욱이, 새로운 상황으로의 전이가 요구될 때, 학습자들이 그런 상황에서 제대로 기능하도록 하는 연습과 선언적 지식(declarative knowledge)을 가이던스는 반드시 제공해야만 한다. 가이던스는 즉각적인 교정적 피드백(immediate corrective feedback)과 함께 절차의 적용을 반드시 포함해야만 한다고 Clark는 주장한다.

Mayer(10장)는 몇몇 저자들이 하는 것처럼, 학습이론으로서의 구성주의와 처방적인 수업이론으로서의 구성주의를 구별한다. 또한 학습을 진전시키는 데 거의 쓸모가 없는 행동적 활동(behavioral activity)과 학습에 결정적인 인지적 활동(cognitive activity) 간에는 차이가 있다고 그는 주장한다. 발견학습의 경우, 발견학습에서 보여지는 행동적 활동은 학습을 촉진하는 데 거의 기여하지 않기 때문에 상당한 혼동으로 유도하는 그 두 가지 즉 행동적 활동과 인지적 활동을 구성주의자들은 혼동하는 경향이 있다고 Mayer는 주장한다.

Rosenshine(11장)은 교실수업으로부터 학생들의 학습에 대한 과정–산출 연구(process-product studies)에 의해 개발된 고전적인 연구결과를 개관한다. 그 연구는 실험연구와 상관연구 두 가지로 구성되어 있으며, 구성주의 접근방법의 출현과 함께 대부분 무시되어 왔다. 그런 연구결과는 50여년이 지난 지금에도 그때처럼 타당성이 있으며, 많은 연구결과는 인지구조와 작동기억의 한계성이라는 측면에서 Kirschner 등(2006)의 기대와 일치한다고 Rosenshine은 주장한다.

Kintsch(12장)는 내용 영역(content areas)과 적용 영역(application areas)에 관심을 가지고 있는 학자들에 의해 준비된 섹션을 시작한다. 모든 지식은 개인에 의해 구성된다고 하는 일반적으로 수용되는 생각과 발견적, 문제기반적, 그리고 여타 수업접근과 같은 구성주의 수업방법 간에는 혼동이 있다는 것을 그는 지적한다. 이어서 교재에 대한 심층적인 이해로 유도하는 데 필요한 상황모형(situation model)을 형성하기 위해 역량 있는 독자가 자신의 선행지식과 교재로부터의 정보를 결합하는 읽기이해력(reading comprehension)에서 분명히 나타나는 지식의 구성을 Kintsch는 논의한다.

Fletcher(13장)는 구성주의 수업(constructivist instruction)과 명시적 수업(explicit instruction)에 대한 철학적인 그리고 심리학적인 근원을 더 작은 수준까지 개관한다. 그 다음 그는 학습과 수업을 위한 다양한 이슈의 중요성에 이런 배경을 연결시킨다. 그는 훈련과 연습(drill and practice)이 "훈련과 죽이기(drill and kill)"로 조롱받아왔다 할지라도 그런 연습이 학생들에게 도움이 되고, 학생들은 그것에 대해 긍정적인 태도를 가지며, 비용 효율이 높다는 것을 나타내는 경험적 증거가 있음을 독자들에게 상기시킨다. 또한 상황적 운동(situative movement)과는 완전히 독립적이었던 실제적 훈련 문제를 다루기 위해 개발되었던 시뮬레이션(simulations)이었지만 그럼에도 불구하고 상황학습의 탁월한 실행이라는 것을 Fletcher는 지적하고 있다.

Gresalfi와 Lester(14장)는 수학 교육의 관점에서 쓰고 있다. 장기기억에서의 변화로서 학습에 대한 정의와 함께 시작하는 Kirschner 등(2006)의 장에 있는 많은 주장을 그들은 반대한다. 대신에, 구성주의 접근은 학습을 알게 된 것과 함께 어떻게 그것을 알게 되었는지를 통합하고 수학에 대한 이해와 아울러 그런 이해를 적용할 시점을 강조하는 사회적 활동에 있어서의 변화(a change in social activity)로서 보고 있다고 그들은 주장한다. 더 나아가, 구성주의 수업과 명시적 수업 간의 현격한 차이는 제공되는 가이던스의 양이 아니라 가이던스의 유형에 있다고 그들은 주장한다. Gresalfi와 Lester가 주장하는 접근방법은 그 점에서 학생들의 이해에 적절한 교사 질문, 증명, 설명하기 등의 형태로 가이던스를 제공한다.

Klahr(15장)는 원인 변수가 명백하게 결정될 수 있게 하기 위해 학생들에게 명료한 실험을 설계하도록 가르치는 변수 통제 전략(control of variables strategy: CVS)에 대한 자신의 연구를 서술하고 있다. 자신의 연구를 어떤 비판자들은 "지시적 수업(direct instruction)"이라고 불렀으며, 또 다른 사람들은 "가이드된 탐구(guided inquiry)"라고 명칭을 붙였는데, 그것은 연구에서 사용된 절차를 분명하게 서술할 필요성을 강조한다고 그는 적고 있다. Klahr의 연구결과는 발견학습에 유사한 조건에 비해, 지시적 수업에 유사한 조건에 분명한 우월성을 보여왔다. 학생들이 학습하고 있는 과정은 과학과 여타 교과목의 학습에서 자신들이 사용하는 것과 동일한 것들임을 강조하면서, 인지 과정에 대한 연구를 반드시 가르쳐야만 한다고 Klahr는 결론짓고 있다.

　Duschl과 Duncan(16장)은 과학 교육에 관한 Kirschner 등(2006)의 입장에 반대한다. 그들에게 과학교육은 단지 알려진 "무엇(what)"을 아는 것뿐만 아니라 그것을 "어떻게(how)" 그리고 "왜(why)" 알게 되었는지를 아는 것도 포함한다. 그들은 과학 학습을 과학자들이 "과학을 하는(do science)" 방식과 제휴하기를 추천한다. "결손(deficit)" 모형처럼 학생들은 과학을 학습할 인지적 능력을 결여하고 있다는 Kirschner 등의 주장에 대해 Duschl과 Duncan은 개탄한다. Kirschner 등은 학생들이 과학을 학습하는 것을 막는 연령과 관련된 발달단계를 알지 못하며, 아동의 인지능력에 관해 지지하는 연구를 지적한다. 그들은 과학 학습을 장기기억 속에 지식을 누적하는 것으로 보는 대신, 기억 속에서 개념적 변화와 재조직화를 촉진하는 것으로 본다. 과학 내용이 매우 추상적이거나 복잡하게 되었을 때, 신중한 교육과정 설계와 교사의 수업 지원은 학생들로 하여금 추상적인 과학적 개념에 관해 효과적으로 추론하도록 하고, 자료패턴을 표상하게 하며, 설명을 개발하고 수정하도록 하며, 자신들의 개념적 구성에 관해 주장하도록 도와줄 수 있다고 Duschl과 Duncan은 생각한다.

　Tobias(17장)는 절충적 관점(eclectic perspective)에서 이 책의 이슈들을 평가한다. 그는 자극적인 미사여구보다는 연구 결과로서 두 입장 간의 차이점에 대한 양자의 견해를 지원하기 위해 구성주의 수업에 대한 비판자와 지지자 모두를 몰아친다. 그는 최근 심리학 패러다임의 역사를 검토하고서 패러다임의 변화가 발생한 이유를 논의한다. 이어서 그는 동기, 교과목의 구조, 가이던스와 수업 지원, 그리고 학습에 요구되는 시간 등과 같은 수많은 질문의 관점에서 구성주의 수업에 관한 논쟁을 검토한다. 각 단계별로 요구되는 연구를 위한 구체적 제안이 제시된다.

　마지막으로, 이 책에 수록된 여러 장들에 대한 자신의 숙고에서, Duffy(18장)는 구성주의자들이 학습과정에서 일반적으로 정보 처리의 역할을 특히 기억 한계를 무시하는 것처럼 보이는 동안, 구성주의 환경에서 제공된 광범위한 가이던스를 무시하는 지시적 수업 연구자들과의 의사소통 실패에 주목한다. 또한 많은 장에서 논의되었던 것처럼 학습자에게 제공된 가이던스의 양과 유형에 초점을 맞추는 것은 수업 실제에 영향을 미치는 핵심적 차이에서 오는 혼란이라고 주장한다. 즉, 구성주의자들은 학습을 위한 드라이버(driver)로서 학습자의 목표에 초점을 맞추는 것이라고 Duffy는 주장한다.

▣ 참 고 문 헌 ▣

Brown, J. S., Collins, A., & Duguid, P. (1989). Situated cognition and the culture of learning. *Educational Researcher, 18*(1), 32−42.

Bruner, J. (1966). *Toward a theory of instruction.* Cambridge, MA: Harvard University Press.

Chanquoy, L., Tricot, A. & Sweller, J. (2007). *La charge cognitive.* Paris: Armand Colin.

Debate. (2007). Debate: Constructivism, discovery, problem based, experiential, and inquiry based teaching: Success or failure? *The World of Educational Quality* (Program for the *AERA 2007 Annual Meeting,* PP. 218−219). Washington, DC: American Educational Research Association.

Dewey, J. (1929). *My pedagogical creed.* Washington, DC: Progressive Education Association.

Duffy, T. M., & Jonassen, D. (Eds.). (1992). *Constructivism and technology of in−struction: A conversation.* Englewood, NJ: Lawrence Erlbaum Associates.

Hmelo−Silver, C., Duncan, R., & Chinn, C. (2007). Scaffolding and achievement in problem−based and inquiry learning: A response to Kirschner, Sweller, and Clark (206). *Educational Psychologist, 42,* 99−108.

Kali, Y. (in press). The Design Principles Database as means for promoting de−sign−based research. In A. E. Kelly, R. A. Lesh, & J. Y. Baek (Eds.), *Handbook of innovative design research in science, technology, engineering, mathematics (stem) education.* Mahwah, NJ: Lawrence Erlbaum Associates.

Kirschner, P. A., Sweller, J., & Clark, R. (2006). Why minimal guidance during in−struction does not work: An analysis of the failure of constructivist, discovery, prob−lem−based, experiential and inquiry−based teaching. *Educational Psychologist, 41,* 75−86.

Kuhn, D. (2007). Is direct instruction the answer to the right question? *Educational Psychologist, 42,* 109−114.

Lave, J., & Wenger, E. (1991). *Situated learning: Legitimate peripheral participation.* Cambridge: Cambridge University Press.

Pea, R. (2004). The social and technological dimensions of scaffolding and related the−oretical concepts for learning, education, and human activity. *The Journal of the*

Learning Sciences, 13(3), 423−445.

Piaget, J. (1952). *The origins of intelligence in children* (M. Cook, Trans). New York: International Universities Press.

Resnick, L. (1987). Learning in school and out. *Educational Researcher, 16*(9), 13−20.

Schmidt, H., Loyens, S., van Gog, T., & Paas, F. (2007). Problem−based learning is compatible with human cognitive architecture: Commentary on Kirschner, Sweller, and Clark (2006). *Educational Psychologist, 42,* 91−108.

Sweller, J., Kirschner, P. A., & Clark, R. E. (2007). Why minimally guided teaching techniques do not work: A reply to commentaries. *Educational Psychologist, 42,* 115−121.

Von Glasersfeld, E. (1989). Cognition, construction of knowledge, and teaching. *Synthese, 80,* 121−140.

Vygotsky, L. S. (1978). *Mind in society: The development of higher mental processes* (M. Cole, V. John−Steiner, S. Scribner, & E. Souberman, Eds.). Cambridge, MA: Harvard University Press.

Wood, D., Bruner, J., & Ross, G. (1976). The role of tutoring in problem solving. *Journal of Child Psychology and Psychiatry and Allied Disciplines, 17,* 89−100.

제 2 부

구성주의를 위한 증거

CONSTRUCTIVIST INSTRUCTION

제 **2** 장
인간의 인지구조 조정하기

David Jonassen　　　*University of Missouri*

●○ 인간의 인지구조를 향해

이 책은 Kirschner, Sweller 및 Clark(2006)가 부추긴 논쟁으로부터 발전되었는데,
그 논쟁에서 인간의 인지구조(human cognitive architecture)를 서술함으로써, "최소한
으로 가이드된 수업(minimally guided instruction)"을 능가하는 지시적 수업의 우월
성을 이론적으로 지원하기 시작했다. 인간의 인지구조를 명확하게 표현하는 것은
학습 과학(science of learning)의 발전에 매우 중요한 목표이며, 나는 그런 구조를 명
확하게 표현하고 구성하려는 공동의 노력을 지지한다. Kirschner 등(2006)이 말하는
구조는 이론적 방향에 지나치게 초점을 맞추고 있어, 오늘날의 수많은 심리학적 연
구를 설명하지 않고 있으며, 따라서 대부분의 인지적 활동을 적절하게 설명할 수
없다고 나는 믿고 있다. 그들의 이론체계는 장기기억에 있어서의 변화(장기기억의
본질에 대한 고려 없이)에 전적으로 기반을 두고 있다. Kirschner 등(2006)은 "최소
한으로 가이드된 수업이 작동기억, 장기기억 혹은 그 두 가지 기억들 간의 난해한
관계의 특징에 대해 아무런 언급도 없이 진행되는 것처럼 보인다"(p. 76)고 주장한
다. 나의 걱정은 Kirschner 등의 인지구조가 오직 작동기억과 장기기억에만 초점을
맞추고 있어, 다른 모든 인지적 구인들(cognitive constructs)을 묵살하고 있다는 것이

다. 인지활동을 설명하거나 예측하기 위해 인지구조는 맥락, 학습자, 그리고 인지과정(사회적이고 인지적인)을 반드시 설명해야만 한다. 상대주의자(relativist)로 퇴출되는 위험을 감수하고서라도, 인간의 인지구조에 대안적 관점들로 공헌하려는 하나의 시도로서 이 장에 수록된 그런 주장들을 나는 지지한다.

Kirschner 등(2006)은 "장기기억은 이제 인간 인지의 핵심적이고 지배적인 구조로 보인다"(p. 76)고 주장한다. 그러나, 장기기억을 상기하는(retrieve) 것을 제외하면 장기기억 속에 무엇이 저장되는지, 그것이 인지구조에 어떻게 도달하는지, 혹은 학습자가 그것으로 무엇을 하는지에 대해 명확하게 하려는 아무런 시도도 하지 않고 있다. 학습에서 장기기억의 본질적인 역할을 부정하는 교육자나 심리학자는 거의 없지만(부정하는 학자들이 있긴 하다), 수십 년에 걸친 학습에 대한 연구는 장기기억에 영향을 주는 그리고 장기기억에 의해 영향을 받는 수많은 양상의 인지를 고찰했다. 인간의 인지구조는 장기기억이라는 요소에 의해 적절하게 정의될 수는 없다. 장기기억 속에서의 차이가 "문제해결 기능을 충분히 설명"할 수 없다. 문제해결 능력은 장기기억의 내용에 의존하는 것이 분명하지만, 학습이나 문제해결을 설명하기에 충분하지는 않다. 문제해결은 장기기억으로부터 단순히 해결책을 상기하는 과정이 아니다. 장기기억이 인지의 유일한 구성요소나 메커니즘은 아니다.

몇몇 인지연구자들은 인지모형이나 인지구조를 종합하려고 시도했다. Jenkins (1979)는 4면체 학습모형(tetrahedral model of learning)을 고안했는데, 그것은 학습자의 본질(nature), 학습되어야 할 자료, 완성되어야 할 과제 유형, 학습의 결과물(예컨대, 재인 혹은 회상), 그리고 자료가 학습되는 장면이나 맥락(지향적 활동, 수업, 그리고 사용된 전략을 포함)을 고려한다. 보다 최근에, Alexander, Schallert 및 Reynolds(2008)는 하나의 구조로서 학습지형도(topography of learning)를 제시했는데, 그것은 무엇이 학습되고 있는가, 어디에서 학습되고 있는가, 누가 학습하고 있는가, 그리고 언제 학습이 일어나고 있는가라는 측면에서 학습을 서술하고 있다. 구조적으로 Jinkins의 4면체 학습모형과 유사하지만, 그들의 구조는 당대의 연구와 이론을 하나의 학습모형 속에 종합하려고 시도하고 있다. 나의 가정과 마찬가지로, 그들의 가정은 학습이란 복잡하고 다면적이며, 단일 관점에서 이해될 수 없다는 것이다.

인간의 인지구조를 분명히 하기 위해서는, 수많은 질문이 남아있다. 이 장에서, 나는 세 가지 즉, 인간은 어떻게 학습하는가, 무엇이 학습되는가, 그리고 인간은 자신들이 아는 것을 가지고 어떻게 추론하는가?를 탐색한다. 나에게는 이런 것들이 인간 인지의 어떤 구조를 막론하고 필수적인 구성요소들인 것 같다.

● ○ 인간은 어떻게 학습하는가?

학습이론은 인지심리학과 같은 거대한 이론과 포섭이론(Ausubel, 1968)과 같은
보다 세부적인 이론 양쪽 다 풍부하다. 세상에 대한 자신의 해석을 구성하기 위해
우리가 반드시 조정해야만 할 학습방법에 대한 대안적인 개념을 각 이론은 제공한다
(Spiro & Jehng, 1990). 학습을 설명하는 방법에 있어서의 이론들의 비일관성(inconsistencies)
그리고 학습결과를 예측하는 데 있어서 이론들의 차별적 효과성(differential effec-
tiveness)에도 불구하고, 학생들은 너무나 흔히 이론에 대한 절대적 혹은 이원론적
개념을 가정한다(Jonassen, 2008). 그것이 만약 교과서에 있다면, 그것은 진실임에
틀림없다. 학습을 연구하는 사람들은 그들 자신의 학습개념을 설명하거나 혹은 자
신들이 선호하는 가설을 예측하는 이론을 생성하거나 혹은 도용한다. 알렉산더 등
(Alexander *et al.*, 2008)과 같이, 인간의 인지구조는 다차원적(multidimentional)이라는
것 즉, 그것은 인간 학습의 복잡성을 설명하기 위해 다양한 이론적 관점을 반드시 포
함해야만 한다는 생각(notion)에 이 장은 전념한다. 학습방법이 단 하나의 이론적
렌즈를 통해서 이해될 수는 없다.

학습은 정보의 처리, 저장, 그리고 인출이다

인간은 감각기억을 통해 정보를 취하며, 장기기억 속에 그것을 영구적으로 저장
할 수 있는 장소를 찾을 수 있을 때까지 단기기억 속에 일시적으로 보관한다는 정
보처리모형(information-processing model) 속에 Kirschner 등(2006)은 자신들의 인지구
조를 끼워넣는다. 그들은 자신들의 인지구조를 정보처리 학습개념에 배타적으로
근거하고 있다. "만약 장기기억 속에 그 어느 것도 변하지 않았다면, 학습된 것은
아무것도 없다"(p. 77). 자신들의 학습개념을 설명하기 위해, 그들은 인간의 기억에
대한 초기 정보처리모형 가운데 하나(Atkinson & Shiffrin, 1968)를 들고 있다. 그런
학습개념은 자신들의 지식 개념에 영향을 미치며, 그것은 공식적, 지시적 수업의
핵심적 본질에 관한 자신들의 신념과 아울러 인지적 부담을 경감시킬 필요성에 차

례차례 영향을 준다. 과제에 직면했을 때, 장기기억으로부터의 정보는 어떤 과제를 수행하기 위해 활용되는 작동기억으로 바뀌게 된다(예컨대, 탐사된 회상). 작동기억의 용량은 제한되어 있기 때문에, 그들은 작동기억에 대한 요구를 감소시키는 수업을 조장한다. 그들의 연구는 제한된 수의 과제에 대해 일관성 있는 결과(Atkinson, Derry, Renki, & Wortham, 2000)를 보여주지만, 다른 많은 과제들은 작동기억이나 혹은 그 어떤 인지 메커니즘에도 동일한 방식으로 영향을 미치지 않는다. 그러나, 대부분의 공교육기관은 시험이 주어졌을 때, 학생들이 장기기억으로부터 회상할 수 있는 것에 의해 지식을 측정하기 때문에 학습은 지식획득의 과정으로서, 장기기억 채우기로 제도화되었다. 인지구조 속에서 반드시 조절되어야만 하는 방식에 있어서, 어떤 다른 이론들이 학습의 "방법(how)"을 설명하는가?

학습은 두뇌의 생화학적 활동이다

인지 신경과학자들은 생화학적 수준을 기초로 학습을 고찰한다. 장기기억에 정보를 저장하기 위해, 해마(hippocampus)는 뇌 속에 있는 뉴런들 간의 연접 연결(synaptic connections)을 통해 미세한 전기적 펄스(electrical pulses)의 전달을 촉진하는 신경전달물질(neurotransmitter)을 방출해야만 한다. 행동과 인지활동의 패턴은 뉴런의 결합 패턴과 연합되어 있다는 것을 신경과학적 연구는 보여주었다. 자기공명영상(fMRI), 뇌전도(EEG), 양전자단층촬영(PET), 그리고 단일광자단층촬영(SPECT) 기법을 활용함으로써, 인지 신경과학자들은 다양한 종류의 인지적 주의, 의사결정, 메타인지적 통제 및 기억을 보여줄 수 있다(Gazzaniga, 2004). 뉴런이 가장 근원적인 인지구조를 표상한다는 것은 충분히 논증할 수 있는 일이다. 신경학적인 인지 개념이 인지구조에 어느 정도까지 포함되어야만 하는가?

학습은 행동이나 행동 성향에서의 비교적 영속적인 변화이다

19세기 말 그리고 20세기 초의 행동주의 심리학자들(Thorndike, 1927; Watson, 1928)은 학습이 행동 성향(behavioral dispositions)에 의해 입증된다고 믿었다. 어떤 자극에 노출되었을 때, 사람들이 자신의 수행에 강화를 받으면 예측할 수 있는 방식으로 반응한다. 심지어 언어학습과 같은 복잡한 행동도 행동경향성(behavioral tendencies)(Skinner, 1957)으로 서술되었던 적이 있다(성공하지는 못했지만). 행동주의 심리학자들은 정신적 활동을 가정하지 않고서 인간행동의 법칙을 서술하는 데 연구의 초점을 맞추었다. 객관주의 학습이론(objectivist theories of learning)은 지식, 행동, 그리고 학습 간의 상호작용(Jonassen, 2003)을 연구하기 때문에, 그리고 지식은 행동으로부터 추론되어야만 하기 때문에(신경과학자들에게는 아니지만), 학습행동(learning behaviors)을 설명하지 않고서 어떻게 인지구조를 명확히 표현할 수 있겠는가?

지식 구성의 개체발생학

Jean Piaget는 자신을 발생학적 인식론자(genetic epistemologist)로 간주했다. 그는 지식 구성의 발생(유전학)을 탐구했다(Piaget, 1970). 인간이 지식을 구성하는 방식은 이해하는 방식에 영향을 미친다. Piaget의 발생학적 인식론 또한 인간은 주요한 네 단계의 발달(감각운동, 전조작, 구체적 조작, 형식적 조작)을 통해 인지적으로 발달한다고 설명했다. 지식을 구성하고 그것을 장기기억 속에 표상하는 방식은 나이와 지적 발달에 따라 변한다. 인지구조가 이런 발달적 변화(developmental change)를 조절하지 않아야만 하는가?

학습은 개념적 변화이다

학습이란 일관성 있는 개념 구조(coherent conseptual structures)를 발달시키는 방식으로 영역 바깥의 개념을 이해하는 과정이다. 의미를 만들기(make meaning) 위해, 사람들은 자연스럽게 새로운 경험에 비추어 세상에 대한 자신들의 소박한 모형을 조직하고 또 재조직한다. 세상에 대한 자신들의 이론이 보다 일관적일수록 그들의 개념 구조는 더 나아진다. 개념적 변화이론가들(Limón & Mason, 2002; Schnotz, Vosniadou, & Carretero, 1999; Sinatra & Pintrich, 2003)은 개인적 이론과 개념적 프레임워크에 있어서의 변화를 고찰한다. 그들의 연구는 시간이 경과함에 따라 학습자의 개념적 프레임워크에 의미있는 변화를 보여주기 때문에, 하나의 인지구조는 장기기억 속에 저장된 지식에서의 구조적인 변화를 조절하고 설명할 수 있어야만 한다.

학습은 문제해결이다

지난 10여 년간 나의 연구는 학습에 있어 문제해결의 수월성에 초점을 맞추었다 (Jonassen, 1997, 2000, 2004). 모든 학습이 문제해결이라고는 주장하지 않지만, Karl Popper의 「인생은 문제해결이다(All Life is Problem Solving)」(1999)라는 저서에서 반영된 것처럼, 문제해결은 도처에 있으며, 특히 일상적인 학습맥락 속에 있다는 것을 나는 믿고 있다.

나의 문제해결 구조(architecture)는 전통적인 접근방식에서 벗어난다(Bransford & Stein, 1984). 문제해결을 하나의 획일적인 활동(문제 틀지우기, 해결책 탐색, 해결책 평가, 수행, 평가)으로 생각하기보다 오히려, 문제가 발생하는 분야 및 맥락은 물론, 문제의 구조성, 복잡성, 역동성에 따라 구별되는 수많은 상이한 종류의 문제가 존재한다(Jonassen, 2007)고 본다. 대부분의 문제해결 양식, 특히 일상적이고 전문적인 문제는 작동기억에 과중한 요구를 한다는 Kirschner 등(2006)의 주장에 동의한다. 그러나, 장기기억 속 지식의 축적에 인지 부하가 기여하지 않는다는 그들의 주장을 나는 받아들일 수 없다. 외재적 인지 부하는 수학문제에서 회상(recall)과 규칙-활용 모방(rule-using imitation)을 방해할 수 있다는 것을 Sweller와 동료들(예컨대, Cooper & Sweller, 1987; Sweller & Cooper, 1985)의 연구가 보여주었지만, 의학과 공학교육에서 다년간에 걸친 나의 연구에 의하면, 기술자와 의사가 가장 잘 기억하는 문제는 자신들이 가장 커다란 인지적 노력을 기울였던 것들, 복잡하고 애매했던 것들, 적절성의 범위 내에서 가장 무거운 인지 부하를 가지고 있었던 것들이다(Jonassen, Strobel, & Lee, 2006). 즉, 문제해결은 해결책을 찾기 위해 장기기억을 탐색하는 것보다 훨씬 더 많은 인지활동을 수반한다. 문제해결은 인지구조에 의해 반드시 조절되어야만 한다.

학습은 사회적 협상이다

Kirschner 등(2006)은 학습이 개인적인 지식획득 과정이라고 가정하지만, 오늘날 많은 연구자들은 학습이 개인적으로 이루어지는 것은 거의 없다고 가정한다. 그보다, 인간은 실천공동체(Lave & Wenger, 1991)나 학습자공동체(Scardamalia & Bereiter,

1991) 내에서 공동으로 구성한 실재(co-construct reality)와 자신들의 의미(meaning)를 자연스럽게 공유하는 경향이 있다. 인간은 자신의 정체성과 아울러 개인적인 신념의 생존력(viability)을 결정하기 위해 동료 인간들로부터의 피드백에 의존하는 사회적 창조물이다(Suls & Wills, 1991). 사회적 구성주의자들은 지식이 개개인의 마음속에 격리되어 있다기보다 공동체 사이에 분배되어 있다고 믿는다. 지식 수립에서 인지구조가 엄청난 수의 사회적 역할을 조절해야만 하지 않는가?

학습은 활동이다

활동 이론가들(Leont'ev, 1972)은 의식적인 학습과 활동(수행)은 상호작용적이며 상호의존적(생각 없이 행동할 수 없으며 혹은 행동 없이 생각할 수 없으므로 그것은 동일하다)이라고 주장한다. 활동(activity)과 의식(consciousness)은 학습의 핵심적 메커니즘이다. 인간 활동은 활동의 의도, 현재 작동되고 있는 목표, 활동이 일어나고 있는 공동체의 규칙, 그리고 그 활동에 책임이 있는 수많은 사람들 간의 노동의 분배를 고려하지 않고서는 이해될 수 없다(Engeström, 1987). 아마도 활동 이론(activity theory)은 학습을 서술하는 데 가장 넓은 이론적 솔을 제공하고 있으며, Kirschner 등(2006)이 주장한 개념에 반대되는 것으로 보인다. 활동 이론의 어떤 부분이 인지구조 속에 포함되기에 적절한가?

학습은 환경적 행동유도성에 대한 조율 지각이다

생태심리학자들(Gibson, 1979)은 환경과 환경에 기초한 행위로부터의 행동유도성(affordances)에 대한 상호 지각(reciprocal perception)으로부터 학습이 기인된다고 믿고 있다. 즉, 서로 다른 환경은 서로 다른 종류의 사고와 행동을 낳는다. 학습자로서, 우리는 환경이 우리에게 제공하는 것에 맞춰지게 되며, 같은 방식으로 우리는 환경에 대해 그렇게 행동한다. 환경을 지각하고 환경에 대해 행동하는 우리들 능력에 있어서의 변화는 학습의 증거(evidence)를 제공한다. 생태심리학에서, 지각(perception)의 역할은 학습에서 가장 중요하며, 기억의 역할은 무시된다. 지각에 있어 가장 중요한 인지적 구성요소는 형태 재인(pattern recognition)이다. 지각(Arnheim, 1969)에 인지의 명백한 역할이 주어진다 하더라도, 지각이 인지구조의 중요한 구성요소가 되어서는 안 되는가?

●○ 인간은 무엇을 학습하는가?

Alexander 등(2008)은 상이한 복잡성 수준의 측면에서 "학습의 본질(the what of learning)"을 서술하려고 시도했다. 학습자들은 과학적(정의된) 개념, 자발적 개념 (spontaneous concepts), 획득된 습관(행동주의 이론가들에 의해 설명됨), 그리고 타고 난 반사(생태심리학에서 직접적 지각과 유사함)를 획득/구성한다고 그들은 주장했 다. 이 절에서 나는 지식 유형의 측면에서 학습의 "본질(what)"을 고찰한다. 특정 기 억장소에 수많은 0과 1을 담고 있는 컴퓨터처럼, 장기기억은 정보가 할당되는 하나 의 단일체로 이루어진 구조(a monolithic structure)가 아니다. 그보다 오히려, 장기기 억은 도식, 이야기(경험), 절차, 행동적 계열, 패턴, 그리고 여타 수많은 구조들로 가 득 차 있다. 하나의 인지구조는 알게 된 것의 구조를 분명하게 표현할 수 있는 근 원적인 형태학(underlying morphology)을 반드시 가정해야 한다. 학습이 장기기억에 서의 변화와 연합되어 있다는 것은 의심할 여지가 없지만, Kirschner 등(2006)은 구 조적으로 변하는 것들을 서술하기 위해 아무런 시도도 하지 않는다. 심지어 초기 도식이론가들조차 귀결적 인지구조(Preece, 1976)와 더불어, 정보 처리를 부착 (accretion), 재구조화(restructuring), 그리고 조율(tuning)(Rumelhart & Norman, 1978)로 서술했다. 장기기억 속으로 들어오는 정보는, 인출가능하고 유용하도록 하기 위해 정보의 종류에 따라 재조직된다. Paivio(1986)는 언어적 기억저장고(verbal memeory store)와 시각적 기억저장고(visual memeory store)를 구분하는 데 생애를 바쳤다. Piaget는 세 가지 유형의 지식 즉, 신체적, 논리수학적, 그리고 사회적 지식을 제안 했다. 즉, 인간의 인지구조는 다양한 종류의 지식을 표상하는 다양한 종류의 인지 구조를 제공함으로써 인간 학습의 복잡성을 조절해야만 한다.

인간의 인지구조는 다면적이고 다차원적이어야만 하며, 환경과의 상이한 상호작 용 유형에 근거하여 상이하게 구성된 다양한 지식유형을 조절할 수 있다고 나는 주장한다. 둘째, 상이한 학습결과, 특히 보다 복잡하고 비구조화된 종류의 문제해 결은 작동기억에 의해 상이한 방식으로 접근되는 상이한 지식 유형을 요구한다. 그 런 주장을 지지하는 증거로서, 전문가는 초보자가 하는 것보다 문제에 대한 더욱 풍부하고 통합된 정신적 표상(mental representation)을 구성하기 때문에 전문가는 초보자보다 더 나은 문제해결자라는 것을 연구는 입증했다(Chi, Feltovich, & Glaser, 1981; Chi & Bassock, 1991; de Jong & Fergusson-Hessler, 1991; Larkin, 1983). 전문가는 문제 유형을 더 잘 분류할 수 있는데(Chi *et al.,* 1981; Chi & Bassock, 1991), 그 이유는 전문가들의 표상 방식이 영역 지식을 문제 유형과 통합하는 즉, 다차원적 문제 도식을 구성하기 때문이다. 과정을 이해하기 위해 사용하는 전문가와 초보자의 개념적 프레임워크가 상이한 존재론(different ontologies)에 의해 서술된다는 것을 부가적인 연구가 보여준다(Chi, 1992, 2005; Chi & Roscoe, 2002; Slotta & Chi, 2006). 초보자들은 열, 빛, 전류, 그리고 동력과 같은 개념을 설명할 수 없는데, 그 이유는 그들이 물질적으로 단일한 기반의 지식구조에 전념하고 있기 때문이다. 장기기억이 상이한 유형의 지식을 지니고 있다는 것을 알고 있지만, 상이한 지식 유형이 장기기억 속에서 어떻게 구성되며 또 어떻게 표상되는지를 우리는 모르고 있다.

다음 절에서, 나는 세 가지 일반적인 종류의 지식(학습의 본질)—존재론적, 인식론적, 현상학적—을 서술하는데, 그런 지식들은 인간이 기능하기 위해 사용하는 훨씬 더 많은 세부적인 유형의 지식을 포섭(subsume)하고 있다. 이런 지식 유형은 인지구조에 의해 반드시 조절되어야 한다.

존재론적(영역) 지식 유형

존재론적(앞에서 서술된 존재론적 프레임워크라는 아이디어와 혼동하지 말 것) 지식 유형은 존재하는 것을 서술하거나 전달하기로(convey) 되어 있는 것들이다. 존재론(ontology)이란 존재론의 프레임워크 내에서 기본적인 실체(entities)와 실체의 유형을 서술함으로써 실재(reality)와 존재(existence)의 본질을 연구하는 철학의 갈래이다. 존재론은 모든 실재 영역에서 대상, 속성, 그리고 관계의 종류와 구조를 서술한다(Floridi, 2003). 문헌에서 광범위하게 서술되어 왔던 최소한 세 가지 종류의 존재론적 지식이 있는데, 그것은 선언적, 구조적, 그리고 개념적 지식이다. 이런 지식들은 공식적인 학습맥락에서 가장 빈번하게 학습과 연합되는 지식의 종류이다. 또한 그런 지식들은 예제(worked examples)와 감소된 인지 부하(reduced cognitive load)가 가장 효과적이었던 지식의 종류이다.

선언적 지식

선언적 지식(declarative knowledge)은 사실, 개념, 그리고 원리, Ryle(1949)이 존재하는 것을 "아는 것(knowing that)"이라고 불렀던 것에 관한 정적인 지식(static knowledge)이다. 선언적 지식은 서술적인 문장이나 명제(propositions)로 표현된다. 선언적 지식은 어떤 기능이나 과제를 수행하는 데 반드시 적용되지는 않기 때문에 자주 비활성적(inert)으로 된다(Whitehead, 1929). 학습자는 자신들을 둘러싸고 있는 세계에 자신들이 학습하고 있는 아이디어를 연결시키지 않기 때문에 지식은 비활성적으로 된다(Perkins, 1999). 선언적 지식은 대부분의 공교육에 법정 화폐(coin of the realm)이다. 배운 뒤에 얼마나 많은 아이디어를 회상하는지에 대해 학생들은 평가받는다. 대부분의 교과서, 교육과정, 그리고 실라버스는 서술적으로 학습된 주제와 명제라는 위계적 목록에 의해 조직되어 있다. 선언적 지식은 가장 일반적으로 테스트되는 장기기억의 내용이다.

구조적 지식

구조적 지식(structural knowledge)은 선언적 지식을 보다 의미있는 종류의 선언적 지식이나 혹은 다른 형태의 지식으로 전환하는 것을 매개한다(Jonassen, Beissner, & Yacci, 1993). 구조적 지식은 영역 내의 개념이 어떻게 서로 관련되어 있는가하는 것에 대한 지식이다(Diekhoff, 1983). 그런 상호관계는 개념이나 도식을 조합함으로써 형성되는 명제들이다. 예컨대, 새는 날개를 갖고 있다는 것은 한 가지 주장을 취하는 명제인 반면, 관계(새는 날기 위해 날개를 사용한다)는 두 가지 이상의 주장을 취하는 명제이다. 구조적 지식은 그런 상호관계에 대한 명시적 인식과 이해이며 아울러 그런 상호관계를 해석할 수 있는 능력이다.

또한 구조적 지식은 장기기억 내에 있는 개념들 간의 관계에 대한 조직이라 할 수 있는 인지구조로도 알려져 있다(Shavelson, 1972). 인지구조는 속성의 귀착(ascription of attributes)(모든 객관적인 혹은 주관적인 특징)으로부터 세상에 있는 대상으로까지 발전했는데, 그것은 개념들 간의 구조적 관계에 대한 정의를 가능하게 한다. 개인들이 구인들(constructs)을 조직하고 표상하는 방식 즉, 인지구조는 그들이 환경과 상호작용하는 방법을 결정한다. 구조적 지식은 본질적으로 형태학적(morphological)이며 인간 인지의 구조를 정의하는 데 필수적이다. 불행하게도 구조적 지식은 충분할 정도로 일관성 있게 평가되지는 않는다.

개념적 지식

개념적 지식(conceptual knowledge)은 선언적 지식의 보다 높은 수준의 통합을 의미한다. 개념적 지식은 일정한 지식영역 내에서 유의미한 차원들의 통합된 저장이다(Tennyson & Cocchiarella, 1986). 개념적 지식은 선언적 지식의 저장 그 이상으로서, 그 자체 내에서 그리고 연합된 개념들 간에 이루어지는 개념의 조작 구조(operational structure)에 대한 이해이다. 개념적 지식에 있어서의 변화는 개념적 변화로 불려진다(Limón & Mason, 2002; Schnotz *et al.,* 1999; Sinatra & Pintrich, 2003). 개념적 변화는 개인의 개념적 모형을 재조직하는 과정이다. 어릴 때부터, 인간은 자연스럽게 자신들의 세계를 설명하기 위해 단순화된 그리고 직관적인 개인적 이론들(personal theories)을 수립한다. 경험과 성찰을 통해, 인간은 개인적 이론이나 개념적 모형을 재조직하며 거기에 복잡성을 부가한다. 그런 모형을 수정하고 재구조화하는 인지과정이 바로 개념적 변화이다. 개념적 지식은 개념적 변화를 위한 기반이기 때문에, 어떤 인지구조라도 반드시 그 속으로 통합되어야만 한다.

인식론적 지식 유형

선언적 지식과 절차적 지식은 가장 일반적으로 서술되는 지식 유형들이다. 방금 서술된 것처럼, 선언적 지식은 대상의 속성과 구조를 전달하는 존재론적 지식 유형이다. 다른 한편으로, 절차적 지식은 선언적 지식 유형이 사용되는 방법을 서술하는 인식론적 종류의 지식이다. 존재론적 지식 유형이 내용 지식이나 영역 지식을 서술하기 위해 사용되는 반면, 인식론적 지식(epistemological knowledge) 유형은 과제와 관련된 절차적 지식을 기술하기 위해 사용된다(de Jong & Ferguson-Hessler, 1996). 상이한 분류 도식은 상이한 유형의 과제를 위해 존재하기 때문에 상이한 종류의 인식론적 지식이 있다(Gott, 1989). 즉, 물리학 문제를 해결하기 위해 학습하는 동안에 획득되는 지식은 요약보고서를 쓰기 위해 학습하는 동안 획득되는 지식과는 다르다. Alexander, Schallert 및 Hare(1991)는 과제 지식(task knowledge)을 과제나 혹은 현재 사용되고 있는 지식(de Jong & Ferguson-Hessler, 1996)에 대한 인지적 요구를 이해하는 것이라고 언급했다. 적어도 세 가지 종류의 인식론적 지식이 존재하는데, 그것은 절차적, 상황적, 그리고 전략적 지식이다. 이런 지식 유형은 선언적 지식의 작용과 적용으로부터 기인한다. 그런 인식론적 지식은 확인하기 어렵고 분명히 말하기가 쉽지 않지만, 필수적인 인지적 구성요소들이다.

절차적 지식

절차적 지식(procedural knowledge)은 과제를 수행하기 위해 요구되는 지식으로서, 직접적으로 적용될 수 있는 지식이며 산출 규칙(production rules)으로서 가장 빈번히 표상된다(Anderson, 1996). 즉, 외과적인 수술 절차를 수행하는 방법을 안다는 것은 외과적으로 바뀌고 있는 신체의 일부분이나 혹은 절차 안에 있는 단계를 서술적으로 아는 것과는 다르다. 그것은 서로 다른 종류의 지식이기 때문에, 서술적 지식만큼 쉽게 명확히 표현할 수는 없지만, 인간의 인지구조에는 그만큼 중요하다. 우리가 하고 있는 대상이나 우리가 그것을 하고 있는 이유를 서술할 수 있는 능력을 가지지 않고서도 어떻게 해야 하는지를 알고 있는 것들이 많이 있다.

상황적 지식

de Jong과 Ferguson-Hessler(1996)가 서술했던 과제 의존적 지식(task-dependent knowledge) 유형 가운데 하나가 상황적 지식(situational knowledge)이다. 그들은 자신들의 유형론 개발을 문제해결에 초점을 맞추었다. 예컨대, 표면이 거칠수록 운동에 반작용할 수 있는 마찰력이 더욱 커진다는 것을 아는 것은 어떤 운동의 결과를 예측하기 위해 필요하다. Schank와 Abelson(1977)은 이런 종류의 지식을 스크립트(scripts)라고 불렀다. 스크립트는 문제 유형, 맥락, 그리고 해결과정에 관한 지식으로 구성되어 있다. 전문가의 스크립트는 더 잘 개발되어 있기 때문에, 그들은 보다 쉽게 문제유형을 인식할 수 있으며, 인지적 노력을 덜 들이고도 해결과정을 실행한다. 덴버에 비행기를 착륙시키는 조종사는 안전하게 하기 위해, 뉴욕에 비행기를 착륙시키는 것과는 다른 상황적 지식을 사용한다. 상황적 지식은 보통 실제(practice)와 연합되어 있으며 또한 이런 상황적 지식의 결과로 초래되는 현상학적(경험적) 지식(다음에 서술됨)과 연합되어 있기 때문에, 인지구조에 필수적이다.

전략적 지식

전략적 지식(strategic knowledge)은 학습전략에 대한 지식과 과제를 수행하기 위한 호출 활동에 대한 지식으로 구성되어 있다. 이런 근거를 토대로 보면, 전략은 과제의 조정, 실행, 그리고 평가에 도움을 준다(Alexander & Judy, 1988, p. 376). 전략적 지식(조건적 지식으로도 알려짐)은 사실에 접근하기 위한 시점과 장소 그리고 절차적 지식을 적용해야 할 시점과 장소에 대한 이해로서, 일종의 메타인지적 지식(metacognitive knowledge)이다. 메타인지적 지식은 문헌에서 광범위하게 인정되고 있지만, 인간의 인지구조 속에서의 위치는 불분명하다.

현상학적 지식 유형

인간은 엄청난 존재론적 지식과 인식론적 지식을 획득/구성할 수 있기 때문에, 인지구조 내에서 그런 지식들의 역할은 분명하다. 그러나, 가장 자연스런 형태의 의미 만들기가 현상학적 지식(phenomenological knowledge)으로 귀결된다는 것은 아이로니컬하다. 현상학은 우리가 내성적으로(introspectively) 의식하고 있는 지식, 경험을 통해 지각하는 지식을 서술하며, 우리의 지각은 세상에 있는 대상과 흔히 일치하지 않는다는 것을 이해하게 된다. 현상학자들에 의하면, 우리는 세상을 있는 그대로가 아니라, 의식적으로 경험하는 그대로의 세계를 알 수 있을 뿐이다. 우리가 현상의 본질을 포착할 수 있도록 하기 위해 실재(reality)의 여러 측면들을 하나로 몰아 다루는데(Jonassen, 1984), 그 이유는 동시에 실재의 모든 측면에 주의를 기울일 수 없기 때문이다. 현상학적 지식 유형은 경험에 대한 지각을 표상한다. 그처럼, 현상학적 지식 유형은 형식적인 구문론(formal syntaxes)이나 구조에 덜 구속된다. 현상학적 지식이 전달되는 매체는 이야기이다(Jonassen & Hernandez-Serrano, 2002). 이야기(stories)는 가장 자연스런 형태의 이해 형성하기(sense making)이다. 인간은 이야기의 형태로 자신들의 경험을 조직하고 표상하는 타고난 능력과 사전 성향을 가지고 있는 것처럼 보이는데, 그 이유는 내러티브 형태의 경험 구성 때문에 해설보다 이야기가 인지적 노력을 덜 요구하기 때문이다(Bruner, 1990). 최소한 네 가지의 현상학적 지식이 있는데, 거기에는 암묵적 지식, 편집된 지식, 사회문화적 지식, 그리고 경험적 지식이 포함된다. 그밖에도 다른 수많은 종류의 현상학적 지식이 있다.

암묵적(내재적) 지식

대부분의 현상학적 지식의 유형은 암묵적이다. 암묵적 지식(tacit knowledge)은 의식에 손쉽게 사용이 가능하지 않다. 암묵적 지식은 알고는 있지만 말할 수 없는 것으로서, Kant의 순수 지식(pure knowledge)에 대한 관념과 유사하며, 알려질 수 없고 오직 추론될 수만 있는 것이다(Jonassen, 1984). 우리 모두는 어떤 행동을 경험했지만, 무엇을 했는지 혹은 그런 행동을 왜 했는지를 설명할 수 없다. 내재적 학습(implicit learning)은 환경의 구조에 대한 추상적이며 전형적인 암묵적 지식으로 귀결된다. 즉 암묵적 지식은 학습하려는 의식적 노력과는 별개이며, 암묵적 지식의 기능적, 통제적 속성은 대부분 인식의 바깥에서 작동한다. 그리고 암묵적 지식은 문제해결과 의사결정에 활용될 수 있다(Reber, 1989). 암묵적 지식을 인간의 인지구조 속에 통합시키는 방법은 매우 불확실하다.

사회문화적 지식

사회문화적 지식(sociocultural knowledge)은 동일한 문화 속에 있는 사람들 간의 세계관, 신념 시스템, 태도, 그리고 사회적으로 공유된 지식을 포함하고 있다. 그것은 모든 인간의 경험과 이해가 반드시 통과해야만 하는 하나의 넓게 퍼진 여과기를 표상한다(Alexander et al., 1991). 직접적으로 다루어진다면, 사회문화적 지식은 명백해진다. 그러나, 사회문화적 지식은 덜 의식적인 방식으로 기능하여 개인들의 상이한 경험에 대한 지각과 이해에 영향을 미치는 것이 더욱 흔하다. 상이한 문화 간 의사소통 양식에 있어서의 차이는 다양한 사회문화적 지식에 대한 직접적인 증거를 제공한다. 아마도 이것은 개인적으로 기반을 두고 있으므로 사람들 간의 인지배분(distribution of cognition)에 관한 질문을 간청하는, 인지구조에 가장 문제가 되는 종류의 지식이다. 머릿속에 있는 지식은 세상에 있는 지식과 자주 대비된다(Jonassen & Henning, 1999).

경험적(삽화적) 지식

삶으로부터 학습한 것 가운데 상당수가 이야기 형식으로 타인에게 전달된다. 유사한 상황에 직면했을 때, 우리는 자신의 경험이나 혹은 타인의 경험에 대한 이야기를 상기한다. 이런 경험적 지식(삽화적 지식)을 상기하는 이유는 문제해결, 사물

설계, 활동이나 이벤트 계획, 상황 진단, 현상 설명, 신념의 정당화 혹은 아이디어에 대한 주장이나 반대, 새로운 현상의 분류와 해석, 혹은 효과를 예측하도록 도와주기 때문이다(Kolodner, 1992). 새로운 상황이 주어지면, 현재 상황과 유사했던 이전의 문제 상황을 기억하여, 지금의 문제해결에 도움을 주기 위해 그런 경험적 지식들을 활용한다. 이전의 사례는 새로운 사례를 해결하기 위한 수단을 제시한다. 만약 과거 사례가 직접적으로 적용될 수 없다면, 새로운 상황에 대처하기 위해 우리 자신의 경험적 지식을 변경한다. 경험적 지식(experiential knowledge)이나 삽화적 지식(episodic knowledge)은 이미 알고 있는 것들과 새로운 경험을 통합함에 따라 시간에 걸쳐 변하는 역동적인 형태의 기억이다(Schank, 1982). 인간의 지능이란 색인을 붙인 이야기의 내적 도서관에 지나지 않는다고 Schank(1999)는 주장했다. 내가 확인했던 이론과 지식 유형의 수를 감안해 볼 때, 그것을 정당화하기는 어려울 것이다. 그러나, 이야기는 가장 기억할만한 형식의 지식이며, 따라서 어떤 인지구조 속에서도 중요한 위치를 차지할 만한 가치가 있다.

●○ 요 약

모든 종류의 지식(존재론적, 인식론적, 그리고 현상학적)이 장기기억 속에서 발견되는가? 만약 그렇다면, 그런 지식들은 동일한 방식으로 저장되는가, 그리고 그런 지식들은 각기 동일한 방식으로 인지 부하를 수반하는가? 나는 그것을 의문시한다. 현상학적 지식 유형은 보다 편집되는(compiled) 경향이 있으며, 필요할 때 보다 쉽게 발화되며(fired), 망각에 보다 저항적이다. 기억 속에 있는 모든 방식의 앎과 모든 유형의 지식을 인지구조가 조절하지 않아야만 하는가?

●○ 인간은 자신이 알고 있는 것에 대해 어떻게 생각하는가?

모든 인지구조와 지형도(topographies)로부터 누락될 것 같은 학습 차원은 장기기억 속에 있는 다양한 종류의 지식이 어떻게 활용되는가 하는 것이다. 장기기억은 세련된 스크립트(schank & Abelson, 1977)와 과정 도식을 가지고 있지만, 유의미 학

습은 장기기억 속에 있는 지식의 원천적인 조작 즉, 전이(transfer)를 요구한다. 일찍
이, 나는 다수의 지식 유형이 존재한다는 것을 보여주었다. 그런 유형의 지식이 어
떻게 활용되는가? 그런 지식들은 기능적으로 어떻게 관련되어 있는가? 학습자들은
자신이 가지고 있는 지식으로 어떻게 추론하는가?

   연역적인, 귀납적인, 내전적인(adductive), 그리고 논쟁적인 것들을 포함하여, 수많
은 형태의 추론이 연구되었지만, 지난 10여 년간에 걸친 문제해결에 대한 나의 연
구는 문제해결에서 그리고 아마도 대부분의 여타 과제에서 가장 기본적인 두 가지
형태의 추론 즉, 유비적 추론과 인과적 추론을 분리했다.

   유비적 추론(analogical reasoning)은 가장 일반적으로 학습자가 이미 이해하고 있
는 용어로 표적을 설명하기 위해 표적 개념(target concept) 위에 원천 개념(source
concept)을 맵핑(mapping)하는 사고이다(예컨대, 세포는 도시/공장/집과 같다)(Glynn,
1996). 또한 유비는 개념들 간의 관계를 비유하기 위해 활용될 수 있다(두 가지 이
상의 주장을 취하는 것을 내포한다; 예컨대, 삼단논법). 또한 유비는 여러 가지 문
제와 사례 및 경험을 비교하기 위해 활용된다. 새로운 문제에 직면했을 때, 사례기
반 추론(case-based reasoning)은 문제해결자가 우선 기억으로부터 가장 유사한 경험
을 인출하여 새로운 문제에 적용하려고 시도한다고 예측한다(Kolodner, 1992). 만약
이전 사례로부터 제시된 해결책이 작동하지 않으면, 낡은 사례는 반드시 수정되어
야만 한다(Jonassen & Hernandez-Serrano, 2002). 두 가지 해결책 가운데 어느 쪽이라
도 유효함이 확인될 때, 학습된 사례는 훗날의 활용을 위해 유지된다.

   유비적 추론은 유비적 부호화(analogical encoding)를 통해 학습자가 도식을 유도
하도록 도와주는 데 사용될 수도 있다. 유비적 부호화는 다수의 유사체(multiple an-
alogues)들 간의 구조적 속성을 맵핑하는 과정이다. 예제에 의해 요구되는 것과 마
찬가지로 단일 사례에 근거한 도식을 유도하고 전이하기 위해 시도하기보다는, 유
비적 부호화, 즉 두 가지 유사체(two analogues)의 구조적 배열에 대한 비교에 의해
맥락을 교차하는 이해, 도식 유도, 그리고 장기기억 전이가 매우 촉진될 수 있다는
것을 연구는 보여주었다(Gentner, Lowensyein, & Thompson, 2003; Gentner &
Markman, 1997; Lowenstein, Thompson, & Gentner, 2003). 학습자들이 두 가지 사례
를 직접적으로 비교할 때, 구조적 유사성을 확인할 수 있다. 단지 한 가지 사례만
제시되면, 학생들은 표면적으로 유사한 특징을 가진 문제를 훨씬 더 잘 회상할 것
이다. 유비적 부호화는 학습을 조장하는데, 그 이유는 유비가 일반적인 원리와 도

식을 포함하여 공통성에 대한 주의를 촉진하기 때문이다(Gick & Holyoak, 1983).

인과적 추론(causal reasoning)은 개념적 이해 및 문제해결과 같은 모든 높은 수준의 활동을 뒷받침하는 가장 기본적이고도 중요한 인지과정 가운데 하나를 대표한다(Carey, 2002). Hume은 인과율(causality)을 "우주의 접합제(cement of the universe)"라고 불렀다(Hume, 1739/2000). 인과적 추론은 어떤 영역에서든지 예측하기, 함의와 결론 도출하기, 그리고 현상을 설명하기 위해 요구된다. 인과적 명제는 방향, 결합가(valency), 확률, 그리고 지속성에 관해 양적으로 서술될 수 있으며, 또한 인과적 과정, 인과적 힘, 그리고 필요성/충분성과 같은 메커니즘에 관해 질적으로 서술될 수도 있다(Jonassen & Ionas, 2008). 문제가 어떤 것이든 간에 문제해결은 그 문제를 서술하는 인과적 명제에 대한 이해를 요구한다.

●○ 인간 인지구조의 함의

Kirschner 등(2006)의 주장에서 가장 성가신 것 가운데 하나는 장기기억을 채우는 것이 "수업에 궁극적인 정당성(justification)을 제공한다"(p. 77)는 것이다. 공교육의 가장 일반적인 목적은 장기기억을 채우는 것이지만, 그런 학습과 연합된 수많은 종류의 학습 및 지식은 비공식적 상황(informal circumstances)에서 기인하는데, 왜냐하면 학습은 불가피하고, 본질적이며, 도처에 있기(ubiquitous) 때문이다(Alexander et al., 2008). 학습은 저항받을 수 있으며 종종 불리하다는 주장을 그들은 계속한다. 즉, 우리가 학습하는 것 가운데 상당수는 일상적인, 학교교육 외의 활동으로부터 발생하며, 따라서 지시적인 수업의 결과가 아니다. 만약 장기기억의 구조가 불시에 나타나는, 사회문화적으로 매개된 지식으로 가득 차 있다면, 그것이 어떻게 "수업에 궁극적인 정당화"를 제공할 수 있는가? 인간이 형식적인 교육의 이점이 없이도 수천 년 동안 학습해 오고 있다는 것은 사실이다. 가장 세련되고 복잡한 학습 사례 가운데 하나는 형식적인 수업 없이도 발생하는 언어 습득이다. 수많은 종류의 현상학적 지식은 가르치기는 고사하고, 표현될 수조차 없다.

인간의 인지구조는 장기기억으로의 변화보다는 더 많은 서술적인 목적을 제공해야만 한다. 장기기억은 변하지만 어떻게, 무엇으로, 그리고 무슨 목적 때문에 변하는지를 아무도 의심하지 않는다. 상이한 종류의 일상적인 문제를 해결하는 데 어떤 종류의 지식이 필요한가? 문제를 유비적으로 비유하기 위해 혹은 추론과 예측을 하기 위해 사용될 때, 그런 유형의 지식은 장기기억 속에서 어떻게 바뀌는가? 첫 번째 질문은 그런 지식 유형 가운데 얼마나 많은 것들이 지시적 수업을 통해 획득될 수 있는가, 그리고 얼마나 많은 것이 개인적 정교화(elaboration)와 경험에 근거하여 구성되어야만 하는가이다. 지혜는 말해질 수 없다(Bransford, Frank, Vye, & Sherwood, 1989).

인간의 인지구조는 단지 지시적 수업으로부터 기인되는 것만이 아니라, 모든 유형의 학습을 설명할 수 있어야만 한다. 많은 유형의 문제해결(예컨대, 설계, 정책 분석, 전략적 수행)은 지시적 수업을 통해서 효과적으로 배울 수 없는데, 그런 문제들은 해결을 위해 상이한 유형의 지식(인식론적 지식과 현상학적 지식)을 요구하기 때문이다. 이런 종류의 문제는 암묵적으로 높은 수준의 적절한 그리고 내재된 인지 부하를 요구한다. 그리고 예제(과학에서 지배적인 수업모형) 형태를 가진 지시적인 수업이 어떤 형태의 존재론적인 그리고 인식론적인 지식 구성을 촉진할 수도 있지만, 물리학을 배울 때, 사실상 그런 형태들은 오해와 부적절한 개념 모형(Jonassen, Cho, & Wexler, under review; Mazur, 1997)으로 귀결된다. 학생들은 방정식을 적용함으로써 정답을 얻으려고 학습하지만, 물리학의 원리에 대한 개념적 이해를 구성하는 데는 실패한다. 인지구조는 다양한 목적을 위해 모든 종류의 지식을 포함해야만 한다.

질문: Sweller. 당신은 이 장에서 두 가지 중요한 질문 즉, 인간은 어떻게 학습하는가와 인간은 무엇을 학습하는가에 대한 질문과 답변을 제공하는 데 우선적으로 관심을 가지고 있다. 제공된 답변은 엄청난 목록의 가능성으로 구성되어 있다. 사실, 나는 그 목록이 충분히 길다고는 느끼지 않으며, 완성되기 위해서는 실질적으로 무한해질 필요가 있다. 지식에 대한 새로운 범주를 고안하는 것은 항상 가능한데, 그 이유는 우리가 알고 있거나 혹은 우리가 잠재적으로 알 수 있는 그 어떤 것이든 간에 특정한 환경 아래에서 특정 방식으로 학습된 별개의 범주에 속하는 것이라고 항상 주장할 수 있기 때문이다. 실행가능하기 위해서는, 수업 함의(instructional implication)를 지닌 구별과 범주를 필요로 하는데, 수업 함의는 분석에서 완전히 빠져 있다. 따라서, 나의 질문은 다음과 같다. 확인된 범주가 어떤 것이든 간에 수업상 중요성을 나타내는 다양하고 임의화(randomized)되어 있으며 통제

된 실험연구로 구성된 일단의 문헌이 있는가? 예컨대, 이 장에서 확인된 어떤 범주의 지식은 명시적이고 지시적인 수업을 활용하여 가르쳐져야만 하지만, 다른 것은 발견학습/구성주의 교수기법을 사용하여 가르쳐져야만 한다는 어떤 증거가 있는가?

답변: Jonassen. 실험적 연구의 목적은 보편적인 원리를 생성하는 것이다. 아마도 선언적 지식(회상)을 제외하고는, 어떤 학습유형이라 할지라도 그런 학습유형에 초점을 맞추고 있는 일단의 임의적이고 통제된 실험은 없다. 절차적 지식에 대해서는 많은 경험적 연구가 있지만, 절차적 학습의 결과는 보편적 수업원리가 되기에는 충분히 일관적이지 않다. 어떤 경험주의적 연구자라 할지라도 실질적인 수업원리를 정당화하기 위해 적절한 연구성과를 요구할 수 있는 것을 가진 유일한 수업 개념은 개념학습, 피드백, 연습, 그리고 약간의 수업 전 전략(pre-instructional strategies)이다. 나는 그 안에 예제를 많이 포함시키지 않는데, 그 이유는 그런 예제들은 오로지 좁은 범위의 학습결과에만 적용되어 왔기 때문이다. 나는 당신이 그런 평가에 동의하지 않으리라고 확신한다.

보편적 원리를 낳기 위한 실험연구라는 목적에도 불구하고, 학습은 보편적인 과정이 아니다. 내가 수행했던 실험연구로부터 나온 가장 최선의 결과는 9학년에서였다. 나는 불빛이 있는 조건과 없는 조건에서 지베렐릭산(gibberellic acid)이라는 식물 호르몬의 상승농도가 콩의 씨앗 발아에 어떻게 영향을 미치는지를 보여주었으며, 그것으로 나는 인디애나주의 과학 콘테스트에서 우승했다. 그때부터, 나는 많은 임의화된 실험을 했으며, 그때 발견했던 자료의 양을 어림짐작한 적이 없다. 왜? 인간은 정서, 동기, 신념, 무드, 수많은 개인차를 지니고 있기 때문에, 그 모든 것들은 인간 학습에 대한 실험적 연구에 혼란을 일으키는 것이다. 학습이란 우리가 충분히 잘 표현할 수 있는 것보다는 훨씬 더 복잡한 과정이라는 것이 이 장의 요점이다. 그러나, 단지 그런 학습에 대한 임의적인 현장 시행(randomized field trials)을 수행할 수 없다는 이유로 학습의 유형을 무시하거나 혹은 인간의 인지구조 속에서 학습유형의 출현을 막을 수는 없다. 학습의 본질에 유의미하게 영향을 미치지 않고서 임의적인 실험을 수행하기란 불가능할 것이라고 Werner von Heisenberg는 주장할 것이다. 불행하게도, 실험 연구자들로서, 우리는 학습이 어떻게 영향을 받는지를 결코 알 수 없을 것이다.

질문: Sweller. 당신은 다음과 같이 진술했다,

　　문제를 해결하는 능력은 장기기억의 내용에 의존한다는 것이 분명하지만, 학습이나 문제해결을 설명하기에는 충분하지 않다. 문제를 해결하는 것은 장기기억으로부터 단순히 해결책을 인출하는 과정이 아니다. 장기기억은 인지의 유일한 구성요소나 메커니즘이 아니다.

　　생략하면, 작동기억 한계는 문제해결에 결정적이지 않다는 것을 암시하는 것 같다. 그것이 앞서 문장에 대한 확실한 해석인가? 만약 그것이 확실하지 않다면, 새로운 정보를 다룰 때 제한된 작동기억의 수업 함의는 무엇인가?

답변: Jonassen. 인지 부하에 대해 내가 읽었던 모든 연구는 구조화된 문제(주로 수학)에 초점을 맞추고 있다. 그러나 내가 좀 더 관심을 가지고 있는 문제의 종류는 알려진 해결방법이나 용인된 답변이 없어 종종 엄청난 인지 부하를 요구하는 비구조화된, 학제적 문제들(interdisciplinary problems)이다. 너무나 복잡해서 문제 요소가 작동기억으로 동시에 상기될 수 없는 문제가 많이 있다. 그런 문제들은 한 명의 시민, 전문직업인, 혹은 심지어 식견 있는 사람이 되는 것이 무엇을 의미하는지를 제시한다. 나에게, 지능이란 당신이 알고 있는 것과는 무관하며 당신이 세상에 대한 유의미한 모형을 어떻게 구성하며 당신이 알고 있는 것을 어떻게 적용할 수 있는지와 더욱 관련되어 있다. 나는 학생들로 하여금 복잡하고, 비구조화된 문제해결, 적절한 인지 부하를 축적해 줄 과정에 참여하게 할 필요가 있다고 믿고 있다. 보다 쉽게 만들어질 수 없는 수많은 종류의 학습이 있다. 예제나 다중매체 장치를 사용함으로써 전할 수 있는 지식을 더욱 학습하기 쉽도록 만들 수 있지만, 반드시 그렇게 해야만 하는가?

Jonassen의 답변에 대한 반론: Sweller. 나는 당신이 다루고 있는 인지적 구별이 수업적 함의를 가지고 있음을 나타내는 임의화되고 통제된 실험으로부터 나온 어떤 증거라도 있는지의 여부를 물었다. 제시된 답변은 분명히 "아니오"로서, 내가 동의하는 답변이다. 임의화되고, 통제된 실험으로부터의 증거 결여는 중요하지

않다는 것에 대한 이유로서, 당신은 원자물리학에 기초하여, 그런 실험은 그 자체로서 중요하지 않거나 불가능하다는 것을 계속 주장하고 있다.

구성주의 교수는 비교적 빈약한 교수방법이라는 증거를 제공하기 위해 사용될 수 있는 어떤 기법이라도 있는가? 내가 예제를 공부하는 것이 문제해결보다 우월하다는 가설을 설정할 때, 그리고 예제를 공부하는 것의 결과나 혹은 문제해결의 결과를 비교함으로써 가설을 검증할 때, 적어도 나의 가설에 반대되는 결과를 얻는 것은 가능하다. 원칙상 구성주의 교수에 부정적으로 증명될 수 있었던 기법은 불법적인 것인 양 제외된 것 같다.

나의 두 번째 질문은 문제해결에 있어서 작동기억의 역할에 관한 것이었다. 당신 답변의 마지막 문장은 인지 부하라는 이슈와 관련되어 있으며, 인지부하이론이 구조화된 문제와 관련되어 있으며, 가장 무거운 인지 부담을 부과하는 것은 비구조화된 문제라고 말하고 있다. 첫째, 그것이 구성주의 교수가 구조화된 문제에 적용하지 않는다는 것과 아울러 구조화된 수업은 명시적 수업(예컨대, Spiro에 의해 암시된 것처럼)으로 가장 잘 다루어진다는 것을 의미하는가? 만약 그렇다면, 우리는 또 다른 요지의 동의를 가지고 있다. 그럼에도 불구하고, 구조화된 문제와 비구조화된 문제 간의 구별은 아마도 지속불가능하며, 결과적으로 구조화된 문제와 비구조화된 문제를 사용하여 얻을 수 있는 인지부하효과는 똑같다는 것을 명기하라. 그리고 자세한 참고를 위해서는 Spiro의 질문에 대한 나의 답변을 보라.

Sweller에 대한 대응: Jonassen. 분명히 나는 임의화되고, 통제된 실험이 "원자물리학에 바탕을 두고 있는 그런 실험은 그 자체로 중요하지 않다거나 아마 불가능하기 때문에 중요하지 않다"는 것을 함의하려고 단언하지도 않았으며 또한 그렇게 의미하지도 않았다. 나는 실제로 양자물리학에 기초하고 있는 Heisenberg의 불확정성의 원리(uncertainty principle)를 언급했다. 나는 다양한 형태의 질적 탐구와 함께 실험적 연구를 계속 수행하고 있다. 나의 실험적인 연구로부터 학습했던 것은 실험이 행동에 있어서의 변화를 드러낼 수 있다는 것이다. 그러나, 그런 결과는 항상 발견에 필연적으로 주관성(subjectivity)을 끼우는 과정이 반드시 해석되어야 한다. 학습의 복잡성을 밝히기 위해, 우리는 다양한 렌즈와 도구를 사용해야만 한다. 또한 나는 임의화된 실험이 어떤 진정한 학습맥락 속에서 수행하기가 매우 어렵다는 것을 배웠다. 연구결과는 연구의 통합성을 절충하는 혼란에 의해 모호해진다.

만약 우리가 실험연구를 요구하는 통제의 종류를 연습하고 싶다면, 최소한 교실, 불확실한 모험 속으로 실험실 연구결과를 일반화하는 것에 의존한다. 요약하면, 학습을 해명할 수 있는 성배(holy grail)는 없으며, 단일한 이론이나 연구방법도 없다. 이론적이거나 방법론적인 우월성을 주장하기보다는 학습에 대한 풀리지 않은 미스터리를 공동으로 다루어야만 한다.

질문: Mayer. 내가 정확하게 이해했다면, 당신의 주된 요점은 학습이 어떻게 작동하는가를 서술하는 데 있어서 Kirschner 등이 부정확하다는 것이 아니라 오히려 불충분하다는 것이다. 당신은 또한 "학습이 지식 획득의 과정으로, 장기기억의 채움으로 제도화되었다"는 아이디어를 Kirschner 등에게로 귀인시키는 것 같다. 그러나, 학습은 다면적인 지식 구성의 과정이며, 그 속에서 학습하는 동안 학습은 적절한 인지적 처리에 의존한다는 것과 학습결과는 학습자의 지식(사실, 개념, 절차, 전략, 그리고 신념을 포함)에 있어서의 변화라는 것에 동의할 수 있다는 것을 잠시 상정해 보자. 학습이 어떻게 작동하는지에 대한 이런 견해에 당신은 동의하는가?

답변: Jonassen. 학습하는 동안 학습은 적절한 인지적 과정에 의존한다는 것 그리고 학습결과는 학습자의 지식에 있어서의 변화라는 것에 전적으로 나는 동의한다. 그러나, 나는 상이한 맥락 속에 있는 학습 또한 적절한 사회적 상호작용, 관찰, 지역사회에의 참여, 그리고 몇 가지 여타 과정에 의존한다는 것을 첨가하고 싶다. 응용 인지심리학자이기 때문에, 여타 과정의 불가결성을 수용하긴 하지만, 나의 최우선 초점은 항상 인지과정에 맞추어져 왔다. 그것이 바로 지금 나의 모든 연구가 상이한 종류의 문제를 해결하기 위한 인지적 요구를 검토하는 데 초점을 맞추고 있는 이유이다. 그렇다, 적절한 인지적 처리는 대부분의 학습 형태에 통합적이지만, 지식에 있어서의 변화를 학습의 결정적인 요소로 받아들이는 것은 충분하지 않은데, 이는 우리가 덮개의 밑을 보기(looking under the hood) 시작했을 때 "행동에 있어서의 어떤 변화(a change in behavior)"가 행동주의자들을 운명지운 것과 동일하다. 그런 지식의 질은 물론이거니와 구성되는 지식의 종류를 분명히 표현할 필요가 있다. 개념적 변화 연구는 학습자의 지식의 질을 판단하기 위한 개념적 틀을 검토하는 방법에 소중한 통찰을 제공한다. 모든 지식은 수용가능하며 근본적으로 평등하다는 포스트모던적 관념(postmodern notion)에 나는 동의한 적이 없는데,

의료서비스를 제공할 의사를 선택할 때 특히 그렇다. 어떤 사람은 다른 사람보다 더욱 생명력 있는 지식을 가지고 있다.

둘째, 우리는 연구자로서 사람들이 알고 생각하는 다양한 방식을 식별하는 상이한 인지적 결과를 분명히 표현할 수 있어야만 한다. 경험적 관점에서 볼 때, 그것은 탐구하는 동안 다양한 종류의 지식을 측정하는 것을 의미한다. 주된 결과에서 비연속성(discontinuities)을 그리고 중요 변수 간에 상호작용(interactions)을 발견하기를 기대하면서 나는 학생들이 다양한 측정방법을 포함시키도록 고무한다. 중재(interventions)나 혹은 창발적 과정(emergent processes)이 어떤 종류의 지식 획득으로 귀결될 때, 어떤 행동이 상이한 종류의 인지에 어떻게 영향을 미치며 다른 행동은 그렇지 못한지를 알 수 있는 하나의 창을 우리는 마음 속에 얻게 된다.

셋째, 특히 교실에서 그리고 현실적으로(in the wild), 학습은 복잡하고도 확률론적인(stochastic) 과정이다. 우리는 의미 만들기 과정(meaning-making processes)을 통제할 수 있다고 생각하도록 자신들을 기만한다. 만약 우리가 수많은 종류의 학습 그리고 그런 학습을 평가하기 위한 수단을 분명히 표현할 수 없다면, 온갖 종류의 중재 효과를 예측하기 위해 비록 한번이라 할지라도 어떻게 가장할 수 있는가? 우리는 어떤 외재적 방식에서도 몇몇 종류의 학습(예컨대, 암묵적 지식)을 알 수가 없다.

질문: Mayer. 교육 연구는 마치 테스트할 수 있는 이론을 갖고 있지 않은 것처럼, 과학적으로 엄밀한 연구방법을 사용하지 않는 것처럼, 논의가 확고한 연구 증거에 기초하고 있지 않은 것처럼, 질에 있어서 낮은 수준에 있는 것으로 자주 비판받고 있다. 당신은 "학생들이 학습하도록 도움을 주는 데 있어서 무엇이 작동하는가?"를 묻는 것이 적절하다고 생각하는가? 만약 그렇다면, 유의미학습을 촉진하는 데 있어, 탐구방법과 지시적 수업의 효과성을 비교하는 양질의 연구 사례를 제공해 주시오. 나는 당신의 장에서 그런 증거를 전혀 찾을 수 없었다.

답변: Jonassen. 그렇다, 학생들이 학습하도록 도와주는 데 있어 무엇이 작동하는지를 묻는 것은 매우 적절하다. 만약 그것이 아니라면, 우리 모두는 새로운 직업을 찾는 것이 더 나을 것이다. 그러나 여기가 바로 분리가 시작되는(schism begins) 지점이다. 우리는 제각각 학습이 무엇인지에 관해 상이한 가정을 만든다. 우

리는 어떤 종류의 학습이 일어날 수 있을지 설명하고 예측하기 위해 상이한 이론 기초를 인용한다. 나는 "탐구방법과 지시적 수업의 효과성을 비교할 수 있는 양질의 연구"를 확인할 수 없는데, 아마도 그 이유는 그런 연구가 존재하지 않으며 존재할 수도 없기 때문이다. 지시적 수업의 효과를 검토하는 연구자들은 비형식적이거나 혹은 탐구학습을 검토하는 연구자들과는 근본적으로 다른 가정을 가지고 시작하며, 현저하게 상이한 이론 기초를 환기하며, 상이한 연구방법을 사용한다. 그러므로 그들이 묻는 질문, 그들이 찾는 학습결과, 그리고 그들이 사용하는 연구도구와 방법 또한 매우 다르다. 우리는 사과를 오렌지와 비교할 수 없다. 반드시 결과를 비교해야 한다면, 각각은 상대방에게 불이익을 남겨줄 수도 있는 지적 편향(intellectual biases)에 의존하고 있다.

    앞서 말한 모든 것 즉, 학습 연구는 경쟁(contest)이 아니라 탐색(quest)이다. 그것이 바로 그런 이론, 결과, 그리고 방법이 언제 어디에서 교차할 수 있는지 아니면 적어도 언제 어디에서 서로에게 공헌하는지를 확인하기 위해 논쟁을 멈추고 반드시 함께 작업해야만 하는 이유이다. 지시적 수업이 탐구수업보다 더 좋지는 않다. 탐구학습 또한 지시적 수업보다 더 좋지는 않다. 그것은 인식론적으로 소박한 이원론적인 논의이다. 우리는 보다 높은 기준에 우리들 자신을 유지시킬 필요가 있다.

Jonassen의 답변에 대한 반론: Mayer. 사람들이 어떻게 학습하는지를 이해하고 그들이 학습하도록 도와주는 방법을 이해하는 것과 같은 분야에서 기본적인 이슈를 정리하기 위해 "함께 연구하기(work together)"위한 책무를 우리 둘 다 공유하고 있다는 것은 분명하다. 첫째, 우리들의 주장은 신조(doctrine)보다는 증거(evidence)에 근거하는 과학적 접근에 근원적인 전념을 공유한다. 나는 "학생들이 학습하도록 도와주는 데 있어서 무엇이 작동하는가?"를 질문하는 것이 합리적이라는 것에 우리가 서로 동의한다는 것을 알게 되어 기쁘다. 나 또한 학습은 복잡한 과정이기 때문에 우리의 도전은 적절한 증거를 수집하기 위해 열심히 연구하는 것이라는 당신의 합리적인 주장에 동의한다. 둘째, 종속적인 측정(dependent measures)에 관하여, 중요한 과제는 사람들이 상이한 수업방법 아래 학습한 지식의 종류와 질을 측정하는 것이라는 즉, "다양한 종류의 지식(multiple kinds of knowledge)"을 측정하는 것에 대해 우리는 동의한다. 셋째, 독립변수에 관하여, 당신이 탐구적 방법과 지시적 수업의 효과성을 비교하는 양질의 연구를 수행하는 것이 불가능하다고 말할

때 우리는 어떤 교착 상태(impasse)에 빠져 있는 것처럼 보인다. 그러나, 내가 당신
의 답변을 올바르게 해석한다면, 정당한 일련의 종속적인 측정에 대해 우리가 동의
하는 한 즉, 우리가 바람직한 학습결과에 동의할 수 있다면, 상이한 수업방법을 서
로 비교할 수 있을 것으로 보인다. 예를 들어, 중요한 목적은 학생들이 능숙한 수학
문제해결자가 되도록 돕는 것이며 어떤 상응하는 종속적 측정을 개발할 수 있음을
동의할 수 있다고 하자. 그러면, 다양한 측정을 바탕으로 탐구적 수업방법과 지시
적 수업방법의 효과성을 비교하는 것이 가능할 것이다. 대신 실제 삶은 너무나 혼
란스러워서, 탐구적 수업방법(다른 수업방법에 비교하여)의 효과성을 테스트하는
것이 가능하지 않다고 말한다면, 우리는 그런 것들을 사용할 아무런 과학적 정당성
을 갖고 있지 않다. 요컨대, 수업 실제와 교육적 이론이 "○○주의(isms)"와 전문가
의 의견보다는 과학적 증거에 근거할 수 있는 정도까지 우리들의 분야에서 진전을
이룰 수 있다는 것에 동의하자.

▫ 참 고 문 헌 ◧

Alexander, P. A., & Judy, J. E. (1988). The interaction of domain−specific and strategies knowledge in academic performance. *Review of Educational Research, 58*(4), 358−404.

Alexander, P. A., Schallert, D. L., & Hare, V. C. (1991). Coming to terms: How researchers in learning and literacy talk about knowledge. *Review of Educational Research, 61,* 315−343.

Alexander, P. A., Schallert, D. L., & Reynolds, R. (2008 March). *What is learning anyway? A topographical perspective considered.* Paper presented at the annual meeting of the American Educational Research Association, New York.

Anderson, J. R. (1996). *The architecture of cognition.* Cambridge, MA: Harvard University Press.

Arnheim, R. (1969). *Visual thinking.* Berkeley, CA: University of California Press.

Atkinson, R., Derry, S. J., Renkl, A., & Wortham, D. (2000). Learning from examples: Instructional principles from the worked examples research. *Review of Educational Research, 70,* 181−215.

Atkinson, R., & Shiffrin, R. (1968). Human memory: A proposed system and its control process. In K. Spence & J. Spence (Eds.), *The psychology of learning and motivation* (Vol. 2, pp. 89−195). New York: Academic Press.

Ausubel, D. P. (1968). *Educational psychology: A cognitive view.* New York: Holt, Rinehart & Winston.

Bransford, J. D., Franks, J. J., Vye, N. J., & Sherwood, R. D. (1989). New approaches to instruction: Because wisdom can't be told. In S. Vosniadou & A. Ortony (Eds.), *Similarity and analogical reasoning* (pp. 470−497). New York: Cambridge University Press.

Bransford, J. D., & Stein, B. S. (1984). *The ideal problem solver: A guide for improving thinking, learning, and creativity.* New York: W. H. Freeman.

Bruner, J. (1990). *Acts of meaning.* Cambridge, MA: Harvard University Press.

Carey, S. (2002). The origin of concepts: Continuing the conversation. In N. L. Stein, P. J. Bauer, & M. Rabinowitz (Eds.), *Representation, memory, and development: Essays in honor of Jean Mandler* (pp. 43−52). Mahwah, NJ: Lawrence Erlbaum Associates Publishers.

Chi, M. T. H. (1992). Conceptual change within and across ontological categories: Examples from learning and discovery in science. In R. N. Giere (Ed.), *Minnesota studies in the philosophy of science, vol. xv: Cognitive models of science* (pp. 129–186). Minneapolis, MN: University of Minnesota Press.

Chi, M. T. H. (2005). Commonsense conceptions of emergent processes: Why some mis– conceptions are robust. *Journal of the Learning Sciences, 14*(2), 161–199.

Chi, M. T. H., & Bassock, M. (1991). Learning from examples vs. self–explanations. In L. B. Resnick (Ed.), *Knowing, learning, and instruction: Essays in honor of Robert Glaser* (pp. 251–282). Hillsdale, NJ: Lawrence Erlbaum Associates.

Chi, M. T. H., & Feltovich, P. J., & Glaser, R. (1981). Categorization and representation of physics problems by experts and novices. *Cognitive Science, 5*, 121–152.

Chi, M. T. H., Roscoe, R. D. (2002). The process and challenges of conceptual change. In M. Limón & L. Mason (Eds.), *Reconsidering conceptual change: Issues in theory and practice* (pp. 3–27). Dordrecht: Kluwer Academic Publishers.

Cooper, G., & Sweller, J. (1987). Effects of schema acquisition and rule automation on mathematical problem solving. *Journal of Educational Psychology, 79*, 347–362.

de Jong, T., & Ferguson–Hessler, M. G. M. (1991). Knowledge of problem situations in physics: A comparison of good and poor novice problem solvers. *Learning and Instruction, 1*, 289–302.

de Jong, T., and Ferguson–Hessler, M. G. (1996). *Types and quality of knowledge. Educational Psychologist, 31*, 105–113.

Diekhoff, G. M. (1983). Relationship judgements in the evaluation of structural understanding. *Journal of Educational Psychologist, 75*, 227–233.

Engeström, Y. (1987). *Learning by expanding: An activity theoretical approach to devel– opmental research.* Helsinki, Finland: Orienta–Konsultit Oy.

Floridi, L. (Ed.). (2003). *Blackwell guide to the philosophy of computing and information.* Oxford: Blackwell, 155–166.

Gazzaniga, M. S. (2004). *The cognitive neurosciences*(Vol. 3). Cambridge, MA: MIT Press.

Gentner, D., Lowenstein, J., & Thompson, L. (2003). Learning and transfer: A general role for analogical encoding, *Journal of Educational Psychology, 95*(2), 393–405.

Gentner, D., & Markman, A. B. (1997). Structure mapping in analogy and similarity. *American Psychologist, 52*(1), 45–56.

Gibson, J. J. (1979). *An ecological approach to visual perception.* Hillsdale, NJ: Lawrence

Erlbaum Associates.

Gick, M. L., Holyoak, K. J. (1983). Schema induction and analogical transfer. *Cognitive Psychology, 15*, 1−38.

Glynn, S. M. (1966). Teaching with analogies: Building on the science textbook. *The Reading Teacher, 49*, 490−492.

Gott, S. P. (1989). Apprenticeship instruction for real world tasks: The coordination of procedures, metal models, and strategies. In E. Z. Rothkopf (Ed.), *Review of research in education* (pp. 97−106). Washington, DC: American Educational Research Association.

Hume, D. (1739/2000). *A treatise of human nature.* Oxford: Oxford University Press.

Jenkins, J. J. (1979). Four points to remember: A tetrahedral model of memory experiments. In L. S. Cermak & E. I. M. Craik (Eds.), *Levels of processing in human memory* (pp. 429−446). Hillsdale, NJ: Erlbaum.

Jonassen, D., H. (1984). The mediation of experience and educational technology: A Philosophical analysis. *Educational Communication and Technology Journal, 32*(3), 153−167.

Jonassen, D. H. (1997). Instructional design model for well−structured and ill−structured problem−solving learning outcomes. *Educational Technology: Research and Development, 45*(1), 65−95.

Jonassen, D. H. (2000). Toward a design theory of problem solving. *Educational Technology: Research & Development, 48*(4), 63−85.

Jonassen, D. H. (2003). The vain quest for a unified theory of learning? *Educational Technology, 43*(4), 5−8.

Jonassen, D. H. (2004). *learning to solve problems: An instructional design guide.* San Francisco, CA: Pfeiffer/Jossey−Bass.

Jonassen, D. H. (Ed.). (2007). *Learning to solve complex, scientific problems.* Mahwah, NJ: Lawrence Erlbaum Associates.

Jonassen, D. H. (2008). It's just a theory. *Educational Technology, 48*(6), 45−48.

Jonassen, D. H., Beissner, K., & Yacci, M. (1993). *Structural knowledge,* Hillsdale, NJ: Lawrence Erlbaum Associates.

Jonassen, D. H., Cho, Y. H., & Wexler, C. (under review). Facilitating schema induction during problem solving through analogical encoding. *American Journal of Physics.*

Jonassen, D. H., & Henning, P. (1999). Mental models: Knowledge in the head and knowledge in the world. *Educational Technology, 39*(3), 37−42.

Jonassen, D. H., & Hernandez−Serrano, J. (2002). Case−based reasoning and instruc− tional design: Using stories to support problem solving. *Educational Technology: Research and Development, 50*(2), 65−77.

Jonassen, D. H., & Ionas, I. G. (2008). Designing effective supports for reasoning causally. *Educational Technology: Research & Development, 56*(3), 287−308.

Jonassen, D. H., Strobel, J., & Lee, C. B. (2006). Everyday problem solving in engineering : Lessons for engineering educators. *Journal of Engineering Education, 95*(2), 1−14.

Kirschner, P. A., Sweller, J., & Clark, R. E. (2006). Why minimal guidance during in− struction does not work: An analysis of the failure of contructivist, discovery, prob− lem−based, experiential, and inquiry−based teaching. *Educational Psychologist, 41*(2), 75−86.

Kolodner, J. (1992). An introduction to case−based reasoning. *Artificial Intelligence Review, 6*(1), 3−34.

Larkin, J. H. (1983). The role of problem representation in physics. In D. Gentner & A. L. Stevens (Eds.), *Mental models* (pp. 75−98). Hillsdale, NJ: Lawrence Erlbaum Associates.

Lave, J., & Wenger, E. (1991). *Situated learning : Legitimate peripheral participation.* New York: Cambridge University Press.

Leont'ev, A. (1972). The problem of activity in psychology. *Voprosy filosofii, 9,* 95−108.

Limón, M., & Mason, L. (2002). *Reconsidering conceptual change: Issues in theory and practice.* Amsterdam: Kluwer.

Loewenstein, J., Thompson, L., & Gentner, D. (2003). Analogical learning in negotiation teams: Comparing cases promotes learning and transfer. *Academy of Management Learning and Education, 2*(2), 119−127.

Mazur, E. (1997). *Peer instruction.* Upper Saddle River, NJ: Prentice−Hall.

Paivio, A. (1986). *Mental representations : A dual−coding approach.* New York: Oxford University Press.

Perkins, D. N. (1999). The many faces of constructivism. *Educational Leadership, 57*(3), 6−11.

Piaget, J. (1970). *Genetic epistemology.* New York: Columbia University Press.

Popper, K. R. (1999). *All life is problem solving.* New York: Routledge.

Preece, P. F. W. (1976). Mapping cognitive structure: A comparison of methods. *Journal* of Educational Psychology, 68, 1−8.

Reber, A. S. (1989). Implicit learning and tacit knowledge. Journal of Experimental Psychology − General, 118, 219−235.

Rumelhart, D. E.. & Norman, D. A. (1978). Accretion, tuning and restructuring: Three modes of learning. In J. W. Cotton & R. Klatzky (Eds.), Semantic factors in cognition (pp. 37−53). Hillsdale, NJ: Lawrence Erlbaum Associates.

Ryle, G. (1949). The concept of mind. New York: Barnes & Noble.

Scardamalia, N., & Bereiter, C. (1991). Higher levels of agency for children in knowledge building: A challenge for the design of knowledge media. Journal of the Learning Sciences, 1(1), 37−68.

Schank, R. C. (1982). Dynamic memory: A theory of learning in people and computers. Cambridge: Cambridge University Press.

Schank, R. C. (1999). Dynamic memory revisited. Cambridge: Cambridge University Press.

Schank, R. C., & Abelson, R. (1977). Scripts, plans, goals and understanding. Hillsdale, NJ: Lawrence Erlbaum Associates.

Schnotz, W., Vosniadou, S., & Carretero, M. (1999). New perspectives in conceptual change. Amsterdam: Pergamon.

Shavelson, R. J. (1972). Some aspects of correspondence of between content structure and cognitive structure in physics instruction. Journal of Educational Psychology, 63, 225−234.

Sinatra, G. M., Pintrich, P. R. (2003). Intentional conceptual change. Mahwah, NJ: Lawrence Erlbaum Associates.

Skinner, B. F. (1957). Verbal behavior. New York: Appleton−Crofts.

Slotta, J. D., & Chi, M. T. H. (2006). Helping students to understand challenging topics in science through ontology training. Cognitive flexibility and hypertext: Theory and technology for the non−linear and multi−dimensional traversal of complex subject matter. In D. Nix & R. J. Spiro (Eds.), Cognition, education, and multimedia: Explorations in high technology (pp. 163−205). Hillsdale, NJ: Lawrence Erlbaum.

Suls, J., & Wills, T. A. (1991). Social comparison: Contemporary theory and research. Hillsdale, NJ: Lawrence Erlbaum Associates.

Swellwe, J., & Cooper, G. A. (1985). The use of worked examples as a substitute for problem solving in learning algebra. Cognition & Instruction, 2, 59−89.

Tennyson, R. D., & Cocchiarella, M. J. (1986). An empirically based instructional design theory for teaching concepts. *Review of Educational Research, 56,* 40−71.

Thorndike, E. L. (1927). The law of effect. *American Journal of Psychology, 39*(1/4), 212−222.

Watson, J. B. (1928). *The ways of behaviorism.* New York: Harper & Brothers.

Whitehead, A. N. (1929). *The aims of education.* New York: Macmillan.

제 3 장
비구성주의 평가 시대의 구성주의[*]

Daniel L. Schwartz, Robb Lindgren, and Sarah Lewis
Stanford University

구성주의는 실용주의(pragmatism) 철학의 바탕 위에 세워진 지식 성장과 생애 발달에 대한 이론이다(Dewey, 1916). 공교육의 맥락에서, 구성주의는 발견, 탐구, 탐사, 그리고 실제 참가학습을 포함하는 이해 형성 활동(sense-making activity)을 위한 교육학적 호칭으로 자주 사용되었다(Duffy & Jonassen, 1992). 구성주의는 흔히 지시적 수업은 물론, 외적 강화가 학습을 조정하는 행동주의 수업방법에 반대되는 입장이다.

광의의 구성주의(constructivism writ large)는 교육에서 비교적 대우받아 왔다. 예컨대, Lillard와 Else-Quest(2006)는 Montessori 교육이 더 나은 학문적·사회적 기능으로 유도한다는 것을 발견했다. Russel, Hancock 및 McCullough(2007)는 구체적인 멘토링 양식에 관계없이 학부 과정에서의 연구경험 참여가 더 높은 과학 학위를 추구하도록 학생들의 관심을 증가시켰다는 것을 발견했다. 그러나 협의의 구성주의(constructivism writ small) — 하나의 레슨이나 수업 단위에 적용된 구성주의 — 는 그만큼 대우를 받지 못했다. 예컨대, 아동들에게 아무런 가이던스도 없이 단순히 실험을 수행하도록 하는 것에 비해 변수 통제 전략(the control of variables strategy)을 명

* 이 장의 저술과 Sears(2006)의 연구는 Grant No. SLC-0354453 하에 미국과학재단(National Science Foundation)에 의해 지원받았음. 이 자료에서 표현되었던 어떤 의견, 결과, 그리고 결론 혹은 제안들은 모두 저자들의 것으로서 반드시 미국과학재단의 견해를 반영하지 않음.

시적으로 말해주는 것이 학습을 증진시켰다는 것을 Klahr와 Nigam(2004)은 입증했다. 유사한 연구결과는 어떤 학자들로 하여금 즉시 말하거나 보여줄 수 있는 정보를 구성주의 교육은 보류하기 때문에 인지구조와 불일치한다는 결론을 내리도록 유도했다(예컨대, Kirschner, Sweller, & Clark, 2006). 예를 들어, 세대 효과(generation effect)(Slamecka & Graf, 1978)에 관해 우리가 알고 있는 것을 가정하면, 이런 결론은 전적으로 정당화될 수 없다. FAST: R_P_D 대 FAST: RAPID 읽기 사례처럼 한 쌍의 동의어가 주어졌을 때, 누락된 정보를 명시적으로 생성해야만 한다면 사람들은 한 개의 단어를 더 잘 기억할 것이다. 그럼에도 불구하고, 그들의 분석은 분석 그 자체를 "자신들이 당연히 해야 하고 또 알아야 할 것을 학생들에게 단순히 말해주는 것이 더욱 효과적이지 않겠는가?"라는 질문에 부여하고 있다.

　광의의 구성주의와 협의의 구성주의 간 어느 정도의 격차는 교육적 효과성(pedagogical effectiveness)을 평가하기 위해 사용되는 평가의 본질과 관련되어 있다. 협의의 구성주의 교육은 종종 비구성주의 수단(non-constructivist means)을 통해 평가된다. 사실 기억하기, 기능 실행하기, 유사한 문제 해결하기에서 학생들은 얼마나 효율성을 발달시켰는지를 측정하는 테스트를 받는다. 이런 평가는 더 큰 구성주의 목적에 어울리지 않는 것을 제시한다. Dewey(1916)는 "교육의 목적은 개인으로 하여금 교육을 계속할 수 있도록 하는 것이며 … 학습에 대한 목표와 보상은 끊임없는 성장 역량(capacity for growth)이다"(p. 117)라고 진술했다. 이런 진술을 가정하면, 구성주의에 맞는 평가는 낡은 지식을 단순히 실행하는 것이 아니라, 새로운 지식을 구성하기 위한 학생들의 능력과 성향을 검사해야만 한다. 이런 접근방법은 예컨대, 누적적인 효과(cumulative effect)를 검토함으로써 혹은 재학 중일 때와 졸업 후 양 쪽에서 학생들이 새로운 내용과 상황에 좀 더 참여하는 경향이 있는지의 여부를 살펴봄으로써, 흔히 지식 구성을 위해 진행 중인 학생들의 능력을 간접적으로 측정하는 광의의 구성주의 평가방법과 일치한다(Boaler, 2002).

　이 장은 수업이 아닌 평가 영역에 구성주의를 적용하려고 한다. 구성주의는 너무나 광범위하고 포괄적인 이론이기 때문에 구성주의 자체가 수업 설계에 대해 구체적으로 결정하도록 지시하기는 어렵다는 것을 명기하는 것으로 시작한다. 우리들만 이런 의견을 가지고 있지는 않다. Mayer(2004)는 지식 획득의 이론으로서 구성주의에 대한 믿음을 표현하고 있지만, "구성주의 접근방법에 바탕을 두고 있는 신조(doctrine)가 결실이 풍부한 교육적 실제로 유도하지는 않는다"(p. 17)고 진술하고 있다. 이런 진술이 정확할 수도 있지만, 교육결과를 평가하기 위해 사용될 때 구성주의의 광범위함은 매우 소중하다고 우리는 주장한다.

구성주의는 학습에 대한 폭넓은 비전으로서, 단지 하나의 수업방법이 아니다. 학생들이 수업을 받고 있지 않을 때 그리고 정밀한 수업 변수들에 대한 통제력을 더이상 갖고 있지 않을 때, 구성주의는 학생들의 새로운 지식 창출 능력을 고려할 수 있도록 한다. 평가로 초점을 옮김으로써, "어떤 경험이 학생들로 하여금 미래에 그리고 현실에서(in the wild) 지식을 구성하도록 준비시키는가?"라는 질문을 할 수 있다. 학생들이 교실을 떠나자마자 그리고 교사의 지시적 가이던스를 잊어버리자마자 학습이 종결되지 않아야만 하기 때문에 이런 질문은 중요하다. 구성주의 평가를 창출함으로써, 지속적인 학습의 발달을 촉진하는 수업의 요소(elements of in-struction)를 확인하는 것이 가능할 것이다.

관련된 세 가지 연구 계보를 제시함으로써, 우리는 이런 초점에 있어서의 변화(shift in focus)를 정당화할 것이다. 첫 번째는 구성주의에 영감을 받은 활동들이 나중에 학생들로 하여금 지시적 수업으로부터 지식을 구성하도록 준비시키는 것을 보여줌으로써 구성주의 평가의 중요성을 입증한다. 두 번째 연구 계보는 구성주의에 영감 받은 수업의 구체적인 이점을 탐지하기 위해 구성주의 평가의 가치를 보여준다. 세 번째 연구 계보는 구성주의 결과를 목표로 삼는 것은 지시적인 수업에 의해 선호되는 효율성 결과를 촉진하는 것과 양립하지만, 지시적인 수업이 구성주의 결과와는 항상 양립하지 않을 수도 있다는 것을 입증한다. 잠정적으로 거꾸로 연구함으로써 즉 구성주의 결과 측정방법이 주어지면, 어떤 수업 요소가 그런 결과로 유도하는지를 결정하기 시작하는 것이 가능하다고 결론짓는다.

●○ 수업이론에 있어서의 구체성

상이한 수업기법은 상이한 수업결과에 어울린다. 만약 지속적인 흥미의 개발이 어떤 사람의 수업목표라면, 아마도 혼자서 하는 훈련과 연습은 썩 잘 진척되지 않을 것이다. 대신, 참여에 대한 사회적 매트릭스(social matrix of participation)를 만드는 수업이 보다 유용할 것 같다(Barron, 2004). 반대로, 목표가 고도로 안정적이고 반복적인 맥락에서 효율성을 창출하는 것이라면, 개인적 훈련과 연습은 매우 효과적일 수도 있다. 한 가지 수업양식이 모든 학습결과에 적합하지는 않다.

수업과 결과 간의 관계는 사용되는 구체적인 학습과정에 의해 매개된다. 예컨대, 단순히 상호작용에 관한 사람들의 신념을 변화시킴으로써 학습과정을 수정할 수 있다. Okita, Bailenson 및 Schwartz(2007)는 가상현실에서 사람들에게 그래픽 인간 캐릭터로 발열(fever)의 메커니즘을 논의하게 했다. 연구자들은 가상 현실(virtual reality) 방식을 사용함으로써, 참여자들과 조건들을 교차하여 모든 정보와 상호작용을 일정하게 유지할 수 있었다. 두 가지 조건이 있었다. 즉 참여자들은 그 캐릭터가 사람에 의해서 통제되거나 아니면 컴퓨터에 의해 통제된다고 들었다. 이용가능한 정보나 상호작용에서 아무런 차이가 없었다 할지라도, 그 캐릭터가 사람에 의해 통제되었다고 생각하면 사람들은 발열에 대해 더 많이 학습했다. 사람들은 자신들이 사회적 상호작용 속에 있다고 생각했을 때 더 높은 각성 상태(higher arousal)였으며, 각성 수준은 개념학습과 정적으로 상관되었다.

심리학적 관점에서 볼 때, 학습을 조절하는 수많은 상이한 내적 메커니즘이 있으며, 상이한 수업조건은 학습 메커니즘을 차별적으로 연동시킬 수 있다. 사람들은 듣고 있는 것에 의해 학습할 수 있다, 사람들은 사회적 모델을 관찰함으로써 학습할 수 있다, 사람들은 공간적 항해(spatial navigation)를 통해 학습할 수 있다, 사람들은 강화(reinforcement)를 통해 학습할 수 있다, 사람들은 의도적인 연습을 통해 학습할 수 있다, 사람들은 탐사(exploration)에 의해 학습할 수 있다, 그리고 심지어 사람들은 자신이 학습하고 있다는 것을 전혀 의도하지 않고 혹은 인식하지 않고서 암묵적으로(implicitly) 학습할 수 있다. 이런 학습경로는 상이한 두뇌 회로를 사용한다(예컨대, Seger, Prabhakaran, Poldrack, & Gabrieli, 2000). 그런 다양한 학습경로는 단순히 한 가지 "학습 모듈(learning module)"의 다양한 보기가 아니다. 각각의 학습과정은 특정 유형의 내용과 결과에 장점을 지니고 있다. 예를 들어, 암묵적 학습(implicit learning)은 언어 습득에 중요하다고 생각되며, 지시적 수업은 암묵적 과정을 방해할 수 있다(Reber, 1976). 수업 연구는 학습과정과 환경적 지원의 어떤 조합이 어떤 바람직한 학습결과를 산출할 것인지 결정하는 것을 포함하는 도전을 하고 있다(Hmelo-Silver, Duncan, & Chinn, 2007). 수업을 학습결과에 맞추는 것의 목적은 학습조건에 대한 가네의 생산적인 연구의 주된 요소였으며, 수업설계라는 분야 창출에 도움을 주었다(Gagne, 1985).

우리들의 경험상, 구성주의는 너무나 광범위하고 일반적인 철학이므로 사람들이 학습하는 수많은 구체적인 방법과 이유를 정밀하게 다루기에는 유용하지 않은 경향이 있다. 구성주의는 구체적인 수업 의사결정을 도출하기에는 너무 거시적인 수준일 수 있다. 체험학습(hands-on learning)이 때로는 가치 있고 때로는 가치 없을 수도 있는데, 그것이 언제 가치 있는지에 대한 미시적 세부 사항을 아는 것은 구성주의 철학 단독으로부터 도출하기는 어렵다.

이것은 구성주의가 수업설계에서 중요한 역할을 갖고 있지 않다는 것을 말하는 것이 아니다. 보다 구체적인 수업이론은 한 가지 종류의 학습과정에 초점을 맞추는 경향이 있으며 "다른 모든 것은 동일하다(all other things equal)"고 가정한다. 예컨대, 인지학습이론은 동기를 포함하는 설계 결정에 관해 침묵을 지키는 경향이 있지만, 어떤 교수자라 할지라도 학생들의 관여와 흥미를 포함하는 수업 선택의 중요성을 증명할 수 있다. 구성주의가 수업에 이익이 되게 하는 한 가지 방식은 그것이 교육자들로 하여금 전반적인 학생 성장, 흥미, 그리고 작인(agency)을 포함하는 중요한 가치로 지향하게 한다는 것이다. 이런 방식으로, 교육자들이 구체적인 학습과정을 고려할 때, 교육에 대한 보다 큰 그림을 잃어버리지 않는다.

●○ 평가 가이드로서의 구성주의

광범위한 개념의 구성주의가 세부적인 수업 시점을 설계하는 데 잘못된 분석 수준을 초래한다고 우리는 믿고 있지만, 학습결과에 적용될 때, 구성주의가 지극히 소중하다고 본다. 구성주의를 하나의 수업설계 이론으로 받아들이기보다는, 구성주의라는 아이디어가 평가에 적용되어야 한다고 우리는 주장한다. "우리가 구체적인 학습 메커니즘과 결과를 목표로 하는 구체적인 수업조건을 더 이상 편성하지 않으면, 학습자들이 지식을 구성하도록 수업이 준비시키는가?"라는 질문을 우리는 제기한다.

단일 레슨 수준에서, 교육자는 구체적인 수업조건을 위한 가이던스를 제공할 수 있다. 그러나 학생들이 정규 수업의 경계를 떠나게 되면 교사는 구체적인 수업 의사결정과 학습과정을 지배할 아무런 영향력도 갖고 있지 않다. 현실에서, 사람들은 내적이건 외적이건 가용한 어떤 자원이라도 활용하여 지식을 구성할 필요가 있다. 우리는 구체적인 학습 메커니즘과 상황 속으로 들어가는 이런 미래 기회를 예상할

수 없으며 또한 분해할 수도 없기 때문에, 이제 구성주의 이론의 입자감(granularity)
은 적절하게 된다.

　대부분의 정규 학교교육의 목적은 학생들이 학교를 떠나는 즉시 새로운 지식을
쌓아올릴 수 있는 지식 기반을 제공하는 것이다. 예를 들어, 학교관리자(교장)와의
면담에서, 학생들이 학교를 떠나자마자 스스로 선택할 수 있도록 학습하고 적응할
준비가 되어 있게 하려는 일치된 희망을 발견했다(Schwartz, Bransford, & Sears,
2005). 아주 협소한 훈련을 제외하면, 당면한 수업의 범위를 벗어나는 즉시 새로운
아이디어와 기능학습을 계속할 필요가 있을 것이다. 사람들은 자신의 직업 속에서
성장하고, 직업을 바꾸며, 또한 그들을 둘러싸고 있는 세상은 변화한다.

　구성주의 학습결과를 고려할 때, 모든 수업이 학생들로 하여금 당면한 수업을 넘
어 새로운 지식을 구성하도록 준비시키는 결과를 반드시 목표로 해야 한다는 것은
아니라는 점이 중요하다. 기능과 수행조건에 대한 거의 모든 가능한 조합을 망라하
는 것이 일어날 수 있는 고도로 안정적인 영역에서 이것은 특히 사실이다. 타이핑
과 같은 영역에서는, 요구되는 기능과 수행조건이 극히 안정적이다. 자판과 주된
글쇠누름 조합은 변하지 않으므로 학생들로 하여금 타자치는 방법을 학습하도록
준비시킬 이유가 거의 없다. 이런 경우, 자신의 선행학습을 원상태로 돌리지 않고
서도 점차 능률적으로 될 수 있도록 사람들로 하여금 반드시 좋은 초기 습관을 개
발하도록 확실하게 하는 것이 수업목표가 되어야만 한다.

　평가를 생각할 때 그리고 수업목표와의 잠재적인 부조화(potential mismatches)를
생각할 때 타이핑 사례는 유익한 정보를 제공한다. 예를 들어, 만약 학생들이 드보
락 자판을 학습할 준비가 되어 있는지의 여부를 근거로 타이핑 수업을 평가함으로
써, 타이핑 수업을 구성주의 학습결과 측정에 적용했다면, 그것은 안정적인 환경을
위한 절차적 훈련의 이점을 잘못 측정한 것이다. 불행하게도, 교육에서 연구자들이
비구성주의 평가를 사용함으로써 구성주의에 영감을 받은 교육을 평가하려고 시도
할 때 흔히 비슷한 부조화를 저지르고 있다.

　대부분의 단원 말 테스트는 테스트 그 자체를 치르는 동안 학생들이 새로운 지
식을 구성하는 것을 막는 것이 분명하다. 이런 시험은 학습보다는 오히려 격리된
문제해결(sequestered problem solving: SPS, 이하 SPS로 표기)에서 학생 능력을 측정한
다(Bransford & Schwartz, 1999). 격리되었다고 하는 이유는 시험을 치르는 동안 학습
하도록 도와줄 수 있는 모든 자원(any resources)으로부터 학생들을 차단하기 때문이

다. 익숙한 상황에서 잘 훈련된 지식과 루틴을 상기하고 실행하는 데 학생들의 효율성을 결정하는 것이 평가목적일 때 SPS 평가는 이상적이다. 예를 들어, 훌륭한 타이핑 테스트는 얼마나 빠르고 정확하게 타자를 칠 수 있는가 하는 점에서, SPS 테스트가 될 것이다. 그러나, 자신이 배웠던 것에 기초하여 지식을 구성할 준비가 되어 있는지의 여부를 평가할 때 SPS 평가는 이상적이지 않다. SPS 테스트를 하는 동안, 전형적으로 새로운 지식을 구성하기에는 기회와 자원이 너무 빈약하기 때문이다.

구성주의 결과를 위한 보다 적절한 테스트는 미래학습을 위한 준비(preparation for future learning: PFL, 이하 PFL로 표기) 평가이다. 이런 유형의 평가에서는, 테스트 그 자체를 하는 동안 학생들은 학습기회를 갖게 된다. 어떤 영역에서 새로운 지식을 구성하기 위한 준비가 된 학생들은 학습할 준비가 되어 있지 않은 학생들보다 평가하는 동안 더 많이 학습할 것이다. PFL 측정은 구성주의 결과와 보다 일치하는 것 같다. 아래에서 PFL 측정의 사례를 제공하겠지만, 단순사고 실험(a simple thought experiment)이 그 필요성을 암시하는 데 도움을 줄 수 있다. 재무분석가를 고용하기를 원하는 회사를 상상해 보라. Tom은 2주 코스의 엑셀(Excel)을 방금 마쳤는데, 그는 스프레드시트(spreadsheet)라는 소프트웨어를 처음으로 접했다. Sig는 엑셀을 배우지는 않았지만, 이미 지난 수년 동안 다양한 스프레드시트 패키지를 가지고 높은 전문가 수준에 이르기까지 독학했다. 회사는 Tom의 코스에서 단지 우연히 다루어졌었던 기본적인 엑셀 조작에 대해 지필 테스트로 누구를 고용할지를 결정한다. 아마도 이런 SPS 테스트에서 Tom은 더 잘 할 것이다. 그러나, 길게 보면 Sig가 회사에 더 잘 기여할 가능성이 크지 않을까 생각된다. 예컨대, 회사가 새로운 소프트웨어 패키지로 교체할 때나 혹은 고용인이 자력으로 엑셀의 발전된 특징을 학습하도록 요구받을 때, 스프레드시트 구조에 대한 Sig의 보다 깊은 이해와 독립적으로 학습할 수 있는 역량은 그가 직무에 대해 학습하고 적응할 수 있도록 해 줄 것이다.

수업을 평가할 때, 학생들이 성취하기를 바라는 것을 포착하는 학습결과 측정을 사용하는 것이 중요하다. 지금까지는 대부분의 높은 스테이크스(stakes)와 실험적 평가는 SPS 형식을 사용해 왔다. 이런 형식은 지시적 수업과 반복적인 연습을 좋아하는데, 그 이유는 지시적 수업의 주된 목적이 잘 세분화된 과제에서 효율성을 증가시키는 것이기 때문이다. SPS 형식은 관념적으로 구성주의 학습결과를 목표로 하는 구성주의 교육을 지지하지 않는다. 보다 중요한 것으로, 현재 PFL 평가의 결여는 구성주의 견해가 반영된 교육이 지시적 수업보다 구성주의 학습결과를 성취하는 데 실제로 조금이라도 더 나은지의 여부를 알 수 없다는 것을 의미한다. 간단하게 말하면, 우리의 측정은 잘못 가이드되어 왔다. PFL과 같은 구성주의 평가로 교체함으로써, 어떤 수업 특징과 수업 양식이 구성주의 학습결과를 조장하는지를 알기 위한 보다 나은 위치에 있게 될 것이다.

●○ 지시적 수업으로부터 지식을 구성하도록 준비시키는 것이 무엇인가?

저자 가운데 한 명(Daniel L. Schwartz)이 미국 명문 대학 중 한 대학의 대학원 원격위원회(remote committee) 위원이었다. 표준 테스트(standard test)는 더 이상 학생들의 운명을 결정하지 못했다. 논문계획 발표회에서 저자는 그 학생에게 중요한 구조와 논지가 스스로 드러나기 시작할 때까지 자신의 이론을 탐구하고 느슨한 경험적 연구를 해야만 한다고 말했다. 논문의 중요한 구조와 논지가 그 자체를 드러내기 시작한 후에야 비로소 철저한 실험과 아울러 문헌에 대해 집중적으로 리뷰하는데 자신의 시간을 쏟아야만 한다. 그 학생의 지도교수는 탐구 기술을 증진하기 위한 한 가지 방법으로서 지시적 수업을 지지하는 중요한 논문을 썼다. 쾌활한 태도로, 그 지도교수는 그 저자와 대학원생에게 "당신은 자신의 교육이론을 따르도록 그 학생에게 요구하고 있지만, 당신의 이론은 임상적인 시행에서 입증되지 않고 있어"라고 분명히 말했다. 그 저자는, "그렇다면 그는 당신의 방식대로 해야만 해. 당신은 그에게 해야 할 일을 정확하게 얘기할 수 있고, 그는 그것을 완벽하게 모방할 수 있다고 나는 확신해. 결국, 그 학생이 구직시장에서 얼마나 잘 대우받을지 우리는 알 수 있을 거야."라고 비꼬듯이 대꾸했다.

이 이야기의 요점은 위원회 위원 가운데 한 명이 옳았다거나 틀렸다는 것이 아니라, 양쪽의 충고가, 극단을 취하게 되면, 다소 무모하다는 것이다. 시간이 흐르면, 사람들은 많은 방식으로 학습할 것이다. 가끔씩, 자신의 아이디어를 탐구하고 개발하는 것이 중요하다. 가끔씩은, 지시적인 가이던스를 받는 것이 중요하다. 그 질문은 어떤 방법이 옳으냐는 것이 아니다. 즉, 그 질문은 어떤 방법의 조합이 주어진

결과를 위해 최선인가 하는 것이다.

사람들은 자신이 듣고 보는 것으로부터 새로운 지식을 구성하기에 충분한 선행지식을 가지고 있다는 것을 가정하면, 지시적 수업은 매우 효과적일 수 있다. 많은 경우, 사람들은 충분한 선행지식을 갖고 있지 않다. 예를 들어, 예비교사 교육 과정에서 한 가지 도전은 교실에서 가르치는 것에 대한 충분한 선행지식을 학생들이 가지고 있지 않다는 점이다. 학생들의 교사준비 코스에서, 학생들이 이론의 의미를 알고서 자신들이 가르칠 미래 학생들의 행동 속에 그런 의미를 분명히 그리는 것은 어렵다. 더욱이, 학생들은 수업 중에 사용했던 구체적인 보기를 마무리하는 개인적 사례 창고(a repository of personal instances)를 가지고 있지 않다. 교사교육 담당자들은 학급 독서와 강의에서 제시된 이론과 레슨의 의미를 예비교사들이 이해하도록 도와줄 다양한 보기, 사례, 그리고 비디오를 포함시키기 위해 부지런히 작업해야만 한다. 이런 점에서, 현직교사와 함께 작업하는 것이 훨씬 수월하다. 현직교사들은 적절한 사례를 생각해낼 수 있으며, 교수가 제시한 아이디어와 함께 그들 자신의 교실 지혜를 나란히 둘 수 있다.

만약 지시적 수업을 쉽게 이해할 수 있는 충분한 선행지식을 학생들이 가지고 있지 않다면, 그것을 개발하기 위한 최선의 방법은 무엇인가? 이런 질문을 경험적으로 다루기 위해서는, PFL 평가의 측면에서 생각하는 것이 중요하다. 학생들로 하여금 어떤 유형의 경험이 지시적 수업으로부터 지식을 구성하기 위해 가장 잘 준비시키는가 하는 것이 경험적 질문이다. 예를 들어, 강의로부터의 학습을 평가의 일부분으로 만듦으로써, PFL 평가는 학생들이 강의로부터 얼마나 잘 학습하도록 준비되어 있는가를 결정하기 위해 사용될 수 있다.

관련된 일련의 연구가 인지심리학개론 코스를 수강하는 학생들을 가르치는 것으로부터 나오고 있는데(Schwartz & Bransford, 1998), 그런 연구들 가운데 하나를 우리는 서술하고 있다. 이 연구에서, 학생들은 몇 개의 레슨에 걸쳐 있는 두 가지 클러스터의 인지적 개념을 학습했다. 기초자료(baseline data)를 모으기 위해, 모든 학생들은 부호화이론(사람들이 장기기억 속에 저장하는 정보의 양상)에 관련된 개념의 클러스터를 학습하기 위해 동일한 수업을 받았다. 두 번째 개념의 클러스터는 도식이론(사람들은 지식을 어떻게 조직하는가)에 관한 것이었다. 두 번째 클러스터의 경우, 학생들은 상이한 처치(different treatments)를 완수했으며, 따라서 우리는 학생들의 학습을 수업 처치와 교차하여 그리고 학생 자신들의 기준치(baselines)와 서로 비교할 수 있었다.

학생들은 먼저 부호화 개념(encoding concepts)에 대해 학습했다. 그들은 고전적인 부호화 연구로부터 나온 한 묶음의 간편 자료 세트와 실험설명서를 받았다. 학생들의 과제는 80분 안에 자료를 분석하여 가장 중요한 패턴을 그래프로 작성하는 것이었다. 학생들은 자신들이 분석했던 실험의 요점을 듣지 못했다. 즉 어떤 패턴이 도표로 나타낼 만큼 중요한지를 결정하는 것은 자신들에게 달려 있었다. 이런 활동을 우리는 "분석하다(Analyze)."라고 부를 것이다. 이틀 후, 그 학생들은 부호화에 대해 30분간의 강의를 들었다. 그 강의는 연구결과와 아울러 그런 연구결과를 설명하는 보다 광범위한 이론들을 리뷰했다. 이런 활동을 "강의하다(Lecture)."로 부를 것이다. 따라서, 부호화 개념을 위해, 모든 학생들은 분석＋강의 처치를 받았다.

일주일 후, 학생들은 도식 개념(schema concepts)에 관한 학습을 위해 세 가지 처치로 분리되었다. 그 중 두 가지 조건은 새로운 도식자료 세트를 위한 분석 활동을 완수했다. 나머지 세 번째 조건은 도식 개념에 대한 한 구절의 문서자료를 받았으며, 그 조건의 과제는 그 문서자료에 대한 요약을 쓰는 것이었다. 이것을 "요약하다(Summerize)."라고 부를 것이다. 그 장은 연구에 대한 서술과 결과에 대한 그래프를 포함했으며, 아울러 그 장은 결과를 설명하는 보다 폭넓은 이론을 개발했다. 세 집단 모두 활동을 완수하기 위해 80분이 주어졌다. 이틀 후, 분석집단 가운데 한 집단이 강의를 받았으며, 나머지는 분석활동을 계속하도록 요구받았다. 요약집단은 강의를 받았다. 따라서, 이 연구 단계에서 모든 학생들이 부호화 개념을 학습했던 방식에 필적하는 분석＋강의 처치가 있었다. 또한 두 가지 새로운 학습처치 즉, 요약＋강의와 분석＋분석이 있었다. (다음 섹션에서 학생들이 강의＋분석 처치의 유사형을 받았을 때 어떤 일이 일어나는지를 서술한다.)

다음 주에, 얼마나 많이 학습했는지를 알기 위해 학생들은 평가를 받았다. 학생들은 새로운 실험에 대한 서면 설명서를 받았다. 그들의 과제는 실험결과를 예측하는 것이었다. 그 실험은 여덟 가지의 가능한 예측치(eight possible predictions)를 가지고 있었는데, 그것은 부호화 개념 클러스터에 기초하고 있는 네 가지와 도식 개념 클러스터에 기초하고 있는 네 가지였다. [그림 3.1]은 얼마나 많은 개념들이 학생들의 예측치에서 나타났는지를 보여준다. 스스로 자료를 분석한 다음 강의를 들음으로써 자신들이 학습했던 개념을 학생들은 더 잘 예측했다. 그 장을 요약한 다음 강의를 들었던 학생들은 썩 잘 하지는 못했다. 그 차이는 요약집단 학생들이 요약 활동을 하는 동안 개념을 간과한 것 때문이 아니었다. 분석활동과 요약활동을 하는 동안 학생들이 산출했던 도표와 요약은 강의에 앞서 그들이 어떤 개념을 다루었는지의 여부를 암시했다. 요약집단 학생들이 자신들의 요약에서 개념을 적었을 때, 그들은 단지 그런 동일한 개념의 23%를 사용하여 예측했다. 이와 대조적으로, 분석＋강의집단 학생들은 자신들의 도표에 개념 관련 패턴을 나타냈을 때, 그들은 그런 개념의 60%를 사용하여 예측하는 것 같았다.

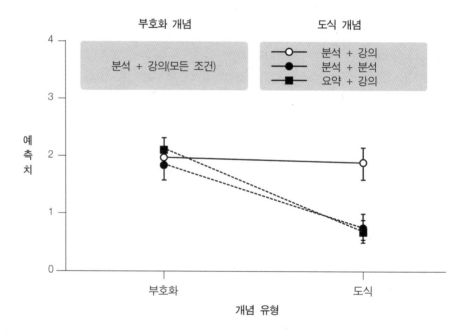

[그림 3.1]

　기억 실험에 대한 자료 세트를 탐구하고 도식화했던 학생들은 새로운 실험에 대한 더 우월한 결과예측 능력을 보여주었지만, 그것은 그들이 나중에 체계화하는 강의를 들을 기회를 가졌던 경우에 한해서였다(출처: Schwartz & Bransford, 1998에서 인용).

　자료를 분석하긴 했지만 강의를 전혀 듣지 못했던 학생들 역시 썩 잘 하지 못했다는 것이 중요하다. 분석＋분석 집단 학생들은 적절한 패턴을 도식화했지만, 그들은 단지 그들이 도식화했던 개념의 18%에 기초하여 예측했다. 이런 후자의 결과는 자료를 분석하는 것 그 자체가 효과적인 수업으로 유도하지 않았다는 것을 의미한다. 그 대신에, 자료 분석하기의 효과는 강의로부터 지식을 구성하도록 학생들을 준비시키는 것이었다.

이런 결과로 볼 때, 학생들을 지시적인 수업에 준비시키는 좋은 방법은 "탐구적인(exploratory)" 활동과 함께 목표로 하는 경험을 그들에게 주는 것이다. 좋은 학습결과로 이끌었던 것은 탐구와 이야기하기(exploration and telling)의 조합이었다. 탐구적 활동이나 언어적 활동은 그 자체로는 바람직한 학습을 낳지 않았다. 전적인 탐구수업이나 혹은 전적인 지시적 수업을 주장하는 단일한 이론들은 이런 결과를 설명하지 않는다.

그러나, 만약 바람직한 학습결과가 학생들로 하여금 자신의 지식을 새로운 상황에 전이하도록 하는 것이었다면 수업을 혼합하는 것의 이점만은 유지되었다는 것을 주목하는 것이 중요하다. 일련의 연구 가운데 어떤 연구는 재인 기억(recognition memory)을 측정했다. 어떤 분석활동도 없이 강의를 들었던 학생들은 매우 잘 했다(분석＋강의 활동을 했던 학생들이 했던 것만큼). 예를 들어, 요약을 했던 학생들은 자신들이 그것을 이해했을 때, 일반 사람들이 단지 문서자료의 요점만을 기억하는 부호화 개념을 정확하게 확언할 수 있었다. 단지 그들은 이런 서술적 사실을 예측과제에 적용할 수 없었을 뿐이었다. 만약 수업목표가 단순 암기라면, 강의는 대학생들에게 좋을 수도 있다. 그러나, 이런 심리학 코스의 목표는 학생들이 인간의 행동을 예측하고 해석하는 능력을 개발하는 것이었다. 이와 같은 경우에, 기억 평가는 수업의 질이나 학생들의 학습을 평가하기에는 잘못된 방식이다.

● ○ 구성주의 활동이 구성주의 결과를 낳는다.

어떤 학습경험이 일어날 시점을 예측하는 것이 항상 가능하지는 않다. 구성주의 학습결과를 목표로 하는 수업은 "이것을 학습해라(learn this)."라고 말하는 교사가 전혀 없을 때조차 학생들이 학습기회를 인식하고 활용할 수 있도록 준비시켜야만 한다. 전술한 사례에서, 순수 강의 형태의 존재는 그것이 학습에 중요했다는 것을 학생들에게 암시했다. 보다 엄중한 교육학 테스트는 명백한 프롬프트(prompts) 없이도 학생들이 학습할 준비가 되어 있는지의 여부를 검토할 것이다.

어떤 유형의 경험이 사람들로 하여금 명백한 프롬프트 없이도 지식을 구성하도록 준비시키는지를 검토하기 위해, Schwartz와 Martin(2004)은 통계 학습에 대한 연구를 수행했다. 개념적인 내용을 고찰하는 심리학 수업 연구와는 달리, 이 연구는 양적인 아이디어와 절차의 습득을 연구했다. 다양한 부류의 9학년 학생들이 분산(variance)이라는 주제와 관련된 고안 활동을 이행했다. 학생들은 자료 세트를 받았으며, 소비자 "신뢰도 지수(reliability index)"를 계산하기 위한 공식을 고안해야만 했다. 예를 들어 자료가 주어지면, 고정된 높이로부터 공이 반복해서 떨어졌을 때 두 개의 트램펄린 가운데 어느 것이 가장 일정한 바운스(bounce)를 산출했는지를 가리키는 값을 학생들은 찾아내야만 했다. 정확한 해결책을 고안한 학생들은 거의 없었다. 그러나, 그 수업의 목표는 전문적인 수학자도 명확하게 표현하는 데 몇 년이나 걸리는 것을 학생들이 재고안하는 것이 아니었다. 오히려, 그런 문제가 수업에 제시되었을 때 수학자들이 창안했던 공식적 해결책을 학생들이 이해하도록 준비시키는 것이 목표였다. 일련의 고안활동을 완수한 후, 학생들은 분산 공식을 배웠으며, 그 공식을 사용하는 연습시간이 그들에게 주어졌다. 인간 기억에 대한 자료를 분석하는 대학생의 경우처럼, 고안활동은 강의내용으로부터 학생들이 심층적인 이해를 형성하도록 학생들을 준비시켰다. 9학년 학생들은 공식에 대한 명시적인 장기기억으로부터 공식의 구조를 설명하는 능력(예컨대, 왜 분산 공식은 n으로 나누는가)에 이르기까지 다양한 측정을 기초로 한 학기의 대학 통계를 이수했던 대학생들을 능가했다. 이런 연구결과는 이전의 연구에서 분석+강의 활동의 결과를 보완한다.

통계학 연구에서의 새로운 질문은 명시적인 수업 없이 학생들이 자발적으로 학습할 준비가 되어있는지의 여부였다. 실험이 작동했던 방식은 수 주 동안의 수업 마지막 날 학생들이 2명에서 4명 사이의 소집단으로 표준화 점수(예컨대, 곡선 위에 등급화하는 것)에 관해 공부했다는 것이었다. 지시적 수업 처치를 이행했던 반수의 학생들을 우리는 "말하고 모방하기(Tell and Copy)"라고 부를 것이다. 그 학생들은 표준화 점수를 계산하기 위한 도식화 기법을 듣고 본 후, 자료 세트를 받았으며 표준화 점수를 찾기 위한 기법을 사용하는 질문에 답해야만 했다(예컨대, 높이뛰기 선수와 멀리뛰기 선수 가운데 누가 상대적으로 세계기록을 더 많이 깼었는가?). 이런 연습을 하는 동안 교사는 학생들의 실수를 교정했다. 고안하기 처치를 이행했던 나머지 반수의 학생들을 "측정방법 고안하기(Invent a Measure)"라고 부를 것이다. 그 학생들은 같은 자료 세트와 질문을 받았지만, 자신들의 문제해결책을 고안하라고 들었다. 그들은 문제해결 방법에 대한 어떤 구체적인 가이던스도 받지 못했으며, 자신들의 해결책에 대한 어떤 피드백도 받지 못했다. 실행가능한 답변을 고안했던 학생은 아무도 없어서, 처음에는 이것이 매우 비효율적인 형식의 수업인 것 같았다. 그러나, 후속적인 PFL 평가(다음에 서술됨)에 의해, 해결책을 고안하기 위해 시도하는 경험은 그 자체로서 매우 중요하다는 것을 보여주었다. 그것은 후에 "숨겨진(hidden)" 해결책으로부터 학습하도록 학생들을 준비시켰다.

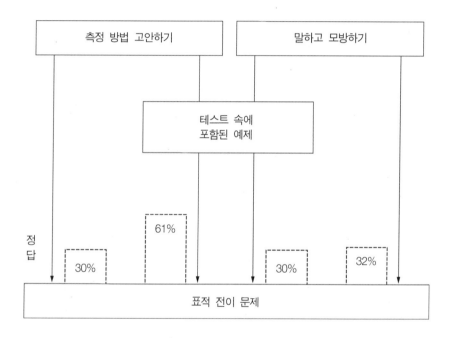

[그림 3.2]
    표준화 점수의 개념을 학습하기 위해 해결책을 고안하려고 노력했던 학생들은 표준화 점수를 사용하는 해결책을 듣고 연습했던 학생들보다 예제로부터 자발적으로 학습하고 아울러 그 예제를 후속 문제에 전이할 준비가 더 잘 되어 있었다(출처: Schwartz & Martin, 2005에서 인용).

    PFL 평가는 수업 일주일 후 시행했던 보다 긴 테스트에 두 가지 항목을 포함시켰다. 테스트의 말미에 있었던 하나의 항목은 난해한 전이문제였다. 표적 전이문제

(target transfer problem)는 학생들이 공부했던 어떤 문제와도 같지 않았다. 표면적 특징은 새로웠으며, 그 문제는 이전 수업에서 직접적으로 다루지 않았던 표준화 점수의 적용을 요구했다. 다른 항목은 테스트의 중간에 있는 예제(worked example)였다. 예제 바로 밑에 있는 후속 문제를 해결하기 위해 학생들은 예제를 따라야만 했다. 전이문제를 해결하도록 도와줄 절차는 예제 속에 숨어있었다. 거의 모든 학생들이 예제를 정확하게 따랐다. 질문은 표적 전이문제에 적용할 수 있었던 것과 같은 예제로부터 학생들이 학습할 준비가 되어있는지의 여부였다.

모든 테스트 묶음은 표적 전이문제를 포함하고 있었지만, 각각의 조건에서 단지 테스트의 반수만 예제를 포함하고 있었다. 이런 방식으로, 예제를 기초로 학생들이 표적 전이문제를 해결하고 있었는지의 여부를 결정하는 것이 가능했다. [그림 3.2]는 그 결과를 보여준다. 표준화 점수에 대해 지시적 수업을 받았던 학생들은 예제로부터 학습하도록 준비되어 있지 않았다. 말하고 모방하기 집단 학생들은 예제를 가진 사후 테스트(post-test)나 예제를 갖지 않은 사후 테스트에 대해 마찬가지로 대충 수행했다. 반대로, 표준화 점수를 다루는 방법을 고안하려고 시도했던 학생들은 예제로부터 2배 정도 배우는 것 같았으며, 전이문제를 해결하기 위해 예제를 사용하려는 것 같았다. 후속 연구는 정규 수업 교사로부터 수업을 받았던 새로운 집합의 9학년 학생들로 그 결과를 되풀이했다(Schwartz & Martin, 2004).

그 연구는 세 가지의 유용한 조각 정보를 제공한다. 첫 번째, 적어도 이런 사례에서 볼 때, 구성주의의 견해를 반영한 활동이 지시적 수업보다는 구성주의 결과로 더 잘 유도할 수 있다는 것이다. 분산을 포함하고 있는 문제에 대한 해결책을 고안하려고 노력했으나 성공하지 못했던 학생들은 명시적인 지원 없이도 자발적으로 학습할 준비가 더 잘 되어 있었다. 두 번째 조각 정보는 연구가 만약 PFL 평가를 사용하지 않았더라면 고안 활동의 이점이 간과되었을지도 모른다는 것이다. 숨겨진 예제의 이점 없이 전이문제를 해결하려고 노력했던 학생들은 SPS 평가를 취했는데, 그 이유는 아무런 학습자원도 없었기 때문이다. 이런 SPS 평가에 의해, 지시적 수업과 고안 간에는 거의 차이가 없었다. 세 번째 조각 정보는 예제가 효과적인 수업을 창출할 수 있지만, 학생들이 그 사례로부터 유용한 지식을 구성할 준비가 되어있을 경우에 한해서이다. 말하고 모방하기 조건 학생들은 바로 다음 문제를 해결하기 위해 예제를 따를 수 있었지만, 그 절차가 달성할 수 있었던 것의 의미를 학습하지는 않았다.

● ○ 학습에서 효율성과 가변성이라는 이슈

수업의 효율성(the efficiency of instruction)은 미국 교육학에서 항상 핵심적인 고려의 대상이 되어왔다. 예컨대, Skinner(1986)는 발견활동을 반대했는데, 그 이유는 그런 발견활동이 가능한 한 신속하게 강화적인 행동을 산출하도록 학생들을 유도하지 못하기 때문이다. 보다 최근에, 학생들에게 어디를 보아야 할지를 말해주거나 보여주는 것이 인지적으로 더욱 절약이 될 때, 그들이 정보를 찾는 시간을 낭비하도록 하는 것의 비효율성을 Chandler와 Sweller(1991)는 지적했다. 그렇다 하더라도, 탐구가 항상 시간과 인지적 자원의 비효율적인 사용이라고 일반화하는 것은 잘못이다.

이전 연구에서, 학생들로 하여금 먼저 상황의 복잡성을 경험하도록 한 다음 자신들의 초기 성공, 어려운 점 그리고 질문에 비추어 전문적인 기법과 개념을 이해하도록 도와주는 정보 제공이 유리할 수 있다는 것을 우리는 보여주었다. 보다 인지적인 패러다임에서, Vollmeyer, Burns 및 Holyoak(1996)는 즉각적인 교정을 넘어서는 탐구 허용하기의 가치를 보여주었다. 동물 문헌에서조차 가능한 빨리 정답을 얻도록 하는 것을 넘어서는 느린 탐구의 이점을 보여준다. 예컨대, Verbeek, De Goede, Drent 및 Wiepkema(1999)는 박샛과의 한 종인 툇마이스(titmice)라는 새를 위해 한 세트의 급식소를 개설했다. 어떤 새는 급식소를 학습하는 데 더딘, 보다 탐구적인 접근방법을 취했으며, 다른 새는 보다 즉시 급식소를 학습했다. 그 후 연구자들은 급식소를 바꾸었다. 보다 탐구적인 접근방법을 취했던 새들이 새로운 급식소를 학습하는 데 보다 효과적이었다. 이런 각각의 경우에서, 탐구는 학습자로 하여금 학습공간의 구조와 가변성(variability)에 관해 더 많이 귀납적으로 사고하도록 하며, 학습공간 내에서 학습자가 새로운 문제를 보다 더 효과적으로 다룰 수 있도록 해준다. 가변적인 환경에 효과적인 학습은 단지 루틴(routines)과 개념 지식에 관해서만이 아니라, 그런 루틴과 개념을 적용하는 상황에 관한 지식을 아울러 요구한다. 아마도 상황에 대한 구조와 변화에 관해 사람들에게 직접적으로 가르치는 것은 가능하지만, 말하기와 연합된 학습과정이 탐구와 같다거나 혹은 탐구만큼 효과적이라는 것은 분명치 않다.

타이핑과 같이 효율성이 최우선인 고도로 안정된 조건을 위해 수업을 받고 있을 때면, 가변성을 탐구하는 것은 덜 중요하다. 격리되고 안정된 연습은 매우 유용하다. 그러나, 수업이 충분히 예상할 수 없는 새로운 상황에서 사람들이 자신들의 학습이 요구될 가능성이 있다면, "배경(background)" 가변성은 수업의 일정 몫에 포함될 정도로 중요해진다. Gick과 Holyoak(1983)의 독창적인 연구는 이런 점에서 소중한 증거를 제공하고 있으며, 아울러 오직 관련된 정보만 수업에 포함시키고 모든 "잡음(noise)"을 수업으로부터 배제하는 것이 최선의 교수방법이라는 직관을 극복하는 데 그들의 연구결과는 도움을 줄 수 있다. 그들의 연구에서, 사람들은 이야기 문제(story problem)를 해결하는 방법을 배운 다음 표면적 특징이 서로 다르면서 구조적으로 유사한 이야기 문제를 받았다. 예를 들어, 학습 문제(learning problem)는 의학적 특집기사를 가지고 있으면서 표적 문제(target problem)는 군사적 특집기사를 가지고 있을 수도 있지만, 두 가지 시나리오 모두 어떤 것의 힘을 분산시키는 것 - 방사 빔(radiation beams)이나 혹은 군대 - 그리고 그런 분산된 힘들을 표적에 동시에 수렴하도록 하는 동일한 해결책에 의존한다. 흥미로운 질문은 도입학습의 어떤 조건이 사람들로 하여금 수렴 해결책을 표적 문제에 전이하도록 도와주는가 하는 것이었다.

Gick과 Holyoak는 어떤 것이 전이를 지원하는지를 알기 위해 도입학습의 다양한 조합을 탐색했다. 모든 조합이 기본적 해결책 학습을 위해서는 잘 작동했지만, 전이를 지원하는 데에는 똑같이 효과적이지 않았다. 전이를 성취하는 데 가장 효과적인 처치는 연구대상으로 하여금 설명과 더불어 두 가지 상이한 사례의 특집기사를 읽도록 하는 것이었다는 점을 그들은 발견했다. 이런 조합은 단일 사례보다 더욱 효과적이었다. 즉, 사례 없는 설명보다 더욱 효과적이었으며, 설명을 첨가한 단일 사례보다 더욱 효과적이었다. 또한 그것은 설명을 첨가한 두 가지 유사한 사례의 특집기사를 사용하는 것보다 효과적이었다. 두 가지 상이한 사례의 특집기사는 해결책의 구조에 우발적인 "잡음"이었다. 그러나, 두 가지 상이한 특집기사를 포함시킴으로써, 그것은 참여자들로 하여금 문제의 어떤 특징이 적절한지(하나의 커다란 힘을 나누는 것의 필요성) 그리고 어떤 것이 부적절한지(의학적 맥락 혹은 군사적 맥락)를 학습하는 데 도움을 주었다. 이런 경우, 맥락적 이질성(contextual hetero-geneity)은 학생들로 하여금 상황의 어떤 측면이 적절한지를 귀납적으로 사고하도록 도와주는 데 결정적이었다. 비슷한 두 가지 사례를 가지고 공부하는 것은 서로 다른 두 가지 사례를 가지고 공부하는 것만큼 도움을 주지 못했다. 형태(figure)는 배경(background) 없이 존재하지 않는다. 수업이 만약 효율성을 위해 모든 배경 가변성(background variability)을 제거한다면, 학생들은 무엇이 적절한지 그리고 무엇이 관계없는지를 스스로 식별해야만 하는 새로운 상황에 대비하여 준비되기 어려울 것이다.

●○ 효율적 결과와 구성주의 결과는 상호배타적이지 않다.

지금까지 우리는 수업의 관점에서 효율성(efficiency)이라는 이슈 즉, 어떤 수업의 조합이 학습을 가장 효율적으로 도와주는가라는 주제를 숙고해 왔다. 지식 적용에 있어서 높은 효율성이라는 결과가 구성주의 결과와 양립할 수는 없는가? 이런 질문에는 장점이 있다. 한 가지 가능성은 잘 학습된 그리고 효율적인 루틴에 사람들이 지나치게 의존할 수 있다는 것이다. 그들은 훨씬 더 효율적일 수도 있는 새로운 작업방식을 학습할 기회를 놓칠 수 있다. 세트 효과(set effect) 혹은 행동의 경직성(einstellung)에 대한 Luchins와 Luchins(1959)의 유명한 연구가 이런 문제점을 보여주었다. 사람들이 물주전자 문제를 해결하는 방법을 학습하게 되면, 그런 방법이 새로운 문제에는 비효율적으로 되었을 때조차 이런 해결책을 놓치려 하지 않았다. 두 번째 가능성은 미래의 지식구성 능력을 강조하는 바람직한 결과는 궁극적으로 학생들에게 효율적인 해결책을 보여주고 연습하게 한다 할지라도, 효율적인 해결책을 학습하는 것의 대가(at the expense of)로 오게 될 것이라는 점이다.

최근의 연구는 전자가 후자보다 더 중요하다는 것을 시사한다. 조숙한 효율성은 새로운 지식 구성의 적인 반면, 초기 혁신은 효율성과 구성주의 결과 두 가지 모두를 가능하게 한다. 학습 능력을 강조하는 구성주의 결과가 효율적인 지식 적용의 결과와 양립할 수 없는지의 여부를 Sears(2006)는 연구했다. 그 연구는 카이 자승(chi-square) 통계치(예컨대, 기대 결과 대 관찰 결과) 뒤에 숨어있는 논리를 학습하는 대학생들을 포함시켰다. 학생들은 순차적으로 신중하게 설계된 사례를 받았다. 예를 들어, 한 가지 사례는 주사위가 기대 확률(expected possibilities)에 따라 적재되었는지의 여부를 결정하는 데 초점을 맞추었다. 학생들은 자신들의 적재 기회(chances of being loaded)를 색인화 했던 값을 계산하기 위한 절차를 고안해야만 했다. 또 다른 사례는 기대 확률이 알려지지 않았을 때, 학생들로 하여금 상이한 집단이 상이한 음식 선호를 나타내는지의 여부를 색인화 하기 위한 절차를 고안하도록 요구했다. [그림 3.3]은 이런 사례를 제공하고 있다.

 연구에서 한 가지 요인은 학생들이 혼자 작업했는지 아니면 짝지어 작업했는지의 여부였다. 두 번째 요인은 수업의 계열을 포함했다. 한 가지 처치에서, 학생들은 각각의 사례에 적절한 절차를 들었으며, 그 사례에 대해 한번 이상씩 실습했다. (이 조건은 인지심리학 학습에 대한 연구에서 포함시켰던 강의＋분석 조건의 유사형이다.) 다른 처치에서는, 학생들은 각 사례를 다룰 방법을 고안하기 위해 시도한 다음에 적절한 절차를 들었으며 부가적인 사례를 바탕으로 연습했다. 이런 수업 조작은 매우 미묘했으며－모든 조건들은 똑같은 사례와 똑같은 절차적 해결책을 받았다－유일한 차이는 자료를 받았던 순서였다. 그 연구는 실험실에서 수행되었으므로, 과제에 대한 시간은 모든 조건에서 동일했다는 것을 보장하는 것이 가능했다.

차별적인 선호가 있으면 표시하기 위한 색인을 계산하시오					
	캔디	초콜릿		사과	오렌지
아동	6	14	돼지	14	6
성인	16	4	말	16	4

[그림 3.3]
 학생들은 동일한 공식을 사용함으로써 각 행렬을 위한 단일한 수의 색인(값)을 도출할 필요가 있었다. 학생들은 먼저 색인을 계산하는 방법을 읽거나 혹은 색인을 고안하기 위해 시도한 다음 표준 해결책에 관해 읽었다.

 활동을 끝낸 후, 학생들은 사후 테스트를 받았다. 모든 학생들은 개인적으로 사후 테스트 작업을 완수했다. 그 테스트는 비교적 유사한 문제에 학생들의 효율적인 절차 적용 능력을 평가하는 SPS 질문을 포함했다. 그 테스트는 또한 PFL 평가를 포함했다. PFL 평가는 분산에 관한 고등학교 학생들과의 연구와 동일한 형식을 취했다. 신뢰도(Cohen's Kappa)를 결정하기 위해 카이 자승 논리를 확장하는 방법을 위해 힌트를 제공했던 예제가 테스트 속에 포함되어 있었다. 질문은 도구 신뢰도를 포함한 새로운 상황에 예제를 확대하기를 요구했던 매우 어려운 문제를 학생들이 순차적으로 해결할 수 있도록 예제로부터 자발적으로 충분히 학습할 수 있는지의 여부였다.

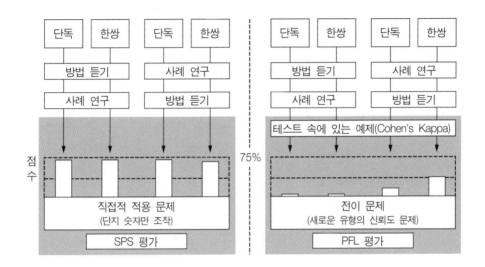

[그림 3.4]

표준적 해결책을 학습하기 전에 해결책을 고안하려고 했던 학생들은 문제해결방법을 직접적으로 듣고서 연습했던 학생들만큼 절차에 대해 동등하게 효과적인 지배력을 보여주었다. 그러나, 짝지어 해결책을 고안하기 위해 연구했던 학생들은 테스트 속에 포함된 예제로부터 새로운 방법을 학습하고 그것을 새로운 문제에 적용하기 위한 준비에서 훨씬 더 우월했다(출처: Sears, 2006에서 인용).

[그림 3.4]는 관련 결과를 요약하고 있다. 네 가지 조건 모두에서 SPS 테스트에 따라 동일한 수준에 관한 표준 절차를 학생들이 학습했음을 왼쪽 패널은 보여준다. 따라서, 고안활동은 효율적인 해결책 학습과 아울러 후속적인 적용을 방해하지 않았다. 오른쪽 패널은 PFL 평가의 결과를 보여준다. 각 사례 이전에 절차를 들었던 학생들은 PFL 평가 결과 썩 잘 하지 못했다. 기회를 고려하면 그들은 지식을 구성할 준비가 되어 있지 않았다. 표준적 접근방법을 듣기 전에 해결책을 고안하려고 시도했던 학생들이 더 잘했다. PFL의 장점은 도입 수업(initial instruction) 중 해결책

을 고안하기 위해 짝지어 작업했던 학생들에게 특히 강력했다(PFL 평가에서 테스트나 혹은 예제를 완성할 때 그들은 짝지어 작업하지 않았다).

　Sears의 연구는 몇 가지 유익한 결과를 제공한다. 만약 학생들이 표준 해결책을 학습할 후속 기회를 가지면, 해결책을 고안하기 위해 시도하는 외관상의 비효율적인 활동이 후속 수행에서 비효율성을 수반하지 않는다는 것이 한 가지 연구결과이다. 전술한 연구에서처럼, 이런 경우에 고안활동은 전체 수업시간에 있어서 상당한 정도의 비용 없이도 매우 효과적으로 표준 해결책과 설명을 학습하도록 학생들을 준비시킨다. 사례를 가지고 작업하기 전에 효율적인 절차를 듣는 것은, PFL 평가에 의해 측정되었던 것처럼 학생들 학습을 막았다는 것이 두 번째 결과이다. 사전에 절차를 아는 것은 탐구적 행동을 방해했는데, 그 이유는 문제에서 제시된 상황보다는 절차에 학생들이 초점을 맞추었기 때문이다. 세 번째 유익한 결과는 집단토의의 활용은 특별한 장점을 가지고 있다는 것이다. 여기서 효과적인 수업요소를 확인하기 위한 PFL 평가의 장점을 본다. 개인적으로나 혹은 집단으로 작업하는 것은 효율성을 측정하는 SPS 평가에 많은 차이가 없었다. 그러나, 구성주의 결과에 집단작업이 유익했지만, 집단이 함께 해결책을 고안할 기회를 가졌던 경우에 한해서였다. 지시적 수업의 맥락 내에서 집단으로 작업하는 것은 개인적으로 작업하는 것을 능가하는 식별가능한 아무런 이점도 없었다. 이런 결과는 이해가 된다. 문제해결 방법에 대한 지시적 수업이 주어졌을 때, 그 짝들은 답을 맞춰보기 위해 단순히 서로에게 자신들의 결과를 넘겼을 뿐이다. 반대로, 고안 조건에서는, 짝지어진 학생들은 아이디어에 관해 서로 얘기했으며, 이것은 그들로 하여금 더욱 철저하게 학습공간에 관한 자신들의 생각을 탐구하도록 도와주었다.

●○ 결론: 어떤 유형의 활동이 구성주의 결과를 낳는가?

　이 장의 목적은 수업의 효과성을 평가할 때 구성주의 결과를 고려하는 것의 가치를 보여주는 것이었다. 우리는 구성주의가 고취하는 교육의 한 가지 목적에 더욱 적합할 것 같은 미래학습을 위한 준비(PFL)라고 불렀던 평가 양식을 제안했는데, 그것은 학생들이 지식을 구성할 수 있도록 해준다. PFL 평가에서, 학생들은 평가받는 동안 지식을 구성할 기회를 받는다. PFL 측정은 표준적인 평가가 놓쳤을지도 모를 구성주의 학습의 측면에 민감했음을 여러 연구들이 보여주었다.

PFL 평가는 강력한 도구라는 것과 주류 교육제도 속으로의 편입이 심각하게 고려되어야만 한다는 것을 믿고 있지만, 광범위한 전환에 심각한 도전이 있다는 것을 우리는 충분히 인정하고 있다. 예를 들어, SPS 테스팅의 시대에 PFL 평가를 늘리는 것이 가능할지의 여부가 주된 이슈이다. 현재 표준화된 평가와 함께 동등한 수준에서 신뢰도를 수립하는 것은 여러 교육기관과 그런 기관들을 감독하는 조직 사이에 많은 노력과 협력을 요구할 것이다. 철학적 수준에서, 이런 조직들은 미래학습을 위한 역량을 명시적 수업목표로서 인정할 필요가 있을 것이다. 또한 앞서 연구에서 서술되었던 효과는 아마도 문제공간을 탐구하고 해결책을 고안하는 활동을 통해 학생들이 습득했던 내용 지식에 십중팔구 기인했다는 것을 우리는 반드시 주목해야 한다. 학생들이 스스로의 힘으로 지식구성 능력을 조절하도록 학생들의 폭넓은 성향과 메타인지적 역량에 영향을 주는 것은 더욱 오랜 그리고 보다 지속적인 수업 중재를 요구할 것 같다.

구성주의 결과와 일치하는 PFL 평가는 SPS 평가가 놓친 효과를 드러낸다는 것을 입증하기 위해 이 장에서 제시된 연구들은 특별히 설계되었다. 적어도 지금까지, 이런 증거가 수립된 지금, 다른 사람들도 자신들의 연구에 PFL 평가를 포함시키는 것을 고려하길 우리는 기대한다. 대부분의 수업 연구에 PFL 평가를 부가하는 것은 상대적으로 쉬워야만 한다. 앞으로 PFL 평가의 적용은 여기에서 사용된 구체적인 연구설계를 사용할 필요가 없는데, 그 연구는 PFL 평가의 타당성을 입증하기 위해 설계되었다.

여기 제시된 사례에서, PFL 평가는 모두 강의나 혹은 예제와 같은 언어적 자료로부터의 학습을 포함했다. 그러나, 보다 상호작용적이며 다른 형식을 취하는 PFL 평가를 상상할 수 있다. 예컨대, 공학적 환경(technological environments)은 학생들로 하여금 테스트에서 자신들의 학습을 가이드하기 위해 피드백 받는 것을 가능하게 한다. 아마도, 훌륭한 선행 수업은 지식을 구성하기 위해 학생들이 피드백을 사용하는 방법을 학습하도록 도와줄 것이다. Chen과 Klahr(1999)의 연구는 탁월한 본보기를 제공한다. 학생들은 컴퓨터 환경에서 실험을 수행하는 것을 학습했으며, 결과 측정방법은 학습을 유지하기 위해 자신들의 실험으로부터 피드백을 얼마나 잘 배열하고 활용하는지를 포함했다. Chen과 Klahr는 가장 성공적인 조건을 "지시적 수업(direct instruction)"이라고 불렀지만, 이것은 직접적인 설명과 짝지어진 수많은 탐구요소를 포함했던 자신들의 중재의 복잡성에 대한 그럴듯한 구실이다.

앞서 연구에서 구성주의 측정방법이 독특한 결과를 드러냈다는 것을 가정하면, 어떤 학습과정이 그런 결과를 일으켰는지를 식별하기 위해 거꾸로 그리기를 시작할 수 있다. 이전 수업설계는 어떤 공통적인 수업 장르(a common genre of instruction)에 기초한 모든 변형(all variants)이었다. 아래에서 우리가 서술하는 이런 장르는 여타 교육자들이 중요하게 여기는 많은 요소를 포함하고 있지 않으며, 구성주의를 고취하는 수업 속에 포함하고 있다. 예컨대, 앞서 제시된 수업은 어떤 흥미로운 방식에서 학생들에게 개인적으로 적절하지 않았다. 그러므로, 우리의 관찰은 이런 장르의 수업이 유일한 혹은 최고의 수업모형이라고 말하는 것을 의미하지 않는다. 그보다 우리는 오히려, 현재 결과에 책임이 있는 것 같았던 요소와 과정을 확인하고 싶다. 우리의 결론은 필연적으로 사색적인데, 왜냐하면 이런 연구들은 원인이 아니라 학습결과를 분리하기 위해 설계되었기 때문이다.

여기서 서술된 성공적인 활동은 몇 가지 공통적인 설계요소를 공유한다(보다 자세한 내용은 Schwartz, Martin, & Nasir, 2005 참고). 첫 번째 중요한 특징은 대조적인 사례(contrasting cases)의 활용이었다. 각 활동에 있어서, 학생들은 신중하게 선정된 대비를 활용함으로써 중요한 특징을 강조한 자료를 받았다. 예를 들어, Sears(2006)의 연구에서, 학생들은 확률에 기초한 기대가치를 알 수 있었던 사례(예컨대, 주사위) 대 기대가치가 추론되어야만 했던 사례(예컨대, 주변 평균을 사용함으로써)를 병렬시켰던 자료를 받았다. 여타 사례는 비율 차이 대 절대 빈도 차이 등을 대비했다. 이런 대비는 학생들로 하여금 어떤 가변성의 원천(sources of variability)이 부적절한지를 인식하도록 도와주었음은 물론 학습공간에서 중요한 구조적 특징과 가변성의 원천을 알아차리는 데 도움을 주었다. 우리가 어떤 경성 규칙(a hard rule)을 가지고 있지는 않지만, 청소년과 성인은 한 번에 세 개에서 네 개까지의 개념적으로 핵심적인 대비를 목표로 하는 사례를 다룰 수 있다는 것이 그동안 우리의 경험이었다.

학생들이 구성주의 수업의 많은 부분을 차지하고 있는 탐구활동과 탐색활동에 참여할 때, 그들은 대비되는 사례에 관여하고 있다. 예를 들어, 그들은 상이한 두 가지 행위가 상이한 두 가지 결과로 유도한다는 것을 알아차릴 것이다. 빈약하게 개발된 탐구활동의 위험성은 너무 많은 대비가 있을 수 있기 때문에 어떤 것이 다른 것보다 덜 유용하다는 것이다. 폭넓은 범위의 있음직한 대비는 흥미롭고도 유용한 학생들의 많은 아이디어를 밝히겠지만, 너무나 많은 대비는 학생들이 어떤 변수와 어떤 상호작용이 가장 중요한지를 식별하는 것을 어렵게 만든다. 더욱이, 대규모 학급에서, 학생들 제각각 상이한 대비의 함의를 따를 수도 있는데, 그것은 학급의 모든 학생들을 위한 "협력하기(pull it together)"를 어렵게 만들 것이다. 우리의 접근방법에서는, 수업과제를 단순화하기 위해 그런 대비를 예시한다.

두 번째 중요한 특징은 상징적인 절차나 그래프를 사용하여 사례를 위한 표상을 고안하도록 학생들에게 요구했다는 것이었다. 이것은 네 가지 이유로 중요했다. 첫 번째 이유는, Sears가 보여주었던 것처럼, 시작할 때 학생들이 정확한 절차를 사용하는 방법을 듣게 되면 대비에 의해 강조된 구조를 알아차리지 못할 것이라는 점이다. 학생들은 절차를 유용하게 만드는 상황적 구조보다는 오히려 절차에 집중할 것이다. 절차를 고안하는 것은 학생들이 상황과 절차적 이슈에 집중하게 한다.

두 번째 이유는 고안이 학생들로 하여금 표준적인 해결책 내부에 포착된 "이유 (why)"를 평가하도록 준비시킨다는 것이다. 스스로 해결책을 고안하기 위해 노력함으로써, 전문적인 이론이나 절차의 설계로 유도하는 이슈를 학생들은 이해하기 시작한다.

학생들로 하여금 표상적 활동(representational activities)을 하도록 하는 세 번째 이유는 많은 학교수업의 목적이 복잡한 것을 조직하기 위해 전문가가 사용하는 간결한 상징적 표상과 이론을 학생들이 이해하고 또한 사용하기 위해 학습하도록 도와준다는 것이다. 학생들로 하여금 이런 표상을 향해 작업하게 하는 것은 표준적인 설명을 학습하기 위한 무대를 설치한다.

고안활동(invention activities)을 하도록 하는 마지막 이유는 학생들이 그런 고안활동을 즐기고, 그 결과로서 보다 관여적인 사고(engaged thinking)와 긍정적인 효과로 나타나게 된다는 것이다. 학생들은 이런 활동을 독창적인 생산활동(original production activity)으로 간주하는데, 이런 활동은 가능한 해결 경로와 표상적 인공물 (representational artifacts)의 탐색을 통해 창의적 사고를 조장한다. 학생들이 생산하는 해결책은 가끔 차선이긴 하지만, 일반적으로, 학생들은 자신들의 고안물에서 틀리지 않는다. 그보다는, 그들의 고안이 단순히 모든 사례를 다루지 않는다거나 혹은 아직 보이지 않은 사례에까지 일반화되지 않을 뿐이다. 자신들의 "부분적인 정확성(partial accuracy)"에 직면했을 때, 학생들은 그들 자신의 작품, 타인의 작품, 그리고 표준적 해결방법을 평가하게 된다.

전반적인 수업의 계열로 되돌아가면, 여기서 우리가 강조했던 세 번째 중요한 특징은 사례에 대한 종합적인 설명의 최종적인 전달이다. 학생들이 그 설명을 이해하도록 준비시키는 것이 목적이다. 학생들이 스스로 표준적 해결방법을 발견하도록 기대하는 점에서 우리가 서술했던 활동은 발견적 활동이 아니다. "정확한(correct)" 학생 발견을 요구하는 활동은 "비밀 누설하기(spilling the beans)" 없이 인위적으로 활동을 조정하기 위해 강사들에게 무거운 짐을 지울 수 있다. 예를 들어, Hills(2007)는 구성주의 교육은 교사 불안을 증가시킬 수 있음을 보고하고 있다. 레슨이 성공적으로 되게 하기 위한 정답 발견하기(discovering the right answer)라는 "압력(pressure)"을 제거함으로써, 학생과 교사는 학습공간을 보다 충분히 탐구할 수 있도록 자유로워진다. 표준적인 해결방법은 탐구 이후에 제시될 수 있다.

●○ 최종적 생각

다양한 학습 메커니즘과 학습결과가 있으며, 아울러 상황이 달라지면 그런 학습 메커니즘과 학습결과를 다양한 정도까지 이끌어낼 수 있다. 수업이론은 오직 사람들이 학습하는 수많은 방식 즉 적절한 과정에 관여하는 방법, 이런 과정들의 상호작용 방법 그리고 그런 것들이 산출하는 지식 유형과 수행 측정방법을 이해함으로써만 개선될 수 있다. 그러나, 모든 상이한 학습방식 가운데, 두 집단이 시종일관 서로에게 도전적이고 경쟁적인 상태를 유지해 왔는데, 그것은 바로 구성주의 유형의 학습(constructivist-type learning) 대 지시적 수업 유형의 학습(directed-instruction type learning)이다. 꼭 이런 식으로 될 필요는 없었다. 그 대신 예컨대, 공간적 학습과정 대 사회적 학습과정과 같은 여타 학습과정에 수업 논쟁이 집중될 수도 있었다. 그 문제라면, 지속적인 주장은 개인차 대 "평균적(average)" 학생, 혹은 다수의 여타 이슈에 관한 것이 될 수도 있었을 것이다. 그럼에도 불구하고, 구성주의 대 지시적 수업이라는 이슈는 매우 오랫동안 수업기법에 대한 미국의 교육적 논쟁을 지배했다(Duffy & Jonassen, 1992).

논쟁은 많은 형태 즉, 수동적 학습 대 능동적 학습, 행동 조형 대 발견, 탐구 대 권위, 학생 중심 대 교사 중심, 생활로서의 학교 대 생활을 위한 준비로서의 학교 등으로 나타난다. 이런 논쟁 가운데 상당 부분을 근원적으로 부채질하는 것이 학생들에게 적용되는 자유 선택(free choice), 표현(expression) 그리고 작인(agency)과 같은 (암묵적) 이슈라는 것을 우리는 의심한다. 느슨한 유비를 통해서 보면, 지시적 수업은 학생들을 통제하는 것과 연합되어 있으며, 구성주의는 자기 결정(self-determination)과 연합되어 있다. 우리는 증거에 근거한 이런 논쟁에까지 참여하고 있지는 않다. 한 가지 이유는 – 광의로 – 통제당하는 것과 자기 결정적으로 되는 것의 장점은 그것이 학습에 관한 경험적 질문을 뛰어넘는 하나의 규범적이고 문화적인 질문이라는 점에 있다. Dewey(1916)가 지적했듯이, 이런 이슈는 우리 사회에서 보다 커다란 근원적인 질문과 깊숙이 관련되어 있다. 우리가 가장 소중하게 지키는 결과를 정의하는 원리를 과학적 자료는 입증할 수 없다. 자료는 단지 그런 결과를 성취하는 방법을 우리가 결정하는 데 도움을 줄 수 있을 뿐이다.

　그러나, 비록 내용 학습에 관한 편협한 경험적 질문에 우리 스스로를 제한한다 할지라도, 어떤 유형의 수업이 학생들로 하여금 지식(생각하건대, 그것으로 그들의 삶을 결정하는 선택을 하기 위해 더 나은 지위에 있는)을 구성하도록 도와주는 학습결과로 유도하는지를 우리는 아직 답변할 수 없다. 경험적 연구는 수업에 대한 잘못된 결과 측정을 활용하고 있다. 구성주의 신념의 시대에 우리는 비구성주의적 평가를 활용하는 존재를 가지고 있다.

　질문: Sweller. 이 장의 초점인 "학습방식 학습(learning to learn)"이라는 목적은 대단히 바람직하며 수 세대에 걸쳐 추구되어 왔다. 이 장에서, 내가 생각하기에는 정확히 그것은 구성주의의 한 측면으로 보인다. 나는 그런 목적이 실행가능한 어떤 인지구조와도 일치될 수 있다고 믿지 않으며, 보다 중요한 것으로서, 그런 목적이 달성될 수 있다는 그 어떤 구체적인 지지 증거도 없다는 것이 나의 걱정이다. 나의 질문은 기본적인 명제를 지지하기 위해 주장된 실험과 관련되어 있다. 다양한 구성주의 양식 하에서 서술되었던 모든 실험이 향상된 학습과 관련되어 있었고 사실 향상된 학습을 보여주었지만, 내가 확인한 바로는, 현재 배우고 있는 내용영역 밖에서는 그 중 어떤 것도 향상된 학습을 보여주지 못했다. 만약 학생들이 미래학습을 위해 준비되어 있도록 하는 것을 우리가 주장한다면, 미래학습 기법을 배우는 것들에 관련되지 않은 영역에서는 향상된 학습을 보여주어서는 안 되는가? 아마도 당신이 주장하는 것을 제외하면 우리의 인지구조가 그런 가르칠 수 있는/학습할 수 있는 전략을 지지한다는 것을 나는 믿지 않는다.

답변: Schwartz 등. 이 질문에는 두 가지 부분이 있다. 첫째는 정확한 인지구조 이론에 대한 추정이다. 만약 그런 추정이 사실이라면, 그 다음에는 인지과학에 대한 연구가 행해지며, 그리고 남아있는 것은 몇 가지 함의를 도출하는 것이다. 우리는 이런 생각과 다르다. 질문의 둘째 부분은, 우리가 훨씬 더 좋아하는 질문인데, 미래학습과 전이를 위한 준비상태의 두 가지 요소를 구별하도록 요구하고 있다. 한 가지 요소는 어떤 영역의 "내용(content)" 지식인데, 그것은 새로 관련된 내용을 알도록 도와준다. 이것은 고등학생들을 위해 우리들이 개발했던 것인데, 학생들은 통계학 영역을 통해 전달하는 가변성이라는 중요한 개념의 심층 구조를 학습했다. 그것은 학생들이 자료 정상화하기(normalizing data)라는 보다 어려운 개념에 관한 학습에 이런 아이디어를 전이하도록 그들을 준비시켰던 이유이다. (상상으로는 그 어떤 영역에도 전이할 수 있었지만 심리학적으로는 그렇지 않았던 추상적 기능 수업, 예컨대 논리에 초점을 맞추었던 오래된 "학습방법 학습(learning to learn)" 문헌과 이점에서 우리의 연구는 서로 다르다) 동시에, 학생들은 매우 일반적인 현상, 즉 분산에 관해 생각하기 위해 학습하고 있었다. 구체적인 장치에 관한 절차를 학습하는 것과는 달리, 분산이 중요한 특징인 매우 많은 상황에 관해 추론하는 방법에 영향을 줄 수 있는 강력한 내용을 학생들이 학습했다는 것은 어느 정도 희망이 있다.

광범위한 범주의 상황을 교차하는 학습을 개선하기 위해 전이하는 전략, 개념, 그리고 성향을 사람들이 학습할 수 없다고 가정하는 것은 경험적 문헌에 대한 부정확한 읽기라고 우리는 생각한다. 사람들은 잘 읽기 위해 학습할 수 있으며, 통계적 용어로 사고할 수 있으며, 유비에 의해 추론할 수 있으며, 연구에서 변수를 통제할 수 있다는 것 등의 증거는 매우 분명하다. 논리적 의미로 보아 이런 것들은 모든 주제에 적용될 수 있는 영역 일반적인 사고 기능이 아니다. 오히려, 그런 것들은 Newell과 Simon(1972)이 모든 상황에 적용하는 문제해결 방법 즉, 약한 방법(weak methods)과 특정 영역에 관한 지식으로부터 나타나는 방법 즉, 강한 방법(strong methods)이라고 불렀던 두 가지 방법 사이의 중간 지대를 차지하고 있다. 아마도 이런 중간 수준을 "변화무쌍한(protean)" 방법이라고 불러야만 할 것이다. 유사한 기저 경험 구조를 공유하는 영역과 관련 분야 내에서 그런 변화무쌍한 방법은 융통성 있는 활용가능성을 지니고 있다.

문제해결과 학습을 위한 변화무쌍한 방법의 한 가지 좋은 사례는 정보 관리에서 보조 시각화(visualization to aid)의 구성이 될 수 있을 것이다. 시각적 표상을 창출하는 것은 복잡한 정보 안에 있는 고유한 구조를 학습하도록 도와주는 좋은 방법이며, 많은 영역을 교차하여 작동할 수 있다. 과학 분야의 상급 대학원생들은 그 과제가 자신들의 대학원 연구주제와 무관하며 또한 시각화 없이 완성될 수 있을지라도 새로운 정보를 조직하기 위해 시각적 표상화(visual representation)를 만들 가능성이 과학 학부생들보다 더 높다는 것을 Lee Martin(Martin & Schwartz, 출간 중)은 발견했다. 따라서, 대학원생들은 적어도 생물학이나 컴퓨터 과학 혹은 공학에 관한 내용 면에서, 어떤 특정 내용에 매여 있지 않았던 학습과 문제해결 방법에 대한 비교적 원전이(far transfer)를 보여주었다.

　Martin의 발견에 관해 주목할 만한 것은 대학원생과 학부생 모두 적절한 시각화를 만들 수 있었는데, 학부생들은 단지 애쓰지 않았을 뿐이라는 것이다. 자료의 시각화를 만들기 위해 시간을 보낼만한 가치가 있다는 것을 학생들이 학습하는데 수년간의 대학원 교육이 필요했다는 것을 가정하면, 변화무쌍한 학습전략과 그런 학습전략의 전이가능성을 개발하기 위해서는 어느 정도의 시간을 요하는 것 같다. 충분한 시간을 준다면, 우리의 고안활동을 거쳐 가는 학습자는 새로운 아이디어를 혁신하는 것, 즉 자기가 들은 것을 반복하는 것과는 아주 다른 학습유형과 연합된 어느 정도의 변화무쌍한 기능과 성향을 개발하게 될 것이 아닌가 생각된다.

질문: Sweller. 당신이 서술하고 있는 연구에서, 강의나 텍스트가 제시되기에 앞서, 학습자들은 패턴 찾기를 시도하기 위해 분석을 요구받은 몇 가지 관련된 사례를 받았다. Schwartz와 Bransford(1998)는 사례를 분석하는 것이 교재를 요약하는 것보다 우월하다는 것을 발견했던 반면, Schwartz와 Martin(2004)은 사례를 분석하는 것이 적절한 계산방법을 명확하게 배우는 것보다 우월하다는 것을 발견했다. 결론은 탐구가 명시적 수업보다 우월하다는 것이었다. 나의 질문은 이 연구에서 사용된 통제집단의 적절성에 관련되어 있다. 만약 다양한 요인들이 동시에 변한다면, 이런 절차는 임의화되고 통제된 모든 실험에 필수적인 "한 번에 한 가지씩 변경한다(vary one thing at a time)"는 규칙을 깨지 않으면서, 정확하게 무엇이 그런 결과를 야기했는지를 결정하는 것이 불가능한 것으로 귀결되지 않는가? 이 장의 저자는 명백한 통제집단이 왜 활용된 적이 없는 것 같은지에 대해 밝힐 수 있는가?

답변: Schwartz 등. 이것은 중요한 질문이다. 우리가 상이한 시도라고 보는 인지 실험과 수업 실험에 대한 접근을 명료화할 기회를 주어 고맙게 생각한다. 세 가지 즉각적인 답변이 있다. 한 가지 답변은 이 장의 처음 두 가지 연구는 측정에 대한 것이지 개개의 원인들을 분리하는 것에 관한 것이 아니었다. 우리가 옳은 것 (right thing)을 측정하기까지 학습의 원인이나 조건에 대한 연구는 부적절하다. 측정은 과학을 가동시키며, 오늘날 미국에서의 테스팅 풍토가 암시하는 것처럼, 또한 측정은 수업을 가동시킨다.

두 번째 답변은 체계적인 연구로 우리들 수업의 특성을 적정화하는 아이디어를 우리는 매우 좋아한다는 것이며, 이런 문제에 대해 현재 연구하고 있는 사람이 많다는 것이다. 예를 들어, 이 장의 마지막에 서술된 Sears의 연구는 과제에 대한 정보와 시간이 일정하게 유지되었고 자료의 제시 순서가 유일한 차이였던 하나의 훌륭한 사례이다. 당신의 질문에서 요구했던 것이 이것이라고 우리는 생각한다.

세 번째 답변은 (a) 심리적 상호작용이 우리의 수업을 효과적으로 되도록 하게 하는 것을 적정화하기 위해, 그리고 (b) 우리의 수업이 표준적인 실제의 어떤 변형보다 더욱 효과적임을 보여주기 위한 효능성 연구를 수행하기 위해 동시적으로 시도하는 아이디어를 우리는 선호하지 않는다는 것이다. 이것은 한 가지 혹은 두 가지 수업모형 모두의 효력을 약화하는 것으로 끝나는데, 왜냐하면 사람들은 한 가지를 제외하고는 수업을 비슷하게 만들려고 시도하기 때문이다. 이런 실수의 많은 사례가 있는데, 연구자들은 오직 한 가지 변수에 기초한 단일 이점의 차이를 가지고 있는 두 가지 차선의 수업모형을 더 이상 비교하지 않는다. 예를 들어, 다이어그램 대 애니메이션으로부터 학습을 비교하는 것이 이런 종류의 문제로 빠지는데, 왜냐하면 그것이 움직인다는 것(한 가지 차이점)을 제외하고는 사람들이 애니메이션을 다이어그램과 똑같이 만들기 때문이다. 즉 이것은 멈추기, 재생하기, 슬로우 모션 등과 같이 애니메이션이 자연스럽게 제공할 수 있는 상호작용의 유형을 제한한다. 더 나은 것을 제공하는 것과 특정 결과로 유도하는 메커니즘을 제공하는 것은 매우 다른 시도이다.

Schwartz 등의 답변에 대한 반론: Sweller. 질문에 대한 당신의 답변에 나는 두 가지 반박을 가지고 있다. 첫째, 당신은 수업설계에서 인지구조를 활용하는 것의 중요성을 잊어버린 것 같은데, 그 이유는 수업설계가 "인지구조에 대한 정확한

이론"을 전제하기 때문이다. 정말 수업설계로부터 인지구조를 그렇게 쉽게 기각시
켜야만 하는가? 둘째, 나는 수업적, 인지적, 혹은 여타 어떤 실험에서도 한 번에 한
가지씩 변화시키는 것에 관해 정말 내가 틀렸다고는 생각하지 않는다. 그것은 상호
작용을 찾기 위한 요인 실험을 막지 않으며, 애니메이션에 대해 "멈추기, 재생하기,
슬로우 모션 등"의 효과를 탐구하는 것도 막지 않는다. 그것은 단지 만약 당신이
한꺼번에 이 모든 것을 변화시키면, 어떤 것이 혹은 어떤 조합이 관찰된 결과를 일
으켰는지를 모른다는 것이다. 우리가 심리적인 이슈를 고찰하는지 아니면 수업적
인 이슈를 고찰하는지의 여부에 관계없이, 개별 요인들과 요인들 간의 상호작용을
고찰하는 적절하게 통제된 실험을 가동하는 것은 필수적-그리고 루틴-이다.

Sweller에 대한 응답: Schwartz 등. 확실히 우리는 한 번에 한 가지씩 수행
하는 실험이 하기 나쁜 것이라는 것을 암시하려는 뜻으로 말하지 않았다. 우리는
그런 실험을 많이 하고 있다. 신경과학으로 옮겨가기 시작함에 따라, 이런 맥락에
서 "통제(control)"가 의미하는 것을 아는 것은 변변찮게 되었다. 예를 들어, 정상적
인 행동에 관한 실험에서, 학습자가 읽는 동안 연습문제지를 약간 돌리는지 여부에
관해서는 전혀 신경을 쓰지 않을 것이다. 뇌 스캔의 맥락에서, 자극 제시의 상이한
각도는 엄청난 통제 상실이 될 것이다. 현지조사, 역학 연구 등을 포함하여, 한 번
에 단지 하나씩 변화시키는 것 이외에 여타 유형의 생산적인 연구 설계가 있다는
것을 말했다. 우리 주장의 요지는 고전적인 요인 설계의 맥락에서 유효성 연구
(efficacy research)를 인과 연구(causal research)로부터 분리시키는 것은 중요하며, 더
나아가 학습의 외적 조건에 관한 인과 연구를 심리학적 이론을 테스트하는 인과
연구로부터 분리하는 것이 중요하다는 것이다.
  이런 것들을 분리시켜 유지하는 것이 왜 중요한가? 그것은 구성주의 논쟁에 대
한 수사(rhetoric)와 관련되어 있다. 오직 한 가지 변수만 바꿈으로써 지시적 수업과
구성주의 견해를 반영한 수업을 비교할 수 있는가? 전기 장비를 가지고 하는 작업
절차에 관해 고용인들을 가르치기 위한 지시적 수업모형을 당신이 창안한다고 상
상해 보시오. 이제 구성주의적 접근을 사용함으로써 그것을 더 잘 할 수 있다고 어
떤 사람이 생각하는 것을 상상해 보시오. 만약 그들이 유효성 접근을 취하여 자신
들의 구성주의 수업을 당신의 지시적 수업방법과 비교한다면, 그들이 인과 연구에
따라 한 번에 오직 하나씩만 바꾸지 않았다고 당신은 불평할지도 모른다. 이와 반

대로, 만약 그들이 자신들의 구성주의 견해를 반영한 수업 가운데 오직 두 가지 분산만 연구한다면, 당신의 방법보다 자신들의 방법이 더 효과적이라는 것을 그들이 증명하지 않았다고 당신은 불평할 것이다. 지시적 수업과 구성주의를 비교하는 연구가 그렇게 적다는 것은 당연하다. 자신들 수업의 특징을 검사하고 있는지 아니면 자신들의 수업을 다른 캠프의 최고 판(best version)과 비교하는지의 여부에 대해 사람들은 분명해야만 한다. 후자는 한 번에 하나의 변수를 바꾸지 않을 것이다.

또한 두 번째, 보다 심층적인 이슈가 있다. 즉 한 번에 한 가지씩의 변수를 다루는 연구가 실제로 인과이론을 검사하고 있는지, 아니면 단지 특정 수업모형에서 한 가지 특징이 다른 특징보다 더 효과적인지의 여부를 검사하고 있을 뿐인지의 여부이다. 예를 들어, 자신의 탁월하고 감탄하지 않을 수 없는 경험적 연구에서, 당신은 이런 도전에 직면했으며 분명히 이런 이슈를 인식했다. 당신의 수업결과는 인지부하 이론과 일치하지만, 그런 수업결과는 이런 이론을 생성하는 내적 인과 메커니즘을 직접적으로 테스트하지 않는다. 그 증거는 이론에 관하여 추정적이다. 작동기억 과부하가 수행 저하의 원인이라는 것을 입증하기 위해서는, 이중 분리, 간섭 패러다임, 작동기억에 대한 모수 부하(parametric load), 작동기억 공변량(covariates), 주의 추적(attention tracking) 등과 같은 것들을 포함하는 보다 관입적인 설계(intrusive designs)를 하는 것이 필요하다. 더욱이, 걱정(anxiety)과 같은 이차적인 심리적 효과를 통제하는 것이 중요한데, 걱정은 작동기억의 분리를 인과적 메커니즘으로 혼동할 수도 있다. 갑자기 수업조건에 생태학적 타당성(ecological validity)이 점점 더 줄어드는 심리학적 연구를 하고 있을 것이다.

그래서, 여기서의 요지는 무엇인가? 수업연구의 맥락에서 한 번에 한 가지씩 특징을 바꾸는 것은 당신의 수업 브랜드를 위해 무엇이 작동하는지를 발견하기 위한 하나의 좋은 방법이다. 그것은 상이한 수업 패러다임을 비교하기에 좋은 방법이 아니다. 정밀한 방식으로 심리적 과정을 분리할 수 있는 아주 엄격하면서 종종 부자연스런 학습조건을 충족시키기 위해 기꺼이 효과적인 수업의 영역을 남겨놓는 경우 이외에, 내적 수업 메커니즘에 관한 이론을 증명하기 위해 고집스런 증거를 모으는 것은 좀처럼 좋은 방식이 되기 어렵다.

질문: Fletcher. 나는 이 장을 높게 평가했는데, 미래학습을 위한 준비(PFL)와 그런 진짜 자료를 넘어서는 데 대한 집중이 특히 그렇다! 구성주의 이슈에 대하여!

그리고 그것은 그 자료를 생산하기 위한 약간의 영리한 설계를 눈감아주는 것이 아니다. 나의 질문은 평가 이슈로서의 PFL에 대한 당신의 집중과 관련되어 있다. 그것은 단지 하나의 전이 과제 즉, 우리가 그것을 어떻게 하는지를 알고 있는 것이 아닌가? 평가 이슈가 단순히 그것을 할지 안할지의 여부를 결정하는 문제인가? 당신이 한 연구의 한 가지 중요한 성과는 우리가 실제로 측정하는 방법을 알고 있는 구성주의 결과에 초점을 맞추는 것인데, 그것이 나에게는 구성주의를 조장하는 수업환경을 설계하는 것에 관해 우리가 진지해지도록 만드는 것 같다.

답변: Schwartz 등. 우리의 작업은 끝났다! 고맙다! 그렇다, 우리의 평가를 바꿀 수 있다면, 구성주의 결과를 조장하는 수업을 설계하는 방법을 학습하기에 우리가 훨씬 더 좋은 위치에 있게 될 것이라는 점이 요지이다. 그러나 여기에는 미묘한 점이 있다. 대부분의 전이 테스트는 SPS를 취해 왔으며, 거기에서는 표적 문제를 해결하기 위해 오직 자신의 선행지식에만 의존할 수 있다. SPS 전이 과제에서 전형적인 행렬은 속도, 정확성, 낮은 가변성, 첫 번째 교정 전이(first-time correct transfer)를 포함하고 있다. SPS 전이 측정방법은 흔히 이해 대 기억으로 유도하는 수업을 분리하기 좋은 방법이어서, 하나의 평가로서 포함하기에 매우 유용하다. 그러나, SPS 측정방법은 사람들이 이전 행동을 새로운 맥락에 반복할 수 있는 효율성에 관한 것이다. 대조적으로, PFL 전이 측정방법은 새로운 상황이 주어질 경우 사람들이 적응하고 학습할 수 있는지의 여부를 검사한다. PFL 측정방법을 사용하는 엄청난 양의 수업 연구나 심리학적 연구는 아직 없지만, 점차 증가하고 있다. 그래서, 이 시점에서, 우리는 이런 것들을 하는 방법에 관한 신념은 가지고 있지만, PFL 평가 혹은 수업방법에 대한 출하를 기다리는 대기 서적은 전혀 없다. 앞으로 더 전진하기 위해, PFL 전이에 대한 두 가지 핵심 문제를 정리하는 것이 중요할 것이다. 첫 번째는 지식 문제(knowledge problem)이다. 즉, 어떤 유형의 경험이 사람들로 하여금 새로운 장면에 학습하는 것을 전이할 수 있는 지식을 개발하도록 도와주는가? 두 가지 문제 가운데 더욱 잠행성인 두 번째는 불활성 문제(inertia problem)이다. 즉, 어떤 유형의 경험이 사람들로 하여금 새로운 방식으로 자신들이 학습했던 것을 사용하는 데 고생할 만한 가치가 있다고 여기도록 만드는가? 이것은 인지 관련 문헌이 효과적으로 다루어 오지 않았으며, 또한 주어진 문제를 해결할 다른 방법이 있는지를 알기 위해 충분한 주의를 기울이지 않았기 때문에 실패한 전이에 대한 수

많은 증거가 생긴다는 것을 우리는 의심한다(Pea *et al.,* 2007 참조). 연구를 통해 이런 두 가지 문제를 다루도록 돕기 위해, 자신들에게 무엇을 해야 할지를 말해주는 강사가 한 명도 없을 때 다른 사람들이 PFL 전이 측정방법을 사용하기 시작해서, 그 분야가 사람들로 하여금 지식을 구성하도록 준비시키는 것을 찾기 시작할 수 있다면 그것은 멋질 것이다.

질문: Fletcher. 지시적 수업에서 선행 지식이 학습의 양과 속도에 커다란 영향력을 가지고 있다는 것을 나는 진정으로 동의하지만, 선행 지식이 구성주의 지향의 수업에 훨씬 더 커다란 영향력을 가지고 있지 않은가? 학습자의 입장에서 구성주의 지향 수업을 사용할 필요가 있는 것보다 훨씬 더 적은 선행 지식이 주어지는 지시적 수업을 사용하는 것은 가능하지 않은가? 혹은 학습분류학(learning taxonomies)에서 더 낮은 쪽을 겨냥하는 지시적 수업 대비 더 높은 쪽을 겨냥하는 구성주의 수업에서 찾아질 수 있을 것 같은 상이한 유형의 수업목표에 선행 지식의 영향력이 보다 직접적으로 의존하는가?

답변: Schwartz 등. 지시적 수업이 낮은 수준의 선행 지식에 더 잘 작동할 것이라고 당신이 예측하는 것은 흥미롭다. 우리는 그와 정반대로 예측했을 것이다. 만약 아이들에게 신발을 묶는 것을 가르치는 것이 목적이라면, 지시적 수업은 매우 좋은 접근인 것 같은데, 만일 지시적 수업이 질문하고, 시도해 보고, 그리고 유용한 피드백을 받을 수 있는 기회를 포함하고 있다면 말이다. 그러나, 그 아이들이 한 번도 신발을 본 적이 없다면, 그들로 하여금 신발과 레이스를 아주 조금 탐색하도록 허용하는 것이 가치가 있을 것이다. 선행 지식은 하나로 된 구조물이 아니며, 상이한 유형의 선행 지식이 있다. 그래서, 우리는 당신의 두 번째 옵션에 동의하는데, 상이한 수업목표는 상이한 유형의 선행 지식과 상호작용하며, 이런 상호작용은 상이한 수업기법을 요구한다.

먼저 전문가나 혹은 초보자는 지시적 수업으로부터 더 잘 학습하는가?를 질문함으로써 조금 확대해 보자. 강의를 하는 사례를 보자. 만약 그것이 전문적인 얘기라면 당신이 청중에게 말하고 있는 것을 이해시키기 위해 그들의 선행 지식을 당신은 믿고 있다. 실수와 생략에도 불구하고, 청중들은 얘기로부터 아직 어떤 것을 얻을 수 있다. 더욱이, 그들은 자신이 학습하고 있는 것을 명확하게 할 수 있도록 물어볼 정확한 질문을 알 것이다. 이제 당신이 초보자들에게 똑같은 전문적 얘기를 들려주고 있다고 상상해 보라. 초보자들은 그 얘기로부터 많은 것을 얻지 못할 가능성이 많은데, 그 이유는 당신의 특정 주제에 대한 충분한 사전 경험을 갖고 있지 않기 때문이다. 단지 그들의 선행 지식을 바로 세운다는 것을 보장하기 위해 당신이 많은 작업을 한다 할지라도, 당신이 어떤 결정적인 정보를 빠뜨리거나 혹은 약간 불완전한 사례를 사용하면, 그들은 만회할 수 없을 것이다. 아마도 그들은 어디서 질문을 시작할지조차 모를 것이다.

이제, 혹자는 이런 대조가 부당하다는 것을 반대할 수도 있는데, 그 이유는 초보자를 위한 강의가 전문가를 위한 강의보다 더욱 단순해야만 하기 때문이다. 바로 그것이다! 전문가는 그 내용이 자신들의 영역 안에 있으면, 초보자보다 강의를 들음으로서 더 효과적으로 학습할 수 있다.

만약 우리가 당면한 강의를 예견하면, 졸렬하게 행해진 지시적 수업 또한 이차적인 효과를 가지고 있다. 예를 들어, 어떤 문제 세트를 풀고 있을 때, 이것은 지시적 수업에 뒤따라오는 "연습(practice)"을 포함한다. 전문가는 영역의 구조에 관한 것을 이미 알고 있기 때문에, 그들은 단지 그 절차를 연습함으로써 이득을 볼 수 있다. 반대로 초보자는 모른다. 전형적으로, 초보자는 연습하는 동안에 문제공간의 구조에 관한 것을 학습하기 시작할 것이다. 그러나, 지시적 수업(그리고 학교교육의 존속 기간)은 문제 상황이 아니라 말해지는 해결 절차(told-solution procedures)에 학생들의 주의를 집중시키려는 경향이 있기 때문에, 학생들은 자신들이 결코 이해하지 못하는 문제공간에 대한 답변을 학습한다.

다음으로, 초보자나 전문가가 "구성주의" 활동으로부터 더욱 효과적으로 학습하는지를 우리는 묻는다. 또다시, 전문가가 승리한다. 한 가지 보기로서, 어떤 것을 학습하기 위한 효과적인 심리학적 탐구를 설계하는 데 자신이 학부 1학년생보다 더 낫다는 것을 첫 번째 저자는 그렇게 겸손하지 않게 진술한다. 따라서, 두 가지 유형의 학습경험에 무관하게 자신들의 영역 내에서 학습할 때 전문가는 초보자보다 더 나은 곳에 주효과(main effect)가 있다. 한 가지 유형의 수업이 초보자 대 전문가를 위한 또 다른 수업을 능가하는 상대적인 이익에서 이런 주효과는 그 어떤 미묘한 차이도 압도할 것 같다.

그럼에도 불구하고, 상대적 비교는 초보자에게 구성주의의 도전을 강조하는 데 도움을 준다. 초보자는 이런 방법으로 매우 효과적으로 학습하는 방법을 모른다.

좋은 탐구는 발달에 어느 정도의 시간을 요하며, 영역에 걸쳐 다소 차이가 있다(예 컨대, 변호사는 지질학자가 하는 것과는 다른 유형의 탐구에 종사한다). 이것은 초 보자들로 하여금 탐구, 발견 등을 통해 효과적으로 지식을 구성하도록 가이드할 수 있는 수업자료를 만드는 실질적인 부담을 수업설계자들이 지고 있다는 것을 의미 한다. 그러나 이는 그것이 반드시 회피되어야만 하는 짐이라는 것을 의미하지는 않 는다. 초보자에게는 구성주의 자료를 만드는 것이 너무나 어려워서 학생들에게 해 야 할 것을 바로 직접적으로 말해주는 것이 더 낫다는 주장에 수업설계자들이 굴 복할 때 그들이 실수를 한다고 생각하는데, 그 이유는 그것을 잘하는 방법을 우리 는 충분히 알기 때문이다. 연구자들이 이런 수업을 지시적 수업의 변형과 비교하지 않았다 하더라도, 그밖에 효과적인 구성주의 수업에 대한 많은 사례가 있다고 생각 한다. 결국, 효과적인 구성주의 교수법을 개발하는 것이 목적이라면, 그것은 지시 적 수업 비교를 준비하기 위해 가치 있는 자원을 비효율적으로 사용하는 것과 같 다. 이런 유형의 경주마 비교―구성주의 대 지시적 수업―를 위한 "작동하는 것 (what works)" 기준은 매우 많은 학생들과 이행하기 어려운 도식 샘플링(sampling schemas)을 가진 학교에서 최소 3개월의 중재(intervention)를 필요로 한다. 지시적 수 업을 지지하는 사람들이 인용하는 연구 가운데 이런 기준의 증거를 충족시켰던 연 구는 거의 없다.

　　질문: Clark. 논지가 분명하고 재미있는 이 장에 감사한다. 그것은 균형 잡혀 있 고, 통찰적인 것 같았으며, 동기 및 수업목표와 같은 구성주의의 주창자에게 보다 편안한 주제로 논의를 옮기는 것에 초점을 맞추었다. 첫째, 논쟁의 주된 주제에 대 한 당신의 견해를 명확히 하기 위한 질문:

　　학습을 더 잘 지원하는 데에 있어서 일반적으로 구성주의가 가이드된 수업보다 성공하지 못했다는 것을 당신은 인식하고 있기 때문에("너무나 크고 일반적인", "특 정한 수업 결정을 서술하기 위한 옳은 수준에서가 아닌"), 우리는 그 논쟁에 대해 문을 닫고서 학습동기에 영향을 주는 중재를 논의하기 위해 옮겨가야만 하며 진전 된 지식의 전이를 조장하는 조건에 관한 대화를 재개해야만 하는가?

　　답변: Schwartz 등. 우리는 추정적인 질문의 잠복된 가능성을 회피하고 싶다. 이 질문에서 만약 "가이드된 수업(guided instruction)"이 반드시 "지시적 수업(direct instruction)"으로 번역되어져야만 한다면, 학습을 더 잘 지원하는 데 있어서 지시적 수업이 일반적으로 구성주의보다 성공하지 못했다는 것을 우리도 지적해야만 한다고 생각한다. 우리가 알기로, 지시적 수업을 지지하는 연구는 소규모로 되는 경향이 있으며, 제한된 측정방법과 시계(time horizons)를 사용하며, 학습목표로서 "기술 습득(skill acquisition)"이나 단순한 개념을 고르며, 구성주의 통제 조건(control conditions)을 왜곡한다. 이것은 이치에 맞다. 지시적 수업을 연구하는 사람들이 좋은 구성주의 수업을 만드는 법을, 물론 거꾸로도 마찬가지겠지만, 어떻게 알겠는가? 아마도 우리가 필요로 하는 것은 세상에서 가장 위대한 구성주의 수업설계자와 세상에서 가장 위대한 지시적 수업설계자를 찾아서 그들을 거대한 임상적 실험에 정면으로 맞서게 하는 것이다. 직접 대면하는 비교 조건에 기초하여 그들의 협상을 예상하는 것은 흥미롭다. 측정 결과에 기초하여 그 협상은 오도 가도 못할 것이라고 우리는 생각한다. 결국, 양 쪽 설계자들은 각자의 수업형식이 일반적으로 특정 결과에 더 적합하다는 것을 인정할 것이다. 거기서부터, 자신들의 결과가 더 중요할 것 같은 이유를 철학적, 경제적, 혹은 다른 근거를 바탕으로 주장할 수 있을 것이다. 만약 "가이드된 수업"이 학습 지원을 위해 상황이 신중하게 배열되어 있었던 학습 상황을 의미한다면, 발견, 말하기나 혹은 그것이 어떤 것이든지 간에 우리는 진정으로 동의한다. 잘 배열된 학습조건은 대부분의 결과에 구성주의의 "죽느냐, 사느냐(sink or swim)" 판보다는 더욱 좋아질 것이다.

사실 "가이드된 수업," "구성주의" 같은 용어, 그리고 심지어 "지시적 수업"이란 용어가 구체적인 수업 의사결정에는 너무 모호하다는 것이 당신의 요지라고 생각한다. 우리는 전적으로 동의한다. 지식 습득에 대한 일반적인 이론은 맥락의 다양성을 교차하는 순간적 수업 의사결정에 너무 단일적(monolithic)이다. 우리는 특정 학습결과를 위해 특정 학습경험을 맞추는 Gagné의 독창적 접근을 선호하며, 정확성에 있어서 매우 유용해질 수 있었던 그의 시대부터 그 분야는 많은 것을 학습했다. 그렇다 하더라도, 우리가 논쟁에 대해 완전히 문을 닫기를 원하는지는 확실하지 않다. 우리가 주장했던 것처럼, 수업을 위한 구성주의의 중요성은 어떤 기능을 실행할 수 있는 것보다 학습자들에게 성패가 달려 있는 더 많은 것이 있다는 것을 우리들에게 상기시킨다는 것이다. 그리고 물론, 지시적 수업은 자유로운 형식의 구성주의가 어떤 결과를 위해서는 비효율적이라는 것을 깨닫게 한다. 또한 어떤 형태의 동기는 인지적 어휘(cognitive lexicon) 속으로 되돌아가 있도록 할 필요가 있으며,

전이는 학생들이 적응할 필요가 있게 될 영역을 위해 중요하다는 것에 우리는 동의한다.

질문: Clark. 원전이(farther transfer)는 수업주의 유도 지지자가 다양한(혹은 가변적인) 연습이라고 불렀던 것을 사용할 때 가능하다는 것은 있음직하지 않은가 그리고 이런 이슈에 대한 과거 연구 리뷰의 대부분은 반대 주장에도 불구하고 그 증거가 점진적인 그리고 제한된 전이를 지지했다고 결론내리지 않았던가?

답변: Schwartz 등. 전이, 전이, 전이 … 그것은 학계에서 구성주의 대 지시적 수업만큼 논쟁적이다. 만약 사람들이 전이를 배울 수 없다면 새로운 상황에 들어갈 때마다 몹시 어리석게 되리라는 것을 주목할 만한 가치는 있지만, 여기서 다루기엔 너무 크다. 하나의 반복되는 연구결과―인지적 변혁에 앞서는 어떤 것―는 전이에 핵심적인 것은 상황의 표면요소 밑에 있는 심층 구조를 학습할 기회라는 것이다. 이렇게, 상이한 표면적 특징과 아울러 그로 인해 상이한 전이를 가질 수도 있는 새로운 상황 안에서 학습자는 그 구조를 인지할 수 있다. "가변적 연습(variable practice)"은 이런 문제에 대한 한 가지 접근방법인데, 왜냐하면 학생들이 문제의 가변성 속에서 공통적인(예컨대, 심층 구조) 것을 학습하게 될 것이라는 기대 때문이다.

트릭(trick)은 사람들로 하여금 상황 속에서 심층 구조를 알아차리도록 하는 방법이다. 지시적 수업의 일반적인 모형은 무심코 학습자가 그 구조를 알아차리는 것을 막을 수 있다. 예를 들어, 우리는 방금 두 가지 처치를 비교하는 자료 수집을 끝냈다. 절차가 주어지는 처치(procedure-given treatment)에서는, 아동들은 공식(밀도)을 들었으며, 그리고 그들은 답변을 계산하기 위해 한 세트의 사례에 그 공식을 적용해야만 했다. 절차 고안 처치(invent-the-procedure treatment)에서는, 아동들은 그 사례(그들이 할 수 있는)에 적용할 공식을 고안하도록 했다. 다음날, 우리는 두 가지 처치를 받았던 아동들에게 자신들이 할 수 있었던 최선의 사례를 기억하도록 요구했다. 절차 고안 조건의 학생들은 사례의 심층 구조를 재현했다. 대조적으로, 절차가 주어진 조건의 학생들은 공식에 의한 답을 재현했다. 그들은 사례의 구조를 기억하지 않았다. 더욱이, 그들은 절차 고안 조건보다 우연적인 표면적 특징에 더 많은 기억을 보여주었다. 따라서, 지시적 수업의 위험성은 학습자가 상황 대신에 절차에 초점을 맞출 것이며, 그리고 눈길을 끄는 표면적 특징을 알아차리기만 할 것이라는 점이다. 이것이 바로 전이를 나타내는 것을 막는 것인데, 그 이유는 그들이 표면적 특징 밑에 있는 구조를 인식하기 위해 학습한 적이 없기 때문이다. 실패한 전이의 사례 가운데 많은 것들이 지시적 수업을 포함했다는 것은 주목할 만하다. 이제, 그 이유에 대한 몇 가지 증거를 우리는 가지고 있다. 연구 참여자들은 해결절차를 학습했지만, 그런 절차가 유용할 수도 있는 상황의 구조에 관해서는 학습하지 않았다.

Schwartz 등의 답변에 대한 반론: Clark. 발견을 옹호하고 강력한 가이던스를 비판할 때 구성주의자들이 가장 흔히 제기하는 두 가지 이슈 가운데 하나가 전이이다[다른 주장은 "빈약하게 정의된 영역(ill-defined domains)"의 지식과 관련되어 있다]. 전이라는 이슈가 그렇게 논쟁적인 이유는 전이에 관해 편견을 공유하는 사람들이 전이에 대한 연구를 가장 많이 설계하고 집행한다는 사실에 관련되어 있을지도 모른다. 자신들의 접근방법뿐만 아니라 자신들과 의견이 다른 사람들의 견해도 함께 제시하는 처치를 설계할 때, 우리들 대부분은 자신들의 이론을 위한 증거를 발견한다는 것이 전혀 놀라운 일이 아니다. 가이드된 수업의 전이가능성에 관한 의문을 검토하는 연구에서, 내가 구성주의 처치를 설계할 최고의 사람인지 의심한다. 앞으로 요구될 것으로 예상되는 것은 설계와 이행에 대해 공동으로 작업하는 것에 관해 의견이 다른 사람들이 있는 곳에서의 일련의 공동연구이며 나아가 그 연구결과를 공동으로 출판하는 것에 동의하는 것이다. 상이한 유형의 전이와 지식영역에 대한 조작적 정의(혹은 유용성), 전이를 측정하기 위한 행렬, 그리고 전이에 대한 구성주의와 가이드된 수업의 영향력과 같은 고통스러운 핵심 이슈에 대해 서로의 차이점을 확인하고 해결하기 위해 우리가 시도한다면, 그것은 생산적일 것이다. 여전히 서로 다툴 기회를 찾는 한, 그 논쟁은 우리가 공동으로 설계하고 집행한 연구로부터의 증거에 기초하게 될 것이다.

▣ 참 고 문 헌 ◖

Barron, B. (2004). Learning ecologies for technological fluency: Gender and experiences differences. *Journal of Educational Computing Research, 31*(1), 1−36.

Boaler, J. (2002). *Experiencing school mathematics: Traditional and reform approaches to teaching and their impact on student learning.* Mahwah, NJ: Erlbaum.

Bransford, J. D., & Schwartz, D. L. (1999). Rethinking transfer: A simple proposal with multiple implications. In A. Iran−Nejad & P. D. Pearson (Eds.), *Review of research in education*(24, pp. 61−101). Washington, DC: American Educational Research Association.

Chandler, P., & Sweller, J. (1991). Cognitive load theory and the format of instruction. *Cognition and Instruction, 8*, 293−332.

Chen, Z., & Klahr, D. (1999). All other things being equal: Acquisition and transfer of the control of variables strategy. *Child Development, 70*, 1098−1120.

Dewey, J. D. (1916). Democracy and education. New York: Macmillan.

Duffy, T. M., & Jonassen, D. H. (1992). Constructivism: New implications for instructional technology. In T. M. Duffy & H. H. Jonassen (Eds.), *Constructivism and the technol−ogy of instruction: A conversation*(pp. 1−16). Hillsdale, NJ: Erlbaum.

Gagne, R. (1985). *The conditions of learning* (4th ed.). New York: Holt, Rinehart & Winston.

Gick, M., & Holyoak, K. J. (1983). Schema induction and analogical transfer. *Cognitive Psychology, 15*, 1−38.

Hills, T. (2007). Is constructivism risky? Social anxiety, classroom participation, com−petitive game play and constructivist preferences in teacher development. *Teacher Development, 11*, 335−352.

Hmelo−Silver, C. E., Duncan, R. G., & Chinn, C. A. (2007). Scaffolding and achievement in problem−based and inquiry learning: A response to Kirschner, Sweller, and Clark (2006). *Educational Psychologist, 42*, 99−107.

Kirschner, P. A., Sweller, J., & Clark, N. E. (2006). Why minimal guidance during in−struction does not work: An analysis of the failure of constructivist, discovery, prob−lem−based, experiential, and inquiry−based teaching. *Educational Psychologist, 41*(2), 75−86.

Klahr, D., & Nigam, M. (2004). The equivalence of learning paths in early science in-struction: Effects of direct instruction and discovery learning. *Psychological Science, 15,* 661−667.

Lillard, A., & Else−Quest, N. (2006, September). Evaluating Montessori education. *Science, 313,* 1893−1894.

Luchins, A. S., & Luchins, E. H. (1959). Rigidity of behavior: A variational approach to the effect of einstellung. Eugene, OR: University of Oregon Books.

Martin, L., Schwartz, D. L. (in press). Prospective adaptation in the use of representa-tional tools. *Cognition & Instruction.*

Mayer, R. (2004). Should there be a three−strikes rule against pure discovery learning? The case for guided methods of instruction. *American Psychologist, 59,* 14−19.

Newell, A., & Simon, H. (1972). *Human problem solving.* Englewood Cliffs, NJ: Prentice−Hall.

Okita, S. Y., Bailenson, J., & Schwartz, D. L. (2007). The mere belief of social interaction improves learning. In D. S. McNamara & J. G. Trafton (Eds.), *The proceedings of the 29th meeting of the Cognitive Science Society* (pp. 1355−1360). August, Nashville, TN: Cognitive Science Society.

Pea, R. D., Goldman, S., Martin, L., Blair, K. P., Booker, A., Esmonde, I., & Jimenez, O. (2007). Situations and values in family mathematics. In C. A. Chinn, G. Erkins, & S. Puntambekar (Eds.), Proceedings of CSCL−2007 (Computer−supported collaborative ,earning) (pp. 26−35). Mahwah, NJ: Erlbaum Associates.

Reber, A. S. (1976). Implicit learning of synthetic languages: The role of instructional set. *Journal of Experimental Psychology: Human Learning & Memory, 2*(1), 88−94.

Russel, S. H., Hancock, M. P., & McCullough, J. (2007, April). Benefits of undergraduate research experiences. *Science, 316,* 548−549.

Schwartz, D. L., & Bransford, J. D. (1998). A time for telling. *Cognition & Instruction, 16,* 475−522.

Schwartz, D. L., Bransford, J. D., & Sears, D. L. (2005). Efficiency and innovation in transfer. In J. Mestre (Ed.), Transfer of learning from a modern multidisciplinary per-spective (pp. 1−51). Greenwich, CT: Information Age Publishing.

Schwartz, D. L., Martin, T. (2004). Inventing to prepare for learning : The hidden effi-ciency of original student production in statistics instruction. *Cognition & Instruction, 22,* 129−184.

Schwartz, D. L., Martin, T., & Nasir, N. (2005). Designs for knowledge evolution: Towards a prescriptive theory for integrating first—and second—hand knowledge. In P. Gardenfors & P. Jonassen (Eds.), *Cognition, education, and communication tech—nology* (pp. 21—54). Mahwah, NJ: Erlbaum.

Sears, D. (2006). *Effects of innovation versus efficiency tasks on collaboration and learning.* Unpublished dissertation. Stanford University, Stanford, CA.

Seger, C. A., Prabhakaran, V., Poldrack, R., & Gabrieli, J. D. E. (2000). Neuronal activity differs between explicit and implicit learning of artificial grammar strings: An fMRI study. *Psychobiology, 28,* 282—292.

Skinner, B. F. (1986). Programmed instruction revisited. *Phi Delta Kappan, 68,* 103—110.

Slamecka, N. J., & Graf, P. (1978). The generation effect: Delineation of a phenomenon. *Journal of Experimental Psychology: Human Learning and Memory, 6,* 592—604.

Verbe다, M. E. M., De Goede, P., Drent, P. J., & Wiepkema, P. R. (1999). Individual behavioural characteristics and dominance in aviary groups of great tits. *Behaviour, 136,* 23—48.

Vollmeyer, R., Burns, B., & Holyoak, K. (1996). The impact of goal specificity on strategy use and the acquisition of problem structure. *Cognitive Science, 20,* 75—100.

제 **4** 장
학교에 가이드 된 학습이론 채택하기
- 수업의 인지적, 동기적, 사회적 맥락 조정하기

Phillip Herman and Louis M. Gomez
University of Pittsburgh

이 장에서는 학교교육을 위한 가이드된 학습이론의 함의를 탐구한다. Kirschner, Sweller 및 Clark(2006)는 작동기억의 한계를 강조하는 인지부하 이론에 기초한 학습이론을 제안하고 있다. 인간의 기억에 대해 알려진 이런 한계 때문에 학습자는 수업하는 동안 기억부하를 최소화하는 가이드의 형식을 필요로 한다. 이런 학습이론은 Kirschner 등이 학교교육을 위한 가장 효과적인 교수법으로 지시적 수업을 받아들이도록 유도했다. 가이던스는 효과적인 수업을 위해 지극히 중요할 수도 있지만, 탐구에 초점을 맞추는 수업은 필연적으로 가이드받지 못하며, 지시적 수업이 학교에서 가이던스를 제공하는 유일한 방식이라는 Kirschner와 그의 동료들의 주장과 우리의 견해는 다르다.

학교교육의 몇 가지 가장 중요한 도전에 대해 Kirschner 등은 침묵하고 있다. 특히, 그들은 교사와 행정가 및 지역사회가 해결하기 위해 정기적으로 고심해야만 하는 세 가지 이슈 즉, 학생들을 동기화시키는 방법, 수업이 전개되는 특정 사회적 맥락에 수업이 얼마나 민감해질 필요가 있는지, 그리고 예컨대 과학적으로 정보화된 시민성의 개발을 지지하는 학교교육의 보다 큰 목적과 수업이 얼마나 일치해야만 하는지에 대해 명시적으로 주의를 기울이지 않고 있다. 이런 학교교육의 요소를 다루지 않고서는, 학습에서 가이던스의 중요성에 관한 근원적인 통찰(fundamental insight)이 학교 실제(school practice)라는 세계에서는 사라져 버릴 수도 있다. 가이드된 학습이론의 수업 함의에 대한 논의를 진전시키기 위해, 이런 이론이 재개념화 될 수 있는 방식과 아울러 학교교육의 몇 가지 핵심 이슈에 적용될 수 있는 방식을 검토하려고 한다. 학교 실제에 대해 좀 더 영향을 미칠 가능성이 많은 종합적인 수업 양식(Cohen, Raudenbush, & Ball, 2003; Lagemann, 2002; Raudenbush, 2005)을 수립하는 데 있어, 가이드된 학습이론의 역할을 명료화하는 것에 우리 논의가 공헌할 수 있기를 기대한다.

탐구 기반과 문제 기반으로 다양하게 명명되어 온 수업 형태는 "가이드된(guided)" 것이 아니며 또한 되려고 하지도 않는다고 Kirschner 등은 주장한다. 우리는 동의하지 않는다. 우리가 연구하는 과학교육 영역에서, 탐구에 초점을 맞추고 학습자들에게 의미 있는 가이던스를 제공하기 위해 작동하는 학습 환경을 설계하기 위한 수많은 노력이 계속되었다. 앞으로 우리가 주장할 것이지만, 가이던스는 학습자와 교사 양쪽 모두의 행동에 결정적으로 중요하다는 것에 동의한다. 그러나, 이런 통찰로부터 학교는 지시적인 수업방법과 교육과정에 제한되어야만 한다는 것이 반드시 수반되지는 않는다. 탐구수업은 가이드될 수 있으며 아직도 탐구수업의 설계자가 의도하는 그런 종류의 학습과 관여를 조장한다고 우리는 믿고 있다. 이 장의 한 가지 핵심적인 목적은 수업 루틴과 도구에 있어서 가이던스를 더 잘 맥락화할 수 있도록 가이던스에 대한 개념을 넓히는 것이다. Kirschner 등의 가이던스에 대한 서술이 학교수업에 광범위한 영향력을 미치기에는 너무 강제적인 것 같다. 학교에서 유용하게 활용되기 위해서는, 어떤 수업프로그램이라 하더라도 교실에서 학습자와 교사의 몇 가지 핵심 요구와 목적을 다룰 필요가 있다. 그렇게 한다는 것은 제안된 수업프로그램이 적어도 학교의 목적(the purposes of schools), 학생 동기(student motivation), 그리고 수업의 사회적 맥락(the social contexts of instruction)을 반드시 다루어야만 한다는 것을 의미한다. 이런 학교교육의 핵심 요소는 학습에 있어서의 가이던스에 대한 논의에서 더욱 잘 설명될 필요가 있는데, 특히 탐구수업은 반드시 단념되어야만 한다고 Kirschner 등이 제안할 때 더 잘 설명될 필요가 있다. 이 장의 끝에, 수업은 탐구 지향적으로 그리고 고도로 가이드될 수 있다는 것을 보여준다고 생각하는 우리 자신의 연구로부터 나온 사례를 활용할 것이다. 학습에 있어 Kirschner 등이 서술한 가이던스 이론의 몇 가지 핵심 요소와 논리적 귀결을 우리가 이해한 대로 서술하는 것으로 시작하려고 한다.

Kirschner와 동료들은 인지구조, 특히 장기기억의 구조는 이제 "우리들에게 수업을 위한 궁극적인 정당화(ultimate justification)를 제공해주고 있다. 모든 수업의 목적은 장기기억을 변화시키는 것이다"(Kirschner *et al.*, 2006, p. 77)라고 할 만큼 충분히 이해되었다고 주장한다. 또한 지난 10년간에 걸친 경험적 연구로부터의 증거는 학습결과에 기초해 볼 때 최소한으로 가이드된 수업(탐구수업, 프로젝트 기반 수업, 발견수업이든지 여하 간에)이 보다 많이 가이드된 수업보다 비효과적이므로, 학생들에게 가이던스를 거의 제공하지 않는 수업 양식은 단념되어야만 한다고 그들은 주장한다. 최소 가이드 수업에 대한 또 다른 비판은 수업설계자들이 학습목적과 수단을 잘못 알고 동일시했다는 것이다. 예를 들어, 많은 과학프로그램이 학생들을 부추겨 과학자의 연구를 모방하도록 하기 위해 제한 없는 탐구에 몰두하도록 조장한다고 Kirschner 등은 적고 있다. 어떤 특정 문제에 대한 관심이라고 하는 관련 변수는 물론 자신들이 연구하고 싶은 문제를 스스로 발견하는 이런 접근방법이 인지구조에 관해 지금 알려진 것과 갈등상태에 있다고 그들은 생각한다. 그들은 과학에 대한 인식론이 과학에 관해 학생들이 배우는 교육의 기초가 되어서는 안 된다고 경고한다. 방법론적으로, 오직 임의화(randomized)되고, 통제된 실험만이 수업의 효과성에 관한 유용한 증거를 제공하며, 학습에 있어 최소 가이드 수업의 효율성을 지지하는 어떤 증거라도 그것이 만약 존재한다면 그것은 이런 기준을 충족시키는 데 실패할 것이라고 그들은 주장한다. 마지막으로, 인간의 인지구조에 관해 알려진 것과 그런 프로그램이 어떻게 모순되지 않는지를 설명하는 것은 최소 가이드 수업을 옹호하는 사람들의 부담이라고 그들은 역설한다.

　우리는 그런 주장의 모든 측면에 대해 확대된 논의를 제공하지 않겠지만, 이 장 전체에 걸쳐서 논의될 어떤 핵심 아이디어를 분석하고 명료화하고 싶다. 사람들이 지적했던 것처럼, 가이던스는 지금까지의 논의에서 다소 불분명한 상태로 남아있다(Koedinger & Alevin, 2007; Wise & O'Neill, 이 책의 5장). Kirschner 등에게, 가이던스는 학습에서 예제를 사용하는 것과 같은 어떤 것을 의미하는 것으로 보인다. 또한, 가이던스가 학생들에 의한 최소한의 "문제 공간 찾기(searching of the problem space)"를 가진 지시적 수업으로 번역될 것 같은데, 그것은 작동기억에 지나친 부담을 지우는 것으로 생각된다. Kirschner 등은 학교 환경에서 "최대한으로(maximally)" 가이드된 수업양식의 교육학적 특징에 관한 세부 사항을 제공할 수 있다기보다는 최소 가이드 수업프로그램을 더 잘 서술하고 비판할 수 있다. 예를 들어, Kirschner와 동료들이 인용했던 연구는 언제, 그리고 어떤 환경에서 보다 많은 가이던스나 조력이 학습자에게 제공되어야만 하는지를 서술하는 데 있어서 충분히 정밀하지 못하다는 것을 Koedinger와 Alevin(2007)은 지적한다. 이 장의 중요한 목적은 단지 학생들을 위해서 뿐만 아니라 교사들을 위해서도 학교에서 가이던스가 무엇을 의미하는지에 관해 보다 심층적으로 생각하는 것이다. 또한 우리는 가이던스라는 개념이 보다 일관성 있고 수업상으로 실행가능한 양식에서 학교의 동기적인 그리고 사회 맥락적인 도전을 다루기 위해 확대될 수 있는 방식을 탐구하고 싶다.

●○ 학교에서 학습의 역동성

실제에 유의미하게 영향을 주기 위해서는, 사람들이 어떻게 학습하는지에 관한 연구로부터의 통찰이 학교 내에서 보다 커다란 수업양식 속으로 통합되어야만 한다. 학교교육은 상당한 정도로, 수업 루틴(instructional routines)과 도구(tools)에 의해 입증되고 지지되는 수업양식으로 구성된다. 수업양식은 명시된 목표에 도달하기 위해 내용물, 인센티브, 그리고 교사와 학생의 행위와 같은 학교교육 구성 자원의 통일성 있는(coherent) 배열을 포함하고 있다. 수업양식은 복합적인 학교 맥락에서 전개되며, 경우에 따라 한 개의 교실이나 특정 교과목에 제한될 수 있다. 그 밖의 경우에는, 전체적인 학교개혁 노력에서처럼, 수업양식은 여러 개의 교실과 영역을 교차하여 확대된다. 교실 내 수업양식의 이행은 잘 명시된 수업 루틴을 개발함으로써 유의미하게 구체화된다. 수업 루틴이란 학습맥락 속에서 주로 교사와 학생에 의해 수행되는 한 세트의 행위(a set of actions)이다. 이런 루틴은 수업에서 교사와 학생들이 다음에 해야 할 것을 이해하는 데 도움을 준다. 수업 루틴의 사례로 어떤 문제에 대해 동료와 같이 공부하는 것, 평가 정보에 대해 해석하고 행동을 취하는 것, 그리고 과학 텍스트를 읽는 것 등을 포함한다. 수업 루틴은 도구에 광범위하게 의존한다. 도구는 교과서와 소프트웨어 같은 자료가 될 수 있지만, 학생들이 학습 과제를 완성하기 위해 사용할 수 있는 전략을 목록화한 전단 같은 지지물도 포함할 수 있다.

성공적인 수업양식은 교실에서 학습자와 교사의 몇 가지 핵심적 요구와 목표를 다룰 필요가 있다. 이런 양식들은 분리되어 전개되지 않는다. 흔히 학교 혹은 학과 범위이며 학년도의 많은 것들을 포함한다. 명시된 학습목표에 도달하기 위해 생산

적인 수업양식은 분명하게 정의된 방식으로 학교의 모든 자원을 극대화(leverage)
한다. 새로운 루틴과 도구는 학교에서 통합되기 어려울 수도 있는데, 그 이유는 교
사가 자신들의 관행을 쉽게 바꾸지 않기 때문이다. 교사들은 엄격한 인지 연구에
기초하고 있는 "가장 효과적인(most effective)" 것을 단순하게 그냥 하지 않는다. 대
신, 교사들과 이해 당사자들은 수업방법이 자신들과 학생들의 요구를 얼마나 잘 충
족시키는지에 대해 복잡한 평가를 한다. 이런 평가는 종종 특정 내용을 강조하거나
특정 교수법을 사용하려는 욕구와 같은 교사 선호(teacher preferences)를 포함한다.
또한 이런 평가는 그 지역사회 속에서의 학교의 목적과 교실의 사회적 구성(social
makeup)을 고려한다. 이런 평가는 효과적 학습에 대한 통제된 연구결과에 영향을
받을 수도 있고 그렇지 않을 수도 있다. 만약 영향을 받는다면, 그 연구들은 자신들
의 요구 중 많은 것들을 충족시키는 양식으로 번역된다는 것을 교사들은 확신하고
있음에 틀림없다. 최소 가이드 수업에 대한 자신들의 비판에서, 적어도 부분적으로
나마 탐구적 접근방법을 다룰 예정이었던 중요한 수업상의 도전을 Kirschner 등은
분명히 다루지 않았다. 예를 들어, 학생 동기는 지금까지 논의에서 빠져 있다. 이것
은 특히 탐구 기반 혹은 프로젝트 기반 과학의 지지자들이 그런 학습 환경의 핵심
적인 행동유도성(affordance)으로서 탐구의 동기적 이점을 강조했다는 것을 가정하
면, 이것은 특히 주목할 만한 가치가 있다(Blumenfeld et al., 1991). 예를 들어 "진짜
(authentic)" 문제는 진짜 문제에 대해 공부하는 것이 반드시 학습 증진에 바로 유도
하기 때문이 아니라, 오히려 학생들이 자신들의 삶에 관련되어 있다고 지각하는 문
제에 대해 공부하는 동안 더욱 참여적으로 될 수도 있기 때문에 선택되었다. 그러
므로 그들은 더 오래 지속하며, 문제에 관해 더욱 호기심을 가지며, 진짜 문제 대
진짜가 아닌 문제에 대해 보다 깊이 생각할 것이다. 따라서, 탐구 양식은 부분적으
로 과학수업에 보다 동기를 부여할 수 있도록 만드는 방법에 관한 교사의 타당한
관심을 다루기 위해 설계되었다. 지금까지의 논쟁에서 빠진 중요한 질문은 학생들
이 탐구 환경에서 보다 동기가 유발되는지 아니면 지시적 수업 환경에서 보다 동
기가 유발되는지의 여부이다. 수업양식에 대한 비판은 양식에 대한 모든 관련 영향
력이 명시적으로 고려되었을 때 더욱 강력하다. 마찬가지로, 이런 경우에 사람들이
어떻게 학습하는지에 대한 분리된 아이디어(discrete ideas)를 학교 실재(school real-
ities) 속으로 맞춤으로써 수업양식의 구성은 이익을 얻을 것이다.

　학교교육의 결과로서 유일하게 중요한 것은 학습이라는 것, 그리고 학교교육의

모든 다른 요소는 학습에 부수적이기 때문에 사람들이 어떻게 학습하는지에 관한 연구결과는 수업양식의 기초를 형성하기에 충분하다고 주장하는 것은 가능하다. 이런 견해에서, 우리가 설명했던 학교교육의 여타 측면(동기, 사회적 맥락, 그리고 목적)은 학습이 최적화될 때 근본적으로 이해되고 정리될 것이다. 이것이 다양한 이유로 발생할 개연성이 있다는 것을 우리는 의심한다. 첫째, 학교 교직원들은 교실 현실에 기초를 두지 않은 학습에 대한 연구결과에 대해 믿지 않기로 악명 높다. 교사는 그런 연구결과를 자신들의 수업 선택권(instructional choices) 속에 통합시키기 위해 구체적인 방식을 필요로 한다. 둘째, 학생 동기는 학생 성취를 위한 "자리지킴이(placeholder)"가 아니다. 학생들이 자신들의 학교경험을 정서적으로 어떻게 이해하느냐에 의해서 학교에서의 장기적 발달을 예측할 수 있다. 예를 들어, 중퇴 학생들은 불가피하게 학업상 따라갈 수 없는 저성취자라고 하는 핵심적 가정에 게이츠 재단(Gates foundation) (Bridgeland, DiIulio, & Morison, 2006)의 최근 보고서는 도전하고 있다. 고등학교 탈락자들에 대한 자기보고식 조사는 자신들의 표본에서 오직 35%의 탈락자들만이 "학교에서의 실패(failing in school)"가 탈락의 주된 요인이었다는 것을 보고했던 반면, 47%의 탈락자들은 자신들의 수업을 "흥미 없는(not interesting)" 것으로 지각했다는 것이 주된 요인이었다고 보고했음을 지적했다. 약 70%는 열심히 공부할 동기가 유발되지 않는다고 보고했다. 그 보고서는 학생들이 많은 이유로 학교를 중퇴한다고 적고 있지만, 그들의 연구에서 65%의 탈락자들이 처음에는 낮은 성취 때문에 중퇴하지 않았다는 사실은 주목할 만하며 성취와 지속성에 관한 신념에 도전해야만 한다고 적고 있다. 성취는 항상 충분하지는 않다. 경우에 따라서는 학생들의 동기와 정서가 성취보다 생애경로를 더 잘 예측할 수도 있다(Lau & Roeser, 2002). 셋째, 수많은 교육개혁가들은 학교학습시스템의 복잡성을 복잡한 생명시스템에 비유한다(Lemke, 2002; Wheatley, 1999 참조). 이런 관점에서 보면, 개인들은 복잡한 관계망을 통해 연결된다. 생명시스템으로서의 학습을 이해하는 또 다른 방식은 학습을 하나의 생태학으로 보는 것이다(Zhao & Frank, 2003; Deakin Crick, McCombs, & Hadden, 2007). Zhao와 Frank는 학습을 증진시키기 위해 학교에서 공학(technologies)을 소개하려는 노력이 대부분 어떻게 비효율적으로 되는지를 서술하고 있는데, 그 이유는 기존의 학교환경 내에서 개혁 노력의 양립가능성은 물론, 부분적으로 그런 개혁 노력이 시스템을 구성하는 부분들 간의 상호작용과 전체와의 상호작용을 반드시 고려해야만 하는 학교교육에 대한 생태학적 관점

(ecological perspective)을 취하지 않았기 때문이라는 것이다. 최적 학습(optimal learn-ing)을 위해, 학교의 풍토는 학습에 영향을 미치는 학습자의 내·외적 요인을 반드시 지원해야만 한다. 이런 모든 이유 때문에 수업양식은 결과에 대한 최대한의 영향력을 가지기 위해 통일성이 있어야만 하며 가능한 한 많은 학교생활의 요소를 다루어야만 한다. 학교교육의 동기적 요소와 사회적 요소는 분명히 복잡하지만, 수업을 위한 다양한 함의와 함께, 높은 수준의 가이드된 수업양식이 각각의 핵심 요소를 적어도 어떻게 다룰 것인지에 대한 아이디어를 주기 위해 이 장에서 그런 요소들을 제기한다.

동 기

동기가 아무리 조작화된(operationalized) 개념이라 할지라도, 높은 수준의 동기를 육성하는 것은 학교의 핵심적 목표이다. 높은 수준의 성취를 보장하기 위해 그리고 평생학습 참여로의 추동(drive)을 육성하기 위해 모든 학습자들에게 동기는 반드시 관여되고 유지되어야 한다(Kuhn, 2007). 학생들은 동기부여 프로파일(profiles)에서 몹시 다양하다. 성취목표이론(achievement goal theory)은 수업에서 동기에 관해 생각할 하나의 렌즈를 제공한다. 학생들이 학습에 가져오는 목적은 그들의 신념, 행동, 그리고 인지를 결정적으로 확정하거나 혹은 그런 것들에 관련시킨다는 것을 목표이론(goal theory)은 강조한다(Ames, 1992). 어떤 학생들은 보다 내재적으로 학습에 흥미를 가지고 있다. 다른 학생들은 자신들의 동료를 뛰어넘는 데 더 흥미를 가지고 있다(Kaplan & Maehr, 2007). 자기효능감(self-efficacy)은 개인, 과제, 그리고 내용영역 전반의 수행을 예측하기 위해 제시되었던 또 다른 동기 관련 구인이다(Bandura, 1977). 경우에 따라, 학생들의 자기효능감 신념(self-efficacy beliefs)은 능력에 대한 객관적인 측정보다 수행에 대한 더 나은 예측자라는 것을 Bandura는 강조한다. 일부 연구자들이 개인의 상태(a state)와 성향(disposition)이라는 두 가지 모두로 특징짓는 학생들의 흥미(interest)는 인지 기능에 대한 강력한 정적 효과(positive effect)를 가지고 있다(Hidi & Harackiewicz, 2000). 흥미는 개인들, 영역들, 그리고 교과영역들을 교차하는 학업 수행에 영향을 미친다(Hidi & Harackiewicz, 2000). 동기는 성적 수준과 내용 영역을 교차하는 학업 성취의 중요한 예언자이다(Bandura, 1997). 오늘날 동기에 대한 견해는 동기화된 행동을 특성 같은(trait-like) 동기인 교과목에 대한 상호작용으로, 그리고 교실경험에 의해 좀 더 영향을 주고받을 것 같은 상태 같은(state-like) 동기인 상황적 동기로서 이해하려고 한다는 것을 쿤(Kuhn, 2007)은 적고 있다. Bandura 역시 학생들이 학습 환경에 가져오는 동기 관련 신념들 간의 상호 관계, 학습 환경 그 자체, 그리고 학생들이 관여하는 학습 행동을 강조한다.

Kuhn은 Kirschner 등이 학생들의 동기적 프로파일 속에 있는 개인적 변동(variation) 그리고 개인들 간에 교차하는 수업에 대한 동기적 행동유도성(motivational affordances)에 관해 우리가 알고 있는 것을 반영하지 않는 보편주의 입장(universalist stance)의 학습 지향을 취해왔다고 주장한다. 만약 학생 동기가 관여되지 않는다면, 최소 혹은 최대 가이드된 수업이 상이한 학습결과로 유도하는지의 여부가 불분명한데, 그 이유는 학생들이 가이드된 학습활동이나 가이드되지 않은 학습활동 중 어느 한 쪽에 참여하지 않을 수도 있기 때문이다. 지금까지 가이던스 주장에 대한 근본적인 가정은 학생들, 혹은 대다수의 학생들로 하여금 교실에서 예제가 있는 수업에 참여하도록 하는 것이 가능하다는 것이다. 수업을 개선하는 최선의 방법으로 높은 수준의 가이드 수업양식이 제공되기 전에 수업에서 가이드에 대한 동기적 행동유도성을 이해하기 위해 보다 많은 연구가 수행될 필요가 있다. 만약 높은 수준의 가이드된 수업이 동기를 덜 유발한다면, 아마도 그것은 지속성이나 내재적 동기에 있어서의 감소와 연합되어 있을 수도 있기 때문에, 학습이 최적화되기는 어려울 것 같다. 중요한 다음 단계는 학생 동기에 관해 우리가 알고 있는 것과 가이드를 보다 밀접하게 통합하는 것이다. 예제가 학생들에게 동기유발적인가? 어떤 학생들에게? 어떤 환경에서? 만약 수업일(school day)을 통해 모든 교과영역 내의 모든 활동이 예제와 프로세스 시트(process sheets)에 기초를 두도록 학교가 구조화되어 있다면, 학생들에게 동기화되고 있는 것은 무엇이겠는가? 학생들은 그 일에 일관성 있게 참여할 것인가? 학생들은 지속적일까? 우리는 최대한으로 가이드된 수업이 반드시 학생들에게 동기를 약화시킨다는 것을 주장하는 것이 아니다. 즉, 경험적 증거는 그런 주장을 하고 있지 않다. 그보다는 다른 것을 능가하는 어떤 종류의 수업을 주장할 때, 이론적으로든 아니면 경험적으로든 간에 동기를 명시적으로 다루는 것의 중요성을 우리는 주장하고 있는 것이다.

수업의 사회적 맥락

학교의 사회적 맥락(social context)도 효과적인 수업양식 속에 반드시 통합되어야만 한다. 우리가 의미하는 사회적 맥락에 의하면, 어느 정도, 교실은 항상 극적으로 상이한 특성을 지닌 많은 학생들과 한 명 이상의 성인으로 이루어져 있다는 것이다. 개인차와 그 결과로 교실에서 일어나는 사회적 역동성(social dynamics)은 수많은 방식에서 중요하다. 교실 내에 그리고 교실들 간에 걸쳐 있는 학생들의 사회적 네트워크가 학습에 영향력을 미치고 있다는 증거는 증가하고 있다(예컨대, Maroulis & Gomwz, 2008). 예를 들어, 학생들의 사회적 네트워크 구성은 자신들의 학업성취를 예측하는 데 도움을 줄 수 있다. 높은 성취의 동료와 연합하는 학생들은 동료가 낮은 수준을 성취하는 학생들보다 학교에서 훨씬 더 성공할 가능성이 크다. 한 가지 중요한 수업상의 질문은 그런 사회적 역동성이 수업과 관련하여 어떻게 다루어져야만 하는가?이다. 교사들 역시 수업에 영향력을 가지고 있는 사회적 맥락 속에 얽혀 있다(예컨대, Frank, Zhao, & Borman, 2004). 학교에 있는 모든 교사가 최대한의 가이던스와 같은 공통적인 수업 루틴을 채택하는 정도는 학습에서 가이던스의 전반적인 효능성에 영향을 미칠 수도 있다. 만약 접근방법에 대한 활용이 우연적이라면, 그것은 어떤 학급에서는 일어나고 다른 학급에서는 안 일어날 수도 있을 것이며, 그 영향력은 장기적 학습과 발달에 대해 비교적 낮을 것 같다.

●○ 가이던스

오늘날의 수많은 학교개혁 노력은 수업에서 가이던스의 역할, 특히 학생 수행(student performance)으로부터의 증거에 의한 정보가 주어지는 가이던스를 강조하고 있다(Bryk, Sebring, Allensworth, Luppescu, & Easton, 출판 중). 그러나, 단지 가이던스의 수준에 관해서가 아니라, 학습자들에게 가장 중요한 가이던스의 종류에 관한 것으로서, 언제 어떻게 학생들에게 가이던스가 제공되어야만 하는가, 그리고 구체적인 학습과제에서 어떤 학습자가 가이던스로부터 이익을 얻는가라는 도전적인 질문이 남아 있다. 다시 한번, 지금까지의 논쟁은 이런 이슈에 대해 모호한 것 같다. 높은 수준의 선행지식을 가진 학생들은 학습에서 그만큼 많은 가이던스를 필요로 하지 않을 수도 있지만, 어떤 학생이 "높은(high)" 선행지식을 갖고 있는지, 그 결과로서 어느 정도의 그리고 어떤 종류의 가이던스가 수업에서 적절한지를 결정할 필요가 있는 교사에게 연구결과가 반드시 가이던스를 제공하지는 않는다고 Kirschner 등(2006)은 적고 있다. 어떤 의미에서는, 지금까지의 논의를 최소한의 가이던스를 주장하는 사람들과 보다 많은 가이던스를 주장하는 사람들 간의 논쟁으로 틀지우는 것(framing)은 아마도 학교 상황에서 가이던스의 중요한 위치에 관한 많은 뉘앙스의 사고를 잃어버릴지도 모른다. 만약 가이던스가 Kirschner 등(스캐폴딩, 지시적 수업, 예제들, 과정 시트, 문제 공간에 대한 최소한의 탐색)에 의해 제시된 비교적 덜 세분화된 서술에 제한된다면, 학습에서 더 많은 가이던스를 요구하는 것은 단기간에 유의미한 방식으로 학교교육에 영향을 미치게 될 것인지의 여부에 대해 우리는 의심한다. 왜냐하면 수업에서 가이던스가 더욱 현저한 임상적 실습을 이해당사자들이 개발하기에는 그것이 충분한 명세화(specification)를 제공하지 않기 때문이다.

다음 섹션에서, 내용영역 수업에서 읽기를 보다 중요하고 유용하게 만들기 위해 고등학교에서 교사들이 했던 것과 같은 것으로서 교사와 학습자에게 우리가 가이던스로 성격 규정했던 것을 제공하기 위해 부분적으로 설계되었던 우리들의 작업에 대한 서술을 제공한다. 특히, 이 작업은 학생들이 과학교재를 더 잘 이해하도록 도와주기 위해 설계된 읽기지원 도구(reading-support tools)와 루틴을 교실에 제공하는 것에 초점을 맞추었다. 가이던스는 그것이 학교에서 실행될 수 있는 통일성 있는 수업양식 속으로 통합될 때 가장 유용하다는 것과 아울러 수업은 가이드될 수도 있고 탐구에 초점을 맞출 수도 있다는 우리들의 초기 주장을 지지하는 사람들을 돕기 위해 이런 서술을 제공한다.

청소년 문해 지원(literacy support) 프로젝트

3년여의 과정에 걸쳐, 우리는 시카고에 있는 한 도시학교에서 약 1800명의 학생 그리고 13명의 과학 교사와 함께 작업했는데, 그 교사들은 9학년과 10학년의 환경과학과 생물학 교실에서 읽기 지원 프로그램을 실행했다. 우리가 서술하고 있는 모든 일은 "탐구" 과학 교실이 존재하는 것(being)으로 꽤 그럴듯하게 특징지을 수 있는 교실에서 일어나고 있다. 미국과학재단(The National Science Foundation)은 고등학교용 탐구과학 교재의 개발을 지원하기 위한 노력의 일환으로 학교에서 사용되고 있는 두 가지 커리큘럼(Investigation in Environmental Science와 BSCS Biology: A Human Approach)의 개발에 기금을 제공했다. 그 커리큘럼은 예컨대, 학교가 지역사회의 요구를 충족시키고 위험에 빠진 종을 보호하도록 새로운 학교를 취약한 생태계에 위치시키는 환경적인 거래(environmental tradeoffs)에 관해 학생들이 반드시 추론하도록 하는 확대된 프로젝트들을 포함하고 있다. 전문적인 개발에 참여했던 교사들은(우리 프로젝트와는 독립적으로) 보다 탐구에 초점을 맞춰 가르치려고 의도했다. 탐구수업에 관해 무엇이 필수적인지 그리고 어떤 특정 수업이 진정으로 "탐구에 초점을 맞추고(inquiry-focused)" 있는지의 여부에 대해 상당한 그리고 자주 열띤 논쟁이 있었지만, 그런 논쟁은 여기 우리의 논의에는 적절치 않다. 그 대신, 현재 사용 중인 커리큘럼은 일반적으로 탐구중심 접근방법의 집단에 속해 있다는 사실에 의존한다. 우리는 학생들에게 한 벌의 전자 도구와 종이 기반 도구(electronic and paper-based tools)를 갖추게 하였는데, 그 도구는 과학 텍스트에 대한 학생들의 이해를 증진시키기 위해 설계된 과학 읽기 전략에 대해 학생들이 학습하고, 실습하고 적용하는 것을 도와주기 위해 설계되었다. 우리는 읽기 지원 도구의 활용 루틴을 포함하여, 탐구수업의 일부분으로서 텍스트 읽기를 둘러싸고 있는 루틴을 개발하기 위해 교사와 함께 작업했다. 다음 절에서는, 과학 수업에서의 읽기에 대한 몇 가지 도전, 우리가 소개했던 읽기 지원 도구들, 그리고 과학 읽기를 둘러싸고 있는 새로운 수업양식의 개발을 소개하고 지원하려는 의도에서 교사들에게 제공했던 전문성 개발(professional development)을 간략하게 서술한다. 마지막으로, 실제에서 "가이드된 탐구(guided inquiry)"라는 우리의 비전을 서술하고 있는 교사가 제공했던 확장된 사례로 이 절을 마무리한다.

과학에서 읽기

　명시적으로 "탐구에 초점을 맞추고(inquiry-focused)" 있든 아니든 간에, 너무나 많은 미국 학생들에게 읽기 숙달은 야심적인 과학 수업의 성공적인 실행에 핵심적인 장애물로 남아 있다(Herman, Gomez, Gomez, Williams, & Perkins, 2008). 의욕적인 과학 수업은 증거로부터 추론하기, 과학에 관해 타인과 의사소통하기, 복잡한 탐구 수행하기, 자료를 분석하고 표상하기, 비용효과 분석에 관여하기(National Research

Council, 1996)를 포함하여 과학교육공동체에 의해 평가된 종류의 실제에 성공적으로 참여하기 위해 새로운 내용을 학습하도록 학생들에게 텍스트 읽기를 요구한다. 특히 전통적으로 서비스가 부족한 교육 환경에서, 학생들은 중요한 과학 내용에 접근할 수 있도록 하는 과학 텍스트 읽기의 숙달 기회를 갖지 못하는 것이 너무 흔하다. 교사들 역시 핵심적 과학내용에 대한 학생들의 이해를 심화하는 방식으로 과학에서 읽기를 지원할 준비가 덜 되어 있다(Gomez, Herman, & Gomez, 2007). 우리와 함께 일했던 고등학교 과학교사들은 면담에서, 과학에서 어려움을 겪는 독자들을 지원하도록 자신들을 도와주기 위해 설계된 직전(pre-service) 전문성 개발 기회를 가진 적이 없었으며 현직(in-service) 전문성 개발 기회도 거의 갖지 못했다고 보고했다. 중재하기 전에는 학생들이 텍스트를 이해하지 못했을 때, 그들이 사용했던 가장 일반적인 전략은 학생들에게 "그것을 다시 읽어봐(read it again)"라고 말하는 것이었다. 그 밖의 전략으로는 텍스트를 큰소리로 읽거나 혹은 학생들이 사전을 활용하도록 가르치는 것을 포함했다. 그러므로 결정적인 학습자료인 텍스트는 수업에서 흔히 무시되거나 혹은 충분히 활용되지 못했다. 우리들 작업의 명시적인 목적은 학생과 교사에게 이런 장애물을 극복할 가이던스를 제공함으로써, 텍스트를 탐구 수업에서 더욱 중요하게 만드는 것이었다.

읽기 지원 도구

텍스트를 더 잘 이해하고 학습하기 위해 과학 독자들은 읽기 전, 읽기 중, 그리고 읽기 후에 자신들이 활용할 수 있는 집적된 전략을 반드시 가지고 있어야만 한다. 학생들은 학습할 때 이득을 보며 읽을 때 이해 전략을 연습한다(Anderson, 1992; Collins, 1991). 반복적인 텍스트 처리과정을 통해서 그리고 동료들과의 협력적인 분석과 논의에 의해서, 학생들은 전략을 더 잘 내재화할 수 있으며 궁극적으로 전략에 대한 소유권(ownership)을 가질 수 있다(Pressley et al., 1992; Biancarosa & Snow, 2006). 빈번하게 내재화되고 활용되었을 때, 전략 사용은 텍스트를 이해하는 데 커다란 긍정적인 효과로 유도할 수 있다(Anderson, 1992). 과학 읽기를 지원하기 위해 우리는 세 가지 종류의 도구를 개발했는데, 그것은 주석 달기, 복식 기장 일기, 그리고 요약 도구이다. 그런 도구들은 학생들로 하여금 텍스트에서 자신들이 이해한 것과 이해하지 못한 것을 적도록 함으로써, 텍스트의 구조를 인식하고, 새로운 내용을 선행지식과 통합하며, 메타인지적 읽기 기능을 증진시키는 것을 도와주기 위한 의도였다. 또한 학생들은 텍스트의 요지에 대한 자신들의 이해를 재표상하기 위해 교재의 요약을 쓰는 것을 학습했다(Herman *et al.,* 2008). 각 도구에 대해 간단히 서술하면 다음과 같다;

- 주석 달기(annotation). 학생들은 텍스트를 선택할 수 있으며 그 선택이 주된 아이디어 혹은 보조 아이디어, 주장 혹은 증거, 어휘적 단어 혹은 정의, 변화, 결론, 절차적 단어, 추론 등을 담고 있는지의 여부를 나타낼 수 있다. 학생들은 제목, 표제, 하위 표제 같은 구조를 확인할 수 있다. 학생들은 자신들이 이해하지 못하는 단어나 혹은 절을 표시할 수 있다.
- 복식 기장 일기(double-entry journals: DEJ, 이하 DEJ로 표기). 이런 도구는 학생들이 자신의 이해를 모니터하고 증명하게 하는 구조를 제공한다. 복식 기장 일기는 두 개(혹은 그 이상)의 열을 가지고 있다. 왼쪽 열에서, 학생들은 읽기에 관한 핵심 개념, 어휘, 모순, 혹은 질문을 확인할 수 있을 것이다. 그 다음 왼쪽 열에 있는 아이디어와 함께 조정하기 위해 교사가 지시한 증거, 질문, 혹은 세부 사항으로 오른쪽 열을 채운다. 결과로 나타나는 것은 핵심적인 정보를 보여주고/보여주거나 학생들의 오해나 이해의 결여를 드러내는 그래픽 조직자(graphic organizer)이다.
- 요약화(summarization). 서면 텍스트에서 필수적인 요소를 통합하는 동안 학생들은 주된 아이디어를 확인하고, 이차적 아이디어를 구분하며, 정보를 압축해야만 한다. 우리는 언제든지 가동할 수 있는 요약 스트리트(Summary Street)라는 전자 요약 도구를 가지고 있는데, 그것은 잠재적 어의 분석 기술(Latent Semantic Analysis Technology)(Kintsch, Steinhart, Matthews, Lamb, & LSA Research Group, 2000; Landauer, Foltz, & Laham, 1998)을 활용하여 요약하고 수정하는데 있어 학생들을 가이드한다. 요약 스트리트는 쓸데없는 반복, 철자법, 그리고 읽기 섹션별 요점 점수를 포함하는 학생들의 요약에 관한 피드백을 제공한다.

교사 전문성 개발

읽기가 탐구 과학 수업에서 보다 중요한 역할을 하기 위해서, 교사는 과학 읽기를 지원하도록 설계된 수업루틴 개발 조력에 초점을 맞추는 실질적인 전문성 개발 기회를 필요로 한다. 교사들은 효과적인 읽기 전략에 관해 학습할 필요가 있는데, 거기에는 그런 전략을 어떻게 가르치고, 실습시키며 아울러 도구 사용시 어떻게 사례를 들어 설명하는지를 포함한다. 훌륭한 전문성 개발은 가르쳐지는 내용에 그 뿌리를 두고 있으며(Cohen & Hill, 2001), 계속 진행 중이고, 실습 기반적이어서 교사는 자신들이 학습한 것을 실습에 즉각적으로 적용할 수 있다(Garet, Porter, Desimone, Birman, & Yoon, 2001). 교사들은 3년 동안 계속 진행되는, 실습 기반적인 전문성 개발에 정기적으로 참여했다. 이런 세션(sessions)은 학교에서 이루어졌으며, 도구 활용을 통한 읽기 전략 개발을 지원하기 위한 방법을 포함하여 과학 읽기를 지원하기 위한 방식에 초점을 맞추었다. 교사들은 도구 작업(요약, 주석 달기, 복식 기장 일기)으로부터 산출된 학생들의 작품(artifacts)을 평가함으로써 학생들의 전략 개발 평가방식을 학습했다. 또한 교사들은 읽기를 둘러싸고 있는 자신들의 수업 선택에 관해 보다 분명하게 되는 것을 학습했다. 어떤 경우에는 학생들로 하여금 요약을 쓰게 할 수도 있고 또 다른 경우에는 어휘에 초점을 맞춘 복식 기장 일기를 완성할 수 있도록 교사들은 구체적인 읽기의 목적과 특징에 기초한 도구를 부과했다. 가이드 속도 조절하기, 교육과정 지원, 학생들의 작업을 채점하기 위한 규정, 그리고 평가를 우리는 공동으로 개발했다. 또한 전문성 개발 세션에는 교사들이 학생 작업을 검토하고, 도구 활용을 실습하며, 과학 학습 목적과 도구 활용을 통합하는 방법에 관한 아이디어를 공유하고, 다가오는 수업을 계획하기 위한 시간이 포함되었다.

가이던스 관점에서 수업양식 분석

이런 수업에서 학생들은 어려움을 겪는 독서가들이다. 평균적으로, 표준화된 읽기숙달 평가에 기초하면 이런 9학년들은 평균적으로 5학년 혹은 6학년 수준에서 읽고 있었다(Herman *et al.,* 2008). 이런 두 가지 교육과정에 있는 읽을거리는 분명히 상급 수준에서 쓰여져 있으며, 텍스트 복잡성 평가와 학생 읽기 점수에 기초한 학생들의 독립적인 읽기 능력을 훨씬 넘어서 있다. 자신의 능력보다 훨씬 높은 수준의 텍스트를 읽고 이해하도록 요구받는 것은 이런 학생들의 능력 한계에 도전할 것 같은 "최소한으로 가이드된" 과제에 대한 좋은 사례이다. 학생들이 텍스트를 읽

을 때 읽기 전략을 적용하도록 가르치는 것은 이런 과제를 보다 다루기 쉽고 생산
적으로 만들 필요가 있는 가이던스를 제공하려는 의도이다.

　학생들이 읽기에 어려움을 겪는다는 이유로 교사가 텍스트 사용을 피하려는 결
정을 내릴 때, 교사는 학생들에게 손해를 끼치고 있는 것이다. 학습된 것에 관해 학
생들이 성공적으로 의사소통하게 하는 방식에 있어, 텍스트 학습은 21세기 시민을
위한 결정적인 학업 기능이다(Levy & Murnane, 2004). 과학 텍스트를 읽는 것은 예
컨대, 과학자들이 주장을 지지하기 위해 논의와 증거를 어떻게 제시하고 가치를 매
기는지를 포함하여 학생들이 과학 영역을 더 잘 이해하도록 도와준다. 또한 읽기는
직접적으로 과학내용 지식을 증진시키며, 보다 일반적으로 의욕적인 수업의 중요
한 구성요소 가운데 하나이다. 과학적으로 교양 있는 대중의 개발을 지원하는 것은
일반적으로 학교의 핵심적 목적이 되어야만 하며, 특히 과학 전공 학과들의 핵심적
인 목적이 되어야만 한다. 그 목적은 중요하기 때문에, 우리가 알고 있는 인간의 인
지기능에 대해 이런 종류의 읽기가 압박을 가하거나 혹은 상충될 수 있다 할지라
도 과학 텍스트를 읽는 것이 회피되어서는 안 된다. 즉, 그 과제를 학습자들에게 가
능하게, 유의미하게, 그리고 유용하게 만들기 위한 방식을 구체화하는 것이 진정한
도전이다. 우리의 도구가 읽기 과제를 더 잘 구체화하는 방식을 제공하고 있으며,
따라서 학습자들에게 중요한 가이던스를 제공한다고 믿고 있다. "질문에 답할 수
있도록 읽기자료를 이해하라"고 요구하는 길고 복잡한 읽기자료에 직면하도록 하
기보다는, 읽기자료(제목, 표제, 변화, 주장과 지지 증거 등)의 구조를 확인하고, 이
해를 반영하며, 이해하지 못하는 것을 표기하고, 텍스트의 요지를 이해한다는 것을
보여주는 요약을 씀으로써 이해를 표상하기를 요구하는 보다 분리된 과제로 학생
들을 지도한다. 텍스트를 읽는 동안 그런 방식에 따라 내내 학생들은 가이던스
를 제공받는다. 학생들에게는 다음에 해야 할 것을 알기 위한 정보와 방식이 주
어진다.

수업 명세화 도구와 루틴

　수업 루틴을 지원하는 도구는 학습에서 핵심적인 형식의 가이던스를 제공한다.
또한 수업 루틴은 수업이 어떻게 일어나야만 하는지에 대해서 교사와 학생에게 가
이던스를 제공한다. 도구와 루틴이 수업양식을 지원하기 위해 동시적으로 작동하

고 있을 때, 그 수업양식은 수업 실제를 가이드할 것이며 또한 그 수업양식이 육성하도록 설계된 결과로 유도할 가능성이 더욱 높아진다. 위에서 서술된 작업에서, 우리는 과학 수업에서 텍스트 읽기를 둘러싸고 있는 수업 루틴을 교사가 개발하기를 원했다. 이런 루틴들은 읽기 난이도를 위한 교재 분석하기, 학생들을 위해 과학 학습목표를 명시적으로 목록화하기, 읽기자료와 읽기 작업을 보다 커다란 수업 덩어리(instructional chunks)에 통합하기, 읽기자료와 과학 내용에 대한 이해를 평가하기, 학생들이 읽기자료와 과학에 대한 자신들의 이해를 표상하는 방식으로서 도구를 완성하는 작품(artifacts) 활용하기, 읽기에 대한 보다 명확한 목표를 제공함으로써 학생들이 읽기에 관여하도록 동기화시키기, 그리고 학생들이 읽기에 더욱 전략적으로 되도록 허용하기를 포함하고 있다. 텍스트에 대한 이해를 증진시킴으로써, 교실학습 참여에 학생들이 더욱 동기화될 것이라고 추측했다. 논의를 보다 구체적으로 만들기 위해, 3년 동안 우리들과 함께 작업했던 9학년 환경과학 교사가 제공했던 수업 루틴의 한 가지 사례를 다음에 제공한다. 그녀는 그 전 해에 자신이 가르쳤던 어떤 단원을 재고하고서 새롭게 가르치기 위한 자신의 노력에 대해 보고하고 있다.

　　문해 도구(literacy tools)와 함께 작업하기 및 전문성 개발은 수업을 계획하고 실행하는 데 있어서 텍스트의 역할에 대한 나의 관점을 변화시켰다. 이런 변화가 특히 효과적이었던 수업은 온실 효과(greenhouse effect)를 가르치는 것이었다. 맨 처음 가르치기 시작했을 때, 나는 교과서가 서술했던 전통적인 방식으로 수업을 제시했다. 학생들은 온실 효과에 대한 텍스트를 읽고 마지막에 질문에 답하도록 과제를 부여받았다. 그 후 학생들은 수동적으로 필기를 하고, 나는 텍스트에 있는 것에 대해 강의했다. 실험은 읽기와 강의 후에 행해졌으며, 실험 목적은 학생들이 읽었던 것과 온실 효과에 관해 들었던 것 그리고 그것이 지구온난화에 어떻게 기여하는지를 확인하는 것이었다.

　　읽기를 탐구학습의 일부로 간주할 때, 전체 수업은 다르게 구성되었다. 올해 어느 더운 날 학생들은 자동차의 실내·외 온도 차를 토론함으로써 시작했다. 그 후 학생들은 2리터 들이 소다수 병을 가지고 실험을 했는데, 뚜껑이 닫힌 병과 닫히지 않은 병 속의 온도차를 측정했다. 실험 후 토론을 하는 동안, 나는 왜 온도가 상승했는지에 대해 학생들에게 탐문했다. 이것은 빛에너지와 열에너지는 동일한 것이라는 일반적인 오해 그리고 그들 둘 다 유리(차의 경우에), 혹은 플라스틱 랩(실험에서)과 같은 장애물을 통과할 수 있다는 일반적인 오해(common misconception)를 노출시켰다. 뚜껑이 닫힌 병 속에서 온도가 상승했으며, 열은 도망갈 수 없었다는 자신들의 관찰과 일반적인 오해가 맞지 않았을 때 학생들은 혼란스러워 했다.

　학생들은 답을 찾기 위해 텍스트를 활용했다. 학생들은 텍스트를 읽고, 읽기 자료를 분석하는 데 도움이 되도록 파트너와 함께 주를 달았다. 그 후 하나의 수업으로서, 실험 결과를 설명하기 위해 학생들이 발견했던 것을 논의했다. 유비(analogy)와 그것이 환경에 어떻게 관련되어 있는지를 서술하는 DEJ를 만들어 내기 위한 하나의 수업으로 우리는 함께 작업했다. 이것은 자동차에 대한 개시 사례와 실험에서의 2리터 들이 병, 텍스트에서 제시된 온실의 예, 그리고 이런 것들이 모두 지구와 대기에 어떻게 유사한지를 함께 묶었다. 마지막으로, 이런 모든 정보를 종합하고 궁극적으로 온실 효과가 지구온난화를 위한 메커니즘에 어떠한가라는 질문에 답하기 위해 자신들의 실험집단으로 돌아갔다.

그녀가 했던 것에 대해 주목할 만한 가치가 있는 몇 가지 요점이 있다. 먼저, 학생들이 온실 효과, 특히 열에너지와 빛에너지 간의 차이를 이해하도록 수업을 조직하는 데 관심이 있었다. 과학 교실에서 텍스트 읽기를 둘러싸고 있는 공통적인 이유라고 할 수 있는 "학생들이 텍스트를 이해하도록 하는" 것이나 혹은 "학생들에게 결정적인 배경 정보를 주기 위해 텍스트를 사용하는" 것이 목적이 아니었다. 탐구 환경에서 교사들이 학생들에게 제공할 수 있는 부분적 가이던스는 탐색의 일부인 현상 이해하기와 같이 텍스트 읽기를 위한 진짜(genuine) 이유를 강조하는 것이다. 과거에 자신이 그 수업을 어떻게 가르쳤는지에 대해 숙고함으로써, 학생들의 이해도 평가에 기초한 자신의 학습목표에 학생들이 어쩔 수 없이 도달하지 못했다는 것을 그녀는 깨달았다. 학생들이 그런 목표에 도달할 가능성을 증진시키기 위해 그녀는 수업을 재조직하는 방법에 관해 생각했다. 재설계된 수업에서, 학생들은 진짜로 활동 동기가 부여된 목적 즉, 실험이 소개했던 현상을 자신들이 설명하는 데 도움을 줄 수 있는 에너지에 관한 정보를 얻기 위해 텍스트를 읽었다. 이런 재설계는 읽기 활동에 참여할 학생들의 동기를 증진시킬 수도 있다. 학생들은 자신들의 오해에 관해 진정으로 호기심을 가졌으며, 실험에서 제기된 이슈에 대한 해결책을 생각해 내고 싶었다. 교사는 논의, 실험, 그리고 교재를 함께 묶는 "유비(analogy)" DEJ (우리가 마음 속에 그리지 않았던 새로운 종류의 DEJ)를 고안하기 위해 기존의 읽기 지원 도구를 고객맞춤화(customized) 했다. 교사의 이런 수업 재설계는 과학에서 우리가 기대했던 독서를 위한 좋은 지원 사례이다. 단지 학습목표를 명확히 하는 것을 통해서가 아니라 학습을 목적적으로 만듦으로서, 학생들의 흥미를 자극하고 극대화(leverage) 함으로써, 학생들이 사용하기에 좋은 주문 제작된 도구를 제공함으로써, 그리고 기존의 교육과정 자료를 재계열화하고 재조직함으로써, 수업 루틴은 학습자들에게 가이던스를 제공한다. 여기서 상술하고 있는 사례는 가이던스가 탐구수업에서 설계를 훈련할 수 있다는 것을 보여준다고 우리는 생각한다. 이런 작업이 Kirschner 등의 작업에 대조적인 요소로 간주될 때, 그것은 "가이던스"가 폭넓은 수업 스펙트럼을 교차하여 설계를 훈련할 수 있다는 것을 제시한다고 우리는 생각한다.

몇 가지 어려운 질문이 아직 남아 있다. 사람들은 수업 루틴의 경계를 어떻게 구분하는가? 수업 루틴의 요소나 부분은 무엇이며, 최대한의 가이던스를 제공하기 위해 그런 것들은 어떻게 배열될 수 있는가? 앞서 사례에서, 선행 지식을 활성화했던 활동, 과학 오해를 강조함으로써 학생들 흥미를 자극했던 과제, 학습목표(이 경우에 있어 유비적 사고)와 동조하는 사고를 고취했던 도구사용 기회가 수업 루틴의 요소에 포함되었다. 학습에서 가이던스에 관해 걱정하는 사람들에게, 이런 수업 루틴 요소들을 통해 교사가 수업 속으로 명세화(specification)를 어떻게 수립할 수 있는지를 이해하는 것이 중요하다. 수업양식의 요소에 대한 분류학은 명세화 과정에서 도움을 줄 수 있을 것이다. 우리들의 사례는 부분적으로 그런 분류학 속으로 갈 수도 있는 요소들을 강조하려는 의도였다. 다음 단계는 루틴의 어떤 요소가 학습 증가로 유도하는 적응적인 명세화를 교사와 학생들에게 제공하는지를 결정하기 위한 보다 경험적인 연구가 될 것이다. "적절한(germane)" 인지적 부하를 늘리기 위해 학생들이 반드시 조력을 받아야만 하는 환경이나 혹은 조력이 보류되어야만 하는 시점을 이해하는 것은 불분명한 채로 남아 있으며, 그것은 교육연구자들에게 하나의 경험적인 질문이라는 것을 Koedinger와 Aleven(2007)은 적고 있다. 우리는 동의한다. 이런 "조력 딜레마(assistance dilemma)"를 이해하는 것은 과학에서 읽기를 지원하기 위한 수업 루틴을 설계할 때 교사들이 매일 반드시 파악해야만 하는 것 가운데 한 가지 예이다.

●○ 최종적 생각

Kirschner 등(2006)은 수많은 과학교육 개혁 노력에 강력한 반대 입장을 취해 왔는데, 본질적으로 그런 개혁 프로그램은 학습자들에게 불충분한 가이던스를 제공한다고 자신들이 주장하고 있기 때문이다. 학습에서 가이던스가 중요하다는 것을 우리는 동의한다. 그러나, 학습에 대한 강요된 연구로부터의 통찰이, 유용한 도구에 의해 지원되는 수업 루틴에서 예시되는 수업양식 속에 자리 잡을 수 없다면 그런 통찰이 수업에 영향을 미칠 것 같지는 않다. 실제에 영향을 미치기 위해, 이런 양식은 가능한 포괄적으로 될 필요가 있으며, 교사와 학습자의 목적과 요구를 다룰 필요가 있다. 효과적인 학습을 위해 요구되는 가이던스의 수준에 관한 연구결과가 어떻게 그 자체로 수업양식의 기초를 형성하지 않는지를 강조하기 위해 우리는 학생 동기, 수업의 사회적 맥락, 그리고 학교교육의 목적이라는 이슈를 제기했다.

가이던스를 늘리기 위해 설계된 수업 루틴을 명세화하는 것은 어려운 작업이며, 상당한 노력이 따라야 할 것이다. 우리가 보여주길 기대하는 것 가운데 일부는 수많은 과학교육 개혁자들이 탐구수업의 일부로서 도구나 명시적인 루틴을 통해 학습자들(그리고 교사들)에게 제공되는 가이던스의 중요성을 알고 있다는 것이다. 예컨대, White와 Frederiksen(1998)은 서비스가 취약한 초등학교 학생들이 힘과 운동이라는 공부에 참여하도록 하는 고도로 스캐폴드된 탐구 사이클을 제시했다. 그런데 힘과 운동에 대한 공부는 전형적으로 초등학교 저학년 학생들의 도달 범위를 넘어서는 것으로 생각되었다. White와 Frederiksen의 탐구에 대한 서술은 우리의 의견으로는 "최소한으로" 가이드된 수업프로그램에 대한 서술이 아니다. 특히 그들은 질문하기, 숙고하기, 그리고 메타인지적 발달을 통합하는 잘 명세화된 수업방법을 요구한다. Kuhn과 Reiser(2006)도 탐구수업을 보다 가이드적으로 만들려고 연구했다. 학생들과 교사들은 탐구교실에서 과학적 논쟁을 지지하는 명시적인 수업 루틴을 필요로 한다고 그들은 주장한다. 학생들은 과학적 논쟁에 대해 동의하기, 동의하지 않기, 논평하기 등의 방식을 보여주는 분명한 수업 루틴을 가진 연습을 필요로 한다. 더욱이, 이런 새로운 실제를 지지하는 명시적 루틴의 도입 없이는 수업에서 과학적 논쟁은 결코 일어나지는 않을 것이다. Edelson(2006)은 설계과정에서 도구를 잘 명세화하고 수업에서 활용할 필요가 있다는 것을 분명히 하고 있다. 부적절한 인지적 부하를 최소화하고 어렵지만 교육적으로 중요하지 않은 과정을 자동화하기 위해, 전문가나 과학자들이 사용할 도구에 비유되는 학생들이 사용할 도구의 기능성을 변화시킴으로써 이것이 어떻게 달성될 수 있는지를 Edelson은 서술하고 있다. Edelson은 하나의 탐구프레임 안에서 수월하게 꼭 맞는 도구의 설계와 활용을 위한 명시적인 근거를 서술하고 있다. 과학적 방법으로 교실에 흔히 제시되는 모형보다 더욱 풍부한 과학적 탐구모형을 제공함으로써, 학습 증진을 위한 교실활동과 강의를 더 잘 명세화하는 방식으로서 Windschitl, Thompson 및 Braaten(2008)은 모형 기반 탐구(model-based inquiry)를 제안한다. 이것은 탐구 맥락에서 학생들에게 가이던스를 제공하는 방식을 교사들에게 제공하려는 학자들의 또 다른 연구사례이다. 그들의 지각된 가이던스 결여 때문에 근거 없는 수업방법(instructional approaches whole cloth)을 단념하는 것으로부터 학교의 보다 큰 수업양식 안에서 어떻게, 언제, 어떤 형태로, 그리고 어떤 환경 하에서 가이던스가 도움을 주고 가능한지를 명세화하는 것으로 대화는 유익하게 바뀔 수도 있을 것이다.

   이런 개혁 노력－탐구 및 그 밖의 여러 방식 등－이 진공 속에서 일어나지 않았다는 것은 주목할 만한 가치가 있다. 즉, 보다 전통적인 과학수업 환경에서 결함을 드러내었던 설계 기반 수업 연구로 인해 그런 노력이 발생했다. 진짜 문제(authentic problems)에 대한 연구, 탐구에서 실세계의 데이터 세트 사용하기, 넓이를 넘어 깊이 있는 내용 연구, 학습에서 공학 활용하기 등의 특징 가운데 몇 가지 혹은 모두를 포함하고 있는 과학학습 환경의 설계 방법을 위한 다수의 강력한 근거(인지적, 동기적, 사회적)가 있다. 어떤 수업양식에서도 학생들의 성취가 결정적인 것은 분명하지만, 그것이 수업의 영향력을 평가할 때 반드시 평가되어져야만 하는 수업의 유일한 특징은 아니다. 과학수업에서 새로운 방법은 많은 학생들 특히, 혜택 받지 못하는 학교의 학생들이 유의미한 과학학습에 참여할 기회를 거의 갖지 못했기 때문에 일어났다. 과학을 학습할 때, 학생들은 과학 실제에 절대로 참여해서는 안 된다는 Kirschner 등(2006)의 주장을 우리는 동의하지 않는다. 그런 금지의 가치에 대해 우리는 그들만큼 확신할 수 없다. 미국에서 과학 기술 공학 및 수학(Science Technology Engineering and Math: STEM, 이하 STEM으로 표기) 교육의 심각한 상태로 말미암아 학습, 동기, 사회적 맥락, 그리고 학교의 목적에 대한 당대의 이해에 일부 기초하고 있는 새로운 수업방법은 계속적으로 개발되어 왔으며 앞으로도 계속 개발될 것이다. 학교에서 성공하기 위해, 이런 수업프로그램은 실제에서 잘 명세화될 필요가 있다. 잠재적으로 과학과 STEM 경력에 대해 풍부하게 이해할 수 있도록 학생들에게 접근기회를 제공하는 그런 유망한 수업방법을 반드시 포기해야만 하는지를 우리는 확신할 수 없다. 그 대신, 바람직한 결과가 일어날 가능성을 크게 하기 위해 효과적인 가이던스를 제공하도록 도구와 수업 루틴 측면에서 수업프로 그램을 재설계할 필요가 있을 것이다. 이런 과정은 이미 진행 중이라고 생각한다. Kirschner 등은 전혀 가이드되지 않거나 최소한으로 가이드된 학습활동과 탐구를 완전히 동일시하는 것 같다. 그 가정은 어떤 종류의 활동은 더 이상 가이드될 수 없다는 것으로 보인다. 탐구의 일부 사례는 잘 구체화 되지 않으며 최소한의 가이던스를 제공한다는 것일 수도 있다. 그러면 우리의 질문은 다음과 같다. 즉, 학습을 최대화하고 아울러 잠재적으로 탐구의 소중한 이점을 유지하기 위해서 탐구활동이 더 잘 명세화될 수 있는지 혹은 없는지의 여부를 학습하기 전에 탐구를 포기하는 것이 과연 정당화되는지의 여부이다. 수십 년 동안 높은 학습기준을 충족시키는데 실패해 왔기 때문에 탐구 양식은 행해질 수 없다고 Kirschner 등은 주장하는 것 같다. 우리는 별로 확신이 없다. 탐구수업 양식, 혹은 어떤 수업양식일지라도 그런 수업양식을 보충하는 활동의 이질성이 특정 활동에 참여하기라는 제안된 이점을 잃어버리지 않으면서 실제에서 더 잘 명세화될 수 있는지의 여부를 학습하는 것은 중요하다고 생각한다. 그래서, 과학자들이 하는 작업을 포함하는 과제가 좀 더 가이드된다면, 높은 성취를 보장하는 한 이런 과제에 참여하는 것이 하나의 경력으로서 과학에 관한 학생들의 흥미와 호기심을 육성할 수 있다는 것이 그래도 가능한가? 모든 수업양식처럼, 탐구양식은 잘 명세화될 필요가 있다.

　혜택 받지 못하는 학교에 있는 많은 학생들이 과학자가 하는 일에 대한 개념을 전혀 가지고 있지 않다는 것을 우리들의 작업과정에서 보아 왔다. STEM 분야에서 개혁자들이 이런 학생들의 표상을 증진시키는데 결정적으로 관심을 가지고 있는 것처럼, 무엇이 반드시 행해져야만 하는지에 대해서 우리는 초점을 맞추었다. 첫번째 단계는 모든 학생들을 위한 양질의 과학수업을 보장하는 것이 되어야만 할 것 같다. 그러나, 그 중의 한 가지 요소는 학생들로 하여금 과학자들의 작업을 더 잘 인식하도록 하고 과학자들의 작업에 의해 흥분되게 만드는 것임이 확실하다. 그 문제를 더 잘 이해하기 위해, 혜택 받지 못하는 시카고에 있는 어떤 학교의 8학년 학생들을 비공식적으로 면담했다. 한 학급 30명의 학생 중에서 오직 2명만이 고등학교에서 공부할 과학 교과목의 이름을 모두 말할 수 있었다(화학, 생물학, 물리학

등). 그들은 화학자나 생물학자가 실제로 하는 일을 설명할 수 없었다. 아마도 과학자들이 참여하는 작업의 종류에 가이드된 노출을 통해, 학생들이 과학자들의 일을 더 잘 이해하고 아울러 그들이 좀 더 흥미를 가지도록 도와주는 프로그램을 설계함으로써, 고등학교에서 과학수업을 선택할 가능성을 높일 수 있을 것이며, 아마도 대학에서 과학을 전공으로 선택하고, 심지어는 STEM 경력에까지 들어갈 수도 있을 것이다. 교육적으로 혜택 받지 못하는 환경에서의 중학교 수업으로부터 STEM 경력까지는 기나긴 여정이며, 작동할 수 있는 프로그램을 계속적으로 탐구할 필요가 있다. 과학자들의 작업에 학생들을 참여하도록 하는 것은 반드시 그들을 최소한으로 가이드 된 수업 활동에 참여하도록 하는 것을 의미한다는 Kirschner 등의 주장에 우리는 동의하지 않는다. 과학자들이 하는 작업은 고도로 명세화될 수 있다. 과학자들은 작업할 때 루틴과 도구에 의해 가이드된다. 과학자들은 과학에 관해 읽는다. 과학자들은 자신들의 연구결과로 소통한다. 과학자들은 강요된 탐구(constrained investigations)를 수행한다. 학생들이 직업으로서의 과학에 어느 정도 장기적인 흥미를 개발할 가능성을 높여 줄 수도 있는 진짜 경험(authentic experiences)을 제공하는 동안 이런 작업의 본질을 포착하는 활동이 그들에게 가이던스를 제공하는 방식으로 왜 설계될 수 없는지 불분명하다.

Kirschner와 그의 동료들은 하나의 유용한 논쟁에 박차를 가했다. 그 논쟁이 정말 가이던스 대 비 가이던스(guidance versus no guidance)에 관한 것이 되어서는 결코 안 된다. 대신에, 보다 효과적인 대화는 학교에서 가장 효과적인 수업설계 방법에 대해 집중되어야 할 것이다. 그런데 그런 수업설계 방법은 광범위한 수업양식 내에서 가이던스를 제공하는 시점과 방법을 보여주는 일단의 연구와 실제에 의해 구체화된다. 크고 다양한 수업양식 모음의 일부로서 가이던스에 관한 연구결과를 학생과 교사를 위한 실질적인 수업 루틴으로 번역할 필요성을 주장함으로써 이런 논쟁에 기여할 수 있기를 우리는 기대한다.

질문: Fletcher. 교사의 입장에서 당신이 제시한 루틴과 도구를 준비하고 가이던스를 이행하는데 "일(work)"이 훨씬 더 많아진 것으로 보인다. 아니면 이것이 내 입장에서의 오해인가? 오늘날의 교사 업무량이 주어진다면 당신의 제안은 실행가능한가? Fred Keller의 번개가 여기서는 두 번 칠 것인가(불행은 한사람에게만 반복해서 찾아오지 않는다는 의미)? 아니면 제안된 도구와 루틴은 업무량을 충분히 줄

여주는가? 시간과 동작 연구(time and motion studies)가 없다면, 당신의 접근방법에 대한 전반적인 실행가능성에 관해 무엇이라고 말할 것인가?

답변: Herman과 Gomez. 우리가 주장하는 접근방법에는 교사 업무가 더 많이 있지만, 업무량을 관리할 수 있도록 하는 몇 가지 방법이 있다고 생각한다. 한 가지 방법은 이 장에서 서술했던 더 나은 도구와 루틴을 통해서이다. 수업에서 도구와 루틴이 잘 이해되고 자리를 잡게 됨으로써, 그런 도구와 루틴들이 수업 시간을 덜 차지하게 된다. 아직 충분히 개발하지는 못했지만, 또 다른 방법은 학습결과 측면과 시간의 사용이라는 양쪽에서 수업을 보다 효과적으로 만들기 위해 교사가 학생들의 작업으로부터 활용할 수 있는 정보의 종류와 양을 개선하는 것이다.

처음에, 과학 교사들은 부가적인 업무량에 꽤 관심을 가지고 있었다. 그들은 기준을 커버(cover standards)하고, 학생들에게 시험을 준비시키며, 확대된 체험적 탐구 등을 실행할 필요성을 강조했다. 수업에서 텍스트가 보다 핵심적인 학습자원이 될 수 있는 방식을 보여주기 위해 시도하는 중에도 그들의 관심을 엄청나게 끌었다. 특히, 우리는 읽기 이해 점수가 다양한 과학 성취 결과를 얼마나 잘 예측했는지를 보여주기 위해 자료를 활용했다. 이것은 과학 수업에서 읽기 이해의 역할에 관해 교사가 보다 구체적으로 생각하도록 도와주었다. 주석 달기, 복식 기장 일기, 그리고 텍스트의 요약에 대한 학생들의 구성에서 증명된 것처럼 읽기 전략을 가진 학생들의 숙달은 과학 성취를 예측했으며, 심지어 읽기 이해 점수가 회귀모형에서 공변량으로 포함되었을 때조차 그렇게 예측했다는 것을 우리는 훨씬 더 강력하게 교사들에게 보여주었다(Herman, Gomez, & Gomez, 2008). 이런 연구결과는 읽기 전략을 가진 학생들의 숙달을 증진시킴으로써, 꽤 직접적으로 그들의 과학 성취를 증진시킬 수 있다는 것을 교사가 확신하도록 도와주었다. 따라서, 교사들이 그 업무를 자신들의 과학 수업에 덜 벗어나는(less tangential)것으로 지각했다고 우리는 믿고 있으며, 그것은 부가적인 업무량에 관한 어떤 진행 중인 관심사라도 경감시킬 수 있을 것이다.

진행 중인 전문성 개발을 통해, 교사들이 글을 읽고 쓸 줄 아는 활동을 과학수업 속으로 통합하기 위해 작업했을 때 우리는 교사들을 지원했다. 부분적으로 글을 읽고 쓰는 작업은 반드시 "부가적인(additional)" 업무가 아니라는 것을 보여주기 위해 이 장에서 활용했던 확장된 사례가 설계되었다. 즉, 적절하게 통합되기만 하면 그것은 과학학습의 유용한 것이 될 수 있다. 학교에서 3년 넘게 이 프로그램을 실행하기 위해 작업한 우리 경험은 "바르게 이해하다(get right)"에 도전하는 것이지만, 그것이 실행가능하다는 것을 암시한다. 교사들은 전략에 관해 학습하고 아울러 전략 가르치는 것의 실습 시간을 필요로 하며, 읽을거리를 둘러싸고 생산된 학생들 작업을 극대화(leverage)하는 방법의 학습 시간을 필요로 하고 과학학습 목적을 추구하는 데 있어 교과서가 중요한 학습자원이라는 것을 확신하도록 만드는 방법의 학습 시간을 필요로 한다. 글을 읽고 쓸 줄 아는 활동에서 입수가능한 도구와 루틴 그리고 형성적이고 총합적인 정보는 교사와 학습자들에게 가이던스를 제공하며, 그것은 수업에서 이런 종류의 접근을 가능하게 한다.

질문: Fletcher. 당신의 사례는 과학적인 탐구를 요하는 일반적이고 분석적이며 평가적인 기능-합리적 회의론, 마음의 습관 등-을 학습하는 것에 대해 다루고 있다. 다른 목적 때문에, 나는 비판적, 적응적, 그리고 창의적인 사고에 대한 이용가능한 측정을 검토하였으며 불만스러운 마음으로 떠났다. 혹시 그런 것들이 가장 적합할 수도 있는 목표를 위한 타당한 측정을 찾는 데 있어 구성주의 접근방법에 어떤 중대한 문제라도 있는가? 이런 목표들은 정밀한 측정, 명세화, 그리고 심지어 분명한 표현을 쉽게 받아들이지 않는 것 같다. 그러면, 구성주의 접근방법의 가치에 기초하는 견고한 자료의 어떤 본질적이고, 고유하며, 비타협적인 결함이라도 있는 것인가?

답변: Herman과 Gomez. 구성주의 접근의 유용성에 관한 현재 논쟁의 진정한 이점은 그런 접근의 효능에 관한 연구 증거에 집중함은 물론, 구성주의 수업방법의 행동유도성 재표현(re-articulation) 두 가지 모두가 되어야만 한다. 구성주의 접근의 영향력에 대한 평가는 극단적으로 도전적이다. 당신이 적고 있는 것처럼, 평가는 단지 측정의 문제가 아니라 영향력에 대한 표현의 문제이다. 예컨대, 구성주의와 비구성주의로 어질러진 교실에서, 학습을 특징짓고 평가하는 것은 너무 어렵다. 예를 들어, 참여에 대한 동기부여적 행동유도성(motivational affordances)을 어떻게 평가할 수 있는가? 학생들의 삶에 "관련 있는" 문제를 탐구하는 것이 중요하게 간주되어 왔던 한 가지 중요한 이유는 관련 문제를 탐구하는 것이 바로 성취 증가로 유도하기 때문이 아니라 학생들이 자신의 삶에 중요하다고 지각하는 문제에 더욱 기

꺼이 참여하고 지속하리라는 것 때문이다. 따라서, 관련된 문제를 연구하는 것이 차이를 만든다면, 어느 정도 그런 차이는 반드시 동기적 용어로 표현되고 평가되어야만 한다.

흔히, 수업 이행에 대한 구성주의(그리고 다른 종류)의 영향력을 측정하기 위해 사용되는 동기적 구인은 불충분하다. 예를 들어, 학습 환경에 참여의 영향력을 평가하기 위해 사용되는 공통적인 동기 관련 측정은 학생들의 목표 지향성이다(숙달, 수행 등). 그러나, 수많은 구성주의 학습 환경에 대한 비교적 단기적 수행 기간 동안 그런 구인이 다루어지기 쉬운지는 불분명하다. 즉, 목적은 반 년 이상 실질적으로나 혹은 끊임없이 변하지 않을 수도 있으며, 오히려 예컨대, 학생들이 초등학교 고학년으로부터 중등학교로 옮겨가는 것처럼 수년에 걸쳐 변할 수도 있다. 적어도 구성주의 접근방법의 동기부여적 영향과 관련하여, 구성주의 접근방법을 평가하는 것은, 그 주장의 재표현(re-articulation)과 새로운 측정방법의 개발뿐만 아니라 흔히 제한적으로 지속하는 이런 종류의 학습 환경에서 일어날 것 같은 변화의 종류를 얼마나 잘 포착하는지를 판단하기 위한 동기적 이론 자체에 대한 신중한 고려도 받아들일 것이다.

질문: Kintsch. 나와 같은 읽기 이해 연구자가 알고 싶어 하는 바로 그런 종류의 프로그램인 과학 텍스트 읽기 지원 프로그램을 당신은 서술하고 있다. 당신은 이해력 수업의 암울한 상태를 서술하고("그것을 다시 읽어라", "그것을 크게 읽어라"), 그들이 시카고 학교에서 실행해 왔던 접근방법과 그것을 대조하고 있다. 그들은 학생들에게 "여러분이 그것에 관한 질문에 답할 수 있도록 읽기자료를 이해하라"고 요구하지는 않지만, 이런 과제에서 성공하기 위해 학생들이 필요로 하는 가이던스와 함께 그들에게 이해를 지원하는 구체적인 과제를 준다. 학생들의 주석 달기와 복식 기장 일기 도구에 관해 좀 더 세부적인 것을 듣고 싶다. 교사는 학생들에게 어떻게 피드백을 제공하는가? 학생들은 개인적으로, 집단으로 공부하는가 아니면 전체 수업으로 공부하는가? 분명히, 학생들이 적시에 피드백을 받는 것은 결정적으로 중요한데, 그건 바쁜 교사로부터 많은 것을 요구하는 것이 아닌가? 온실의 예에서, 전체 수업은 복식 기장 일기에 대해 공부했다. 혹자는 개별적 흥미라는 훨씬 더 큰 이익을 취하는 개별화된 프로젝트에 관해 생각할 수 있을 것이다. 그러나, 그런 경우에 당신이 보고한 요약화에서처럼 혹자는 교사를 보조하는 기술을 개

발할 필요가 있을 것이다.

답변: Herman과 Gomez. 전자 장비화된 개별 도구가 수업을 위한 가치를 높일 수 있으리라는 것에 우리는 동의한다. 교사와 학생들은 각기 스스로의 발전과 수업 개선을 자기평가하기 위해 읽기 지원과 더불어 자신들의 작업에 관한 정보를 필요로 한다. 컴퓨터상으로 학생들이 주석달기, 복식 기장 일기, 그리고 요약을 완성하도록 하게 하는 전자장비를 개발하기 위해 우리는 연구하고 있다. 예를 들어, 학생들의 주석달기 작업을 모아서 시각적으로 나타내는 전자식 주석달기 도구를 표준화하고 있다. 이런 학생들 작업의 집합체는 색깔로 시각화되는데, 학생들의 주석달기에 자주 포함되는 섹션에는 텍스트(단어, 문장, 문단 등)의 부분이 더 진하게, 그리고 소수의 학생들이 포함하는 섹션에는 더 연하게 표시된다. 우리는 이런 표상을 열지도(heat map)라고 부른다. 만약 주석달기에서 특정 내용을 어느 정도의 학생들이 포함했는지를 신속하게 결정하고 싶으면, 다음 수업 결정에 관한 판단을 하기 위해 교사는 이런 열지도를 볼 수 있을 것이다. 또한 이런 전자장비로의 이동은 교사가 수업을 더 잘 차별화하도록 허용해야만 한다. 학생들과 교사가 발전을 추적하고, 적시에 피드백을 제공하도록 도와줌으로써, 시간이 지날수록 전자장비화된 도구들은 더욱 효과적인 문해 지원의 활용을 위해 반드시 허용해야만 한다. 궁극적으로, 효과적인 과학 읽기 이해전략을 학습하고, 연습하고, 적용하는 데 있어서 가이드된 실습을 위해 더 많은 그리고 더 나은 기회를 제공하는 것이 우리의 목적이다.

감 사

- 이 작업은 REC No. 0440338 하에 National-Science Foundation에 의해 일부 지원되었음.
- 이 초록의 일부는 저자가 학습 과학 프로그램(Learning Sciences Program)에서 노스웨스트 대학(Northwest University)의 교수요원으로 재직했던 동안 준비되었음.

▣ 참 고 문 헌 ▣

Ames, C. (1992). Classroom: Goals, structures, and student motivation. *Journal of Educational Psychology, 84,* 261−271.

Anderson, V. (1992). A teacher development project in transactional strategy instruction for teachers of severely reading−disabled adolescents. *Teaching & Teacher Education, 8,* 391−403.

Bandura, A. (1997). *Self−efficacy: The exercise of control.* New York: Freeman.

Biancarosa, C., & Snow, C. E. (2006). *Reading Next − a vision for action and research in middle and high school literacy: A report to the Carnegie corporation of New York* (2nd ed.). Washington, DC: Alliance for Excellent Education.

Blumenfeld, P. C., Soloway, E., Marx, R. W., Krajcik, J. S., Guzdial, M., & Palincsar, A. (1991). Motivating project−based learning: Sustaining the doing, supporting the learning. *Educational Psychologist, 26,* 369−398.

Bridgeland, J. M., DiIulio, J. J., Jr, & Morison, K. B. (2006). *The Silent Epidemic.* (Technical Report): The Gates Foundation.

Bryk, A. S., Sebring, P., Allensworth, E., Luppescu, S., & Easton, J. (in press). *Organizing schools for improvement.* Chicago, IL: University of Chicago Press.

Cohen, D. K., & Hill, H. (2001). *Learning policy: When state education reform works.* New Haven: CT: Yale University Press.

Cohen, D. K., Raudenbush, S. W., Ball, D. L. (2003). Resources, instruction, and research. *Educational Evaluation and Policy Analysis, 25*(2), 1−24.

Collins, C. (1991). Reading instruction that increases thinking abilities. *Journal of Reading, 34,* 510−516.

Deakin Crick, R., McCombs, B., & Hadden, A. (2007). The ecology of learning: Factors contributing to learner−centered classroom cultures. *Research Papers in Education, 22,* 267−307.

Edelson, D. (2006). My world: A case study in adapting scientists' tools for learners. In *Proceedings of the 7th International Conference of the Learning Sciences.* Mahwah, NJ: Erlbaum.

Frank, K. A., Zhao, Y., & Borman, K. (2004). Social capital and the diffusion of in−novations within organizations: Application to the implementation of computer tech−

nology in schools. *Sociology of Education, 77*(2), 148−171.

Garet, M. S., Porter, A. C., Desimone, L., Birman, B. F., & Yoon. K. S. (2001). What makes professional development effective? Results from a national sample of teachers. *American Educational Research Journal, 38*(4), 915−945.

Gomez, L. M., Herman, P., & Gomez, K. (2007). Integrating text in content−area classes: Better supports for teachers and students. *Voices in Urban Education, 14,* 22−29.

Herman, P., Gomez, L. M., Gomez, K., Williams, A., & Perkins, K. (2008). Metacognitive support for reading in science classroom. In G. Kanselaar, V. Jonker, P. A. Kirschner, & F. Prins (Eds.) *Proceedings of the 8th International Conference of the Learning Sciences* (342−349). Utrecht, The Netherlands: ICLS.

Hidi, S., & Harackiewicz, J. M. (2000). Motivating the academically unmotivated: A Critical issue for the 21st century. *Review of Educational Research, 70(2),* 151−179.

Kaplan, A., & Maehr, M. L. (2007). The contributions and prospects of goal orientation theory. *Educational Psychology Review, 19*(2), 141−184.

Kintsch, E., Steinhart, D., Matthews, C., Lamb, R., and LSA−based feedback. In J. Psotka (Ed.). *Special Issue of Interactive Learning Environment, 8*(2), 87−109.

Kirschner, P., Sweller, J., & Clark, R. (2006). Why minimal guidance during instruction does not work: An analysis of the failure of constructivist, discovery, problem−based, experiential, and inquiry−based teaching. *Educational Psychologist, 41,* 75−86.

Koedinger, K., & Aleven, V. (2007). Exploring the assistance dilemma in experiments with cognitive tutors. *Educational Psychology Review, 19,* 239−264.

Kuhn, D. (2007). Is direct instruction an answer to the right question? *Educational Psychologist, 42*(2), 109−113.

Kuhn, L., & Reiser, B. J. (2006). *Structuring activities to foster argumentative discourse.* Paper presented at the annual meeting of the American Educational Research Association. Chicago, IL.

Lagemann, E. C. (2002). Usable knowledge in education. A memorendum for the Spencer Foundation Board of Directors. Retrieved from www.spencer.org/publications/usa − ble_knowledge_report_ecl_a.htm.

Landauer, T., Foltz, P., & Laham, D. (1998). An introduction to latent semantic analysis. *Discourse Processes, 25,* 259−284.

Lau. S., & Roeser, R. W. (2002). Cognitive abilities and motivational processes in high school students' situational engagement and achievement in science. *Educational*

Assessment, 8(2), 139−162.

Lemake, J. L. (2002, April). *Complex systems and educational change.* Paper presented at the annual meeting of the American Educational Research Association, New Orleans, LA.

Levy, F., & Murnane, R. J. (2004). *The new division of labor: How computers are creat− ing the next job market.* Princeton, NJ: Princeton University Press.

Maroulis, S. & Gomez, L. M. (2008). Does "connectedness" matter? Evidence from a so− cial network analysis within a small school reform. *Teachers College Record, 110*(9), 1901−1929.

National Research Council. (1996). *National Science education standards.* Washington, DC: National Academy Press.

Pressley, M., El−Dinary, P.. Gaskins, I., Schuder, T., Bergman, J., Almasi, J., et al. (1992). Beyond direct explanation: Transactional instruction of reading comprehension strategies. *The Elementary School Journal, 92,* 511−555.

Raudenbush, S. (2005). Learning from attempts to improve schooling: The contribution of methodological diversity. *Educational Researcher, 34,* 25−31.

Wheatley, M. J. (1999). *Leadership and the new science: Discovering order in a chaotic world* (2nd ed.). San Francisco, CA: Berett−Koehler.

White, B. Y., & Frederiksen, J. R. (1998). Inquiry, modeling and metacognition: Making science accessible to all students. *Cognition and Instruction, 16*(1), 2−118.

Winschitl, M., Thompson, J., & Braaten, M. (2008). Beyond the scientific method: Model −based inquiry as a new paradigm of preference for school science investigations, *Science Education, 92*(5), 941−967.

Wise & O'Neill, Chapter 5, this volume.

Zhao, Y., & Frank, K. (2003). Factors affecting technology uses in schools: An ecological perspective. *American Educational Research Journal, 40,* 807−840.

제 5 장

더 많이 대 더 적게를 넘어
- 수업 가이던스에 대한 논쟁의 재구성

Alyssa Friend Wise and Kevin O'Neill
Simon Fraser University

　이 장에서는 최근에 추구되었던 것보다 더욱 생산적인 방식으로 수업 가이던스 (instructional guidance)를 둘러싼 논쟁을 재구성하고자 한다. 지금까지, 구성주의자 (constructivists)와 수업주의자(instructionists) 사이의 대화는 구성주의 수업방식이 효과적일 만큼 충분한 가이던스를 제공하는지의 여부에 대한 반대자의 질문에 대부분 집중되었다. 그러나, 실험적인 "높은 가이던스(high guidance) 대 낮은 가이던스 (low guidance)" 연구는 구성주의 수업의 근원적인 장점을 추론하기에 타당한 기초를 제공할 수 없다고 우리는 주장한다. 최근 논쟁(특히 예제 연구에 초점을 맞추고 있는)에서 인용된 몇 가지 문헌을 리뷰한 다음, 구성주의자와 수업주의자에게 공히 가이던스의 양은 가이던스를 특징지을 수 있는 단지 한 가지 차원일 뿐이라고 우리는 주장할 것이다. 그리고 두 가지 더욱 중요한 관심사로서, 가이던스가 전달되는 맥락 그리고 가이던스가 전달되는 타이밍을 소개한다. 그 다음 빈약하게 정의된 문제 영역(ill-defined problem domains)에서 가이던스의 최적량, 맥락, 그리고 타이밍에 관한 의문을 탐색하는 데 구성주의자와 수업주의자를 결합시킬 수도 있는 한 가지 연구의제 사례를 만들고자 한다.

　최근 논쟁의 한쪽 편은 문제 기반 학습과 가이드된 탐구 같은 수업방법이 학습을 효과적으로 지원하기에는 너무 적은 가이던스를 제공하는 것으로 보는 관점이다(예컨대, Kirschner, Sweller, & Clark, 2006). 이런 견해를 지지하는 사람들은 일반

적으로 수업을 시작할 때 "더 많은(more)" 가이던스가 학습자들에게 항상 최선이라
는 입장을 지지하는 것으로서, 예제 효과(예컨대, Sweller & Cooper, 1985)와 같은 실
험실 기반 연구결과를 흔히 인용한다. 이런 관점은 직설적인 명시적 수업(up-front
explicit instruction)의 전달을 최우선시하기 때문에, 우리는 그것을 "수업주의(instructionism)"
라고 부른다.

 논쟁의 다른 편에는 탐구와 문제기반 학습은 상당한 가이던스를 제공하며, 사실
직설적인 설명(up-front explanation)보다 더욱 우월한 학습결과를 산출할 수도 있다
고 주장하는 관점이 있다(예컨대, Hmelo-Silver, Duncan, & Chinn, 2007). 이런 견해
를 지지하는 사람들은, 이런 입장을 지지하는 것으로서 교실기반 연구, 즉 전통적
인 교실 학생들보다 탐구기반 교실 학생들이 더욱 심층적인 이해를 성취한다는 것
을 보여주는 연구(예컨대, Hickey, Kindfield, & Christie, 1999)를 자주 인용하는데,
일반적으로 이런 관점을 "구성주의(constructivism)"라고 부른다.

 양 쪽은 각각 서로 과거를 얘기하고 있는 것으로 보인다. 이것이 가이던스의 목
적에 관한 상이한 생각, 학습의 전이에 관한 상이한 야심, 어떤 수업방식의 장점에
관한 주장을 정당화하는 데 필요한 증거의 본질에 관한 상이한 견해 때문에 일어
날 수도 있다는 것을 우리는 의심한다. 다음 절에서, 우리는 이런 차이점을 풀려고
시도하며 아울러 이런 어울리지 않는 견해가 현재 논쟁을 해결할 수 없도록 만드
는 방법론적 진퇴양난(a methodological catch-22)으로 우리들을 어떻게 유도하는지를
보여주려고 한다.

 만약 어떤 접근방법이 더 나은가라는 질문에 우리가 답할 수 없다면, 아직 생산
적으로 나아가기 위한 방식이 있는지에 대해 독자들은 궁금해 할 수도 있다. 수업
설계에 관해 사고하기 위한 도구 모음으로서 가이던스의 양(amount), 맥락(context),
그리고 타이밍(timing)을 활용하는 한 가지 가능한 경로를 우리는 제시한다. 효과적
인 수업 가이던스의 본질에 관해 우리는 구성주의와 수업주의 양쪽 모두로부터의
증거를 탐색하며, 수업주의와 구성주의 양자가 모두 동의할 수 있는 원리를 개발하
려고 시도한다. 공통적인 언어를 사용함으로써, 수업주의와 구성주의 두 집단 모두
에게 흥미 있는, 그리고 각 집단이 공헌할 수 있는 연구의제의 가능성을 낳기를 우
리는 기대한다.

●○ 학습의 전이와 가이던스의 목적: 수업주의와 구성주의의 대비

논리적 출발점은 "가이던스(guidance)"라는 용어가 무엇을 의미하는지를 묻는 것
이다. 최근 논쟁의 대부분은 용어에 대한 신중한 정의도 없이 진행되는 것뿐만 아
니라, 특정 수업설계에서 얼마나 많이 제공되는지에 대해 설명이 잘 된 측정 규준
(well-spelled-out metric)도 없는 것 같다. 「교육심리학자(Educational Psychologist)」 저
널에 수록된 최근 논쟁(Kirschner et al., 2006; Hmelo-Silver et al., 2007; Kuhn, 2007;
Schmidt, Loyens, van Gog, & Paas, 2007; Sweller, Kirschner, & Clark, 2007)을 리뷰하
면, 가이던스라는 제목 아래 논의된 수업 운동(instructional moves)의 모음은 설명,
피드백, 도움, 모델링, 스캐폴딩, 절차적 지시 등을 포함하는 것 같다. 암묵적으로,
가이던스는 학습과 수행을 촉진하기 위해 무엇이든 간에 강사가 학생들에게 제공
하는 그 어떤 것을 서술하는 상위 수준의 범주(superordinate category)로 취급되어온 것
같다.

이것이 논쟁에 유용한 개념인지의 여부를 묻고 있는 우리 자신을 발견하는데, 즉
우리들에게 그렇게 광범위한 수업 운동의 전역에서 "양"을 유효하게 측정하는 것
은 문제인 것 같다. 고도의 스캐폴딩(high degree of scaffolding)은 대체로 작은 설명(a
little explanation)으로서보다는 가이던스로 간주해야만 하는가? 예정보다 빨리 주어
지는 일반 모형(general model)은 사후의 상세한 피드백(detailed feedback)보다 다소간
에 가이던스를 구성하는가? 그런 질문을 덮고 있는 혼란은 현재 논쟁이 왜 해결에
도달하지 못했는지를 설명하는 데 도움을 줄 수도 있다. "가이던스"라는 공통언어
를 사용함에도 불구하고, 수업주의자와 구성주의자 진영은 그 용어를 서로 다르게
사용하고 있는 것으로 보인다. 이것이 그런 사례일 수도 있다는 징후는 복잡한 지
식과 기능 가르치기라는 근본적인 문제에 각 집단이 접근하는 상이한 방식에서 나
타날 수 있다. 두 집단 모두 커다란 문제공간을 헤쳐나가는 데 초보자는 어려움을
가지고 있다는 것을 인식한다(예컨대, Sweller, 1988; Mayer, 2004; O'Neill & Weiler,
2006; Polman, 2000). 그러나, 이런 도전에 대한 구성주의자와 수업주의자의 반응은
본질적으로 상이하다.

수업주의자와 구성주의자 관점 간의 핵심적인 차이는 부분-전체 관계(part-whole
relationship)라는 문제로 집중되는 것으로 보인다. 우리의 해석에 의하면, 복잡한 일

단의 지식이나 기능 가르치기라는 도전에 대한 수업주의자들의 주된 해결책은 그것을 더 작고 더 분명한 조각으로 나누어 각각을 다루는 방법에 관해 직설적인 (up-front) 수업을 제공한다. 이런 방식으로, 무수히 많은 세부 사항들 한가운데에서 학생들은 쉽게 길을 잃어버리지 않는다. 물론, 결국 학생들은 전체적이고 유능한 수행을 낳기 위해 그 조각들을 함께 모아야만 하지만, 수업주의자 견해에서는 각각의 개별적인 조각들이 숙달된 후에 이런 부분-전체 관계가 가장 잘 가르쳐진다. 따라서, 수업주의자의 관점에서 볼 때 수업 가이던스의 핵심적인 목적은 학습자료나 과제의 각 부분을 처리하는데 학습자가 감당해야 할 외부로부터의 인지적 부담을 줄이는 것이다(Sweller, 1988).

이런 관점에서 볼 때, 수업 설계에 제공된 가이던스의 양에 초점을 맞추는 것은 매우 합당하다. 또한 그것은 간단한 문제로 보인다. 학생들이 스스로 어떤 것을 하는 방법을 알아내게 하는 것은 최소한의 가이던스와 엄청난 인지적 부담을 수반한다. 약간의 지원을 제공함으로써 학습자를 스캐폴딩하는 것은 적절한 지원을 수반하며, 적절한 인지적 부담으로 유도한다. 과제를 완수하는 방법을 학생들에게 정확하게 말하거나 보여주는 것은 최대한의 가이던스를 제공하고, 최소한의 인지 부담을 끌어내는데, 증거가 보여주는 것은 특정 학습 이득(learning gains)으로 유도할 수 있다(Kirschner et al., 2006).

그러나, 학습의 증거(적어도 최근의 논쟁에서 인용된 실험에서)로 수업주의자가 취하는 것은 보통 최초 훈련 후 즉시 수행되는 학교같은(school-like) 과제에 대한 수행이라는 것을 우리는 명기한다. 예를 들어, Kirschner 등(2006)이 개관했던 전이 관련 8가지 예제 연구 가운데, 모든 연구가 Barnett과 Ceci(2002)의 전이 분류체계의 대부분의 차원에서 기껏해야 "매우 근접한(very near)" 것으로 특징지을 수 있는 전이 과제를 사용했다. 이런 연구 모두, 전이 과제는 물리적 맥락(실험/교실), 양식(필기 과제와 문제 형식), 그리고 사회적 맥락(개인적)의 측면에서 학습과제와 동일했다. 또한 대부분은 다음날 전이 과제를 집행하는 실험과 더불어 매우 근접한 일시적 맥락(temporal context, 동일 과정)을 사용했다(Carroll, 1994, 실험 1).

구성주의자들의 매우 상이한 교수방법에 대한 한 가지 중요한 이유는 학습 전이가 관련된 그들의 보다 커다란 의욕으로부터 오는지도 모른다. Barnett과 Ceci가 "그것이 학교건물 문 앞에 멈추면 아무도 학습에 관해 걱정하지 않는다"(p. 295)라고 적었을 때 그들은 일반적인 구성주의자 정서를 잘 표현했다. 수업주의자의 실험적인 프로토콜에서 구체화된 것과는 너무나 다른 이런 정서는 구성주의자들의 문헌에 대한 독해에 커다란 영향력을 가지고 있다.

Alexander와 Murphy(1999)는 새로운 맥락에 대한 학습의 전이는 "오랫동안 응용 심리학자들에게 고르디우스의 비율(Gordian proportions)이라는 문제가 되어왔다"(p. 561)고 진술했으며, 새로운 문제에 대한 전이의 증거는 실험실에서 거의 산출된 적이 없다는 것을 적고 있다. 그러나 Bransford와 Schwartz(1999)는 수많은 실험실 기반의 전이 연구가 사람들을 "귀머거리처럼 보이도록"(학습을 전이할 수 없는) 만드는데, 그 이유는 그들이 격리된 문제해결(sequestered problem solving)을 배타적으로 측정하기 때문이라고 주장했다. 그들은 격리된 문제해결에 대해, 부가적인 자료를 주지 않거나 혹은 새로운 맥락에서의 해결책 시도와 수정에 의한 학습기회도 없이 새로운 맥락에 학습된 자료를 바로 적용하도록 학습자들에게 요구하는 일종의 테스팅이라고 서술한다(Bransford & Schwartz, 1999; Schwartz, Bransford, & Sears, 2005).

Bransford와 Schwartz(1999) 그리고 Schwartz 등(2005)은 전이의 개념이 직접적인 적용 패러다임을 넘어 확장될 때 더욱 고무적인 결과가 얻어진다는 것을 입증하는 일련의 실험을 서술하고 있다. 그들은 "미래 학습을 위한 준비(preparation for future learning)"라는 면에서 전이를 생각하기를 제안하고 있는데, 그것은 학습경험이 학생들로 하여금 장래에 보다 빨리 혹은 보다 심층적으로 관련 아이디어나 기술을 준비할 수 있도록 하는 방식을 의미한다. 나아가 그들은 어떤 종류의 처치를 한 다음 새로운 상황에 유연하게 반응하는 학생들의 능력과 새로운 상황으로부터 학습하는 학생들의 능력을 측정함으로써 격리된 문제해결 과제로 탐지되지 않는 긍정적 전이를 밝힐 수 있다는 것을 보여준다(Schwartz & Bransford, 1998; Schwartz & Martin, 2004).

이런 연구결과는 구성주의 기억이론(constructivist theories of memory)과 관련하여 상당한 의미를 가지는데, 구성주의 기억이론은 보다 광범위한 상관적 네트워크와 함께 더 나은 정교화된 기억이 학습된 자료에 대한 보다 신뢰할 수 있는 회상으로 유도하리라는 것을 시사한다(Bransford, 1979; Schank, 1982). 학습자들은 보다 진정한 경험 특히, 그 경험이 잘 스캐폴드되어 있다면, 그런 경험으로부터 더 많은 전이-관련 상관적 네트워크와 함께 더욱 정교한 기억을 발전시킬 것이라고 이런 동일한 이론은 시사한다.

가치 있는 전이가 일어날 기회를 최대화하기 위해서는, 표적 과제의 진정성(그러

므로 복잡성)이 실제적(practical)일 정도로 유지하는 것이 중요하다고 구성주의자들
은 주장한다. 이런 입장은 오늘날의 전이 이론과 일치하는데, 그것은 (예컨대) "전
이의 첫째 임무는 지식 사용자가 맥락의 의미를 만들도록 하는 진화적 맥락 표상
(evolving representation of context)의 [학습자에 의한] 구성이다"(Royer, Mestre, &
Dufresne, 2005, p. xxii)라고 시사한다. 새로운 맥락에 대한 구성된 이해는 학습자가
적절한 방법으로 감당하기 위해 선행지식을 가져오도록 허용한다.

　　전이에 대한 이런 견해는 Carraher, Carraher 및 Schliemann(1985)의 연구와 같이 혼
란스럽기로 유명한 연구결과를 설명하는 데 도움을 준다. 그들은 브라질의 아이들
이 거리노점상으로 일할 때 암산으로 복잡한 계산을 할 수 있었다는 것을 발견했
다. 그러나, 그 아이들은 "5 x 35 = ?" 같이 쓰기 형태로 문제가 제시되는 실험실
상황에서 질문받았을 때, 동일한 양을 가진 동일한 계산을 성공적으로 수행할 수
없었다. 동일한 계산이 단어문제의 형태로 주어졌을 때, 부가적인 맥락(additional
context)은 그 아이들이 문제를 보다 성공적으로 해결하도록 도왔다(Carraher et al.,
1985). 이런 연구결과는 전이가 일어나기 위해서 이전에 직면했던 맥락에 유사한
맥락을 보는 것의 중요성을 보여준다.

　　따라서, 수업주의자는 복잡한 문제해결 상황을 학습자의 주의를 엄청나게 요구
하는 커다란 문제공간으로 보는(예컨대, Sweller, 1988) 경향이 있는 반면, 구성주의
자는 복잡한 문제해결 상황을 나중에 전이를 보조할 수도 있는 풍부한 맥락적 단
서의 집합으로 (예컨대, Brown, Collins, & Duguid, 1989) 볼 개연성이 더 클 것 같다.
기술(skill)의 "조각들(pieces)"이 상호 간에 그리고 복잡한 거시－맥락(macro-context)
과 관련하여 함께 학습되도록 유지하는 데 있어서, 구성주의자는 학습과정을 통해
부분－전체 관계를 가르치는 것을 목표로 한다.

　　Jasper Woodbury는 수업자료의 기능에 관해 구성주의자들이 얼마나 다르게 생각
하는지에 대한 하나의 좋은 예이다. 이런 수학 교육과정에서, 학생들은 실생활 문
제(Cognition and Technology Group at Vanderbilt, 1992)에 진짜인 것으로 의도된 비
디오 케이스 "앵커(anchor)"를 지급받는다. 이런 비디오 앵커에 끼워져 있는 수학문
제는 꽤 복잡하며, 수업주의자에게는 필수적인 수업 가이던스를 완전히 결여하고
있는 것처럼 보일 것 같다. 작동기억의 한계(Cognition and Technology Group at
Vanderbilt, 1994)를 고려해 볼 때, 그런 상황은 그 자체로 학습자에게 문제를 제시
한다는 것은 틀림없다. 그러나 수업을 위해 완벽한 계획으로 설계되어 있기보다는

그 비디오와 관련 자료는 "가르칠 수 있는 순간(teachable moments)"을 만들어내기 위해 의도되었는데, 그 속에서 가이던스는 학생들의 현재 마음의 프레임(current frame of mind)에 빠른 반응을 보이는 맥락화된 방식으로 제공될 수 있다(Schwartz *et al.*, 2005).

Saye와 Brush(2002)는 교사의 반응적이고 실시간적 가이던스를 "부드러운 스캐폴딩(soft scaffolding)"으로 적절히 서술했다. Pea(2004)가 설명하는 것처럼, 스캐폴딩은 학습자의 현재 역량에 적응적인 일종의 수행 지원이며, 점차 사라진다. 스캐폴딩의 중요한 교육적 기능 가운데 하나는 복잡한 학습상황 속에서 학습자의 주의를 중요한 것에 유도하거나 모으는 것이다. 학습자에게 주의를 지시하는 것은 수업주의자에 의해 승인된 하나의 교육적 기능이지만(Kirschner *et al.*, 2006), 구성주의자는 학습자에게 제공하기 위해 중요한 요소들을 추출하기보다는 원위치에서(in situ) 학습자가 중요한 요소들을 확인하도록 도와주려고 노력한다.

구성주의자들이 수업에서 가이던스를 최소화하는 데 초점을 맞추고 있다는 것이 왜 수업주의자들에게 나타날 수 있는지를 설명하는데 이런 개요는 도움을 줄 수도 있다. 이것이 그런 경우가 아니라는 것을 우리는 믿고 있다. 그들의 입장에서, 구성주의자는 초보자가 작동기억의 한계에 대처하도록 도와주는 데 똑같이 전념한다. 그러나, 그들은 문제공간을 축소시키는 것과 아울러 직설적인 수업을 제공하는 것에 배타적으로 의존하기보다는 전이가 실생활 상황에서 일어날 개연성이 크도록 만들 실시간 지원(real-time supports)을 제공함으로써 커다란 문제공간을 학습자가 관리하도록 도와주는 것을 목표로 한다.

공정하게 말하면, 구성주의자들은 자신들이 원전이(far transfer)의 중요성을 주장해 온 만큼 그것을 측정하는 데에는 전념해 오지 않았다. 유발되지 않은 원전이를 측정하기 위한 완전한 전념은 전이가 일어나기를 기다리면서 즉, 명백한 논리적인 이유로 우리들의 지식에 한 번도 이행된 적이 없는 어떤 접근이 일어나기를 기다리면서 연구 참여자들을 "실생활(real life)"에 가리는 것을 수반한다.

●○ 방법론적 이슈: "높은" 가이던스 대 "낮은" 가이던스 연구는 왜 논쟁을 해소할 수 없는가?

언뜻 보기에, 유익한 수업(informing instruction)에 있어 구성주의 이론의 "성공 (success)"을 판정하는 것은 단순한 경마 즉 승자가 독차지하는 구성주의 대 수업주 의를 함축하고 있는 것 같다. 서구문화에서, 나중에 이런 접근방법은 만족감을 낳 지 않는 경우가 흔하지만, 어떤 문제의 진리에 도달하기 위한 방식으로서 우리는 두 가지 극단적인 가능성(two extreme possibilities) 사이의 경쟁으로 몰아가는 것 같 다(Tannen, 1999). 예를 들어, 전통적인 교실에서의 테스트 결과와 구성주의 교실에 서의 테스트 결과를 비교하는 것은 그런 특정 실행에서 어떤 교실이 더 잘 했는가 를 우리들에게 말해주지만, 원인에 관해 일반화할 수 있는 주장을 하는 데 필요한 증거를 만들어내지는 않는다. Kirschner 등(2006)이 지적하는 것처럼, 어떤 요인들이 차이에 원인이 되는지에 관해 타당한 추론을 하기 위해서는 각 접근방법이 실행되 는 질을 포함하여 너무나 많은 상이한 변수가 있다. 구성주의 수업을 지지하여 제 시되는 엄청난 증거가 이런 비판의 대상이라는 것을 우리는 인정한다. 그러나, Kirschner 등과 같은 학자들에 의해 소개된 실험적인 "높은 가이던스 대 낮은 가이 던스" 증거 또한 구성주의 수업의 근본적인 장점에 관한 추론을 하기에 타당한 근 거는 아니라고 우리는 주장한다.

Kirschner 등은 구성주의와 수업주의 접근을 비교하기 위한 대용물(proxy)로서 수 업에 제공된 가이던스의 수준을 사용한다. 따라서 구성주의 수업방법의 효과에 관 한 계속되는 대화는 효과적인 수업을 위해 "얼마나 많은(how much)" 가이던스가 필 요한가, 그리고 가이드된 탐구 및 문제기반 학습과 같은 접근방법이 가이던스를 충 분히 제공하는지와 같은 질문에 집중되었다(Hmelo-Silver *et al.,* 2007; Schmidt *et al.,* 2007; Sweller *et al.,* 2007). 가이던스의 양이 구성주의 설계와 수업주의 설계 간의 가장 중요한 차이라는 가정을 받아들인다면, "낮은(low)" 그리고 "높은(high)" 가이 던스를 비교하는 어떤 연구도 논의에 적절하다는 것으로 보인다. 그러나, 위에서 개괄적으로 살펴보았던 것처럼, 구성주의 접근은 단지 제공된 가이던스의 양에서 뿐만 아니라, 문제가 어떻게 구조화되어 있는지 그리고 가이던스가 학습자를 지원 하는 방식에 있어서도 수업주의 접근방법과는 상이하다. 문제 구조와 제공된 가이 던스는 상호 지원하도록 설계되어 있다는 것이 중요하며, 이론적으로 두 가지 가운 데 하나만으로는 성공을 기대할 수 없다.

따라서, 최근 논쟁에서 수업주의자가 인용해 왔던 많은 연구들은 특정 프레임워 크(구성주의 혹은 수업주의) 안에서 가이던스에 관한 우리의 이해를 증진시키는데 가치가 있는 반면, 두 가지 프레임워크 간의 판단을 하기에는 그런 연구들이 타당한 증거가 아니라는 우리의 의견을 개진한다. 예를 들어, Mayer(2004)는 순수한 발견학습을 가이드된 탐구와 비교한 일련의 연구들을 개관했다. 그러나, 발견학습과 가이드된 탐구는 구성주의 수업의 상이한 형식이다. 그 어느 것도 명시적이고 직설적인 수업에 속하지 않는다. 따라서 기껏해야, 이 연구는 구성주의의 프레임워크 안에서 어느 정도의 스캐폴딩이라도 없는 것보다는 낫다는 것을 보여줄 뿐이다. 그것은 구성주의 접근을 수업주의 접근과 비교하지 않는다.

마찬가지로, Kirschner 등이 상세하게 개관한 예제 연구(예컨대, Sweller & Cooper, 1985; Cooper & Sweller, 1987)는 수업설계에 대한 두 가지 변수를 비교한다. 하나의 설계는 문제를 해결하는 방법의 예를 학생들에게 보여준 다음, 그들에게 많은 연습 기회를 준다. 다른 설계는 상당한 몫의 연습문제를 예제로 대체한다. 두 가지 경우 모두, 수업은 한 학생에게 문제해결 방법을 정확하게 보여주는 것으로 시작한다. 한 가지 사례나 혹은 여러 가지 사례를 가지고 이것을 하는 것은 동일한 수업주의 접근의 한 가지 변동(variation)이 된다. 따라서, 다른 방식에서는 유용하다 해도, 이런 실험의 결과 또한 구성주의와 수업주의 접근방법의 상대적 성공을 비교하기 위한 증거를 제공하지는 않는다.

구성주의자와 수업주의자 양쪽 다 자신들의 상대방이 설득적임을 아는 증거를 산출하는데 대한 실패는 방법론적인 딜레마(methodological catch-22)에 의해 야기되는 것 같다. 더 정확하게 말하면, 만약 수업에 제공된 가이턴스의 양에만 변화가 있는 적절히 설계된, 고전적으로 통제되는 실험을 수행하면, 그들은 두 가지 프레임워크 중 하나의 프레임워크 안에서 비교하거나 혹은 두 가지 접근 가운데 질이 떨어지는 버전의 하나를 사용하는 것에 제한된다. 그러나, "좋은(good)" 구성주의 레슨에 대비되는 "좋은(good)" 수업주의 레슨을 테스트하려고 시도하면, 결과를 일반화할 수 없게 만드는 한 가지 변수보다는 더 많은 변수에서의 차이를 포함해야만 한다.

●○ 질문 재구성하기

위에서 논의된 방법론적 곤경(methodological quandary)은 새롭지 않다. LOGO(Papert,

1987)를 둘러싼 동일한 이슈가 Papert와 Pea 사이의 1987년 논쟁의 초점이었다. 그때로 돌아가 보면, 효과적인 것으로 되기 위해 본질적으로 동시적이고 상호의존적인 다수의 변화를 수업에 요구하는 학습 개혁에 대해 고전적이고 실험적인 시도를 하는 것은 무의미하다고 Papert는 주장했다. 그런 방법론적인 논쟁은 오늘날에도 주로 설계 기반 연구(Cobb, Confrey, diSessa, Lehrer, & Schauble, 2003; Collins, Joseph, & Bielaczyc, 2004)를 둘러싼 문헌에 살아 있으며, 아직 끝난 것으로 보이지는 않는다.

수업주의자들은 하나의 웅대한 일반화 즉, 구성주의와 수업주의(각기 낮은 혹은 높은 가이던스로 특징지어지는 것으로서) 중 어느 것이 더 효과적인가?를 찾고 있는 것으로 보인다. 그러나 이것이 가장 유용한 질문은 아닐 것이다. 이것을 경마 유비(horse-race analogy)라는 맥락에 넣어놓고 보면, 두 마리의 말 가운데 어느 말이 평균적으로 더 많은 경주에서 승리할 것인가를 묻는 것과 같다. 그러나 수업설계자와 교사는 구체적인 것을 다룬다. 그들의 자연스런 관심은 특정 상황에서 어떤 종류의 수업이 가장 효과적일지를 예측하는 데 있다.

만약 수업주의자가 이런 두 번째 질문이 강요적이지 않다는 것을 알면, 그것은 아마도 모든 상황을 교차하는 수업 수행을 예측할 일련의 신성한 원리(inviolate principles)를 자신들이 개발할 수 있다고 믿기 때문일 것이다. 그러나, 특수한 상황에서 수업전략(혹은 경마)의 제정에 영향을 미치는 수많은 변수가 있다. 예를 들어, 교사의 경험(Featherstone, 1992), 개별 학생들의 특징(Jonassen & Grabowski, 1993), 그리고 학습되어야 할 자료의 유형(Stodolsky, 1988), 이 모든 것이 결과를 바꿀 수 있는 방식으로 수업전략의 실행에 영향을 미친다. 경마와 교실 양쪽 모두에서, 승자를 찾아내는 기예는 어떤 "말(horse)"이 과거에 가장 많이 승리했는지를 알아내어 매 경마시합에서 그 말에 베팅하는 문제가 아니라, 특정 상황 속에 있는 조건에 관해 우리가 알고 있는 것을 고려해 볼 때 긍정적 결과(positive outcome)라는 개인의 기회를 최적화하기 위해 작업하는 것이라고 우리는 제안한다.

엄격하고 보편적인 처방을 구하는 대신 수업 가이던스를 설계하기 위해 다루기 쉬운 일련의 고려사항을 구한다면, 연구의 풍경은 어떻게 바뀌겠는가? 그런 접근과 아울러, 모든 수업상황(예컨대, 보다 많은 가이던스는 언제나 더 낫다)에 적용할 수 있는 절대적인 법칙을 개발하려고 노력하는 대신, 우리는 성공적인 가이던스(예컨대, 가이던스의 양은 학습자가 과제의 상이한 조각을 함께 맞추는 방법을 찾는 데 있어 지원하기에 충분해야만 한다)를 특징짓는 원리를 개발할 수 있을 것이다. 그러면 그 원리는 특정 수업 맥락과 학습목표를 고려하기 위해 활용될 수 있을 것이며, 발견적인 양식에서 설계를 가이드할 수 있을 것이다. 수업 설계에서 한 가지 중요한 고려사항 즉, 제공되는 가이던스의 양을 확인함으로써 수업주의자들은 우리를 이 길로 출발시켰다. 이런 목록에, 구성주의자들은 가이던스가 주어지는 맥락과 타이밍을 추가했다.

　다음 절에서, 수업주의 관점으로부터 나왔는지 아니면 구성주의 관점으로부터 나왔는지에 관계없이, 수업을 계획할 때 수업 가이던스의 양, 맥락, 그리고 타이밍은 모두 고려할 요인으로서 중요하다는 것을 주장한다. 각 차원을 따라, "최선의 (best)" 입장에 관한 일련의 충분히 처방적인 법칙을 제공하려고(지금 혹은 언젠가는) 열망하지 않는다. 그보다는 앞서 서술했던 것처럼, 특정 학습상황에서 가이던스에 관한 선택을 가이드하기 위해 활용될 수 있는 각각의 요인에 관해 생각하기 위한 원리를 개발하려고 노력한다.

가이던스의 양: 처방으로부터 가이드라인까지

　수업주의 사례가 지금까지 주장해 왔던 방식은, 추구 목표나 추구 영역에 관계없이 더 많은 가이던스는 모든 경우에 더 낫게 되어 있다는 것으로 보인다(예컨대, Sweller et al., 2007, p. 117). 그러나, 가이던스의 양이 중요하다는 것에 우리는 동의하지만, 그것은 상이한 방식에서 중요하다는 것을 암시하는 증거를 우리는 알고 있다. 우리들에게, 가이던스의 최적량은 종종 중간 정도의 양이며, 설계에서 제공된 조언의 입자감(granularity)(즉, 상세화의 수준)은 똑같이 중요하다는 것을 그런 증거는 시사한다.

　이런 요지를 실증하기 위해, 더 많은 가이던스는 항상 더 낫다는 예제 효과를 주장하기 위해 Kirschner 등이 인용했던 가장 중요한 증거 원천 가운데 하나를 다시 논의한다. 그 효과에 관해 그들이 인용하고 있는 9개의 연구 중, 오직 5개만(Carroll, 1994; Cooper & Sweller, 1987; Paas & van Merriënboer, 1994; Sweller & Cooper, 1985; Trafton & Reiser, 1993) 두 가지 수준의 가이던스 즉, 예제와 해결되지 않은 문제를 비교했다. 이런 연구들은 두 가지 특정 가이던스의 "양(amounts)"의 상대적인 장점을 보여줄 수는 있지만, 그것이 두 가지 수준 간의 지속적이고 선형적인 관계에 대한 직접적인 증거는 아니다.

두 가지 조건 이상을 가졌던 연구로서 인용된 것을 살펴보면, 학습에서 부가적인 가이던스가 항상 그에 비례하는 획득으로 귀결되지는 않았다(Miller, Lehman, & Koedinger, 1999; Paas, 1992; Quilici & Mayer, 1996). 예를 들어, 단지 절반 정도 가공된 문제를 받은 "완성(completion)" 조건에 있는 학습자는 완전히 가공된 문제를 받은 사람들만큼 테스트 문제를 잘 수행했다는 것을 Paas(1992)는 발견했다. 이런 경우에, 예제 문제로 주어진 부가적인 가이던스는 부가적인 학습 이득을 제공하는 것 같지 않았다. 마찬가지로, 통계학 문제 분류 과제에서, 학생들에게 서로 반대되는 각 문제 유형의 세 가지 사례를 제공하는 것은, 후속 문제를 적절한 유형으로 분류하는 학생들의 능력에 있어서 그 어떤 차이도 없었다는 것을 Quilici와 Mayer(1996)는 발견했다.

부가적인 가이던스가 학습 증진으로 결코 유도할 수 없다는 것을 말하는 것이 아니라, 단지 부가적인 가이던스가 항상 학습 증진으로 유도하리라는 것을 가정할 수 없다는 것이다. 부분적으로, 성취된 학습 증진은 부가적인 가이던스가 기여하는 목적에 의존할 수도 있다. 예를 들어, 대상에 대한 2차원과 3차원의 표상 사이를 정신적으로 번역하도록 학습자에게 요구하는 예제 연구에서, Pillay(1994)는 세 가지 중간 문제 단계를 보여주는 예제들이 단지 하나만을 보여주는 예제들보다 더 효과적이라는 것을 발견했다. 아마도 이것은 세 단계 표상에서 단계들 간의 거리가 "[부가적인] 단계 그 자체를 생성하지 않고서 주체가 변형(transformation)을 따라가도록 허용할 만큼"(Pillay, 1994, p. 110) 너무 작았기 때문일 수도 있음을 그녀는 시사했다. 관련된 연구결과에서, Catrambone(1994, 1995)은 포함된 많은 개별적 단계가 있을 때, 하위 목적을 성취하기 위해 그것들이 어떻게 서로 합치될 수 있는지를 보여주는 것은 그 단계들을 보다 의미 있고 유용한 것으로 만든다는 것을 발견했다. 마지막으로, 예제 연구 그 자체는 아니지만, Kirschner 등(2006)이 인용한 9번째 연구는 전자필드하키(Electric Field Hockey) (Miller et al., 1999)로 불리는 물리학 시뮬레이션 극미세계(physics simulation microworld)를 탐구하기 위한 과제의 형태에서 가이던스를 살펴보았다. 그것은 가이드하는 과제의 단순한 결여나 혹은 제시가 아니라, 학습 이득으로 유도했던 극미세계에서 그 과제가 학생들의 활동에 구체적으로 어떻게 영향을 미쳤는가라는 것이었음을 그들은 발견했다.

예제 문헌을 넘어, 가이던스에서 적절한 수준의 입자감(granularity)을 지향하는 것이 "더 많은 것이 항상 더 좋다"는 것보다 더 나은 지침을 제시한다는 다른 연구가 있다. 예를 들어, Nadolski, Kirschner 및 van Merriënboer(2005)는 자신들의 표적전집 학습자들을 지원하는 데 있어서 법적 청원을 준비하는 과제를 네 가지 단계로 쪼개는 것이 과제를 하나의 전체로(한 가지 단계) 제시하거나 혹은 9단계로 제시하는 것보다 더 효과적이었다는 것을 발견했다. 너무 적은 단계는 무엇을 할 것인지에 관해 학습자에게 불분명함을 남길 수 있는 반면, 너무 많은 단계는 그들을 압도하거나 혹은 나무만 보고 숲을 보는 것을 막는 것 같다.

이런 연구결과는 많은 초기 연구를 생각나게 하는데, 그 가운데 Kittell(1957)은 학습자들로 하여금 한 집단에 속하지 않는 단어를 찾도록 가르치기 위해 어느 정도 근원적인 원리에 바탕을 두고 있는 세 가지 전략을 비교했다. 파지와 전이에 대한 다양한 측정방법을 살펴보면, 가장 성공적인 전략은 학습자에게 단어 세트와 일반적인 적용원리를 주었던 중간 수준의 가이던스였다. 이것은 학습자에게 단지 단어 세트만 주었던 낮은 수준의 가이던스와 학습자에게 단어 세트, 일반적인 원리, 그리고 그 원리가 각 세트에 적용되는 방법에 대한 설명을 주었던 높은 수준의 가이던스 양쪽 모두를 능가했다. 이런 사례에서, 매우 높은 수준의 가이던스는 성공적이지 않았는데, 그것은 아마도 학습자가 능동적으로 그것을 알려고 하지 않고, 기계적으로(rotely) 따르도록 암시해 주었기 때문인지도 모른다(Mayer, 2004).

요컨대, 이런 증거에 대한 개관은 수업 설계에서 가이던스의 양은 가이던스의 효과성(effectiveness)에 중요하며, 모든 경우에 더 많은 것이 반드시 더 좋은 것은 아니라는 것을 강력하게 시사한다.

가이던스의 맥락: 학생들에게 알려는 욕구 주기

위에서 논의했던 것처럼, 구성주의자는 맥락이 파지와 전이에 중요하다고 믿기 때문에 가이던스가 제공되는 맥락에 수업주의자보다 더 많은 주의를 기울인다. 그에 대한 지지로서, 구성주의자들은 설명이 분리되어 주어질 때에는 그 설명이 잘 설계되어 있을 때조차 학생들은 거의 학습하지 못한다는 것을 암시하는 연구(예컨대, Wieman & Perkins, 2005; Hrepic, Zollman, & Rebello, 2007)를 인용한다. 예컨대 고등교육에서, 전통적인 강의가 끝난 후 단지 15분 만에 학생들은 다루어진 자료를 거의 회상하지 못했다는 것이 밝혀졌다(Wieman & Perkins, 2005). 이것은 심지어 학생들이 집중해야 할 것에 관해 특별한 암시가 주어졌을 때에도 해당될 수 있다 (Hrepic et al., 2007). 62개 대학에 걸친 물리학 학습에 대한 광범위한 연구에서, 학생들은 전통적인 강의 수업에서 평균적으로 제시된 개념의 30% 미만을 회상한다는 것을 Hake(1998)는 발견했다.

몇 가지 보다 상세한 연구는 설명의 맥락(context of an explanation)이 학습결과에 어떻게 영향을 미치는지를 보여준다. 예컨대, 학생들이 먼저 실제 기억실험으로부터의 결과를 분석할 기회를 가졌을 때, 학생들에게 기억에 대한 강의를 해주는 것이 학습 이득으로 유도했다는 것을 Schwartz와 Bransford(1998)는 입증했다. 그러나, 그들을 위해 그 사례들 간의 차이가 분석되었을 때, 혹은 선행과제가 관련 텍스트를 요약하는 것을 포함했을 때, 강의로부터의 학습은 현저히 줄어들었다. 마찬가지로, Capon과 Kuhn(2004)은 학생들이 경제학에 대한 강의를 듣기 전에 해결과제를 학생들에게 주는 것은 교과서의 정의를 단순히 토해내는 대신에 그들로 하여금 설명할 가능성이 더 커지도록 그리고 나중 시험에 그 개념을 적용할 가능성이 더 커지도록 만들었다는 것을 발견했다.

이미 전에 우리가 분명히 말했던 것처럼, 이런 연구결과와 구성주의 관점 사이의 강력한 동조(resonance)를 본다. "알려는 욕구(need to know)"를 주는 경험을 먼저 가지는 것과 대비하여, 분리하여 설명을 받게 되면, 학습자들이 상이한 이해를 구성하게 될 것이라는 것이 함의인 것 같다. 만일 학생들이 유의미한 목표를 제공받거나, 혹은 적어도 그것을 개발할 기회를 제공받게 되면, 수업으로부터, 그리고 결과적으로 학습된 것으로부터 자신들이 의미를 구성하는 방법에 그것은 영향을 미친다(Miller et al., 1999; Schank, 1982).

Schwartz와 Martin(2004)은 맥락의 중요성에 대한 강력한 실례를 제공하고 있다. 이 연구에서, 9학년 학생들은 통계를 배웠다. 2주일에 걸친 수업 후, 학생들 가운데 절반은 상이한 분포로부터 높은 점수를 비교할 방법을 고안하도록 요구받았다. 나머지 절반의 학생들에게는 도표로 문제를 해결하는 방법을 보여주었으며, 연습기회를 가졌다. 학생들에게 표준화점수를 숫자로 계산하도록 요구한 전이 문제를 주기 전에 그들은 다시 나뉘어졌다. 각 조건에서 절반의 학생들은 표준화 점수 계산을 위한 예제를 받았던 반면, 다른 절반의 학생들은 바로 전이 테스트로 진행했다.

전이 사후 테스트에 대한 최고 수행자는 맨 먼저 집단을 비교하기 위한 방법을 고안하도록 요구받은 다음 표준화 점수 계산을 위해 예제를 받았던 학생들이었다.

이 집단은 여타 집단보다 2배 높은 점수를 받았는데, 여타 집단에는 말하고 연습하기(tell-and-practice) 수업 이후에 예제를 받았던 집단을 포함하고 있다. Schwartz 등 (2005)이 설명했던 것처럼, 먼저 절차를 고안할 기회를 가졌던 학생들은 예제로부터 더 많은 것을 학습할 수 있었다.

가이던스를 효과적으로 만드는 데 있어서 맥락의 역할에 관한 이런 연구결과는 예제 문헌의 몇몇 연구결과와 흥미로운 방식으로 동조한다. 예를 들어, Sweller와 Cooper(1985) 그리고 Cooper와 Sweller(1987)의 원천적인 예제 연구에서, 학생들이 반드시 해결해야 할 유사한 문제에 앞서 즉각적으로 예제를 주었다. Sweller와 Cooper(1985)는 이것을 단지 동기적 전략으로 서술하는 반면, Trafton과 Reiser(1993)의 연구는 해결되어야 할 문제의 맥락에서 예제에 접근할 수 있도록 하는 것은 학습 이득을 성취하는 데 있어 도구적(instrumental)이라는 것을 시사한다.

LISP 프로그래밍을 가르치는 맥락에서, 예제는 해결되어야 할 유사한 문제 직전에 제시됨으로써 연습 중 활용을 위해 기억에서 이용가능할 때만 이익을 준다는 것을 Trafton과 Reiser(1993)는 발견했다. 이것은 적어도 학습의 일부는 학생들이 후속 문제를 해결하는 데 보조로서 예제를 활용할 때 일어난다는 것을 시사한다. 더 나아가서 예제는 문제를 해결하는 동안 "온라인 가이드(on-line guides)"로서의 이득을 제공한다는 의견을 지지하면서, Carroll(1994)은 다음과 같은 것을 관찰했다.

예제 조건의 학생들은 첨부한 연습문제를 시도하기 전에 예제를 검토하는데 거의 시간을 보내지 않았다 … 대신 그들은 재빨리 연습문제에 착수한 다음 자신들이 방정식을 적었던 혹은 완성했던 것과 같은 사례로 되돌아가 참고했다.

(p. 364)

이런 연구에 사용된 문제해결 맥락이 구성주의자들(예컨대, Pea, 1994; Schank & Neaman, 2001)에 의해 종종 사용된 맥락의 종류와는 다소 다르지만, 그들은 유사한 목적 즉, 학생들이 수업으로부터 이해를 구성하는 법을 가속화하는 목표나 혹은 "알려는 욕구(need to know)"를 학생들에게 제공하는 것에 기여한다. 따라서, Schwartz와 Martin(2004)에 의해 제시된 증거는 물론, 예제가 주어진 맥락은 그들의 효능성에 강력하게 영향을 미친다는 것을 예제 문헌은 시사한다.

가이던스의 타이밍: 더 빠를수록 항상 더 좋은가?

언제 가이던스가 주어져야만 하는지에 관해 항상 일치하지는 않지만, 구성주의자와 수업주의자 양쪽 모두 수업 가이던스의 타이밍이 중요하다고 믿고 있다(예컨대, Anderson, 1993; Schwartz & Bransford, 1998). 수업주의자의 관점에서 보면, 가이던스를 제공할 가장 좋은 시간은 수업 시작하자마자 혹은 학습자가 실수를 저지르자마자 바로이다. 그러나, 지능형 개인교사시스템(intelligent-tutoring system)에 대한 상세한 연구는 즉각적인 가이던스를 추구하면서 제공하는 수업목표에 의존하는 것이 항상 최선의 전략은 아니라는 것을 시사한다(Anderson, Corbett, Koedinger, & Pelletier, 1995; Anderson, 1993; Mathan & Koedinger, 2003).

지능형 개인교사시스템(intelligent-tutoring systems)은 학습자를 위해 문제를 제기하는 컴퓨터 기반 문제해결 환경으로서, 문제를 해결하는 시점에 각 단계별로 학습자의 시도를 관찰하는 것에 기초하여 개별화된 가이던스를 제공한다(Van Lehn, 1988). 컴퓨터로부터의 지능적인 조언은 모든 개별지도 문제를 해결할 수 있는 "전문가 모형(expert model)"에 의해 가능하게 된다. 따라서 그 개인교사는 학습자가 취하는 각 단계가 타당한 해결로 가는 경로에 있는지 아니면 실수를 의미하는지를 "알고 있다".

Anderson(1993)의 초기 연구는 실행가능한 해결 경로를 벗어나는 즉시 학습자들에게 가이던스를 제공하는 것이 문제해결 속도를 증가시켰다는 것을 보여주었다. 학생들에게 LISP 프로그래밍을 가르치기 위해 지능형 개인교사를 활용한 연구에서, 작업하는 동안 방해를 받아 타당한 해결책으로 유도하지 않는 단계를 취하는 즉시 바로 가이던스가 제공된 학습자들은 요청에 의해 피드백을 받았던 학습자들이 걸린 시간의 약 절반에 프로그래밍 연습을 완성했다(Anderson, 1993). 즉각적인 피드백의 이점은, 학습자들이 피드백으로부터 이해하고 학습할 수 있는 해결책 시도하기에 대해 그들의 단기기억이 충분히 유지될 때 그것이 수용되는 것이라고 Anderson 등(1995)은 설명했다.

다른 한편으로, 지능형 개인교사 문헌에 대한 보다 최근의 리뷰에서, Mathan과 Koedinger(2003)는 피드백을 지연시키는 것이 학습에 대한 더 나은 파지와 전이로 귀결될 것이라고 제안한다. 그들이 설명하는 것처럼, 실수가 감지되자마자 피드백

을 제공하는 것은 문제해결 단계의 효과를 검토하는 데 필요한 평가 기술을 발달
시킬 수 있는 기회를 학습자로부터 박탈할 수 있으며, 그리고 실수했을 경우 그것
을 만회하기 위한 시도를 박탈할 수 있다.

　이런 가설을 테스트하려는 노력으로서, Mathan과 Koedinger는 두 가지 상이한 피
드백 조건을 활용하는 실험을 수행했다. 한 조건에서는, 실수에 대해 개인교사는
즉각적인 피드백을 제공했다. 다른 조건에서는, 학습자가 자신들의 실수를 감지하
는지의 여부를 보기 위해 개인교사는 기다렸으며, 학생들이 새로운 문제로 옮겨가
려고 시도할 때에만 그들의 실수를 탐지하고 교정함으로서 가이드하려고 시도했
다. 이런 연구로부터의 결과는 두 집단의 학습자가 첫 번째 문제에 대해서는 유사
하게 수행했던 반면, 지연된 피드백 조건에 있었던 학습자가 모든 후속 문제에 대
해 더 빠른 속도로 학습했다는 것을 암시했다(Mathan & Koedinger, 2003).

　Anderson(1993) 그리고 Mathan과 Koedinger(2003)의 연구 모두 수업 가이던스의
타이밍에 관해 두 가지를 제안한다. 첫째, 그것은 분명히 중요하다. 피드백의 유형
이 일관성 있게 유지될 때, 타이밍은 단기적 성과에 강력하게 영향을 미친다. 둘째,
피드백의 타이밍은 수업목표에 따라 다양해야만 한다. 즉각적인 피드백이 단기적
으로 보다 신속한 문제해결을 촉진하는 반면, 지연된 피드백은 더 나은 장기적 파
지와 전이로 귀결될 수 있다.

●○ 공동 연구 의제의 가능성

　이전 섹션에서 수업주의자 입장으로부터 나오든지 아니면 구성주의자의 입장으
로부터 나오든지 간에 수업을 계획할 때 가이던스의 양, 맥락, 그리고 타이밍이 모
두 주목할 중요한 요인이라는 것을 우리는 주장했다. 만일 우리가 비슷한 용어로
수업주의자와 구성주의자 수업설계에 관해 말할 수 있다면, 두 집단 간의 지적인
전이 가능성이 있을 수도 있다.

　지금까지, 교차수태(cross-fertilization)는 거의 발생하지 않은 것 같다. 각 집단은
생각이 비슷한 동료에 의한 연구에 의존하고 또한 거기에 기여하는 데 기꺼이 만
족해 왔다. 자신들의 입장에서, 수업주의 학자는 구성주의자들이 예제 연구의 세부
적인 연구결과를 "대부분 무시했던" 좌절을 표현해 왔다(Sweller et al., 2007, p.

119). 마찬가지로, 구성주의 연구결과를 격려하기 위한 수업주의자의 어떤 중요한 시도도 우리는 알지 못한다. 이런 크로스오버(crossover)의 결여에도 불구하고, 두 캠프는 교육적 기능에 있어서 유사한 가이던스를 종종 창출한다. 예를 들어, 양 집단은 어떤 설명의 형태(예컨대, Garner, 1987; Schwartz & Bransford, 1998), 절차적 방향(예컨대, van Merriënboer, 1997; McNeill, Lizotte, Krajcik, & Marx, 2006), 그리고 피드백(예컨대, Phye & Sanders, 1994; Kolodner & Guzdial, 2000)을 사용한다.

특히 하나의 사례를 살펴보면, Hmelo-Silver 등(2007, p. 102)과 Sweller 등(2007, p. 118)은 모두 수업주의자의 예제가 탐구환경에서 실시간 모델링(real-time modeling)에 유사한 기능을 한다고 적고 있다. 각 유형의 가이던스는 영역 전문가들이 문제를 나누어 좀 더 해결하기 쉽도록 하기 위해 문제를 어떻게 나누는지를 보여주며, 전문가들이 사용하는 상이한 개념, 전략, 그리고 절차들이 해결책을 얻기 위해 어떻게 조합되는지를 학습자들에게 보여준다. 따라서, 캠프들 간의 크로스오버가 일어나지 않는 것은 관련성이 없어서가 아니라, 각 캠프의 연구결과가 자신들의 특정 프레임워크의 언어 속에 너무 숨겨져 있어 이런 결합이 만들어지기 어렵기 때문이다.

딱 들어맞는 사례로서, 예제 연구는 거의 배타적으로 과학이나 수학과 같은 과학기술 영역에서 구조화된 문제를 다루고 있다(Sweller, van Merriënboer, & Paas, 1998; Atkinson, Derry, & Renki, & Wortham, 2000에 의한 개관 참조). 따라서 연구로부터 나타났던 예제의 설계 지침은 알고리즘적, 서면으로 작성된(written-out) 문제해결을 만들어내기 위해 명확하게 표현되어 있다. 이런 연구결과를 구성주의자가 실시간 가이던스와 빈약하게 정의된 문제영역(예컨대, 사회 연구, 역사, 쓰기)에 전이하는 것은 어렵다. 그런 번역(translations)을 하려는 시도(예컨대, Atkinson *et al.*, 2000)는 원래의 접근방법을 왜곡하게 될 위험성을 안고 있다. 예를 들어, Atkinson 등(2000)은 중등교사 교육프로젝트(Secondary Teacher Education Project: STEP)의 문제기반 학습 환경에 사용하기 위해 예제 지침이 어떻게 번역될 수 있는지를 서술하고 있다. 그러나 많은 점에서 이런 서술(예컨대, 학생들이 해결하기 위해 받는 각 사례 이전에 전문적인 해결책을 제공하는 것)은 문제기반 접근보다는 보다 직설적인(up-front) 수업처럼 들린다.

양, 맥락, 그리고 타이밍이라는 범주는 우리들로 하여금 보다 적절한 방식으로 예제 연구결과를 번역하도록 하며 수업주의자와 구성주의자를 결합시킬 수 있는 흥미롭고 테스트가 가능한 연구 의제를 만들게 한다는 것을 우리는 믿고 있다. 다음 섹션에서 우리는 이것을 예증하려고 한다. 수업주의자들에게, 이런 의제는 새로운 영역으로 자신들의 작업을 확대할 기회를 제공한다. 구성주의자들에게, 그것은 Kirschner 등(2006)이 지적하고 있는 것처럼, 과거에 구성주의자들이 많이 활용하지 않았던 고도로 세분화된 연구결과를 이끌어 낼 전략을 제공한다. 우리들의 사례는 수업주의자와 구성주의자 사이에 생산적인 대화를 지원할 수도 있는 양, 맥락, 그리고 타이밍이라는 일반적인 언어를 사용하는 수많은 가능한 방식 가운데 단지 하나일 뿐이다.

실시간 모델링에 예제 가이던스 원리 적용하기: 양, 맥락, 그리고 타이밍에 관해 생각하기

제공하는 가이던스의 양이 한 단계에서 다음 단계로 가는 방법을 학습자들에게 보여주기에 충분할 때(Pillay, 1994) 그리고 개별 단계가 그 길을 따라 하위 목표를 보여주기 위해 함께 묶여질 때(Catrambone, 1994, 1995) 예제는 가장 효과적인 것 같다는 것을 이미 우리는 적었다. 덧붙여, 해결되어야 할 문제 맥락(예컨대, Trafton & Reiser, 1993)에서 예제를 제공하는 것과 학생들이 그 영역에서 문제를 시도할 기회를 가졌던 후에 예제를 제공하는 것이 유익한 것으로 보인다(Schwartz & Martin, 2004). 그런 원리들이 실시간 모델링을 위한 것처럼 보이는 것은 무엇인가? 구체적인 실례를 보여주기 위해, 문서의 역사적 의미를 분석하기 위해 학생들에게 가르치는 문제를 우리는 고려해 본다. 우리가 마음속에 그리는 새로운 연구의 첫 단계는 관찰 형식을 취할 수 있을 것이다. 뛰어난 역사 교사는 며칠간의 코스에 걸쳐 확인되고(아마도 대규모의 테스트 자료를 통해) 관찰될 것이다. 역사적 문서에 대한 분석을 가르치기 위해 교사들이 모델링을 사용하는 정도, 그리고 예제 문헌에서 제시된 특징이 자신들의 실제를 서술하기에 유용한지(그리고 충분한지)의 여부를 관찰자들은 적을 것이다. 이런 관찰자료는 우리들로 하여금 복잡하고 불분명한 영역에서의 문제해결을 모델링하기 위해 앞서 서술된 원리가 어떻게 예시되는지를 보다 정밀하게 서술하도록 도와준다. 예를 들어, 모델링이 언제 제공되는지, 어떤 맥락에서 모델링이 제공되는지, 그리고 한 번에 어느 정도 양의 모델링이 제공되는지?가 그런 것들이다.

연구의 두 번째 단계는 첫 번째 발견을 토대로 실험적 접근방법을 사용할 것이

다. 가이던스 모델링의 양, 맥락, 그리고 타이밍에 있어서 체계적인 변화가 만들어
질 수 있을 것이다. 예를 들어, 타이밍의 측면에서, 교사가 분석과정을 시범보이기
위해 (a) 직설적인 전체로(as a whole up-front), (b) 학생들이 각 파트에 도달하기 전
에 분리된 조각(separate pieces)으로, (c) 학생들이 문제를 탐색할 기회를 가졌던 후
에, (d) 학생들이 실수를 저질렀을 때에만(즉각적으로 혹은 학생들이 자신들의 실수
를 탐지하고 교정할 기회를 가진 후에), 혹은 (e) 앞서 것들의 몇 가지 조합 가운데
최선은? 문제 맥락의 측면에서, 다음과 같은 조건을 우리는 비교할 수 있을 것이다.
즉, (a) 단순히 모델을 제공하는 것, (b) 분석되어야 할 다른 문서의 맥락에서 모델
을 제공하는 것, (c) 현재 정부 정책에 대한 논의에서 학생들이 증거로서 역사적 문
서를 사용하도록 도와주기 위한 가이던스로서 모델을 제공하는 것 등이 그것이다.
양에 있어서는, (a) 활용된 하위 목표의 크기, (b) 이런 구조가 학생들에게 어떻게
강조되는가, (c) 한 단계의 분석에서 다음 단계로의 이행을 능숙한 교사가 예시하는
방법에서 변화를 살펴볼 수 있을 것이다.

　개요를 서술했던 각각의 비교를 위해, 연구는 학습과정과 학습결과 양쪽 모두를
검토할 수 있을 것이다. 검토할 한 가지 결과 측정은 다른 역사적 문서를 분석하기
위한 학생들의 능력이 될 것이다. 미래학습을 위한 준비로서 전이에 대한 Bransford
와 Schwartz(1999)의 생각에 따르면, 이것은 세련된 해결책을 산출하는 데 있어서의
성공이라는 측면에서 뿐만 아니라, 새로운 문제를 착수하는 것에 관해 학생들이 어
떻게 가는지도 평가되어야만 한다. 예를 들어, 외국의 역사 문서를 분석하기 위해
학생들은 어떻게 적응하는가? 초기 실수로부터 어떤 집단이 다른 집단보다 더 잘
학습할 수 있는가? 덧붙여, 학생들이 교사의 모델링과 상호작용하는 상이한 방식을
검토할 수 있을 것이다. 그들은 교사에게 질문했는가? 만약 그렇다면, 어떤 종류를?
만약 교사의 모델링에 대한 비디오에 접근할 기회가 주어진다면, 학생들은 그것을
사용하려고 선택했는가? 만약 그렇다면, 그들은 언제 접근했으며, 어떤 부분을 보
았으며, 그런 것들을 사용하기 위해 어떻게 시도했는가?

　통틀어, 우리가 위에서 개관했던 연구의 종류는 불분명한 영역에서 복잡한 문제
해결에 대한 성공적인 모델링을 위한 원리를 분명하게 표현하도록 도와줄 것이다.
예제 연구결과에 의존함으로써 그런 원리들을 보다 신속하게 만들어낼 수 있는지
의 여부는 흥미로우면서 잠재적으로 생산적인 질문이다. 또한 우리는 그런 연구가
예제 그 자체를 효과적으로 만드는 원리를 탐구하는데 새로운 길을 만들기를 기대

한다. 모델링과 예제를 효과적으로 만드는 것에 있어서 차이가 있을 수도 있지만, 우리는 그런 것들을 유사한 용어로 논의할 수 있어야만 한다. 그런 연구 의제는 수업주의자들과 구성주의자들에게 공히 흥미로울 수 있을 것이며, 수업 설계에 대한 대화에서 공통적인 토대를 세우도록 도와줄 수 있는 보다 일반적인 언어 사용방법 가운데 단지 한 가지 사례일 뿐이다.

●○ 결 론

전이에 관한 상이한 포부 때문에, 그리고 그것이 가장 잘 일어나게 하는 방법에 관한 상이한 가정 때문에 수업주의자들과 구성주의자들은 서로 과거를 말하고 있는지도 모른다고 위에서 우리는 주장했다. 수업주의자들은 학교같은(school-like) 상황에서 형식적으로 유사한 문제로의 전이에 일차적으로 관심을 가지고 있는 것 같은 반면, 구성주의자들은 교차맥락적(cross-contextual) 전이 그리고 학교같은(school-like) 상황과 실세계 상황 간의 전이에 더 큰 흥미를 가지고 있다. 이런 아주 상이한 전념(commitments)은 복잡한 문제공간에서 그들을 상이한 문헌 읽기, 상이한 이론과 연구방법 요구, 상이한 초보자 지원방법으로 유도할 수도 있을 것이다.

우리의 관점에서 보면, 각 집단에 의해 고안되는 방식에 있어서의 다양한 차이는 방법론적 교착상태로 유도했는데, 그 안에서 각 집단은 다른 집단이 확신하지 못하는 증거를 낳고 있다. 이제 우리는 "어떤 접근방법이 전반적으로 더 나은가"라는 비생산적이고 적대적인 질문에서 벗어나 특정 목적과 상황에 적합한 가이던스의 양, 맥락, 그리고 타이밍 설계 원리를 이해하려고 시도하는 공동 의제로 갈 시점이라는 것을 제안한다. 이것이 의미하는 것을 예시하기 위해, 우리는 수업주의자들과 구성주의자들이 함께 생산적인 동반자 관계에서 함께 하도록 할 수도 있다고 믿는 연구 의제의 개요를 스케치해 왔다.

수업 가이던스의 설계와 효과성에 있어서 몇 가지 중요한 요인이 이 장에서 간과되었는데, 거기에는 개관된 원리가 학습자들 간의 개인차와 어떻게 상호작용할 수 있는지(Jonassen & Grabowski, 1993)를 포함하고 있다는 것을 우리는 적어둔다. 연구가 진전되면 이것이 밝혀질 수 있을 것이라고 기대한다. 또한 우리가 개관했던 경로를 따라 진행하는 것은 원리를 실제에 옮기는 데 있어서 설계자에게 상당한 정도의 추론을 남긴다는 것을 적어둔다. 이런 융통성은 특정 학습상황의 요구를 충족시키는 수업을 설계하기 위해 필요하다고 생각한다. 그러나, 열렬한 수업주의자들이 결정론적인 수업 처방을 생성하는 자신들의 전념을 얼마나 자발적으로 완화하게 될지는 의문이다.

이 논의가 수업 가이던스를 둘러싸고 있는 현재 논쟁에 관해 도움이 되는 사고방식을 제공하기를 우리는 기대한다. 21세기에 우리가 앞으로 전진했던 것처럼, 교육 연구자들은 대부분의 중요한 교육적 이슈의 상당수에 포함되어 있는 고유한 복잡성(inherent complexity)을 인식하고 있다. 답은 두 가지 극단적인 가능성 사이의 경쟁에 있는 것 같지 않으며, 증거에 대한 상세하고도 다차원적인 검토로부터 드러나는 질 높은 구별에 있는 것 같다. 이런 프레임워크(framework)는 연구자들로 하여금 이런 장기적 노력에 바탕을 두고 진전을 이루는 데 도움을 주는 하나의 도구를 제공한다.

질문: Clark. 당신의 장을 즐겁게 읽었다. 우리 모두는 수업 가이던스에 대한 보다 분명한 개념이 논쟁의 주된 산물이 되기를 기대한다. 1970년대에 우리가 측미기(micrometer)로 개인차를 측정하고 신성한 회초리(divining rods)로 수업방법을 측정한다고 Lee Cronbach는 불평했다. 그 상황은 오늘날에도 다소간 비슷하다. 가이던스의 양, 맥락, 그리고 타이밍과 같은 이슈를 명확히 하는 체계적인 연구를 위해 당신은 설득력 있게 주장한다. 그러나 연구나 실제에서 가이던스를 정의하기 위해 제공되는 다양한 조작에 대한 인지적 기능에 관해 아직 그 어떤 동의도 없는 것 같다. 다양한 교육집단에 의해 "가이던스"의 사례라고 생각되는 엄청난 범위의 수업지원 활동 기능을 고려하지 않고서 당신이 제안하는 것을 우리가 어떻게 완수할 수 있는가?

답변: Wise와 O'Neill. 학습과정을 지원하는 데 있어 상이한 유형의 가이던스가 작용하는 기능에 대한 더 나은 이론화(그리고 검사)가 요구된다는 것에 우리는 전적으로 동의한다. 사실, 이 장의 초기 판에서 두 캠프가 선호하는 상이한 유형의 가이던스에서 공통성(commonalities)을 보여주기 위한 범주를 집단화하는 것으로서 우리는 교육적 기능을 활용했다. 우리들에게, 이것은 현재 사용되고 또한 연구되는 커다란 범위의 수업지원 활동을 이해하기 위한 매우 생산적인 개시 방안인 것 같다. 더욱이, 다양한 유형의 가이던스를 조직하기 위해 일단 기능이 사용되면, 논쟁

의 상당 부분은 어떤 특정 유형의 가이던스(교육적 기능)를 반드시 주어야만 하는지에 관해서가 아니라 그것을 어떻게 주어야만 하는지에 관해서인 것으로 보인다. 예를 들어, 예제와 탐구환경에서의 실시간 모델링 두 가지 모두 영역 전문가가 문제를 보다 해결하기 쉽도록 그것을 나누는 방법 그리고 해결책을 얻기 위해 영역 전문가들이 사용하는 상이한 개념, 전략, 절차를 조합하는 방법을 학습자들에게 보여주는 기능에 어떻게 기여하는지를 논의했다. 우리들에게, 예제와 실시간 모델링 간의 차이는 기여된 교육적 기능이 아니라, 가이던스가 문제해결 전에 주어지는지 아니면 문제해결 중에 주어지는지, 그리고 문제해결 상황 그 자체(예컨대, 가이던스의 타이밍과 맥락)의 설정에서 주어지는지의 여부인 것으로 보인다.

마찬가지로, 수업주의자와 구성주의자 양쪽 모두 학생들에게 절차적 방향을 제공하기 위해 어떤 형식의 가이던스, 즉 과정 워크시트의 형태 혹은 탐구과정을 지원하기 위한 스캐폴더를 사용한다. 다시 말해, 양쪽 사례에서 교육적 기능은 동일한 것 같다. 즉, 학생들에게 과제를 완수하는데 따라야 할 단계, 규칙, 혹은 지침을 제공하는 것, 가이던스가 주어지는 입자감(granularity)의 수준에 있어서 차이, 그리고 가이던스가 숨겨져 있는 보다 큰 과제 구조(예컨대, 가이던스의 양과 맥락) 등이 그것들이다.

우리는 가이던스를 주기에 가장 효과적인 방법이 가이던스의 유형(혹은 특정 종류의 가이던스를 위한 학습목표 전체에 걸쳐) 전체에 걸쳐 동일할 것이라고 가정하지 않는다. 따라서, 교육적 기능과 이런 교육적 기능을 충족시킬 것 같은 다양한 형식의 가이던스를 확인하는 것은 이런 종류의 연구를 실행하는 데 중요한 선결 과제이다. 덧붙여, 학생들이 가이던스와 어떻게 상호작용하는지에 대한 연구를 실행하는 데 있어서, 우리가 기대했던 교육적 기능을 가이던스가 정말 제공하고 있는지, 혹은 또 다른 기능(들)을 제공하고 있는지를 검토할 수 있다.

질문: Clark. 수업주의로 가이드된 지원이 다양한(혹은 가변적인) 연습이라고 불러 왔던 것을 사용할 때 원전이(farther transfer)가 가능하다는 것은 있음직하지 않은가, 그리고 그 반대되는 주장에도 불구하고 증거는 오직 점진적이고 제한된 전이(gradual and limited transfer)만 지지했다는 것을 이런 이슈를 다루는 과거 연구에 대한 대부분의 리뷰가 결론내리지 않았는가?

답변: Wise와 O'Neill. 이 장에서 우리가 다루고 있는 것들을 포함하여 이런 주제에 대한 연구 리뷰는 전이에 대한 우리의 기대에 주의를 기울일 것을 권하고 있다. Anderson, Reder 및 Simon(1996)이 지적하고 있는 것처럼, 학습과 전이자료 간의 관계(우리는 여기에 학습과 전이 상황을 부가했다)에 의존하는 것은 "많은 전이량, 적당한 전이량, 전혀 전이를 하지 않는 것, 혹은 심지어 부적 전이도 있을 수 있다"(pp.7-8). 그러나 우리가 리뷰를 읽을 때, 오직 작은 점진적인 전이만 가능하다고 Anderson 등은 주장하지 않는다. 지식은 과제 간의 전이를 하지 않는다는 주장에 이의를 제기하기 위해 Anderson 등(1996)은 증거를 제시한다. 마찬가지로, Perkins와 Salomon(1989)은 "단서주기, 연습하기, 추상적 규칙 생성하기, 사회적으로 설명과 원리 개발하기, 유비 만들기 등과 같은 적절한 조건이 주어지면, 어떤 문제영역에서 다른 영역으로의 전이는 획득될 수 있다"(p. 22)고 요약한다.

우리는 Perkins와 Salomon의 요약에서 한 가지 작은 요지를 가지고 있는 이슈 즉, 전이되는 것은 "일반적인 기술(general skills)"이라는 아이디어를 취한다. 그런 기술은 적절한 종류의 연습, 적절한 맥락, 적절한 스캐폴딩과 피드백을 가지고서 시간이 지나면서 일반화될 수 있다는 상당한 증거가 있긴 하지만, 우리의 견해에서 보면, 숙달된 시점부터 진정으로 일반화되는 인지적 기술이 존재한다는 확실한 증거는 없다. Perkins와 Salomon의 사례를 빌리면, 체스 마스터는 전장 전략(battlefield strategy)에 자신의 기술을 전이하기 위해 잠재적으로 학습할 수 있다. 그러나 외부 관찰자에게는 그 유비가 아무리 간단한 것 같다 할지라도, 이것은 반드시 신속한 과정으로 되지는 않을 것이다.

우리는 이것을 수업주의자들이 전유물로 가지고 있는 수업기법으로 보지 않지만, 당신이 제안하는 것처럼, 기술을 일반화하는 데 도움을 줄 수도 있는 훈련의 일부는 가변적인 연습(variable practice)이다. 그러나, 구성주의자의 관점에서 보면, 그 연습은 그 과제의 인지적 특징에 있어서의 가변성뿐만 아니라, 일련의 적절한 활용 상황을 교차하는 가변성도 반드시 포함해야만 한다. 그래서, 학구적인 체스 마스터는 자신의 전략적 사고가 군대 맥락에서 생산적으로 되도록 신뢰성 있게 전이할 수 있기 전에 일련의 군사전략 문제를 공부하는 데 있어서 뿐만 아니라 다양성 있는 사회적 환경(일단의 거친 장군들과의 전장 텐트에서 치열하게 경쟁하는 논쟁과 같이) 속에서 그런 것들을 공부하는 데 상당한 연습을 필요로 할지도 모른다.

질문: Rosenshine. 가이던스의 양, 가이던스의 맥락, 그리고 가이던스의 타이밍과 관련된 수업절차의 사례에 나는 매우 감명받았다. 학생들이 강의를 받기 전에 그들에게 해결할 문제를 주는 사례는 매력적이고 독창적인 아이디어이다. 그러나 이 세 가지 섹션에 있는 모든 사례들은 "학습에서의 이득(gain in learning)"이 준거인 연구에서 왔다. "학습에서의 이득"이 준거인 연구를 읽고, 논의하고, 수행할 때 구성주의와 지시적 수업 간에는 어떤 갈등도 결코 없다고 나는 알고 있다. 구성주의자와 지시적 수업 지지자 양쪽 모두 학습에서의 이득이라는 결과에 관심을 가지고 있을 때 그 두 집단 간에는 어떤 갈등도 없었다는 것에 동의하는가?

또한, 시작하는 섹션에서, 구성주의자들은 "할 가치가 있는 전이", "미래학습을 위한 준비", "새로운 상황으로부터의 학습능력", 그리고 "실생활에의 전이"에 관심이 있다는 것을 적고 있다. 그러나, 또한 "구성주의자들은 자신들이 주장해 왔던 만큼 원전이(far transfer)를 측정하는 방법에 헌신해 오지 않았다"고 당신은 적고 있다. 구성주의자들이 원전이와 가치 있는 전이를 측정할 수 없다면, 당신은 왜 이런 주제에 대한 섹션을 가지고 있는가? 이런 지지받지 못하는 주장을 그만두고 학습에서의 이득으로 유도하는 구성주의 수업절차에만 초점을 맞추는 것이 더 정직하지 않은가? "할 만한 가치가 있는 전이"에 관한 추론이 당신의 장에서 제거된다면 당신의 주장이 어려움을 겪게 되는가?

답변: Wise와 O'Neill. 학습에서 어떤 이득을 언급할 때 구성주의자와 수업주의자가 말하고 있는 것에는 차이가 있다. 우리가 이 장에서 적었던 것처럼, 구성주의자들은 전이에 관해 더욱 야심적이며 "학습 이득(learning gain)"에 대한 자신들의 이해를 전이와 밀접하게 연계시키려는 것 같다. 이런 맥락에서, 우리는 즉각적 학습과 근전이보다는 이해의 깊이와 원전이를 위한 수업활동을 최적화하는 것을 목표로 삼고 있다. 우리가 학습에서의 이득에 관해 얘기할 때 원전이에 대한 고려가 요구되는 두 가지 매우 강력한 이유가 있다고 생각한다. 첫째, 이것은 교육의 궁극적인 목적으로서, 학교에서 자신들이 학습하는 지식을 미래 어느 시점에 실세계 맥락에서 사용하도록 학생들을 준비시키는 것이다. 둘째, 가장 신속한 초기 학습으로 유도하는 수업기법은 최선의 파지와 장기 전이로 유도하는 수업기법과는 반드시 동일하지 않을 수도 있다. 예를 들어, 즉각적인 피드백이 초기에 보다 신속한 학습을 산출하는 것으로 알려져 왔지만, 지연된 피드백이 더 나은 파지와 전이로 유도

한다는 지능형 개인교사 문헌을 우리는 논의한다. 따라서, 정확하게 학생들이 학습했던 것에 대해 그들을 테스트하는 과제나 혹은 근전이에 대한 약한 측정방법을 제공하는 테스트는 미래학습에 포함될 필요가 있는 원전이 결과 그리고 보다 먼 원전이 측정방법을 위한 대용물(proxy)로 사용될 수 없다.

　구성주의가 원전이를 평가하는 데 가졌던 어려움에 관해 적은 우리의 장에서 했던 진술을 당신이 과잉해석하고 있는 것 같다. 우리는 분명히 원전이가 측정할 수 없다는 것을 말하려는 의도는 없었다. 또 구성주의가 원전이를 측정하는 데 완전히 실패했다고 말하려는 의도도 없었다. 이 장에서 우리의 코멘트는 전이 연속체(transfer continuum)의 극단적인 끝－일상적 환경에서 남이 시키지 않은 지식의 사용, 최초 학습 한참 이후－을 측정하는 것의 논리적, 개념적, 그리고 재정적인 도전을 지적하려는 의미가 있었다. Barnett과 Ceci(2002)는 여섯 가지 차원 즉 지식 영역, 물리적 맥락, 일시적 맥락, 기능적 맥락, 사회적 맥락, 그리고 과제 양식의 측면에서 어떤 전이 상황이 원래의 학습 상황과 다를 수 있는 상이한 방식에 관한 사고에 유용한 분류학을 고안했다. 우리가 리뷰했던 대다수의 수업주의 연구에서 "전이(transfer)"는 이런 여섯 가지 차원 가운데 오직 하나인 지식 영역에 대해, 그리고 그것도 아주 약하게 다른 맥락에서 수행을 테스트하는 것으로 조작화되어 있다. 여타 다섯 가지 차원, 즉 물리적 맥락(실험실/교실), 기능적 맥락(학업적, 평가적), 사회적 맥락(개인적), 일시적 맥락(같은 날 혹은 다음날), 그리고 양식(서면/타이프로 친, 같은 문제 형식)은 훈련 및 시나리오 테스트하기에서 사실상 동일하다. 심지어 지식 영역 내에서조차, 수업주의자들이 "원(far)" 전이라고 생각하는 것처럼 보이는 것도 구성주의자들이 생각하는 것과는 매우 다르다.

　우리는 수업주의자와 구성주의자 모두 Barnett과 Ceci의 모든 차원을 따라 전이를 측정하는 측면에서 더 멀리 갈 수 있고 또한 더 멀리 가야만 한다고 생각하지만, 이미 행해져 왔던 원전이 측정방법에 대해 몇 가지 주목할 만한 사례가 있다. 과학에서, 연구자들은 그들의 서면보고서의 질에서 그리고 새로운 탐구를 계획하는 능력에서 프로젝트 기반 학습으로부터 전이의 증거를 찾아 왔다(O'Neill & Polman, 2004). Klahr와 Nigam(2004)은 다른 학생들의 (문제 있는) 과학 프로젝트 벽보(science fair posters)를 비판하기 위해 변수 통제 전략을 학습해 왔던 학생들에게 그들이 질문했을 때 비슷한 전략을 사용했다. Fong, Krantz 및 Nisbett(1986)은 연구 참여자들을 집으로 불러 그들이 학교에서 배웠던 통계지식을 포함한 질문을 했던

"조사연구(survey)"를 수행함으로써 교실 밖에서의 전이를 검토했던 몇 안 되는 연구 가운데 하나를 수행했다. 교육연구에서 이와 같은 연구들은 원전이 측정방법을 고안하고 이행하는 것이 불가능하지도 않을 뿐만 아니라 비현실적이지도 않다는 것을 보여주었다.

질문: Rosenshine. 학생들에게 역사적 문서를 분석하도록 가르치는 방법을 학습하는 것에 관한 당신의 사례를 즐겁게 읽었다. 당신은 뛰어난 역사 교사를 찾아 그들의 수업절차를 관찰하는 것이 첫째 단계일 것이라고 적었다. 둘째 단계는 이런 교사들을 관찰하는 것으로부터 학습된 아이디어를 학생들이 사용하여 문서를 분석하도록 배우는 실험연구가 될 것이며, 중재(intervention) 내에서 타이밍과 모델의 사용에 변동이 있을 수도 있다. 이 두 단계는 지시적 수업 및 과정－산출 연구와 매우 유사한 것 같은데, 거기서도 연구자들은 뛰어난 교사를 확인하고, 그들의 수업절차를 연구한 다음 학생들 성취에 대한 측정이 준거가 되었던 실험연구에서 이런 절차를 사용했다. 다시 말해, 내가 만약 학생들이 역사적 문서를 분석하도록 훈련시키는데 관심이 있었다면, 당신이 서술하고 있는 동일한 절차를 사용하고 싶을 것이다. 그래서 학생들이 역사적 문서를 분석하는데 보다 숙달되도록 훈련시키는 것이 목적이라면 구성주의와 지시적 수업 지지자들이 이런 목적을 달성하려고 노력하는 방법에 있어서, 당신은 어떤 갈등이나 어떤 차이가 있다고 보는가?

답변: Wise와 O'Neill. 역사수업에 있어 모델링에 대해 우리가 제안한 새로운 라인의 연구와 30년 전의 과정－산출 연구 절차 간의 (의도하지 않은) 유사성을 지적해준 데 대해 감사한다. 당신이 지적하고 있는 중요한 유사성에 덧붙여, 우리가 쓴 장에서 제안하고 있는 것은 몇 가지 핵심적인 방식에서 그런 초기 연구와는 다르다고 생각한다. 아마도 현재 연구문제를 다루기 위해 그런 특징들을 각색하긴 하지만, 우리의 제안은 성공적인 과정－산출 연구 설계의 특징을 채택하고 있다고 말하는 것이 공정할 것이다. 예를 들어, 과정－산출 연구는 대부분 영역 일반적인 것으로 보이며, 폭넓은 배열의 수업절차가 있고 없음을 검토했던 것으로 보인다. 대조적으로, 우리가 제안하는 작업은 영역 특수적이며, 단순한 있고 없음보다는 특정한 형식의 수업 가이던스(모델링)에 초점을 맞추고 법규("어떻게")를 검토한다. 이런 것들이 우리의 견해에서 중요한 차이점인데, 왜냐하면 사고와 학습에 대해 영역

특수적인 영향력이 얼마나 강력한지를 지난 30년간의 인지과학이 보여주었기 때문이다. 더욱이, 우리가 제시하고 있는 일련의 실험(우리의 이해로부터)은 과정 – 산출 연구보다 더욱 구체적인 본질에 대한 질문을 다루고 있는 것으로 보인다.

마지막으로, 모델링의 실행과 효과성 두 가지 모두에 대해 실질적인 영향력을 가지고 있을 것 같은 역사수업에서 일어났던 몇 가지 중요한 변화를 우리는 믿고 있다. 원래의 과정 – 산출 연구는 다양한 형태의 교사중심 수업을 비교했던 것 같다. 1980년대 말과 1990년 대 초까지 북미에서 역사적 해석을 가르치는 것에 비교적 관심이 적었다. 즉 교과서의 숙달에 대한 강조가 지배적이었던 것 같다. 그런 상황은 이제 바뀌었다. 미국 역사표준서 1996년 수정판은 역사적 지식의 본질을 전달하고 이해하기 위한 실질적인 권고를 포함했다. 오늘날, 교사용의 정기적 출판물은 흔히 원천 증거(primary-source evidence)를 사용하여 역사를 가르치는 것에 대한 논문을 포함하고 있다.

요약하면, 이런 연구 프로그램을 제안하는 데 있어 우리의 목적은 학생들에게 역사적 문서를 분석하는 방법을 가르치는데 "구성주의" 접근방법을 만들어내는 것이 아니라, 구성주의와 수업주의 양쪽 모두가 추구할 수 있는 공동 연구의제를 제안하는 것이라는 점을 강조하고 싶다. 그 목적은 상이한 수업맥락과 목적을 위해 이런 강력한 수업전략의 사용을 최적화하는 것을 목표로 하면서 역사수업에서 모델링 가이던스(modeling guidance)가 주어지는 수많은 방식을 목록으로 만드는 것이 될 것이다.

질문: Rosenshine. 학생들이 자기 스스로 아니면 최소한의 지도로 지식을 구성할 때, 그들은 실수도 구성할 것 같다. 구성주의자들은 최소한의 지도라는 조건 하에서 학생들이 의도적이지는 않지만 지속적으로 실수하는 것을 어떻게 다루는가?

답변: Wise와 O'Neill. 학생들은 불가피하게 자신들의 이해를 구성한다(어떤 형태의 수업이 사용되는지에 관계없이)는 구성주의자의 신념을 고려해 볼 때, 몇 가지 점에서 그들이 문제있는 이해를 구성할 것이라는 점은 가능하다. 이것이 중요한 이슈라는 것에 동의한다. 그러나 당신의 질문은 이것이 구성주의 수업에 특수한 문제라는 것을 함의하고 있는 것 같은데, 왜냐하면 그들이 수업자료와 활동만 준 채 학생들을 너무 오랫동안 홀로 남겨두기 때문이다. 구성주의 교실에 있는 학생들은 그들의 많은 시간을 학급동료와 함께 문제에 대해 공부하는 것으로 보낼 수도 있

지만, 이것은 그들이 교사지도 없이 있다는 것을 의미하지 않는다. 우리들의 장에
서 지적했던 것처럼, 구성주의자들은 "최소한의 가이던스(minimal guidance)"를 주장
하는 것이 아니라, 가이던스가 보다 상황적이고, 유연하며 반응적이어야 함을 주장
하고 있다.

　수업하는 동안 발생하는 오해에 학생들이 묶이는 것을 보호하기 위해 우리는 잘
설계된 구성주의 수업의 세 가지 특징을 기대하고 있다. 첫째, 잘 설계된 구성주의
활동은 학생들이 발달함에 따라 자신들의 이해에 대한 실행가능성을 테스트할 기
회를 줄 것이다. 예를 들어, 과학의 경우, 수업 설계는 평범한 학생들 편견
(preconceptions)을 목표로 하는 구체적인 실험과정을 포함할 수도 있다. 둘째, 가치
있는 형태의 학생 토론, 정당화, 그리고 아이디어들(과학적인 논증)에 대한 테스트
를 촉진하는 구성주의 교실은 문제 있는 아이디어가 표면화되어 변형될 부가적인
기회를 제공할 것이다. 셋째, 양쪽 모두의 경우에, 교실에서 돌아다니는 노련한 교
사는 학생들이 자신들의 실수나 오해를 이해하고 교정하도록 도와주기 위해 적기
가이던스(just-in-time guidance)(가이던스가 요구되는 순간에)를 제공할 수 있을 것이다.

□ 참 고 문 헌 ◧

Alexander, P. A., & Murphy, P. K. (1999). Nurturing the seeds of transfer: A do-main−specific perspective. *International Journal of Educational Research, 31*, 561−576.

Anderson, J., Corbett, A. T., Koedinger, K. R., & Pelletier, R. (1995). Cognitive tutors: Lessons learned. *The Journal of Learning Sciences, 4*(2), 167−207.

Anderson, J. R. (1993). *Rules of the mind*. Hillsdale, NJ: Erlbaum.

Anderson, J. R. Reder, L. M., & Simon, H. A. (1996). Situated learning and education. *Educational Researcher, 25*(4), 5−11.

Atkinson, R. K., Derry, S. J., Renkl, A., & Wortham, D. (2000). Learning from examples: Instructional principles from the worked examples research. *Review of Educational Research, 70*, 181−214.

Barnett, S. M., & Ceci, S. J. (2002). When and where do we apply what we learn? A taxonomy for far transfer. *Psychological Bulletin, 128*(4), 612−637.

Barnett, S. M., & Ceci, S. J. (2005). Reframing the evaluation of education: Assessing whether learning transfers beyond the classroom. In J. P. Mestre (Ed.), *Transfer of learning from a modern multidisciplinary perspective* (pp. 295−312). Greenwich, CT: Information Age Publishing.

Bransford, J. D. (1979). *Human cognition: Learning, understanding, and remembering*. Belmont, CA: Wadsworth.

Brnsford, J. D., & Schwartz, D. L. (1999). Rethinking transfer: A simple proposal with multiple implications. *Review of Research in Education, 24*, 61−100.

Brown, J. S., Collins, A., & Duguid, P. (1989). Situated cognition and the culture of learning. *Educational Researcher, 18*(1), 32−42.

Capon, N., & Kuhn, D. (2004). What's so good about problem−based learning? *Cognition and Instruction, 22*, 61−79.

Carraher, T. N., Carraher, D. W., & Schliemann, A. D. (1985). Mathematics in the streets and in the schools. *British Journal of Developmental Psychology, 3*, 21−29.

Carroll, W. (1994). Using worked examples as an instructional support in the algebra classroom. *Journal of Educational Psychology, 86*, 360−367.

Catrambone, R. (1994). Improving examples to improve transfer to novel problems. *Memory and Cognition, 22*, 606−615.

Catrambone, R. (1995). Aiding subgoal learning: Effects on transfer. *Journal of Educational Psychology, 87,* 5−17.

Cobb, P., Confrey, J., diSessa, A., Lehrer, R., & Schauble, L. (2003). Design experiments in educational research. *Educational Researcher, 32*(1), 9−13.

Cognition and Technology Group at Vanderbilt. (1992). The Jasper experiment: An ex−ploration of issues in learning and instructional design. *Educational Technology Research & Development, 40*(1), 65−80.

Cognition and Technology Group at Vanderbilt. (1994). *The Jasper project: Lessons in curriculum, instruction, assessment, and professional development.* Mahwah, NJ: Lawrence Erlbaum Associates.

Collins, A., Joseph, D., & Bielaczyc, K. (2004). Design research: Theoretical and meth−odological issues. *The Journal of the Learning Science, 13*(1), 15−42.

Cooper, G., & Sweller, J. (1987). The effects of schema acquisition and rule automation on mathematical problem−solving transfer. *Journal of Educational Psychology, 79,* 347−362.

Featherstone, H. (1992). *Learning from the first years of classroom teaching: The Journey in, The journey out* (NCRTL Special Report). East Lansing, MI: National Center for Research on Teacher Learning, Michigan State University.

Fong, G. T., Krantz, D. H., & Nisbett, R. E. (1986). The effects of statistical training on thinking about everyday problems. *Cognitive Psychology, 18,* 253−292.

Garner, R. (1987). Strategies for reading and studying expository text. *Educational Psychologist, 22(3−4),* 299−312.

Hake, R. R. (1998). Interactive−engagement versus traditional methods : A Six−thou−sand−student survey of mechanics test data for introductory physics courses. *American Journal of Physics, 66*(1), 64−74.

Hickey, D. T., Kindfield, A. C. H., Horwitz, P., & Christie, M. (1999). Advancing educa−tional theory by enhancing practice in a technology supported genetics learning environment. *Journal of Education, 181*(2), 25−55.

Hmelo−Silver, C. E., Duncan, R. G., Chinn, C. A. (2007). Scaffolding and achievement in problem−based and inquiry learning: A response to Kirschner, Sweller, and Clark (2006), *Educational Psychologist, 42*(2), 99−107.

Hrepic, Z., Zollman, D. A., & Rebello, N. S. (2007). Comparing students' and experts' understanding of the content of a lecture. *Journal of Science Education and*

Technology, 16(3), 213−224.

Jonassen, D. H., & Grabowski, B. L. (1993). Handbook of individual differences, learning, and instruction. Hillsdale, NJ: Lawrence Erlbaum Associates.

Kirschner, P. A., Sweller, J., & Clark, R. E. (2006). Why minimal guidance during in−struction does not work: An analysis of the failure of constructivist, discovery, prob−lem−based, experiential, and inquiry−based teaching. Educational Psychologist, 41(2), 75−86.

Kittell, J. E. (1957). An experimental study of the effect of external direction during learning on transfer and retention of principles. Journal of Educational psychology, 48(7), 391−405.

Klahr, D., & Nigam, M. (2004). The equivalence of learning paths in early science in−struction: Effects of direct instruction and discovery learning. Psychological Science, 15, 661−667.

Kolodner, J. L., & Guzdial, M. (2000). Theory and practice of case−based learning aids. In D. H. Jonassen & S. M. Land (Eds.), Theoretical foundations of learning environ−ments (pp. 215−242). Mahwah, NJ: Lawrence Erlbaum Associates.

Kuhn, D. (2007). Is direct instruction an answer to the right question? Educational Psychologist, 42(2), 109−113.

Mathan, S., & Koedinger, K. R. (2003). Recasting the feedback debate: Benifits of tutoring error detection and correction skills. In U. Hoppe, F. Verdejo, & J. Kay (Eds.), Artificial intelligence in education: Shaping the future of learning through intelligent technologies (pp. 13−20). Amsterdam: IOS Press.

Mayer, R. (2004). Should there be a three−strikes rule against pure discovery learning? The case for guided methods of instruction. American Psychologist, 59, 14−19.

McNeill, K. L., Lizotte, D. J., Krajcik, J., & Marx, R. W. (2006). supporting students' con−struction of scientific explanation by fading scaffolds in instructional materials. Journal of the Learning Science, 15(2), 153−191.

Miller, C., Lehman, J., & Koedinger, K. (1999). Goals and learning in microworlds. Cognitive Science, 23, 305−336.

Nadolski, R. J., Kirschner, P. A., van Merriënboer, J. J. G. (2005). Optimizing the number of steps in learning tasks for complex skills. British Journal of Educational Psychology, 75, 223−237.

O'Neill, D. K., & Polman, J. L. (2004). Why educate "little scientists"? Examining the po−

tential of practice—based scientific literacy. *Journal of Research in Science Teaching,* *41*(3), 234—266.

O'Neill, D. K., & Weiler, M. J. (2006). Cognitive tools for understanding history: What more do we need? *Journal of Educational Computing Research, 35*(2), 179—195.

Paas, F. (1992). Training strategies for attaining transfer of problem—solving skill in the statistics: A cognitive—load approach. *Journal of Educational Psychology, 84,* 429—434.

Paas, F., & van Merriënboer, J. J. G. (1994). Variability of worked examples and transfer of geometrical problem solving skills: A cognitive—load approach. *Journal of Educational Psychology, 86,* 122—133.

Papert, S. (1987). Computer criticism vs. technocentric thinking. *Educational Researcher, 16*(5), 22—30.

Pea, R. D. (1994). Seeing what we build together: Distributed multimedia learning environments for transformative communications. *The Journal of the Learning Sciences, 3*(3), 285—299.

Pea, R. D. (2004). The social and technological dimensions of scaffolding and related concepts for learning, education and human activity. *The Journal of the Learning Sciences, 13*(3), 423—451.

Perkins, D. N., & Salomon, G. (1989). Are cognitive skills context—bound? *Educational Researcher, 18*(1), 16—25.

Phye, G. D., & Sanders, C. E. (1994). Advice and feedback: Elements of practice for problem solving. *Contemporary Educational Psychology, 19*(3), 286—301.

Pillay, H. (1994). Cognitive load and mental rotation: Structuring orthographic projection for learning and problem solving. *Instructional Science, 22,* 91—113.

Polman, J. L. (2000). *Designing project—based science: Connecting learners through guided inquiry.* New York: Teachers College Press.

Quilici, J. L., & Mayer, R. E. (1996). Role of examples in how students learn to categorize statistics word problems. *Journal of Educational Psychology, 88,* 144—161.

Royer, J. M., Mestre, J. P., & Dufresne, R. J. (2005). Introduction: Framing the transfer problem. In J. P. Mestre (Ed.), *Transfer learning from a modern multidisciplinary perspective* (pp. vii—xxvi). Greenwich, CT: Information Age Publishing.

Saye, J. W., & Brush, T. (2002). Scaffolding critical reasoning about history and social issues in multimedia—supported learning environments. *Educational Technology Research & Development, 50*(3), 77—96.

Schank, R. C. (1982). *Dynamic memory: A theory of reminding and learning in computers and people.* Cambridge: Cambridge University.

Schank, R. C., & Neaman, A. (2001). Motivation and failure in educational simulation design. In K. D. Forbus & P. J. Feltovich (Eds.), *Smart machines in education: The coming revolution in educational technology* (pp. 37−69). Cambridge, MA: MIT Press.

Schmidt, H. G., Loyens, S. M. M., van Gog, T., & Paas, F. (2007). Problem−based learning is compatible with human cognitive architecture: Contemporary on Kirschner, Sweller, and Clark (2006). *Educational Psychologist, 42*(2), 91−97.

Schwartz, D. L., Bransford, J. D. (1998). A time for telling. *Cognition and Instruction, 16,* 475−522.

Schwartz, D. L., Bransford, J. D., & Sears, D. (2005). Efficiency and innovation in transfer. In J. P. Mestre (Ed.). *Transfer of learning from A modern multidisciplinary perspective* (pp. 1−51). Greenwich, CT: Information Age Publishing.

Schwartz, D. L., & Martin, T. (2004). inventing to prepare for learning : The hidden effi−ciency of original student production in statistics instruction. *Cognition and Instruction, 22,* 129−184.

Stodolsky, S. S. (1988). *The subject matters: Classroom activity in math and social studies.* Chicago, IL: University of Chicago Press.

Sweller, J. (1988). Cognitive load during problem solving : Effects on learning. *Cognitive Science, 12,* 257−285.

제 **6** 장
구성주의
- 구성주의는 언제 잘못된 아이디어이며 언제 유일한 아이디어인가*

Rand J. Spiro and Michael DeSchryver

Michigan State University

●○ 개관: 비구조화 영역에서 필수적이며 웹상에서의 심층 학습에 바람직한 구성주의 접근

최근 저명한 몇몇 논문에서 구성주의 학습과 수업방법은 노골적으로 비판받아 왔다(예컨대, Mayer, 2004; Kirschner, Sweller, & Clark, 2006). 그런 비판들이 가진 힘의 핵심은 지시적인 수업 가이던스가 비교적 부족한 구성주의 접근에 비해 고수준으로 가이드된 수업의 더 큰 효과성을 암시하는 경험적 연구결과의 우세에 있었다. 이런 경험적 연구결과가 오로지 수학과 과학 그리고 그런 영역 외 몇 가지[예컨대, 자소음소 코드(graphophonemic code)에 관련된 읽기 발달의 질서정연한 측면] 구조화 영역으로부터만 왔다는 것은 우연의 일치가 아니다. 그런 영역에서는 고수준의 가이드된 학습과 지시적 수업이 최고로 효과적이라는 주장에 우리는 반대하지 않

---
* 이 장의 저술은 미시건 주립대학(Michigan State University), 문해 달성 연구센터(Literacy Achievement Research Center)에 의해 일부 지원되었음. 이 장의 초기 버전은 2007 AERA 미팅시 구성주의 논쟁에서 제 1 저자에 의해 제출되었음. 이 장은 거기에 제출되었던 주장을 담고 있으며 그 내용을 확장하였음.

는다. 본질적으로 그런 영역에서는 어떤 정보가 "학생들이 학습해야 할 개념과 절차를 충분히 설명"하는지를 결정하는 것이 가능하다(Kirschner *et al.,* 2006, p. 75).

이 장의 주장은 단지 하나이다. 구조화 영역(well-structured domanins, 이하 WSDs로 표기함)에서 이루었던 지시적 수업 가이던스의 성공이 원리적으로 비구조화 영역(ill-structured domains, 이하 ISDs로 표기함)에까지 확대될 수는 없다는 것인데, 그 이유는 바로 그런 두 영역의 본질 때문이다. 지시적으로 수업이 이루어지고 명시적으로 가이드되는 것은 비구조화 영역에서는 존재하지 않는다. 그러므로 ISDs에서는 WSDs에서처럼 지시적 수업 가이던스 접근들을 지지하는 자료의 집적을 가지고 있지 못하다는 것은 우연의 일치가 아니라는 주장이다. 이런 접근들 간의 논쟁이 ISDs를 위한 경험적 기반 위에 정착되어 있지 않다는 것을 고려해 볼 때, 이 장은 그런 영역에서 학습과 수업의 핵심 이슈에 대한 개념적 명료성을 제공하는 것을 목표로 한다. 그런 명료화 작업이 이 책의 논쟁 이슈를 직접적으로 다룰 경험적 연구 기반을 형성하는 쪽으로 공헌하리라고 기대한다.

그 주장은 첫째 ISDs의 본질(nature)과 아울러 정의상(by definition) 그런 본질이 제외될 것 같은 학습과 수업의 종류를 논의함으로써 전개될 것이다. 그 다음 지시적 수업 가이던스를 주장하는 사람들의 목적과 제안을 분명하게 하기 위해 그들이 쓴 논문으로부터의 인용을 제시할 것이다. ISDs 학습의 본질을 가정하면, 그런 명백하게 진술된 목적은 성취될 수 없다는 것이 보일 것이다. 즉, 어떤 영역을 비구조화로 만드는 것은 지시적으로 수업이 이루어지고 지원될 수 있는 것으로 당연시되는 바로 그런 특징의 부재(absence)이다. 더 나아가, 제공되는 가이던스와 지원의 종류에서 마치 WSDs인 것처럼 ISDs를 다루는 것의 위험성을 위한 경험적 증거가 인용될 것이다. ISDs에서의 학습과 수업을 위해 개발된 구성주의 프레임워크에서 가이던스와 지원의 상이한 본질이 간략하게 다루어질 것이다. 끝에서 두 번째 섹션에서, 웹이 ISDs에서 심층학습에 이상적인 환경이라는 주장이 제시되지만, 그런 가능성이 성취되기 위해서는 지시적인 수업중재(direct instructional intervention)로 속박받지 않는 비교적 개방적인 탐구를 요구하는 환경이다. 마지막 절에서, 우리는 마치 ISDs가 잘 구조화된 것처럼 ISDs를 다루는 것은 단지 테스트 점수(후자가 중요할 수도 있는 만큼 중요한)와 같은 것들에 대한 함의를 가진 학문적 주장(academic argument)이 아니라 오히려 잠재적으로 중요한 사회적 결과(societal consequence)를 가지고 있다고 주장한다.

●○ 비구조화 영역의 문제점

비구조화 영역에서 지시적 수업 가이던스 접근은 몇 가지 방식에서 필연적으로 "오도되고(misguided)" 있다는 것을 주장하려고 한다. 그러면 ISDs에 대한 논의를 시작해 보자.

Wittgenstein(1953)이 다음과 같은 비구조화 개념의 사례를 제공했다는 것은 유명하다. 그는 게임의 개념을 분석하고서 합의에 의해 수용된 일련의 게임 사례였지만, 모든 게임에 공통적인 특징은 아무것도 없었다는 것을 보여주었다. 어떤 것이 게임으로 불리기 위해 필요하고도 충분한 조건을 확인하기 위한 어떤 시도도 실패한다. 어떤 비구조화 개념이라 하더라도 그리고, 확장에 의해 훨씬 더 커다란 범위에 이르기까지(그리고 지식 적용을 위한 근원적인 함의와 함께), 비구조화 영역에 (혹은, 보다 정확하게, 비구조화 되어 있는 영역의 그런 부분들), 이것은 진실이다. 비구조화 영역은 불확정한, 부정확한, 성문화되지 않은, 알고리즘되지 않는, 관례화되지 않는, 불완전하게 예측적인, 부가적인 요소로 분해가 불가능한, 그리고 다양한 방식으로, 무질서하게 되는 것으로 특징지어진다(Spiro, Vispoel, Schmitz, Samarapungaven, & Boerger, 1987; Spiro, Collins, & Ramchandran, 2007). 비구조화 영역 속에 있는 지식은 꽤 광범위한 상황을 교차하여 적용되는 방식 때문에 장기기억 속에 미리 포장된 처방(pre-packaged prescription)을 사람들이 가질 수 없다는 것이 ISDs의 한 가지 중요한 특징이다. 이것은 불규칙성(irregularity)이 ISDs의 결정적인 특징이기 때문이다. 즉, ISDs에서 지식 적용을 위한 환경은 하나의 사례에서 다른 사례로의 상당한 가변성(variability)에 의해 특징지어지며, 따라서 지식 활용을 위한 조건의 사전 구체화(pre-specifiability)는 가능하지 않다.

비구조화가 복잡성과 혼돈되어서는 안 된다. 복잡성 단독으로는 비구조화를 의미하지 않는다. 사실, 많은 구조화 영역이 복잡성을 보여준다. 구조화된 복잡성과 비구조화된 복잡성을 구별하는 핵심적인 특징은 이미 말했던 것처럼, 사례들에 걸쳐있는 동일한 이름(same-named)의 개념과 현상으로 나타나는 규칙성(혹은 규칙성의 결여)이다. 예를 들어, 근섬유에 의한 힘 생산의 생리학은 복잡하다. 무수한 근섬유가 복잡하게 뒤얽힌 해부학적 기제[예컨대, 액틴(actin)과 미오신필라멘트(myosin filament)의 슬라이딩(sliding)과 라체팅(ratcheting)]를 포함하는 과정을 수행

하며, 보다 복잡하게 뒤얽힌 칼슘 이온의 상호작용이 근육세포의 활성화(보충)에
펌프작용을 한다. 그러나, 정해진 종류(예컨대, 골격 근육)의 각 섬유가 동일한(복잡
한) 방식으로 힘을 생산한다는 것을 가정하면, 이런 개념의 적용에는 규칙성이 있
다(Coulson, Feltovich, & Spiro, 1989; Feltovich, Spiro, & Coulson, 1989). 그처럼, 그 영
역은 비구조화된 것이 아니라 "구조화된 복잡성(well-structured complexity)" 가운데
하나이다.

다른 한편으로, 사회 연구에서 핵심 민주적 가치와 같은 개념을 생각해 보라.
"정의(justice)"나 혹은 "공통선(the common good)" 같은 아이디어는 비구조화된 것들
인데, 그 이유는 그런 개념들은 복잡하며 또한 그런 개념들이 어떻게 이해되느냐에
따라 그런 개념들의 적용 사례는 상당히 다양하기 때문이다(Spiro et al., 2007). 이런
불규칙성 때문에, 정의(definitions)와 명시적 가이던스(explicit guidance)는 너무나 작
은 일련의 가능한 적용을 위해 작동하고 너무나 많은 정당한 적용들을 잃어버리는
동시에 명시적인 가이던스에 의존하도록 학습자를 유혹한다.

비구조화 영역의 사례는 명백한 것들(obvious ones) 즉, 사회 연구, 인문학, 그리고
예술을 포함하고 있다. 그러나 보다 "과학적인" 영역의 수많은 측면은 비구조화된
성질(ill-structured quality)을 가지고 있다[예컨대, "적응(adaptation)"과 같은 진화론
적 생물학의 가장 "거시적인(macro)" 개념; Mayr, 1988]. 더욱이, 구속되지 않은 실
세계 상황에서 모든 지식 적용 영역은 상당한 측면의 비구조화를 가지는 경향이
있다. 통계학 과정에서 순차적으로 그리고 점증적으로 가르치는 것과 같은 실험설
계와 "현실에서(in the wild)" 이론 기반 가설에 대한 테스트를 설계하려고 시도할
때 의사결정하기 사이의 차이를 생각해 보라. 마찬가지로, 기초적인 생체의학적 과
학과 임상적 실습 간의 차이, 혹은 공학적 실제와 그것의 저변에 있는 물리학적 그
리고 수학적 원리 간의 차이를 생각해 보라. 모든 전문 영역은 비구조화라는 도전
을 제시한다. 수많은 측면의 진단에서와 마찬가지로 생체의학적 인지는 해부학과
생리학에 있는 어느 정도 구조화된 기본적인 과학 구성요소를 가지고 있는 반면,
처치/관리 의사결정은 너무나 많은 상황적 요인에 의해 영향을 받으므로 그런 의사
결정은 불가피하게 상당한 막연함(indeterminateness)으로 특징지어진다. 앞에서 언
급한 의사결정은 그런 맥락적 변수(contextual variables)들의 무수한 예측불가한 상호
작용에 의존하는데, 그런 맥락적 변수들 각각은 많은 가치들, 예컨대, 환자의 일차
적 조건의 엄격성, 이차적 조건의 유무, 고통 감소와 사고의 명료성 간의 거래에 영

향을 미치는 개인적 선호, 상이한 직무수행 요구에 대한 처치의 효과, 그리고 기타 등등에 근거하여 취할 수 있다.

전문적인 영역이 비구조화되어 있다는 것은 가르치는 것을 고려할 때 특히 명료해진다(예컨대, Lampert, 2001; Palincsar *et al.*, 2007; Shulman, 1992; Sykes & Bird, 1992). 장래가 촉망되는 교사는 "방법(methods)"에 대해 여러 가지 코스를 취할 수 있지만, 현장에 들어가게 되면, "그것이 그렇게 단순하지 않아", "그것은 하기 나름이야", "그것은 둘 중 하나야"라는 말들이 실제에 대한 좌우명이라는 것이 분명해진다. 예를 들어, "스캐폴딩"과 같은 편재적 교수 개념(ubiquitous teaching concept)의 적절한 상황 특수적 적용을 어떻게 가르치는가(Palincsar *et al.*, 2007)? 그 개념의 적용을 위해 사전에 명시된 일련의 규칙을 제공하는 것에 의하지 않고서, 그것은 가능하지 않으며, 특정 상황에 도움이 되는 어떤 후보 규칙이라도 다른 상황에서는 그릇 인도할 것이다. 적용을 위해 그런 개념이 학습되는 방식은 상당한 경험의 누적, 많은 사례에의 노출, 그리고 다중적으로 상호작용하는 맥락적 특징에 대한 평가를 통해서이다(Pallicsar *et al.*, 2007). 그것이 복잡한 영역에서 전문성 획득을 위해 자주 인용되는 "10년 법칙(10-year rule)"의 이유이다(Ericsson, Charness, Hoffman, & Feltovich, 2006; 또한 Sternberg, 2001 참조). 이것은 Wittgenstein이 게임이라는 개념의 적용을 위해 보여주었던 것과 마찬가지로 집합적 유사성(family resemblance)에 대한 패턴 탐지 능력으로 유도한다. 지식 활용 조건을 정의하는 것 그리고 지식 적용을 위한 일반화 절차의 결여 때문에, 구성주의 접근방법은 단지 매력적이지 않을 뿐, 필요하다. 그렇다, 그런 학습의 인지적 부담은 높을 것이며, 지원이 요구될 것이다. 하지만 그런 지원은 Kirschner, Sweller 및 Clark(다음 섹션에서 그들의 명료한 제안에 대한 처치를 참조)가 제안하는 종류와는 반드시 달라야만 할 것이다.

●○ 지시적 수업 가이던스와 필수적인 정보, 개념, 그리고 절차의 충분한 설명이라는 아이디어

Kirschner 등(2006)은 구조화된 영역에서 지시적 수업 가이던스의 적절성을 우아하게 보여주고 있다. 그러나, 앞으로 보게 될 것처럼, WSDs를 위한 최선의 실제를 설명하는 바로 그 주장이 동시에 왜 ISDs에 지시적 수업방법이 적용되지 않는지를 보여주며, 왜 구성주의 방법이 적용되는지의 이유에 대한 통찰을 간접적으로 제공한다. 이 절에서, 우리는 명료한 지시적 수업 가이던스 주장의 몇 가지 측면을 검토하려고 한다.

이 섹션은 자신들의 입장을 정의하는 것으로 보일 수도 있는 지시적 수업 가이던스 이론가들로부터의 인용에서 수립되었다는 것이 언급되어야만 하겠다. 그런 인용은 「교육심리학자(Educational Psychologist)」라는 저널에 수록된 Kirschner, Sweller 및 Clark의 매우 영향력 있는 논문으로부터 도출된다. 이런 인용을 신뢰하는 데 있어, 사적 대화와 공개적 토론에서 항상 명료하지만은 않다는 것이 반드시 첨가되어야만 한다. 더욱이, 그들이 취했던 보다 극단적인 자세로부터 거리가 있는 약간의 입장 변화에 대한 증거가 있다[예컨대, van Merriënboer와 Sweller(2005)에서 인지부하이론(Cognitive Load Theory)은 van Merriënboer와 Kirschner가 2007년에 출판했던 매우 유용하고 통찰적인 신간과 더불어 발생했던 것처럼, 보다 복잡한 종류의 학습을 포함하는 어느 정도 새로운 방향을 취하고 있다]. 또한 이런 행보는 WSDs에 대한 그들의 과거 연구와 유사한 범주 내에 있으며, 따라서 이 장에서 표현된 ISDs에 대한 특별한 필요성을 다루지 않고 있다는 것이 언급되어야만 하겠다. 그들의 단어가 매우 신중하게 사용되고 있다는 것은 그들에게 그리고 그들의 연구-그리고 지시적 수업방법에 대한 여타 장기적이고, 조심스런 주창자들의 연구(예컨대, Rosenshine & Stevens, 1986; Rosenshine, 2002)-에 대한 찬사이다. 그래서, 이 장에서는, 이 책의 전신인 AERA 논쟁에서 대표 저자가 했던 것처럼, 우리는 자신들의 문자적인 주장(literal claims)에 그들을 머무르게 할 것이며 ISDs에서의 학습에 대한 요구라는 렌즈를 통한 철저한 검토를 위해 그런 주장을 정지시킬 것이다.

다시 한 번, 어쨌든 Sweller의 인지부하이론 프레임워크에서 수행된, 혹은 복잡한 학습에 대한 Kirschner의 선도적 연구에서 수행된, 혹은 Rosenshine과 같은 지시적 수업 가이던스 이론가들에 의해 행해져 왔던 획기적 연구를 평가절하하기 위한 의도는 결코 없다. 그보다는, 그런 연구들이 ISDs에 적용될 때 그들의 명시적인 제안의 핵심적인 측면의 적용을 다루고 물론 기각하려고 한다.

필수적 정보

Kirschner 등(2006)은 학습자들이 "필수적 정보(essential information)를 제공받고

있다는 것"(p. 75)에 대한 중요성을 논의한다. 비구조화 영역에서, 그것은 그 영역을 비구조화되게 만드는 "필수적(essential)"이라고 간주될 수 있는 정보의 결여이다. 어떤 종류의 플라톤 본질주의(Platonist essentialism) (혹은 보다 덜 형식적으로, 상황을 교차하여 본질적인 질을 주장하려는 어떤 시도)도 ISDs에는 적용할 수 없다. 만약 적용될 수 있다면, 그것은 WSDs일 것이다. 당신이 할 수 있다면 필수적인 정보를 제공하라. 그러나 만약 당신이 할 수 없으면, 학생들이 사실로 간주할 수 있는 허구(fiction)를 제공하지 마라. 따라서 정보가 제공되면, 핵심적인 것으로 간주될 것이며, "필수성(essentialness)"에 대해 어느 정도 다른 계산이 요구되는 어떤 맥락이라할지라도 수행을 방해하는 것으로 끝날 것이다.

　　예를 들어, 어떤 학생이 사회 연구(social studies) 수업에서 민주주의 핵심 가치에 관해 학습하고 있으면, 새로운 맥락에서 그 개념을 적용하기 위한 "정의(justice)"라는 개념에 관해 무엇이 필수적인가? 그 대답은 거의 아무 것도 없다. 미시건 교육평가프로그램(Michigan Educational Assessment Program: MEAP) 테스트를 받고 있는 학생들이 자신들에게 할당된 토픽에 대해 편집자에게 보내는 편지에 두 가지 핵심적인 민주주의 가치를 사용하도록 요구받았다. 학생들은 이 과제에 매우 저조하게 응답했으며, 많은 사회 연구 교사들이 이것은 매우 가르치기 어려운 토픽이라고 보고했다는 것을 저자들은 들었다. 그 이유는 교사가 이런 개념의 필수적인 특성을 학생들에게 주려고 노력하고 학생들은 그것을 학습하려고 노력하기 때문이다. 그러나, 어떤 취지의 필수적인 특성이라 할지라도 그 개념이 적용될 맥락의 오직 작은 파편만 건드릴 것이다(Spiro et al., 2007). 상이한 사회적 이슈의 맥락에서, 상이한 이념적 입장을 가진 사람들에 의해 동등한 타당성을 가지고, "정의(justice)"나 "공통선(common good)" 혹은 "자유(liberty)" 혹은 "평등(equality)"이라는 개념이 적용되는 모든 상이한 방식에 관해 생각해 보라. 어떤 개념이 활용될 수 있는 수많은 상이한 방식이 있을 때, 혹은 어떤 개념이 상이한 상황에 미묘하게 맞추어져야만 할 때, 명시적으로 아무 것이나 지지하는 것이나 혹은 그것의 작은 부분집합(subset)을 지지하는 것은 장래 학습자와 교사가 너무나 손쉽게(지나치게) 의존할 수 있는 받침대(crutch)를 제공할 것이다.

　　우리가 단지 사회 연구와 인문학 영역에 관해 이야기하고 있을 뿐이라고 혹자가 생각하지 않도록, 비구조화의 특징은 과학 영역에서(예컨대, 이미 설명되었던 생물학에서 적응이라는 개념), 사회과학 개념이 과학 개념과 교차하는 곳에서[예컨대,

기후 변화 논의에서 "지속가능성(sustainability)"이라는 이슈를 이해하기], 그리고 모든 전문적인 영역에서 일어난다는 것을 되풀이하자. 공학을 생각해 보면, 오랫동안 본질적으로 수학과 물리학 기반의 학문인 것으로 생각되었으며, 이제는 가설되는 모든 다리가 예컨대, 상이한 경간 길이, 기후학적 조건, 지형 특징, 교통 형태 등과 함께 그 자체의 고유한 "성격(personality)"을 가지고 있다는 것이 널리 인식되고 있다. 교량 건설을 교차하는 고도로 다양한 조합에서 이런 특징들의 교차점(intersection)은 본질주의 공식(essentialist formulations)에 의존하는 것을 적용하기 곤란할 정도로 감소시킨다(Petroski, 1992). 구조화된 기초 과학과 수학 요소를 아무리 많이 내포하고 있다 할지라도, 실세계에서 고도로 가변적인 적용 사례의 맥락 속에서 그런 일반화할 수 있는 원리가 조합되고 맞추어져야만 할 때, 모든 전문 영역은 비구조화된다. ISDs에서 제시할 "필수적인 정보"를 찾는 것은 수학, 과학에서, 그리고 읽기 획득(reading acquisition)의 일부에서 지시적 수업 가이던스 지지자들에 의한 연구만큼 쉽지 않다(Rosenshine & Stevens, 1986에서 이것을 언급했음).

일반적으로, 보통 생각되는 것보다는 훨씬 더 많은 영역이 실질적인 비구조화 측면을 지니고 있다. ISDs가 반드시 다루어져야만 할 외연은 대단히 과소평가되어 왔다.

충분한 설명

지시적 수업 가이던스는 부분적으로 "학생들이 학습하도록 요구되는 개념과 절차를 충분히 설명하는 정보를 제공하는 것"(Kirschner et al., 2006, p. 75)으로 정의된다. 비구조화 영역에서, 충분한 설명(full explanation)이라는 이상은 솔직히 불가능하다. 그렇지 않다면, 그것은 구조화된 영역일 것이다. 더욱이, "필수적"이며 "충분히 설명적"이라고 광고된 정보를 제공하는 것은 이런 의존적인 사고방식이 작동하리라는 것, 그리고 자신들이 제공받는 특정 정보는 확실히 필수적이며 자신들이 꼭 해야만 할 것을 더 이상 아무것도 남겨놓지 않을 정도로 충분히 설명한다고 학습자들이 믿게 되는 마음가짐을 만들어낸다. 아마 추정하건데 "충분히 설명된" 것이 무엇이었던지 간에 학생들은 비구조화 영역에서 반드시 해야만 할 것을 훨씬 더 많이 가지고 있다는 것이 문제이다. 지시적 수업 가이던스 사고방식에 동의하는 것은 학생들과 교사들의 인지적 과제를 보다 수월하게 만들어 주며 따라서 보다 매력적이다. 비구조화된 개념의 인위적 깔끔함을 우리는 "유혹적인 절감(seductive reductions)"으로 언급했으며, 그런 것들이 해로운 결과에 얼마나 빨리 달라붙으며 제거하기가 얼마나 어려운지를 경험적으로 보여주었다(Feltovich *et al.,* 1989; Feltovich, Coulson, & Spiro, 2001). 초기의 단순화는 나중에 복잡성의 획득을 방해한다는 방대한 실체의 경험적 증거가 있다(Feltovich *et al.,* 1989, 2001; Feltovich, Spiro, & Coulson, 1997; Spiro, Coulson, Feltovich, & Anderson, 1988; Spiro, Feltovich, Coulson, & Anderson, 1989). 한 가지 사례를 들어보면, Spiro 등(1989)은 원천 유비(source analogy)가 핵심 정보를 가지고 있지 않거나 표적 개념에 관해 그릇 유도되는, 동일한 토픽에 대한 나중 처치(later treatments)에서 강력한 수업 유비(instructional analogy)의 초기 사용은 개념 숙달을 방해한다는 아홉 가지 상이한 방식에 대한 증거를 제공했으며, 나중 학습(later learning)은 초기의 명시적 가이던스와 지원으로 환원되었다(초기 모형의 제한점이 분명히 설명되었다 할지라도). 지시적으로 수업될 수 있고 충분히 설명가능한 절차가 될 수 있는 필수적인 정보가 결여되면, 획득과 적용에 있어 학습자의 과제는 더욱 어렵지만, 그런 어려움은 회피될 수 없으며 단지 개선될 뿐이다. 그것은 반드시 직면되어야만 하고 지원되어야만 하는 어려움이지만, 요구되는 지원의 본질이 구조화 영역 속에 있는 지시적 수업 가이던스 안에서 매우 잘 작동하는 것과 같은 필수적 정보와 충분한 설명의 제시가 될 수는 없다.

절차에 의한 지시적 수업

또한 Kirschner, Sweller 및 Clark는 "초보 학습자는 특정 학문이 요구하는 개념과 절차에 대한 지시적 수업 가이던스를 제공받아야만 하며, 그들 스스로 그런 절차를 발견하도록 내버려 두어서는 결코 안 된다"(2006, p. 75)고 진술하고 있다. 그렇다, 알려진 절차는 반드시 지시적으로 수업되고 최대한으로 가이드되어야만 한다. 그러나, 비구조화 영역에서, 되풀이 할 수 있는 "절차(procedures)"는 학습자들에게 제공되기 위해 존재하지 않는다. 그보다는 기존의 절차적 파편과 여타 관련된 지식으로부터의 신선한 편성(compilation)에 기초하여 상황에 맞도록 반드시 절차는 추론되어야만 한다.

물론, 또한 이것은 "발견될(discovered)" 것이 아무것도 없다는 것을 의미한다. 여기서, 발견학습의 지지자들은 지시적 수업 가이던스 이론가들과 마찬가지로 비구조화 영역에서 잘못된 트랙 위에 있다. "발견되어야" 할 유일한 것은 ISDs로부터의 지식이 합법적으로 어떻게 활용될 것인지를 결정하는 수많은 엉뚱한 생각(vagaries), 미세한 구별과 뉘앙스, 집합적 유사 관계(family-resemblance relationship)이다.

　　어쨌든, 지시적 수업 가이던스 접근이 일반적으로 WSDs에서 선호된다고 앞서 우리가 말했을 때, 더 적게 지원받는 구성주의나 발견 과정은 WSDs에 결코 적절하지 않다는 것을 암시하려고 의도하지 않았다. 어떤 영역에 핵심적인 개념과 절차를 위해서 그리고 보다 능동적인 인지적 처리는 그렇지 않으면 정지할지도 모를 결합을 활성화할 것을 위해, 발견학습과 연합되는 더 커다란 인지적 노력이 꽤 효과적일지도 모른다. 따라서, WSDs에서 지시적 수업 가이던스와 구성주의 간의 논쟁에 대해서 지시적 수업 가이던스 이론가들은 아마도 옳을 것이며 업무량과 시간 제한이 주어진다면 그들의 접근은 가장 효과적이고 효율적이라고 말하는 것 이외에는 우리는 아무런 입장도 취하지 않는다. 물론, 극단적으로 지난 세기의 획득된 모든 지식이 새롭게 구성되어야만 한다거나 혹은 (재)발견되어야만 한다고 바라는 것은 우스운 일이다. 다른 한편으로, 문제해결에서 발견 과정을 연습하는 것이 유용한 기술의 획득으로 이끈다는 것은 가능할 것 같다.

장기기억으로부터 회상의 핵심적 역할

Kirschner 등(2006)은 다음과 같이 말하고 있다

　　전문적인 문제 해결자들은 자신들의 장기기억 속에 저장된 방대한 경험을 활용함으로써 기술을 도출한 다음 신속하게 선별하고 문제를 해결하기 위해 최선의 절차를 적용한다. 이런 차이(친숙한 상황에 대한 초보적 정보 분할 대 전문적 정보 분할에서)가 문제해결 기술을 충분히 설명하기 위해 활용될 수 있다는 사실은 인지에 장기기억의 중요성을 강조하고 있다.

　　　　　　　　　　　　　　　　　　　　　　　　　　　　　(p. 76)

　　그러나, 비구조화 영역에서, 사고 및 행동방식을 위해 장기기억으로부터의 정보 분할(chunks), 템플릿(templates), 그리고 여타 미리 포장된 처방(pre-packaged pre-scription)에 의존하는 것은 해결이 아니라 오히려 문제(problem)이다. ISDs에 있어서는, 사례별로(사례/보기/사태/사건은 함께 분류되기 때문에) 전혀 오버랩이 없는

(non-overlap) 특징 때문에, 인지적 처리에 대한 강조점은 본래대로 손대지 않은 구조의 회상으로부터 장기기억 속에 미리 함께 저장되지 않았던 조각에서 진행하는 새로운 구조의 집합체(ongoing assemblage of new structures)로 옮겨가야만 한다.

전혀 루틴하지 않은 문제의 경우, 장기기억 속에 있는 방대한 장서로부터의 템플릿 회상에 의존하는 것은 문제해결을 방해할 수 있다. 예를 들어, Feltovich 등(1997)은 템플릿 회상(그리고 신참자보다 그런 템플릿을 더 많이 가지고 있었으며 루틴한 문제에서 커다란 성공과 더불어 그런 템플릿을 활용할 수 있었던 사람)에 의존했던 방사선과 전문의는 전혀 루틴하지 않은 문제에 대해 새로운 해결책의 필요성을 인식했던 전문가보다 훨씬 저조하게 수행했다는 것을 발견했다. 후자의 전문가는 장기기억에 대한 의존이 생산적이라기보다는 오히려 제한적(limiting)이라고 이해했다(Hatano & Inagaki, 1986도 참조). 어떤 영역이 비구조화되어 있을수록, 창조적이거나 뜻밖의 문제해결 과정이 더 크게 필요할 것이다. 장기기억으로부터의 명시적 가이던스의 회상에 대한 지나친 의존은 그런 상황에서는 비생산적이다. 장기기억 속에 이미 저장된 정보분할의 활용가능성이 "문제해결 기술을 충분히 설명한다"(p. 76)는 주장은 전혀 루틴하지 않은 문제 그리고 일반적으로 ISDs에 있어서는 단지 허구(false)일 뿐이다.

덧붙여, 장기기억 그 자체의 역할은 방대한 저장, 효율적인 회상, 그리고 관례화된 과제의 신속한 실행을 할 수 있는 외적 매체의 즉각적인 활용가능성과 더불어 변화를 경험하고 있다. Kirschner 등(2006)은 "장기기억은 이제 인간 인지의 핵심적이고 지배적인 구조로 간주되고 있다. 우리가 보고 듣고 생각하는 모든 것들은 장기기억에 결정적으로 의존하며 영향을 받는다"(p. 76)고 주장했다. 그리고, "모든 수업의 목적은 장기기억을 바꾸는 것이다. 만일 장기기억에 아무것도 변한 게 없다면, 아무것도 학습되지 않았다"(p.77). 공학적 발달이 널리 보급된 구글의 사용을 넘어서지는 못할지라도, 인지에서 장기기억의 역할에 대하여 모든 내기(all bets)는 틀릴지도 모른다고 말하는 것이 공정할 것이다. 이것은 보다 추론적이고 창의적(즉, 구성적)인 활동(예컨대, Pink, 2006)을 위한 역량을 자유롭게 하리라는 수반되는 신념과 함께, 인지이론은 진부한 것이라고 하는 데 대해 방대한 외적 "기억들(memories)"은 재수정을 요구할 것이다.

종합: 비구조화 된 영역에서 지시적 수업 가이던스에 반대하는 사례

구조화 영역에서, 반드시 그렇게 되지 않아야 한다는 것보다는 훨씬 더 자주, 개념을 지시적으로 가르칠 수 있으며, 충분히 설명하고, 단순하게 지원할 수 있다는 것에 우리는 동의한다. 그렇다, 그 자료는 지시적 수업 가이던스를 선호하지만 (Mayer, 2004; Kirschner *et al.,* 2006), 이런 자료의 대부분은 소수의 다른 영역(예컨대, 읽기 이해의 측면만큼은 아니지만, 초기 읽기 발달의 측면; Rosenshine & Stevens, 1986)과 더불어, 물리학과 수학과 같은 구조화 영역으로부터 온다. 필수적인 정보가 가장 확인가능하며, 충분한 설명이 가장 실행가능한, 즉 그런 접근방법이 작동할 가능성이 가장 큰 바로 그런 영역에서 지시적 수업 가이던스 접근은 타당성을 인정받아 왔다고 말할 수 있을 것이다. 초기 자소음소의 발달, 기초 수학, 그리고 과학의 어떤 영역에 대한 질서정연한 기초에의 입문 모두 지시적 수업으로부터 이익을 볼 수 있다. 그러나, 이것이 비구조화 영역에서는 가능하지 않다. 그러므로, 비구조화 영역을 위한 학습, 수업, 정신적 표상, 그리고 지식 적용에 있어서 원리상 구성주의 접근의 대안이 없다는 것이 이 장에서의 주장이다. 이런 주장은 구성주의 접근방법이 지시적 수업 가이던스 접근보다 더 잘 작동한다는 어떤 경험적인 기반에서 만들어지지 않는다. 오히려 그 주장은 원칙적으로(in principle) 만들어진다. 지시적 수업 가이던스 지지자들이 요구하는 것은 단지 결여된 것으로서, 영역을 비구조화되게 만드는 것이다. 비구조화 영역 – 이것은 거의 연구되지 않았다 – 에서 구성주의 접근을 지지하는 경험적 자료의 결여가 확인되었다 하더라도 그것은 모두 부적절하다. 구성주의 접근이 비구조화 영역에서 작동하지 않는다는 것을 광범위하게 보여주었다 할지라도[ISDs에서 어느 정도의 성공을 위해 인지융통성이론(Cognitive Flexibility Theory: CFT)이라는 구성주의 접근을 활용하는 전이를 유발하는 통제된 실험으로부터 경험적 증거가 있긴 하지만, 예컨대, Jacobson & Spiro, 1995)], 그것은 중요하지 않다. 우리는 다른 선택의 여지가 없다. 지시적 수업의 원리는 비구조화 영역에 적용되지 않는다(그리고, 다시 한번, 전반적으로 수업에서 지시적 수업 가이던스를 주장하는 리뷰는 ISDs에서의 연구를 인용하지 않으며, 그래서 지시적 수업 쪽에 기초한 더 나은 방식이라는 아무런 증거도 없다). 우리가 단지 옳은 방식을 완성하지 못했다고 해서 어떤 것을 잘못된 방식으로 가르

칠 수는 없다. 우리는 그런 영역의 본질을 고려하고 반영하는 ISDs를 가르칠 방식
을 찾을 필요가 있다. 연구자로서 우리들은 좀 더 노력할 필요가 있다. ISDs-필요
한 모든 가이던스를 기대하는 것이 불가능하며 그렇게 하기 위한 최선의 노력이
학습을 호도할 수밖에 없는 곳-에서 가장 필요로 하는 것이 독립성(independence)
일 때, 너무나 많은 지시적 수업 가이던스는 지원에 대한 종속을 낳는다. 이것은 어
떤 종류의 구성주의 접근을 의미할 것이다. 지시적 수업 가이던스 접근이 WSDs를
위해 제공하는 종류와는 다른 어떤 종류의, 그리고 독특한 종류의 지원을 어떻게
제공할 것인가라는 것이 질문이다.

　　ISDs에서 학습과 수업에 적당한[혹은 "중간 경로(middle path)"] 종류의 구성주의
접근의 한 가지 사례는 인지융통성이론(Cognitive Flexibility Theory: CFT, 이하 CFT
로 표기)이다. CFT는 지시적 수업 가이던스 접근이 아니다. 하지만 그것은 발견적
접근도 아니며 가이던스의 제공에 반대하는 보다 극단적인 형태의 구성주의도 아
니다. CFT는 반드시 가이던스를 제공해야 하기 때문에 … 가이던스를 제공한다. 그
렇지 않으면 ISDs에서의 학습은 압도적일 것이다. 근본적인 방식에서 CFT 수업을
지시적 수업 가이던스 접근과 구별하는 ISDs에서, CFT 수업과 연합된 가이던스가
학습의 요구에 맞춰진다는 것은 특별한 방식이다(또한 여타 구성주의 접근은 지시
적 수업 가이던스와 보다 급진적인 형태의 구성주의 간의 "중간 경로"를 취한다;
예컨대, Bransford, & Schwartz, 2000; Duffy & Jonassen, 1992; Tobias, 1991 참조).

　　CFT에 대한 상세한 제시를 하기에는 공간이 허용하지 않는다(그리고 이것은 적
절한 장소가 아니다). CFT에 대한 수많은 논의, 20년 이론의 역사를 상회하는 CFT
에 근거한 연합학습 환경, 그리고 이론에 대한 경험적 테스트(예컨대, Jacobson &
Spiro, 1995; Spiro et al., 1988, 2007; Spiro, Feltovich, Jacobson, & Coulson, 1992; Spiro
& Jehng, 1990; Spiro, Collins, Thota, & Feltovich, 2003; Spiro, Collins, & Ramchandran,
2006)에 대한 많은 논의를 관심 있는 독자는 찾을 수 있다. 현재의 목적을 위해
Spiro와 그의 동료가 도식-이론적 접근(schema-theoretic approaches)(그 자신의 것을
포함하여; 도식이론에 대한 비판을 위해, Spiro, 1980; Spiro & Myers, 1984; Spiro et
al., 1987 참조)에서 느꼈던 어려움에 대한 반작용으로 CFT가 개발된 것이라고만 말
해 두자. 그 문제는 우리가 논의해 왔던 것 즉, 영역 비구조화였다. 어떤 ISD에서
도, 사람들은 사고방식과 행동방식을 위해 미리 포장된 처방을 가질 수 없다. 그런
상황이 너무나 많이 변한다면, 당신은 가까이에 있는 그 어떤 상황을 위해서도 예

시될 수 있는 미리 편성된 도식을 가질 수 없다. 그보다, ISDs에서, 새로운 상황을 위한 하나의 순간 도식(a schema-of-the-moment)은 이전에 결코 결합된 적이 없는 지식과 경험의 파편을 벗어나 수립되어져야만 한다. 광범위하고 예측 불가한 지식 – 활성화 패턴(knowledge-activation patterns)을 활용하는 그런 종류의 상황에 민감한 (situation-sensitive) 지식집합체(knowledge assembly)를 준비하기 위해, CFT 기반 시스템은 지나치게 단순화된 이해의 개발에 저항하기 위한 그리고 다차원에 기초한 파편적 지식 사이트들 간의 결합을 개발하기 위한 지식 지형(knowledge terrains)의 비선형적 교차(nonlinear criss-crossing)를 촉진함으로써 새로운 이해나 혹은 문제해결 사태의 요구에 맞추기 위해 나중에 상황에 민감한 지식과 경험 집합체에서 최대한의 적응적 융통성(adaptive flexibility)을 지원한다.

CFT의 핵심적 특징은 비구조화 측면의 지식 영역을 위한 CFT의 제안이 방법상 (in most ways) 대부분 WSDs에서 가장 잘 작동하는 것의 반대라는 것이다. 이것이 그렇게 되는 차원은 다음과 같은 것들을 포함한다(다시, 설명을 위해 인용된 CFT 참고). 즉, 어느 정도 이상적인 도식으로 제한하는 대신에, 설명이나 원형 사례 (prototype example)는 다중적인 표상으로 확장한다(어떤 것은 어떤 상황에서 더 좋을 것이며, 다른 것은 다른 곳에서 가장 잘 작동할 것이다). 즉 엄격하게 세분화되면, 미리 정의된 표상들은 개방적인 표상들에 의해 대체될 필요가 있다(ISDs에서 고도로 가변적인 적용의 맥락을 교차하는 증가된 적응성을 위해), 정의상 원자론적으로(atomically) 분해할 수 있는 WSDs의 지식은 ISDs에서는 작동하지 않으며, 실세계의 사례가 모든 수업의 출발점일 때 발생하는 자연스런 구성요소의 통합과 생태학적 상호결합성 및 비부가성(non-additivity)으로 대체되어야만 한다, 장기기억으로부터 원래대로의 손대지 않은 구조를 회상하는 것에 대한 일차적인 대안으로 적응적 지식집합체(adaptive assembly of knowledge)가 계발된다는 것이 그런 것들이다. 이런 것들은 CFT가 촉진하는 WSDs로부터의 수업에 대한 단지 몇 가지 반대 방향일 뿐이다.

수업 경향성(instructional tendencies)에 있어서 이런 차이가 가이던스와 지원의 본질에 있어서의 차이에 의해 수반되리라는 것은 놀랍지 않다. Kirschner, Sweller 및 Clark(2006)와의 동의의 요점은 지원이 필요하다는 것이다. 이견의 요점은 어떤 종류의 지원이 요구되는가 하는 것이다. 필요한 부가적인 인지복잡성에 대한 수용과 그런 복잡성에 대한 숙달을 인지적으로 관리할 수 있도록 만들기 위한 노력의 균형을 CFT는 잡는다. 이것이 CFT에 기초한 학습 환경 설계의 중심에서 항상 일차적인 도전이 되어왔다. CFT 기반 시스템이 앞에서 설명한 균형을 성취하는 수많은 방법에 대한 서술을 공간이 허용하지 않으므로, 인용된 논문으로 독자들을 안내한다(인용된 모든 논문은 www.cogflex.org에서 얻을 수 있음).

●○ 구성주의 학습의 미래: 후기 구텐베르그 정신과 웹상의 심층적 학습

우리는 지금 웹과 함께 잠재적으로 활용할 수 있는 새로운 학습세계로 들어가기 시작하고 있다. 비구조화 영역에서 보다 발전된 형태의 복잡한 학습이 다음과 같은 것들과 함께 가능해지고 있다는 것을 저자들은 주장하고 있다(주장의 요약을 보려면 Spiro, 2006a, 2006b, 2006c 참조):

1. 특히 구글 리스트를 통해 미리 편집된 핫링크(hotlinks)나 순차적 클릭에 의존할 필요 없이 웹상에 상호 관련된 지식세계를 통해 학습자들이 상당한 정도의 정확성을 가지고 항해하도록 하는 복잡한 탐색 질문을 역동적으로 생성하는 능력 개발에 있어서의 발전된 웹 탐색 기술;

2. 사실 찾기와 웹상의 "답변(answers)"으로 향하는 너무나 전형적인 폐쇄적 마음자세와 대비되는 개방적 마음자세(opening mindset); 그리고 더 나아가

3. 적절한(예기치 않게 우연히 발견하는) 결합을 찾도록 하고, 좀 더 잘 알아차릴 수 있는 가능성을 높여주고, 기억 속에 고정시키도록 하는 고속 결합(high-speed connections)과 점진적으로 보다 정밀하게 목표를 겨냥할 수 있는 검색 엔진.

후기 구텐베르그 정신(Post-Gutenberg Mind)을 요구했던 ISDs에 너무나 적합했던 연합된 비선형적 사고방식과 더불어 이런 학습 발달의 성좌를 우리는 신 구텐베르그 혁명(New Gutenberg Revolution)이라고 부른다(Spiro, 2006a, 2006b, 2006c, 2006d, 2006e and Spiro et al., 2007 참조). 이런 학습은 심층적이며 또한 신속하다(DeSchryver & Spiro, 2008에서 경험적으로 입증된 것처럼). 주제를 통해 오직 그 저자의 길

(swath)만을 제시하는 토픽에 대해 단 한 권의 책만 읽는 것은 계속 증가하는 지원 (Google History 및 ClipMarks와 같은 도구를 가지고 웹 환경 자체에서 흔히 무료로 오는 도움과 함께)에까지 허용하고 또 할 수 있는 웹 조망을 종횡으로 교차하는 다중적인 관점과 대안적인 연결점을 제시하지 않는다. 이런 다양성과 상호결합은 ISDs에서 요구되는 것처럼, 수많은 잠재적인 상황-민감 지식집합체 경로가 예측할 수 없는 미래 상황의 요구를 맞추기 위해 "순간 도식(schemas of the moment)"을 수립하는 것을 가능하게 만든다.

그런 주장을 테스트하기 시작했던 경험적 연구로부터 멀리 떨어진 이런 주장이나 인상적인 연구결과에 대한 방대한 세부 사항 속으로 들어가는 것을 지면이 허용하지 않을 것이다. 세부적인 보고서는 이용가능하며(DeSchryver & Sapiro, 2008과 위에서 인용된 Sapiro, 2006 논문) 다른 것들은 곧 마련될 것이다. ISDs에서 심층학습을 위한 웹의 행동유도성(affordance)은 시간이 지나면서 발견되고 있는 것의 기능으로서 그리고 미래학습 운동이 구체화될 성향의 기능으로서, 결국 학습자와 웹의 끊임없는 호혜적 상호작용 속에서 그런 발견들에 의해 극적으로 펼쳐지는 제한 없는 검색 없이는 발생하지 않을 것 같다는 것이 이 장의 요지이다. 지시적 수업 가이던스는 후자의 이상을 방해할 것이다

더욱이, 그 학습자가 자신에게 이상적인 입구(ideal entry point)를 찾았던 곳이 어디든 간에 그곳으로부터 도달할 수 있는 모든 것들과 함께, 웹은 각 학습자가 숙달하고자 하는 지식의 웹 속으로 자신의 방식을 찾도록 허용한다. 이것은 학습에 대한 일종의 자발적인 특별주문이다. 웹이 제공할 수 있는 자연스럽게 발생하는 "수업(instruction)"이라는 이런 자유로운 적응적 개인화(adaptive personalization)에 지시적 수업 가이던스 접근은 맞서도록 작용한다. [실제 경관을 통해 차를 조종하는 것에 지불되는 그만큼, 핸들-이런 유추에서 구글-에 주의를 기울이지 않고서도 사람들은 결국 지식의 경관을 통해 "운전(drive)"하는 것을 학습한다는 의미에서 "자연적(natural)"이다.]

물론, 이 모든 것들은 앞선 섹션에서 그리고 웹 탐색의 발전된 기술에서 서술된 것처럼, ISDs에 있는 복잡한 학습을 위해 적절한 마음자세를 갖춘 학습자에 의존할 뿐만 아니라, 정보의 신뢰성(부분적으로 지시적 수업과 함께 가르칠 수 있는 것)을 결정하기 위한 비판적인 평가기술의 사용에도 의존한다. 그러나, 여기에서도 우리의 발견은 놀랍다. 예를 들어, 불안정한 기반 위에 있는 신뢰할 수 없는 블로그

(blog)라 할지라도 그 블로그를 만든 사람이 어디에 있는지를 알기에 충분한 지식을 학습자가 획득하기만 하면 학습에 매우 유용한 것으로 판명되었다. 그러면 그 학습자는 그것을 위협하기보다는 그 영역에 있는 지식을 강화하기 위해 가상적으로 반대 주장하기(virtually counter-arguing)라는 기회를 활용할 수 있다(Deschryver & Spiro, 2008).

명시적이고 상세한 교과 가이던스를 제공할수록, 잠재적으로 웹 기반 수업의 유익한 효과가 발생할 가능성은 점점 더 줄어들 것 같다는 것을 우리는 주장한다. 웹이 학습시간 단위당 사용가능한 지식에 있어서 측정단위체계(orders of magnitude) 증가를 가능하도록 만들 수 있다는 것이 곧 분명해질 것이라고 우리는 확신한다. 그런 분명한 입증은 아직 만들어지지 않았다. 그러나, 쉽게 접근할 수 있는 임의적 접근 형태(random-access form)에서, 수많은 세상 지식의 이용가능성이 단지 지난 몇 년 이내에 사실이 되었다는 것을 가정하면, 그리고 이런 새로운 매체의 행동유도성에 연결된 새로운 학습유형의 그럴듯한 주장을 가정하면, 구성주의 방식의 학습에서 급진적인 개선 가능성이 엄격한 경험적 테스트에 놓이도록 하는 거절하기 힘든 하나의 가설이 되고 있다.

세상은 한 줄로 가지 않으며, 이제 학습매체가 그런 상황을 인위적으로 곧게 펴려고 하기보다 학습자가 독립적으로 필요에 따라 굽힐 수 있기를 기대하면서 그때그때 세상의 자연스럽고 비선형적인 상황을 따라갈 수 있다. 웹이 ISDs에서 적응적으로 융통성 있는 지식을 구성하기 위한 미래의 효율적인 학습매체라는 것을 우리는 믿고 있다. 또한 우리는 웹과 호혜적으로 상호작용하는 학습이 요구하는 독립성(independence), 기회주의(opportunism), 계속 진행 중인 융통성 있는 반응(ongoing flexible response)을 지시적 수업 가이던스가 방해할 것이라고 믿고 있다.

●○ 결론적 발언: 비구조화 영역의 고위험 학습

지시적 수업 가이던스 접근과 함께 하는 성공적인 학습은 비구조화 지식 영역의 측면에서는 원칙적으로 불가능하다는 것이 이 장의 핵심 주장이다. Kirschner 등이 명시적으로 성격을 규정했던 것처럼, 이는 지시적 수업 가이던스 접근이 ISDs에서의 학습 요구에 반대되는 가이던스와 지원의 종류를 강조하기 때문이다. ISDs에서 지시적 수업 가이던스를 위한 경험적 뒷받침은 거의 없으며, 그 어떤 것이라도 앞으로 나타날 것 같지 않다. ISDs는 비구조화라는 바로 그 본질 탓에 지시적 수업으로 제공할 핵심적이고 루틴화된 특징을 가지고 있지 않다. 하나의 부산물(a con-comitant)일 수도 있는 학습과 수업에서의 어떤 어려움에도 불구하고, 유일한 대안은 구성주의이다. ISDs에서 구성주의 학습과 수업을 위한 대안적인 형식의 가이던스와 지원은 반드시 계속 개발되고 연구되어야만 하며, 특히 궁극적이고 자유로운 구성주의 학습 환경인, 웹의 맥락에서 그래야만 한다. 이것이 어려울 수도 있다는 사실이 더욱더 속도 및 결단과 더불어 앞으로 나아가야 할 이유이다.

이 문제가 매우 중요하다는 주장으로 우리는 단순히 결론짓는다. ISDs의 보급은 심각하게 저평가되어 있을 뿐만 아니라, 하나의 사회로서(예컨대, 테러리즘의 시대에 안전과 시민의 자유 간의 거래; 교육에 있어서의 성취 격차; 의료서비스) 그리고 심지어 생존하기를 희망하는 하나의 종으로서(예컨대, 기후 변화) 우리가 직면하는 가장 중요한 도전에 있어서도 복잡한 비구조화와 함께 의문투성이다. 만약 이런 수준에서 더 좋은 이해력 육성 방식을 찾지 않는다면, 이런 이슈에 대한 상이한 후보자들의 입장을 지지하는 것에 관해 사람들이 정보에 근거한 결정을 하리라고 어떻게 기대할 수 있겠는가?

그래서, 우리는 "무장 명령(call to arms)"을 발하고자 한다. 비구조화 영역에서 학습을 위해 웹을 포함하는 비선형적인 디지털 매체의 행동유도성과 전문적이며 특히 "거대한 사회적 도전(grand social challenge)" 수준의 사회적 요구 사이에서, 궁극적인 구성주의 이야기는 전개되고 있다. 역사상 이런 시점에 가장 필요한 학습의 종류는 그런 요구를 충족시키기 위한 잠재력을 가진 이용가능한 새로운 매체를 동시적으로(coincidently) 만날 수 있다. 아동의 세대는 비선형적이고 임의적 접근 환경에 잠겨 성장하고 있으며 따라서 지금까지보다 그것을 활용하는 것을 그들이 더 잘 지시받는다면 이전 세대보다 이런 형태의 처리를 위해 더 잘 준비되어 있다고 할 수 있다. 이런 새로운 구텐베르그 혁명/후기 구텐베르그 정신 가설(New Gutenberg Revolution/Post-Gutenberg Mind hypothesis)(Spiro, 2006a, 2006b, 2006c, 2006d, 2006e)이라는 신기원적 주장 가운데 오직 하나의 단편이 진실인 것으로 판명되었다 할지라도, 그것은 우리 시대의 학습 사건(learning event)이 될 것이며, 그것이 우리를 제외한 채 발생하기 전에 교육심리학자와 학습과학 연구자의 전적인 관심을 받을만한 가치가 있는 것으로서, 결과적으로 바로 코앞에 있었던 그렇게 커다란 이야기를 우리가 어떻게 놓치게 되었는지를 세계로 하여금 질문하도록 할 것이다.

그래서, 선택의 여지가 없다. ISDs에서 학습은 바로 행해져야만 하며, 그런 과제에는 지시적 수업 가이던스 접근은 잘못된 도구이다. 그것이 비록 어려운 도전이긴 하지만, 그럼에도 불구하고 우리가 반드시 직면해야만 하는 것이다. 하나의 분야로서 그런 영역의 특별한 요구에 적합한 ISDs에 있는 학습을 가이드하고 지원할 수 있는 방법을 우리는 찾아야만 한다. 이것은 상이한 수업방법의 장점에 대한 학술적인 논쟁 그 이상이다. 사회적 이슈가 중요할수록, 그것은 ISD가 될 가능성이 높아진다. 우리는 이런 "거대한 사회적 도전"을 향해 가르치는 데에서 더 잘 할 수 있다. 우리는 더 잘 해야만 한다. 그 위험성(stakes)은 믿을 수 없을 정도로 높다.

질문: Rosenshine. 당신이 언급했던 것처럼, 읽기 이해는 구조화된 영역이 아니다. 그러나, 이 책에 있는 내가 썼던 장에서는 물론 당신이 인용했던 나의 논문(Rosenshine, 2002)에서 적었던 것처럼, 읽기에 대한 표준화된 테스트에 의해 혹은 실험자 개발 테스트에 의해 측정되었던 것처럼 학생들을 성공적으로 도와 읽기 이해에서 향상되도록 했던 수많은 중재 연구(intervention studies)가 있었다. 이런 연구들은 직접적으로 읽기 이해 기술을 가르치기보다는, 연구자들이 학생들에게 단서와 지원을 제공했으며 학생들이 이런 단서와 지원을 활용하기 위해 학습할 때 연습과 피드백을 제공했다. 그리고 이런 지원과 가이던스의 결과로서, 읽기 이해에 있어서의 학생들의 점수는 통제 학생들의 점수에 비해 개선되었다. 많은 저자들은 자신들의 절차를 "지시적 수업"이라고 언급했다. 이런 스캐폴딩과 단서의 활용이 "지시적 수업 가이던스"의 한 가지 사례라고 당신은 말하겠는가? 구성주의자들은 읽기 이해를 어떻게 가르치는가?

답변: Spiro와 DeSchryver. 이것을 "지시적 수업"이라고 부르는 것은 괜찮다고 생각한다. 이런 논쟁에 있어서 많은 문제는 그런 용어의 사용에 관한 어의적 혼란(semantic confusion)에 귀인할 수 있는데, 우리가 생각하기에 그것은 사람들의 주의를 딴 데로 돌리는 것이다. 순수한 발견학습에 관해 이야기하고 있지 않는 한, 대부분의 구성주의 수업—분명히 인지융통성이론을 포함하여!—은 어떤 형식의 학습자 지원을 요구하며 강사는 학습자들에게 무엇인가 말하기를 요구한다. 지시적 수업이 반드시 취해야 할 형식을 위한 보다 구체적인 제안과 지시적 수업에 대한 이

런 포괄적인 언급이 뒤섞이게 될 때 문제가 발생한다. 우리가 썼던 장에서 "필수적 정보(essential information)"와 "완전한 설명(full explanation)"을 제공하기 위한 Kirschner 등(2006)의 강하고도 분명한 언명을 우리는 지적하고 있다. 이것은 이를 테면 단지 뉴톤 역학(Newtonian mechanics)이나 장비의 복잡한 부품을 활용하는 법을 가르치기 위한 수단이라고 말하는 것은 전혀 의문의 여지가 없다. 그러나, 필수적인 정보의 공통적인 핵심은 요구되는 지식의 단지 적은 부분만 설명하기 때문에, 그리고 선험적인 완전한 설명은 설명적 파편을 벗어나 상황에 민감한 설명집합체(assembly of explanation)에 의해 대체되어야만 하기 때문에 정확하게 비구조화되어 있는 비구조화 영역(보다 정확히 말해, 비구조화 된 지식 영역 측면)에서, Kirschner 등의 제안은 성공적인 학습에 불리하게 작용한다(우리가 썼던 장에 있는 경험적 연구 참조). 지식 적용의 기회를 교차하는 필수적 정보의 실질적인 핵심이 없는 곳에서, 그리고 사전에 충분히 제공된 설명이 상황을 교차하여 적절하게 일반화하지 않는 곳에서, 구성주의 접근방법은 Kirschner 등에 의해 제공된 강력한 형식의 수업 조언(만약 그들의 조언을 따를 수 있다면, 그 영역은 비구조화될 수 없기 때문에)에 대한 유일한 대안이다.

읽기 이해 전략 수업에 관해 그래서 어쩌라는 말인가? 예를 들어, "선행 지식과 경험에 텍스트를 결합하는" 몇 가지 그런 전략을 보시오. 충분히 보였던 것처럼, 이해에 있어 배경지식을 활용하는 것은 고도로 비구조화되어 있는 과정이다. 그것은 너무나 많은 방식으로 일어나기 때문에 당신은 그것을 그것의 본질로까지 결코 감소시킬 수 없거나 혹은 그것을 사용하는 방법을 결코 충분히 설명할 수 없다. 그래서 당신이 지적하는 것처럼, 지시적으로 가르칠 필요가 있겠지만, 그런 수업은 Kirschner 등의 제안과 같은 강력한 형식을 닮기보다는 오히려 "구성하기 위한 수업(instruction to construct)"(당신들이 말하는 것처럼, 피드백, 단서, 그리고 지원이 수반되는)처럼 보이기 시작할 것이다.

구성주의자들은 읽기 이해를 어떻게 가르치는가? 인지융통성이론(Cognitive Flexibility Theory: CFT)의 견해에서 볼 때, 여기서는 공간 제약 때문에 자세한 것을 위해서는 우리가 인용한 논문을 보아야만 할 것이다. 여기서 우리는 Kirschner 등의 제안과는 다른 수업시스템에서 CFT가 취하는 첫 번째 단계의 아주 소수의 사례를 언급할 것이다. "사고방식(ways of thinking)" 혹은 "인식적 입장(epistemic stance)" 혹은 "마음자세(mindset)"(Spiro, Feltovich, & Coulson, 1996)의 수준에서, 비구조화된 영역을 위한

CFT에서 수업의 출발점은 학습자들에게 너무 많은 핵심 정보를 찾을 것을 기대하지 않도록 말하고, 예컨대 허용되는 적용 집단을 교차하여 개념들이 얼마나 다양한지를 알도록 학생들을 지원하는 것이다. 시범에 의해 주입되는 마음자세는 학습자들을 "그것은 그렇게 단순하지 않아", "그것은 ~에 달려 있어", "상이한 기억의 일부로부터의 설명과 정보를 함께 연결하고 사고하고 행동하는 법을 위해 완전한 설명이나 혹은 미리 포장된 처방을 제공하는 도식을 상기하는 것에 의존하지 마라", 등과 같은 전제(비구조화된 영역의 측면을 위해)와 함께 시작하도록 격려한다.

질문: Klahr. 당신들은 비구조화된 개념으로서 Wittgenstein의 유명한 게임의 사례를 든 후 "원리상 비구조화된 영역을 위한 학습, 수업, 정신적 표상, 그리고 지식 적용에 있어 구성주의 접근 이외의 대안이 없다"(당신의 강조)는 주장을 계속한다. 하지만 어떤 게임에 대해서도 아무런 지식이 없는 사람이 어떻게 Wittgenstein의 요지를 이해할 수 있겠는가? 이를테면 우연히 철학적 탐구를 알게 되어 자신의 우주선에 연료를 보급하는 동안 그것을 통해 여기저기 훑어보는 게임에 대한 지식이 전혀 없는 우주여행자보다는 야구, 포커, 스쿼시, 체스, 님(Nim), 페티 케이크(pattie-cake), 테트리스, 그리고 가위바위보의 규칙에 대해 자세히 이해하고 있는 사람이 하나의 비구조화된 개념으로서 게임을 이해하기에 훨씬 더 좋은 위치에 있지 않은가? 그리고 그런 모든 지구 인간들이 경기장에서 하고 있었던 것을 발견하기 위해 피츠버그 파이어리즈-시카고 컵스(Pirates-Cubs)의 프로야구 게임 주위를 방황하는 동일한 양의 시간이 그런 것보다 그런 게임들 각각의 규칙에서 몇 시간의 지시적 수업이 은하계 간의 방문자를 이런 특정 비구조화된 영역을 이해하기에 더 좋은 위치에 놓지 않은가?

답변: Spiro와 Deschryver. 그것 모두에 대한 우리의 답변은 '확실히 그렇다'이다. 그러나 우리는 이것이 우리에게 어떤 문제를 어떻게 제기할지 모른다. 우리가 썼던 장에서 말했던 것처럼, 명시적으로 제공될 수 있는 어떤 핵심적인 정보와 완전히 설명될 수 있는 어떤 절차도 반드시 그렇게 되어야만 한다. 또한 그 장은 대부분의 경우, 순수한 발견절차를 지지하고 있지 않다는 것에 대해서도 매우 분명하다. 그래서, 우리는 동의한다. 즉, 당신이 은하계 간의 방문자를 위해 파이어리즈-컵스 게임에서 방황하지 않는 것, 많은 게임의 규칙을 가르쳐라(규칙을 갖고 있

는; 모든 게임이 그렇지는 않다), 가위바위보를 위해 충분한 설명과 예제를 제공하라, 일반적으로 어떤 것을 게임으로 만드는 것을 위해 단지 "규칙(rules)"을 가르치지 말고, "여러 가지 게임들"에 관해 알기 위해 "필수적인 정보"에 지나치게 의존하지 마라 등.

이제, 전술한 문장에서 "게임들"이란 단어를 "르네상스"(혹은 "르네상스 예술" 혹은 "다빈치의 그림", 혹은 "모나리자")와 같은 영역 이름으로 대체하라. 혹은, 만약 당신이 외견상 보다 견실한 것을 선호한다면, "적응(Adaptation)"(그것의 구조화에 관한 유사한 논박의 토픽)이라는 생물학적 개념을 대체하라. 이런 모든 것들을 위해, 우리가 앞 단락에서 논의했던 하나의 영역으로서 "게임들"을 가르치는 것의 문제는 대단히 과장되게 된다. 이제 우리가 가위바위보 같은 보기를 찾았던 것보다 개별적 경우에 법칙 기반 규칙성(rule-based regularity)의 방식에서 당신들은 훨씬 더 적게 찾을 것이다. 그리고 이를테면 "르네상스 인공물(Renaissance Artifacts)"의 사례를 교차하는 가변성은 더 커질 것이며, 학습자로 하여금 필수적인 정보와 일반화할 수 있는 완전한 설명을 가지는 것에 대한 학습자의 의존을 훨씬 더 커다란 위험으로 만든다. 그렇다, 어느 정도 필수적인 정보는 있다. 그러나 그런 정보는 학습자가 사고하고 행동할 필요가 있는 것의 유일한 부분으로 취급된다는 조건과 함께 제시되어야만 하며, 그리고 실질적인 나머지는 더 많은 구성주의 지원을 포함할 것이라는 조건과 함께 제시되어야만 한다.

학습자가 미켈란젤로의 다비드(Michelangelo's David)에 관해 학습하도록 도와주기 위해 제공될 수 있는 약간의 필수적인 정보는 있다. 그러나 그것은 겨우 표면에 흠집을 낼 것이다. 더 나아간 하나의 사례를 살펴보아라. 즉 우리의 질문에 대한 그의 답변에서, Sweller는 비구조화된 영역에서 명시적인 수업에 대한 그의 실험으로부터 약간의 새로운 작업을 지적하고 있다. 그 작업은 음악과 같은 영역에서이다. 참조된 논문을 살펴보면, 그런 연구가 주시하고 있는 음높이, 타이밍 등의 문제는 Kirschner 등의 접근방법을 잘 받아들이는, 분명히 음악 영역의 구조화 측면이다. 그러나, 비구조화 측면과 함께 일어날 수 있는 것은 그런 연구에서 다루어지지 않는 것 같다. 대부분 비구조화되어 있으며 그런 까닭에 시기상조적으로 구성주의 수업을 단념하는 영역 가운데 오직 구조화된 측면만 다루는 경험적 결과로부터 우리는 과대일반화하지 않는다는 것을 분명히 하자.

▫ 참 고 문 헌 ▫

Bransford, J. D. & Schwartz, D. L. (2000). Rethinking transfer: A proposal with multiple implication. *Review of Research in Education, 24,* 61−100.

Coulson, R. L., Feltovich, P. J., & Spiro, R. J. (1989). Foundations of misunderstanding of the ultrastructural failure: A reciprocating network of oversimplifications. *Journal of Medicine and Philosophy, 14,* 109−146 [Special issue on "The structure of clinical knowledge."].

DeSchryver, M., & Spiro, R. (2008). New forms of deep learning on the Web: Meeting the challenge of cognitive load in conditions of unfettered exploration. In R. Zheng (Ed.), *Cognitive effects of multimedia learning* (pp. 134−152). Hershey, PA: IGI Global, Inc.

Duffy, T., & Jonassen, D. (1992). *Constructivism and the technology of instruction: A conversation.* Hillsdale, NJ: Erlbaum.

Ericsson, A., Charness, N., Hoffman, R., & Feltovich, P. J. (Eds.) (2006). *Expertise and expert performance.* Cambridge: Cambridge University Press.

Feltovich, P. J., Coulson, R. L., & Spiro, R. J. (2001). Learners' understanding of important and difficult concepts: A challenge to smart machines in education. In P. J. Feltovich & K. Forbus (Eds.), *Smart machines in education* (pp. 349−376). Cambridge, MA: MIT Press.

Feltovich, P. J., Spiro, R. J., & Coulson, R. L. (1989). The nature of conceptual under−standing in biomedicine: The deep structure of complex ideas and the development of misconceptions. In D. Evans & V. Patel (Eds.), *The cognitive sciences in medicine* (pp. 113−172). Cambridge, MA: MIT Press.

Feltovich, P. J., Spiro, R. J., & Coulson, R. L. (1997). Issues of expert flexibility in contexts characterized by complexity and change. In P. J. Feltovich, K. M. Ford, & R. R. Hoffman (Eds.), *Expertise in context: Human and machine* (pp. 125−146). Cambridge, MA: MIT Press.

Hatano, G., Inagaki, K. (1986). Two courses of expertise. In H. Stevenson, H. Azuma, & K. Hakuta (Eds.), *Child development and education in Japan* (pp. 262−272). New York: W. H. Freeman.

Jacobson, M. J., & Spiro, R. J. (1995). Hypertext learning environments, cognitive flexi−bility, and the transfer of complex knowledge: An empirical investigation. *Journal of*

Educational Computing Research, 12, 301−333.

Kirschner, P. A., Sweller, J., & Clark, R. E. (2006). Why minimal guidance during in−struction does not work: An analysis of the failure of constructivist, discovery, problem based, experiential, and inquiry−based teaching. *Educational Psychologist, 41*(2), 75−86.

Lampert, M. (2001). *Teaching problems and the problems of teaching.* New Haven, CT: Yale University Press.

Mayer, R. E. (2004). Should there be a three−strikes rule against pure discovery learning? *American Psychologist, 59*(1), 14−19.

Mayer, E. (1988). *Toward a new philosophy of biology: Observations of an evolutionist.* Cambridge, MA: Harvard University Press.

Palincsar, A. P., Spiro, R. J., Kucan, L., Magnussons, S. J., Collins, B. P., Hapgood, S., et al. (2007). Research to practice: Designing a hypermedia environment to support ele−mentary teachers' learning of robust comprehension instruction. In D. McNamara (Ed.), *Reading comprehension strategies: Theory, interventions, and technologies* (pp. 441−462). Mahwah, N.J.: Lawrence Erlbaum.

Petroski, H. (1992). *To engineer is human: The role of failure in successful design.* New York: Vintage Books.

Pink, D. (2006). A whole new mind: Why right−brainers will rule the future. New York: Penguin Group.

Rosenshine, B. (2002). Converging finding on classroom instruction. In A. Molnar (Ed.), *School reform proposals: The research evidence* (pp. 175−196). Greenwich, CT: Information Age Publishing, Inc.

Rosenshine, B., & Stevens, R. (1986). Teaching functions. In M. C. Wittrock (Ed.), *Handbook of research on teaching* (pp. 376−391). New York: Macmillan.

Shulman, L. S. (1992). Toward a pedagogy of cases. In J. H. Shulman (Ed.), *Case methods in teacher education* (pp. 1−29). New York: Teachers College Press.

Spiro, R. J. (1980). Constructive processes in prose comprehension and recall. In R. J. Spiro, B. C. Bruce, & W. F. Brewer (Eds.), *Theoretical issues in reading compre−hension* (pp. 245−278). Hillsdale, NJ: Lawrence Erlbaum Associates.

Spiro, R. J. (2006a). The "New Gutenberg Revolution": Radical new learning, thinking, teaching, and training with technology ... bringing the future near. *Educational Technology, 46*(1), 3−4.

Spiro, R. J. (2006b). The post—Gutenberg world of the mind: The shape of the new learning. *Educational Technology, 46*(2), 3—4.

Spiro, R. J. (2006c). Old ways die hard. *Educational Technology, 46*(3), 3—4.

Spiro, R. J. (2006d). Approaching the post—Gutenberg mind: The revolution is in progress. *Educational Technology, 46*(4), 3—4.

Spiro, R. J. (2006e). What does it mean to be "post—gutenbergian"? And why doesn't Wikipedia apply? *Educational Technology, 46*(6), 3—5.

Spiro, R. J., Collins, B. P., & Ramchandran, A. R. (2006). Modes of openness and flexi— bility in "Cognitive Flexibility Hypertext" learning environments. In B. Khan (Ed.), *Flexible learning in an information society* (pp. 18—25). Hershey, PA: Information Science Publishing.

Spiro, R. J., Collins, B. P., & Ramchandran, A. R. (2007). Reflections on a post—Gutenberg epistemology for video use in ill—structured domains: Fostering complex learning and cognitive flexibility. In R. Goldman, R. D. Pea, B. Barron, & S. Derry (Eds.), *Video research in the learning sciences* (pp. 93—100). Mahwah, NJ: Lawrence Erlbaum Associates.

Spiro, R. J., Collins, B. P., Thota, J. J., & Feltovich, P. J. (2003). Cognitive flexibility theory: Hypermedia for complex learning, adaptive knowledge application, and expe— rience acceleration. *Educational Technology, 44*(5), 5—10. [Reprinted in A. Kovalchick & K. Dawson (Eds.) (2005). *Education and technology: An encyclopedia* (pp. 108—117). Santa Barbara, CA: ABC—CLIO.]

Spiro, R. J., Coulson, R. L., Feltovich, P. J., & Anderson, D. (1988). Cognitive flexibility theory: Advanced knowledge acquisition in ill—structured domains. *Tenth Annual Conference of the Cognitive Science Society.* Hillsdale, NJ: Erlbaum. [Reprinted in R. B. Ruddell (Ed.), *Theoretical models and processes of reading* (5th ed.). Newa가, DE: International Reading Association, pp. 602—616.].

Spiro, R. J., Feltovich, P. J., & Coulson, R. L. (1996). Two epistemic world—views: Prefigurative schemas and learning in complex domains. *Applied Cognitive Psychology, 10*, 52—61.

Spiro, R. J., Feltovich, P. J., Coulson, R. L., & Anderson, D. (1989). Multiple analogies for complex concepts: Antidotes for analogy—induced misconception in advanced knowledge acquisition. In S. Vosniadou & A. Ortony (Eds.), *Similarity and analogical reasoning* (pp. 498—531). Cambridge: Cambridge University Press.

Spiro, R. J., Feltovich, P. J., Jacobson, M. J., & Coulson, R. L. (1992). Cognitive flexibility, constructivism, and hypertext: Random access instruction for advanced knowledge ac‒quisition in ill‒structured domains. In T. Duffy & D. Jonassen (Eds.), *Constructivism and the technology of instruction* (pp. 57‒75). Hillsdale, NJ: Erlbaum. [Reprinted from a special issue of the journal *Educational Technology* on *Constructivism*, 1991.].

Spiro, R. J., & Jehng, J. C. (1990). Cognitive flexibility and hypertext: Theory and tech‒nology for the nonlinear and multidimensional traversal of complex subject matter. In D. Nix, & R. J. Spiro (Eds.), *Cognition, education, and multimedia: Explorations in high technology* (pp. 163‒205). Hillsdale, NJ: Lawrence Erlbaum.

Spiro, R. J., & Myers, A. (1984). Individual differences and underlying cognitive processes in reading. In P. D. Pearson (Ed.), *Handbook of research in reading* (pp. 471‒502). New York: Longman.

Spiro, R. J., Vispoel, W. L., Schmitz, J., Samarapungavan, A., & Boerger, A. (1987). Knowledge acquisition for application: Cognitive flexibility and transfer in complex content domains. In B. C. Britton, & S. Glynn (Eds.), *Executive control processes* (pp. 177‒199). Hillsdale, NJ: Lawrence Erlbaum Associates.

Sternberg, R. J. (2001). Complex cognition: The psychology of human thought. Oxford: Oxford University Press.

Sykes, G., & Bird, T. (1992). Teacher education and the case idea. *Review of Research in Education, 18,* 457‒521.

Tobias, S. (1991). An electric examination of some issues in the constructivist‒ISD controversy. *Educational Technology, 31*(10), 41‒43.

Van Merriënboer, J. J. G., & Kirschner, P. A. (2007). Ten steps to complex learning. Mahwah, NJ: Lawrence Erlbaum.

Van Merriënboer, J. J. G., Sweller, J. (2005). Cognitive load theory and complex learning: Recent developments and future directions. *Educational Psychology Review, 17*(2), 147‒177.

Wittgenstein, L. (1953). *Philosophical investigations.* New York: Macmillan.

제 **3** 부

구성주의 견해에 대한 도전

CONSTRUCTIVIST INSTRUCTION

제 **7** 장
인간의 인지구조는 구성주의에 대해 우리에게 무엇을 말해주는가

John Sweller
University of New South Wales

인간의 인지구조는 하나의 선천적인 정보처리시스템을 구성하고 있는데, 그런 정보처리시스템은 자연 선택(natural selection)에 의한 진화라고 하는 또 다른 자연적 정보처리시스템에 의해 발전이 가속화되었다. 진화론의 관점에서 인간의 인지를 고찰하는 것은 수업에 미치는 중요한 결과를 가지고 있다. 그런 결과는 수업절차를 생성하기 위해 인지부하이론(cognitive-load theory)과 같은 이론에 의해 활용될 수 있다. 인지부하이론에 의해 생성된 절차는 발견학습이나 구성주의 수업의 변형보다는 명시적 수업에 강조점을 두고 있다. 발견학습 기법은 인간의 인지구조에 대한 오늘날의 이해에 앞서 개발되었으며, 그런 인지구조와 양립할 수 없는 것으로 주장되고 있다. 그 분야가 임의화된 통제실험(randomized controlled experiments)에 근거하면서 구성주의 수업기법의 효과를 보여주는 다수의 경험적 연구결과를 낳는데 실패했다는 것은 당연한 결과로서 놀라운 일이 아니다.

정보를 명확하게 제시해 주기보다는 학생들이 스스로 정보를 찾도록 가이드하는 구성주의 수업기법은 수십 년 동안 교육연구자들 사이에서 선호하는 수업기법을 제공했다. 그런 기법의 인기는 아마도 발견학습을 강조하기 위해 Piaget의 이론(예컨대, Piaget, 1928)을 활용했던 Bruner(1961)에까지 거슬러 올라갈 수 있을 것이다. 최소한으로 가이드되는 수업기법(Kirschner, Sweller, & Clark, 2006 참조)은 인간의 인지구조에 대한 현재의 이해에 앞서 개발되었다. 이 장에서, 나는 인간의 인지에 대한 오늘날의 이해에 비추어 볼 때 그런 기법은 이치에 맞지 않다는 것을 주장하려고 한다.

구성주의에도 받아들일 만한 많은 측면이 있다. 예컨대, 우리가 살고 있는 세상에서 제대로 기능하기 위해서는 우리가 활용할 수 있는 외적 세계에 대한 정신적 표상(mental representation)을 반드시 구성해야만 한다는 것은 확실하다. 그런 의미에서, 모든 학습은 본질적으로 구성주의이며, 학습을 이렇게 특징짓는 것에 반대하는 어떤 이론가도 나는 알지 못한다. 학습자들에게 정보를 주지 않고 보류함으로써 지식을 구성하는 방법을 가르치려고 의도하는 구성주의 수업은 별개의 문제이다. 학습자들에게 제시된 정보를 보류하는 것은 구성주의 수업, 탐구학습 및 문제기반 학습의 주된 특징이다. 필수적인 정보를 학생들에게 명시적으로 제공하기보다는 학생들이 지식을 발견하도록 요구하는 것이 유력한 교수 패러다임이 되었다. 그것은 문제해결을 위해 탐구하는 동안 획득된 지식은 교수자에 의해 명료하게 제시되는 동일한 지식보다 훨씬 더 유용하다는 가정에 기반을 두고 있는 하나의 패러다임이다. 이 장의 목적은 학생들이 스스로 정보를 발견할 수 있도록 쉽사리 제시할 수 있는 정보를 보류하는 것이 유익할 것이라는 그 어떤 것도 우리들의 인지구조 속에는 없다는 것을 지적하려는 것이다.

●○ 구성주의 교수 기법이 그렇게 인기 있는 이유가 무엇인가?

구성주의 교수방법에 전념하지 않은 사람들에게, 이론상의 혹은 실제적인 절차적 정당성(procedural justification)을 찾는 것은 어려울 수 있다. 예컨대, 어떤 학생이 특정 범주의 문제를 해결하기 위해 학습할 필요가 있다면, 그 문제가 어떻게 해결될 수 있는지를 왜 명확하게 보여주지 않는가? 생각건대 그런 탐구가 보통 매우 많은 시간을 소비하고, 차선의 해결로 귀결될 수도 있으며, 혹은 심지어 문제를 전혀 해결하지 못할 수도 있을 때, 학습자가 해결책을 찾도록 방치함으로써 얻을 가능성이 있는 것이 무엇인가? 아마도 구성주의, 발견기반, 문제기반 교수기법의 등장과 지속적인 인기를 설명하는 것으로서 적어도 두 가지 가능한 답변이 있다.

1980년대와 1990년대 초, 인지과정과 수업설계 분야의 연구자들 대부분은 일반적인 문제해결 전략의 획득이 인지기능의 한 가지 결정적인 구성요소라고 가정했다. Newell과 Simon(1972)이 저술한 인간의 문제해결에 대한 책의 출판은 엄청난 영향력을 발휘했으며, 수단－목표 분석(means-ends analysis)과 같은 영역 일반적인 문제해결 전략을 강조했다. 수단－목표 전략은 현재 문제 상태와 목표 상태를 숙고한 다음 두 상태 간의 차이를 추출하여 그런 차이를 감소시키기 위해 문제해결 오퍼레이터(operators)를 찾도록 문제해결자에게 요구했다. 이 전략은 광범위한 변형 문제에 사용될 수 있었으며, 상당수의 그런 일반 전략이 분리될 수만 있다면, 장래 뛰어난 문제해결자가 될 학습자들에게 그런 전략을 가르칠 수 있으리라고 그 분야의 많은 사람들이 희망을 가졌던 것은 분명했다.

　하지만 그런 추구는 실패했다. 세련되고 일반적인 전략은 아무 것도 분리되지 않았으며, 수단－목표 분석은 가르치기 어려운 것 같았다. 그 이유는 우리 모두 아주 어릴 때부터 자동적으로 그 전략을 사용하기 때문이다. 일반적인 문제해결 전략을 찾으려는 노력은 대부분의 학자들에게서 종언을 고했지만, 그런 노력의 함의는 유지되었다. 즉 우리가 그런 전략을 아직 구체화할 수 없다 할지라도 사람들로 하여금 많은 문제를 해결하게 하면 일반적인 문제해결 전략을 획득할 것이라는 점이다. 바꿔 말해, 일반적인 문제해결 전략을 찾는데 실패한 것은 오직 일시적일 뿐이며, 미구에 우리는 그런 전략을 찾을 수 있으리라고 생각하는 것 같다. 물론 또 다른 가능성이 있다. 가르칠 수 있고 학습할 수 있는 일반적인 문제해결 전략은 아무 것도 없으며, 모든 문제해결 기능은 영역 특수적 지식에 기초하고 있다는 것이 가능하다. 만약 그렇다면, 학습자들로 하여금 문제해결을 위해 탐구하도록 하는 것은 개인적 시간의 낭비이다. 가르칠 수 있는 일반적인 문제해결 전략이 아무것도 없는 이유는 우리의 기본적인 인지구조에 존재하고 있으며, 아래에서 논의될 것이다.

　구성주의에 대한 지속적인 인기, 명시적 수업에 대한 강조를 약화시키는 문제기반 교수 기법에는 또 다른 이유가 있을 수 있다. 인간이 획득하는 엄청난 양의 정보를 명시적으로 가르치지 않는다. 우리는 위에서 논의된 수단－목표 문제해결 전략을 배우지 않으며, 모든 사람들은 그것을 힘들이지 않고 자동적으로 사용한다. 최초의 언어를 듣고 말하기 위해 우리가 명시적으로 배우지 않는 것과 유사하다. 언어집단에의 몰입(immersion in a language group)이란 말하기 위해 요구되는 엄청나게 복잡한 운동 근육 움직임을 포함하여, 우리가 최초의 언어를 학습할 수 있도록 해주기 위해 요구되는 모든 것이다. 얼굴을 인지하는 것과 같은 복잡한 과제와 적절한 사회적 상호작용을 학습하는 것은 문화 속에 몰입함으로써 단순히 학습되는 점에서 유사하다.

　우리가 앞서 과제를 학습하는 수월함 그리고 학교와 여타 교육기관 그리고 훈련
맥락에서 다루는 정보 획득에 우리들 대다수가 가지는 어려움을 가정하면, 우리가
수업 외 정보를 획득하는 수월함과 대부분의 교육기반 정보를 획득하는 것의 어려
움은 전적으로 부적절한 교수전략 때문이라고 생각하는 것은 자연스러운 것 같았
다. 만약 교육기관 밖에서 발생했던 학습 환경을 교육기관 내에 재현했다면, 학습
이 그만큼 부드럽고 자동적으로 될 수 있을 것임이 분명하다. 명시적으로 가르치기
보다는 그들을 학습영역에 빠져들게 함으로써, 외부 세계에서만큼 그들이 수월하
게 학습해야 한다.

　이런 견해를 지지할 수 있는 임의화된 그리고 통제된 실험에 기초한 그 어떤 실
체적 증거도 나는 알지 못하지만, 기본적 주장에 어떤 결함이 있는 것 같지는 않다.
우리는 교육적 맥락 내에서보다는 바깥에서 훨씬 더 쉽게 학습하는 것 같으며, 교
육기관 내 학습에서 우리가 가지는 어려움은 부적절한 교수법의 절차에서 기인한
다고 가정하는 것은 꽤 그럴듯하다(Brown, Collins, & Duguid, 1989; Collins, Brown,
& Newman, 1989; Resnick, 1987). 그럼에도 불구하고, 진화심리학(evolutionary psy-
chology)에 바탕을 두고 David Geary가 제시한 새로운 이론적 진전은 한 가지 설명
을 제공했다(Geary, 2002, 2005, 2007). Geary는 생물학적으로 1차 지식(biologically
primary knowledge)과 2차 지식(biologically secondary knowledge)을 구분하고 있다. 1
차 지식은 매우 긴 진화론적인 시간 주기에 걸쳐 획득하기 위해 우리가 진화시켜
온 지식이다. 제대로 기능하는 인간사회 속에 단순히 빠져있는 것의 결과로서 쉽
게, 힘들이지 않고, 정말 무의식적으로(unconsciously) 그런 지식을 획득하기 위해
하드웨어에 내장되어 있다. 우리가 최초 언어(first language)를 이해하고 말하기
위해 배울 필요가 없는 것처럼 수단－목적 분석에 의해 지식을 구성하거나 문제
해결 방법을 더 이상 배울 필요가 없다. 이런 과제를 학습하기 위해 의식적으로
계획할 필요가 없다. 정상적으로 기능하는 사회(그리고, 사실, 수많은 역기능적
사회 속에서) 속에서, 정상적으로 기능하는 인간은 이런 기능을 자동적으로 획득
하게 될 것인데, 그 이유는 인간이 수천 년에 걸쳐 그런 기능을 획득하기 위해 진
화해 왔기 때문이다.

　반대로, 생물학적으로 2차 정보는 아주 최근에야 비로소 요구되었으며, 오직 상
대적으로 발전된 사회에 의해서만 요구되었다. 2차 정보는 하나의 기초로서 작용

하기 위한 진화론적인 1차 지식에 의존하지만, 1차 지식과는 다르다. 읽기와 쓰기는 발전된 사회의 비교적 최근 발명품이며 단지 수 세대 전에야 널리 보급되었다. 우리는 듣고 말하기 위해 진화된 동일한 방식으로 읽고 쓰기 위해 진화되지 않았다. 우리들 대부분은 말하기 위해 그들의 혀, 입술, 그리고 호흡을 조직하는 법을 사람들에게 어떻게 가르치는지를 모르고 있으며 또 그렇게 할 필요도 없다. 그것은 듣기/말하기 사회 속으로 단순히 빠져 들어가는 것만으로도 획득되도록 우리가 발달시킨 기능이다. 반대로, 쓰기 학습은 배울 필요가 있는데, 왜냐하면, 우리는 자동적으로 쓰기를 학습하도록 진화되지 않았기 때문이다. 단지 읽기/쓰기 사회에 단순히 빠져드는 것만으로 어떤 사람이 읽기나 쓰기를 학습할 것이라는 것은 보장하지 못할 것이다. 우리는 명시적으로 배울 필요가 있다.

진화론적 2차 지식은 진화론적 1차 지식과 반드시 다르게 가르쳐져야 하기 때문에 교육기관은 정밀하게 개발된 비교적 새로운 발명품이다. 2차 지식은 명시적으로 가르쳐져야만 하는데, 왜냐하면 단순한 몰입만으로는 어떤 모집단이라 하더라도 거대한 다수에 의해 최소한의 학습으로 귀결될 것이기 때문이다. 구성주의, 발견, 그리고 문제기반 절차와 같은 탐구학습은 보통 어느 정도의 스캐폴딩과 구조(Hmelo-Silver, Duncan, & Chinn, 2007; Schmidt, Loyens, van Gog, & Paas, 2007)를 포함하고 있다. 그러나 정의에 의하면, 명시적 수업 없이 학습자가 "탐구(inquiry)"에 관여하도록 요구하는 요소를 포함하고 있다. 어떤 사람들에게는, 훈련에 대한 연구 결과에 관해 최소한의 명시적 수업을 가진 훈련에 몰입하는 것이 최상이다(Kuhn, 2007). 생물학적으로 1차 지식의 사례에서 완벽하게 작동하는 명시적 수업의 결여는 2차 지식을 다룰 때 실로 지독하게 실패할 가능성이 있다. 생물학적으로 2차 지식을 다루는 데 적절한 인지구조가 그 이유를 설명하고 있다.

●○ 인간의 인지구조와 자연적 정보처리시스템

생물학적으로 2차 지식을 획득하기 위해 우리가 활용하는 절차는 그런 원리의 핵심으로서 Atkinson과 Shiffrin(1968)의 감각기억, 작동기억, 그리고 장기기억 인지구조를 가지고 있는 일련의 원리에 의해 서술될 수 있다. 그런 인지구조는 자연적 정보처리시스템으로 특징지어질 수 있는데, 그것은 훨씬 더 만연된(pervasive) 자연적 정보처리시스템이라는, 자연 선택에 의한 또 다른 진화의 원리에 따라 발달했다. 자연적 정보처리시스템은 실험실에서나 혹은 컴퓨터와 같은 기계 속에서보다는 자연 속에서 일어나는 어떤 정보처리시스템으로 서술되고 있다. 인간의 인지와 자연 선택에 의한 진화 두 가지 모두 공간과 시간을 가로질러 정보의 창조, 기억, 그리고 보급이라는 본질적으로 동일한 기능을 가지고 있으며, 따라서 동일한 근원적 원리에 의존하고 있다. 인간 인지의 경우, 이런 원리는 인간의 인지구조를 구성하는 데, 생물학적으로 2차 지식을 다루기 위해 조직되어 있다(Sweller, 2003; Sweller & Sweller, 2006). 진화생물학(evolutionary biology)이 인간 인지구조의 발달을 가속화했기 때문에 인간의 인지구조의 바탕이 되는 원리가 생물학적 진화의 근저에 있는 원리와 동일하다는 것은 놀라운 일이 아니다. 지시적 수업 대 비지시적 수업이라는 이슈와 관련된 수업설계 관심사를 위한 구조의 명확한 함의와 함께, 그런 구조는 다음에 서술될 것이다.

정보 저장 원리

복잡한 환경에서 기능하기 위해, 자연적인 정보처리시스템은 엄청난 정보의 저장을 요구한다. 진화생물학의 경우 게놈(genome)이 그런 저장을 제공한다. 장기기억은 인간의 인지에서 동등한 기능을 제공한다. 체스의 최고수는 실제 게임에서 놓여진 체스판 배치를 간단히 보고 재구성하는 능력에서만 하수와 차이가 있었다는 De Groot(1965)의 발견에 뒤이어 임의적인(random) 체스판의 배치를 제외한 결과는 반복될 수 있었다는 Chase와 Simon(1973)의 발견은 장기기억과 인간의 인지기능에 대한 개념을 바꾸어 놓았다. 장기기억은 단지 사고와 문제해결의 보조자가 아니라 핵심적인 구조였다. 어떤 주어진 영역에서 유능한 문제해결자들은 장기기억 속에 엄청난 양의 정보를 저장해 두었기 때문에 유능했다. 지식을 정량화하는 것은 어렵지만, 체스의 최고수들은 장기기억 속에 수 만개의 체스판 배치와 함께 각각의 배치와 연합된 최선의 움직임을 저장하고 있었다는 것이 측정되었으며(Simon & Gilmartin, 1973), 체스 기술을 설명하는 것은 바로 그런 정보의 저장이다. 장기기억 속에 있는 대량 정보의 저장은 교육적으로 관련된 영역들을 포함하여 어떤 분야에서 획득된 기능도 유사하게 설명할 수 있다. 수학자는 장기기억 속에 헤아릴 수 없는 수학문제 상태와 그런 상태로 가는 적절한 움직임을 저장해 놓았기 때문에 수

학문제 해결에 능하다. 법률가들은 법적 판례와 그러한 판례의 결과에 익숙하기 때문에 법적 사례를 주장하는 데 능숙하다.

체스 게임과 연합된 잘 알려진 연구결과는 학습에 대한 정의를 제공하기 위해 활용될 수 있으며 수업 연구를 위한 하나의 초점을 제공했어야만 했다. 그런 핵심적인 초점을 제공하기는커녕 수업 관련 이슈에 흥미를 가졌던 많은 사람들 가운데 상당수가 체스 연구결과를 대부분 무시했다. 행동주의 시대에 행동에 있어서의 변화로 정의되었던 학습은, 이제 장기기억에 있어서의 적극적인 변화로 정의되었어야만 했다. 오히려, 학습은 전혀 정의되지 않는 경향이었다. 학습을 정의하는 것에 실패함으로써, 그것은 발견학습이나 문제기반 학습 의제를 추구하는 사람들에게 개방되었으며, 결과적으로 학생들이 학습했을 때 무엇이 당연히 바뀌어야 하는지를 무시하게 되었다. 구성주의 교수기법이 장기기억과 같은 인간 인지구조의 어떤 구조나 과정과도 아무런 갈등의 위험부담 없이 주장될 수 있었던 것은 인간의 인지구조가 마치 존재하지 않는 것처럼 그 의제가 추구되었기 때문이다.

만약 장기기억 속에 바뀐 것이 아무 것도 없다면, 아무 것도 학습된 것이 없다. 문제해결 기능을 요구하는 수많은 학습 영역에서, 체스와 여타 교육적으로 관련된 과제를 사용한 연구에 근거해 보면, 능숙한 문제해결자들은 상당수의 문제 상태와 그런 상태에 적절한 문제해결 움직임을 인지하기 위해 학습했다. 이런 상태와 아울러 그 상태를 다른 상태로 변환시키는 데 필요한 적절한 움직임은 장기기억 속에 저장된다. 따라서, 수업의 목적은 장기기억 속에 지식을 늘리는 것이다. 장기기억 속에 무엇이 변해야만 하는지를 구체화하지 않는 절차는 아무 것도 학습되고 있지 않다는 위험을 무릅쓰는 수업에 기인하고 있다. 학습자로 하여금 스스로 정보를 발견하도록 요구하는 것이 장기기억 속에 지식을 저장하는데 유익한 결과를 가지고 있다면, 이런 장점의 이유와 과정이 구체화될 필요가 있다. 그런 것들은 거의 구체화 되어있지 않으며, 사실상, 명시적 수업을 능가하는 발견에 유익한 결과가 전혀 없다는 것을 경험적인 증거는 제시하고 있다(예컨대, Klahr & Nigam, 2004).

차용 및 재조직 원리

자연적인 정보저장소는 많은 양의 정보를 어떻게 축적하는가? 엄청난 용적의 정보는 다른 저장소로부터 온다. 게놈의 경우에, 무성생식은, 돌연변이(mutations)와는 별개로, 한 세대에서 다음 세대로 전이되는 게놈의 정확한 복제로 귀결된다. 유성생식 또한 전이로 귀결되지만, 그 메커니즘은 과정의 필수적인 일부가 되는 재조직(reorganization)과 함께 한 세대로부터 다음 세대로의 정확한 복사는 불가능하다는 것을 보장하도록 구조화된다. 일란성 형제자매와는 별개로, 모든 자손들은 그들의 모든 남녀 조상과는 다르며 물론 서로 간에도 다르다는 것을 유성생식은 확실하게 한다.

인간은 타인으로부터 생물학적으로 1차 지식과 2차 지식 모두를 획득하기 위해 진화되었으며, 그 결과, 장기기억 속에 있는 대부분의 정보는 타인으로부터 획득되었다. 개개인 게놈 정보의 대부분이 타인으로부터 획득된 것과 마찬가지로, 우리들의 인지정보도 대부분 그렇게 획득되었다. 우리는 다른 사람이 하는 것을 모방하는데, 특히 생물학적으로 1차 지식은 물론이거니와 2차 지식의 경우에도, 사람들이 말하는 것을 듣고 그들이 쓰는 것을 읽는다. 타인의 장기기억 속에 보관된 지식을 얻기 위해 우리는 이런 활동에 참가한다. 유성생식과 유사하게도, 우리는 타인으로부터의 정보를 정확하게 모사(copy)하기보다는 오히려 새로운 정보를 창출할 수 있는 과정에서 장기기억 속에 있는 이전의 정보와 타인으로부터의 정보를 결합한다.

모방(imitation)의 중요성에 대한 신경학적 증거의 시초는 거울뉴런시스템(mirror-neuron system)에 대한 연구로부터 나왔다. 거울뉴런은 우리가 움직이고, 움직이는 것을 상상하고, 움직임에 관한 문장을 들을 때나 혹은 어떤 사람이 동일한 움직임을 하고 있는 것을 관찰할 때 발화한다(Grafton, Arbib, Fadiga, & Rizzolatti, 1996; Iacoboni et al., 1999; Tettamanti et al., 2005). 이런 연구는 우선 생물학적으로 1차 지식을 다루지만, 그들이 생물학적으로 2차 과제에 관여하고 있을 때에도 똑같이 우리는 타인을 모방하기 위해 진화했다고 추측하는 것은 합리적일 것이다. 우리가 태어난 문화를 동화하는 용이함은 어떤 증거를 제공한다. 우리는 타인을 모방하기 위해 진화되어 온 것 같으며, 모방에 의한 학습은 누군가의 장기기억에 전이되고 있는 어떤 사람의 장기기억 속에 보관된 정보로 귀착된다(Bandura, 1986).

2차 지식을 다룰 때, 방대한 정보의 대부분은 듣기와 읽기를 통해 얻어진다. 문서, 그림, 그리고 음성 정보에 대한 설계에서, 인지부하이론은 보조 기법을 제공하기 위해 설계되었으며(Sweller, 2003, 2004; Sweller, van Merriënboer, & Paas, 1998), 이 장에서 그런 구체적인 기법은 구성주의 교수기법에 관한 일반적인 용어 이외로는 논의되지 않을 것이다.

차용 및 재조직 원리(borrowing and reorganizing principle)는 직접적인 정보의 전달을 포함하고 있지만, 그것이 새로움(novelty)과 창의성(creativity)의 주된 원천이라는 것을 강조할 필요가 있다. 일란성 형제자매라는 예외를 가진 모든 자손이 독특하다는 것을 유성생식이 보장하는 것처럼, 차용 및 재조직 원리도 똑같이 모든 인지정보가 독특한 형태로 재조직된다는 것을 보장한다. 어떤 다른 사람으로부터 정보를 얻을 때, 우리는 장기기억 속에 이미 제시된 정보에 그 정보를 적용시켜 그런 지식의 어떤 독특한 형태(unique form)로 귀결될 것 같다.

차용 및 재조직 원리에 의해 제시된 것처럼, 만약 타인으로부터 정보를 얻기 위해 진화했다면, 발견, 문제기반, 구성주의 의제 아래 그런 정보를 일부러 보류하는 것은 기괴하다. 차용 및 재조직 원리에 의해 제시된 것처럼, 만약 우리가 타인으로부터 정보를 얻기 위해 진화했다면, 그들에게 명시적으로 제시될 수 있는 정보를 학습자들이 발견하기 위해 노력하도록 하는 것이 어떻게 유익할 수 있는지를 아는 것은 매우 어려울 수 있다. 새로운 정보를 발견하기 위해 우리가 반드시 사용해야만 하는 과정을 고려할 때, 다음 원리의 토픽을 이해하는 것은 훨씬 더 어려워진다.

발생 원리로서의 임의성

차용 및 재조직 원리가 정보의 전달을 설명하기 위해 사용될 수 있지만, 그런 정보의 최초 창조를 위해 한 가지 절차가 요구된다. 발생 원리로서의 임의성(randomness as genesis principle)이 그런 메커니즘을 제공한다. 발생학에서, 종 간 그리고 종 내 두 가지 모두 변이의 궁극적인 원천은 임의적 돌연변이(random mutation)에서 그 원천을 찾을 수 있다. 자연 선택에 의한 진화는 모든 생명을 창출했던 창조적 과정이며, 임의적 돌연변이는 그런 창조성의 최초 원천이다. 보다 자세히 말하면, 그것은 효과성 테스트(tests of effectiveness) 과정이 뒤따르는 임의적 세대(random generation)로 서술될 수 있다. 최초의 돌연변이는 임의적이지만, 그것은 오로지 효과성 테스트가 뒤따르기 때문에 기능할 수 있는데, 효과성 테스트에 의해 생존과 재생산의 개연성을 일정하게 유지시키거나 감소시키는 돌연변이를 가진 유기체보다 환경에 대한 유기체의 적응성을 증가시키는 효과적인 돌연변이가 생존하고 재생산할 가능성이 크다.

문제해결 중, 인간의 인지시스템에 의한 새로움의 창출은 효과성 테스트 과정이 수반되는 하나의 동일한 임의적 세대(an identical random generation)를 활용한다. 문제를 해결할 때, 움직임이(moves) 발생될 수 있는 두 가지 분리된 원천들(separate sources)이 있는데, 대부분의 움직임은 두 가지 원천의 조합을 요구한다. 정보가 장기기억에서 이용가능한 정도까지, 그 정보는 움직임을 발생시키기 위해 사용될 것이다. 어떤 움직임이 만들어져야만 하는지를 분명하게 암시하지 않는다는 점에서 이용가능한 정보는 부분적일 수도 있지만, 오히려 효과성의 확률(probability of effectiveness)이라는 측면에서 문제해결자가 움직임을 등급지우도록(to rank) 한다. 새로운 문제의 경우, 움직임에 관한 의사 결정을 하기 위한 이용가능한 정보나 혹은 심지어 움직임을 등급지우기 위한 이용가능한 정보 가운데 어느 하나가 불충분할 수도 있다. 다시 말해서, 문제해결자 자신의 장기기억 속에서 혹은 문제해결자가 음성자료나 혹은 서면자료를 통해 접근하는 타인의 장기기억 속에서 관련된 정보를 입수하지 못할 수도 있다. 어떤 움직임이 더 나은지를 암시하는 아무런 정보도 문제해결자는 갖지 못한 채 활용가능하고 다양한 움직임이 있을 수 있다. 그런 환경하에서, 임의적 생성(random generate)과 테스트 전략은 불가피하다.

어렵고 새로운 문제가 제시되었을 때 문제해결자가 도달하는 막다른 길(dead-ends)로부터 임의적 생성과 테스트 전략의 사용을 위한 약간의 증거가 나온다. 임의적 생성과 테스트는 그런 막다른 지경을 쉽게 설명하는데, 그 이유는 임의적 생성과 테스트를 사용하면 정신적으로든 육체적으로든 그것이 만들어진 이후까지 우리는 특정 움직임의 결과를 알 수 없으며, 따라서 많은 움직임은 막다른 길로 귀결될 것이기 때문이다. 만약 움직임에 대한 개연성 있는 결과를 우리가 알면, 임의적 생성과 테스트가 아닌 장기기억으로부터의 지식을 사용하고 있는 것이며, 지식은 잠재적인 막다른 길의 숫자를 감소시킬 것이다. 임의적 생성과 테스트는 우리가 문제공간의 지식을 습득하도록 허용할 수 있지만, 그 지식은 오직 임의적 생성과 테스트가 일어난 후 이용가능하게 된다. 임의적으로 생성된 움직임의 결과에 대한 지식은 흔히 정신적으로 그 이전이 아니라 그것이 만들어진 후에야 비로소 획득될 수 있다.

문제해결자에 의한 막다른 길에의 도달은 임의적 생성과 테스트 전략의 사용에 대한 약간의 증거를 제공하지만, 궁극적으로 그 주장은 경험적 증거보다는 논리에 의존한다. 문제해결 움직임을 생성할 때, 장기기억과 임의적 생성 및 테스트로부터 지식의 조합 이외에는 대안이 없는 것 같다. 대안의 부재 속에서 그런 대안이 제시될 때까지, 문제해결은 장기기억과 임의적 생성 및 테스트로부터 지식의 조합을 구성한다는 것을 수용하는 외에는 선택의 여지가 없다. 더욱이, 지식과 임의적 생성 및 테스트에 동등한 어떤 것이 자연 선택에 의한 진화의 대규모 창의성을 설명할 수 있으며 인간의 창의성을 설명하는 데 충분해 보인다는 것을 우리는 알고 있다. 따라서, 이 장에서 임의적 생성과 테스트는 인간 창의성의 발생을 제공한다고 가정될 것이다.

발생 원리로서의 임의성에 의해 사용되는 기본적인 임의적 생성과 테스트 과정은 장기기억 속에 유지되는 지식에 크게 의존하는 것들을 포함하여 모든 창의성의 사례에 적용된다고 기록될 것이다. 유비적 문제해결(analogical problem solving)에 참여하고 있는 사람을 생각해 보라(Gick & Holyoak, 1980, 1983). 장기기억 속에 있는 이용가능한 지식과 해결 지식이 유사하게 보일 수도 있는 새로운 문제가 제시된다. 표적 문제(target problem)를 해결하는 데 보조하기 위해 원천 문제(source problem)가 반드시 사용되어져야만 하는지의 여부를 결정하기 위해 사용되는 과정은 어떤 문제라 하더라도 그 문제의 움직임을 결정하기 위해 사용되는 과정과 동일하다. 예를 들어, 가능한 원천 유사체(source analogues)를 등급지우기 위한 지식이 이용가능한 곳에 그런 지식은 사용될 것이다. 그것이 정상적으로 문제해결 중에 있는 것처럼, 지식이 미완성인 곳에서는 유비적 문제해결이 작동할 것인지의 여부를 테스트하는 유일하고도 확실한 방법은 원친문제에 대한 알려진 해결책을 사용하는 표적문제(정신적으로 혹은 육체적으로)를 해결하기 위해 시도하는 것이다. 다시 말해, 유비가 작동할 것인지의 여부는 표적 문제를 유비적으로 해결하기 위해 실제로 시도함으로써 유일하게 테스트될 수 있다. 그 때까지, 문제해결자는 유비적 문제해결이 해결책을 낳을 것인지의 여부를 알 수 없으며, 물론 지식이 이용할 수 없는 정도에 따라, 특정 의사결정을 하는 것은 불충분한 지식에 근거한 어떤 특정한 문제해결 움직임을 만드는 것이 임의적 구성요소(random components)를 가지고 있는 동일한 방식으로 임의적 구성요소를 가지고 있다. 효과성을 한번 테스트하기만 하면, 유비의 유용성에 관한 정보는 임의적 생성과 테스트라는 임의적 구성요소를 제거하면서, 이용가능하게 된다. 단순한 문제를 어렵게 만들 수 있으며 혹은 유비적 문제해결에서 부적절한 시도 때문에 심지어 해결할 수 없도록 만들 수 있는 정지(Einstellung)(Fingerman & Levine, 1974; Luchins, 1942; Sweller, 1980; Sweller & Gee, 1978)는 유비적 문제해결에 내재하는 임의적 구성요소에 대한 증거를 제공한다.

학습자들이 스스로 정보를 찾을 수 있도록 정보를 보류하는 모든 탐구기반, 발견 학습, 혹은 구성주의 수업절차를 위한 수업상의 함의는 발생 원리로서의 임의성으로부터 나오는 것으로 보인다. 만약 학습자들이 스스로 문제해결책을 발견하도록 요구받으면, 그리고 그런 해결책이 장기기억에서나 혹은 수업으로부터 구할 수 없는 정도에 이르기까지 요구받게 되면, 발생 원리로서의 임의성에 따라 효과성 절차라는 테스트가 수반되는 임의적 생성이 유일하게 이용할 수 있는 절차이다. 학습자들로 하여금 그런 절차에 참여하도록 강요함으로써 학습될 수 있는 것을 아는 것은 생각하기 어렵다. 왜냐하면 임의적 생성과 테스트는 생물학적으로 기본적인 기능으로 아마도 일찍 획득되기 때문인데, 생의 초기 몇 해를 넘어가면 가르칠 수도 없고 학습할 수도 없을 가능성이 크다. 이런 점에서, 그것은 가르칠 수 있다는 아무런 증거도 없다. 더욱이, 앞에서 암시했던 것처럼, 여타 일반적인 문제해결 전략이 학습된다는 그 어떤 증거도 없다. 만약 생성원리로서의 임의성이 타당하다면 임의적인 생성은 일반적인 문제해결 전략을 위한 여지를 남겨놓지 않는다. 수십 년의 노력에도 불구하고 그런 전략을 찾기에 실패했다는 것은 그런 것들을 찾을 수 없으리라는 것을 시사한다.

물론, 임의적인 생성과 테스트 절차를 활용하는 것은 다른 이점을 가질 수도 있다. 우리는 탐구학습 기법에 의해 일반적인 문제해결 전략을 학습하지 못할 수도 있지만, 명시적인 수업을 하고 있는 동안보다 문제해결을 하는 동안 영역 특수적인 지식을 보다 빨리 그리고 쉽게 학습할 수 있을지도 모른다. 그럼에도 불구하고, 우리의 인지구조 속에는 이런 가능성을 제시하는 것이 전혀 없는 것 같으며, 경험적인 지지 역시 없는 것 같다(예컨대, Klahr & Nigam, 2004). 생성원리로서의 임의성은 탐구학습 기법을 매개로 지식을 효율적으로 획득하는 것과 양립할 수 없는 것처럼 보인다. 다른 한편으로, 그것은 다음 원리에서 실증되는 것처럼 인간의 인지구조에 중요한 구조적인 결과(structural consequences)를 가지고 있다.

변화 원리의 좁은 한계

생물학적 시스템에서, 유전외적 시스템(epigenetic system)(Jablonka & Lamb, 2005)은 유전적 시스템(genetic system)에 환경적인 정보의 흐름을 통제한다(Sweller & Sweller, 2006). 환경 요인은 게놈의 특정 부분에 돌연변이를 증가시키거나 감소시킬

수 있다. 환경 요인은 게놈의 특정 구역에서 돌연변이의 결과를 바꾸는 과정 외에
는 유전형(genotype)을 바꾸지 않고서도 표현형(phenotype)을 대량으로 바꿀 수 있다.
따라서, 환경의 어떤 측면이 게놈의 특정 측면에 영향을 미칠지를 유전외적 시스템
은 결정할 수 있다(West-Eberhard, 2003).

　생물학적 진화에서 유전외적 시스템이 하는 것과 마찬가지로 작동기억은 인간의
인지에서 같은 역할을 한다. 환경으로부터 작동기억으로 흘러가는 정보는 어떤 측
면의 환경이 고려되고 있는지 그리고 장기기억의 어떤 측면이 바뀔 것 같은지를
결정한다. 문제해결은 작동기억에서 일어나지만, 이미 장기기억 속에 있는 정보와
함께, 어떤 문제가 해결을 위해 고려되어야 할 것인지 그리고 어떤 새로운, 환경적
인 정보에 주의를 기울여야 할지를 환경은 결정한다.

　발생 원리로서의 임의성 때문에, 새로운 정보를 다룰 때 변화가 가능한 정도에는
엄격한 한계가 있다. 자연적 정보처리시스템은 변화 원리의 좁은 한계(narrow limits
of change principle)로 유도하면서, 오직 천천히 그리고 점진적으로만 변할 수 있다.
정보 저장소에로의 크고 신속하며 임의적인 변화는 그것의 기능성(functionality)을
파괴할 것 같은 반면, 각기 효과성을 테스트 받는 더 작은 변화는 보다 효과적일
가능성이 크다. 이런 이유 때문에, 게놈과 장기기억 양쪽 모두 변화는 느리고 점진
적인 경향이 있다.

　장기기억으로의 변화가 느리고 점진적인 이유는 작동기억이 그런 결과를 보장하
도록 구조화되어 있기 때문이다. 새로운 정보를 처리할 때, 그리고 오직 새로운 정
보를 처리할 때만, 작동기억은 용량(Miller, 1956)과 지속성(Peterson & Peterson,
1959) 양쪽 모두에서 제한된다. 우리는 작동기억 속에 고작 약 7개의 새로운 정보
요소를 유지할 수 있으며, 요구되는 처리의 본질에 따라 고작 약 4개의 요소를 처
리할 수 있다(Cowan, 2001). 이런 점에서, 변화 원리의 좁은 한계를 매개로, 발생 원
리로서의 임의성에 의해 생성될 수도 있는 장기기억에 대한 실질적이면서도 어쩌
면 파괴적인 변화를 작동기억은 방지해 준다.

　탐구기반 수업절차를 위한 제한된 작동기억의 함의는 인지부하이론(Sweller,
2003, 2004; Sweller et al., 1998)이 암시했던 것처럼, 결정적이며 사실 새로운 정보
를 처리할 때 제한된 작동기억은 다양한 수업절차를 위한 함의를 지니고 있다. 학
습자들에게 자신들이 스스로 발견할 수 있도록 이용가능하게 만들어진 정보를 감
소시켜 주는 탐구기반 수업(Hmelo-Silver et al., 2007)은 우리가 마치 제한된 작동기

억을 가지고 있지 않은 것처럼 혹은 설사 우리가 제한된 작동기억을 갖고 있다 할지라도 작동기억 제한성이 수업 이슈에 마치 부적절한 것처럼 설계되는 경향이 있다. 문제해결 탐구, 특히 수단-목적 탐구는 작동기억에 엄청난 부담을 지운다(Sweller, 1988). 초보자는 예제를 공부할 때, 스스로 동등한 문제를 해결하려고 단순히 노력하는 것에 의해서보다 문제해결 기능이 더욱 증진된다는 것을 보여주는 방대한 연구문헌이 있다(Paas & van Gog, 2006; Renkl, 2005). 예제를 공부하는 것은 스스로 문제를 해결하는 것에 비해 외생적인 인지부담을 줄여준다. 구성주의 교수기법의 주창자들은 문제기반 탐구를 통한 학습에 엄격하게 제한된 작동기억의 결과를 고려할 필요가 있다.

환경적 조직화과 연계 원리

작동기억의 제한성은 우리가 환경으로부터 새로운 정보를 처리할 때에만 적용한다. 생물학적 진화와 인간의 인지 양쪽을 위해, 처리될 수 있는 그리고 정보 저장소를 바꿀 수 있는, 임의적으로 생성되는 새로운 정보의 양에 반드시 제한이 있어야만 한다. 그런 제한은 정보 저장소로부터의 정보가 환경 내에서 활동을 지시할 때 사라진다. 생물학적 진화의 경우, 유전외적 시스템은 게놈에 영향을 미치기 위해 환경의 정보를 허용하는 중재자(intermediary)로 활동할 뿐만 아니라, 게놈의 정보가 활동을 지시하도록 허용한다. 유전외적 시스템이 생물학적 활동을 지시하기 위해 활용할 수 있는 이미 조직된 게놈 정보의 양에는 제한이 없다. 예를 들어, 간세포와 피부세포 같은 신체의 상이한 세포는 세포핵 속에 동일한 DNA 기반의 유전적 암호를 가지고 있음에도 불구하고 엄청나게 상이한 구조와 기능을 지니고 있다. 상이한 구조와 기능은 차별적인 목적을 위한 방대한 양의 차별적인 유전 정보를 배열하기 위해 환경 요인들을 활용하는 유전외적 시스템에 의해 야기된다. 특정 목적을 위해 유전외적 시스템이 활용하는 유전 정보의 양에는 아무런 제한이 없는 것으로 보인다(Jablonka & Lamb, 2005; West-Eberhard, 2003).

작동기억은 인간의 인지에서 동일한 기능을 가지고 있다. 변화 원리의 좁은 한계에 의해 암시되었던 것처럼 작동기억은 환경으로부터 새로운 정보를 처리할 뿐만 아니라, 장기기억으로부터의 친숙한 정보도 처리한다. 그러나 환경으로부터 조직되지 않고, 임의적인 정보를 처리할 때에 비해 장기기억으로부터 이미 조직되고 친숙한 정보를 처리하고 있을 때 작동기억의 특징은 극적으로 바뀐다. 장기기억으로부터 작동기억이 다룰 수 있는 조직된 정보의 양이나 지속성에는 유효한 제약이 전혀 없을 수도 있다. Ericsson과 Kintsch(1995)는 장기기억으로부터 인출된 정보를 처리할 때 작동기억을 논의하기 위해 "장기 작동기억(long-term working memory)"이라는 용어를 만들었는데, 왜냐하면 환경으로부터 부호화된 새로운 정보를 처리할 때에 비해 장기기억으로부터의 친숙한 정보를 처리할 때 작동기억은 엄청나게 상이한 특징을 가지고 있기 때문이다.

몇 가지 점에서, 환경적 조직화(environmental organizing)와 연계 원리(linking principle)는 인간의 인지시스템에 궁극적인 정당화를 제공하고 있다. 적절한 환경 조건 하에서 작동기억 속으로 정보가 상기되어 인지활동을 지배하는 데 사용될 수 있도록 장기기억에 저장하기 위해 작동기억 속에서 우리는 정보를 처리한다. 장기기억으로부터의 매우 복잡한 활동, 매우 커다란 양의 저장된 정보는 우리의 활동을 지배하기 위해 반드시 작동기억으로 이동되어야만 한다. 고도로 숙련된 수행은 무기한 작동기억을 초래하도록 장기기억으로부터 방대한 양의 정보를 요구할 수도 있다. 환경으로부터 새로운 정보를 다룰 때 작동기억의 용량과 지속성 제한은 작동기억이 장기기억으로부터 친숙한 정보를 다룰 때 외견상으로 무제한적 용량 (unlimited capacity)과 지속성 구조(duration structure)에 의해 대체된다.

이런 주장을 바탕으로 볼 때, 학습의 기능은 복잡한 환경의 풍부한 다양성 속에서 우리가 기능하도록 하는 작동기억으로 힘들이지 않고서도 정보가 나타날 수 있도록 장기기억 속에 다량의 정보를 저장하는 것이다. 명시적 수업은 이런 과정을 직접적으로 촉진하려는 의도를 가지고 있다. 탐구기반 학습절차는 장기기억 속에 정보를 저장하거나 혹은 그 후에 활동을 지시하기 위해 그런 정보를 활용하는 데 있어서 어떻게 조력하는지 매우 불분명하며, 설사 있다 할지라도 거의 구체화되어 있지 않다.

●○ 경험적 증거

이 장에서 서술된 인지구조는 광범위한 수업 절차를 생성하기 위해 인지부하이론에 의해 활용되어 왔다(Sweller, 2003, 2004). 그런 절차의 효과성은 임의적이고 통제된 실험설계를 사용하여 검증되어 왔으며, 세계 각지로부터 수많은 조건하에서 수많은 연구자들에 의해 반복되어져 왔다. 예제 효과(Paas & van Gog, 2006; Renkl, 2005)는 특히 현재의 주장과 관련되어 있다. 그 효과는 학생들이 동등한 문제를 해결하기보다는 예제를 공부하는 것으로부터 더 많은 것을 학습할 때 발생한다. 초보 학습자를 대상으로 한 많은 연구가 이런 효과를 보여주었다. 초보 학습자를 다룰 때 그 효과는 명시적 수업의 결정적인 중요성을 암시한다. 명시적 수업의 중요성이 감소하는 것은 오직 증가된 전문성(increased expertise)을 대상으로 할 때뿐이다. 더 오랜 기간이 경과된 다음, 전문지식이 증가함에 따라, 예제 효과가 먼저 사라지게 되고, 그 이후에는 예제를 공부하는 것보다 우월한 것을 입증하는 문제해결하기로 역전된다(Kalyuga, Chandler, Tuovinen, & Sweller, 2001). 그런 반전(reversal)은 또 다른 인지부하 효과인 리던던시 효과(redundancy effect) 때문이다(Sweller, 2005). 보다 전문적인 문제해결자를 위해, 사례를 공부하는 것은 외생적인 인지 부담을 부과하는 여분의 활동을 구성한다. 이런 것들과 같은 적용(applications)을 생성할 수 있는 인지부하이론이나 사실 어떤 이론이라 할지라도 이론의 역량은 그 이론의 타당성에 강력한 증거를 제공한다.

●○ 논의 및 결론

이 장에서 논의된 인지구조는 학습자에게 제공될 가이던스와 조력의 양을 위한 분명한 함의를 가지고 있다. 수업은 반드시 명시적이고 분명해야만 한다. 이런 구조에 기초해 볼 때, 학습자들이 스스로 정보를 발견할 수 있도록 정보를 보류하는 것에는 아무런 목적이나 기능이 없는 것 같다. 연구자들이 연구에 종사하고 있을 때 일어나는 것처럼, 그 정보가 다른 원천으로부터 이용가능하지 않을 때에는 정보를 발견하기 위해 노력하는 것이 불가피하다. 덧붙여, 물론, 다양한 학문에서 연구가 수행되는 태도는 명시적으로 가르칠 필요가 있다. 연구활동은 소중하기 때문에 학습하려고 노력하는 사람과 새로운 것이라면 어떤 것이라도 발견하기 위해 어떤 입장에도 있지 않은 사람들이 그런 연구 활동에 참여해야만 한다고 가정해서는 안 된다. 적어도, 만약 연구가 새로운 정보를 발견하는 하나의 수단으로보다는 하나의 소중한 학습도구로 간주된다면, 연구과정 동안 학습된 것, 달리 말해 장기기억에서 변화된 것을 우리는 정확하게 구체화할 수 있을 필요가 있다. 이 장에서 논의된 인지구조의 관점에서 볼 때, 이미 다른 사람에게 이용가능한 정보를 무시하는 것에 바탕을 둔 연구에 참여하는 것은 그것이 무엇이든 간에 아무런 이익도 없는 것으로 귀결될 것이다.

물론, 여기서 서술된 인지구조가 실효성이 없을 수도 있다. 이런 구조의 저변에 있는 논리 또한 자연 선택에 의한 진화를 저변에 깔고 있지만, 그들이 동일한 구조를 가져야만 한다는 것이 뒤따르지는 않는다. 인간의 인지구조는 자연 선택에 의한 진화와 전적으로 다른 방식으로 기능한다는 것은 가능하다. 그럼에도 불구하고, 적어도 인간의 인지구조와 자연 선택에 의한 진화 양쪽 모두 시간과 공간을 넘어 새로운 정보를 창출하고, 기억하고 그리고 퍼뜨릴 수 있는 자연적 정보처리시스템이라는 것은 흥미를 불러일으킨다. 더욱이, 자연 선택에 의한 진화가 인간 인지구조와 기능을 가속화했기 때문에, 양쪽의 시스템 저변에 있는 논리가 유사하다 하더라도 놀랍지 않다. 그런 유사성과 아울러 장기기억과 작동기억에 관련된 경험적 증거가 여기서 약술된 인지구조를 지지한다는 사실은 현재의 개념화(current conceptualization)가 정확하다는 것을 시사한다. 만약 그것이 정확하지 않다고 간주되면, 학습자로부터 정보를 보류하는 것을 지지하는 대안적인 구조를 암시하기 위해 탐구기반 학습기법을 지지하는 사람들에게 그 책임이 있다. 그 구조는 새로운 원리를 구체화할 필요가 있을 뿐만 아니라 덧붙여 이 장에서 논의되었던 원리의 모든 것들을 배제해야 할 필요가 있을 것인데, 그 이유는 이런 각각의 원리가 탐구기반 양식에 아주 대조적인 것 같기 때문이다.

질문: Duschl과 Duncan. 유전적 시스템과 인지적 시스템 간의 유비는 흥미롭다. 그러나, 당신의 주장이 바탕을 두고 있는 대비와 가정을 도출하기 위한 증거 기반이 무엇인지 불분명하다. 예를 들어, 당신은 차용 원리와 재조직 원리(유전학에서 유성생식과 유전적 재조합을 합하여)에 기초하여 우리는 "타인으로부터 정보를 얻기 위해 진화했는데, 발견, 문제기반, 구성주의 의제 하에 고의로 그런 정보를 보류하는 것은 기괴하다."라고 적고 있다. 차용 원리와 재조직 원리로부터 당신의 가정 즉 우리는 정보를 얻기 위해 진화했다는 것으로 어떻게 도약하는지 불분명하다. 그런 생각의 증거가 무엇인지도 분명하지 않다.

답변: Sweller. Duschl과 Duncan은 중요하고도 흥미로운 질문을 하고 있다. 차용 원리와 재조직 원리에 대한 최우선 증거는 예제 효과(worked-example effect)를 보여주는 압도적인 수의 연구로부터 온다. 그런 연구는 예제가 어떻게 구조화되어야만 하는지, 언제 활용되어야만 하는지, 그리고 어떤 범주의 학생들이 예제를 공부해야만 하는지를 암시하고 있다. 그 효과는 차용 원리와 재조직 원리에 강력하고도 직접적인 증거를 제공하고 있다. 부가적인 증거도 있다. 타인을 모방하려는 인간의 성향에 대한 심리학적 증거는 Bandura(1986)에 의해 제공되었다. 우리는 습관적으로 타인을 관찰하고 행동과 절차를 흉내낸다. 우리는 자신이 살고 있는 문화를 자동적으로 동화한다는 사실은 이런 모방 성향의 중요성과 강도에 강력한 증거를 제공하고 있다. 모방을 통해 습득되는 지식은 가정하건데 장기기억에 저장된다. 이런 주장을 강화하고 있는 최근의 생물학적 증거가 거울뉴런시스템(예컨대, Tettamanti et al., 2005)의 발견으로부터 왔는데, 거울뉴런시스템은 우리가 행동할 때뿐만 아니라 우리가 행동을 생각할 때나, 다른 사람이 행동하는 것을 관찰할 때, 혹은 심지어는 어떤 사람이 행동에 대해 얘기하는 것을 들을 때에도 발화한다. 우리는 타인의 지식 활용을 촉진하기 위해 특별한 신경학적 경로를 진화시킨 것 같다.

질문: Duschl과 Duncan. 지시적 수업을 지지하여 인용되었던 연구의 상당수가 지시적 수업과 가이드되지 않은 발견을 비교했다. 무한경쟁의 발견 환경에 근거한 교수법을 어느 누구도 주장하고 있지 않은 것처럼 이런 비교는 어느 정도 호기를 놓치고 있다. 그 주장은 필요한 스캐폴딩의 본질과 양에 초점을 맞추고 있다. 당신의 주장을 지지하는 가이드된 탐구교수법과 지시적 수업을 비교하는 어떤 연구라도 있는가?

답변: Sweller. 명시적 수업에 비유되는 전혀 가이드되지 않은 발견을 활용했던 어떤 실험도 나는 알지 못하는데, 아마도 그 이유는 대부분의 연구자들이 그런 실험의 결과를 뻔한 결론일 것이라고 가정하기 때문일 것이다. 불행하게도, 나는 명시적 수업을 능가하는 가이드된 발견의 이점을 보여주는 적절하게 설계되고(한 번에 한 가지씩 변인을 바꾸는), 임의적이며, 통제된 실험에 기초한 일단의 연구를 알지 못한다. 사실, 명시적 수업을 옹호하는 나의 주장을 위한 경험적 증거는 예제 효과에 기초하고 있다. 구성주의 교수기법은 예제 효과와 문제해결 탐구에 대한 작

동기억의 함의 두 가지 모두 무시한다. 예제 효과는 구성주의 입장에 대한 직접적인 테스트를 제공하는 것 같지만, 그런 입장에 반대되는 결과를 제공하고 있다. 통제된 실험을 활용하는 증거를 정당화하기라는 아무런 실체도 갖지 않은 채 그 분야가 교육 실제 속으로 구성주의 기법에 대한 소개를 성공적으로 주장했다는 것을 나는 걱정한다.

질문: Duschl과 Duncan. 당신은 "연구 활동은 가치 있기 때문에 그런 것들은 학습하려고 노력하는 사람들에 의해 그리고 따라서 새로운 것은 어떤 것이라도 발견하기 위해 아무런 입장에도 있지 않은 사람들에 의해 참여되어야만 한다는 것을 우리는 가정해서는 안 된다"고 적고 있다. 이런 진술은 학생들에게 내용지식을 부여하는 것으로서의 과학교육에 대한 견해를 제시하고 있다. 그러나, 많은 과학교육 연구자들과 정책 입안자들은 과학교육을 위한 두 가지 목적을 주장해 왔는데, 그것은 첫째, 과학적 개념, 모형, 이론을 이해하는 것, 그리고 둘째, 그런 과학적 지식이 어떻게 개발되었는지를 이해하는 것이다. 탐구 접근은 두 가지 목적 모두를 표적으로 삼고 있다. 지시적 수업은 두 번째 목적을 어떻게 표적으로 삼고 있는가?

답변: Sweller. 나는 과학교육이 학생들로 하여금 과학의 이론과 발견을 이해하는 것뿐만 아니라 과학적 지식이 개발된 과정 역시 이해하는 것으로 귀결되어야만 한다는 것에 전적으로 동의하지만, 그 두 가지 모두를 반드시 명시적으로 가르쳐야만 한다. 나는 과학 연구방법은 오직 탐구적 절차를 사용하여 적절하게 가르쳐질 수 있다는 제안에 동의하지 않는다. 지식을 진전시키기 위해 과학에 의해 사용되는 목적, 역사, 그리고 절차에 대한 명시적 수업을 막을 아무 것도 없다. 나는 과학이 개발한 과정은 탐구적 방법에 의해 가르쳐져야만 한다는 가정에 동의하지 않지만, 물론 나는 제안되고 있는 가정에 어떤 문제점도 갖고 있지 않다. 그러나 그것은 테스트될 필요가 있다. 나는 그 가정이 어떤 공정한 테스트에 의해 지지받지 못할 것이라고 생각하는데, 그 이유는 세 번째 질문에 의해 함축되어 있는 것처럼, 과학적 이론과 발견에 대한 지식은 왜 과학이 진전하는 방법에 대한 지식과는 다른 방식으로 가르쳐져야만 하는지를 알지 못한다. 다시, 임의적이고 통제된 실험을 사용하는 그리고 탐구학습 기법을 위한 장점을 보여주는 연구에 대한 요구되는 실체는 존재하지 않으며, 탐구학습 절차는 여전히 교실에서 채택되고 있다는 것에 나는

관심을 가지고 있다. 주장은 가설이 아니라 자료에 기초해야만 한다.

질문: Spiro와 DeSchryver. 가르치는 것은 "쉽게 제시된 정보"를 보류해서는 안 되며, 영역의 구조화된 측면을 위한 "필수적인 정보"를 명시적으로 제시해야만 하지만 비구조화 측면이나 비구조화 영역에 대해서는 의문이라는 당신의 말에 우리는 동의한다. 그들을 비구조화되게 만드는 것은 그런 측면이 명시적인 방법으로 쉽게 제시될 수 있는 온갖 필수적인 질을 결여하고 있다는 것이 그 경우가 아닌가? 지식의 비구조화 측면을 위해, 명시적으로 제시된 정보가 대부분의 상황이 아니라 어떤 것에는 적용될 것이지만, 학습자들에 의해 그것이 필수적인 것처럼 취급될 수도 있으며, 따라서 지나친 확장 때문에 학습에 어떤 해를 낳을 것이라는 위험성은 없는가?

답변: Sweller. 나는 이 답변을 두 가지 섹션 즉 비구조화 문제와 구조화 문제 간의 차이에 대한 이론적 분석과 비구조화 영역에 있어서의 명시적 수업에 관한 경험적 증거에 대한 논의로 나눌 것이다. 첫 번째 이론적인 요지는, 문제해결 전략을 다룰 때, 잘 정의된 문제와 빈약하게 정의된 문제 간의 구별이 지속적이지 않다는 것을 많은 분야는 가정하고 있는 것이 아닌가라고 생각한다. 잘 정의된 문제를 해결하는 데 있어 조력하기 위해 세운 하위 목적은 빈약하게 정의된 문제를 다룰 때와 마찬가지로 불명확하다. 따라서, 심지어 잘 정의된 문제를 다룰 때에도 강의자는 어떤 문제 경로를 가르쳐야만 하는지를 반드시 결정해야만 하며, 아울러 종종 다양한 경로가 학습자들에게 제시될 필요가 있을 것이다. 두 번째 이론적 요지는 어떤 문제해결 영역에서도, 어떤 환경하에서 어떤 해결책이 다른 것보다 더 우월(더 불충분한, 더 우아한, 보다 많은 문제의 목적들을 고려하기 등)하다고 인식될 수 있다. 만약 다양한 환경하에서 교수자가 어떤 것이 중요한지를 결정하는 데 어려움을 가지면, 초보 문제해결자는 그것이 불가능하다고 알게 될 수도 있다.

이런 이론적인 요지가 중요할 수도 있지만, 경험적 증거가 궁극적인 준거를 제공한다. 예컨대, 비구조화 영역에서 예제의 제시가 문제 해결하기보다 우월하다면, 이론은 그 증거를 취해 설명할 수 있도록 조정되어야만 한다. 인지부하이론의 초창기에, 대부분의 연구자는 수학, 과학, 그리고 공학 커리큘럼을 사용했다. 보다 최근에, 쏟아지는 실험은 언어, 음악, 그리고 기예와 같은 비구조화 영역으로부터의 자료를 사용하여 출간되었다. 다른 것도 있지만 나는 그런 것들과 더욱 친숙하기 때문에, 뉴사우스웨일즈 대학교(UNSW)에서 수행된 실험으로부터 몇 가지 사례를 활용할 것이며, 오늘날 비구조화 영역의 활용은 조금도 희귀하지 않다.

Yeung, Jin 및 Sweller(1998)는 영어가 모국어인 학습자와 영어가 제 2의 언어인 학습자 양쪽 모두에게 이해력 과제를 읽는 중에 설명적인 언급을 제공하는 것의 문제해결 결과를 살펴보고서 적절하게 구조화된 명시적 수업이 증가함에 따라 이해력이 개선되는 것을 발견했다. Diao, Chandler 및 Sweller(2007) 그리고 Diao와 Sweller(2007)는 영어를 제 2의 언어로 학습할 때 적절하게 구조화된 명시적 수업의 중요성을 확신했다. 문제해결 테스트는 종속 변수로 활용되었다. 명시적 수업기법을 활용함으로써, Owens와 Sweller(2008)는 음악수업 영역에서 다양한 인지부하 효과를 보여주었다. 다음, 그리고 동시에, Rourke와 Sweller(인쇄 중)는 예제 효과가 빈약하게 정의된 영역에서 획득될 수 있는지의 여부를 직접 테스트했다. 그들은 가구 설계자의 양식(furniture designers' styles)을 알아보기 위해 기예 학생들 학습을 활용했으며 기술 영역에서 잘 정의된 문제를 활용하여 일반적으로 획득된 것과 동일한 예제 효과를 발견했다. 빈약하게 정의된 문제 영역은 잘 정의된 영역과는 상이한 결과를 낳는다는 가설은 1, 2년 전에는 생존할 수 있었을지 모르지만, 최근에 출간되거나 이용가능하게 된 자료의 홍수는 그 가설이 문제가 있는 것으로 만들고 있다.

▫ 참 고 문 헌 ▫

Atkinson, R. C., & Shiffrin, R. M. (1968). Human memory: A proposed system and its control processes. In K. W. Spence & J. T. Spence (Eds.), *The psychology of learning and motivation* (Vol. 2, pp. 89–195). Oxford: Academic Press.

Bandura, A. (1986). *Social foundations of thought and action: A social cognitive theory.* Englewood Cliffs, NJ: Prentice Hall.

Brown, J. S., Collins, A., & Duguid, P. (1989). Situated cognition and the culture of learning. *Educational Researcher, 18,* 32–42.

Bruner, J. (1961). The art of discovery. *Harvard Educational Review, 31,* 21–32.

Chase, W. G., & Simon, H. A. (1973). Perception in chess. *Cognitive Psychology, 4,* 55–81.

Collins, A., Brown, J. S., Newman, S. E. (1989). Cognitive apprenticeship: Teaching the crafts of reading, writing, and mathematics. In L. B. Resnick (Ed.), *Knowing, learning, and instruction: Essays in honor of Robert Glaser* (pp. 453–494). Hillsdale, NJ: Lawrence Erlbaum Associates.

Cowan, N. (2001). The magical number 4 in short–term memory: A reconsideration of mental storage capacity. *Behavioral and Brain Science, 24,* 87–114.

De Groot, A. (1946/1965). *Thought and choice in chess.* The Hague: Mouton.

Diao, Y., Chandler, P., & Sweller, J. (2007). The effect of written text on learning to comprehend spoken English as a foreign language. *American Journal of Psychology, 120,* 237–261.

Diao, Y., & Sweller, J. (2007). Redundancy in foreign language reading instruction: Concurrent written and spoken presentations. *Learning and Instruction, 17,* 78–88.

Ericsson, K. A., & Kintsch, W. (1995). Long–term working memory. *Psychological Review, 102,* 211–245.

Fingerman, P., & Levine, M. (1974). Nonlearning: The completeness of the blindness. *Journal of Experimental Psychology, 102,* 720–721.

Geary, D. (2002). Principles of evolutionary educational psychology. *Learning and*

Individual Difference, 12, 317−345.

Geary, D. (2005). *The origin of mind: Evolution of brain, cognition, and general intelligence.* Washington, DC: American Psychological Association.

Geary, D. (2007). Educating the evolved mind: Conceptual foundations for an evolu− tionary educational psychology. In J. S. Carlson & J. R. Levin (Eds.), *Psychological perspectives on contemporary educational issues* (pp. 1−99). Greenwich, CT: Information Age Publishing.

Gick, M. L., & Holyoak, K. J. (1980). Analogical problem solving. *Cognitive Psychology, 12,* 306−355.

Gick, M. L., & Holyoak, K. J. (1983). Schema induction and analogical transfer. *Cognitive Psychology, 15,* 1−38.

Grafton, S., Arbib, M., Fadiga, L., & Rizzolatti, G. (1996). Localization of grasp repre− sentations in humans by positron emission tomography: 2. Observation compared with imagination. *Experimental Brain Research, 112,* 103−111.

Hmelo−Silver, C., Duncan, R., & Chinn, C. (2007). Why problem−based learning and inquiry learning are not minimally guided: On assumptions and evidence. *Educational Psychologist, 42,* 99−107.

Iacoboni, M., Woods, R., Brass, M., Bekkering, H., Mazziotta, J., & Rizzolatti, G. (1999). Cortical mechanisms of human imitation. *Science, 286,* 2526−2528.

Jablonka, E., & Lamb, M. J. (2005). *Evolution in four dimensions: Genetic, epigenetic, behavioral, and symbolic variation in the history of life.* Cambridge, MA: MIT Press.

Kalyuga, S., Chandler, P., Tuovinen, J., & Sweller, J. (2001). When problem solving is superior to studying worked examples. *Journal of Educational Psychology, 93,* 579−588.

Kirschner, P., Sewller, J., & Clark, R. (2006). Why minimal guidance during instruction does not work: An analysis of the failure of constructivist, discovery, problem−based, experiential, and inquiry−based teaching. *Educational Psychologist, 41,* 75−86.

Klahr, D., & Nigam, M. (2004). The equivalence of learning paths in early science in− struction: Effects of direct instruction and discovery learning. *Psychological Science, 15,* 661−667.

Kuhn, D. (2007). Is direct instruction the answer to the right question? *Educational Psychologist, 42,* 109−113.

Luchins, A. (1942). Mechanisation in problem solving: The effect of Einstellung. *Psychological Monographs, 54* (Whole No. 248).

Miller, G. A. (1956). The magical number seven, plus or minus two: Some limits on our capacity for processing information. *Psychological Review, 63,* 81−97.

Newell, A., & Simon, H. A. (1972). *Human problem solving.* Englewood Cliffs, NJ: Prentice Hall.

Owens, P., & Sweller, J. (2008). Cognitive load theory and music instruction. *Educational Psychology, 28,* 29−45.

Paas, F., van Gog, T. (2006). Optimising worked example instruction: Different ways to increase germane cognitive load. *Learning & Instruction, 16,* 87−91.

Peterson, L., Peterson, M. J. (1959). Short−term retention of individual verbal items. *Journal of Experimental Psychology, 58,* 193−198.

Piaget, J. (1928). *Judgement and reasoning in the child.* New York: Harcourt.

Renkl, A. (2005). The worked out example principle in multimedia learning. In R. E. Mayer (Ed.), *The Cambridge handbook of multimedia learning* (pp. 229−245). New York: Cambridge University Press.

Resnick, L. B. (1987). Learning in school and out. *Educational Researcher, 16,* 13−20.

Rourke, A., & Sweller, J. (in press). The worked−example effect using ill−defined problems: Learning to recognise designers' styles. *Learning and Instruction.*

Schmidt, H., Loyens, S., van Gog, T., & Paas, F. (2007). Problem−based learning is compatible with human cognitive architecture: Commentary on Kirschner, Sweller, and Clark (2006). *Educational Psychologist, 42,* 91−97.

Simon, H., & Gilmartin, K. (1973). A simulation of memory for chess positions. *Cognitive Psychology, 5,* 29−46.

Sweller, J. (1980). Transfer effects in a problem solving context. *Quarterly Journal of Experimental Psychology, 32,* 233−239.

Sweller, J. (1988). Cognitive load during problem solving: Effects on learning. *Cognitive Science, 12,* 257−285.

Sweller, J. (2003). Evolution of human cognitive architecture. In B. Boss (Ed.), *The psy-chology of learning and motivation* (Vol. 43, pp. 215-266). San Diego: Academic Press.

Sweller, J. (2004). Instructional design consequences of an analogy between evolution by natural selection and human cognitive architecture. *Instructional Science, 32*, 9-31.

Sweller, J. (2005). The redundancy principle. In R. E. Mayer (Ed.), *The Cambridge handbook of multimedia learning* (pp. 159-167). New York: Cambridge University Press.

Sweller, J., & Gee, W. (1978). Einstellung, the sequence effect, and hypothesis theory. *Journal of Experimental Psychology: Human Learning & Memory, 4*, 513-526.

Sweller, J., & Sweller, S. (2006). Natural information processing systems. *Evolutionary Psychology, 4*, 434-458.

Sweller, J., van Merriënboer, J. J., & Paas, F. G. (1998). Cognitive architecture and instructional design. *Educational Psychology Review, 10*, 251-296.

Tettamanti, M., Buccino, G., Saccuman, M., Gallese, V., Dana, M., Scifo, P., et al. (2005). Listening to action-related sentences activates fronto-parietal motor circuits. *Journal of Cognitive Neuroscience, 17*, 273-281.

West-Eberhard, M. (2003). *Developmental plasticity and evolution.* New York: Oxford University Press.

Yeung, A. S., Jin, P., & Sweller, J. (1998). Cognitive load and learner expertise Split-attention and redundancy effects in reading with explanatory notes. *Contemporary Educational Psychology, 23*, 1-21.

제 **8** 장
인식론인가 교육학인가, 그것이 문제다

Paul A. Kirschner
Utrecht University

●○ 인식론인가 교육학인가, 그것이 문제다

　저술 당시, 교육계－교사와 연구자 모두－를 두 가지 이념적 파벌(ideological factions)로 분명하게 분열시켰던 활발한 논쟁이 있다. 첫 번째 파벌은 모든 가르침과 수업은 보편적 진리에 대한 고전적인, 무대 위의 현자, 해설적이며 교훈적인 접근에 기초해야만 한다고 믿는 늙은 학교 교사로 묘사되었다. 두 번째 파벌은 진리는 없으며 학습자는 지시되지 않은 경험을 통해 오직 자신의 지식과 행동을 구성함으로써만 학습할 수 있다고 믿는 곱슬머리의 사회적 구성주의자로 묘사되었다. 이런 논쟁은 과학적이고 전문적인 컨퍼런스에서, 과학적이고 전문적인 저널에서, 그리고 수많은 나라에서, 심지어 대중매체와 국가 정책에서 교수, 학습, 그리고 교육에 대한 논의의 곳곳으로 스며들었다.

　물론 합리적이고 올바른 생각을 가진 우리는 그 어느 파벌도 옳지 않으며, "진실(truth)"은 그 중간에 있다는 것을 알고 있다. 이런 이유 때문에, 나는 이런 이념적인 논쟁을 피하고 보다 깊은 근원적인 질문 즉, 어떤 영역의 인식론(epistemology)을 그 영역에서 교수를 위한 교육학(pedagogy)으로 사용하거나 대체할 때 우리들 자신과 아이들을 경시하고 있는 것은 아닌지의 여부에 집중하려고 노력할 것이다. 시작하기 전에, 이런 두 가지 용어를 정의할 필요가 있다.

●○ 인식론과 교육학

인식론은 지식과 어떤 것을 안다는 것이 무엇을 의미하는가에 대한 연구이다 (Shaffer, 2007). 그것은 지식과 신념의 본질, 방법, 한계 그리고 타당성을 연구하는 과학의 한 갈래인데, 지식은 무엇인가? 지식은 어떻게 습득되는가? 사람들은 무엇을 아는가? 등과 같은 질문을 다룬다. 보다 평범한 용어로, 전문직에 종사하는 어떤 사람이 자신의 전문직을 이해하는 방법을 연구하며 아울러 그 전문직에서 새로운 지식을 얻는다. 자연과학자에게 그것은 흔히 팀에서 수행되는 "과학적인 방법 (scientific method)"이 될 수 있을 것이다. 인류학자에게는 연구 대상인 집단이나 사회의 일부분으로서, 내부로부터의 민속학적(ethnographic)인 혹은 서술적/연역적인 연구가 될 수 있을 것이다. 그리고 철학자에게는 그것은 타인과의 논쟁에서 대화가 될 수 있을 것이다.

다른 한편으로, 교육학은 교사가 되는 기예나 과학으로서, 일반적으로 수업전략이나 수업양식을 의미하고 있다. 교육학은 (1) 일반적으로 교사가 학습을 촉진하기 위해 사용하는 전략, 기법, 그리고 접근방법에서처럼 일반적인, (2) 어떤 영역(예컨대, 전문적인 혹은 교육적인 내용 지식)에 속하는 구체적인 전략, 기법, 그리고 접근방법을 그런 특수 영역의 수업(예컨대, 수학, 제 2 언어로서의 영어, 음악)에 적용하는 것과 같이 영역 특수적인, 혹은 (3) 작업기반 교육학(work-based pedagogy)[예컨대, 학생 인턴과 같은 신참자가 사회적 활동의 조직, 조직의 구조, 문화적 관습에 의해 그런 지식을 획득하고 사용한다(Hughes & Moore, 1999)], 문제기반 교육학 (problem-based pedagogy)[예컨대, "학습을 위한 자극을 제공하는 실제로부터 오는 문제를 학생들이 직면하게 하는 것을 포함하고 있는 교육과정을 구조화하는 접근 방법"(Boud & Feletti, 1991, p. 21)], 혹은 심지어 구성주의 교육학(constructivist peda-gogy)[예컨대, "개별 학생들로 하여금 흥미 있는 교과목에 심층적 이해를 개발하고 미래 학습을 도와주는 마음의 습관을 개발하는 데 집중하는 목적을 가진 교실환경의 창출"(Richardson, 2003, p. 1627)]과 같이 어떤 수업방법에 특수적인 것으로, 영역 특수적일 수도 있고 아닐 수도 있다.

이런 구별을 지었으면, 다음 단계는 학습자를 살펴보는 것이다. 다음 섹션은 학습자와 그들의 특징(예컨대, 인지적 발달과 전문성)을 다루고 아울러 일반 영역에서의 실제에 대한 인식론이 그 영역을 학습하는 데 좋은 교육학이 아닌 이유를 다룰 것이다.

●○ 학습자

일반 영역의 인식론을 그 영역의 교육학으로 활용하는 데, 두 가지 중요한 문제가 있다. 첫 번째는 발달심리학과 생물학에 그 뿌리를 두고 있는 것으로서, Luria와 Piaget는 이미 오래전에 아동이나 청소년(예컨대, 초기교육에 있어서의 전형적인 학습자: 유치원부터 대학까지)은 성인의 축소물이 아니라는 것을 명확히 했다. Luria는 아동의 성인에로의 변태(metamorphosis)를 다음과 같이 논의했다:

> 아동과 성인은 오직 양적 측면에서만 상이하다는 잘못된 신념은 일반적인 의식 속에 단단히 굳어지게 되었다. 그것을 지지하는 사람들은 여러분이 만약 한 성인을 택해서, 그를 더 작게, 다소 더 약하게 그리고 덜 지성적으로 만들고, 그의 지식과 기술을 없애버리면, 당신은 어린이와 함께 남게 될 것이라고 주장한다. 이처럼 아동을 작은 성인으로 보는 생각은 매우 넓게 퍼져 있으며 … 본질적으로 아동은 … 많은 측면에서 성인과는 근본적으로 다르며, 자신의 정체성(identity)을 지닌 매우 특별한 창조물이며 … 성인과 질적으로(qualitatively) 다르다.
> (Vygotsky & Luria, 1930/1992, 2장)

Piaget(1955)의 견해에서 보면, 그가 지능의 발달이라고 불렀던 인지발달은 기존의 인지적 도식(cognitive schemata) 속에 새롭게 경험된 현상을 동화하는 것(assimilation)과 새로운 정보가 기존의 도식과 맞지 않는 경우 그런 도식을 조절하는 것(accommodation)에 기초하고 있다. Piaget의 말로 표현하면, 지능은 "환경에 대한 조절이 주체의 도식에 사물을 동화하는 것과 구분되지 않는 상태로부터 다양한 도식을 조절하는 것이 사물들 각각의 상호적인(respective and reciprocal) 동화와 구분되는 상태로 발달한다"(n.p.) 이런 과정은 Piaget가 인지적 단계(cognitive stages)로 불렀던 일련의 단계를 통해 발달하는데, 각 단계는 사고 전반에 영향을 미치는 일반적인 인지구조에 의해 특징지어진다. 각 단계는 그 기간 동안 실재가 어떻게 이해되는지를 표상하며, 마지막 단계를 제외한 나머지 각 단계는 실재에 대한 부적절한 근사치(inadequate approximation of reality)이다. 다른 말로 하면, 적어도 초기 교육에 있는 학습자들은 그 단어를 실무자들과는 다르게 보며, 그것을 다르게 해석하고 이해하며, 진정한 지식 구성에 필요한 추상적인 인지 전환을 수행할 수 없다. 그런 학습자들은 어떤 영역에 대한 세련된 이론이나 실무자들에 의해 주장되는 세계와는 엄청나게 다른 부적절한, 흔히 불완전한 초보자 이론을 적용한다(Chi, Feltovich, & Glaser, 1981; Mazens & Lautrey, 2003; Patridge & Paap, 1988). Hannust와 Kikas(2007)가 자신들의 연구에서 아동들에게 천문학을 가르치기 위한 실험에 대해 진술하고 있는 것처럼, 아동들은

　　사실적 정보(factual information)를 보다 쉽게 획득하므로 초기 수업은 주제에 관련된 핵심적인 사실을 반드시 소개해야 한다. 어떤 아동들은 새로운 지식을 아주 쉽게 과대일반화(over-generalized)하는데, 그것은 수업시 사용된 자료가 비과학적 생각의 발달을 촉진할 수도 있다는 것, 그런 생각은 일관성 있는 비과학적 모형의 개발을 피하기 위해 신속하게 다루어져야만 한다는 것을 암시한다.

　　　　　　　　　　　　　　　　　　　　　　　　　　　　　(p. 89)

　추상적으로 사고할 수 있으며 귀납적으로 사고하고 이론을 구성하기 위해 필수적인 인지적 전환을 수행할 수 있는 사람들에 의한 학습과 그들을 가르치는 데 집중한다 하더라도, 인식론을 교육학으로 사용할 때 우리는 두 번째 문제에 직면하게 된다. 즉, 학습자나 초보자는 축소된 프로페셔널이나 전문가가 아니라는 것이다. 전문가는 초보자보다 더 많이 알고 더 빨리 작업할 뿐만 아니라 문제를 다르게 다루며 상이한 방식으로 문제를 해결한다. 여기에 초보자와 전문가가 서로 다른 수많은 방법이 뒤따른다.
　De Groot(1946, 1978)는 다음 움직임이 무엇이 되어야만 할지를 결정할 때 체스 최고수는, 랭킹 순위가 덜 높은 체스 전문 선수들보다 더 많은 움직임을 고려하지는 않지만, 탐색 초기에 "더 약한(weaker)" 선수들보다 탐색과정에서 잠재적으로 좋은 움직임에 더 일찍 "줌인(zoom in)"한다는 것을 밝혔다. Gobet와 Simon(1996)이 진

술한 것처럼, "더 강한 그리고 더 약한 선수들은 거의 비슷한 수의 브랜치를 검토한다, 그러나 … 중요한 특징을 인식할 수 있는 더 강한 선수들의 능력이 더 크기 때문에 … 그들은 보다 적절하고 중요한 브랜치를 선택한다"(p. 53). 중요한 특징을 더 잘 재조직하는 이런 능력은 Boucheix, Lowe 및 Soirat(2006)에 의해서도 발견되었는데, 결함 있는 피아노의 작동에 대한 애니메이션을 볼 때, 전문적인 피아노 조율사들은 눈에 잘 띄지 않는 측면을 무시하고 현저한 정보에 주의를 기울이는 경향이 있는 초보자들보다 양질의 정신 모형을 수립하는 데 필수적인, 결정적이지만 눈에 잘 띄지 않는 내용을 담고 있는 애니메이션의 영역에 더욱 자주 주의를 기울인다는 것을 언급하고 있다.

     Cuthbert, du Boulay, Teather, Sharples 및 du Boulay(1999)는 전문가와 초보자의 진단의학 인지 차이점에 대한 자신들의 리뷰에서, 다음과 같은 것들을 밝혔다. 즉, 문제 공식화의 초기 단계에서 전문가는 초보자들보다 … 수적으로는 더 적지만, 보다 일반적인 가설을 산출한다. 더욱이, 전문가는 폭(breadth)으로 먼저 접근(동시에 몇 가지 가설을 고려하고 평가함)하면서 결과(findings)로부터 가설[전진 추론(forward reasoning)]로 작업한다 … 초보자의 추론은 후진적(backwards)(가설로부터 자료로)으로 특징지어지며, 더욱이 깊이(depth)를 먼저(한 번에 하나씩의 가설을 고려하고 평가함) 다룬다. 또한 전문가들은 더 우월한 가설 평가 기능을 보여주는데, 특히, 그들은 믿을 수 없는 가설을 더 잘 무시할 수 있으며, 자신들의 가설에 맞추기 위해 자료를 바꾸거나 일관성 없는 결과를 전적으로 무시하기보다는 자료에 맞추기 위해 자신들의 가설을 바꿀 가능성이 크다.

(pp. 23-24)

     다시 말해, 전문가와 초보자의 차이는 개념적 수준에서뿐만 아니라 인식론과 존재론의 수준에서도 명백히 드러난다(Jacobson, 2000).

     전문가와 초보자 차이에 대해 많은 연구가 수행되어왔던 또 다른 영역은 물리학(Chi et al., 1981; Hardiman, Dufresne, & Mestre, 1989), 컴퓨터 프로그래밍(Adelson, 1981), 수학적 문제해결(Shoenfeld & Herrmann, 1982), 그리고 교수(Hogan, Robinowitz, & Craven, 2003)이다. Bransford, Brown 및 Cocking(1999)은 이런 일단의 연구가 다음

과 같은 것을 보여준다고 결론내리고 있다:

　　그것은 단순히 기억이나 지능과 같은 일반적 능력이 아니며, 또한 전문가를
초보자로부터 구별지어주는 일반적인 전략의 사용도 아니다. 그보다도, 전문가
는 방대한 지식을 획득해 왔는데, 그것은 자신들이 주목하는 것과 아울러 자신
의 환경 속에 있는 정보를 조직하고, 표상하고, 해석하는 방법에 영향을 미치고
있다. 이런 지식이 이번에는 기억하고, 추론하고, 문제를 해결하는 자신들의 능
력에 거꾸로 영향을 미친다.

(p. 19)

　　Donovan, Bransford 및 Pellegrino(1999)는 전문가와 초보자 간의 여섯 가지 중요한
차이를 제시하고 있는데, 그중 네 가지는 우리가 가르치고 배우는 방법에 대해 구
체적인 관련성을 가지고 있다. 첫째, 전문가는 초보자들보다 어떤 문제나 상황 속
에 있는 정보의 보다 중요한 특징이나 유의미한 패턴에 주의를 기울이고 주목한다
는 것이다. 앞서 진술했던 것처럼, 전문가는 눈에 잘 띄지 않는 측면을 무시하고 현
저한 정보에 주의를 기울이는 경향이 있는 초보자들보다 양질의 정신모형을 수립
하는 데 필수적인, 눈에 잘 띄지 않지만 결정적인 내용에 더욱 빈번하게 주의를 기
울인다는 것을 안구운동 연구(eye-movement research)는 보여주었다(Boucheix et al.,
2006). 학습자는 필수적이고 기본적인 영역 지식을 놓치고, 실질적인 중요성에 관
계없이 피상적으로 눈에 잘 띄는 정보에 집중한다(Lowe, 1999, 2004).
　　주의를 기울이는 것에 있어서의 이런 편차는 아마도 대부분 두 번째 중요한 차
이 때문인데, 그것은 전문가는 주제에 대한 심층적 이해를 반영하기 위해 조직된
많은 양의 접근가능한 내용지식을 가지고 있다는 것이다. 다른 말로 하면, 전문가
는 자신이 이미 알고 있는 것에 의해 무엇을 볼 것인지 그리고 어떻게 볼 것인지가
결정된다. 초보자는 주제나 영역에 관해 아는 것이 거의 없기 때문에, 어디를 보아
야 할지를 모르며, 설령 어떤 것을 보았다 할지라도 자신들이 본 것을 정확하게 해
석하는 데 어려움을 가지고 있다.
　　세 번째 차이는 전문가의 지식은 일련의 분리된 사실이나 명제로 단순히 축소시
킬 수 없으며, 오히려 그런 지식의 "적용가능성의 맥락(contexts of applicability)"을
반영한다는 것이다. 그것은 맥락적 혹은 상황적 지식으로 부를 수도 있지만,

Donovan 등(1999)은 이것을 조건화된 지식(conditionalized knowledge)이라고 불렀다. 그것은 현재 유용하거나 혹은 앞으로 유용할 수 있는 맥락과/혹은 상황에 대한 지식을 포함하고 있는 어떤 유형의 지식을 전문가는 가지고 있다는 것을 의미한다. 이와 반대로, 초보자의 지식은 흔히 비활성적(inert)인데(Whitehead, 1929), 그것은 학습되었지만 문제해결을 위해서는 접근될 수 없다.

네 번째 차이점(Donovan et al., 1999)은 초보자는 개인적 지식 요소를 기억하고 처리하기 위한 시도에 상당한 노력을 소비하는 반면, 전문가는 거의 힘들이지 않고서도 자신들이 가지고 있는 지식의 중요한 측면을 회상한다는 것이다. 전문가는 자신의 뜻대로 지식이 조직되는 수많은 다양하고 풍부한 인지 도식을 가지고 있으며, 그런 지식 가운데 요구되는 측면이 거기에서 쉽게 그리고 신속하게 회상될 수 있다(Glaser & Chi, 1988; Schneider & Shiffrin, 1977). 초보자는 계열적인 기억탐색을 제시하면서 일련의 단일 방정식(a series of single equations)을 회상하지만 물리학 전문가는 여러 쌍의 관련 방정식(sets of related equations)을 기억한다는 것을 Larkin(1979)은 발견했다. "전문가들은 관련 요소들 간 유의미한 관련성을 가진 효율적인 지식의 조직을 가지고 있는 것으로 보이는데, 그런 관련요소들은 기본적인 개념과 원리에 의해 지배되는 관련 단위(related units)로 집적된다"(Bransford et al., 1999, p. 26).

다시 말해, 영역 전문가나 실무자가 사용하는 인식론을 그런 영역에 있는 학습을 위한 교육학으로서 적용하는 것은 작동하지 않을 것이다. 다음에는, 구체적이고 잘 연구된 영역 즉, 자연과학 내에서 나는 이런 문제를 살펴보려고 한다.

●○ 과학을 실천하는가 아니면 과학을 실천하기 위해 학습하는가?

자연과학에서 교육과정 개혁은 과학의 과정과 절차에 대한 경험을 강조함으로써, 지식체(a body of knowledge)로서의 과학을 가르치는 것으로부터 점점 멀어지고 있다(Bybee, 2003; Harmer & Cates, 2007; Hodson, 1988).

학생들은 경험으로부터 그들 자신의 의미를 구성함으로써 학습한다 [그리고] ... 과학 수업은 과학과 기술의 정신, 성격, 그리고 본질을 실증하는 경험으로 구

성되어야만 한다 ... 탐구 지향적 실험은 학생들에게 드문 경험이지만, 과학교육
에서 그런 실험은 학생들 경험 가운데 하나의 핵심적인 일부가 되어야만 한다.

(Bybee, 2003, n.p.)

1996년, 학생들의 경험으로부터 생성된 진정한 질문을 탐구하는 것이 과학 수업
에 핵심 전략이 되어야만 한다고 미국연구회의(National Research Council)는 선언했
다. 2005년, Gabric, Hovance, Comstock 및 Harnisch(2005)는 다음과 같이 진술했다:

> 궁극적인 목적은 학생들이 교실에서 과학자들처럼 느낄 수 있는 학습 환경을
> 제공하는 것이었다. 이것은 학생들이 과학에 관해 단순히 읽고 쓰는 것뿐만 아
> 니라 실제로 과학을 행함으로써 자신들의 과학지식 획득에 몰입되도록 할 필요
> 가 있다는 것을 의미했다
>
> (p. 80)

이런 초점은, 과학의 과정을 가르치기 위해(즉, 교육학) 과학절차에 바탕을 둔 경
험이나 아니면 거기에 상당하는 경험(즉, 인식론)에 학습자들을 직면시킬 수 있다
는 가정과 연결되어 있다. 이것은 탐구로서의 과학 가르치기(즉, 교육과정에서 과
학의 과정에 대한 강조)와 탐구에 의한 과학 가르치기(즉, 과학을 학습하기 위해 과
학의 과정을 활용함)의 혼동에 근거하고 있는 학습방법을 발견하고 탐구하기 위해
교육자, 수업설계자, 그리고 교육연구자들의 끈질긴 전념(commitment)을 유도했
다. 여기서의 실수는 전문직에 종사하는 전문가인 과학자의 행동 및 방법과 본질
적으로 초보자인 학생들의 행동 및 방법 간에 어떤 구별도 만들어지지 않았다는
것이다.

이것이 진실이었다 할지라도 ─ 그리고 지금 나는 선의의 비판자(devil's advocate)
로 역할하고 있다 ─ 학교 과학에서 활용되는 인식론은 귀납적, 실증주의적인 과학
자의 인식론이다. Cawthorn과 Rowell(1978)은 이것을 "과학적 방법의 개념을 ... 많은
특징적인 단계로 구성된 잘 정의된 준 기계적인 과정"(p. 33)으로 서술했다. 그것은
마치 과학자가 아무런 선험적 아이디어를 갖지 않고 세계를 보는 것과 같다. 그리
고 그것은 과학자들이 사고과정의 논리에 관련된 것들을 제외하고는 저변에 있는
가설이나 선입관 없이 객관적으로 관찰, 수집, 기록, 분석, 그리고 해석한다는 것이

다. 이런 객관적이고 공평하며, 편견 없는 과학자들은 관계에 관한 결론을 최종적으로 도출하며, 수집된 사실에 기초하여 어떤 관찰된 현상에 대한 일반화를 만든다. "구성주의" 교육자와 교육과정 설계자들은 가르쳐진 그 영역을 일반적이고 확인가능한 진리들을 담고 있는 "실증주의(positivist)"가 되는 것으로 보는 것 같다. Southerland와 Gess-Newsome(1999)은 발견 형태와 같은 현대의 발견기반 교육과정을 통해 과학을 학습했던 그런 교사들조차 지식, 학습, 그리고 수업에 대한 실증주의 견해를 유지하고 있다고 서술하면서, 이것을 확인했다. 따라서, 발견은 "불가피한 것에 대한 단계 조정적인 유사 발견(pseudo-discovery)"으로 하찮아지게 된다(Hodson, 1985, p. 40).

하지만 나는 주제에서 벗어나고 있다. 주된 요점으로 되돌아가면, 수많은 교육과정 개발자와 수업 설계자들은 자연과학의 인식론적 기초와 자연과학을 가르치기 위한 교육학적 기초 간의 차이를 모르거나 아니면 보지 않는다는 것이 분명하다. 과학에서 실험은 폭넓게 사용되기 때문에, 과학 교사들은 실험을 과학 교육의 필수적이고 통합적인 일부로 생각하는 것이 조건화되어 있다. 그러나 학생들은 과학을 실행하지 않는다. 학생들은 과학 그리고/혹은 과학을 실행하기 위한 학습에 관해 학습하고 있다. 과학을 가르치는 것, 과학에 관해 가르치는 것, 그리고 과학을 하는 방법을 가르치는 것은 교사의 임무이다.

과학자들에 대비되는 학생들은 모르는 주제 영역에 관해 아직 학습 중이므로 이론적 세련미도 없으며 과학자의 풍부한 경험도 가지고 있지 않다. 또한, 학생들은 과학을 하는 것에 대비되는 것으로 과학을 학습하고 있는 중이며, 효과적인 교육학과 좋은 수업설계의 적용을 통해 자신들의 학습에 반드시 도움을 받아야만 한다.

우리는 이런 관심을 멀리는 Ausubel(1964) 그리고 가까이는 Klahr와 Nigam(2004) 및 Mayer(2004)의 교육과 심리학 문헌에서 발견한다. Ausubel은 과학자와 학생 간의 구별 실패에 수반되는 문제점을 피력했다. 그에 따르면, 과학자들은 그 분야에서 새로운, 일반적인, 혹은 응용 원리를 탐구하는 데 전일적으로 참여하는 반면, 학생들은 과학자가 실행하는 방식에 더하여 과학자들의 학창 시절에 학습했던 분야의 기본적인 교과를 학습하는 데 참여한다. 만약 학생들이 항상 과학적으로 발견해야 한다면, 그들은 발견 방법은 물론 내용까지 두 가지 모두를 먼저 학습해야만 한다! 학생들은 "하급 과학자(a junior scientist)가 [되는 것]을 가장하는 것으로써 충분히 학습할 수는 없다"(p. 298). Mayer에 따르면, 발견을 활용하는 것과 연합된 많은 현

상이 하나의 수업방법으로서의 그것을 비교적 쓸모없게 만든다. Klahr와 Nigam은
다음과 같이 진술하고 있다:

> 발견 상황에 처해 있는 아동들은 지시적인 수업을 받는 아동들보다 일관성이
> 없거나 판단을 그르치게 하는 피드백에 맞닥뜨리고, 부호화 실수와 인과적으로
> 잘못된 귀인을 하며, 그리고 부적절한 실행과 정교화를 경험할 가능성이 더 높
> 은 것 같다. 이런 학습 장애는 "소유권(ownership)" 및 "정통성(authenticity)"과
> 같은 일반적으로 발견학습에 귀인되는 이득을 압도할 수도 있다.
>
> (p. 661)

과학적 탐구에 대해서, Kyle(1980)은 공식적인 학습과정을 통해 특정 교과에 대
한 광범위하고 비판적인 지식을 획득한 다음 구속되지 않은 사고 역량을 통합시키
는 체계적이고 탐구적인 수행 능력이라고 서술했다. "학생들(그리고 교사들과 과학
자들)이 과학에 대해 알고 있는 것의 대부분은 그들이 발견했다기보다는 가르쳐졌
다"(p. 661)라고 Klahr와 Nigam(2004)이 적을 때, 그들은 이런 동일한 아이디어를 명
백한 변칙(apparent anomaly)이라고 주장한다. 과학을 학습하는 것과 과학을 하는 것
사이의 차이에 관한 이런 명료성의 결여는 많은 교육자들로 하여금 발견방법을 과
학을 가르치는 방식으로 주장하도록 유도했다(Allen, Barker, & Ramsden, 1986;
Bybee, 2003; Kirschner, Sweller, & Clark, 2006). 이런 접근은 오늘날 직접적인 경험
과 개별적 탐구[예컨대, 경험학습(Kolb & Fry, 1975; Itin, 1999), 진정한(authentic) 학
습(Downes, 2007), 탐구기반 학습(Dewey, 1997), 그리고 문제기반 학습(Barrows &
Tamblyn, 1980; Hmelo-Silver, 2004; Hmelo-Silver & Barrows, 2006)]를 강조하는 학습
자 중심 교육학에 잘 들어맞는다. 1978년 Cawthorn과 Rowell(1978)은 "발견(discovery)"
이라는 매력적이고 포괄적인 용어 아래 이것을 지식의 논리와 지식의 심리학을 합
체하는 것으로 특징짓는 선견을 가졌다.

그러나 어떤 것을 발견(즉, 알아차리기)하기 위해서, 학습자는 그들이 알아차린
것(사고의 발달에 대한 이전 논의 참조)에 대해 추상적인 방식으로 생각할 수 있는
능력은 물론, 이 장에서 전문가와 초보자 간의 차이가 검토되었을 때 이미 논의되
었던 것처럼, 사전 개념적 프레임워크를 필요로 한다. 따라서, 발견은 사전 개념적
프레임워크(a prior conceptual framework)와 아울러 보았거나 경험했던 것을 추상적

인 용어로 해석하고 가끔씩 재해석하는 능력을 전제하지만, 그것이 새로운 개념으로 이끌어줄 것이라는 보장은 없다. 이것은 첫째, 전문가는 어떤 영역에서 많은 지식과 경험을 가지고 있어 보다 심층적이고 구조적인 수준(Chi, et al., 1981; Novick, 1988; van Gog, Paas, & van Merriënboer, 2005)에서 정보를 부호화할 수 있는 반면, 초보자는 어떤 영역에서 지식과 경험이 거의 없기 때문에 정보를 표면적이거나 혹은 피상적인 수준에서 부호화할 수밖에 없기 때문이다. 둘째, 초보자는 지식이 결여된 상태에서 단순히 임의적인 추측(random guess)을 산출하지 않으며 "오히려 특정 오해가 주어지면 자신이 이해되는 특정 방식으로 체계적으로 과녁을 벗어난다"(Means, 2006, p. 508).

　이런 전반적인 문제에 대한 가장 이상하고 불행한 측면은 이것이 새롭지 않다는 것이다. 1950년대와 60년대에 중등학교 과학교육을 개선하려는 주된 노력이 기대에 미치지 못했다는 것을 적은 내용 속에, Novak(1988)은 방식에 있어서 주된 장애물은 "과학교육에 대한 혁명적인 개선은 … '탐구(inquiry)' 지향 과학에 대한 강조 뒤에 있었던 진부한 인식론(obsolete epistemology)이었다"(pp. 79-80)라고 진술했다. 보다 최근에, Chen과 Klahr(1999; 또 이 책 Klahr 참조)는 아동들의 단순하고 혼동되지 않는 실험설계 능력에 대해 지시적 수업이 발견학습보다 유의미하게 더 나았으며, 훨씬 더 중요한 것으로, 지시적 수업을 받는 아동들이 7달 후에 치러진 실험설계에 대한 원전이(far-transfer) 테스트에서도 더 우수했다는 것을 입증했다.

●○ 결 론

　수업을 설계하기 위해, Vamvakoussi와 Vosniadou(2004)는 "학습을 구속하는 전제(presuppositions)는 학습자의 의식적인 통제하에 있지 않다. 학생들에게 자신들의 의견을 표현하고 다듬게 함으로써 자신들의 신념을 알게 되도록 허용하는 학습 환경을 창출하는 것이 필요하다"(p. 466)고 경고한다. 유능한 과제수행자에 의해 사용되는 효과적인 정신모형을 서술하는 영역 모형과 그 영역 내에 있는 초보 학습자의 직관적이거나 혹은 고지식한 정신모형 간에는 상당한 차이가 있다고 Van Merriënboer와 Kirschner(2007)는 적고 있다. 그런 직관적이거나 고지식한 정신모형은 종종 단편적이고 부정확하며 불완전한데, 그것은 학습자들이 그 요소들 간의 근원적인 관계를 인식하지 못하는 오해나 그릇된 생각을 반영하고 있다.

　그처럼 어떤 영역 내에서의 학습방법이나 배우는 방법은 어떤 영역 내에서의 수행방법이나 "행하는(do)" 방법과는 매우 다르다(즉, 과학 학습하기 대 과학 행하기). 예를 들어, 대다수 과학의 인식론은 흔히 실험과 발견에 기초하고 있으며, 그렇기 때문에, 실험과 발견은 미래 과학자들을 "배출하는 것(producing)"을 목표로 하는 어떤 교육과정이라 하더라도 그 교육과정의 일부분이 되어야만 한다. 그러나 이것은 실험과 발견이 반드시 교육과정 조직과 학습 환경 설계를 위한 기초가 되어야만 한다는 것을 의미하지는 않는다(Bradley, 2005; Kirschner, 1992). 현대 교육과정 개발자들과 수업 설계자들은 심리학적 기반의 학습을 가진 영역과 교육학적 기반의 교수(teaching)를 가진 영역의 인식론적 본질을 혼동하고 있다. 인식론은 지식이 어떻게 습득되는지 그리고 그런 지식에 대한 확인 절차가 어떻게 수용되는지를 의미하며, 교육학은 어떤 것을 어떻게 가르치는지를 의미한다.

　예를 들어, 자연 및 사회과학에서, 인식론은 흔히 실험, 발견, 그리고 테스팅에 근거한다. 발견이나 탐구학습 방법을 활용하는 교육과정 설계자들은 과학이 어떻게 실행되는 것이 과학을 가르치고/가르치거나 배우는 가장 좋은 방법인가라는 신념을 바탕으로 조작한다. 그런 탐구 기반 수업에 대해 Sewall(2000)같은 비판자들은, "신중하게 준비된 레슨(들) ...초점을 맞추어 가이드되고 ..., 적절할 때 소집단 작업으로 배치하고, 그리고 시작할 때 분명한 방향감각을 가지며 마지막에 요약하고, 모든 참여자들에게 성취감과 만족감 남기기"(p. 6)라는 대가를 치루면서 그런 접근방법이 지나치게 강조되었다고 경고한다.

　오늘날 지식 구성의 사회적 우선순위 매기기(societal prioritization)와 결부되어 있는, 과학 학습하기와 과학 행하기 간의 차이에 관한 모호성은 교육자들로 하여금 과학을 가르치는 방법으로서 발견을 주장하게 유도했다. 그러나 발견은 사전 개념적 프레임워크를 전제한다(Vosniadou, 2002). 발견을 통하여, 개념들 간의 관계를 탐구할 수 있지만, 이것이 새로운 개념으로 연결되는지의 여부는 기존 지식의 구조와 내용에 달려 있다. Klahr와 Nigam(2004)은 자신들의 경험적 연구결과를 토대로 "발견적 방법의 장점은 물론, 진정한 맥락에의 폭넓은 전이를 요구하는 과제에 있어서 지시적 수업의 제한점이 변함없이 드러날 것이라는 오래된 주장을 재검토할 필요"(p. 666)가 있다는 것으로 결론내리고 있다.

　이런 교수방법의 기원은 학생들이 어떤 것을 실행하는 전문가가 아니라, 오히려

어떤 것에 관해 학습하는 초보자라는 것을 간과하고 학습하기와 행하기의 구별에
실패한 데 있다. 과학을 가르치고, 과학에 관해 가르치고, 그리고 과학을 하는 방법
을 가르치는 것이 교사의 업무이다. 가르치기 훈련의 일부로서 과학을 실행하는 것
은 교사의 업무가 아니며, 과학자들에게 그것을 맡겨라.

질문: Duschl과 Duncan. 과학적 문해(scientific literacy)의 많은 부분은 과학적
주장을 사이비 과학과 거짓 주장으로부터 구별하는 것을 학습하는 것이다. 대중매
체에 의해 제시되는 지식의 지위(the status of knowledge) 주장을 평가하기 위해 학
습자의 능력을 개발하는 교육학적 전략은 무엇인가?

답변: Kirschner. 실제적(즉, 진정한)인 전체적 과업에 기초하고 있으며 당신이
요구하는 유형의 학습과 능력을 성취하는 데 필요한 지원과 가이던스를 담고 있는
일련의 교육학적/수업설계 접근방법을 Van Merriënboer와 Kirschner(2007)는 제시하
고 있다.

우선, 잘 설계된 사례 연구는 학습자들에게 실세계(즉, 대중매체에서 제시된 주
장) 상황의 실제적인 혹은 가설적인 문제상황을 제공해 줄 (수 있을) 것이며, 그들
에게 그런 주장의 타당성을 결정하는 데 적극적으로 참여하기를 요구할 (수 있을)
것이다. 사이비 과학 및 거짓 주장과 과학적 주장을 구별하기 위한 학습을 위해, 사
례 연구는 다음과 같은 것들에 학습자들을 직면시킬 것이다. 즉 대중매체가 제시해
왔던 주장("주어진 상태"), 너무 길지 않으며 그 주장의 타당성/진실성을 결정하는
데 직접적으로 관련된 가능성 있는 연구 결과와/혹은 과학적 "사실"의 목록("목표
상태"를 위한 준거), 그리고 그런 주장의 타당성/진실성을 결정하기 위해 필요한 사
고의 예제와 새로운 정보를 위한 가능성 있는 진전된 연구 질문("해결책")이 그런
것들이다. 학습자의 흥미를 환기시키기 위해 우연적 발견, 성공 이야기, 혹은 논박
된 결과 등과 같은 깜짝 놀라게 하는 사건을 서술하는 사례 연구를 활용하는 것이
바람직할 것이다. 잘 설계된 사례 연구에서, 일반화된 해결책을 유도하기 위해 그
사례와 다른 사례를 비교할 수 있도록, 문제 상태에 대한 심층적 처리와 아울러 연
합된 오퍼레이터(associated operators)(즉, 해결 단계)에 대한 심층적 처리를 유발하는
질문에 학생들이 답하도록 요구될 것이다. 중간 수준의 해결책을 연구함으로써, 학
습자는 특정 영역이 어떻게 조직되는지 그리고 무엇이 "증거(proof)"나 혹은 "반박

(refutation)"을 결정하는지에 대한 명확한 아이디어를 얻는다.

우리의 책(Van Merriënboer and Kirschner, 2007)에서, 모방 과제, 불특정한 목표 문제, 완성 과제, 역 분쟁조정(reverse troubleshooting) 등과 같은 것으로 활용될 수 있는 여타 많은 학습과제를 논의한다. 모든 학습과제의 공통적인 요소는 문제 상태, 수용가능한 해결책, 그리고 유용한 해결 단계에 학습자들의 주의를 지시한다는 것이다. 이것은 학생들이 좋은 해결책으로부터 주의 깊게 정보를 추출하도록 도와주거나 혹은 특정 유형의 과제를 위한 일반화된 해결책을 반영하는 인지 도식을 구성하기 위해 귀납적인 과정을 사용하도록 도와준다. 요컨대, 학생들로 하여금 스스로 많은 문제를 해결하도록 하는 것이 종종 그들에게 문제해결을 가르치기 위한 최선책이 아니라는 것이다! 초보 학습자들에게는, 주어진 상황의 특징과 적용된 해결단계 간의 관계와 함께 유용한 해결책을 공부하는 것이 동등한 문제를 해결하는 것보다 문제 해결과 추론 기술을 개발하는 데 훨씬 더 중요하다.

질문: Duschul과 Duncan. 영역 전문가나 실천가들이 활용하는 어느 정도의 인식론적 요소를 포함하지 않고서, 학습자가 초보자로부터 어떻게 전문가로 발전하는가? 인식론적 요소가 언제 그리고 어떻게 학습 환경에 들어가기를 당신은 추천하는가?

답변: Kirschner. 앞선 질문에 대한 답변으로 분명해질 수밖에 없는 것처럼, 학습과정에서 인식론적 요소는 아주 초기에 학습 환경에 들어갈 수 있다. 여기서 실마리는 전문가의 인식론은 교육학을 위한 원리를 가이드하는 것이 아니라, 오히려 학습이, (즉, 그런 인식론의 획득), 목적이며 가장 중요한 원리라는 것이다.

질문: Herman과 Gomez. 인식론과 교육학의 관계는 무엇인가? 당신은 교실교육학(classroom pedagogy)에 정보를 줄 수 있는 영역기반 인식론이 아무것도 없다는 것을 의미하는가? 아니면 보다 급진적인 것으로서, 교실기반 수업은 그 어떤 일관성 있는 인식론과도 분리되어 있다(분리되어야만 한다)는 것을 의미하는가?

답변: Kirschner. 인식론과 교육학 간의 "유일한(only)" 관계는 교육학에 인식론을 번역하거나 도식화하는 것에 근거하고 있지 않으며, 오히려 인식론을 "가르치기

(teach)"(즉, 학습자가 습득하도록 도와줌) 위해 적합한 교육학을 선택하는 것에 근거하고 있다. 다른 말로 하면, 교육학의 선택은 학습자가 반드시 습득해야 할 인식론에 의해 "정보가 주어질 수(informed)" 있고 아마도 반드시 주어져야 하지만, 교육학으로서 그런 인식론을 활용하는 것과는 같지 않다.

　　Duschl과 Duncan의 질문에 대한 답변에서 논의된 교육학에 덧붙여, 자연과학자들의 인식론 습득을 지원하기 위해 자연과학 학부생들을 위해 특별히 설계된 교육학인, 실험적 세미나는 Conway, Mendoza 및 Read(1963)에 의해 최초로 제안되었다. 여기서, 학생들은 집단적으로 실험을 수행하거나 혹은 전문가가 실험을 수행하는 것을 지켜본다. 이런 방식으로, 학생들은 잘 수행되는 실험이 어떻게 진전되는지에 대해 명료한 개념을 얻는다. 집단적 실험 혹은 시범에 이어 집단토의가 뒤따르는데, 거기서 교사, 강사, 혹은 교수와 같은 "전문가(expert)"에 의해 필요한 것이 자극되며, 그 속에서 학생들은 서로를 도와줄 수 있다. 한두 명의 학생들에게 루틴하고 흥미 없는 실험은 집단에서 유익한 논의를 촉발할 수 있다. 이것은 학생들에게 문제 확인, 실험 설계, 조립하기, 테스트하기, 그리고 기구 조정하기, 자료 수집, 분석, 해석, 그리고 결과 보고하기를 위한 하나의 모델을 제공한다. 다른 사람들과 방법 및 결과를 모방하고, 토의하고, 추론하고, 비교할 가능성은 이런 실습 유형의 특징이다. 실험적 세미나의 중요한 측면은 그것이 학습자들에게 필요한 템플릿(template)의 발달을 촉진하기 위해 모델링을 사용한다는 것이다(Duchl과 Duncan에 대한 답변 참조).

　　실험적 세미나의 두 번째 통합적 측면은 토론이다. 이것은 Kollard(1985)가 관찰에 대한 교훈적 해석(didactic translation)이라고 부르는 것이다. 시범으로부터 야기되는 어떤 오해에도 대응하기 위해, 반드시 토론이 그 시범을 마무리지어야 한다. 이런 방식으로 적절한 관찰과 부적절한 관찰 두 가지 모두 기록되고 논의될 수 있다. 또한 토론은 이미 발생했던 것들에 대한 개념화와 심층적 이해를 촉진하도록 도와준다. 그 토론을 스캐폴딩이라는 형식으로 지원하고 가이던스하는 것은 부가적 정보를 주는 의견의 첨가로 보여질 수 있다. 그런 토론은 학생들로 하여금 과거의 개인적인 경험에 기초하여 숙고하도록 고무하고 또한 현재 문제에 대한 해결책을 발견하고 평가하기 위해 토론을 수단으로 사용하도록 고무한다.

▫ 참 고 문 헌 ◘

Adelson, B. (1981). Problem solving and the development of abstract categories in programming languages. *Memory & Cognition, 9,* 422–433.

Allen, J. B., Barker, L. N., & Ramsden, J. H. (1986). Guided inquiry laboratory. *Journal of Chemical Education, 63,* 533–534.

Ausubel, D. P. (1964). Some psychological and educational limitations of learning by discovery. *The Arithmetic Teacher, 11,* 290–302.

Barrows, H. S., & Tamblyn, R. M. (1980). *Problem–based learning: An approach to medical education.* New York: Springer Publishing Company.

Boucheix, J.–M., Lowe, R., & Soirat, A. (2006, August/September). *One line processing of a complex technical animation: Eye tracking investigation during verbal description.* Paper presented at the EARLI SIG 2 Bi–annual meeting Text and Graphics Comprehensions (pp. 14–17). Nottingham: University of Nottingham. Retrived December 8, 2008, from www.Isri.nottingham.ac.uk/SIG2/proceedings.pdf.

Boud, D., & Feletti, G. (Eds.). (1991). *The challenge of problem–based learning.* London: Kogan Page.

Bradley, D. (2005). *Practicals in science education.* Unpublished doctoral thesis, Curtin University, Australia.

Bybee, R. W. (2003). *Science curriculum reform in the United States.* Washington, DC: National Academy of Sciences. Retrieved February 20, 2008, from www.nas.edu/rise/backg3a.htm.

Cawthorn, E. R., & Rowell, J. A. (1978). Epistemology and science education. *Studies in Science Education, 5,* 51–59.

Chen, Z., & Klahr, D. (1999). All other things being equal: Children's acquisition of the control of variables strategy. *Child Development, 70,* 1098–1120.

Chi, M. T. H., Feltovich, P. J., & Glaser, R. (1981). Categorization and representation of physics problems by experts and novices. *Cognitive Science, 5,* 121–152.

Conway, R. G., Mendoza, E., & Read, F. H. (1963). The seminar method of teaching experimental physics. *Bulletin of the Institute of Physical Society, 14,* 330–332.

Cuthbert, L., du Boulay, B., Teather, D., Teather, B., Sharples, M., & du Boulay, G. (1999). *Expert/novice differences in diagnostic medical cognition: A review of the literature* (Cognitive Sciences Research Paper 508). Brighton, UK: University of Sussex.

Dewey, J. (1997). *How do we think*. New York: Dover Publications.

De Groot, A. D. (1946). *Het denken van den schaker* [Thinking Processes in Chess Players]. Amsterdam: Noord Hollandsche.

De Groot, A. D. (1978). *Thought and choice in chess* (Revised translation of De 1946; 2nd ed.). The Hague: Mouton Publishers.

Donovan, M. S., Bransford, J. D., & Pellegrino, J. W. (1999). *How people learn: Bridging research and practice*. Washington, DC: National Research Council.

Downes, S. (2007). Emerging technologies for learning. Coventry: Becta. Retrieved September 22, 2007, from http://partners.becta.org.uk/page_docu-ments/research/emerging_technologies07_chapter2.pdf.

Gabric, K., Hovance, C., Comstock, S., & Harnisch, D. (2005). Scientists in their own classroom: The use of type II technology in the science classroom. *Computers in the school, 22*(3/4), 77-91.

Glaser, R. , & Chi, M. (1988). Overview. In M. Chi, R. Glaser, & M. J. Farr (Eds.), *The nature of expertise* (pp. ⅹⅴ - ⅹⅹⅷ). Hillsdale, N'J: Erlbaum.

Gobet, F., & Simon, H. A. (1996). The roles of recognition processes and look-ahead search in time-constrained expert problem solving: Evidence from grandmaster level chess. *Psychological Science, 7*, 52-55.

Hannust, T., & Kikas, E. (2007). Children's knowledge of astronomy and its change in the course of learning. *Early Childhood Research Quarterly, 22*, 89-104.

Hardiman, P. T., Dufresne, R., & Mestre, J. P. (1989). The relation between problem categorization and problem solving among experts and novices. *Memory and Cognition, 17*, 627-638.

Harmer, A. J., & Cates, W. M. (2007). Designing for learner engagement in middle school science: Technology, Inquiry, and the hierarchies of engagement. *Computers in the Schools, 24*(1/2), 105-124.

Hmelo-Silver, C. E. (2004). Problem-based learning: What and how do students learn? *Educational Psychology Review, 16*, 235-266.

Hmelo-Silver, C. E., & Barrows, H. S. (2006). Goals and strategies of a problem-based learning facilitator. *Interdisciplinary Journal of Problem-based Learning, 1*, 21-39.

Hodson, D. (1985). Philosophy of science, science and science education. *Studies in*

Science Education, 12, 25−57.

Hodson, D. (1988). Experiments in science and science teaching. *Educational Philosophy and Theory, 20,* 53−66.

Hogan, T. M., Rabinowitz, M., & Craven, J. (2003). Problem representation in teaching: Inferences from research on expert and novice teachers. *Educational Psychologist, 38,* 235−247.

Hughes, K. L., & Moore, D. T. (1999). *Pedagogical strategies for work−based learning* (IEE Working Paper No. 12). New York: Institute on Education and the Economy, Columbia University. Retrieved from www.tc.columbia.edu/iee/PAPERS/work−pap12.pdf.

Itin, C. M. (1999). Reasserting the philosophy of experiential education as a vehicle for change in the 21st century. *The Journal of Experiential Education, 22*(2), 91−98.

Jacobson, M. J. (2000). Problem solving about complex systems: Differences between experts and novices. In B. Fishman & S. O'Conner−Divelbiss (Eds.), *Fourth International Conference of the Learning Sciences* (pp. 14−21). Mahwah: NJ: Erlbaum.

Kirschner, P. (1992). Epistemology, practical work and academic skills in science education. *Science and Education, 1,* 273−299.

Kirschner, P., Sweller, J., & Clark, R. (2006). Why minimal guidance during instruction does not work: An analysis of the failure of constructivist, discovery, problem−based experiential, and inquiry−based teaching. *Educational Psychologist, 41*(2), 75−86.

Klahr, D., & Nigam, M. (2004). The equivalence of learning paths in early science in−struction: Effects of direct instruction and discovery learning. *Psychological Science, 15,* 661−667.

Kolb, D. A., & Fry, R. (1975). Toward an applied theory of experiential learning. In C. Cooper (Ed.) *Theories of group process* (pp. 33−57). London: John Wiley.

Kollard, U. H. (1985). *Didactischvertalen: Vakstructuur en leerstofordening in de na−tuurwetenschappelijkevakken* [Didactic translation: Structure and ordering in the natural sciences]. Unpublished doctoral thesis, VrijeUniversiteit, Amsterdam.

Kyle, W. C., Jr. (1980). The distinction between inquiry and scientific inquiry and why high school students should be cognizant of the distinction. *Journal of Research on Science Teaching, 17,* 123−130.

Larkin, J. H. (1979). Processing information for effective problems solving. *Engineering*

Education, 285－288.

Lowe, R. K. (1999). Extracting information from an animation during complex visual learning. *European Journal of Psychology of Education*, *14*, 225－244.

Lowe, R. K. (2004). Interrogation of a dynamic visualization during learning. *Learning and Instruction*, *14*, 257－274.

Mayer, R. (2004). Should there be a three－strikes rule against pure discovery learning? The case for guided methods of instruction. *American Psychologist*, *59*, 14－19.

Mazens, K., & Lautrey, J. (2003). Conceptual change in physics: Children's naive repre－ sentations of sound. *Cognitive Development*, *18*, 159－176.

Means, B. (2006). Prospects for transforming schools with technology－supported assessment. In R. K. Sawyer (Ed.), *Cambridge handbook of the learning sciences* (pp. 505－520). New York: Cambridge University Press.

Novak, J. (1988). Learning science and the science of learning. *Studies in Science Education*, *15*, 77－101.

Novick, L. R. (1988). Analogical transfer, problem similarity and expertise. *Journal of Experimental Psychology: Learning , Memory and Cognition*, *14*, 510－520.

Partridge, D., & Paap, K. (1988). An introduction to learning. *Artificial Intelligence Review*, *2*, 79－102.

Piaget, J. (1955). *The construction of reality in the child* (M. Cook, Trans.). London: Routridge and Kegan Paul Ltd. Retrieved September 6, 2007 from: www.marxists.org/reference/sub－ ject/philosophy/works/fr/piaget2.htm.

Richardson, V. (2003). Constructivist pedagogy. *Teachers College Record*, *105*, 1623－1640.

Schneider, W., & Shiffrin, R. M. (1977). Controlled and automatic human information processing: Detection, search, and attention. *Psychological Review*, *84*, 1－66.

Sewall, G. (2000). Lost in action. *American Educator*, *24*(2), 4－9.

Shaffer, D. W. (2007). *How computer games help children learn*. New York: Palgrave.

Shoenfeld, A. H., Herrmann, D. J. (1982). Problem perception and knowledge structure in expert and novice mathematical problem solvers. *Journal of Experimental Psychology: Learning, Memory & Cognition*, *8*, 484－494.

Southerland, S. A., & Gess－Newsome, J. (1999). Preservice teachers' views of inclusive science teaching as shaped by images of teaching learning, and knowledge. *Science Education*, *83*(2), 131－150.

Vamvakoussi, X., & Vosniadou, S. (2004). Understanding the structure of the set of ra—
tional numbers: A conceptual change approach. *Learning and Instruction, 14,*
453—467.

Van Gog, T., Paas, F., & van Merriënboer, J. J. G. (2005). Uncovering expertise—related
differences in troubleshooting performance: Combining eye movement and concurrent
verbal protocol data. *Applied Cognitive Psychology, 19,* 205—221.

Van Merriënboer, J. J. G., & Kirschner, P. A. (2007). *Ten steps to complex learning.*
Mahwah, NJ: Lawrence Erlbaum.

Vosniadou, S. (2002). Exploring the relationships between conceptual change and inten—
tional learning. In G. Sinatra & P. Pintrich (Eds.), Prospects and problems for modes
of intentional conceptual change (pp. 377—406). Mahwah, NJ: Lawrence Erlbaum.

Vygotsky, L. S., Luria, A. R. (1992). *Ape, primitive man, and child: Essays in the history
of behaviour* (Evelyn Rossiter, Trans.). Sydney: Harvester Wheatsheaf. (Original work
published in 1930 in Russian.) Avaiable at www.marxists.org/archive/lu—
ria/works/1930/child/ch02.htm.

Whitehead, A. N. (1929). *The aims of education and other essays.* New York: The Free
Press.

제 9 장
학습에 필요한 수업 가이던스의 최적 량과 최적 유형은?*

Richard E. Clark
University of Southern California

이 장은 학습과 수행 및 전이에 가장 효과적이고 효율적인 수업 가이던스의 양과 유형에 관한 논쟁에 관련된 증거를 요약하고자 한다. "구성주의(constructivist)" 대 "수업주의(instructivist)" 또는 "객관주의(objectivist)" 접근(예컨대, Duffy & Jonassen, 1992; Jonassen, 1991; Kirschner, Sweller, & Clark, 2006), 혹은 "문제기반 학습(problem-based learning)" 대 "전달 모형(transmission models)"(예컨대, Schwartz & Bransford, 1998; Sweller, 2006)에 대한 논쟁적 이점(disputed benefits)에 관한 주장은 어떤 영향력을 가지고 언제 누구에게 얼마나 많은 어떤 유형의 가이던스가 제공될 필요가 있는지에 대해 우선적으로 초점을 맞추고 있다. 논쟁에 참여한 모든 사람들은 대부분의 교육 환경에서 대부분의 학생들에게 반드시 제공되어야 하는 다양한 형태의 수업 지원(instructional support)에 관해 동의하는 것 같다. 논쟁을 자극하는 이견(disagreement)은 친숙하지 않은 문제와 과제 해결책을 학습자들이 발견할 수도 있는 상황에서 구체적인 절차에 따른 가이던스 강요의 필요성과 결과에 관한 상이한 견해로부터 비롯된다. 구성주의 이론의 발견 요소(discovery elements)를 지지하는 모든 증거는 제공된 가이던스의 유형과 양을 다양화하는 데 실패했던 연구에 기초

---

* 여기 서술된 프로젝트나 공로는 미육군 연구, 개발 및 기술사령부(RDECOM)에 의해 지원되었다. 표현된 진술과 의견은 미국 정부의 입장이나 정책을 반드시 반영하지는 않으며, 어떤 공식적인 지지도 암시되어서는 안 된다.

- 226 -

하고 있다는 것을 주장할 것이다. 또한 문제를 해결하거나 혹은 과제를 수행하는 데 필요한 수업 가이던스의 유형, 양, 그리고 수혜자(beneficiaries)를 체계적으로 변화시키는 연구를 참조함으로써 그 논쟁은 해결될 수 있다고 주장할 것이다.

상이한 수업이론과 모형을 주장하는 사람들은 매우 상이한 방식으로 수업 지원을 정의하고 조작화(operationalize)하는 경향이 있다는 사실로 인해 "가이던스"나 "발견"과 같은 구인을 해석하기 위한 어떤 시도도 방해를 받고 있다. 이런 상이한 이론들은 흔히 상이한 학습모형으로부터 발생하며, 가끔 상이한 신념시스템, 탐구방법, 그리고 철학으로부터 발생한다(Cronbach & Snow, 1977; Jonassen, 1991; Merrill, 2002; Romiszowski, 2006). 이런 차이는 지난 반세기에 걸친 교육 연구와 이론에 있어서 늘어난 전문화(specialization)와 분열(fragmentation)을 어느 정도 반영하고 있으며(Winthrop, 1963; Ravitch & Viteretti, 2001), 교육 연구에서 다양한 하위 전문화(sub-specialization) 간에 점차 커져가는 분열을 반영하고 있다. 이런 현상의 한 가지 결과는 특정 이론이나 견해를 선호하는 연구자들이 자신들을 고립시키며, 자신들의 관점을 강조하는 저널과 전문적인 학회 혹은 분과 학회에 자신들의 연구, 독서, 그리고 공동 연구를 제한하는 경향이 있다는 것이다. 수업과 학습에 관심이 있는 다양한 집단들 간의 대화를 장려하는 시도는 그들 간의 간격을 메우고 중요한 이견을 해결하는 데 도움을 줄 것이다.

이런 논쟁에 참여하는 사람들은 우리들의 교육시스템에 대한 이념적인 변화를 강요하기 위해 우리의 가이던스 접근방법을 변화시키기보다는 우리가 계승한 교육시스템에서 수업 개선을 원하고 있다는 가정과 함께 이 장을 시작한다. 이런 예외를 염두에 둔 채, 다음에는 서로 논쟁하는 많은 파벌이 타당하다고 받아들이는 것 같은 수업 지원의 유형과 아울러 그동안 이견을 야기해 왔던 것들에 대해 서술한다.

●○ 수업으로부터 학습에서의 가이던스와 발견

지난 세기에 학습하는 동안 제공되는 수업 지원은 수업방법(Cronbach & Snow, 1977; Tobias, 1982; Clark, 1982), 수업전략 혹은 교수전략(예컨대, Merrill, 2002; Weston & Cranton, 1986), 지시적 수업(Klahr & Nigam, 2004), 그리고 스캐폴딩(예컨

대, Pea, 2004)과 같은 용어로 불려 왔다. 수업방법이 학습에 영향을 미치는 방식에 대한 매우 매력적인 논의에서, Salomon(1994)은 수업 지원이 수행에 필수적인 인지 과정을 활성화하거나 대체한다고 가정했다. 그러나 많은 수의 조작적으로 (operationally) 상이한 처치가 이런 지원 유형의 개별 사례로 제공되어 왔다. 정의 (definition)에 있어서의 가변성은 수업 처치를 이해하기 위한 일관성 있는 시스템 개발을 거의 불가능하게 만들었다. 30년 전에, Cronbach와 Snow(1977)는 "수업 처치 분류학(taxonomies of instructional treatments)은 … 거의 전적으로 결여하고 있다 … 우리는 복잡한 처치가 그것에 따라 바뀌는 중요하고도 근원적인 차원을 확인할 [필요가 있다]" (pp. 164-165)고 불평했다. 30년 후, 연구에서 검토된 수업 지원 활동과 실제에서 사용된 수업 지원 활동의 다양성 간의 차이를 서술하기 위한 체계적인 방식을 우리는 계속 갖지 못하고 있다. 수업 처치를 서술하기 위한 이런 시스템의 결여가 바로 수업 지원을 위해 요구되는 모든 활동에 대해 수업에 관심 있는 사람들이 의견을 달리한다는 것을 의미하지는 않는다. 예를 들어, 구성주의에 관한 논쟁에서 양쪽 입장에 바탕을 두고 있는 많은 참여자들은 일반적으로 Pea(2004)가 수업 "스캐폴딩(scaffolding)"의 양상으로 특징지었던 몇 가지 지원 유형의 유용성에 관해 동의할 것이다.

스캐폴딩과 가이던스 대조하기

Pea(2004)와 여러 학자들은 한 가지 수업 지원 접근을 서술하기 위해 "스캐폴딩 (scaffolding)"이라는 용어를 채택했다. 스캐폴딩은 건축 공사의 초기 단계 동안 빌딩을 지지하기 위해 위치시켰다가 빌딩이 점차 견고해짐에 따라 점진적으로 철회되거나 "사라지게 되는(faded)" 외적 프레임을 의미하는 공학 용어이다. 교육적 맥락에서, 스캐폴딩은 학생들의 학습이 더 강해짐에 따라 사라지게 되는 학습 지원을 제공한다. Pea는 "보다 진전된 과제 해결책 모델링하기 — [그리고] … 적절한 과제 특징을 표시하여 학습자의 주의를 환기하고 집중시킴으로써 … 과제를 위한 자유도 (degree of freedom)를 줄이는 것"(p. 432)으로 스캐폴딩을 서술하고 있다. 더욱이 Pea는 스캐폴드된 상황을 "도움을 받지 못할 때 독립적으로 추구된다면 자신의 이해력을 넘어서는 과제를 수행하기 위해 학습자가 도움이나 지원을 받는 것들 … [그리고 점차적으로] 학습자가 보다 숙달됨에 따라 [지원을] 사라지게 하는 것" (pp.

430, 431)으로 특징짓고 있다.

이런 서술은 일반적이므로 학습 진전을 평가하기 위해 사용된 구체적 측정 유형에 관해서 혹은 "도움 받지 못하는(unassisted)" 학습자들에게 정확하게 언제, 어떻게, 그리고 얼마나 많은 지원이 인지적으로 지나친 부담 없이 사라져야만 하는지 – 그리고 정확하게 어떻게 해결책을 모방해야만 하는지 혹은 어떻게 가장 효과적으로 그리고 가장 효율적으로 주의를 집중시켜야만 하는지에 관한 논의에 문호를 개방하라. 그러나 페이딩(fading), 모델링(modeling), 그리고 주의 지시하기(directing attention)의 장점에 대한 폭넓은 동의가 있다. 이런 일반적인 지원 범주에 관한 주장에서 어려운 문제는 세부 사항에 있다. 가이던스에 관한 논쟁에 결정적인 세부 사항은 도움을 받지 못한 학생들에게 그들 자신의 문제해결책이나 과제 완수 방식을 구성하거나 발견하도록 요구해야만 하는지 아니면 그들에게 시범 교수된 절차를 반드시 사용하도록 요구해야 하는지의 여부에 관심이 있다. 스캐폴딩 이론은 "학습자들이 혼자 힘으로는 과제나 목적을 끝낼 수 없다는 독립적 증거(independent evidence)를"(p. 443) 가지고 있을 때에만 스캐폴딩을 제공한다는 것을 반드시 입증해야 한다고 Pea(2004)는 제안한다. 학습자들은 이전에 학습한 적이 없고 자동화되지 않은 과제의 모든 측면을 수행하는 방법에 대해 완전한 시범을 제공받아야만 한다고 가이던스를 주장하는 사람들은 제안한다. 그러므로 학습자가 적절한 정신적 노력으로 문제를 해결할 수 있다 할지라도, 가이던스 주장자들은 "시기와 방법(when and how)"에 대한 완전한 서술을 제공하는 것이 더욱 효과적이고 효율적이라는 증거를 제공하고 있다(Kieschner, Sweller, & Clark, 2006; Sweller, Kirschner, & Clark, 2007). 이것이 이런 논쟁에서 많은 참여자들을 분리시키는 핵심 이슈이다.

문제기반 학습과 가이던스 이론 대조하기

마찬가지로, 구성주의의 일부 측면에 동의하지 않는 많은 사람들은 수업 중 학습자들에게 "진정한(authentic)" 문제나 혹은 과제에 대한 서술을 제공하기를 제안하는 문제기반 혹은 탐구학습을 주장하는 사람들에게 동의할 수 있다. 학습자들을 동기화시키고, 학생들의 주의를 집중시키며, 학생들의 이전 관련 경험과의 연결을 도와주기 위해 수업에 앞서 문제가 제시되며, 아울러 학습자들이 어떤 종류의 문제를 해결하기 위해 학습할 때 다시 문제가 제시된다. 예컨대, 역사 수업을 가르칠 때,

문제기반 학습을 주장하는 사람들은 "훌륭한 시민이 [역사에 대한 그들의 지식을 활용하는] … 방식에 있어 역사의 활용"(Savery & Duffy, 2001, p. 4)을 표상하는 역사 문제를 우리가 서술하도록 할 것이다. 또한 문제나 과제 진정성에 관한 동의는 학습을 확인하기 위해 사용되는 측정에까지 확장된다. 대부분의 문제기반 학습코스에서, 결과 측정은 임의적인 사실(arbitrary facts)이나 절차적 단계를 기억하기보다는 현실적 환경에서 자신들이 학습했던 것을 문제해결에 적용하기 위한 학생들의 능력을 테스트한다.

효과적인 해결책이 이용가능할 때 진정한 문제해결책을 구성하기 위해 문제기반 학습을 주장하는 사람들이 학습자들에게 노력을 기울이도록 요구할 때 아직까지 우리들 중 일부는 그들과 의견을 달리한다. Savery와 Duffy(2001)는 역사적 분석을 학습하기 위해 학생들이 "역사의 구성에 참여하기"를 원하며, 과학을 학습할 때 "우리는 학습자가 지시받은 대로 과학적인 절차를 실행하여 … [위해 학습]하는 것을 원하지 않으며, 오히려 [학습자의 발달수준을 고려해서 설계된] 과학적인 문제해결에 참여하기를 원한다"(p. 4). 그들은 "교사의 역할은 학생들의 사고에 도전하는 것이어야지, 그런 사고를 가르치거나 절차화하려고 시도해서는 결코 안 된다"(p. 5)고 제안한다. 핵심적인 이슈는 학습자들이 자신의 학습 지원이나 혹은 학습 중인 커리큘럼의 일부분이라 할지라도 발견하거나 혹은 고안하도록 요구받게(강요받게, 지시받게) 될 것인지의 여부이다. 이런 이슈는 미묘하지만 과거 수많은 수업 처치가 적절한 장점을 보여주는데 실패했던 이유라고 Mayer(2004) 그리고 Kirschner, Sweller 및 Clark(2006)가 믿고 있는 것을 이해하는 데 결정적이다. 또한 그것은 Hmelo-Silver, Duncan 및 Chinn(2007), Schmidt, Loyens, van Gog 및 Paas(2007)의 답변에서 그리고 Sweller, Kirschner 및 Clark(2007)의 답변에 대한 대응에서 증거로 제시되었던 실험설계에 관한 논쟁을 지배했던 이슈이기도 하다.

●○ 가이던스가 무엇이며 학습 중 발견보다 선호되는 이유는 무엇인가?

수업 "가이던스"는 학생들에게 정확하고 온전한 절차적 정보(그리고 관련된 선언적 지식)를 제공하는 것으로 정의된다. 그런데 그런 절차적 정보는 학습과제 그리고/혹은 문제해결을 완수하기 위해 필수적인 행동 순서(sequence of actions)를 수행하는 방법과 필수적인 결정을 내리는 방법에 관한 시범에서 학생들이 아직 학습하지 않았던 정보이다. 또한 가이던스는 적용 환경에서 기대되는 수행을 표상하는 그리고 학생들이 실습하는 동안 지지적 피드백(supportive fedback)과 교정적 피드백(corrective feedback)을 받는 문제해결이나 과제 완수에 시범 절차를 적용함으로써 학생들이 실습하도록 강요한다.

이런 가이던스 방법은 세 가지의 정의적 준거(defining criteria)에 기초하고 있다:

1. 가이던스는 과제 수행이나 일종의 문제해결을 위한 방법(결정과 실행)과 시기(조건)에 대한 정확하고 온전한 시범을 제공해야만 한다;

2. 적응적 전이(adaptive transfer)가 요구될 때, 가이던스는 학습자가 새로운 상황을 조정하기 위한 절차에 적응하도록 하는 다양한 실습과 선언적 지식을 반드시 제공해야만 한다;

3. 가이던스는 전이환경에서 부닥치게 될 것들을 대표하는 부분 과제와 전체 과제 문제(part- and whole-task versions of problem)에 즉각적이고 교정적 피드백이 수반되는 절차에 대한 강요된 개인적 적용 실습을 요구한다.

이런 세 가지 준거를 위한 증거와 이론적 근거는 각각 다음에 논의될 것이다.

1 가이던스는 과제 수행이나 일종의 문제해결을 위한 방법(결정과 실행)과 시기(조건)에 대한 정확하고 온전한 시범을 반드시 제공해야 한다

Mayer(2004), Kirschner, Sweller 및 Clark(2006), Sweller, Kirschner 및 Clark(2007)는 학습 가이던스에서 변동의 효과(effects of variations)에 대한 실험실 연구와 현장중심 연구의 조합을 리뷰했다. Mayer(2004)는 이런 발견이 적어도 반세기를 거슬러 올라가는 연구에서 명백해졌다는 증거를 제시했다. Merrill(2002, 2006)은 오늘날 다수의 증거기반의 수업설계시스템이 가이던스를 충족하는 방식에 대해 서술하고 있다. 이런 연구 리뷰는 대부분의 효과적인 수업 가이던스가 과제 수행방법이나 혹은 일종의 문제해결 방법을 서술했던 시범이라는 형태로 완전한 정보를 제공했다고 결론짓고 있다. 또한 효과적인 처치는 교정적 피드백이 수반되는 적용실습 기회를 제공했다.

절차적 수업(procedural instruction)이 왜 학생들로 하여금 발견하게 하거나 절차를 구성하도록 요구하는 것보다 더 효과적인지, 그리고 복잡한 과제를 완수하는 방법에 대해 정확하고도 온전한 시범을 제공하는 것이 왜 그동안 힘들었는지 그 이유를 서술하기 위해, 다음 논의는 학습에서 지식 유형의 영향력에 대한 연구와 자동화된 전문성(automated expertise)이 수업의 개발과 전달에 영향을 주는 방식에 대해 간단히 리뷰하는 것으로 넘어간다.

선언적 지식과 절차적 지식

Schneider와 Shiffrin(1977) 그리고 여타 연구(Anderson, 1983, 1996; Newell, 1990; Schneider & Chen, 2003)는 두 가지 유형의 지식 즉, 통제된 지식(흔히 선언적 지식으로 부름)과 자동화된 지식(흔히 절차적, 암묵적 혹은 생산적 지식으로 부름)이 복잡한 과제의 수행에 포함되어 있다는 증거와 함께 강력한 가이던스를 위한 이론적 설명을 제공했다.

복잡한 학습(complex learning)(Clark & Chen, 2006)은 이런 두 가지 유형의 지식이 수업 연구나 혹은 실제에서 우리가 거의 인식하지 못하는 방식으로 상호작용한다는 것을 요구한다. 학습과 수행 중 지식 유형이 상호작용하는 방식을 이해하는 것은 수업에 대한 이해를 높이는 데 결정적이다. Anderson(1983, 1996; Anderson & Lebiere, 1998)이 발표한 사고의 적응적 제어-수정(Adaptive Control of Thought-Revised: ACT-R, 이하 ACT-R로 표기) 이론은 이런 두 가지 지식 유형의 학습과 인지적 조작에 대한 체계적 연구성과의 한 가지 사례인데, 그것은 인지에 대한 인지적 정보처리 이론(cognitive information-processing theories)에 기초하고 있다. 모든 학습과 수행은 선언적 지식-삽화적 혹은 어의적 형태(semantic form)로 사실, 개념, 과정, 그리고 원리의 추상적 표상-과 구체화된 조건하에서 목적을 성취할 목표 진술, 명시적 실행, 그리고 인지적 조작으로 이루어진 정신적인 "산물(productions)" 형태의 절차적 지식의 조합에 의해 지지된다는 증거를 Anderson과 그의 동료들은 제시하고 있다. 지식의 각 유형은 분리된 장기기억시스템에 저장된다.

ACT-R에 기초하고 있는 연구는 고급 수학문제 해결과 같은 복잡한 과제 수행은 목표를 달성하는 절차의 형태로 산물을 요구하며, 선언적 지식은 이미 학습된 산물의 누락된 단계에서 채우는데 가끔 유용하다는 증거를 제공한다. 또한 시간이 지나

면서 사용함에 따라, 산물은 자동화되고 무의식적으로 되지만, 선언적 지식은 활동
이 의식적으로 인지되는 작동기억 속에서 처리된다는 것을 ACT-R은 제시한다. 우
리가 수행목표를 반영하는 조건을 인지할 때마다, 이용가능한 산물에 의존하는 수
행은 시작된다는 것을 ACT-R은 구체적으로 명시한다. 학습하기 혹은 문제해결이
목표일 때, 우리는 이용가능한 목표지향적 산물을 적용하며, 이용가능한 산물이 불
완전하거나 혹은 부적절할 때 우리는 누락된 단계 속에 채우기 위해 선언적 지식
을 활용한다. 만약 수업이 간격을 메울 필수적 단계를 제공한다면, 선언적 지식을
사용하는 것(Velmahos et al., 2004; Clark & Elen, 2006)보다 학습은 더 빨리 그리고
더 효과적으로 일어난다(예컨대, 더 적은 수행 실수와 함께). 하지만 우리가 수행을
인식하는 것은 작동기억에서 처리했던 선언적 지식에 제한되는데, 왜냐하면 그들
이 작동기억에 대한 제한을 회피하도록 산물이 자동화되고 무의식적으로 되기 때
문이다(예컨대, Kihlstrom, 1987의 의식에 대한 장에서 이런 과정에 대한 주목할 만
한 논의, 그리고 Sweller, 2006의 인지부하이론에 대한 서술 참조).

　자기 인식(self-awareness)이란 부분적으로 선언적 지식을 기억하는 것에 관해 우리
의 사고를 관찰하는 역량이다. 하지만 아직 우리는 자동화되고 무의식적인 절차적
지식의 일정한 사용을 단지 간접적으로 인식하고 있으며, 절차적 지식의 조작 결과
에 주목함으로써만 그것을 관찰할 수 있다. 예를 들어, 6 × 108의 결과를 요구받았
을 때 대부분의 성인들은 자신이 어떻게 그 문제를 해결하게 되었는지에 대한 인
식 없이 "648"이라고 답할 것이다. 해결절차 가운데 자동화되지 않은 단지 일부만
의식되므로 의식적 검열(conscious inspection)에 개방된다. 어떤 독자들은 해결책을
얻기 위해 100에 6을 곱하고 자동화된 6 곱하기 8의 산물을 첨가할 수도 있을 것
이다. 또 다른 사람들은 "648"이라는 답을 즉각적으로 이해할 수도 있을 것이다.
이런 유형의 문제에 두 가지 의식단계에서 조작을 수행했던 사람들은 전체 해결
과정을 자동화했던 사람들보다 자신들의 인지적 처리를 더 잘 인식하고 있을 가
능성이 크다.

　이런 논의에 중요한 것은 학습이나 문제해결의 선언적 요소들이 단지 "빙산의
일각(tip of the iceberg)"일 수도 있다는 최근의 증거이다. 대부분의 과제에 대한 교
수·학습과 복잡한 문제의 해결은 과제에 대한 의식적인 구성요소의 조정을 지원
하는 상당수의 과제 특수적 자동화 과정에 대한 이해를 요구할 개연성이 크다. 이
런 무의식적인 요소는 수업 연구자, 교사, 혹은 트레이너에 의해 알려지지 않고/않

거나 무시될 수도 있다. 작동기억에 대한 심각한 제한성 때문에 문제해결과 학습을 지원하는 대부분의 정신과정은 자동화되고 무의식적인 것 같다(Cowen, 2001; Clark & Elen, 2006; Sweller, 2006; Feldon, 2007). 발견학습(Mayer, 2004)에 대한 지난 반세기의 연구로부터의 증거를 해석하기 위한 한 가지 방식은 복잡한 과제에 대한 수행을 가장 효과적으로 지원하는 학습유형은 거의 완전히 절차적이라는 것이며 전문성은 대부분 자동적이고 무의식적이기 때문에 전문가는 대부분 자신들이 과제를 수행하고 문제를 해결하는 방법을 인식하지 못한다는 것이다(Clark & Elen, 2006; Clark, Feldon, van Merriënboer, Yates, & Early, 2007).

전문가는 대부분 자신들이 수행하는 방법을 인식하지 못한다 - 70% 원리

수업의 한 가지 구성요소는 커리큘럼인데, 그것은 부분적으로 일련의 과제를 완성하기 위해 요구되는 지식에 대한 서술이다. 가장 흔히 그 분야에서 가르칠만한 실제 경험과 공교육 양쪽 다 가지고 있는 전문가가 커리큘럼을 준비한다. 전문가가 수업자료를 개발할 때 학생들이 반드시 학습해야 할 과제에 관해 자신들이 알고 있는 것을 공유하려고 시도한다. 그러나 아직도 대부분의 전문가들은 자신의 전문영역 내에서 매우 복잡한 문제를 해결하는 데 성공적일지라도 그들은 대부분 자신들의 전문성에 대한 조작(operation)을 모르고 있다는 증거가 있다(Besnard, 2000). 예를 들어, Feldon(2004)은 연구 설계를 가르치는 다수의 치밀한 심리학자들이 사용했던 개인적 연구 설계전략에 대한 자기 인식(self-awareness)을 연구했다. 젊은 연구자들을 위해 멘토로서 봉사했던 이런 전문가들이 실험을 설계할 때 자신들이 사용하고 있었던 주된 분석 전략의 약 70%를 모르고 있었다는 것을 Feldon은 발견했다.

전문성은 대부분 자동화되고 무의식적이라는 가설을 위한 부가적인 증거는 과제 분석연구 그리고 전문가와 함께 수행된 자기보고 프로토콜(self-report protocols)로부터 온다. 예를 들어, Chao와 Salvendy(1994)는 체계적인 과제-분석 인터뷰 동안 다수의 최고 프로그래밍 전문가들이 저질렀던 실수를 연구했다. 특수한 프로그램을 해결하고 수정하기 위해 전문가가 제안한 단계는 마스터 프로토콜을 개발하기 위해 수집되고 사용되었다. 그들의 분석은 각 전문가가 제안한 오류수정 전략은 단지 약 31%만 정확했다고 제시했다. 이런 전문가들은 프로그램을 수정할 수 있었지만 자신들이 사용했던 단계의 70%에 관해 모르고 있었다. Besnard(2000), Clark 등(2007), Hoffamn, Crandall 및 Shadbolt(1998)는 유사한 자료를 보고하는 여타 연구를 서술했다.

교사와 트레이너는 종종 잘못되거나 불완전한 정보를 제공하기도 한다

우리들 자신의 자동화된 절차적 지식을 인식하지 못한다는 증거는 수업과 학습에 관해 우리가 가장 근접되게(closely) 주장한 가정 가운데 많은 것에 의문을 불러일으킨다. 교사는 초기 학교교육으로부터 고급 박사프로그램까지 모든 교육수준에서 자신의 전문성 때문에 선정된다. 인지적 도제(Brown, Collins, & Duguid, 1989)와 실천공동체(Brown & Duguid, 1991)는 둘 다 복잡한 지식을 가르치기 위한 대중적인 전략이다. 교사, 멘토, 그리고 공동연구자들은 "자신들이 아는 것을 가르치도록" 기대된다. 가르치는 전문가가 자신들의 절차적 지식에 대해 평균 70%를 모르는 사람이라면, 그들의 학생들이나 공동참여자들을 위한 결과는 무엇이 될 것인가? 지난 반세기 동안, 학생들 적성과 상이한 형태의 수업처치 간의 상호작용을 검토하는 연구(가장 흔히 적성 x 처치 혹은 ATI 연구라고 불려짐)는 수업이 불완전하고, 비구조화되어 있으며, 혹은 잘못된 정보를 주었을 때 능력수준이 더 낮은 그리고/혹은 선행 지식이 더 적은 그리고/혹은 동기수준이 더 낮은 학생들이 학습 장애(learning difficulties)에 더 취약했다는 것을 일관되게 보고했다(예컨대, Cronbach & Snow, 1977; Kyllonen & Lajoie, 2003).

부실하게 정의되었거나 비구조화된 지식 영역에서의 가이던스

비구조화된 지식영역으로부터 오는 현대 커리큘럼에서 요구되는 많은 과제에 정확하고 완전한 가이던스는 가능하지 않다고 일부 수업 연구자들과 개발자들은 주장한다(Jonassen, 1997; Spiro, Feltovich, Jacobson, & Coulson, 1992). 빈약하게(poorly) 구조화된 문제란 "다양한 해결책, 해결책 경로, 다루기 곤란한 아주 소수의 매개 변수를 가진, 그리고 어떤 개념, 법칙, 그리고 원리가 해결을 위해 필요한지 혹은 그런 것들이 어떻게 조직되어 있는지 그리고 어떤 해결책이 최선인지에 대해 불확실성을 포함하고 있는" 것들이다(Jonassen, 1997, p. 65). 의학적 진단, 역사적 분석, 리더십 혹은 조직 관리와 상담심리학 등이 그런 사례에 포함된다. 또한 Anderson의 ACT-R 이론처럼 절차적 수업의 장점을 보여주기 위해 사용되는 연구과제는 수학과 같이 보다 구조화된 영역으로부터 도출되는 경향이 있으므로 비구조화된 영역에는 일반화되지 않을 수도 있다고 주장된다.

어떤 영역을 "비구조화된(ill structured)"이라고 서술하는 것은 가장 흔히 영역 전문가가 동의하지 않거나 아니면 어떤 문제에 해결책이 없다는 것 가운데 하나를 의미한다. 거의 모든 문제는 "다양한 해결 경로(multiple solution paths)"를 포함하고 있는데, 그 가운데 상당수는 문제에 대한 수용가능한 해결책을 획득한다. 이런 경우에, 최선의 옵션은 초보자들에게 가장 직접적이고 단순한 해결 경로를 가르치는 것이다. 일반적으로, 전문가가 시종일관 복잡한 문제해결에 실패할 때, 학생들이 수업 중에 해결책을 발견하리라고는 거의 기대할 수 없다. 학생들이 해결책을 고안하리라고 기대되는 경우, 바람직한 수업방법은 그 영역 내 문제해결책을 고안하기 위한 전문가 기반 절차(expert-based procedures)를 제공하는 것이다. 이런 경우 수업의 초점은 해결책을 발견하는 학생들로부터 해결책을 발견하기 위한 절차를 학습하는 학생들에게로 옮겨간다. 문제해결 수업을 설계하는 사람들에게 중요한 이슈는 어떤 지식영역에서 문제해결이나 혹은 과제 수행에 일관성 있게 성공하는 전문가가 있는지의 여부이다. 문제에 대한 숙달된 해결책은 인지적 과제분석을 사용함으로써 포착할 수 있으며 초보자들에게 가르칠 수 있다.

전문성 포착을 위한 인지적 과제 분석

전문가에 의해 사용되는 자동화된 지식을 포착하고 확인하기 위한 인지적 과제 분석(cognitive task analysis: 이하 CTA로 씀)의 사용에 대한 연구는 최근에 성장했다 (Clark & Estes, 1996; Schraagen , Chipman, & Shalin, 2000; Clark et al., 2007). 자동화되고 무의식적인 전문가 지식을 확인하기 위한 CTA 사용의 수업적 가치에 대한 증거로서, Lee(2004)는 다양한 조직에서 CTA 기반 훈련 및 수행－개선 연구에 대한 메타분석 연구를 수행했으며 상이한 유형의 과제에 초점을 맞추었다. 그녀는 행동적 과제 분석을 사용하는 보다 전통적인 수업설계에 비교했을 때 CTA 기반 수업에 1.72라는 훈련 후 수행획득효과 크기(결과 수행 측정치에 대한 평균 44%의 증가)의 종합적인 중앙 백분율(overall median percentage)을 보고했다. 리뷰된 결과 측정의 대부분은 회상(recall)이나 재인(recognition) 과제보다는 학습의 적용(application)을 강조했다.

Velmahos 등(2004)은 의과대학에서 가르치는 응급의료 전문가의 전문성을 연구했다. 통제된 연구에서, 24명의 의과대학 학생들 가운데 임의적으로 할당된 (randomly assigned) 반수의 집단은 숙달된 응급의학 교수에 의해 전통적인 모델링과 실습 전략으로 일상적인 응급 절차를 배웠다. 사용된 교수 전략은 "보고-행하고-가르치는(see one-do one-teach one)"이라고 불린다. 학생은 맨 처음 "소리내어 생각하기(think aloud)" 방식으로 그것을 설명하는 전문가의 수행절차를 지켜본 다음, 같은 전문가로부터 피드백을 받는 동안 그 절차를 실습한다. 마지막으로 그 학생은 전문가가 지켜보는 동안 또 다른 학생이 그 절차를 수행하도록 가르친다. 이런 수업방법이 수십 년 동안 의료에 봉사해 왔지만, 의학적 실수에 관한 최근의 관심은 의과대학생들이 훈련되는 방식에 초점을 다시 맞추었으며, 복잡한 절차를 가르치는 방식에서 확인된 격차를 좁히려는 시도를 고무했다(Starfield, 2000). 동일한 응급 절차에 대해 "보고-행하고-가르치는" 학생들의 훈련 후 수행이 "인지적 과제분석(cognitive task analysis)" 혹은 CTA(Clark & Estes, 1996; Schraagen *et al.*, 2000; Clark *et al.*, 2007)에서 수집된 정보로 훈련받은 나머지 반수의 의과대학생들과 비교되었다. CTA 인터뷰는 전문가에 의해 이루어지는 자동화된 결정을 드러내어 그런 것들이 훈련에 도움이 되도록 만들기 위해 설계되어 있다. CTA 훈련을 받은 학생들은 자신들이 보았던 시범된 절차를 사용하도록 요구받았다. CTA로 인터뷰된 응급의료 전문가 또한 보고-행하고-가르치는 조건을 위한 강사로서 봉사했다. 모든 학생들은 기억 테스트와 수행 테스트 두 가지 테스트를 받았다. 분석 결과 보고-행하고-가르치는 학생들에게 제공된 정보가 중대한 누락과 실수를 내포하고 있다는 것이 분명해졌다.

훈련 후, 다음 해에 의과대학생들이 환자와의 루틴(일상적인 것들)을 수행할 때마다 자신들이 경험했던 수업방법에 익숙하지 않았던 심판관에 의한 체크리스트로 그들은 관찰되고 평가받았다. 인지적 과제분석에 기초한 훈련을 받았던 실험집단은 훈련이 뒤따랐던 해 동안 모든 분석적인(진단적) 그리고 많은 수행 항목에서 전문가가 가르친 통제집단보다 50% 이상 우월했다. Velmahos(개인적 커뮤니케이션) 또한 전통적으로 훈련받은 의사는 환자에게 의료적 프로토콜을 적용하는 세 번의 심각한 의학적 응급사태를 야기했으며(신임 의사들의 평균), CTA 훈련을 받은 의사들은 생명을 위협하는 실수를 한 번도 저지르지 않았다고 보고했다.

연구 제안

가이던스에서 변동(variations)에 관한 논쟁은 "한 번에 한 가지 [관련된] 변수를 바꾸는 경쟁적인 수업절차에 대한 임의적, 통제된 테스트가 적절하게 통제된 실험의 본질적인 특징이다"(Sweller, Kirschner, & Clark, 2007, p. 115)라는 것으로부터의 증거를 참조함으로써 가장 잘 결정될 수 있다. 덧붙여, 시험을 위해 선정된 전략에 대한 가설적 조작은 인간의 인지구조에 대한 증거기반 견해로부터 도출되어야만 한다. 기존 연구에 대한 균형잡힌 리뷰는 가이던스에 관한 대부분의 논쟁이 가이던스 실험을 설계하기 위한 상이한 전략으로부터 나올지도 모른다는 것을 암시할 것이다. 설계 이슈는 구성주의, 발견, 그리고 문제기반 학습의 "실패(failure)"에 관한 Kirschner, Sweller 및 Clark(2006)의 주장에 동의하지 않는 근원인 것으로 보인다. 이런 리뷰에 대한 답변(예컨대, Hmelo-Silver *et al.*, 2007; Schmidt *et al.*, 2007)은 문제기반 학습 실험에서 전형적으로 발견되는 낮은 혹은 중간 수준의 가이던스가 전혀 가이던스가 없거나 혹은 최소 수준의 가이던스에 비교된 연구로부터의 증거를 지적했다. 적용학습을 요구하는 가이던스의 양과 유형을 검토하는 연구 프로토콜은 반드시 수업시범 안에 있는 단계의 완결성을 체계적으로 다양하게 해야만 하며 학생들에게 과제를 완성하고 문제를 해결하기 위한 절차를 학습하고 적용하도록 요구하는지의 여부를 체계적으로 다양화해야만 한다. 문제해결의 모든 모형이나 시범 그리고 과제를 수행하는 방식의 "예제(worked examples)"는 동등하게 완전하거나 정확하지 않다(Clark *et al.*, 2007; Velmahos *et al.*, 2004). 불완전한 시범, 모형, 혹은 예제는 학습자들에게 불필요하고 때로는 압도적인 양의 부적절한 인지적 부하를 지운다는 상당한 증거가 있다(Mayer, 2004; Sweller, 2006). 절차 가운데 누락된 단계나 섹션을 구성하게 하거나 혹은 문제해결을 위한 루틴을 완성하도록 학생들에게 요구함으로써 부과되는 인지적 부하가 이롭다, 해롭다, 혹은 중요하지 않다는 주장을 이제 모든 연구자들은 입증해야만 한다. DeLeeuw와 Mayer(2008)는 상이한 유형의 인지적 부하를 측정하는 다양한 접근방법을 검토했으며 수업 중 부과된 상이한 유형의 인지적 부하는 상이한 유형의 측정에 민감하다는 증거를 제공했다.

가이던스가 다양한 처치를 구성하기 위해 사용된 조작, 의사결정 법칙, 그리고 심리학적 추론을 우리는 반드시 분명하게 서술해야 한다. 가이던스 연구에 대한 비평가와 소비자는 스캐폴딩, 문제기반, 혹은 지시적 수업과 같은 명칭을 넘어서야만 하며 대신에 처치를 설계하고 실행하기 위해 사용된 조작을 신중하게 살펴보아야 한다.

이제 시범은 가이던스를 위해 요구되는 유일한 지원 유형이 아니다. 다음 논의는 수업 이후 새로운 상황에로의 학습 전이를 지원하기 위해 포함되는 가이던스의 요소로 옮겨간다.

2 적응적 전이가 요구될 때, 가이던스는 학습자가 새로운 상황을 조정하기 위한 절차에 적응하도록 하는 다양한 실습과 선언적 지식을 반드시 제공해야 한다

사람들이 적응적으로 되도록 가르칠 수 있는지의 여부에 관해 상당한 이견이 있으며(예로서 Anderson, Reder, & Simon, 1996; Singley & Anderson, 1989 참조) 이제 대부분의 교육자들은 적응성(adaptability)을 교육의 바람직한 목적으로 보고 있다. 절차적 지식은 그것이 학습되었던 맥락에 종속되어 있다고 간주되며 따라서 어떤 연구자들은 적응성이라는 개념을 전적으로 거부한다(Anderson *et al.*, 1997). 이 섹션의 논의는 적응적 전문성(adaptable expertise)에 대한 증거에 대해 간단히 서술하는 것으로 시작한 다음 적응적 전문성을 촉진하는 수업 지원의 유형에 관한 이견을 고찰한다.

상이한 수업이론은 적응적 전문성을 성취하기 위한 상이한 방식을 제안한다. 그런 차이점 가운데 맨 위에 있는 것은 문제해결이나 과제 완수를 위한 구체적인 절차와 함께 강요된 순종(forced compliance)이 적응적인 수행을 지원하는지 아니면 억제하는지의 여부에 대한 질문이다. 이런 관심은 문제나 과제가 "도움을 받지 못할 때 독립적으로 추구된다면 자신의 힘이 미치지 못할"(p. 430) 때까지만 스캐폴딩은 학습 지원을 제공한다고 규정하고 아울러 "도움을 받지 않으면 학습자는 그 과제나 목적을 이룰 수 없다는 독립적인 증거"(p. 443)를 수업 설계자와 교사는 가지고 있음을 Pea(2004)가 요구했던 주된 이유 가운데 하나이다. 또한 교사는 "사고를 … 지시하거나 혹은 절차화"(p. 5) 하지 말고 대신 "학습자가 지시받은 대로 과학적 절차를 실행하기를 …우리는 원하지 않으며 …구성주의 … 참여"(p. 4)하도록 학습자가 요구받는 것에 Savery와 Duffy(2001)가 관심을 가진 부분적인 이유이다. 절차를 가르치기를 제안하는 사람들은 절차가 시범될 때 적응적인 전문성이 다양한 실습과의 결합으로 귀결된다고 주장했다.

강요된 절차적 지식은 적응성을 억제하는가?

전문성과 전이에 관한 방대한 실체의 경험적 연구는 절차가 적응성을 억제하지 않는다(오히려 지원한다)는 결론을 지지한다. 여러 학자들 가운데, Hadano와

Inagaki(1986, 2000), Besnard와 Bastien-Toniazzo(1999), Bereiter와 Scardamalia(1993), Gott, Hall, Pokorny, Dibble 및 Glaser(1993), Perkins와 Grotzer(1997), De Corte(2003), Masui와 De Corte(1999), 그리고 Klahr와 Nigam(2004)은 보다 융통성있는 전문가가 덜 융통성있는 전문가보다 절차적 지식과 개념적 지식 두 가지 모두를 상이하게 획득하고 또한 적용한다는 증거를 제시했다. 고급 전문성의 개발에 대한 연구의 최근 리뷰에서, Feldon(2007)은 융통성 문제와 맞싸우며 다음과 같이 진술하고 있다:

　자동화된 기능의 획득과 전이에 대한 신중한 경험적 연구는 새로운 단서와 환경(novel cues and circumstances)에까지 자동화된 절차의 제한된 전이가 발생할 수 있다는 것을 보여준다 … 더욱이 복잡한 기능은 본질적으로 수많은 별개의 하위기능의 편집이기 때문에, 어떤 특정 수행이라 할지라도 세 가지 가능한 경로 가운데 하나를 대표할 것이다. 세 가지 경로는 (1) 전적으로 자동화된 과정들, (2) 자동화된 그리고 의식적으로 매개된 하위기능의 순차적 실행, 혹은 (3) 자동적인 요소와 의식적인 요소 두 가지 모두의 동시적 실행이 그것이다.

(p. 97)

　전문가가 절차를 학습하고 자동화할 때 절차를 적용하는 조건을 확장하고 다양화함으로써 새로운 문제를 해결하기 위해 "하위-기능(sub-skills)"(보다 큰 절차의 정보 분할)을 적용할 의식적, 개념적 지식을 활용하는 동안 "생각(thinking)" 없이 그런 것들을 적용할 수 있다고 Feldon은 계속 제안한다. 자동화된 절차가 없다면, 절차 적용조건 확대하기에 포함된 새로움을 조정하는 데 수반되는 복잡성이 "인지적 과부하"를 야기하여 수행을 좌절시키는 것이 발견되었다(Clark, 2001; Sweller, 2006).

선언적 지식과 절차적 지식의 상호작용

　Anderson의 ACT-R 이론은 수행을 지지하는 산물(절차)의 개발에 의식적인, 선언적 지식의 역할을 보여주는 다년간의 연구에 의해 지지받고 있다(Anderson & Lebiere, 1998). 기존의 자동화된 지식(조건-행동 연쇄의 형태로)은 목적을 성취하는 데 적절하지 않으며, 새로운 단계를 구성하고 아울러 목적 성취를 위해 선행지식이 적용되는 조건을 확장하기 위해 학생들은 선언적 지식에 의존한다고 ACT-R은 가정한다. 구성 과정은 잘 이해되지 않는다 할지라도, 선언적 지식이 구성 과정에 흔히 포함된다고 가정하는 것은 합리적이다. Anderson과 Lebiere(1998)는 "생산 법칙은 문제를 해결하기 위해 선언적 지식을 ... 인출하고 사용하는 방법을 구체화한다"(p. 5)고 주장한다. 그리고 "산물은 생산 편성이라고 불리는 과정 속에 있는 선언적 정보 분할로부터 창출된다"(p. 11). Anderson의 ACT-R "정보의 흐름" [그림 9.1]에서, 그는 선언적 지식은 산물을 수정할 수 있지만 모든 수행은 산물에 기초하고 있다는 것을 명기하고 있다.

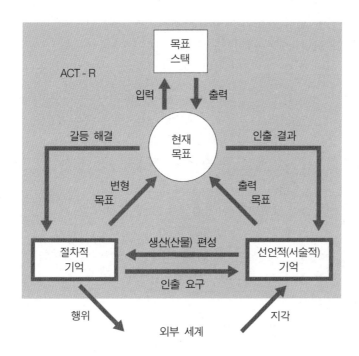

[그림 9.1]
ACT-R의 구성요소들 간 정보의 흐름(출처: Anderson & Lebiere, 2004에서 인용)

　미래에 지식이 적용될 필요가 있게 될 전이 상황의 전체 범위를 대표하는 실습 훈련을 수업 중에 제공하는 것은 전혀 가능하지 않다. 새로운 상황에의 전이를 위해 필요한 선언적 지식을 확인하는 것은 도전적인데, 왜냐하면 범주를 절차적 단계 개발에 관련시키는 방식에서 선언적 지식을 분류하는 것(categorizing)에 폭넓게 공유된 접근을 우리는 전혀 갖고 있지 않기 때문이다.

Clark와 Elen(2006)은 많은 수업 설계자와 연구자들에 의해 사용되어 왔던 Merrill(1983)의 선언적 지식 분류학으로부터 도출된 한 가지 가능한 시스템을 서술했다. 그의 시스템은 세 가지 유형의 선언적 지식을 제안하고 있는데, 각각은 상이한 종류의 절차를 지원한다. 예를 들어, 학습 "개념(concepts)"(정의를 가지고 있는 용어라면 무엇이든 그리고 적어도 한 가지 사례)은 공통적이고 문화적으로 적절한 개념의 사례를 사람들이 확인하도록 하는 분류절차의 개발을 지원한다. 예를 들어, 분노에 대한 분류 절차는 분노의 속성을 정의하는 것이 전형적인 상황에서 제시되는지의 여부를 사람들에게 결정하도록 요구하는 단계를 포함할 것이다. 이런 상황에서 적절한 선언적 지식은 어떤 사람으로 하여금 새로운 방식(미소나 혹은 웃음으로 분노가 표현되는 문화로부터 온 매우 화난 사람 같은)으로 표현된 분노를 확인하도록 허용해야만 하는 "분노(anger)"에 대한 심리학적 정의를 제공하는 것이 될 수도 있을 것이다. 아마도 그런 것들은 새로운 방식과 환경에서 표현될 때라 할지라도 그들이 분노를 확인하도록 하는 단계를 구성할 것이다. 선언적 원리를 제공하는 것(원인과 결과 관계)은 목적을 성취하기 위해 어떤 것을 변화시킬 수 있도록 하는 단계를 사람들이 개발하도록 허용한다. 만약 우리가 분노를 하나의 원리(예컨대, 대부분의 사람들에게 노여움 반응을 증가시키고 감소시키는 것으로 발견된 요인을 기술함으로써)로 서술하면, 학생들은 새로운 상황에서 타인과 상호작용할 때 그들로 하여금 분노 반응을 수정하도록 허용하는 단계를 개발할 수 있어야만 한다는 가설이 수립된다.

"다양한 실습(varied practice)"이라고 불리는 한 가지 부가적인 유형의 지원이 적응성을 증가시키는 것으로 발견되었으며, 다음 논의는 이에 대한 간단한 서술로 넘어간다.

다양한 실습과 적응성

수업하는 동안 적응적 수행(adaptable performance)을 촉진하기 위해

모든 학습과제는 그 과제가 수행되는 맥락이나 상황, 그 과제가 제시되는 방식, 특징을 정의하는 것의 중요점 등과 같은 실제 세계에서 상이한 모든 차원에 대해 서로 다르다는 것이 중요하다. 이것은 학습자들로 하여금 각 단일 과제의

세부 사항으로부터 보다 일반적인 정보를 추론하도록 허용한다.

(van Merriënboer & Kirschner, 2007, p. 19)

학생들에게 점진적으로 자신들이 학습한 것을 새로운 맥락이나 상황에 적용하도록 요구하는 것은 심지어 실습된 실제 맥락을 반영하지 않는 수업 후 전이 상황에도, 그들의 적응성(adaptability)을 증가시키는 것이 발견되었다(Cohen, Bloomberg, & Mulavara, 2005; Salomon & Perkins, 1989). 다양한(혹은 가변적인) 실습은 학생들이 학습 중인 새로운 절차를 적용할 수 있는 전이 조건을 넓혀주는 것으로 가정된다 (Salomon & Perkins, 1989).

연구 제안

적절한 선언적 지식과 다양한 실습이 뒤따르는 절차일 때 적응적 수행을 지원하는 데 강요된 절차는 구성된 루틴보다 효과적이라는 상당한 증거에 주의를 환기시키는 것은 가능하다. 예를 들어 수업의 출발점에서 문제해결책을 구성하도록 요구받는 공동학습 환경에 있는 학생들은 오로지 강요된 절차만 받는 학생들보다 더 많이 학습하며 더욱 적응적으로 된다는 증거에 주의를 환기시키는 것 또한 가능하다(예컨대, Schwartz, Bransford, & Sears, 2005; Sears, 2006). 그러나 Sears와 Schwartz 연구는 동기적 처치(예컨대, Pintrich & Schunk, 2002)로 간주되는 "문제 먼저(problem first)" 조건만 검토했으며 점증하는 양의 다양한 실습이나 선언적 지식의 영향력에 관한 가설을 테스트하지 않았다는 것은 아직 가능하다. 만약 앞으로의 연구에서 그런 변수들이 체계적으로 다양화된다면 이런 두 가지 변수에 대한 부가적 연구는 유익할 것이다.

학생들이 후일 학습되어서는 안 될 오해를 습득하지 않도록 다양한 실습은 반드시 교정적이고 지원적인 피드백이 뒤따라야만 한다.

3 전이 환경에서 부닥치게 될 것들을 대표하는 부분 과제 버전의 문제와 전체 과제 버전의 문제에 즉각적이고 교정적인 피드백이 수반되는 절차에 대한 강요된 개인적 적용 실습을 가이던스는 요구한다

효과적인 수업은 자신들의 수행에 대해 즉각적이고 교정적인 피드백을 받는 강요되고 가이드된 실습 훈련에서 자신들이 보았던 시범된 절차를 학생들이 적용할 기회를 반드시 제공해야만 한다고 가이던스 주장자들은 제안한다. Clark와 Blake(1997) 그리고 Feldon(2007)은 새롭고 도전적인 문제의 해결책을 촉진하는 방식으로 적응성을 가르칠 수 있다고 주장한다. De Corte(2003), Druckman과 Swets(1988), Masui와 De Corte(1999), Merrill(2002), Perkins와 Grotzer(1997), Rosenshine과 Meister(1997), 그리고 Rosenshine과 Steves(1986)는 피드백을 가진 가이드된 실습을 지원하고 있는 연구 기반을 서술했으며, 교실 환경에서 시범과 실습 훈련을 구성하기 위한 가이드라인을 제공해 왔다.

실습 훈련 동안 제공되는 문제와 과제는 학생들이 수업 후에 맞싸울 것으로 기대되는 문제와 과제의 전집에 대한 표본이 되어야만 한다. 대부분의 전이 환경은 사실에 대한 회상보다는 과제 수행을 요구하기 때문에, 실습은 강요된 절차의 시범이나 예제를 반드시 따라야 하며 과제를 완수하고/하거나 문제를 해결하기 위해 절차의 적용을 요구한다. 교정적 피드백은 학생들이 실수를 학습하지 않을 만큼 충분히 빈번해야만 한다. 덧붙여, Kruger와 DiNisi(1998)에 의해 많은 국가에서 수행된 피드백 연구에 대한 메타분석은 대부분의 피드백이 실습 중 학생들에 의해 사용되고 있는 전략의 효과성에 초점이 맞추어져야만 하며, 학생들이 "잘못된(wrong)" 여부에 대해서는 코멘트하지 않아야만 한다는 것을 암시했다.

실습과 피드백에 대한 구성주의 견해

학습 환경에 대한 구성주의 접근은 실습과 피드백을 지지하지만 보다 제한된 형태에서, 흔히 학습과제의 유형에 달려 있다. 구성주의에 대한 자신들의 서술에서, Savery와 Duffy(2001)는 실습과 피드백의 사용은 학습경험의 목적에 달려 있다고 제안한다:

따라서 만약 영역 특수적인 문제해결이 학습되어야만 할 기능이라면, 학습자들을 그 영역 내에 있는 문제 상황에 직면하게 하는 시뮬레이션은 적절할 것이다. 만약 보다 큰 어떤 맥락을 위해 숙달된 타이핑이 요구된다면, 연습과 실습 프로그램은 제시될 수도 있는 한 가지 옵션이라는 것이 확실하다.

(p. 6)

"학습자들이 비선형적인 구조(non-linear structure)를 사용하는 방법에 대해 자신들에게 가이드할 피드백을 거의 받지 못했다는 것, 그리고 교과에 대한 중요한 기능과 지식을 모두가 습득할 수는 없었다는 것이 문제였다"(p. 231)는 것 때문에, 교사가 학생들에게 제공하는 피드백을 증가시키는 것이 필요하다는 것을 발견했던 Shabo(1997)는 일련의 구성주의 하이퍼미디어 프로젝트를 서술하고 있다. Goodman, Wood 및 Hemdrickx(2004)는 학생들의 사전지식이 평가되고 수많은 상이한 유형의 결과 측정치가 사용되었던 대규모 연구로부터의 증거를 제시하고 있다. 그들은 "피드백의 구체성(specificity of feedback)을 증가시키는 것이 실습 수행에 긍정적으로 영향을 미쳤다"(p. 248)고 결론지었지만, 학습의 전이를 촉진하기 위해서 피드백은 다양한 실습이 수반되어야만 했다는 것을 언급했다.

구성주의자와 가이던스 주장자들의 차이는 실습과 피드백이 과제 특수적인지의 여부 그리고 전문성이 개발됨에 따라 어떤 시점에서 실습과 피드백이 사라지거나 제거되어야만 하는지에 있는 것 같다. 단지 어떤 유형의 학습과제만 실습과 피드백을 요구한다는 제안은 보다 체계적인 연구를 요한다. 구성주의자와 가이던스 주장자 모두 학생들이 더 많은 선행지식을 얻게 되면 언젠가는 그들이 실습과 피드백의 점진적인 페이딩(gradual fading)를 요구하겠지만, 페이딩을 지원하기 위해 이용 가능한 연구와 측정 기술은 분명한 서술을 어렵게 만든다는 것에 동의하고 있다.

가이던스 감퇴하기와 선행 지식 및 전문성의 측정

많은 수업이론은 전문성이 증가함에 따라 가이던스와 스캐폴딩 페이딩(fading)을 제안한다. 이런 동일한 이론들은 새로운 기능을 학습한 것으로 특징짓는 과제와 문제의 종류나 혹은 영역에 대해 이미 진전된 전문성을 성취한 학습자들에게 실습과 피드백을 포함하는 절차적 가이던스를 제공하지 않도록 제안한다. 1920년대부터 우리는 가이던스가 선행 지식과 상호작용한다는 증거를 가지고 있었다(Shulman & Keisler, 1966). 적성이 수업방법과 상호작용한다는 연구에 대한 종합적인 리뷰에서, Cronbach와 Snow(1977) 그리고 Gustafsson과 Undheim(1996)은 수업에서의 "구조(structure)"의 양이 선행지식 및 일반능력과 상호작용한다는 많은 연구를 서술했다. 사실, 반세기에 걸친 수많은 논문을 리뷰한 후에, 한편으로는 선행지식과 일반능력 간에 가장 강한 상호작용이 일어나고, 다른 한편으로는 선행지식과 수업구조(instructional structure) 간에 가장 강한 상호작용이 일어난다고 그들은 결론지었다.

Gustafsson과 Undheim(1996)에 따르면,

> 고도의 구조를 가진 처치는 속도, 피드백 그리고 강화의 연쇄(sequence)에 대
> 한 통제를 통해 학습활동에 대한 높은 수준의 외적 통제를 행사하며 … 과제는
> 작은 단위로 쪼개지고 프레젠테이션은 구체적이고 명시적이다. 설명적이고, 지
> 시적 수업, 교사 통제 혹은 반복연습으로 특징지어지는 수업방법은 높은 구조의
> 본보기이다.
>
> (p. 227)

"구조(structure)"라는 용어에 대한 이런 정의는 이 세션에서 사용되는 가이던스에
대한 정의와 비슷하다. 이런 "적성−처치 상호작용(aptitude-treatment interactions)"
가운데 몇 가지는 역순(disordinal)이었는데, 증가된 가이던스의 양과 같은 어떤 사
례에서는 높은 수준의 선행지식을 가진 학생들이 학습에서 오히려 점진적인 감소
(gradual decrease)를 경험했다는 것을 제시하고 있다. Cronbach와 Snow(1977) 그리고
Gustafsson과 Undheim(1996) 모두 보다 구조화된 처치가 더 높은 수준의 일반능력
그리고/혹은 더 많은 과제 경험을 가진 학습자에 의해 개발되어 왔던 자동화된 루
틴을 방해하는 경향이 있다는 것을 시사하고 있다. 이런 발견은 어떤 조건하에서는
수업 가이던스가 오히려 부정적인 효과를 가질 수도 있음을 분명히 암시하고 있다.

강요된 실습의 개연성 있는 부정적 효과

Kayluga, Ayres, Chandler 및 Sweller(2003)는 수업매체와 방법이 초보자들에게는
인지적 부담을 야기하지만 보다 경험이 많은 학생들에게는 중립적이거나 혹은 이
익이 된다는 다수의 연구를 서술하고 있다. 또한 그들은 학습 중 구체적인 절차나
예제에 기초를 둔 강요된 실습과 피드백 형태의 강력한 가이던스는 보다 높은 수
준의 선행지식을 가진 학습자들에게는 더 적은 학습으로 유도했다는 연구를 서술
하고 있다. 선행지식과 강요된 실습 간의 상호작용에 관한 그들의 발견은 Cronbach
와 Snow(1977) 그리고 Gustafsson과 Undheim(1996)이 일찍이 서술했던 것들을 반영
하고 있다. 이런 연구들을 요약하는 한 가지 방법은 보다 경험이 많은 학생들이 때
로는 도움을 받고, 때로는 도움도 받지 않고 상처도 입지 않으며, 그리고 때로는 강
요된 실습에 의해 그들의 학습이 피해를 입기도 한다고 제시하는 것이다. 이 영역

에서 연구자들이 접하는 어려움 가운데 한 가지는 선행지식을 측정하기 위한 우리의 기술이 부적절하며 절차적 지식보다는 선언적 지식에 더 초점을 맞추는 경향이 있다는 것이다. 우리는 선행지식을 선언적이라고 정의했으며 과제 관련 절차적 지식의 자동화 정도를 측정하기 위한 적절한 기술을 아직 가지고 있지 않기 때문에, 선행지식과 가이던스 간의 상호작용에 관한 증거는 의심스럽다. 그러나 보다 높은 수준의 선행지식을 가진 다소의 학생들은 예제 형태의 완전한 가이던스로부터 분명히 더 적게 학습한다는 증거(예컨대, Kayluga *et al.,* 2003)를 가지고 있다. Klahr와 Nigam(2004)의 "지시적 수업(direct instruction)" 연구에서, 보다 낮은 수준의 가이던스를 받았던 대상 가운데 약 10-15%가 매우 완전한 가이던스를 받았던 학생들의 수행을 능가했다. 자동화된 지식과 과제 관련 지식에 대한 더 나은 측정이 이용가능할 때 이런 결과는 보다 타당하리라는 것이 가능하다. 한 가지 흥미로운 예외는 Kayluga와 Sweller(2004)에 의해 제시된 적용 지식(application knowledge)을 측정하기 위한 유망한 전략이다.

여타 통제받지 않은 요인들 또한 이런 연구의 결과에 영향을 미치고 있다. ATI 수업 연구에 대한 메타분석에서, Whitner(1989)는 다음과 같이 적고 있다.

> 구조화(structuring)와 조직화(organizing) 지원이 제공될 때 높은 선행 성취를 가진 Ss와 낮은 선행 성취를 가진 Ss 간의 성취는 차이가 더 크며 수업이 자기 속도(self-paced)에 맞출 때 이런 Ss들 간의 성취는 차이가 더 작다는 해석과 결과가 일치하고 있다.
>
> (Whitner, 1989, p. 65)

그녀의 결론은 수업이 강요된 절차와 구체적인 피드백을 줄 때, 학습자는 선행지식의 장점을 감소시키는(하지만 제거하지는 않는다) 속도를 조절한다는 것을 제시하고 있다. 이런 이슈에 대한 다른 리뷰(예컨대, Clark, 1982, 1989)는 유사한 결과를 발견했다. 학습속도가 외적으로 통제될 때 자기 학습속도(self-pacing)는 낮은 선행지식을 가진 학생들로 하여금 자신들에게 요구되는 처리속도에 따른 인지적 부담을 회피하게 한다는 것이 분명하다.

●○ 결 론

다양한 형태의 구성주의와 가이던스 주장자들은 많은 형태의 수업 지원의 유용성에 관해 동의하는 것 같다. 예를 들어, 자신들이 학습했던 지식을 사용하도록 기대하는 환경에서 발견된 것들을 대표하는 진정한 문제를 학생들에게 제공하는 것(예컨대, Savery & Duffy, 2001)과 자신들이 학습했던 것(단지 사실을 기억하는 것이 아닌)을 적용하도록 요구하는 결과 측정을 사용하는 것은 물론, "보다 진전된 과제 해결책의 모델링" 그리고 "적절한 과제 특징을 표시함으로써 학습자의 주의를 집중시키는 것"(Pea, 2004, p. 432)을 두 집단 모두 추천하고 있다. 또한 학생들이 새로운 맥락이나 문제를 조정하기 위해 학습 중인 기술에 적응하는 것을 수행이 요구할 때 다양한 실습과 선언적 지식을 가르치는 것(예컨대, Jonassen, 1997; van Merriënboer & Kirschner, 2007)의 장점에 관해 그리고 어떤(모든 과제가 아닌) 학습 과제에 대해 부분 과제와 전체 과제 실습 훈련 동안 지원적이고 교정적인 피드백을 제공하는 것(예컨대, Savery & Duffy, 2001)에 관해 우리는 동의하는 것 같다. 마지막으로, 부가적인 지원이 오히려 학습을 손상시키는 수준에 도달할 정도로 학생들의 전문성이 발달했을 때 모든 수업 지원은 반드시 점진적으로 페이딩(fading)되어야만 한다는 것에 폭넓은 동의가 있는 것 같다.

이 견

구성주의와 가이던스 주장자들 간의 주된 이견의 원천은 우선 한 가지 이슈 즉, 과제 수행이나 문제해결 절차를 구성할 수 있는 학생들(그러나 아직 그렇게 하지 않은)이 시범이나 예제에서 제시된 "진전된 해결책(advanced solution)"을 적용하기 위해 지시를 받아야만 하는지 그리고 교정적이고 지원적인 피드백을 받는 동안 강요된 부분 과제 실습과 전체 과제 실습에 반드시 참여해야만 하는지의 여부이다.

인지구조는 작동기억 용량에 엄격한 제한을 두고 있으며 따라서 강요된 가이던스는 학생들로 하여금 전이를 제한하지 않고서도 제한된 인지용량을 성공적인 수행 루틴 학습에 할당하도록 허용한다고 가이던스 지지자들(예컨대, Mayer, 2004; Kirschner, Sweller, & Clark, 2006; Sweller, Kirschner, & Clark, 2007)은 주장한다. 지난 반세기로부터 문제와 과제 해결책을 구성하게 하는 것보다 가이던스가 유의미할 정도로 더 많은 학습으로 귀결된다는 일관된 증거를 그들은 제시하고 있다.

구성주의 옹호자들은 "교사의 역할은 학생들이 생각하도록 도전하게 하는 것이며 … 그런 생각을 절차화하기 위해 지시하거나 시도하는 것이 아니다"(Savery & Duffy, 2001, p. 5)라고 믿고 있으며, "도와주지 않으면 그 학습자가 과제나 목적을 할 수 없다는 독립적인 증거를 가지고 있지 않으면"(Pea, 2004, p. 443) 수업 지원은 제공되지 않아야 한다는 것을 요구한다. 구성주의 옹호자들은 문제와 과제 해결책을 구성하는 학생들이 즉각적인 학습뿐만 아니라 장기적 전이 이점(long-term transfer benefits)도 성취한다는 연구를 지적하고 있다(예컨대, Hmelo-Silver *et al.*, 2007).

해결책

양쪽의 논쟁에 대해 제공된 증거를 균형 잡힌 견해로 보았을 때 이 시점에서 가이던스 입장에 대한 지지가 구성주의 입장보다 좀 더 강해 보인다고 결론지을 수 있긴 하지만, 구성주의 증거 가운데 어떤 것은 유망하다. 구성주의 입장에 대한 많은 옹호자들이 과거에 제시했던 완전한 발견을 주장하는 급진적인 견해를 훨씬 뛰어 넘었으며 집단 간 이런 논쟁에 상당한 동의가 존재한다는 것은 분명하다. 그러나 양쪽 입장을 지지하기 위해 사용된 현재 연구들은 학생들이 해결책을 구성할 수 있긴 하지만 아직 그렇게 하지 않는 상황보다는 강요된 가이던스와 아무런 가이던스도 하지 않는 것 간의 총체적인 비교를 검토하는 경향이 있다. 앞으로의 연구 검토는 이견을 반영하는 가이던스에서 명확하게 조작화된 변동(operationalized variations)을 체계적으로 탐구해야만 한다. 결과 측정은 선언적 지식과 적용 지식(application knowledge)에 대한 단기 및 장기 학습을 반드시 검토해야만 한다. 덧붙여, 페이딩 수업(fading instruction)에 관한 기존 가설 및 원전이(farther transfer)와 적응성에 대한 가이던스의 부정적 효과에 대한 적절한 테스트는 선언적 형태와 절차적 형태 두 가지 모두를 포함하는 자동화된 선행지식의 개선된 측정방법의 개발을 요구한다. 수업 중 그리고 수업 후 실시간으로 그들의 학습을 추적하기 위한 적절한 기술은 물론 학생들이 수업에 가져오는 선언적 지식과 절차적 지식의 양과 종류를 구별할 수 있어야만 한다. 이런 이견과 여타 이견에 대한 해결을 위해 똑같이 중요한 것은 매우 상이한 종류의 학습 지원을 옹호하는 사람들 간에 소통을 증가시키는 것과 협력에의 전념이다. 상이한 학습목적, 과제 그리고 학습자를 위한 각 유형의 적합성을 구체화하는 분명한 수업 지원 분류학(taxonomy of instructional support)을 산출하기 위해 우리는 공동으로 연구해야만 한다. 그런 목적 가운데 어떤 것이라도 성취하기 위해서는 우리는 마음이 맞는 집단의 편안한 고립을 기꺼이 포기하고 공동 연구, 증거 기반 탐구에 의해 해결될 수 있는 이견을 기꺼이 받아들여야만 한다.

질문: Jonassen. 예제를 포함하는, 지시적 수업은 구조화된 문제해결 방법 학습을 지원하는 데 분명히 효과적이다. 그러나, 정의상(by definition) 비구조화된 문제는 지시적 수업을 잘 받아들이지 못한다. 다양한 해결책, 해결 준거, 그리고 해결 경로를 가진, 혹은 전혀 해결책이 없는 의외의 학제적 문제해결 방법 학습을 지원하기 위한 지시적 수업을 당신은 어떻게 설계할 수 있는가? 일반적인 발견법(general heuristics)과는 다른 지시적 수업이 학생들에게 그런 문제해결 방법을 가르치기 위해 사용될 수 없다는 이유 때문에 비구조화된 문제를 포기해야만 하는가?

답변: Clark. 이 질문은 구성주의를 가이던스 옹호자들과 분리시키는 가장 중요한 이슈 가운데 하나를 언급하고 있다. 학생들이 학습할 필요가 있는 것에 관해 전문가들이 동의하지 않는(예컨대, 상담심리학, 역사) 의외의 영역이나 이미 확고하게 수립된 영역에서는 강력한 가이던스가 가능하지 않을 수도 있다는 관심으로부터 지식 영역에서 구조(structure)라는 이슈가 유래했다. 나는 이런 이슈에 대해 다른 견해를 제시하고 싶으며 만약 지시적 수업에 인지적 과제 분석이 동반된다면 당신의 질문에서 서술된 문제는 지시적 수업으로 조정될 수 있다고 제안하고 싶다. "비구조화된(ill-structured)" 영역을 위한 수업을 설계하려고 시도할 때, 우리는 흔히 두 가지 상황 중 하나에 처하게 되는데, 하나는 영역 전문가가 새롭게 떠오른 문제나 오래된 문제를 확실하게 해결할 수는 있지만 자신들이 그것을 해결한 방법에 관해 동의하지 않는 상황 그리고 다른 하나는 전문가가 문제해결이나 복잡한 과제를 완수하는 데 아직 성공하지 못한 상황이 그것이다. 전문가가 수행에 성공하는 해결 가능한 문제와 복잡한 과제에서는, 가장 단순하고 가장 효과적인 해결책을 확인하고 포착한 다음 초보자들에게 그런 것들을 가르치기 위해 절차적으로 가이드된 수업을 사용하는 것이 목적이다. 가장 확고하고 단순한 해결 경로를 확인하고 그것을

학생들에게 가르치기 위해 전문가와의 인지과제 분석 인터뷰와 그 영역의 문헌을 사용하는 것이 목적이다. 몇몇 사례에서 상이한 해결 경로는 해결 중인 문제에 중요한 가변성을 암시한다. 흔히, 시작 조건에 있어서의 변화나 상이한 변수에 할당된 가치는 상이한 해결 경로로 유도할 것이다.

두 번째 대안은 학생들에게 시범될 수 있는 효과적인 해결책을 전문가가 고안하는 데 성공하지 못했을 때 발생한다. 이런 경우, 가장 지능이 뛰어나고 동기화된 학생이라 할지라도 수업 중에 최소한으로도 수용가능한 해결책을 발견할 수 있을 것이라고 기대하는 것은 비현실적인 것 같다. 학생들이 해결책을 고안하리라고 기대되는 경우, 선호할 수 있는 수업 접근방법은 절차적으로 가이드된 수업을 통해 문제에 대한 해결책을 고안하기 위한 전문가 기반의 영역 특수적인 절차를 제공하는 것이다. 이런 경우 수업의 초점은 해결책을 발견하는 학생들로부터 어떤 영역에서 해결책을 발견하기 위한 프로토콜을 학습하는 학생에게 옮겨간다. 이런 경우에, 학생들이 지식 – 고안 절차(knowledge-invention procedures)를 효과적으로 사용할 수 있도록 어떤 영역에서 중요한 개념적 지식(사실, 개념, 과정, 그리고 원리)을 가르치는 것도 필요하다. 예를 들어, 학생들이 아직 해결되지 않은 상담심리학 문제에 대한 해결책을 개발하는 방법을 학습하기를 원하면, 그들은 그 영역에 적절한 이론 개발과 연구 설계 절차를 이행할 필요가 있으며 자신들이 연구를 계획하고 수행할 때 현재의 개념과 원리를 적용할 수 있어야만 한다. 만약 가이드된 수업을 위한 기초로서 인지과제 분석과/혹은 "이런 유형의 문제해결 방법"을 우리가 사용한다면 이런 접근에 있어서의 최종 결론은 "비구조화된 영역(ill-structured domains)"은 없다는 것이다.

질문: Jonassen. 전문가들은 선언적 지식보다는 사례를 중심으로 자신들의 지식을 조직하며, 그들은 전진적 연쇄(forward chaining)를 사용하여 추론한다. 전문가들은 동의하는 일이 거의 없으며, 자신들이 알고 있는 것을 푸는 데 어려움을 가지고 있다. 초보 학습자용 수업설계 목적을 위한 인지과제 분석에 전문가를 활용하는 것을 당신은 어떻게 정당화할 수 있는가?

답변: Clark. 초보자 추론과 문제해결 전략은 전문성이 발달함에 따라 변한다는 것에 우리는 동의한다. 적절한 학습 지원이 없다면, 초보자들은 해결전략을 선택하

기 위해 문제의 표면적인 특징에 기초하여 먼저 후진적 추론으로부터 출발한 다음 문제를 해결할 연속적인 해결책을 체크하기 위해 시행착오(trial and error)를 사용함으로써 전진적으로 추론한다. 이런 접근방법은 매우 비효율적이며 대부분의 수행목표에 아주 효과적이지 못하다. 전문가들은 곧바로 원리에 의거한 범주로 문제를 분류한 다음 그 범주에 연결되어 있는 효과적이고 효율적인 전략을 수행함으로써 전진적으로 추론한다. 전문가가 영역 문제를 해결하는 방법을 초보자들에게 보여줌으로써 그리고 전문가의 프로토콜을 모방하기 위해 필수적인 선언적 지식과 절차적 지식을 그들에게 줌으로써 어떤 초보자가 전문가처럼 문제해결을 학습할 수 있다면, 모든 초보자들을 위해 이런 과정을 왜 가속화하지 않는가? 내가 쓴 장에서 내가 함축했던 것 즉, 더욱 새로운 인지과제분석(CTA) 전략에 기초하고 있는 전적으로 가이드된 수업은 초보자들에게 영역 전문가들처럼 추론하도록 가르치려는 의도를 갖고 있다는 것을 명확하게 하도록 해 준 기회에 감사한다.

질문: Wise와 O'Neill. 가르치는 목적을 위해 복잡한 영역을 단순화하는 것은 학습자들로 하여금 복잡한 문제에 부적절할 정도로 단순한 접근을 취하도록 고취할 수도 있다고 구성주의자들은 제안한다. 진정한 영역 전문가들은 자신들이 활용하여 작업하는 지식의 한계를 알고 있다. 이것은 수업에서 반드시 표상되어야만 할 전문성의 파편(a facet of expertise)이 아닌가?

답변: Clark. 당신은 두 가지 질문을 하고 있는데, 하나는 부적절한 단순화에 관한 것이고 다른 하나는 영역 전문가에 관한 것이다. 나는 복잡한 문제의 부적절한 단순화에 대한 당신의 관심에 경의를 표한다. 어느 누구도 당신이 서술하고 있는 실수를 하고 싶어 하지 않는다. 나는 John Anderson과 같은 수업 연구자에 의해 체계적인 탐구프로그램으로부터의 증거를 살펴봄으로써 이런 이슈에 대한 나의 마음을 서서히 바꾸었다. Anderson의 ACT-R 모형은 수업으로부터 학습을 지원하는 인지적이고 중립적인 메커니즘을 포함하고 있으며, 그는 그것을 수학, 언어, 문제해결, 추론하기, 그리고 시각적 지각을 가르치는 데 적용했다. 그의 모형은 가장 복잡한 수업 과제와 문제 가운데 어느 정도를 학생들이 학습하고 전이하는데 성공적으로 지원하는 수업 프로그램 속에 번역되어 왔다.

모든 복잡한 문제는 보다 복잡한 지식집합체(assemblies of knowledge) 속으로 들

어가는 단순 학습의 점진적 누적 혹은 "비례 축소화(scaling)"의 산물이라는 것이
Anderson의 견해이다. 예를 들어, Lee와 Anderson(2001)은 매우 복잡한 캔퍼-에이크
만 항공교통컨트롤러 과제(Kanfer-Ackerman Air Traffic Controller Task) (Ackerman,
1988; Ackerman & Kanfer, 1994)로부터 수집된 학습자료를 재분석하여 이런 복잡한
과제에서의 학습은 키 누름 수준에서 출발하는 작고, 절차적인 지식 덩어리의 점진
적인 증가를 반영한다는 것을 설득력 있게 보여주었다. 또한 그들은 키 누름 수준
에서의 상당 부분의 학습이 훨씬 더 낮은, 주의 수준(attentional level)에서의 학습을
반영했다는 것을 보여주었다. 필수적인 복잡한 인지기능의 전반적인 실행 속도는
Anderson의 연습에 대한 파워 법칙(power law of practice)에 따라 증가했다. 여기서
(그리고 Anderson의 다른 많은 연구들에서) 가장 흥미로웠던 것은 어떤 단일 하위
과제를 전체 과제에 맞추는 것보다 피훈련자들이 처음 학습 후 개인적인 하위 기
능을 모으는 과정이 전체 과제 수행에서의 분산(variance) 가운데 더 많은 부분을 설
명했다는 것이다. 그러므로 계열적 학습, 보다 큰 세트의 구성요소 주의(larger sets
of component attention)의 점진적 자동화와 상호연결 그리고 인지적 하위기능은 고
도로 복잡한 과제에서 최적 수행을 위한 필수적이고도 충분한 조건이었다.

복잡한 인지적 루틴의 절차적 요소를 모으는 것은 의사결정을 하기 위해 사용된
것들을 포함하는 계열화 법칙, 정확한 문제해결 절차 그리고 "실습적(hands on)" 연
습의 기능이다. 나의 장에서 나는 "부분－과제(part-task)" 실습수업에 뒤따르는 "전
체－과제(whole-task)" 실습의 필요성을 강조했으며, "다양한 실습(varied practice)"을
촉진하기 위해 진정한 연습문제 속에 점진적으로 새로운 특징을 소개할 필요성을
강조했다. 또한 나는 다양한 실습과 지식 자동화는 많은 연습시간을 요하는 점진적
인 과정이기 때문에 전체－과제 실습을 위한 수단으로 멀티미디어 실감 시뮬레이
션(immersive simulation)과 진지한 생각을 요하는 게임을 사용하는 훈련의 지지자가
되었다.

당신의 두 번째 질문은 "진정한 영역 전문가는 자신들이 활용하여 작업하는 지
식의 한계를 알고 있다"는 것을 제안하고서 그런 인식이 수업에 반드시 포함되어
야만 하는지의 여부를 묻고 있다. 나는 어떤 사람도 이런 이슈를 체계적으로 다루
었다고 생각하지 않는다. 지난 20년 넘게 나는 상이한 영역에 있는 수많은 전문가
와 인지적 과제분석 면담을 수행해 왔다. 대부분의 전문가들이 자신들의 전문영역
안팎 양쪽에서 영역 지식에 관해 똑같이 지나칠 정도로 자신만만한 것 같다는 것

이 나의 경험이다. 이제 당신이 제기한 이슈가 배우고 있는 지식의 적용 한계를 학생들에게 명확하게 서술해야만 한다는 의도라면 나는 확실하게 동의한다. 우리 모두에게 어려운 것은 적용 한계를 구체화하려는 우리의 성향이 아니라 그런 한계를 정의하는 방법과 어떤 교육적 접근이 상이한 적용 한계를 성취하는가에 관한 동의가 결여되어 있다는 것 같다.

　　질문: Wise와 O'Neill. 당신의 관점에서 수업 가이던스를 정의하려는 노력에 감사를 표하며, 대화하기에 분명한 정의(definition)가 최근 대화에서 결여되고 있다는 것에 동의한다. 그러나, 당신이 정의하고 있는 것과 같은 가이던스가 스캐폴딩과 수업 지원 같은 여타 공통적으로 사용되는 용어와 어떻게 관련되어 있는지 불분명하다. 예를 들어, 가이던스와 스캐폴딩이라는 두 가지 종류의 수업 지원이 상이한 상황에서도 유용한가? 아니면 시범과 피드백이라는 두 가지 종류의 수업 지원이 가이던스가 되는가? 이것은 단순한 어의적인 것 이상의 질문인데, 왜냐하면 Pea(2004)의 의도는 스캐폴딩(비고츠키적 관념에서)을 관련된 가이던스 실습과 분리하는 것이었다고 우리가 믿고 있을 때 당신은 스캐폴딩에 대한 Pea의 논의를 보다 일반적으로 가이던스나 혹은 수업 지원을 의미하는 것으로 비판하고 있는 것 같기 때문이다.

　　답변: Clark. 학습자들이 문제해결의 어떤 부분이나 과제 수행을 위한 필수적인 단계를 발견하거나 혹은 고안한다는 요구를 제외하고는 공유된 가이던스 요소로서의 스캐폴딩 요소에 대한 Pea의 거의 모든 서술을 내가 수용했다고 의사소통하는 것을 좀 더 잘 할 수 있었다는 점은 분명하다. 발견을 제외한 거의 모든 스캐폴딩 요소는 수업 연구와 실제에서 오랜 긍정적인 역사를 가지고 있다.

　　질문: Wise와 O'Neill. 수업주의자들과 구성주의자들이 어느 정도의 기간 동안 같은 마음을 가진 연구자들과 함께 연구하면서 자신들의 위치를 지켰다고 하는 당신의 관찰을 평가한다. 그러나, 문헌에는 이들 캠프 간의 교차점이 분명히 있다. 예를 들면, 당신은 우리들처럼 당신의 주장을 지지하기 위해 지능형 개인교사시스템(intelligent-tutoring system: ITS)에 대한 문헌을 참조하고 있다. 이 때문에 당신이 수업 가이던스에 대한 자신의 정의에서 즉각적인 피드백의 중요성을 주장하는 것을

보고 우리는 놀랐다. ITS 문헌에 즉각적인 피드백(Mathan & Koedinger, 2003과 우리의 장에 있는 논의 참조)의 장점을 둘러싸고 어느 정도 논의가 있는 것으로 보인다. 당신은 이런 논쟁을 어떻게 보고 있으며, 그것이 수업 가이던스에 대한 당신의 정의 속에 어느 정도 고려될 필요가 있다고 생각하는가?

답변: Clark. 피드백에 대한 증거는 ITS 연구자들의 독점 영역이 아니었다. 그것은 최소한 한 세기 전으로 연장되며 그 기간 동안 수많은 연구자들에 의해 재개념화되어 왔다. 그런 지연된 피드백(delayed feedback)은 가끔 부정확한 정보의 학습으로 귀결될 수 있다고 Mathan과 Koedinger는 진술하고 있다. 또한 그들은 지연된 피드백은 더 큰 개념적 이해와 원전이를 생산했지만 효과적으로 지연된 피드백의 설계는 어렵다는 것을 경고하는 연구를 서술하고 있다. 그들의 결론은 자신들의 리뷰에서 Druckman과 Bjork(1994)가 제시한 충고와 비슷했다. 피드백의 타이밍에 관해 상충되는 증거를 적용하는 것은 위험하므로 가장 안전한 처방은 잘 설계된 즉각적인 피드백(immediate feedback)이 나중에 반드시 교정되어야만 하는 부정확한 지식에 대한 학습을 막는 것이라고 나는 생각한다. 지연된 피드백이 개념 학습이나 원전이를 전형적으로 증진시킨다는 증거나 혹은 그것이 적응적인 학습을 지원하는 유일한 방법이라는 증거를 나는 거의 본 적이 없지만, 나는 새로운 증거에 개방적이다.

▣ 참 고 문 헌 ▣

Ackerman, P. L. (1988). Determinants of individual differences during skill acquisition: Cognitive abilities and information processing. *Journal of Experimental Psychology: General, 117*, 288–318.

Ackerman, P. L., & Kanfer, R. (1994). *Kanfer–Ackerman air traffic controller task, CD–ROM database, datacollection programs, and playback program.* Office of Naval Research, Cognitive Science Program.

Anderson, J. R. (1983). *The architecture of cognition.* Cambridge, MA: Harvard University Press.

Anderson, John R. (1996). ACT: A simple theory of complex cognition. *American Psychologist, 51*(4), 355–365.

Anderson, J. R., & Lebiere, C. (1998). *The atomic components of thought.* Mahwah, NJ: Erlbaum.

Anderson, J. R., Reder, L. M., & Simon, H. A. (1996). Situated learning and education. *Educational Researcher, 25*, 5–11.

Anderson, J. R., Reder, L. M., & Simon, H. A. (1997). Situative versus cognitive per– spectives: Form versus substance. *Educational researcher, 26*, 18–21.

Barrows, H. S. (1986). A taxonomy of problem based learniung methods. *Medical Education, 20*, 481–486.

Bereiter, C., & Scardamalia, M. (1993). *Surpassing ourselves: An inquiry into the nature and implications of expertise.* Chicago, IL: Open Court.

Besnard, D. (2000). Expert error. The case of trouble–shooting in electronics. In *Proceedings of the 19th International Conference SafeComp2000* (pp. 74–85). Rotterdam, The Netherlands.

Besnard, D., & Bastien–Toniazzo, M. (1999). Expert error in trouble–shooting: An ex– ploratory study in electronics. *International Journal of Human–Computer Studies, 50*, 391–405.

Brown, J. S., Collins, A., & Duguid, P. (1989). Situated cognition and the culture of learning. *Educational Researcher, 18*(1), 32–42.

Brown, J. S., & Duguid, P. (1991). Organizational learning and communities of practice: Toward a unified view of working, learning and innovation. *Organizational Science,*

2(1), 40−57.

Chao, C. J., & Salvendy, G. (1994). Percentage of procedural knowledge acquired as a function of the number of experts from whom knowledge is acquired for diagnosis, debugging and interpretation tasks. *International Journal of Human−Computer Interaction, 6*, 221−233.

Clark, R. E. (1982). Antagonism between achievement and enjoyment in ATI Studies. *Educational Psychologist, 17*(2), 132−148.

Clark, R. E. (1989). When teaching kills learning: Research on mathematics. In H. Mandl E. De Corte, N. Bennett, & H. F. Friedrich (Eds.), *Learning and instruction. European research in an international context* (Vols 2 & 3, pp. 1−22). Oxford: Pergamon.

Clark, R. E. (2001). *Learning from media: Arguments, analysis and evidence.* Greenwich, CT: Information Age Publishing.

Clark, R. E., & Blake, S. (1997). Analyzing cognitive structures and process to derive in − structional methods for the transfer of problem solving expertise. In S. Dijkstra & N. M. Seel (Eds.), *Instructional design perspectives. Volume II, Solving instructional design problems* (pp. 183−214). Oxford: Pergamon.

Clark, R. E., & Elen, J. (2006). When less is more: Research and theory insights about instruction for complex learning. In J. Elen & R. Clark (Eds.), *Handling complexity in learning environments: Research and theory* (pp. 283−297). Oxford: Elsvier Science Limited.

Clark, R. E., & Estes, F. (1996). Cognitive task analysis. *International Journal of Educational Research, 25*, 403−417.

Clark, R. E., Feldon, D., van Merriënboer, J., Yates, K., & Early, S. (2007). Cognitive task analysis. In J. M. Spector, M. D. Merrill, J. J. G. van Merriënboer, & M. P. Driscoll (Eds.), *Handbook of research on educational communications and technology* (3rd ed., pp. 577−593). Mahwah, NJ: Lawrence Erlbaum Associates.

Cohen, H. S., Bloomberg, J. J., & Mulavara, A. P. (2005). Obstacle avoidance in novel visual environments improved by variable practice training. *Perceptual and Motor Skills, 101*(3), 853−861.

Cowen, N. (2001). The magical number 4 in short term memory: A reconsideration of mental storage capacity. *Behavioral and Brain Sciences, 24*, 87−114.

Crobach, L. J., & Snow, R. E. (1977). *Aptitudes and instructional methods.* New York: Irvington.

De Corte, E. (2003). Transfer as the productive use of acquired knowledge, skills, and motivations. *Current Directions in Psychological Sciences, 12*(4), 143−146.

DeLeeuw, K. E., Mayer, R. E. (2008). A comparison of three measures of cognitive load: Evidence for separable measures of intrinsic, extraneous and germane load. *Journal of Educational Psychology, 100*(1), 223−234.

Druckman, D., & Bjork, R. A. (1994). *Learning, remembering and believing.* Washington, DC: National Academy Press.

Druckman, D., & Swets, J. A. (Eds.). (1988). *Enhancing human performance: Issues, theories and techniques.* Washington, DC: National Academy Press.

Duffy, T. M., & Jonassen, D. H. (Eds.). (1992). *Constructivism and the technology of instruction, a conversation.* Mahwah, NJ: Lawrence Erlbaum Associates.

Feldon, D. F. (2004). *Inaccuracies in expert self−report: Errors in the description of strategies for designing psychology experiments.* Unpublished doctoral dissertation, Rossier School of Education, University of Southern California, USA.

Feldon, D. F. (2007). Implications of research on expertise for curriculum and pedagogy. *Educational Psychology Review, 19*(2), 91−110.

Goodman, J. S., Wood, R. E., & Hendrickx, M. (2004). Feedback specificity, explolation and learning. *Journal of Applied Psychology, 89*(2), 248−262.

Gott, S. P., Hall E. P., Pokorny, R. A., Dibble, E., & Glaser, R. (1993). A naturalistic study of transfer: Adaptive expertise in technical domains. In D. K. Detterman & R. J. Sternberg (Eds.), *Transfer on trial: Intelligence, cognition, and instruction* (pp. 258−288). Norwood, NJ: Ablex.

Gustafsson, J. E., & Undheims, J. O. (1996). Individual differences in cognitive function. In D. Berliner & R. C. Calfee (Eds.), *Handbook of educational psychology* (pp. 186−242). New York: Simon & Schuster Macmillan.

Hatano, G., & Inagaki, K. (1986). Two courses of expertise. In H. Stevenson, H. Asuma, & K. Hakauta (Eds.), *Child development and education in Japan* (pp. 262−272). San Francisco, CA: Freeman.

Hmelo−Silver, C. E., Duncan, R. G., & Chinn, C. A. (2007). Scaffolding and achievement in problem−based and inquiry learning: A response to Kirschner, Sweller, and Clark (2006). *Educational Psychologist, 42*(2), 99−107.

Hoffman, R., Crandall, B., & Shadbolt, N. (1998). Use of the critical decision method to elicit expert knowledge: A case study in the methodology of cognitive task analysis.

Human Factors, 40, 254−276.

Jonassen, D. H (1991). Evaluating constructivist learning. *Educational Technology, 31*(9), 28−33.

Jonassen, D. H. (1997). Instructional design models for well−structured and ill−structured problem−solving learning outcomes. *Educational Technology Research and Development, 45*(1), 65−94.

Kayluga, S., Ayres, P., Chandler, P., & Sweller, J. (2003). The expertise reversal effect. *Educational Psychologist, 38*(1), 23−31.

Kayluga, S., & Sweller, J. (2004). Measuring knowledge to optimize load factors during instruction. *Journal of Educational Psychology, 96*(3), 558−568.

Kihlstrom, J. F. (1987). The cognitive unconscious. *Science, 237*(4821), 1445−1452.

Kirschner, P. A., Sweller, J., & Clark, R. (2006). Why minimal guidance during instruction does not work: An analysis of the failure of constructivist, discovery, problem−based, experiential and inquiry−based teaching. *Educational Psychologist, 41,* 75−86.

Klahr, D., & Nigam, M. (2004). The equivalence of learning paths in early science in−struction: Effects of direct instruction and discovery learning. *Psychological Science, 15*(10), 661−667.

Kluger, A., & DeNisi, A. (1998). Feedback interventions: Toward the ubderstanding of a double−edged sword. *Current Directions in Psychological Science, 7*(3), 67−72.

Kyllonen, P., & Lajoie, S. P. (2003). Reassessing aptitude: Introduction to a special issue in honor of Richard E. Snow. *Educational Psychologist, 38*(2), 79−83.

Lee, F. J., & Anderson, J. R. (2001). Does learning a complex task have to be complex? A study in learning decomposition. *Cognitive Psychology, 42,* 267−316.

Lee, R. L. (2004). *The impact of cognitive task analysis on performance: A meta analysis of comparative studies.* Unpublished Ed. D. dissertation, Rossier School of Education, University of Southern California, USA.

Masui, C., & De Corte, E. (1999). Enhancing learning and problem solving skills: Orienting and self−judging, two powerful and trainable learning tools. *Learning and Instruction, 9,* 517−542.

Mathan, S., & Koedinger, K. R. (2003). Recasting the feedback debate: Benifits of tutoring error detection and correction skills. In U. Hoppe, F. Verdejo, & J. Kay (Eds.), *Artificial intelligence in education: Shaping the future of learning through intelligence tech−nologies* (pp. 13−20). Amsterdam: IOS Press.

Mayer, R. (2004). Should there be a three—strikes rule against pure discovery learning? The case for guided methods of instruction. *American Psychologist, 59*(1), 14—19.

Merrill, M. D. (1983). Component display theory. In C. Reigeluth (Ed.), *Instructional de— sign theories and models* (pp. 279—333). Hillsdale, NJ: Erlbaum.

Merrill, M. D. (2002). First principles of instruction. *Educational Technology Research and Development, 50*(3), 43—59.

Merrill, M. D. (2006). Hypothesized performance on complex tasks as a function of scaled instructional strategies. In J. Elen & R. Clark (Eds.), *Handling complexity in learning environments: Research and theory* (pp. 265—282). Oxford: Elsevier Science Limited.

Newell, A. (1990). *Unified theories of cognition.* Cambridge, MA: Harvard University Press.

Pea, R. (2004). The social and technological dimensions of scaffolding and related theo— retical concepts for learning, educational and human activity. *Journal of the Learning Sciences, 13*(3), 423—451.

Perkins, D. N., & Grotzer, T. A. (1997). Teaching intelligence. *American Psychologist, 52*(10), 1125—1133.

Pintrich, P. R., & Schunk, D. H. (2002). *Motivating in education—theory, research, and application* (2nd ed.). New Jersey: Merrill Prentice Hall.

Ravitch, D., & Viteritti, J. P. (2001). *Making good citizens: Education and civil society.* New Haven, CT: Yale University Press.

Romiszowski, A. J. (2006, November—December). Topics for debate. *Educational Technology,* 61—63.

Rosenshine, B., & Meister, C. (1997). Reciprocal teaching: A review of the research. *Review of Educational Research, 64*(4), 479—530.

Rosenshine, B., & Stevens, R. (1986). Teaching functions. In M. C. Wittrock (Ed.), *Handbook of research on teaching* (3rd ed., pp. 376—390). New York: Macmillan.

Salomon, G. (1994). *Interaction of media, cognition and learning.* Hillsdale, NJ: Lawrence Erlbaum Associates.

Salomon, G., Perkins, D. N. (1989). Rocky roads to transfer: Rethinking mechanisms of a neglected phenomenon. *Educational Psychologist, 24*(2), 113—142.

Savery, J. R., & Duffy, T. M. (June 2001). *Problem Based Learning: An instructional model and its constructivist framework* (technical report no. 16—01). Center for Research on Learning and Technology.

Schmidt, H. G., Loyens, S. M. M., van Gog, T., & Paas, T. (2007). Problem—based learning is compatible with human cognitive architecture: Commentary on Kirschner, Sweller, and Clark (2006). *Educational Psychologist, 42*(2), 91−97.

Schneider, W., & Chein, J. W. (2003). Controlled and automatic processing: Behavior, theory, and biological mechanisms. *Cognitive Science, 27,* 525−559.

Schneider, W., & Shiffrin, R. M. (1977). Controlled and automatic human information processing: 1. Detection, search, and attention. *Psychological Review, 84,* 1−66.

Schraagen, J. M., Chipman, S. F., & Shute, V. J. (2000). Stata−of−the=art review of cognitive task analysis techniques. In J. M. Schraagen, S. F. Chipman, & V. J. Shute (Eds.), *Cognitve Task Analysis* (pp. 467−487). Mahwah, NJ: Lawrence Erlbaum.

Schwartz, D. L., & Bransford, J. D. (1998). A time for telling. *Cognition and Instruction, 16,* 475−522.

Schwartz, D. L., Bransford, J. D., & Sears, D. (2005). Efficiency and innovation in transfer. In J. Mestre (Ed.), *Transfer of learning from a modern multidisciplinary perspective* (pp. 1−51). Greenwich, CT: Information Age Publishing.

Sears, D. (2006). *Effects of innovation versus efficiency tasks on collaboration and learning.* Unpublished Ph. D. dissertation, School of Education, Stanford University, CA.

Shabo, A. (1997). Integrating constructivism and instructionism in educational hypermedia programs. *Journal of Educational Computing Research, 17*(3), 231−247.

Shulman, L., Keisler, E. (Eds.). (1966). *Learning by discovery: A critical appraisal.* Chicago, IL: Rand McNally.

Singley, M. K., & Anderson, J. R. (1989). *Transfer of cognitive skill.* Cambridge, MA: Harvard University Press.

Slavin, R. (2006). *Educational psychology* (8th ed.). Boston, MA: Pearson/Allyn & Bacon.

Spiro, R. J., Feltovich, P. L., Jacobson, M. L., & Coulson, R. L. (1992). Cognitive flexibility, constructivism, and hypertext: Random access for advanced knowledge acquisition in ill −structured domains. In T. M. Duffy & D. Jonassen (Eds.), *Constructivism and the technology of instruction: A conversation* (pp. 57−75). Hillsdale, NJ: Lawrence Erlbaum Associates.

Starfield, B. (2000). Is U.S. medical care really the best in the world? *Journal of the American Medical Association, 284*(3), 483−485.

Sweller, J. (2006). How the human cognitive system deals with complexity. In J. Elen & R. E. Clark (Eds.), *Handling complexity in learning environments: Research and theory* (pp. 13−26). Oxford: Elsevier Science Limited.

Sweller, J., Kirschner, P. A., & Clark, R. E. (2007). Why minimally guided teaching tech—niques do not work: A reply to commentaries. *Educational Psychologist, 42*(2), 115–121.

Tobias, S. (1982). When do instructional methods make a difference? *Educational Researcher, 11*(4), 4–9.

Van Merriënboer, J. J. G., & Kirschner, P. A. (2007). *Ten steps to complex learning: A systematic approach to four component instructional design.* Mahwah, Nj: Lawrence Erlbaum Associates.

Velmahos, G. C., Toutouzas, K. G., Sillin, L. F., Chan, L., Clark, R. E., Theodorou, D. & Maupin, F. (2004). Cognitive task analysis for teaching technical skills in an inanimate surgical skills laboratory. *The American Journal of Surgery. 18*, 114–119.

Weston, C., & Cranton, P. A. (1986). Selecting instructional strategies. *Journal of Higher Education, 57*(3), 259–288.

Whitener, E. M. (1989). A meta—analytic review of the effects on learning of the inter—action between prior achievement and instructional support. *Review of Educational Research, 59*(1), 65–86.

Winthrop, H. (1963). Some considerations concerning the status of phenomenology. *Journal of General Psychology, 68*, 127–140.

제 10 장
학습이론으로서의 구성주의 대 수업 처방으로서의 구성주의*

Richard E. Mayer
University of California, Santa Barbara

구성주의[1]는 학습 중 적절한 종류의 능동적인 인지적 처리에 참여하게 함으로써 오랫동안 학습자들이 정신적 표상(mental representations)을 수립하는 유용한 학습이론으로 인식되어 왔다. 또한 학습자들이 학습 중 행동적으로 능동적이어야만 하는 수업 처방(prescription for instruction)으로 구성주의를 보는 것도 매력적이다. 구성주의를 학습이론으로 받아들이긴 하지만, 이 장은 구성주의를 수업 처방으로 보는 견해에 대해 무엇이 잘못인지를 검토한다. 특히, 이 장의 논제는 발견적 방법과 같이 학습 중 직접 해 보는 행동적인 활동을 촉진하는 교수방법을 능동적인 인지학습이 요구한다고 가정하는 것은 부적절하다는 것이다. 마찬가지로, 멀티미디어 제시와 같은 수동적인 수업방법이 능동적인 인지학습을 조장할 수 없다고 가정하는 것은 부적절하다.

서론에서는, 학습 중 고도의 인지적 활동(구성주의 학습이론에 따르면 보다 심층적인 학습으로 유도하는)과 학습 중 고도의 행동적 활동(구성주의 교수이론에 따르면 보다 심층적인 학습으로 유도하는) 간의 차이를 도출함으로써 구성주의 교수 오류(constructivist teaching fallacy)를 탐색한다. 둘째, 발견식 방법이 실패할 수 있는 방

---

* 이 장의 저술은 해군연구실(Office of Naval Research)의 승인에 의해 지원되었다. 저자의 주소: Richard E. Mayer, Department of Psychology, University of California, Santa Barbara, CA 93106-9660. 저자의 이메일 주소: mayer@psych.ucsb.edu.

식을 포함하여 능동적인 수업방식이 언제 수동적인 인지적 학습(즉, 높은 행동적 활동과 낮은 인지적 활동)으로 유도하는지에 대한 전형적인 연구를 리뷰한다. 셋째, 능동적인 학습을 촉진하는 멀티미디어 수업을 설계하는 방식을 포함하여, 수동적인 수업방법이 언제 능동적인 인지적 학습(즉, 낮은 행동적 활동과 높은 인지적 활동)으로 유도하는지에 관한 전형적인 연구를 개관한다. 종합적으로 말하면, 구성주의는 능동적인 수업 처방으로서가 아니라 능동적인 학습이론으로 성공적일 수 있다.

●○ 구성주의 교수 오류의 한 가지 사례

학생들이 대수방정식을 해결하기 위해 학습하도록 도와주기 위한 두 가지 시나리오를 생각해 보자. 한 가지 시나리오에서는, 그 학습자에게 예제를 사용하여 문제를 해결하는 방법을 보여준 다음 새로운 문제에 그 해결 절차를 적용하도록 하라. 이것은 학습자가 해야 할 것을 보여주고 있기 때문에 수동적인 수업방법이라고 생각될 수 있다. 또 다른 시나리오에서는, 학습자에게 방정식을 풀도록 요구한다. 이것은 학습자가 행동적으로 능동적이기 때문에 능동적인 수업방법으로 생각될 수 있다. 구성주의 학습이론에 따르면, 학습이란 학습자들이 자신의 작동기억 속에 능동적으로 정신적 표상을 구성하는 능동적인 과정이다. 구성주의 학습이론에 기초하면, 학생들이 능동적인 학습으로 보이는 것에 참여하고 있기 때문에 두 번째 시나리오에서 더 잘 학습할 것이라고 가정할 수도 있을 것이다.

이런 분석에 무엇이 잘못되었는가? 이런 분석이 지닌 하나의 경험적인 문제점은 그것이 경험적인 연구 기반과 서로 갈등한다는 것이다. 연구자들이 예제(즉, 수동적인 방법)를 포함했던 수업방법과 직접 해보는 문제해결(즉, 능동적인 방법)에만 배타적으로 의존했던 수업방법을 비교했을 때, 학생들 특히 신입생들은 보다 능동적인 수업방법보다는 보다 수동적인 수업방법으로 더 잘 학습하는 경향이 있다는 것을 발견했다(Cooper & Sweller, 1987; Sweller, 1999; Sweller & Cooper, 1985). 따라서, 수동적인 수업방법보다 능동적인 수업방법을 지지하려는 요구를 반박하는 일관된 경험적 증거가 있다(Klahr & Nigam, 2004; Kirschner, Sweller, & Clark, 2006; Mayer, 2004).

이런 분석이 왜 잘못되었는가? 이런 분석이 가진 이론적 문제점은 그것이 사람들의 학습방법에 대한 연구 기반 이론(research-based theories)과 갈등한다는 것이다(Bransford, Brown, & Cocking, 1999; Mayer, 2001; Sweller, 1999). 이런 분석은 구성주의를 학습이론(학습 중 인지적 활동을 강조하는)으로 혼동하게 하며, 구성주의를 수업 처방(학습 중 행동적 활동을 강조하는)으로 혼동하게 한다. 구성주의 학습이론에 따르면, 능동적인 학습은 학습 중 학습자가 적절한 인지적 과정에 참여할 때 발생하며, 인지적 표상(cognitive representation)의 구성으로 귀결된다(Mayer, 2001, 2008). 구성주의 학습이론에 따르면, 수업의 목적은 학습 중 적절한 인지적 처리를 촉진하는 것이다. 이 장의 논제는 수업방법이 학습 중 적절한 인지적 처리를 촉진해야만 한다는 것이다. 연구자들은 이런 목적이 달성될 수 있는 조건을 확인하는 것에 초점을 맞추어야만 한다. 학습 중 행동적인 활동은 학습자가 적절한 인지적 처리에 참여할 것이라는 것을 보장하지 않으며, 아울러 학습 중 행동적 비활동성(behavioral inactivity)이 학습자가 적절한 인지적 처리에 참여하지 않으리라는 것을 보장하지 않는다.

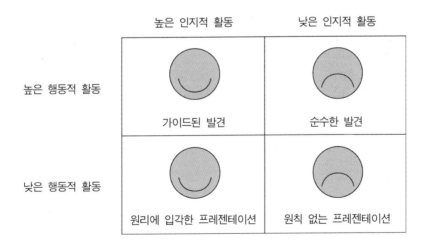

[그림 10.1]
  인지적 활동과 행동적 활동에 기초한 네 가지 종류의 수업방법

　요컨대, 이런 분석이 내가 구성주의 교수 오류(Mayer, 2004) – 능동적인 수업방법
(즉, 발견)이 능동적인 학습(즉, 학습 중 적절한 인지적 처리에 관여하는)을 산출하
기 위해 요구된다는 아이디어 – 라고 불러왔던 것 가운데 한 가지 사례이다. [그림
10.1]은 학습 중 행동적 활동과 학습 중 인지적 활동 간의 차이에 기초하고 있는
네 가지 사분면 – 높은 행동적 활동과 낮은 인지적 활동(발견적 방법의 수업에 의해
예증되는 것처럼); 높은 행동적 활동과 높은 인지적 활동(가이드 된 발견식 수업방
법에 의해 예증되는 것처럼); 낮은 행동적 활동과 높은 인지적 활동(내가 원리에 입
각한 프레젠테이션이라고 부르는 것에 의해 예증되는 것처럼); 그리고 낮은 행동적
행동과 낮은 인지적 활동(내가 원칙 없는 프레젠테이션이라고 부르는 것에 의해 예
증되는 것처럼) – 을 제시하고 있다.

●○ 능동적 학습 대 수동적 학습

　[표 10. 1]의 윗부분은 능동적인 학습 대 수동적인 학습에 대한 정의와 사례를
제공하고 있다.

　학습이란 무엇인가? 학습이란 경험으로 인해 경험에 귀인할 수 있는(attributable)
학습자의 지식에서의 변화이다. 이런 정의는 세 가지 부분을 가지고 있다. (a) 학습
은 변화를 포함하고 있다, (b) 그 변화는 비교적 영속적이다, 그리고 (c) 그 변화는
학습자가 아는 것 안에 있다(Mayer, 2008). 이런 정의는 "2x-6=4, x값을 구하라"와
같은 대수방정식을 해결하기 위한 학습으로부터 "고양이"와 같은 인쇄된 단어 읽
기 학습, 에세이 쓰기 학습, Newton의 운동법칙 학습까지의 모든 형태의 학문적 학
습을 포함하기에 충분할 만큼 광범위하다.

　능동적인 학습(active learning)이란 무엇인가? 구성주의 학습이론에 따르면 학습
이란 적절한 인지적 과정을 적용함으로써 작동기억 속에 지식 표상(knowledge rep-
resentations)을 능동적으로 수립하는 것을 포함하고 있다는 아이디어를 의미한다.
구성주의 학습이론은 아동들의 지식이 어떻게 발달하는지에 대한 Piaget(1970)의 고
전적인 이론과 사람들이 산문(prose)으로부터 어떻게 학습하는지에 대한 Bartlett(1932)
의 고전적인 이론에 뿌리를 두고 있는, 심리학과 교육에서 오랜 역사를 가지고 있다.
오늘날, 구성주의 학습이론은 심리학과 교육에서 지배적인 역할을 하고 있으며

(Bransford, Brown, & Cocking, 1999; Mayer, 2008) 수업설계를 위한 유용한 함의를 가지고 있다(Mayer, 2005).

[표 10.1]   두 종류의 학습과 두 종류의 수업 간의 차이

명 칭	정 의
능동적 학습	학습자는 학습 중 적절한 인지적 처리에 참여한다(예컨대, 들어오는 관련 정보를 선별하고, 긴밀히 결부된 정신구조 속으로 그것을 조직하며, 관련된 선행지식과 통합하는 것)
수동적 학습	학습자는 학습 중 적절한 인지적 처리에 참여하지 않는다(예컨대, 단지 선별하기만 함)
능동적 수업	학습자는 학습 중 행동적 활동에 참여하도록 요구된다(예컨대, 문제에 대한 해결책 발견하기)
수동적 수업	학습자는 학습 중 행동적 활동에 참여하도록 요구받지 않는다(예컨대, 문단 읽기 혹은 프레젠테이션 보기)

구성주의 학습이론의 한 가지 예로서, 우리가 지난 20여 년 동안 테스트하고 있는 멀티미디어 학습의 인지이론을 생각해 보라(Mayer, 2001, 2005; Mayer & Moreno, 2003). [그림 10.2]에 요약되어 있는 것처럼, 학습은 인간의 인지시스템에서 발생하는데 그것은 세 가지의 기억저장고와 세 가지의 인지 과정으로 구성되어 있다.

- 감각기억(sensory memory)—외부세계로부터의 정보는 당신의 눈(만화를 볼 때와 같이) 그리고/혹은 당신의 귀(내레이션을 들을 때와 같이)를 통해 당신의 인지시스템으로 들어온다. 귀를 거쳐 들어온 정보는 일시적으로 청각적 감각기억 속에 일시적으로 유지되며, 눈을 거쳐 들어온 정보는 시각적 감각기억 속에 일시적으로 유지된다. 이런 정보는 신속하게 사라지지만 주의를 기울이면, 그 중 일부는 더욱 진전된 처리를 위해 작동기억 속으로 옮겨질 수 있다.
- 작동기억(working memory)—작동기억 속에서, 당신은 들어온 정보를 정신적으로 재조직하는 것 그리고 그것을 장기기억으로부터 옮겨진 다른 정보

와 함께 통합하는 것을 포함하여, 임의적 시간(at any one time)에 들어온 정보 가운데 제한된 양만 처리할 수 있다. 지식 구성은 작동기억 속에서 일어나지만, 작동기억의 용량 한계는 수업 설계를 위한 중요한 도전을 제시한다.

- 장기기억(long-term memory)—장기기억은 기존 지식의 저장고이다. 장기기억은 용량이나 지속성에서 제한되지 않지만, 작동기억 속으로 정보를 옮길 때에만 그것의 내용을 인식할 수 있을 뿐이다. 장기기억으로부터 오직 제한된 양의 정보만 임의적 시간에 작동기억 속으로 옮겨질 수 있다.

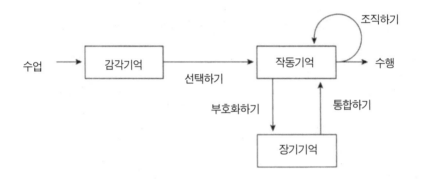

[그림 10.2]
학습은 어떻게 작동하는가

[그림 10.2]에 제시된 세 가지 인지적 과정은 다음과 같다:

- 선택하기(selecting) — 선택하기란 감각기억으로부터 작동기억으로의 화살표에 의해 가리키는 것처럼, 들어온 정보 가운데 관련 있는 측면에 주의를 기울이는 것을 의미한다.
- 조직하기(organizing) — 조직하기란 작동기억으로부터 작동기억으로의 화살표에 의해 가리키는 것처럼, 조각 정보를 긴밀히 결합된 인지구조 속으

로 정신적으로 배열하는 것을 의미한다.

- 통합하기(integrating) ― 통합하기란 장기기억으로부터 작동기억으로의 화살표에 의해 가리키는 것처럼, 들어온 정보를 장기기억으로부터 인출된 관련 지식과 함께 정신적으로 조합하는 것을 의미한다.

구성주의 학습이론에 따르면, 능동적 학습은 학습 중 학습자가 적절한 인지적 처리에 참여할 때 발생하는데, 인지적 처리는 들어오는 관련 정보에 주의 기울이기, 긴밀히 결합되어 있는 인지구조 속에 그것을 정신적으로 조직하기, 장기기억으로부터의 관련된 선행 지식과 함께 그것을 정신적으로 관련짓기 등을 포함하고 있다(Mayer, 2001, 2008). 또한, 구성주의 학습이론에 따르면, 수동적인 학습은 조직하기 및 통합하기와 같은 보다 심층적인 처리에 참여하는 데 실패하는 것처럼 학습자가 학습하는 동안 최소한의 인지적 처리에 참여할 때 발생한다(Mayer, 2001, 2008).

●○ 능동적 수업 대 수동적 수업

[표 10.1]의 아랫부분은 능동적 수업 대 수동적 수업에 대한 정의와 사례를 제공하고 있다.

수업은 무엇인가? 수업은 학습자의 지식에 있어서의 변화를 조장하려고 의도된 교사의 학습 환경 구성을 의미한다. 요컨대, 수업은 학습 중 학습자 속에 내적인 인지적 처리를 야기하도록 의도된 교사에 의해 배열된 외적 사태(external events)를 의미하는 것이다. 이런 정의는 두 가지 부분을 내포하고 있는데, (a) 수업은 교사(혹은 수업설계자)가 하는 어떤 것이다. 그리고 (b) 수업의 목적은 학습을 촉진하는 것이다(Mayer, 2008). 이런 정의는 학습자에게 그들 스스로 해결할 문제를 주는 것과 같은 능동적 방법과 문제를 해결하는 방법으로 그 단계에 맞는 예제를 제공하는 것과 같은 수동적 방법을 포함하기에 충분할 만큼 광범위하다.

능동적 수업(active instruction)이란 무엇인가? 가장 간단한 수준에 근거해 보면, 능동적인 수업은 발견 방법이나 토론을 요구하는 방법과 같이 학습자가 행동적으로 능동적인 수업방법을 의미한다. 마찬가지로, 수동적 수업방법(passive instructional methods)은 책을 읽거나 혹은 프레젠테이션 보기와 같이 학습자가 행동적으로 능동적이지 않은 수업방법을 의미한다. 구성주의 학습은 능동적인 학습(즉, 학습 중 능동적인 인지적 처리)에 의해서라기보다는 능동적인 수업방법에 의해 야기된다는 아이디어 그리고 비구성주의 수업은 수동적인 학습(즉, 학습 중 적절한 인지적 처리의 결여)에 의해서라기보다는 수동적인 수업방법에 의해 야기된다고 하는 아이디어가 바로 구성주의 교수 오류(constructivist teaching fallacy)이다.

Sweller(1999, 2005)의 인지부하이론과 일치하는 인지적 멀티미디어 학습이론(Mayer, 2001, 2005; Mayer & Moreno, 2003)과 같은 구성주의 학습이론에 따르면, 수업 조작은 학습하는 동안 세 가지 종류의 인지적 처리를 준비할 수 있다:

- 외재적 처리(extraneous processing)(혹은 외재적 인지 부하)는 수업 목적에 도움이 되지 않는 인지적 처리로서 질이 낮은 수업 설계에 의해 야기된다. [그림 10.2]에 있는 어떤 화살표에도 일치되지 않지만 귀중한 인지적 역량을 소비한다.
- 필수적 처리(essential processing)(혹은 내재적 인지 부하)는 제시된 정보와 그들의 관련성에 대한 주된 구성요소에 주의를 기울이고 부호화하는 것을 목표로 하는 인지적 처리로서, 자료 고유의 복잡성에 의존한다. [그림 10.2]에서 선택하기와 적은 양의 조직하기와 일치한다.
- 생성적 처리(generative processing)(혹은 적절한 인지 부하)는 들어오는 자료를 이해하는 것을 목표로 하는 인지적 처리로서, 그 자료를 이해하려는 학습자의 노력에 달려 있다. [그림 10.2]에서 조직하기 및 통합하기와 일치한다.

유의미한 수업(meaningful instruction)은 학습 중 학습자로 하여금 필수적이고 생성적인 처리에 참여하도록 함으로써, 전이 테스트에서 우월한 수행으로 유도한다(Mayer, 2001, 2008). 대조적으로, 기계적 수업(rote instruction)은 많은 필수적인 처리와 생성적인 처리를 준비하지 못해, 전이 테스트에서 저조한 수행으로 유도한다(Mayer, 2001, 2008). 수업 설계에 중요한 도전은 학습자의 작동기억에서 이용가능한 제한된 처리 용량과 관련된다. 따라서, 유의미한 수업방법은 필수적이고 생성적인 처리를 위한 용량을 해소하기 위해 외재적 처리를 반드시 감소시켜야만 한다. 덧붙여, 자료가 복잡할 때 유의미한 수업방법은 필수적 처리를 관리해야만 하는 데 즉, 필수적 처리요구를 조절하는 방식을 찾아야만 한다.

이 장의 나머지는 [그림 10.1]에 있는 네 가지 사분면의 각각에 관련된 연구를

탐구한다. 세로 줄을 따라, 학습 중 인지적 활동의 수준을 고려할 수 있으며, 그것
은 낮은 것부터 높은 것까지 배열할 수 있다. 가로 줄을 따라, 행동적인 활동의 수
준을 고려할 수 있으며, 그것은 낮은 것부터 높은 것까지 배열할 수 있다. 특히, 나
는 능동적인 수업방법이 언제 수동적인 학습으로 유도하는지, 능동적인 수업방법
이 언제 능동적인 학습으로 유도하는지, 수동적인 수업방법이 언제 능동적인 학습
으로 유도하는지, 수동적인 수업방법이 언제 수동적인 학습으로 유도하는지를 검
토하려고 한다.

●○ 1사분면: 능동적인 수업방법은 언제 수동적인 학습으로 유도하는가

[그림 10.1]에서, 우상의 사분면은 학습자가 행동적으로 능동적이지만, 인지적으
로 능동적이지 않은 상황을 나타낸다. 구성주의 교수 오류에 따르면, 학습자가 학
습 중 행동적으로 능동적이기 때문에 이런 상황은 심층적 학습으로 반드시 유도해
야만 한다.

능동적인 수업방법의 한 가지 예로, 발견식 학습방법을 생각해 보자. 발견식 학
습방법에서, 행함으로써 학습할 수 있도록 학생들 스스로 해결할 문제가 주어진다.
발견학습은 학습자가 학습과정 중 행동적으로 능동적이기 때문에 능동적 수업방법
으로 간주된다. 새로운 상황에서 학습된 자료를 사용하는 능력으로 암시되었던 것
처럼, 발견식 학습방법의 의도된 학습결과는 심층적 학습이다. 이 절에서, 나는 능
동적인 수업이 수동적인 학습으로 유도하는 발견식 방법에 반하는 증거를 요약했
던 세 편의 최근 논문을 리뷰한다(Mayer, 2004; Kirschner *et al.*, 2006; Klahr &
Nigam, 2004).

순수 발견에 반하는 세 가지 타격

발견학습 방법의 효과성에 관해 그 연구는 우리들에게 무엇을 말해주는가? 최근
의 리뷰에서(Mayer, 2004), 나는 발견에 대한 세 가지 문헌 즉, 1960년대에 절정에
달했던 문제해결 규칙(problem-solving rules)의 교수에 대한 연구, 1970년대에 절정

에 달했던 Piaget의 보존 전략(Piagetian conservation strategies)의 교수에 대한 연구, 그리고 1980년대에 절정에 달했던 LOGO 프로그래밍(LOGO programming)의 교수에 대한 연구를 검토했다. 각각의 사례에서, 순수한 발견식 방법 아래 최소한의 가이던스로 학습했던 학생들은 가이드된 발견식 방법하에서 상당한 양의 가이던스를 받고 학습했던 학생들보다 파지와 전이 테스트에서 보다 저조하게 수행하는 경향이 있었다.

첫째, 학생들의 문제해결 원리에 대한 학습을 생각해 보라. 예를 들어, Kittel(1957)은 어떤 단어 세트-GONE START GO STOP COME-에 속하지 않는 단어 표시하기와 같은 기이한 문제를 해결하도록 학생들에게 가르쳤다. 이런 경우에 원리는 "두 쌍의 반대말 만들기"이며, 그래서 정답은 GONE이다. 전체적으로, 학생들은 15가지의 서로 다른 원리에 기초한 기이한 문제(oddity problems)를 해결하기 위해 학습했다. 순수 발견집단에서는, 학생들에게 스스로 해결할 문제가 주어졌다. 가이드된 발견집단에서는, 각 문제와 아울러 그것을 해결하도록 요구하기 전에 원리(즉, "두 쌍의 반대말을 만들어 보라")가 학생들에게 주어졌다. 설명집단에서는, 학생들에게 원리가 주어졌으며 각 문제에 대한 정답을 보여주었다. 가이드된 발견집단(그리고 설명 집단)은 후속된 파지와 전이 테스트에서 순수 발견집단을 능가했다. 유사한 결과가 문제해결 원리의 교수에 초점을 맞추었던 연구자들에 의해 획득되었다(Mayer, 2004). 발견학습에 대한 경험적 연구의 첫 번째 중요한 개관에서, Shulman과 Keislar(1966)는 다음과 같이 결론지었다. "발견에 의한 학습을 위한 수많은 강력한 주장이 교육심리학에서 만들어졌다. 그러나 이런 주장 가운데 어느 것도 경험적으로 입증되거나 심지어 실험에서조차 명확하게 테스트된 것은 거의 없다"(p. 33).

발견학습에 대한 두 번째 라인의 연구는 수 보존 과제와 같이 아동들에게 Piaget의 보존 문제(conservation problems)를 해결하도록 가르치는 것을 포함하고 있다. 예를 들어 Gelman(1969)은 교사로부터 어떤 가이던스도 받지 않고 보존 문제를 해결하도록 요구받은 유치원생은 후속 테스트에서 개선을 보여주는 경향이 없었다는 것을 발견했다. 그러나 Gelman은 교사가 과제의 적절한 측면에 주의를 기울이도록 지시했던 가이드된 실습을 받았던 유치원생들에게는 개선을 발견했으며 부적절한 측면에 주의를 기울이는 것이 어떻게 오답으로 유도되는지를 보여주었다. 1970년대를 통해 다른 연구자들에 의해 획득되었던 유사한 결과는 가이드된 발견이 순수한 발견보다 더욱 심층적인 학습으로 귀결된다는 것을 암시하고 있다(Mayer, 2004).

세 번째 테스트로서, 학생들이 영화 속 거북을 그리는 것을 프로그램화 할 수 있는 LOGO라고 불리는 컴퓨터 프로그래밍 언어를 학생들이 학습하도록 도와주기 위한 최선의 방법을 생각해 보라. 예를 들어, 순수 발견학습 조건에서 50시간 이상의 LOGO를 사용하는 직접적인 경험을 가졌던 학생들은 자신들이 새로운 프로그램을 적어야만 하는 테스트에서는 썩 잘 하지 못했다고 Kurland와 Pea(1994)는 보고했다. 이와는 대조적으로, Fay와 Mayer(1994)는 순수 발견에 의해 LOGO를 학습했던 학생들에 비해 일련의 처방된 과제에 대해 가이던스와 피드백을 받았던, 체계적으로 가이드된 접근을 통해 LOGO를 학습했던 학생들에게서 프로그램 계획 기능에 있어서의 커다란 개선을 발견했다. 1980년대를 통한 연구의 리뷰에서, "LOGO가 발견지향 환경에서 가르쳐졌을 때 프로그래밍 언어에 대한 숙달은 성취되지 않았다"(p. 17)고 Littlefield 등(1988)은 결론지었다.

이런 세 가지 고전적인 일단의 문헌을 리뷰해 볼 때, 그런 연구들은 "순수 발견에 반대하는 세 가지 타격(three strikes)"을 조성했다는 것과 아울러 "구성주의 = 체험적인 활동(hands-on activity)이란 공식은 교육적 재앙을 위한 공식이다"(Mayer, 2004, p. 17)라는 것을 보여주었다고 나는 결론지었다.

수업 중 왜 최소한의 가이던스는 작동하지 않는가

최근의 리뷰에서, Kirschner 등(2006)은 "최소한으로 가이드된 수업이 학생들의 학습과정에 대한 가이던스에 강력한 강조점을 두는 수업방법보다 덜 효과적이고 덜 효율적이라는 것을 일관되게 암시하고 있는 지난 반세기를 넘는 경험적 연구"(p. 75)를 요약함으로써 발견식 수업방법에 반하는 사례를 체계적으로 상세히 설명했다. 예를 들어, Sweller와 Cooper(1985) 그리고 Cooper와 Sweller(1987)는 학생들이 동일한 문제에 대한 예제를 공부하는 것보다 실제로 대수를 푸는 연습으로부터 더 적게 학습한다는 예제 효과(worked-example effect)를 최초로 보고한 연구자들이었다. 보다 최근의 리뷰에서, Renkl(2005)과 kirschner 등(2006)은 가이던스와 발견의 적절한 혼합을 제공함으로써 예제 효과가 증진될 수 있었다는 것을 보고했다. 마찬가지로, Clark(1989)는 가이드받지 않는 수업방법을 선택할 수 있도록 허용된 학생들 혹은 가이드받지 않는 수업방법에 할당된 학생들은 자신들이 그 경험을 좋아하는 경향이 있었음에도 불구하고 실제로는 학습의 손실을 보여주었던 연구를 리뷰했다. 발견 방법은 적성이 더 낮고 경험이 더 적은 학생들에게 특히 불리한 것으로 보인다고 Kirschner 등(2006)은 결론짓고 있다.

반박에도 불구하고, 많은 학생들이 가이던스와 발견의 어느 정도의 균형으로부터 이익을 본다는 것을 Kirschner 등의 입장에 대한 비판자들은 인정하고 있으며 (Schmidt, Loyens, van Gog, & Paas, 2007; Hmelo-Silver, Duncan, & Chinn, 2007), Sweller, Kirschner 및 Clark(2007)는 얼마나 많은 가이던스가 필요한지를 결정하기 위해 잘 통제된 실험을 요구하고 있다. 또 다른 비판에서, Kuhn(2007)은 과학 학습에서 문제해결 탐구의 가치를 주장하지만, Sweller 등(2007)은 탐구기반 교육과정 (inquiry-based curricula)이 일반적으로 기대에 미치지 못했음을 적고 있다.

발견에 의한 과학적 추론 가르치기

Klahr와 Nigam(2004)은 발견식 접근방법이나 지시적 수업방법을 통해 초등학교 학생들에게 과학적 추론 기능(scientific reasoning skills)을 가르쳤다. 발견식 방법에서, 아동들은 변수 통제 문제를 받았으며 가설을 테스트하기 위한 실험을 설계하도록 요구받았다. 지시적 수업방법에서, 아동들은 변수 통제 문제(control-of-variables problems)를 받았으며, 가설 테스트를 위해 혼동되는 방식과 사실에 입각하지 않은 방식의 사례를 공부하도록 요구받았다. 낮은 수행을 나타낸 학생들 가운데, 지시적 수업 하에서 69%가 과학적 추론 기능을 개발했던 반면, 발견적 방법하에서는 오직 15%만 적절한 과학적 추론 기능을 개발했다. 유사한 결과가 Chen과 Klahr(1999)에 의해 보고되었다. Kuhn과 Dean(2005)은 변수 통제 문제를 해결하려고 학습에서 발견의 가치를 보여주기 위한 취지의 연구를 수행했지만, Kuhn과 Dean의 수업방법이 특히 전이를 촉진하는 데 특별히 효과적이지 않았음을 Klahr(2005)는 적고 있다.

발견식 수업방법을 사용하는 컴퓨터 기반시스템에 대한 연구를 리뷰하면서, de Jong과 van Joolingen(1998)은 과학적 추론과제 내에 있는 발견학습에서 학습자가 직면하는 몇 가지 어려움을 확인했다. 즉 "학습자(심지어 대학생이라 할지라도)는 단지 하나의 가설이 무엇처럼 보여야 하는지를 모른다"(p. 183), "학습자들은 수집된 자료를 기초로 가설을 진술하거나 각색하지 못할 수도 있다"(p. 183), "가설을 진술하는 데 있어서 … 학습자들은 자신들을 … 도와주지 않는 고려에 의해 유도될 수 있다"(p. 184), 학습자들은 "자신들의 가설을 확증해 주는 정보를 찾는"(p. 184) 경향이 있다, "결론에 이르지 못하는 실험을 설계하라"(p. 185), "몇 번씩 동일한 실험"을 설계하라(p. 185), 그리고 "가설을 테스트하려는 의도가 없는 실험을 구성하라"(p. 185), 그리고 학습자들은 자료를 잘못 부호화하고 잘못 해석하는 경향이 있다는 등이 그것이다. 학생들은 과학적으로 사고하는 방법, 즉 무엇이 가이드된 발견원리로 불릴 수 있는지를 학습하는 데 가이던스를 필요로 한다고 de Jong(2005)은 결론짓고 있다.

전반적으로, 특히 낮은 수준의 경험과 선행 지식을 가진 학습자들에게 순수 발견식 수업방법의 비효과성을 보여주는 일관된 연구 기반이 있다. 50년을 거슬러 올라가는 이런 경험적 데이터베이스는 수동적 학습―학습 중 낮은 인지적 처리 수준―으로 유도하는 능동적인 수업방법을 설계하는 것이 가능하다는 거부하기 어려운 증거를 제공하고 있다. 직접 해보는 활동은 너무나 많은 외재적 인지 처리를 만들어낼 수 있으므로 능동적 활동에 요구되는 필수적이고 생성적인 처리에 참여할 만큼 충분한 잔여 인지 용량을 학습자들은 가지고 있지 않다(Mayer, 2001; Mayer and Moreno, 2003; Sweller, 1999)는 것이 1사분면에 대한 이론적 설명이다.

●○ 2사분면: 능동적인 수업방법은 언제 능동적인 학습으로 유도하는가

이전 리뷰가 능동적인 수업방법은 항상 비효과적이라는 것을 의미하는 것으로 해석해서는 안 된다. [그림 10.1]의 좌상 사분면은 능동적인 수업방법이 능동적인 학습으로 유도하는 상황을 제시하고 있다. 이전 섹션에서 리뷰했던 연구는 (1) 적절한 가이던스는 언제 수업으로 통합되는가(즉, 가이드된 발견), 그리고 (2) 학습자는 언제 경험하게 되며 혹은, 언제 높은 적성(aptitude)을 가지게 되는가를 포함하여, 학습 중 능동적인 수업방법이 적절한 인지적 처리를 준비할 수 있는 몇 가지 조건을 암시하고 있다.

가이던스가 직접 체험해 보는 수업 속으로 통합될 때, 학습자의 외재적 처리를 감소시킴으로써 필수적이고 생성적인 처리를 위해 보다 많은 인지적 용량을 활용할 수 있다. 직접적인 활동은 필수적이고 생성적인 처리를 촉진하기에 충분할 만큼 동기화 될 수 있을 것이다. de Jong(2005)은 발견과 가이던스를 균형 잡게 하는 수업을 가이드된 발견원리로 부르고 있다.

학습자들이 적절한 경험이나 적성을 가지고 있을 때 그들은 발견적인 환경으로부터 혜택을 볼 수 있는데, 그 이유는 외재적 처리를 최소화하는 방식으로 자신들의 학습과정을 통제하는 법을 알기 때문이다. 지식수준이 낮은 학습자에게 불리한 수업방법(발견식과 같은)이 지식수준이 높은 학습자에게는 실제로 도움이 될 수 있는 상황을 언급하기 위해 Kalyuga(2005)는 '전문성 반전 효과(expertise-reversal effect)'라는 용어를 사용하고 있다.

● ○ 3사분면: 수동적인 수업방법은 언제 능동적인 학습으로 유도하는가

뇌우(lightning storms)가 어떻게 발달되는지를 설명하는 짧은 이야기 만화를 생각해 보라. 번개에 관한 수업은 학습자가 어떠한 직접적인 활동에도 참여할 필요가 없기 때문에 수동적인 수업방법의 한 가지 사례이다. 그러나, 뇌우의 강도를 감소시키기 위해 당신이 할 수 있는 것을 설명하는 것처럼, 레슨에 기초한 전이문제 해결책을 생성할 수 있는 학생들의 능력에 의해 나타나는 것처럼, 학생들은 능동적인 학습에 참여할 수 있다.

[그림 10.1]의 좌하 사분면은 수동적인 수업방법이 능동적인 학습으로 유도하는 상황을 제시하고 있다. 예를 들어, 멀티미디어 수업 설계에 대한 연구는 종이 위에 잘 설계된 도해 문단을 읽거나 혹은 컴퓨터 스크린에 잘 설계된 이야기 만화를 봄으로써 학습자들이 심층적인 이해-전이 테스트에 대한 수행으로 나타났던 것처럼-를 성취할 수 있다는 것을 보여준다(Clark & Mayer, 2008; Mayer, 2005). 나는 이런 수업을 원리에 입각한 프레젠테이션이라고 부르는데, 그 이유는 사람들이 학습하는 방법과 일치하는 그리고 연구 증거와 일치하는 방식에서 그런 것들이 설계되었기 때문이다. 지난 25년 동안 수행되었던 100여 개의 실험적 테스트를 토대로, 나와 동료들은 능동적인 학습을 촉진할 멀티미디어 수업설계 방법을 위한 핵심적인 증거 기반 원리(evidence-based principles)를 개발해 왔다(Mayer, 2001, 2005; Mayer & Moreno, 2003). 몇 가지 원리는 학습 중 외재적 인지 처리를 감소시키려는 의도를 가지고 있다(혹은 외재적 인지 부하).

- 일관성 원리(coherence principle) ― 외재적 자료가 배제되었을 때 사람들은 더 잘 학습한다.
- 신호 표시 원리(signaling principle) ― 필수적인 자료가 강조되었을 때 사람들은 더 잘 학습한다.
- 공간적 근접성 원리(spatial contiguity principle) ― 해당되는 단어와 그림이 페이지나 스크린에 서로 가까이 있을 때 사람들은 더 잘 학습한다.
- 시간적 근접성 원리(temporal contiguity principle) ― 해당되는 내레이션과 그림이 동시에 제시될 때 사람들은 더 잘 학습한다.
- 리던던시 원리(redundancy principle) ― 내레이션, 애니메이션, 그리고 영화 자막으로부터보다는 내레이션과 애니메이션으로부터 사람들은 더 잘 학습한다.

몇 가지 원리는 학습하는 동안 필수적인 인지 처리를 관리하기 위한 의도를 가지고 있다(혹은 내재적 인지 부하).

- 분할 원리(segmenting principle) ― 계속적인 제시가 학습자 속도의 분절로 분해되었을 때 사람들은 더 잘 학습한다.
- 사전 훈련 원리(pretraining principle) ― 계속적인 제시가 핵심 요소의 명칭과 특징으로 훈련에 의해 선행되었을 때 사람들은 더 잘 학습한다.
- 표현방식 원리(modality principle) ― 단어가 인쇄된 것보다 말로 표현할 때 멀티미디어 프레젠테이션으로부터 사람들은 더 잘 학습한다.

몇 가지 원리는 학습하는 동안 생성적인 인지 처리를 촉진하기 위한 의도를 가지고 있다[혹은 적절한(germane) 인지 부하]

- 멀티미디어 원리(multimedia principle) ― 단어 홀로보다는 단어와 그림으로부터 사람들은 더 잘 학습한다.
- 인격화 원리(personalization principle) ― 단어가 문어체보다는 대화체일 때 사람들은 더 잘 학습한다.

- 음성 원리(voice principle) ― 내레이션이 기계적 음성보다는 인간의 음성을 포함하고 있을 때 내레이션과 애니메이션으로부터 사람들은 더 잘 학습한다.

　새로운 상황에 제시되었던 것을 반드시 적용해야만 하는 문제해결 전이 질문에 대해 학생들을 테스트함으로써 우리는 능동적 학습을 평가한다. 학습 중 수동적 학습이 주로 선택하기를 포함하고 있는 반면, 능동적 학습은 선택하기, 조직하기, 그리고 통합하기라는 인지 과정을 포함하고 있다. 멀티미디어 수업이 이런 설계원리에 기초하고 있을 때가 그렇지 않을 때보다 사람들은 전이 테스트에서 더 잘 수행한다는 것을 우리의 연구는 보여준다(Mayer, 2001, 2005; Mayer and Moreno, 2003). 따라서, 수동적 수업이 외재적 처리를 감소시키고, 필수적인 처리를 관리하고, 생성적인 처리를 촉진하도록 설계되었을 때, 멀티미디어 프레젠테이션을 지켜보는 것과 같은 수동적 수업이 능동적인 학습으로 유도할 수 있다.

●○ 4사분면: 수동적 수업은 언제 수동적 학습으로 유도하는가

　물론, 학습하는 동안 심층적인 인지 처리를 준비하지 않는 방식에서 문단이나 프레젠테이션을 설계하는 것이 가능하다. 이런 상황이 [그림 10.1]의 우하 사분면에 제시되어 있다. 4사분면은 내가 원칙 없는 프레젠테이션 즉, 연구기반 설계원리를 파괴하는 프레젠테이션이라고 부르는 것에 의해 집약되어 있다. 예를 들어, 해당되는 그림과 문자를 조정하는데 실패하거나 외재적 자료를 배제하는데 실패하는 것은 수동적 학습 즉, 학습하는 동안 심층적인 인지 처리에 참여하는 데 실패하는 것으로 유도할 수 있다.

●○ 결 론

[그림 10.1]에 있는 네 가지 사분면에 대한 여행으로부터 우리는 무엇을 결론지을 수 있는가? 이 장의 주된 요점은 능동적인 수업방법이 반드시 능동적인 학습으로 유도하지 않으며 수동적인 수업방법이 반드시 수동적인 학습으로 유도하지 않는다는 것이다. 구성주의는 학습이론이며 보다 구체적으로 말하면 능동적 학습이론으로서, 능동적인 학습은 학습하는 동안 적절한 인지 처리에 참여하는 것을 포함하고 있다. 이런 능동적인 학습과정은 수동적인 수업방법(원리에 입각한 프레젠테이션과 같은)에 의해 야기될 수 있으며, 능동적인 수업방법(순수한 발견과 같은)에 의해 저해될 수 있다.

수업목적이 구성주의 학습을 촉진하는 것일 때, 수업방법은 학습하는 동안 적절한 자료를 선정하기, 일관성 있는 인지적 표상 속으로 그 자료를 정신적으로 조직하기, 그리고 그 자료를 관련된 선행지식과 함께 통합하기와 같은 적절한 인지 처리를 준비하는 것이 반드시 사용되어야만 한다. 구성주의 학습이론은 이런 능동적인 학습과정이 어떻게 일어나는지를 서술하고 있다. 구성주의 교수 오류는 능동적인 학습은 능동적인 수업방법에 의해 야기되고 수동적인 학습은 수동적인 수업방법에 의해 야기된다고 가정할 때 발생한다. 이 장에서 나의 목적은 구성주의 교수 오류를 저지르지 않도록 교육자와 연구자들을 단념시키는 것이다. 그 대신, 학습 중 수업방법이 능동적인 인지적 처리에 영향을 미치는 방법을 위해 수업설계는 반드시 증거 기반 원리에 기초해야만 한다.

질문: Duschl과 Duncan. 만약 학습계열(learning sequences)이 신중하게 그리고 사려 깊게 조정된다면, 이것은 초보 학습자라는 존재를 초점이 잘못 맞추어지고 일관성 없는 수업계열, 빈약한 수업/실행의 결과로 아니면 이 두 가지 모두의 결과로 만들지 않는가? 만약 우리가 학습을 트랙에 유지시키기 위해 효과적인 형성평가 및 교수와 짝지어진 경험적으로 수립된 발달곡선(developmental trajectories)을 따르는 학습 진전이나 계획된 수업 계열을 채택하면, 초보 학습자들의 문제는 논쟁거리가 되지 않는가? 당신이 주장하는 일반화된 교육 실습(generalized pedagogical practices)과 결합된 교육연구 목적과 같은 그런 커리큘럼 설계를 우리는 왜 찾지 않고 있는가?

답변: Mayer. 초보자는 많은 영역 지식을 갖고 있지 않은 사람이다. 이런 정의에 기초해 볼 때, 대부분의 K-12 학생들은 학교에서 공부하는 대부분의 주제에 대해 초보자들이다. 초보 학습자들의 존재가 반드시 형편없는 수업의 결과는 아니다. 따라서 나는 당신이 의미하는 "초보 학습자의 문제"가 무엇인지 모르겠다. 수업설계자들은 반드시 학습자의 선행 지식을 설명해야만 한다는 것이 근원적인 요체라고 나는 생각한다. 선행지식은 학생들이 초보자냐 아니면 전문가냐 하는 이분법적인 변수가 아니다. 효과적인 수업은 학생들이 전문지식으로 가는 경로를 따라 자신들을 움직이도록 도와주는 방식에서 영역 지식을 개발하도록 학생들을 도와줄 수 있다. 그러나, 어떤 영역에서 전문가가 되기 위해서는 10년간의 지속적인 공부가 소요된다는 것이 인지 과학자들 사이에 합치된 의견이므로, 많은 K-12 학생들이 많은 학교 영역(many school domains)에서 전문가 상태에 도달했을 것 같지는 않다. 마찬가지로, 나는 당신이 의미하는 "그런 교육과정 설계(such curriculum designs)"를 정확히 이해하지 못하지만, 명확한 수업목표를 가지는 것이 유용하리라는 것에 대해서는 확실히 동의한다.

질문: Duschl과 Duncan. 당신이 의미하는 발견(discovery)은 무엇인가? 오직 발견만 포함하고 있는 종류의 수업 실제에 대한 하나의 사례를 주시오.

답변: Mayer. 순수한 발견은 학생들이 최소한의 교사 가이던스를 가진 학습과제에 대해 공부하는 수업방법을 의미한다. 나는 수년에 걸쳐 K-12 교실에 대한 관찰에 근거한 다음 사례를 제공한다. 첫째, 초등학교 컴퓨터 실습실에서 교사는 학생들에게 FORWARD, BACK, RIGHT, LEFT, PENUP, 그리고 PENDOWN과 같은 몇 가지 기본적인 LOGO 명령을 사용하는 법을 보여준다. 그 다음, 학생들은 컴퓨터 앞에 앉아 그림을 그리고 자신들의 프로그램을 저장하도록 듣는다. 좋은 프로그래밍 설계를 결코 명시적으로 가르치지 않지만, 그 수업의 목적은 학생들을 도와 모듈방식을 포함하는 효율적인 컴퓨터 프로그램을 쓰는 법(how to write)을 학습하게 하는 것이다. 학생들이 많은 가이던스 없이 LOGO 기계와 상호작용하도록 허용되었을 때, 일반적으로 그들은 효율적인 프로그램 쓰는 법을 학습하지 않는다는 것을 LOGO 학습에 대한 연구는 보여준다. 둘째, 중학교 수학 수업시간에 교사는 1차

함수의 도표그리기를 서술하는 데 몇 분을 보낸다. 그 다음에, 학생들은 4명씩 집단으로 앉아서 30분 동안 교사의 개입 없이 집단토의를 통해 풀어야 할 한 세트의 도표그리기 문제를 받는다. 협동학습에 대한 연구는 이런 형식의 발견학습이 특히 효과적이지 않다는 것을 보여준다. 교사들은 구성주의 방법 사용 요청에 대해 내가 위에서 서술했던 것과 같은 비효과적인 방법을 자랑스럽게 사용해야만 한다고 의미하는 것으로 가끔 해석한다는 것이 나의 요지이다.

질문: Duschl과 Duncan. 당신은 학습동기에 대해 거의 말하고 있지 않다. 당신의 접근은 (1) 과학적 추론(예컨대, 질문하기, 측정방법 선정하기, 증거와 설명 구별하기, 설명을 정련하기)을 다루는 인지활동을 자극하고 동기화하기, 그리고 (2) 경쟁하는 지식 주장(예컨대, 과학적 방법, 측정방법, 모형 그리고/혹은 설명을 비판하기 위한 준거 수립하기)의 지위에 관해 의사결정하기 혹은 평가하기를 포함하고 있는 과학적 실제를 왜 제외하는가?

답변: Mayer. 나는 동기가 학습에 매우 중요한 요인이라는 것과, 어떤 교수·학습 이론도 동기의 역할을 반드시 포함해야만 한다는 것에 동의한다. 우리는 동기(그리고 메타인지)를 포함하는 몇 가지 연구를 해 왔으며, 좀 더 하라는 호의적인 제안에 감사한다. 나는 분명히 "인지적 활동을 자극하고 동기화하는 것"에 반대하지 않는다. 단지 나는 모든 직접적인 활동이 반드시 "인지적 활동을 자극하고 동기화 하는 것"(그리고 사실, 많은 직접적인 활동은 비생산적일 수 있다)은 아니며, 반면에 모든 수동적인 수업방법(이런 대화를 읽는 것과 같은)이 반드시 "인지적 활동을 자극하지 않고 동기화시키지 않는 것"은 아니라는 것을 지적하고 있다. 마찬가지로, 나는 "서로 경쟁하는 지식 주장의 지위(the status of competing knowledge claims)에 관해 의사결정하거나 혹은 평가하는 것"에 찬성하지만, 학습자들이 초보일 때 이런 과학적 추론 기능을 개발하는 코스에서 그들이 교사로부터 상당한 가이던스를 필요로 할지도 모른다는 것을 나는 한 번 더 지적하고 있는 것이다.

질문: Wise와 O'Neill. 당신이 쓴 장에서, 학습에 대한 구성주의 관점에서 수업을 설계함에 있어, 행동적인 활동의 피상적인 표시에 대해서가 아니라, 학생들이 참여하도록 원하는 인지적 상호작용에 대해 초점이 맞추어져 있어야만 한다고 당

신은 중요한 지적을 하고 있다. 그런 점에서 바람직한 학습으로 유도하는 일종의 인지적 활동에 참여하지 않고서도 학습자는 확실히 행동적인 활동(예를 들어, 학급 토의)에 참여할 수 있다는 것을 모두가 동의하리라고 생각한다. 그러나 이것은 학습자들이 인지적으로 비활동적이라는 것을 의미하지는 않으며, 그것이 얼마나 잘 설계되었는지 아니면 얼마나 빈약하게 설계되었는지에 관계없이 학습자가 어떤 상황에 대해 어느 정도의 이해를 구성할 것이라는 것을 많은 구성주의자들은 지적할 것이다. 질문은 그것이 환경을 위한 학습 목적에 관련된 생존력 있는 이해인지 아닌지의 여부이다.

이런 관점에 따르면, 수업에서 고려할 두 가지 중요한 요인은 (a) 적절한 학습자 목적 개발을 위한 지원, 그리고 (b) 학습자가 자신들이 구성한 이해의 생존력을 테스트할 기회라는 것을 우리는 믿고 있다. 우리의 사고방식에, 이런 두 가지 요인은 정보처리 관점과 구성주의 관점을 구별하는 데 중요할 수도 있다. 당신은 그것을 어떻게 보는가?

답변: Mayer. 나는 당신이 첫째 문단에서 말한 모든 것에 대해 확실히 동의한다. 그러나, 두 번째 문단에 있는 핵심적인 질문 즉, "적절한 학습자 목적 개발을 위한 지원" 그리고 "학습자가 자신들이 구성한 이해의 생존력을 테스트할 기회"에서 당신이 의미하는 것을 나는 잘 모르겠다. 또한 "이런 두 가지 요인은 정보처리 관점과 구성주의 관점을 구별하는 데 있어 중요할 수도 있다"고 당신이 말한 의미를 나는 잘 모르겠다. 마지막으로, 내가 생각하기에 이런 질문이 가진 주된 문제점은 그것이 마치 각 관점의 수많은 버전이 있는 것처럼 구성주의 관점과 정보처리 관점의 차이를 구체화하지 않는다는 것이다. 정보처리 관점에 대한 나의 저술에서, 나는 고전적 견해(classic view)와 구성주의 견해(constructivist view)를 구별한다. 구성주의에 대한 나의 저술에서, 나는 인지적 구성주의(cognitive constructivism)와 급진적 구성주의(radical constructivism)를 구별한다. 나는 구성주의와 정보처리 관점은 서로 조화될 수 있으며, 따라서 그 관점들을 구별할 필요가 없다는 것을 보여준다. 전체적으로, "학습에 대한 학파(schools of learning)" 탐색은 지금까지 학습의 과학에 하나의 비생산적인 접근이 되어 왔다. 나의 의견으로는, 우리의 영역은 어떤 "○○주의(ism)"가 최선인가에 대한 높은 수준의 철학적 주장에 참여함으로써보다는 학습과 수업이 작동하는 방법에 대한 연구 기반의 답변을 생각해내려고 노력함으로

써 더 잘 공헌하게 될 것이다.

질문: Wise와 O'Neill. 당신의 장은 수업자료의 설계에 초점을 맞추고 있다. 그러나, 구성주의 수업접근은 원래 포함된 수업자원의 종류에 의해 일차적으로 정의되지 않고, 오히려 보다 중요한 것으로 수업자원의 사용을 틀지우는 맥락, 예컨대 자료를 가지고 공부하는 데 있어 학생들을 위한 목표 설정 해주기와 교사로 하여금 실시간의 반응적 지원을 주도록 하는 것에 의해 정의된다고 우리와 여타 다른 사람들은 주장했다. 우리의 장에서, Jasper Woodbury 시리즈를 구성주의 수업설계의 한 가지 좋은 예로 논의하는데, 그 속에는 학습자료가 완전하고 자족적인 것으로 의도되어 있지 않다. 당신이 설계하는 일종의 멀티미디어 학습자원에 당신은 무엇을 이상적인 활용 맥락으로 보는가? 학생들이 이런 멀티미디어 학습자원으로부터 학습하는 것을 결정하는 데 있어 당신은 이런 맥락이 얼마만큼 중요하다고 보는가?

답변: Mayer. 나는 맥락이 수업설계에 있어서 하나의 중요한 고려사항이라는 것 그리고 예컨대, 앵커드 수업(anchored instruction)은 흥미를 끄는 하나의 아이디어라는 것에 동의한다. 당신은 Jasper Woodbury 시리즈가 구성주의 수업 설계의 한 가지 좋은 예로 설명하고 있으며, 그것이 많은 관심을 끌었다는 것에 동의한다. 그것은 많은 학자들이 구성주의 교수로 보는 것을 많은 방식에서 전형적으로 보여주고 있다. 그러나, 수업은 많은 가치 있는 수업시간(동료집단 내에서의 많은 토론을 포함하여)을 요구한다. 나의 의견으로는, "그것은 잘 설계된 지시적 수업보다 더 잘 작동하는가?"를 질문하는 것이 공정하다. 짧게 말하면, "Jasper 시리즈를 활용하는 것이 다른 종류의 잘 설계된 수업보다 학생들이 수학문제 해결을 더 잘 이해하도록 도와준다는 과학적인 증거가 어디 있는가?"를 묻는 것이 공정하다. Jasper에 관해 중요하지만 답변되지 않은 질문은 교사 가이던스를 언제 그리고 어떻게 수업 속으로 통합하는가와 관련되어 있다.

질문: Wise와 O'Neill. 명시적으로 가르쳐질 수 있는 것에 중요한 한계가 있다는 것을 당신은 동의하는가? 정적인 도구(static tools)와 자료로 반복할 수 없는 학습과정 속에 있는 사회적 상호작용에 대한 독특한 가치를 아는가? 만약 그렇다면,

당신은 그것을 어떻게 서술하겠는가?

답변: Mayer. 이것은 연구 질문으로서 가치가 있다. 지금까지, 나는 사회적 상호작용의 수업 가치에 관한 이용가능한 증거에 감명을 받지 않았다.

결론적으로, 이 책에 제시된 연구공동체는 학습이 어떻게 작동하는지 그리고 학습을 촉진하는 방법을 이해하려는 가치 있는 과업에 참여되어 있다. 나의 의견으로는, (a) 만약 우리가 어떤 "○○주의"가 최선인지를 결정하기 위해 찾는 것에 의해서보다는 학습과 수업이 작동하는 방법에 대한 구체적인 이론을 검증하기 위해 노력한다면, 그리고 (b) 만약 우리가 전문가의 의견에 바탕을 둔 인용에 근거하기보다는 엄격한 과학적 연구로부터의 증거에 우리의 주장이 근거하고 있다면, 진전을 이룰 가능성이 가장 높을 것이다.

[메이어(Mayer)의 답변은 편집자들에 의해 축약되고 편집되었다.]

[노 트]

1) 인지적 구성주의로부터 사회적 구성주의 및 급진적 구성주의에 이르기까지 많은 다양성을 가진 구성주의가 있지만, 완벽한 "○○주의"를 찾는 것은 교육연구자를 위해 비생산적인 활동이라는 것(Mayer, 1997)이 나의 의견이다. 이 장에서, 나는 기본적인 버전의 인지적 구성주의에 초점을 맞추고 있는데, 그것을 나는 "학습자가 학습 중 적절한 인지적 처리에 관여함으로써 자신들의 작동기억 속에 지식을 수립하는 학습이론"(Mayer, 인쇄 중)으로 정의한다. 이 장의 목적을 위해, 구성주의의 주된 특징은 다음과 같다:

- 누가—학습자
- 무엇을—지식구조를 세운다
- 어디서—작동기억에서
- 어떻게—능동적인 인지적 처리에 참여함으로써
- 언제—학습하는 동안

짧게 말하면, 구성주의는 학습자가 학습하는 동안 능동적 인지적 처리에 관여함으로써 작동기억 속에 지식구조를 수립하는 하나의 학습이론이다.

학습이 어떻게 작동하는지에 대한 이런 비전(vision)은 Piaget(1970), Bartlett(1932), 그리고

Wertheimer(1959)의 고전적인 인지적 구성주의 이론에 그 뿌리를 두고 있는 데, 특히 도식 구성에 대한 그들의 강조에 그 뿌리를 두고 있다. 마찬가지로, 학습이 작동하는 방법에 대한 이런 비전은 인지적 이론의 멀티미디어 학습(Mayer, 2001; Mayer & Moreno, 2003)과 인지부하이론(Sweller, 1999, 2005) 같은 현대 학습이론에 반영되고 있는데, 특히 학습 중 작동기억 속에서의 능동적인 인지적 처리에 대한 그들의 강조에서 반영되고 있다. 예를 들어, Mayer(2001, 2008)는 지식 구성으로서의 학습에 대한 이런 견해에서 세 가지 중요한 인지적 과정을 확인했는데, 그것은 (a) 선정하기 – 눈과 귀를 통해 인지적 체제로 들어가는 관련 정보에 주의를 기울이기; (b) 조직하기 – 선정된 자료를 일관성 있는 인지구조 속으로 정신적으로 배열하기; 그리고 (c) 통합하기 – 들어온 자료를 장기기억으로부터 활성화된 선행지식과 정신적으로 통합하기이다. 이런 기본적 버전의 인지학습이론에 따르면, 능동적 학습(혹은 유의미 학습)은 이런 과정의 세 가지 모두를 요구하는 반면, 수동적 학습(혹은 기계적 학습)은 오직 최소한 양의 선정하기와 조직하기만을 요구한다.

□ 참 고 문 헌 □

Barlett, F. C. (1932). *Remembering: A study in experimental and social psychology*. Cambridge: Cambridge University Press.

Bransford, J. D., Brown, A. L., & Cocking, R. R. (Eds.). (1999). *How people learn*. Washington, DC: National Academy Press.

Chen, Z., Klahr, D. (1999). All other things being equal: Aquisition and transfer of the control of variable strategy. *Child Development, 70*, 1098−1120.

Clark, R. C., Mayer, R. E. (2008). *e−Learning and the science of instruction* (2nd ed). San Francisco: Pfeiffer.

Clark, R. E. (1989). When teaching kills learning: Research on mathematics. In H. N. Mandl N. Bennett, E. de Corte, & H. F. Freidrich (Eds.), *Learning and instruction: European research in an international context* (Vol. 2, pp. 1−22). London: Pergamon.

Cooper, G., & Sweller, J. (1987). Effects of schema acquisition and rule automation on mathematical problem−solving transfer. *Journal of Educational Psychology, 79*, 347−362.

de Jong, Ton (2005). The guided discovery principle in multimedia learning. In R. E. Mayer (Ed.), *The Cambridge handbook of multimedia learning* (pp. 215−228). New York: Cambridge University Press.

de Jong, T., & van Joolingen, W. R. (1998). Scientific discovery learning with computer simulations of conceptual domains. *Review of Educational Research, 68*, 179−203.

Fay, A. L., Mayer, R. E. (1994). Benefits of teaching design skills before teaching LOGO computer programming: Evidence for syntax−independent learning. *Journal of Educational Computing Research, 11*, 185−208.

Gelman, R. (1969). Conversation acquisition: A problem of learning to attend to relevant attributes. *Journal of experimental Child Psychology, 7*, 167−187.

Hmelo−Silver, C. E., Duncan, R. G., Chinn, C. A. (2007). Scaffolding and achievement in problem−based and inquiry learning: A response to Kirschner, Sweller, and Clark (2006). *Educational Psychologist, 42*, 99−108.

Kayluga, S. (2005). The prior knowledge principle in multimedia learning. In R. E. Mayer (Ed.), The Cambridge handbook of multimedia leraning (pp. 325−338). New York: Cambridge University Press.

Kirschner, P. A., Sweller, J., & Clark, R. E. (2006). Why minimal guidance during in-struction does not work: An analysis of the failure of constructivist, discovery, prob-lem-based, experiential, and inquiry-based learning. *Educational Psychologist, 41,* 75-86.

Kittel, j. E. (1957). An experimental study of the effect of external direction during learning on transfer and retention of principles. *Journal of Educational Psychology, 48,* 391-405.

Klahr, D. (2005). Early science instruction: Addressing fundamental issues. *Psychological Science, 16,* 871-872.

Klahr, D., & Nigam, M. (2004). The equivalence of learning paths in early science instruction. *Psychological Science, 15,* 661-667.

Kuhn, D. (2007). Is direct instruction an answer to the right question? *Educational Psychologist, 42,* 109-114.

Kuhn, D., & Dean, D. (2005). Is developing scientific thinking all about learning to control variables? Psychological Science, 16, 866-870.

Kurland, D. M., & Pea, R. D. (1985). Children's mental models of recursive LOGO programs. *Journal of Educational Computing Research, 1,* 235-244.

Littlefield, J., Delclos, V. R., Lever, S., Clayton, K. N., Bransford, J. D., & Franks, J. J. (1988). Learning LOGO: Method of teaching, transfer of general skills, and attitudes toward school and computers. In R. E. Mayer (Ed.), *Teaching and learning computer programming* (pp. 111-136). Hillsdale, NJ: Erlbaum.

Mayer, R. E. (1997). Searching for the perfect ism: An unproductive activity for educa-tional research. *Issues in Education, 3,* 225-228.

Mayer, R. E. (2001). *Multimedia learning.* New York: Cambridge University Press.

Mayer, R. E. (2004). Should there be a three-strikes rule against pure discovery learn-ing? The case for guided methods of instruction. *American Psychologist, 59,* 14-19.

Mayer, R. E. (2005). Cognitive theory of multimedia learning. In R. E. Mayer (Ed.), *The Cambridge handbook of multimedia learning* (pp. 31-48). New York: Cambridge University Press.

Mayer, R. E. (2008). Learning and instruction (2nd ed). Upper Saddle River, NJ: Pearson Merrill Prentice Hall.

Mayer, R. E. (in press). Constructivism: Discovery learning. In E. M. Anderman (Ed.), *Psychology of classroom learning: An encyclopedia.* Farmington Hills, MI: Thompson

Gale.

Mayer, R. E., Moreno, R. (2003). Nine ways to reduce cognitive load in multimedia learning. *Educational Psychologist, 38*, 43–52.

Piaget, J. (1970). *Science of education and psychology of the child.* New York: Oxford University Press.

Rankl, A. (2005). The work–out example principle in multimedia learning. In R. E. Mayer (Ed.), *The Cambridge handbook of multimedia learning* (pp. 229–245). New York: Cambridge University Press.

Schmidt, H. G., Loyens, S. M. M., van Gog, T., & Paas, F. (2007). Problem–based learning is compatible with human cognitive architecture: Commentary on Kirschner, Sweller, and Clark (2006). *Educational Psychologist, 42*, 91–98.

Shulman, L. S., & Keislar, E. R. (1966). *Learning by discovery: A critical appraisal.* Chicago, IL: Rand–McNally.

Sweller, J. (1999). *Instructional design in technical areas.* Camberwell, Australia: ACER Press.

Sweller, J. (2005). Implications of cognitive load theory for multimedia learning. In R. E. Mayer (Ed.), *The Cambridge handbook of multimedia learning* (pp. 19–30). New York: Cambridge University Press.

Sweller, J., & Cooper, G. A. (1985). The use of worked examples as a substitute for problem solving in learning algebra. *Cognition and Instruction, 2*, 59–89.

Sweller, J., Kirschner, P. A., & Clark, R. E. (2007). Why minimally guided teaching tech–niques do not work: A reply to commentaries. *Educational Psychologist, 42*, 115–121.

Wertheimer, M. (1959). *Productive thinking.* New York: Harper & Row.

제 11 장
지시적 수업을 위한 경험적 지지

Barak Rosenshine

University of Illinois, Champaign Urbana

이 책을 쓰도록 유도했던, 2007년 미국 교육연구학회 미팅에서 논쟁을 자극했던 논문에서, Kirschner, Sweller 및 Clark(2006)는 지시적 수업 가이던스(direct instruc-tional guidance)가 "수업 중 최소한의 가이던스(minimal guidance during instruction)" 보다 효과에 있어서 우월했다고 결론지었다. 그러나 Kirschner 등(2006)은 지시적 수업 가이던스의 몇 가지 사례를 주었을 뿐이었다. 그들은 모델링, 자기검사 절차 (self-checking procedures)를 가르치는 것, 많은 사례(many examples)를 포함하는 것, 예제(worked example)를 활용하는 것, 과정작업표(process worksheets)를 활용하는 것 의 가치를 명기했다.

그러나, 이런 사례에 덧붙여, 지시적 수업과 지시적 수업의 가이던스를 포함하는 수업절차에 대한 방대한 연구 기반의 문헌이 있으며, 나는 이런 절차가 Kirschner 등(2006)이 서술했던 정보처리에 근거한 인지이론에 적합하다고 믿고 있다. 이런 수업절차는 두 가지 연구영역 즉, 교실수업에 대한 과정-산출 연구(Medley & Mitzel, 1963; Brophy & Good, 1986; Rosenshine & Stevens, 1986)와 인지전략을 가르 치는 것에 대한 연구(Rosenshine & Meister, 1992)로부터 유래했다.

●○ 교실수업에 대한 과정–산출 연구

교수에 대한 과정–산출 연구(Medley & Mitzel, 1963)는 교실수업에 대한 일련의 관찰 연구를 의미한다. 교사 행동과 학생들의 성취에 대한 측정 간의 상관을 연구했던 원천적 연구(Brophy & Good, 1986; Rosenshine & Stevens, 1986)와 이런 상관연구를 실험연구가 뒤따르게 되었다(Gage & Needles, 1989). 그 연구는 교수에 대한 과정–산출 연구(process-product research on teaching)로 불렸는데, 왜냐하면 상관에 대해 최초로 초점을 맞추었기 때문이다. 이 연구는 주로 1955년부터 1985년까지 수행되었지만, 이런 연구결과들을 무효로 했던 그때부터 수업에 대한 그 어떤 관찰연구나 상관연구도 전혀 없다.

수업에 대한 과정–산출 연구의 목적은 표준화 테스트나 혹은 연구팀에 의해 개발된 테스트에서 자신들의 학급 학생들이 가장 높은 성취를 했던 교사들이 활용했던 수업절차를 확인하고 이를 자신들의 학급 학생들이 동일한 테스트에서 가장 작은 성취를 했던 교사들이 활용한 수업절차와 비교하는 것이었다.

연구 설계

이 연구(Brophy & Good, 1986; Rosenshine & Stevens, 1986 참조)에서, 연구자들은 먼저 학생들에게 사전 테스트를 했으며, 한 학기 정도 일정 기간의 수업 후에, 보통 20개에서 30개 정도의 학급에 사후 테스트가 실시되었다. 이런 평가는 보통 읽기나 수학에서 이루어졌다. 테스트 가운데 어떤 것은 표준화되었으며, 어떤 것들은 실험자에 의해 개발되었다(Brophy & Good, 1986). 학생들의 초기 능력에 대한 적절한 조정을 한 다음, 연구자들은 연구 대상 교과에서 가장 높은 성취 증가를 이루었던 교사와 가장 작은 증가를 이루었던 교사들을 확인했다.

연구를 하는 동안, 관찰자들은 교실에 앉아, 그런 교사들이 사용했던 다양한 수업행동과 빈도를 관찰하고 기록했다. 관찰자들은 보통 질문의 수와 유형, 학생들의 답변의 질, 그리고 학생의 답변에 대한 교사의 반응을 기록했다. 많은 연구자들은 또한 리뷰, 프레젠테이션, 가이드된 연습, 그리고 자습과제 감독하기(supervising seatwork) 등과 같은 활동에 얼마나 많은 시간을 보내는지를 기록했다. 어떤 연구자들은 교사가 학생들로 하여금 자습과제와 숙제를 어떻게 준비시키는지를 기록했다. 다른 관찰자들은 칭찬의 빈도와 유형, 그리고 비판의 빈도, 유형, 그리고 맥락을 기록했다. 학급의 전반적인 주의 수준(attention level), 그리고 가끔씩 개별 학생들의 주의 수준도 기록되었다. 그 후 이 정보는 가장 성공적인 교사가 이보다 성공적이지 못한 교사와 어떻게 서로 다른지를 서술하기 위해 활용되었으며, 이런 결과는 이 장에 서술되어 있다.

이런 상관연구에 이어 가끔씩 실험연구(Gage & Needles, 1989; Brophy & Good, 1986; Rosenshine & Stevens, 1986)가 뒤따랐는데, 이런 실험연구에서 연구자들은 상관 연구로부터의 연구결과에 부분적으로 기초하고 있는 교수 매뉴얼을 개발했다. 예를 들어, Good과 Grouws의 연구는 상관 연구(Good & Grouws, 1977)로 시작했으며, 그 후 자신들의 연구결과를 실험연구(Good & Grouws, 1979)에 적용했다. 이 연구에서 한 집단의 교사들은 하나의 매뉴얼을 받았는데, 그 안에는 과정 – 산출 연구에서 학생들의 성취 증가와 상관된 것으로 밝혀진 일련의 수업절차가 포함되어 있었다. 통제집단 교사들은 자신들의 통상적인 가르침을 계속하도록 요구받은 반면 실험집단 교사들은 자신들의 교수에 이런 행동을 사용하도록 배웠다. 매뉴얼을 받았던 교사들이 제안된 다수의 수업절차를 수행했다는 것을 이런 연구들은 보여주었다. 예를 들어, Good과 Grouws(1979)의 연구에서, 통제집단 교사들의 13%에 비해 실험집단 교사들은 66% 정도 숙제를 부과했다.

실험집단 교사들은 자신들이 사용하도록 배웠던 것보다 더 많은 새로운 행동을 활용했으며, 회귀분석에 의해 초기 점수를 조정했던 자신들의 학급 학생들의 사후 테스트 점수가 통제집단의 교사들이 가르쳤던 학급 학생들의 점수보다 유의하게 더 높았다는 것을 이런 실험연구(Gage & Needles, 1989)의 대부분이 보여주었다. 학급을 관찰했던 사람들은 어떤 구체적인 이론적 지향을 갖고 시작하지 않았다.

지시적 수업

McDonald와 Elias(1976)는 자신들의 연구 가운데 하나에서 결과의 패턴을 주목하고, 성공적인 교사는 자신들이 "지시적 수업(direct instruction)"이라고 불렀던 하나의 패턴을 사용했다고 적었는데, Rosenshine(1976) 또한 이런 연구에서 자신의 학생들이 고성취자(high achievers)였던 교사들의 행위를 서술하기 위해 그 용어를 사용했다. 여타 학자들(예컨대, Stanovich, 1980)은 "명시적 교수(explicit teaching)"라는 용어를 사용했다. Morrison(1926)은 교정적 교수와 숙달을 위한 재교수를 포함하는 수업방법을 의미하기 위해 "체계적 교수(systematic teaching)"라는 용어를 사용했다. Katz(1994) 또한 명확한 수업계열성과 가이드된 실습을 제공하는 것에 대한 강조를 의미하기 위해 "체계적 수업(systematic instruction)"이라는 용어를 사용했다.

그러나 불행하게도, 오늘날 일부 연구자들(예컨대, Kuhn, 2007; Stein, 1999)은 그 수업이 얼마나 체계적인지 혹은 비체계적인지와 무관하게 교사에 의해 주도되는 모든 수업을 의미하기 위해 지시적 수업을 사용해 왔다. 그들은 지시적 수업이라는 용어에 대한 구체적인, 연구기반 활용을 모르고 있을 수도 있다.

●○ 여섯 가지 교수 기능

Rosenshine과 Stevens(1986)는 교수에 대한 과정 − 산출 연구로부터의 결과를 여섯 가지 기능으로 분류했다.

1. 일상적 리뷰

이 연구에서 효과적인 교사는 이전에 다루었던 자료에 대한 짧은 리뷰, 숙제 교정, 그리고 그날 수업에 관련된 선행지식의 결정을 포함하는 5~8분의 리뷰와 함께 수업을 시작했다. 이런 리뷰는 학생들이 그날의 수업을 위한 필수적인 기능에 대해 잘 이해하고 있다는 것을 확실하게 했다. 교사들의 활동에는 숙제를 하는 데 필요한 개념과 기능을 리뷰하기, 학생들이 서로 상대방의 과제를 교정하게 하기, 학생들이 어려움을 가졌거나 혹은 실수했던 요점에 관해 질문하기, 그리고 과잉학습(overlearning)을 필요로 하는 사실과 기능에 대해 리뷰하기 혹은 부가적인 연습 제공하기 등이 포함되었다.

효과적인 일상적 리뷰에 대한 하나의 사례는 읽기 수업을 위한 모범센터(Exemplary Center for Reading Instruction: ECRI)의 읽기 프로그램에 있다(American Federation of Teachers, 1998). 이 프로그램에서는, 이전 이야기로부터의 단어와 앞으로 다가올 이야기로부터의 단어인 시각적 단어(sight word)에 대한 일상적 리뷰에 5

분을 보낸다. 교사는 단어 목록을 제시하고 학생들은 단어를 제창하며, 필요하면 읽기가 유창해질 때까지 그들은 그 목록을 다시 읽는다. 학생들은 1초에 한 단어의 비율로 읽는데, 그것은 한 학급이 4분 이내에 150개의 시각적 단어를 리뷰하는 것을 가능하게 한다.

또한 일상적 리뷰는 초등학교 수학에서 성공적인 실험의 일부분이었다(Good & Grouws, 1979). 이 연구에서, 매일 리뷰를 수행했다고 말했던 통제집단 교사들은 실제로 자신들이 관찰되었던 날 가운데 단지 50% 정도 리뷰했다는 것이 밝혀졌다. 일상적인 리뷰에서 훈련을 받았던 보다 성공적인 실험집단 교사들은 자신들이 관찰되었던 날 가운데 80% 정도 리뷰를 수행했으며 숙제를 체크했다.

일상적 리뷰의 중요성은 인간의 인지구조에 대한 연구에 의해서도 정당화될 수 있다. Chase와 Chi(1980)가 적었던 것처럼, 전문성의 개발은 연습, 수천 시간의 연습을 요구한다. 이전 학습을 회상하는 연습은 지식구조 속에서 결합을 강화하는 데 이바지할 수 있으며, 따라서 우리가 그 자료를 쉽게 그리고 자동적으로 회상하도록 도와줄 수 있다.

어휘에 대한 일상적인 연습은 단어를 개별적인 문자로서보다는 하나의 단위로 보는 것으로 유도할 수 있다(Laberge & Samuels, 1974). 읽기와 여타 영역에서 자동적인 회상(automatic recall)을 개발하는 것 또한 이해를 위해 사용될 수 있는 공간인 작동기억 속에 지금 활용할 수 있는 더 많은 공간이 있다는 것을 의미한다. 마찬가지로, 수학문제 해결은 기본적 기능이 과잉 학습되고 자동화되어서 처리 용량을 자유롭게 할 때 향상된다는 것을 Greeno(1978)는 적고 있다.

2. 새로운 자료 제시하기

이런 연구에서 가장 효과적인 교사는 덜 효과적인 교사보다 학생들에게 새로운 자료를 제시하고 학생들이 연습하도록 가이드하는 데 더 많은 시간을 보냈다(Evertson, Anderson, & Brophy, 1980; Good & Grouws, 1979). Evertson 등(1980)은 강의, 시범, 그리고 토론에 가장 비효과적인 교사들이 하루에 11분을 보내는 것과 대조적으로 가장 효과적인 수학 교사들은 23분을 보낸다는 것을 발견했다. 보다 효과적인 교사들은 설명 제공하기, 사례 주기, 학생들 이해를 점검하기 위해 질문하기, 필요할 때 자료를 다시 가르치기 위해 이런 여분의 시간을 사용했다. 대조적으로,

Evertson 등(1980) 그리고 Good과 Grouws(1979)는 덜 효과적인 교사들이 더 짧은 프레젠테이션과 설명을 주었으며 더 적은 질문을 했다는 것을 발견했다. 이런 불충분한 준비의 결과는 자습과제를 하는 동안 나타났다. 충분히 준비되지 않았던 학생들은 독립적인 연습을 하는 동안 더 많은 실수를 했다는 것이 발견되었다.

보다 효과적인 교사들은 또한 새로운 자료를 작은 단계로 제시했다(Brophy & Good, 1986). 이런 교사들은 짧은 프레젠테이션을 주었고, 많은 사례를 제공했으며, 그리고 이런 자료 뒤에는 가이드된 연습이 따랐다. 학생들이 이런 자료를 숙달한 다음에야 비로소 그들은 다음 단계로 나아갔다. Itzhak Perlman, Nadja Salerno-Sonnenberg, 그리고 Gil Shaham을 가르쳤던 존경받는 바이올린 교사인 Dorothy DeLay가 바이올린 교사들에게 맨 먼저 문제를 분석해야만 하며, 그 다음에 학생들이 성공할 수 있고 과제의 어려움에 압도되지 않도록 과제를 여러 단계로 단순화해야만 한다는 것을 제언했을 때, 이와 동일한 요점을 지적했다(Kouzinn, 2002).

또한 효과적인 교사들은 학생들 이해를 체크하기 위해 멈추었다(stopped). 그들은 자료에 관해 질문함으로써 체크를 했다. 즉 그들은 학생들에게 그 요점까지 프레젠테이션을 요약하도록 혹은 지시나 절차를 반복하도록 요구했으며, 혹은 자신들이 다른 학생들의 답변에 동의하는지 아니면 동의하지 않는지의 여부를 학생들에게 질문했다. 이런 체크하기는 두 가지 목적을 가지고 있는데 즉, 질문에 답하는 것은 학생들로 하여금 자신들이 배웠던 자료에 대해 다듬을 수 있도록 하며 그들의 장기기억 속에 있는 다른 학습과의 결합을 증대시킬 수도 있다. 이해를 위한 체크하기는 또한 교사들에게 자료의 부분들을 다시 가르쳐야 할 필요가 있을 때를 말해 줄 수 있다.

학생들이 한 번에 받아들이는 자료의 양을 제한하는 것과 새로운 자료의 처리를 촉진하는 것은 그것이 한 번에 너무 많은 자료로 무거운 짐을 지우지 않도록, 연구를 작동기억의 한계성(Miller, 1956; Norman & Brokow, 1975)에 맞춘다.

3. 학생 연습 가이드하기

Chase와 Chi(1980) 그리고 Frederiksen(1984)이 언급했던 것처럼, 새로운 자료가 장기기억 속에 저장될 수 있도록 바꾸어 말하기(rephrasing), 정교화하기(elaborating), 그리고 요약하기(summarizing)에 시간을 보낼 필요가 있다. 바꾸어 말하기 및 요약하기와 같은 과제를 통해 장기기억 속에 있는 선행지식과 결합시키는 것은 나중의 인출 및 이런 정보의 활용을 촉진한다.

가장 효과적인 교사는 가이드된 연습과 감독을 통한 연습을 제공함으로써 새로운 자료 처리를 위한 이런 요구를 충족시켰다는 것을 Brophy와 Good(1986), Rosenshine과 Stevens(1986), 그리고 Good과 Grouws(1979)는 발견했다. 가이드된 연습 중 교사는 기능에 대한 학생들의 초기 연습을 감독했으며, 실수를 교정하고, 새로운 학습을 장기기억 속으로 옮기는 데 필요한 능동적인 연습과 정교화를 제공했다. 교사 질문과 학생들 토의는 이런 연습을 제공하는 주된 방식이었다. 또한 질문은 교사로 하여금 이해를 위한 점검 즉, 자료가 얼마나 잘 학습되었는지 그리고 부가적인 수업 필요성의 여부를 점검하도록 했다.

보다 효과적인 교사는 덜 효과적인 교사보다 더 많은 질문을 했다는 것을 다수의 상관 연구(예컨대, Stallings & Kaskowitz, 1974)가 보여주었다. 중학교 수학수업에 대한 상관 연구(Evertson et al., 1980)에서, 가장 비효과적인 교사가 단지 8.6개의 질문만 했던 반면 가장 효과적인 교사는 50분 동안 평균적으로 24개의 질문을 했다. 각기 관찰된 기간 동안 가장 비효과적인 교사가 1.3개의 과정 질문(process question)을 했던 반면, 가장 효과적인 교사는 6개의 과정 질문(질문에 답하기 위해 학생들에게 자신들이 사용했던 과정을 설명하도록 요구하는 질문)을 했다.

Good과 Grouws(1979)의 실험연구에서, 교사들은 가이드된 연습 중 높은 빈도의 질문을 사용하도록 배웠다. 이 연구에서 실험수업 교사들의 학생들은 통제집단 교사들의 학생들보다 사후 테스트에서 더 높은 점수를 성취했다. 대부분의 교사들이 어느 정도 가이드된 연습을 제공했지만, 가장 효과적인 교사들은 가이드된 연습에, 질문하는 데, 이해를 위한 점검에, 실수를 교정하는 데, 교사의 가이던스와 함께 학생들로 하여금 문제를 해결하게 하는 데 더 많은 시간을 보냈다.

높은 정답 비율

효과적인 교사들은 자신들이 질문했을 때 높은 성공률을 가졌다(Fisher et al., 1978). 4학년 수학에 대한 연구에서, 가장 덜 성공적인 교사들은 73%의 성공률을 가졌던 반면, 가장 성공적인 교사들의 수업에서는 82%의 학생들의 답변이 정확했다는 것을 Good과 Grouws(1979)는 발견했다. 효과적인 교사는 성공(success)과 충분한 도전(sufficient challenge)이라는 두 가지를 조합한다고 제시하면서, 최적 성공률은 가이드된 연습 동안 약 75-80%인 것으로 나타나고 있다(Brophy & Good, 1986). 가장 효과적인 교사는 "작은 단계로 가르치기(teaching in small steps)"(Brophy & Good, 1986) 즉, 짧은 프레젠테이션과 감독된 학생 연습의 조합을 사용함으로써 그리고 다음 단계로 넘어가기 전에 각 부분에 대한 충분한 연습을 제공함으로써 이런 성공 수준을 달성했다.

4. 피드백과 교정 제공

학생들의 실수는 수업에서 하나의 특별한 문제인데, 그 이유는 교정되지 않은 초기 실수는 장기기억 속에 실수로 저장되며, 나중에 실수로 인출될 수도 있기 때문이다(Guzzetti, Snyder, Glass, & Gamas, 1993). 학생들이 실수를 범했을 때 보다 효과적인 교사들은 질문을 단순화하고, 힌트를 제공하거나, 혹은 그 자료를 다시 가르침으로써 학생들을 도와주었다. 그러나 덜 효과적인 교사들은 대개 정답을 준 다음 그 옆의 학생에게로 옮겨갔다. 분명히, 그런 실습은 실수를 교정하는 데 충분하지 않을 수도 있다.

질문하는 동안, 어떤 학생이 옳지만 머뭇거렸을 때, 보다 성공적인 많은 교사들 가운데 상당수 또한 과정 피드백(process feedback)을 제공했다(Good & Grouws, 1979). 교사들은 그런 것들을 "그래, 그게 맞았어, 왜냐하면 …"이라고 말한 다음 그 교사는 정답에 도달하기 위해 필요한 과정을 다시 설명할 것이다. 이런 태도로 부가적인 설명이나 혹은 과정에 대한 반복을 제공함으로써, 그 교사는 주저하는 학생들이 필요한 것으로 보이는 부가적인 학습을 학생들에게 제공했다.

효과적인 학부 교수(college teaching)에 대한 리뷰에서, Kulik과 Kulik(1979)은 (a) 학생들이 자신의 시험에 대해 즉각적인 피드백을 받을 때, 그리고 (b) 퀴즈 점수가 설정된 준거에 도달하지 못했을 때는 부가적인 공부를 해야만 하고 또 다른 테스트를 받아야만 할 때 수업이 더욱 효과적이라는 것을 발견했다.

5. 독립적인 연습 수행

전형적인 교사주도 수업에서, 가이드된 연습은, 혼자서 공부하며 새로운 자료를 연습하는 학생들에 의한 독립적인 연습이 뒤따른다. 어떤 기능에서 유창성(fluency)

과 자동성(automaticity)을 얻기 위해서는 상당한 양의 연습(과잉학습)이 요구되기 때문에 이런 독립적인 연습이 필요하다(Laberge & Samuels, 1974; Anderson, 1982). 학생들이 유창하게 되었을 때, 자동적인 작동기억은 최소한으로 부담을 지게 되며 학생들은 이해와 적용에 더 많은 주의를 기울일 수 있다. 독립적인 연습은 십진법 나누기, 지도 읽기, 외국어에 정규 동사를 활용하는 것, 화학방정식을 완성하고 균형 잡기 등과 같은 기능에서 유창하게 되기 위해 학생들이 필요로 하는 부가적인 리뷰와 정교화를 제공한다. 유창성을 위한 이런 요구는 후속 학습에서 반드시 사용되어야만 하는 사실, 개념, 그리고 변별에 적용된다. 학생들은 이런 자습시간 동안 보통 혼자 공부한다. 그러나 불행하게도, 학생들은 혼자 공부하고 있었을 때 가장 덜 몰두했으며 교사에 의해 주도된 환경에 있었을 때 더욱 몰두했다는 것을 Stallings와 Kaskowitz(1974) 그리고 다른 학자들은 발견했다.

　　2학년 학생들의 읽기와 수학 수업에 대해 방대한 과정 - 산출 연구를 수행했던 Fisher 등(1978)은 가이드된 연습에 더 많은 시간을 보냈던 교사들이 또한 자습시간 동안 보다 더 몰입적이었던 학생들을 가졌다는 것을 발견했다. 이런 연구결과는 교사가 가이드된 연습 동안 충분한 수업을 제공했을 때 학생들은 자습시간을 더 잘 준비했다는 것을 시사한다. 또한 교사들이 자습시간 동안 학생들의 책상 앞에 멈추어서 많은 설명을 제공해야만 했던 학급이 학생들의 답안지 실수 비율이 가장 높았던 학급이었다는 것을 Fisher 등(1978)은 발견했다. 자습시간 동안 멈춰 설명을 제공할 수밖에 없었던 것은 초기 설명과 가이드된 연습이 충분하지 않았다는 것을 시사한다. 가끔씩, 교사는 학생들이 집에서 공부하거나 혹은 독립적인 연습에 관여하기 전에 전체 학급과 함께 숙제 문제 몇 가지를 연습하는 것은 적절할 수도 있다. Fisher 등(1978)은 교사가 교실을 돌아다니면서 자습을 모니터하고 감독했을 때 학생들이 보다 몰입적이었다는 것을 발견했다. 그러나, 그런 접촉을 위한 가장 바람직한 시간은 30초 이내였다. 언급했던 것처럼, 보다 긴 접촉의 필요성은 가이드된 연습이 충분하지 않았다는 하나의 신호였다. 그러나 이런 연습이 시작되기 전에 학생들이 충분한 수업을 받지 않으면 그런 독립적인 연습은 효과적이지 않을 수도 있다.

6. 주별 및 월별 리뷰

초등학교에서 몇 가지 성공적인 프로그램은 빈번한 리뷰를 제공했다. Good과 Grouws(1979)가 수행했던 성공적인 실험연구에서, 통제집단 교사들은 매주 월요일에 지난주의 작업을 리뷰하도록 그리고 매월 넷째 주 월요일에 지난달의 작업을 리뷰하도록 요구받았다. 이런 리뷰와 테스트는 능숙하고 성공적인 수행자들이 되기 위해 학생들이 필요로 했던(Frederiksen, 1984; Laberge & Samuels, 1974; Pellegrino & Glaser, 1980) 부가적인 연습을 제공하려는 의도를 가지고 있었다. 리뷰는 이전 학습을 회복하고 정교화하는 데 이바지하며, 또한 인지구조 내에서 결합을 강화시키고 확장시킬 수 있다. 그러면 리뷰는 학생들이 패턴을 개발하고 자신들의 지식을 통합하도록 도와줄 수 있으며, 리뷰는 자동성(automaticity)의 개발을 증진시킬 수 있다(Laberge & Samuals, 1974). 전문성이 어떻게 획득되는지를 논의할 때, Chase와 Chi(1980)는 "가장 분명한 답변은 연습, 수천 시간의 연습이다 … 대개 연습은 단연 수행에 대한 최고의 예언자이다"(p. 12)라고 적었다.

●○요 약

이 연구에서, 보다 효과적인 교사들은 전형적으로 이전 자료에 대한 리뷰와 필수적인 기능의 연습과 함께 수업을 시작했다. 그 다음, 연습과 질문이 뒤따르는 짧은 프레젠테이션과 함께 작은 단계로 새로운 자료를 가르쳤다. 프레젠테이션 이후에, 교사는 학생들이 새로운 기능을 연습했던 대로 그들을 가이드했으며, 모든 학생들이 점검되고 피드백을 받을 때까지 이런 가이던스를 계속했다. 가이드된 연습 뒤에 독립적인 연습이 이어졌는데, 학생들이 새로운 기능을 독립적으로 그리고 유창하게 수행할 수 있을 때까지 독립적인 연습은 계속되었다.

새로운 자료에서의 수업은 완전한 교사 통제로 시작하며, 수업하는 동안 내내 교사는 통제를 줄여 마지막에 학생들이 독립적으로 공부하게 된다. 이런 진전은 교사 모델링으로부터 프롬프트와 단서를 활용하는 가이드된 연습을 거쳐 학생들에 의한 독립적이고 유창한 수행으로 옮겨간다. 각 단계에서 학생들의 학습을 모니터하고,

학생들 연습을 가이드하고, 학생들이 필요로 할 때 부가적인 지원을 제공할 필요가 있다. 그러나, 학생들이 더 나은 숙달을 보여줌에 따라, 교사는 점진적으로 통제를 줄여나간다. Palincsar와 Brown(1984) 또한 상호 교수(reciprocal teaching)에 대한 자신들의 연구에서 통제를 줄여나가는 이런 진전을 적용했다.

●○ 비구조화된 과제에 대한 교수

교실 수업에 대한 과정－산출 연구로부터의 이런 연구결과는 과제를 일련의 명시적 단계로 나눌 수 있고 학생들이 그런 단계를 기초로 실습하는 데 따라 그들을 가이드할 때 매우 유용하다. 그러나 읽기 이해, 쓰기, 그리고 수학적 및 과학적 문제해결과 같이 명시적인 단계로 쪼개질 수 없는 과제를 어떻게 가르치는가?

이런 비구조화된 과제를 가르치는 것을 목표로 했던 새로운 연구 경향이 1970년대에 시작되어 1980년대에 번성했다(Pressley *et al.*, 1995). 이런 새로운 접근에서의 강조점은 학생들이 과제를 숙달하도록 도와줄 수 있는 가이드와 지원을 학생들에게 제공해 주는 데 있었다. Pressley 등(1995)에서 나타났던 것처럼, 이런 가이던스와 지원을 제공하고 가르쳤던 수많은 연구들은 표준화 테스트와 실험자 개발 테스트에 의한 측정되었던 것처럼 읽기 이해, 쓰기 그리고 새로운 과학자료 학습능력과 같은 비구조화된 영역에서 학생들이 자신의 능력을 신장시키도록 도와주는 데 있어서 꽤 성공적이었다.

전문가 과정 확인하기

이런 가이드와 지원을 개발하기 위한 하나의 접근은 전문가가 사용했던 인지전략(Kintch & van Dijk, 1978; Bereiter & Bird, 1985; Larkin & Rief, 1976)을 확인한 다음 이런 전략을 학생들에게 가르치는 것이었다. 그 전략은 전문가들에게 해결해야 할 문제를 주고 그들이 이런 문제들을 해결하기 위해 자신들이 시도했던 대로 혼자서 중얼거리면서 생각하도록(think aloud) 요청함으로써 확인되었다. Kintch와 van Dijk(1978)는 전문가들이 텍스트를 요약하기 위해 사용하고 있었던 과정을 연구했다. Bereiter와 Bird(1985)는 전문적인 독자들에게 어렵고 모호한 구절을 제시한 다음 그 구절을 이해하기 위해 자신들이 시도했던 그대로 중얼거리면서 생각하도록 요청했다. Larkin과 Rief(1976)는 물리학에서 전문적인 문제해결자들을 연구했으며 그들이 사용했던 절차를 확인했다.

그 후 그 연구자들은 이런 전문가 반응을 기초로 한 수업프로그램을 개발하고 테스트했다. Kintch와 van Dijk(1978)는 새로운 학생들에게 자신들이 확인했던 요약 절차를 성공적으로 가르쳤으며, 여타 많은 연구자들(예컨대, Palincsar & Brown, 1984)도 자신들의 연구에서 이런 동일한 절차를 가르쳤다. Bereiter와 Bird는 전문가들이 사용했던 절차에 기초한 프로그램을 개발했으며, 그들은 한 집단의 평균적인 독자들에게 이런 전략들을 가르쳤다. 연구의 종료시점에, 훈련된 독자들은 읽기 표준화 테스트에서 유의미하게 통제된 학생들을 능가했다. Bereiter와 Bird(1985)의 가이드 또한 틴에이지 문제 독자들(teenage problem readers)을 위한 Anderson(1991)의 읽기 프로그램의 일부로 가르쳐졌으며, 그녀의 프로그램은 표준화 테스트에서 유의미한 유사한 결과를 얻었다. Larkin과 Rief(1976)는 물리학 전공 학생들에게 자신들이 확인했던 전문가 절차를 가르쳤다. 세 가지 연구 모두에서 이런 절차를 배웠던 초보자들의 성취점수는 통제집단 학생들의 점수보다 우월했다.

읽기 이해를 증진하기 위한 또 다른 노력에서, 많은 연구자들은 학생들에게 그들이 읽고 있는 단락과 구절에 있는 자료에 대해 "누가", "어떻게", "무엇을", "왜", 그리고 "언제"로 시작하는 질문을 자신에게 질문하도록 가르쳤다. 질문을 하는 과정에서 학생들은 텍스트를 찾고, 보다 면밀히 읽으며, 따라서 자신들의 읽기 이해를 증진시키는 것을 학습하게 될 것이라고 기대되었다. Palincsar와 Brown(1984)은 질문하기에 참여했던 학생들은 "이해력 촉진 활동(comprehension-fostering activities)"에 참여적이었다는 것을 제시했다. 따라서, 읽기 이해는 하나의 비구조화된 과제이긴 하지만, 연구자들은 학생들에게 이해력 촉진 전략을 모델링하고 가르침으로써 이런 문제를 극복하려고 노력했다. 질문하기에 있어서 이런 수업과 연습의 결과로, 학생들이 새로운 단락에 대해 테스트 받았을 때 그들의 읽기 이해 점수가 증진되었다는 것을 다수의 연구가 보여주었다(Rosenshine, Chapman, & Meister, 1996).

스캐폴드와 수업 지원

연구자들은 또한 과제에 대한 초기 어려움을 감소시키기 위해 부가적인 스캐폴드나 혹은 수업 지원(Tobias, 1982)을 학생들에게 제공함으로써 비구조화된 과제를 가르치려고 시도했다(Collins, Brown, & Newman, 1990). 스캐폴드는 학생들의 현재 능력과 목적 간의 간격을 메우도록 도와준다. 이런 스캐폴드는 학생들이 특별히 어려운 문제에 직면할 때 자신들이 스캐폴드에 계속 의존할 수도 있지만, 학습자가 보다 독립적으로 되어감에 따라 점진적으로 철회된다. 혹자는 스캐폴드를 비구조화된 과제를 가르치기 위한 하나의 확장된 형식의 가이드된 연습이라고 볼 수도 있다. Kirschner 등(2006)은 이런 연습을 "지시적인 수업 가이던스(direct instructional guidance)"라고 불렀다.

교사의 질문하는 방법 모델링은 스캐폴드의 하나의 본보기이다. 이런 모델링, 그리고 학생들이 과제를 시도할 때 그들을 위한 지원은 학생들이 자신의 질문을 개발하도록 도와준다. 이런 모델링은 학생들이 보다 유능해짐에 따라 철회된다. 교사의 중얼거리면서 생각하기(thinking aloud)는 또 다른 스캐폴드이다. 이런 연구에서 사용되어 온 스캐폴드의 리스트와 그런 것들이 등장했던 연구의 인용이 아래에 목록화되어 있다. 이런 각각의 연구에서 결과 측정치는 표준화 검사나 혹은 실험자가 개발한 검사에 대한 학생들의 성취였다. 실험집단에 유리한 유의미한 결과가 이런 10개의 수업절차와 연합된 13가지 연구의 각각에서 획득되었다.

1. 교사에 의한 전략 사용 모델링하기(King, 1994; Raphael & Pearson, 1985).
2. 선택이 이루어졌을 때 교사에 의한 중얼거리면서 사고하기(thinking aloud)(Anderson, 1991; Schoenfeld, 1985).
3. 학생들이 그 전략을 수행하도록 돕기 위해 구체적인 프롬프트의 단서 카드 제공하기(Englert, Raphael, Anderson, Anthony, & Stevens, 1991; Singer & Donlan, 1982).
4. 과제를 더 작은 구성요소로 나누고, 각 구성요소를 따로 가르치며, 그 구성요소를 전체 과정 속에 점진적으로 결합하기(Palincsar, 1987; Dermody, 1988).
5. 학생들의 실수 예상하기(Brady, 1990).
6. 학생들을 위해 과제의 부분 완성하기(King, 1991; Blaha, 1979).
7. 완성된 작업의 모델 제공하기(Palincsar & Brown, 1984).
8. 교사와 학생에 의한 상호 교수 제공하기(Palincsar, 1987).

9. 체크리스트 제공하기(Rinehart, Stahl, & Erikson, 1986).

10. 실수가 발생했을 때 해결 전략 제안하기(Bereiter & Bird, 1985).

인지전략과 스캐폴딩에 대한 이런 새로운 초점은 복잡한 과제의 읽기 이해, 수학 문제 해결하기, 쓰기, 과학문제 해결하기, 그리고 공부 기술(study skills)에 대한 학생들의 성취를 증진하는 데 있어 성공적이었던 다수의 연구로 귀결되었다(Pressley et al., 1995).

Rosenshine 등(1996)은 학생들이 자신들의 읽기에 관한 질문을 생성하도록 배운 다음 자신들이 읽은 그대로 이런 절차를 사용하는 것을 연습했던 26개 연구의 결과를 요약했다. 이런 처치의 결과는 표준화된 테스트나 혹은 실험자 개발 테스트를 사용하여 평가되었다. 학생들에게 자신들의 읽기에 관해 질문을 생성하는 것을 가르칠 때, 결과 측정치로서 실험자 개발의 이해력 테스트가 사용되었을 때, 그 연구는 0.82라는 중위 결과 크기(median effect size)를 가졌다는 것을 Rosenshine 등(1996)은 발견했다. 그런 결과 크기는 실험집단의 50번 째 백분위(percentile)에 있는 학생들이 통제집단의 80번 째 백분위 점수를 얻게 된다는 것을 의미한다. 표준화된 테스트가 사용되었을 때, 중위 결과 크기는 0.32였는데, 그것은 실험집단의 50번 째 백분위에 있는 학생들이 통제집단의 63번 째 백분위 점수를 얻게 될 것이라는 것을 의미한다.

만약 학생들이 네 가지의 "이해력 촉진" 전략 즉, 질문하기, 요약하기, 다음에 무엇이 일어날지를 예측하기 위해 텍스트 사용하기, 그리고 불분명한 단어를 명료화하기 위해 시도하기를 배우고 연습했다면, 읽기 이해가 증진될 것이라고 Palincsar와 Brown(1984, 1989)은 시사했다. 학생들은 이런 네 가지 전략을 배운 후에 그들이 "상호 교수(reciprocal teaching)"라고 불렀던 방법을 사용하는 새로운 자료에 대해 네 가지 전략을 연습하기 위해 집단 내에서 작업했다. 다수의 후속 연구가 상호 교수 형식을 사용했다. 이런 연구에서 실험자 개발 테스트가 사용되었을 때, 그 결과는 보통 통계적으로 유의미했으며, 평균적인 효과 크기는 0.88(이는 실험집단의 평균적 학생들이 통제집단에서 81번 째 백분율 점수를 얻게 된다는 것을 의미한다)이었다(Rosenshine & Meister, 1994). 표준화된 테스트가 사용되었을 때, 평균적인 효과 크기는 0.32(이는 실험집단의 평균적 학생들이 통제집단의 63번 째 백분율 점수를 얻게 된다는 것을 의미한다)였다.

그러나, Rosenshine과 Meister(1994)에 의해 리뷰된 상호 교수 연구에서 수업 세션의 숫자는 6에서 25까지의 범위에 있었으며, 더 많은 세션을 가르치는 것은 더 높은 성취의 획득으로 귀결되지 않았다(Rosenshine & Meister, 1994, pp. 500, 506 참조)고 Hirsch(2006)는 명기했다. 그리고 4개에서 12개의 이해력 전략은 상호 교수 연구에서 가르쳐졌지만, 12개의 전략을 가르치는 것은 질문 생성과 요약하기라는 두 가지 전략 가르치기보다 효과적이지 않았다(Rosenshine & Meister, 1994, pp. 495-496). Hirsch는 읽기 이해 전략을 가르치는 것은 유용하지만, "공식적인 이해력 기능은 단지 학생들을 거기까지 데리고 갈 수만 있다. 폭넓은 지식이 없다면, 아동들의 읽기 이해력은 증진되지 않을 것이며 읽기이해력 테스트에 대한 그들의 점수는 위로 솟아오르지 않을 것이다"(Hirsch, 2006, p. 8)라고 명기했다.

지시적 수업

많은 연구자들이 인지전략의 교수에 대한 자신들의 연구를 "지시적 수업(direct instruction)"이라고 불렀다. Dermody(1988)는 자신의 연구를 "예언하기, 명료화하기, 질문 생성하기, 그리고 요약하기라는 구체적인 이해 전략에 대한 지시적 수업"(p. 57)으로 불렀다. 그리고 Grajia(1988)는 자신의 연구를 "요약화 전략(summarization strategy)에 대한 지시적 수업"(p. 89)이라고 불렀다.

"지시적 수업"이라는 용어의 유사한 사용은 읽기 이해에 있어 다수의 부가적인 연구에 대한 서술에서 나타났다(Berkowitz, 1986; Lonberger, 1988; Weiner, 1978; Baumann, 1984). 또한 학생들은 과학적 추론(Linn, 1977)에서, 그리고 물리학 문제(Larkin & Rief, 1976)를 해결하는 데서 지시적 수업을 받았다.

따라서 이런 수업을 촉진하고 지원하기 위해 개발되었던 높은 수준의 과제와 구체적인 수업절차를 가르치기 위한 방대한 일단의 연구가 있다. 이런 촉진자들은 많은 연구자들에 의해 개발되었던 구체적인 스캐폴드와 지원은 물론 전문가들에 의해 사용되었던 인지 과정을 포함했다. 이런 수업절차를 가끔 "지시적 수업"이라고 불러 왔다.

●○ 요 약

구성주의 유형의 교수는 인간의 인지구조에 대한 연구결과에 적합하지 않다고

Kirschner 등(2006)은 주장했다. 나는 인간의 인지구조에 적합하며 학생들에게 구조화된 그리고 비구조화된 과제 모두를 가르치기 위해 성공적으로 사용되었던 두 가지 세트의 수업절차-그 두 가지 모두를 "지시적 수업"이라고 불려 왔다-가 있다는 것을 보여주려고 노력해 왔다(Newell & Simon, 1972). "과정-산출" 결과 그리고 "지시적 수업"으로 불렸던 한 세트의 수업절차는 자신들의 학생들이 표준화 테스트와 실험자 개발 테스트에 의해 측정되었을 때 가장 높은 성취를 했던 교사들이 사용했던 수업절차에 대한 연구로부터 나왔다. 두 번째 세트의 수업절차 또한 "지시적 수업"이라고 불려 왔다. 이런 절차는 커다란 일단의 실험연구로부터 나왔는데, 그 실험연구들은 모두 교사 주도의 수업을 포함하고 있으며, 표준화 테스트와 실험자 개발 테스트에 의해 측정된 것처럼, 읽기이해력, 수학적 문제해결, 쓰기, 과학적 문제해결, 그리고 공부 기술을 가르치는 데 있어 성공적이었다.

이런 두 가지 세트의 수업절차 간에는 그 어떤 갈등도 없으며, 많은 겹침이 있다. 인지전략 연구에서 사용되었던 많은 스캐폴드는 구조화된 영역에 있는 토픽을 가르칠 때 가이드된 연습을 촉진하기 위해 사용될 수 있었다. 구조화된 과제가 가르쳐지고 있을 때 모델링, 중얼거리면서 사고하기, 과제의 부분 완성하기, 해결전략 제시하기, 그리고 학생들의 실수를 예측하기는 가이드된 연습 중 확실히 사용될 수 있었다.

이런 연구 가운데 상당수가 30년 혹은 그 이상되었으며, 아마도 일부 연구자들이 그런 연구들과 왜 낯선지 그리고 왜 그렇게 희귀하게 그런 연구들을 인용하는지 그 이유를 설명하고 있다는 것이 반드시 기록되어야만 한다. 이런 연구의 결과는 논박된 적이 없다는 것과 수많은 절차가 전통적인 학급과 구성주의 학급 모두에 적용될 수 있다는 것 또한 기록되어야만 한다.

표준화된 테스트와 실험자 개발 테스트에 의해 측정된 것처럼 학생들의 성취가 목적일 때 지시적 수업이라고 명명된 수업절차는 비교 연습(comparison practices)보다 더 효과적인 것으로 나타났다. 또한 이런 수업절차는 오늘날의 학습에 대한 인지이론적 견해와 조화를 이룬다. 그 절차는 작동기억 용량의 압박(Miller, 1956)을 충족시키기 위해 소단계 수업을 요구한다. 이런 절차는 학생들이 새로운 자료를 학습할 때 가이던스와 스캐폴딩을 제공한다(Kirschner et al., 2006). 그런 가이던스와 스캐폴딩은 자동적인 처리의 개발을 촉진하는 많은 양과 높은 질의 연습을 촉진한다(Laberge & Samuels, 1974). 또한 이런 절차는 전문성의 한 가지 필수조건인 방대한 양의 정보 축적을 촉진한다(Chase & Simon, 1973; Chase & Chi, 1980; Frederikson, 1984; Hirsch, 2006).

질문: Gresalfi와 Lester. "지시적 수업"이라는 용어가 이런 수업방법의 요소들이 된다고 간주되는 실제를 증명하는 이미 수립된 문헌에 연결되지 않은 채 종종 사용된다는 중요한 주장을 당신은 하고 있다. 우리는 그런 증빙 문헌이 결정적으로 중요하다는 것에 동의한다. 그러나, 리뷰에서 이런 교실에 있는 학생들 자신에 대한 설명이 전혀 없다는 것에 우리는 놀랐다. 다양한 군집의 학생들을 공평하게 가르치는 것과 결부되어 있는 교실 실제의 종류에 관해 현재 하나의 뜨거운 논쟁이 맹위를 떨치고 있다. 이 장에 있는 논쟁을 반영하여, 지시적 수업이 낮은 사회경제적 지위를 가진 학생들이나 혹은 소수 학생들에게 가장 효과적이라고 어떤 학자들은 주장한다. 대조적으로, 다른 학자들은 실세계 맥락에 결합되어 있는 복잡하고 개방적인 문제와 집합적 관여(collective engagement)를 포함하고 있는 실습이 평등한 결과로 좀 더 잘 유도할 것 같다고 주장한다. "효과적인(effective)" 실습에 관해 당신이 서술했던 연구결과는 지시적 수업이 다른 학교와 학생들이 아니라, 특정 학교의 특정 학생들에게 이익이 되는지의 여부에 대한 질문을 즉각적으로 제기했다.

답변: Rosenshine. 미국수학자문패널(National Mathematics Advisory Panel, 2008)의 수학교육에 대한 보고서는 낮은 사회경제적 지위 배경을 가진 학생들을 위해 지시적 수업이 특히 중요하다는 Delpit(1986)의 입장에 동의하고 있다. NMAP 보고서는 "수학적 어려움을 가지고 있는 아동들과 함께 명시적 수업은 단어 문제와 계산 수행에 대해 일관성 있게 긍정적인 결과를 보여주었다"고 적고 있다. 그 패널은 명시적 수업이 의미하는 것을 다음과 같이 정의했다;

교사는 사례의 배열을 사용하는 문제를 해결하기 위해 분명한 모형을 제공하며, 학생들은 새롭게 학습된 전략과 기능의 사용에서 광범위한 실습을 받으며, 학생들은 중얼거리면서 사고하는 기회(opportunities to think aloud)를 제공받으며 … 그리고 학생들은 광범위한 피드백을 제공받는다.

(Education Week, 2008)

　그래서 나는 지시적 혹은 명시적 수업의 가치에 관한 Delpit(1986)의 결론에 찬성하는 이 보고서를 신뢰한다. 이 보고서의 결과로, 수학에서 단어문제를 해결하는 방법을 학습하고 있는 낮은 사회경제적 지위 가정의 아동들을 위해 이제 구성주의자들이 이런 명시적인 수업 실제를 주장할 것인지의 여부를 나는 궁금해 한다.

　또한 당신은 상이한 학습자들을 위한 지시적 수업의 효과에 관해 질문했다. 공간상의 이유 때문에 내가 쓴 장에서 그 토픽을 다루지 않았다. 간단히 말하면, 학생들이 더 빠르거나 나이가 더 많을 때, 혹은 그 자료가 덜 어려울 때면, 리뷰에 더 적은 시간을 보내고, 새로운 자료에 대해 더 많은 시간을 보낼 수 있다(주어진 시간에 얼마나 많은 새로운 자료가 학습될 수 있을지를 우리는 종종 과대평가하지만). 마찬가지로, 그런 경우에 수업에서 가이드된 실습과 독립적 실습이 덜 요구된다. 더 많은 독립적 실습은 숙제로 행해질 수 있는데, 그 이유는 학생들이 많은 도움을 필요로 하지 않기 때문이다. 그러나 비록 이런 상황이라 할지라도, 자료가 어려워질 때에는 소단계 수업으로 돌아가는 것이 더욱 효율적이다.

　학습자가 더 어리고 더 늦을 때, 혹은 모든 학생들에게 그 자료가 어려울 때에는 더 많은 시간을 반드시 리뷰에 보내야만 하며, 새로운 자료의 프레젠테이션에는 더 적은 시간을, 그리고 가이드된 그리고 독립적인 실습 양쪽 모두에는 더 많은 시간을 보내야만 한다. 독립적인 실습을 하는 동안, 모든 학생들이 빠르고 정확하게 되는 것에 대해 더 많은 감독과 더 커다란 강조가 있어야만 한다. 자료가 특히 어려울 때, 어떤 교사들은 짧은 프레젠테이션, 가이드된 연습, 그리고 독립적 실습이라는 일련의 사이클을 활용한다.

　질문: Gresalfi와 Lester. 수업 실제에 대한 논의는 학습과 수행 목적을 핵심적인 초점으로 인식하는 것이 중요한 것 같다. 그러나, 효과적인 교수 실제에 대한 당신의 논의는 목표로 했던 학습결과의 본질에 대해 거의 건드리지 않고 있다. 이 토픽을 무시한다면, 우리가 비교하고 있는 연구결과는 매우 다른 것을 표적으로 삼고 있을 가능성이 크다. 예를 들어, 빈번한 리뷰는 하나의 중요한 수업 실제라는 당신의 주장을 지지함에 있어서, 당신은 "가장 분명한 답변은 실습, 수천 시간의 연습이며, … 대부분 연습은 단연코 수행의 최선의 예언자이다"(p. 12)라고 진술했던 Chase와 Chi(1980)를 인용하고 있다. 흥미롭게도, 이런 연습의 본질은 어디에도 논의되어 있지 않다. 전문적인 체스 선수는 조각의 움직임을 지배하는 규칙을 리뷰하

는 데 많은 시간을 보냄으로써 전문가가 되지는 않는다. 사실, 많은 사람들은 시합에서 비록 한 번도 이기지 못했다 할지라도 게임의 이러한 절차적 측면을 숙달할 수 있다. 대신에, 연습의 본질은 실제적 과제의 복잡성에 참여하는 것을 포함하고 있다. 즉, 체스 게임은 절차적 요소에 제한되지 않는 그 밖의 것들을 포함하고 있다. 그러므로 다루어져야 할 중요한 질문은 인용하고 있는 수업 실제의 종류가 목표로 하고 있는 수행의 종류와 관련되어 있을 것 같은지의 여부에 연관되어 있다.

답변: Rosenshine. 내가 쓴 장이 "학습결과의 본질에 대해 거의 다루지 않고 있다"고 당신이 결론내린 것에 유감이다. 사실, 나의 장은 표준화된 테스트와 실험자 개발 테스트에 의해 측정된 것으로서 학생들의 성취에 관련된 수업행동과 수업절차에 관한 것이었다. 그러나, 나는 나의 장을 다시 읽었으며, 성취 테스트는 "비구조화된 과제의 교수" 섹션에서 내가 인용했던 모든 연구에 사용되었다는 것을 명시적으로 언급했어야만 했다는 것을 지금 나는 알고 있다. 나는 그 점을 강조할 기회를 준데 대해 Gresalfi 교수에게 감사한다.

당신은 지시적 수업이 규칙을 가르치고, 구조화된 주제를 가르치는 데에만 국한되어 있다고 믿는 것처럼 보인다. 사실, 지시적 수업은 비구조화된 과제를 가르치는 데 있어서 주된 구성요소였으며 그리고 주된 구성요소가 될 수 있다. 예를 들어, 지금 시작하는 체스 선수를 돕기 위해 체스에 대한 과잉일 정도의 책이 있다. 체스 서적이 저술되고 팔리는 이유는 많은 사람들이 자신들의 체스 경기의 질, 즉 체스 전략에 있어서 "연습의 본질(nature of practice)"은 지시적 수업을 통해 증진될 수 있을 것이라고 믿기 때문이다. 물론, 그런 지시적 수업이 체스에서 승리하는 것을 가르치기에 충분하지는 않지만, 체스 서적에 있는 지시적 수업은 훨씬 단순하게 규칙을 진술하고 있다. 체스에서 그리고 여타 영역에서 지시적 수업은 충분하지는 않지만, 전문적인 수행을 위해 필요한 배경지식과 리허설을 제공하는 데 이바지할 수 있다.

읽기이해력은 지시적으로 가르칠 수 없는 하나의 비구조화된 과제이다. 그러나, 내가 쓴 장의 두 번째 파트에서 적었던 것처럼, 이런 전략을 사용하기 위해 학습하는 것이 증진된 읽기이해력으로 유도할 것이라는 기대하에 많은 연구자들은 인지전략을 가르치고 개발함으로써 학생들의 읽기이해력을 증진시키려고 노력했다. 보통 지시적 수업을 활용하여 학생들에게 이런 전략들을 가르쳤다.

학생들이 "과제의 복잡성(the complexities of the task)"을 연습하는 것이 중요하다는 것에 나는 당신과 동의한다. 그러나 학생들이 그 활동에 충분히 준비되기 전에 어렵고 복잡한 과제를 연습한다면 학생들은 실수를 학습하고 연습하게 될 위험성이 있다. 과정-산출 연구로부터 나타났던 지시적 수업모형은 학생들이 자기 스스로 복잡한 과제를 연습하기 전에 광범위하고 가이드된 연습과 스캐폴딩을 받으면 더 잘 할 수 있을 것이라고 제안한다. 상호 교수는 학생들이 비구조화된 과제를 학습하는 것을 돕기 위해 가이드된 연습이 어떻게 사용될 수 있는지 그리고 능력이 개발됨에 따라 가이던스가 어떻게 감소되며 학생들에 대한 요구가 어떻게 증가하는지를 보여준다.

가이드된 연습은 과정-산출 연구로부터 나타났던 지시적 수업모형의 주된 구성요소이다. 또한 학생 성취가 결과 측정치였던 연구에서 이런 동일한 가이드된 연습은 학생들이 비구조화된 과제를 학습하도록 돕기 위해 광범위하게 사용되었다. 이런 가이던스는 학생들에게 스캐폴드와 지원, 완성된 작업의 모형, 그리고 해결전략을 위한 제안을 제공하는 것을 포함했다. 또한 가이던스는 교사에 의한 중얼거리면서 생각하기, 교사에 의한 부분적 과제의 초기 완성, 그리고 해결전략을 위한 제안 등을 포함했다. Kirschner 등(2006)은 가이드된 연습의 확장을 "지시적 수업 가이던스(direct instructional guidance)"로 불렀다. 내가 쓴 장의 후반부에서 적었던 것처럼, 여타 연구자들은 이런 연습을 "지시적 수업"으로 불렀다. 명칭이 무엇이든 간에, 광범위하며 감독되고 가이드된 연습의 사용은 많은 연구에서 비구조화된 과제의 교수를 위한 주된 구성요소로 기여했다.

질문: Jonassen. 당신이 쓴 장에서, 당신은 질문, 리뷰, 연습, 발견, 그리고 가이던스의 효능성에 대한 연구를 리뷰했다. 다른 형태이긴 하지만, 이런 것들은 내가 문제기반 학습 환경을 설계하는데 일정하게 사용하는 모든 구성요소이다. 그런데 우리의 담론이 왜 이분법적인 논쟁 속에 맡겨져야만 하는가?

답변: Rosenshine. 나는 동의한다. 우리 모두가 동일한 수업절차의 혼합을 사용하고 있다고 생각한다. 현재 시점에서, 우리들 모두가 동일한 표준화 테스트나 혹은 실험자 개발 테스트에 대한 성취에서 학생들이 점수를 획득하도록 돕는 데 관심이 있을 때 우리들 간에 어떤 고유한 갈등도 나는 알지 못한다. 예를 들어 읽

기 이해에 있어서, 상호 교수에서 사용된 수업절차와 구성주의자가 학생들의 읽기 이해 기능을 증진시키기 위해 그들을 도와주기 위해 사용하는 수업절차 간에 원리에 있어서 어떤 차이점이 있는지 나는 의문이다.

질문: Jonassen. 당신이 옹호하는 방법은 부분적으로 효과적인데, 왜냐하면 어떤 형식의 과제 분석을 사용하는 수렴적 지식 그리고/혹은 기능을 분리할 수 있기 때문이다. 다양한 해결책, 해결 경로를 가지고 있거나 전혀 아무런 해결책을 가지고 있지 않으며, 해결책을 평가하기 위한 다양한 준거를 가지고 있는, 상이한 내용 영역의 통합을 요구하는 비구조화된 문제와 과제를 위해 당신은 어떻게 하겠는가? 우리가 자신 있게 가르칠 수 있는 것을 위해 단순히 그런 것들을 무시해야만 하는가?

답변: Rosenshine. 지시적 수업은 기능을 나누어서 세부적인 부분으로 쪼개는 것에 제한된다는 것, 그리고 지시적 수업은 비구조화된 과제를 위해 유용하지 않다는 당신의 질문은 만연된 오해를 반영하고 있다고 나는 믿고 있다. 그러나 과정 - 산출 연구로부터 나타났던 지시적 수업모형 또한 가이드된 연습, 학생에 대한 반응, 독립적 연습, 그리고 리뷰를 포함하고 있었으며, 그리고 비구조화된 과제를 가르치기 위해서도 이런 모든 구성요소가 유용하다는 것을 나는 제안한다.

특히 학생들이 비구조화된 과제를 학습하도록 도와주기 위해 지시적 수업이 성공적으로 사용되었던 세 가지 영역 즉, 배경지식 제공하기, 절차적 프롬프트 제공하고 가르치기, 그리고 학생들의 연습 가이드하기가 있다.

- 배경지식 제공하기. 다량의 접근 가능한 배경지식이 비구조화된 영역에서 작업하는데 요구된다. Frederikson(1984)은 "의학적 문제를 위해 … 훌륭한 수행은 우선적으로 의학 지식과 연합되었다"(p. 387)라고 썼으며 Chase와 Chi(1980)는 "장기지식은 능숙한 수행의 기초가 된다"고 썼다(p. 11). 지시적 수업은 그런 배경지식을 제공하는 데 효과적인 방법이라는 것을 일관성 있게 보여 주었다.
- 절차적인 프롬프트 제공하고 가르치기. 내가 쓴 장의 후반부에서 내가 보여주려고 노력했던 것처럼, 읽기 이해와 쓰기 같은 비구조화된 과제를 학

생들이 학습하도록 돕기 위한 받침으로 기여하도록 의도되었던 프롬프트
와 전략을 학생들에게 가르쳤던 많은 연구가 있었다. 나는 학생들을 가르
치기 위해 사용된 이런 프롬프트와 방법들이 지시적 수업을 대표한다고
믿고 있다.

　예를 들어, 많은 연구에서 학생들은 자신이 읽고 있는 자료에 관해 질문
하는 것을 배웠다. Rosenshine 등(1996)은 이런 연구들을 리뷰했으며 질문
을 생성하는 것을 배웠던 학생들은 표준화된 테스트와 실험자 개발 테스
트에서 통제집단 학생들보다 더 높은 이해력 점수를 가졌다는 것을 발견
했다. 아마도 질문하는 과정이 학생들로 하여금 다르게 읽도록 유도했으
며, 아마도 질문하는 과정은 학생들이 단락을 읽을 때 그들로 하여금 의
미를 찾도록 유도했을 것이다. 학생들은 "절차적인 프롬프트(procedural
prompts)"의 사용을 통해 질문하는 것을 배웠다(Rosenshine & Meuster,
1992). 어떤 연구에서(예컨대, Palincsar & Brown, 1984), 학생들이 질문하
는 것을 도와주기 위한 가이드로서, "누가", "무엇을", "왜", 그리고 "어디
서"와 같은 프롬프트를 학생들에게 주었다. 나는 이런 프롬프트가 지시적
수업의 한 가지 형식이라고 믿고 있다.

　나는 이런 프롬프트의 개발, 그리고 이런 프롬프트의 사용에 있어서의
수업이 읽기, 쓰기, 그리고 과학자료 학습하기와 같은 비구조화된 영역에
서 학생들이 새로운 기능을 학습하도록 도와주는데 성공적이었던 지시적
수업의 한 가지 형식을 대표한다고 주장한다.

● 학생들의 연습 지도하기. 상당히 많은 가이드된 연습은 학생들이 이런 프
롬프트를 사용하기 위해 학습하고 있을 때 발생한다. 내가 적었던 것처럼,
가이드된 연습은 지시적 수업이라는 과정－산출 모형의 한 부분이었다.
King(1994)은 질문 프롬프트(questioning prompts)를 개발했으며, 이런 프
롬프트의 사용에 있어서 "직접적 설명, 모델링, 인지적 코칭, 스캐폴딩, 그
리고 피드백"(p. 33)은 학생들이 연습하는 것을 가이드하기 위해 사용되었
다고 적었다. King의 연구에서, 교사가 학생들을 가이드했으며 다음과 같
은 네 단계를 거쳐 점차적으로 학생들에게 책임을 옮겼다. 교사는 중얼거
리면서 생각하고 질문하기 위해 프롬프트 사용하는 것을 모델로 보여주었
다. 교사는 자신이 질문하기 위해 프롬프트를 사용하는 동안 학생들에게

투입을 요구했다, 학생들은 교사의 도움으로 몇 가지 질문을 생성했다, 그
리고 학생들은 독립적으로 질문을 생성했다. 따라서, 과제의 구성요소가
과제분석으로 분류될 수 없을 때라 할지라도, 프롬프트, 지도된 연습, 교
정, 독립적 연습, 그리고 지시적 수업의 과잉학습 기능은 학생들이 비구조
화된 과제를 학습하도록 도와주는 데 아직도 활용가능하며 유용하다.
Kirschner 등(2006)은 학생들이 비구조화된 과제를 학습하는 동안 그들이
연습하도록 가이드하는 것에 대한 이런 초점을 "지시적 수업 가이던스"로
명명했다.

Rosenshine의 응답에 대한 반론: Jonassen. 첫째, 나의 가정(assumptions)이
다. 해결되어야 할 문제에서 나는 구성주의 학습이 가장 참여적이며 가장 잘 구현
될 것 같다고 주장했다. 구성주의자, 프로젝트 기반, 그리고 탐구 기반 학습을 묶는
개념적 접착제는 풀어야 할 한 가지 문제이다. 그것이 나의 모든 연구가 문제해결
에 초점을 맞추었던 이유이다. 그것을 고려할 때, "지시적 수업은 과제의 분석 훨씬
더 이상이다"라는 당신의 주장에 나는 확실히 동의한다. 그러나, 본질적으로 지시
적 수업은 어떤 형식의 과제 분석에 의존한다. 지시적 수업은 연계된 기능이나 일
단의 정보를 가르치는 것을 목표로 한다. 당신이 확인할 수 없는 것을 당신은 어떻
게 가르칠 수 있는가? 그러나, 딜레마와 같은 수많은 문제는 전혀 알려진 해결책을
갖고 있지 않다. 나는 그런 모호한 결과를 직접적으로 가르치는 것이 가능한지 의
문이다. 그런 문제에 대한 많은 관점을 분석하고 분명히 표현하는 것은 가능하지
만, 그런 것들의 해결책은 학습자 전념과 지식 구성을 요구한다.

지시적 수업과 탐구기반 수업은 논객들이 믿는 것보다 훨씬 더 유사하다는 것이
사실이다. 인과관계에 대한 분석, 유사한 사례 구조, 활동 체계 등을 포함하여 문제
기반 학습 환경을 설계하기 위한 다양한 형식의 분석을 나는 주장한다. 그리고 다
수의 최근 연구가 상이한 형식의 추론에 관여하기 위해 질문 프롬프트의 사용을
검토해 왔다. 아마도 지시적 학습과 문제기반 학습(특히 비구조화된 문제를 위해)
간의 가장 유의미한 차이는 학습이 평가되는 방식이다. 수용되거나 혹은 "옳은
(correct)" 답변이 전혀 존재하지 않을 때, 학생들이 생산한 것이나 혹은 재생산한 것
을 우리는 어떻게 평가할 수 있는가? 그 대신에, 자신들의 해결책에 대한 타당성을
지지하는 주장을 생성할 수 있는 학생들의 능력을 우리는 평가한다. 하나의 문제에

다양한 해결책이 존재할 수도 있기 때문에, 예측과 추론을 만드는 그리고 자신들의 해결책을 정당화하는 주장 속으로 그런 예측과 추론을 모으는 능력에 의해 학생들의 이해력을 가장 잘 추론할 수 있다. 유비적인 그리고 인과적인 추론 및 논거를 포함하여, 기본적인 인지적 기능을 지원하는 데 나는 더 초점을 맞추고 있다. 그런 기능은 다양한 도구를 가지고 있는 학습 환경에서 직접 가르쳐질 수도 있고 혹은 스캐폴드될 수도 있을 것이다. 이런 변증법의 아이러니는 비슷한 과정을 서술하기 위해 우리가 다른 사전을 사용하고 있는 것 같다는 것이다. 그래서 우리는 미숙한 칼들을 교차시키기보다, 학습의 게놈적인 복잡성을 해결하기 위해 우리가 협동할 수 있는 방법을 반드시 탐구해야만 한다.

◘ 참 고 문 헌 ◘

American Federation of Teachers. (1988). *Building on the best, learning from What Works: Seven promising reading and English language arts programs.* Washington, DC: American Federation of Teachers.

Anderson, J. R. (1982). *Cognitive skills and their acquisition.* Hillsdale, NJ: Erlbaum.

Anderson, V. (1991, April). *Training teachers to foster active reading strategies in read-ing-disabled adolescents.* Paper presented at the annual meeting of the American Educational Research Association, Chicago.

Baumann, J. F. (1984). The effectiveness of a direct instruction paradigm for teaching main idea comprehension. *Reading Research Quarterly, 20*(1), 93–115.

Bereiter C., & Bird, M. (1985). Use of thinking aloud in identification and teaching of reading comprehension strategies. *Cognition and Instruction, 2,* 131–156.

Berkowitz, S. (1986). Effects of instruction in text organization on sixth-grade students memory for expository reading. *Reading Research Quarterly, 21,* 161–178.

Blaha, B. A. (1979). *The effects of answering self-generated questions on reading.* Doctoral dissertation, Boston University.

Brady, P. L. (1990). *Improving the reading comprehension of middle school students through reciprocal teaching and semantic mapping strategies.* Doctoral dissertation, University of Oregon-Eugene.

Brophy, J. E., & Good, T. L. (1986). Teacher behavior and student achievement. In M. C. Wittrock (Ed.), *Handbook of research on teaching* (3rd ed., pp. 328–375). New York, NY: Macmillan.

Chase, W., & Chi, M. (1980). Cognitive skill; Implications for spatial skill in large-scale environments. In J. Harvey (Ed.), *Cognition, social behavior, and the environment* (pp. 55–71). Potomac, MD: Erlbaum.

Chase, W. G., & Simon, H. A. (1973). The mind's eye in chess. In W. G. Chase (Ed.), *Visual information processing* (pp. 215–281). New York: Academic Press.

Collins, A., Brown, J. S., & Newman, S. E. (1990). Cognitive apprenticeship: Teaching the crafts of reading, writing, and mathematics. In L. Resnick (Ed.), *Knowing, learning, and instruction: Essays in honor of Robert Glaser* (pp. 453–494). Hillsdale, NJ: Erlbaum.

Delpit, L. (1986). Skills and other dilemmas of a progressive Black educator. *Harvard*

Educational Review, 56, 379−385.

Dermody, M. M. (1988). *Metacognitive strategies for development of reading compre−hension for younger children.* Paper presented at the annual meeting of the American Association of Colleges for Teacher Education, New Orleans, LA (ERIC Document No. ED 292070).

Education Week, Report of the National Mathematics Advisory Panel. March 19, 2008, p. 12.

Englert, C. S., Raphael, T. E., Anderson, L. M., Anthony, H., & Stevens, D. D. (1991). Making strategies and self−talk visible: Writing instruction in regular and Special Education classroom. *American Educational Research Journal, 28,* 337−372.

Evertson, C. E., Anderson, C., Anderson, L., & Brophy, J. (1980). Relationship between classroom behaviors and student outcomes in junior high mathematics and English classes. *American Educational Research Journal, 17,* 43−60.

Fisher, C. W., Filby, N. M., Marliave, R., Cohen, L. S., Dishaw, M. M., Moore, J. E., & Berliner, D. C. (1978). *Teaching behaviors, academic learning time, and student achivement* (Final report of Phase Ⅲ B, Beginning Teacher Evaluation Study). San Francisco, CA: Far West Educational Laboratory for Educational Research and Development.

Frederiksen, N. (1984). Implications of cognitive theory for instruction in problem solving. *Review of Educational Research, 54*(3), 363−407.

Gage, N. L., & Needles, M. C. (1989). Process−product research on teaching: A review of criticisms. *Elementary School Journal, 89,* 253−300.

Good, T. L., & Grouws, D. A. (1977). Teaching effects: A process−product study in fourth grade mathematics classrooms. *Journal of Teacher Education, 28,* 40−54.

Good, T. L., Grouws, D. A. (1979). The Missouri mathematics effectiveness project. *Journal of Educational Psychology, 71,* 143−155.

Grajia, M. L. (1988). *Direct instruction of a summarization strategy: Effect on text com−prehension and recall in learning disabled students.* Doctoral dissertation, Pennsylvania State University, PA.

Greeno, J. G. (1978). Understanding and procedural knowledge in mathematics instruction. *Educational Psychologist, 12,* 262−283.

Guzzetti, B., Snyder, T., Glass, G., & Gamas, W. (1993). Promoting conceptual change in science: A comparative meta− analysis of instructional interventions from reading ed−

ucation and science education. *Reading Research Quarterly, 28*, 117–159.

Hirsch, E. J., Jr. (2006). The case for bringing content into the language arts block and for a knowledge–rich curriculum core for all children. *American Educator, 19*, 4–13.

Katz, L. G. (1994). The project approach. *ERIC Digest. Clearinghouse on elementary and early childhood education.* (ERIC Document No. ED368509). Champaign, IL: ERIC.

King, A. (1991). Effects of training in strategic questioning on children's problem–solving success. *Journal of Educational Psychology, 83*(3), 307–317.

King, A. (1994). Guiding knowledge construction in the classroom: Effects of teaching children how to question and how to explain. *American Educational Research Journal, 30*, 338–368.

Kintsch, W., Van Dijk, T. A. (1978). Toward a model of text comprehension and production. *Psychological Review, 85*(5), 363–394.

Kirschner, P. A., Sweller, J., & Clark, R. E. (2006). Why minimal guidance during instruction does not work: An analysis of the failure of constructivist, discovery, problem–based, experiential, and inquiry based teaching. *Educational Psychologist, 41*, 75–86.

Kozinn, Allan (2002, March 26). *Dorothy Delay, teacher of many of the world's leading violinist, dies at 84.* Retrieved From www.nytimes.com/.

Kuhn, D. (2007). Is direct instruction an answer to the right question? *Educational Psychologist, 42*(2), 109–113.

Kulik, J. A., & Kulik, C. C. (1979). College teaching. In P. L. Peterson & H. J. Walberg (Eds.), *Research on teaching: Concepts, findings, and implications* (pp. 70–93). Berkeley, CA: McCutchan.

Laberge, D., & Samuels, S. J. (1974). Toward a theory of automatic information processing in reading. *Cognitive Psychology, 6*, 293–323.

Larkin, J. H., & Rief, F. (1976). Analysis and teaching of a general skill for studying science text. *Journal of Educational Psychology, 72*, 348–350.

Linn, M. C. (1977). *Free choice experience: How do they help children learn? Advancing education through science oriented programs* (Report PSC–20). Lawrence Hall of Science. University of California, Berkeley, CA (ERIC Document Reproduction Service No. ED139 61).

Lonberger, R. B. (1988). *The effects of training in a self–generated learning strategy on the prose processing abilities of fourth and sixth graders.* Doctoral dissertation, State

University of New York at Buffalo.

McDonald, F., & Elias, P. (1976). *The effects of teaching performance on pupil learning, Vol. I: Beginning teacher evaluation study, Phase 2.* Princeton, NJ: Educational Testing Service.

Medley, D. M., & Mitzel, H. E. (1963). Measuring classroom behavior by systematic observation. In N. L. Gage (Ed.), *Handbook of research on teaching* (pp. 247-329). Chicago, IL: Rand-McNally.

Miller, G. A. (1956). The magical number seven, plus or minus two: Some limits on our capacity for processing information. *Psychological Review, 63,* 81-97.

Morrison, H. C. (1926). *The practice of teaching in the secondary school.* Chicago, IL: University of Chicago Press.

National Mathematics Advisory Panel. (2008). *Foundations for success: The Final Report of the National Mathematics.* Washington, DC. Department of Education.

Newell, A., & Simon, D. G. (1975). *Human problem solving.* Englewood Cliffs, NJ: Prentice-Hall.

Norman, D. A., & Brokow, D. G. (1975). On data-limited and resource-limited processes. *Cognitive Psychology, 7,* 44-64.

Palincsar, A. S. (1987, April). *Collaborating for collaborative learning of text comprehension.* Paper presented at the annual meeting of the American Educational Research Association, Washington, DC.

Palincsar, A. S., & Brown, A. L. (1984). Reciprocal teaching of comprehension-fostering and comprehension-monitoring activities. *Cognition and Instruction, 2,* 117-175.

Palincsar, A. S., & Brown, A. L. (1989). Instruction for self-regulated learning. In L. Resnick & L. E. Klopfer (Eds.), *Toward the thinking curriculum: Current cognitive research* (pp. 19-39). Arlington, VA: Association for Supervision and Curriculum.

Pellegrino, J. W., & Glaser, R. (1980). Components of inductive reasoning. In R. E. Snow, P. A. Federico, & W. E. Montague (Eds.), *Aptitude, learning, and instruction: Vol. 1. Cognitive process analyses of aptitude* (pp. 177-218). Hillsdale, NJ: Erlbaum.

Pressley, M., Burkell, J., Cariglia-Bull, T., Lysynchuk, L., McGoldrick, J, A., Schneider, B., et al. (1995). *Cognitive strategy instruction* (2nd ed.). Cambridge, MA: Brookline Books.

Raphael, T. E., Pearson, P. D. (1985). Increasing students' awareness of sources of information for answering questions. *American Educational Research Journal, 22,*

217—236.

Rinehart, S. D., Stahl, S. A., & Erikson, L. G. (1986). Some effects of summarization training on reading and studying. *Reading Research Quarterly, 21,* 422—437.

Rosenshine, B. (1976). Classroom instruction. In N.L. Gage (Ed.), *The psychology of teaching methods* (75th NSSE Yearbook) (pp. 335—371). Chicago, IL: University of Chicago Press.

Rosenshine, B., Chapman, S., & Meister, C. (1996). Teaching students to generate ques—tions: A review of the intervention studies. *Review of Educational Research, 66,* 181—221.

Rosenshine, B., & Meister, C. (1992). The use of scaffolds for teaching higher—level cognitive strategies. *Educational Leadership,* April, 26—33.

Rosenshine, B., & Meister, C. (1994). Reciprocal teaching: A review of the research. *Review of Educational Research, 64,* 479—531.

Rosenshine, B., & Stevens, R. (1986). Teaching functions. In M. C. Wittrock (Ed.), *Handbook of research on teaching* (3rd ed., pp. 376—391). New York: Macmillan.

Schoenfeld, A. H. (1985). *Mathematical problem solving.* New York: Academic Press.

Singer, H., & Donlan, D. (1982). Active comprehension: Problem—solving schema with question generation of complex short stories. *Reading Research Quarterly, 17,* 166—186.

Stallings, J. A., & Kaskowitz, D. (1974). *Follow through classroom observation.* Menlo Park, CA: SRI International.

Stanovich, K. E. (1980). Toward an interactive—compensatory model of individual differ—ence in the development of reading fluency. *Reading Research Quarterly, 16,* 32—71.

Stein, R. P. (1999). *The effect of direct instruction in moral reasoning on the moral rea—soning of high—aptitude pre—adolescents and average ability pre—adolescents.* Doctoral dissertation, Teachers College, Columbia University.

Tobias, S. (1982). When do instructional methods make a difference? *Educational Researcher, 11,* 4—10.

Weiner, C. J. (1978). *The effect of training in questioning and student question generation on reading achievement.* Paper presented at the annual meeting of the American Educational Research Association, Toronto, Canada. (ERIC Document: ED No. 158223).

제 **4** 부

구체적인 학습과 동기 이슈 검토

CONSTRUCTIVIST INSTRUCTION

제 **12** 장
학습과 구성주의*

Walter Kintsch
University of Colorado

이 장에서, 나는 "구성주의, 발견, 문제 기반, 경험적, 그리고 탐구 기반 교수의 실패"(Kirschner, Sweller, & Clark, 2006)를 뛰어넘어 논쟁에서 다소 간과되어 왔던 몇 가지 이슈를 분명히 하고자 한다. "구성주의(constructivist)"라는 용어 아래 이런 모든 방법들을 한 덩어리로 취급해 오던 추세였으므로, 최소한의 수업 가이던스를 구성주의와 동일시하는 경향이 있었다. 이런 관례는 꽤 일반적이지만, 그것은 구성주의라는 용어의 또 다른 의미 즉, 학습은 능동적인 과정이라는 것과 지식은 구성된다는 점을 모호하게 한다. 이것은 매우 중요한 포인트인데, 그 점에 관해 연구문헌에서 상당한 동의가 있다. "구성주의"를 거부하는 데 있어서, 학습을 수동적인 지식 획득으로 보는 견해로 되돌아가는 것을 우리는 원치 않는다. 지식을 획득하는 데 있어서 학습자들이 하는 능동적인 역할은 분명히 이해되어야만 한다. 학습자는 삼투에 의해 단순히 정보를 받아들이거나 지식을 획득하는 것이 아니라, 지식 구축에 능동적으로 참여해야만 한다. 수업의 역할은 학습자들의 활동을 구속하고 가이드하는 것이다. 학습에 어느 정도의 가이던스가 최적인가라는 질문은 별개의 이슈이다.

이것은 Kirschner 등(2006)이 학습을 수동적인 정보 수용이라는 견해로 주장한다

* Gerhard Fischer와 Eileen Kintsch의 유용했던 코멘트에 감사한다.

고 말하는 것은 아니다. 그들은 이 점에 관해 매우 분명하고 명시적이다. 즉 수업의 목적은 장기기억을 바꾸는 것이며, 장기기억은 수동적인 정보저장고가 아니다. 장기기억 속에 있는 지식은 반드시 구성되어져야만 한다. 따라서, 여기서 내가 논의하고 있는 것은 전혀 새로운 것이 아니다. 그럼에도 불구하고, 그것은 더욱 진전된 명료화를 사용할 수 있었던 하나의 이슈이다. Kirschner 등의 논문에 대응했던 저자들은 물론 Kirschner 등(2006)도 구성주의라는 용어에서 용어상의 혼란을 분명하게 인식하고 있지만, 일부 독자들은 그 용어를 쉽게 오해할 수도 있다. 그러므로, 나는 지식이 구성되는 방법에 대해, 초보자와 전문가의 차이점에 대해, 그리고 수업에서 가이던스의 역할에 대해 자세히 설명하고 싶다. 나는 이것을 조금 다른 견해에서 설명할 것이다. 지금까지의 논의가 문제해결에 초점을 맞추었던 반면, 나는 구성주의라는 이슈를 이해력(comprehension)이라는 견해 특히 텍스트 이해력(text comprehension)이라는 견해에서 보기를 제안한다. 이 영역에는 가끔 이해를 돕는 방식으로 문제해결에 대한 문헌을 보완하는 풍부한 문헌이 있다. 더욱이, 텍스트 이해력은 수학이나 물리학에서의 문제해결과 같은 구조화된 영역이 아니며, Schmidt, Loyens, van Gog 및 Paas(2007)가 시사했던 것처럼 그런 영역을 넘어 논의를 확대하는 것이 유용할 것이다.

　　여기서 나의 목적은 학습을 위해 어느 정도의 가이던스가 바람직한가라는 질문과 학습의 구성주의적 측면 및 지식 구성의 과정을 명확하게 구별하는 것이다. 최소한의 가이던스와 발견학습은 구성주의자들에 의해 흔히 주장되어 왔지만, 최소한의 가이던스가 반드시 구성주의 학습 견해에 수반되지는 않는다. 학습자와 앞으로 학습되어야 할 자료의 특성 - 그것이 반드시 최소한의 가이드는 아니다 - 에 의해 결정되는 적정량의 가이던스와 더불어, 그들이 학습을 능동적(그리고 사실, 자주 수고스러운)인 과정으로 보는 견해를 존중할 때 수업방법은 가장 효과적이다. 다시 한번, 이런 주장에 관해 새로운 것은 아무 것도 없다. 즉 Hmelo-Silver, Duncan 및 Chinn(2007) 그리고 Schmidt 등(2007)은 물론, Kirschner 등(2006)도 최적 학습을 위한 가이던스의 수준은 학습자와 그들이 숙달할 것으로 기대되는 자료에 적합해야만 한다는 것을 명시적으로 동의하고 있다(무엇이 최소한의 그리고 최적 수준의 가이던스 수준을 구성하는지에 대해서는 그들이 동의하지 않을 수도 있지만). 그러나, 이런 이슈가 텍스트 이해력의 영역에서 어떻게 작용하는지를 고려해 보는 것은 우리가 그것을 더 잘 이해하도록 도와줄 것이다.

●○ 능동적인 과정으로서의 학습

"학습은 능동적인 과정(active process)이다"라고 말할 때 우리는 무엇을 의미하는가? 많은 유형의 학습이 있으므로, 우리는 먼저 "학습(learning)"이라는 용어를 구체화할 필요가 있다. 파블로프의 조건화(Pavlovian conditioning), 조작적 조건화(operant conditioning), 연합학습(associative learning), 기능학습(skill learning), 기계적 암기화(rote memorization), 행함으로써의 학습(learning by doing), 그리고 텍스트로부터의 학습(learning from text)은 중요한 방식에서 서로 다르다. 여기서의 초점은 학교학습에 대한 것으로서, 즉 학생들이 학교환경에서 지식과 기능을 획득하는 과정이다. 사실, 명료성과 구체성을 위해, 나는 특별한 유형의 학교학습 즉, 텍스트로부터의 학습에 이 논의를 제한할 것이다.

학습이 왜 하나의 구성과정으로 간주되어야만 하는가에 대한 이유를 알기 위해, 그런 과정의 투입과 최종 결과를 고려해 보라(보다 세부적인 것을 위해서는 Kintsch, 1998 참조). 투입은 텍스트인데, 그것은 문자로 된 일련의 단어, 문장, 단락, 그리고 보다 높은 수준의 강론 단위(discourse units)이다. 최종 결과는 국지적인 그리고 전체적인 수준 모두에서 그 텍스트의 의미를 충실하게 표상하는 상황모형이며, 그것을 독자의 선행지식 및 학습목적과 통합시킨다. 쓰여진 텍스트(written text)를 독자의 마음에 있는 상황모형 속으로 돌리는 것은 쓰여진 단어를 넘어설 것을 요구한다. 심지어 그 텍스트 자체의 적절한 표상을 구성하는 것—하나의 텍스트 기반(a textbase)—도 능동적인 처리를 요구하는데, 왜냐하면 텍스트는 결코 충분할 정도로 명료할 수가 없기 때문이다. 몇 가지 종류의 추론이 독자로부터 요구되는데, 지시 대상(referents)은 반드시 확인되어야만 하고, 일관성 격차(coherence gap)는 반드시 메워져야만 하며, 텍스트의 매크로 구조(macrostructure)는 반드시 정신적으로 표상되어야 한다. 잘 쓰여진 텍스트는 독자들에게 텍스트 기반 구성에 관해 가는 방법에 대한 모든 종류의 단서를 주지만, 그것은 하나의 대명사가 언급하는 강론 실체를 추론하고, 외견상 두 가지 관련 없는 문장을 연계하는 올바른 가교적 추론(bridging inference)이나 혹은 텍스트의 매크로 단위를 특징짓기 위해 적절한 높은 수준의 일반화를 찾아낸 그 독자까지이다. 이런 요구되는 활동을 수행하지 않는 수동적인 독자는 부적절한 텍스트 기반으로 끝마칠 것이다. 그러나 대부분의 독자들에게 텍스트 기반 구성을 위해 요구되는 활동은 훌륭한 상황모형을 구성하기 위해 요구되는 활동보다는 훨씬 작은 문제이다. 결국, 텍스트는 일반적으로 텍스트 기반을 구성하는 방법에 대한 단서를 독자들에게 주지만, 상황모형의 구성은 독자들 자신에게 달려 있다. 중요한 것은 독자들의 구체적인 배경지식으로서, 텍스트와 함께 반드시 통합되어야만 하는 특정 관심(particular interests)과 독서의 목적(goals)이다. 그리고 텍스트는 모든 독자들에게 세부적인 가이던스를 제공할 수가 없는데, 그 이유는 지식과 목적은 독자들 간에 광범위하게 서로 다르기 때문이다. 따라서, 학교 학습에서의 한 가지 중요한 문제는 상황모형을 구성하는 데 있어서 학생들의 전적인 실패나 혹은 적절한 상황모형을 구성하는 데 있어서의 무능력(inability)이다.

어떤 종류의 상황모형이 구성될 것인가 하는 것은 그중에서도 특히 독자의 목적에 달려 있다. 자신의 목적이 사실 인출을 강조하는 시험을 준비하는 것인 독자는 수업 토론을 위한 준비로 텍스트를 이해하기 위해 노력하는 독자보다 텍스트의 상이한 측면에 초점을 맞출 것이다. 마찬가지로, 평가를 위해 읽는 것이나 혹은 행하기 위해서 읽는 것은 상이한 상황모형을 발생시킬 것이다. 따라서, 상황모형의 한 가지 중요한 측면은 학생들이 학습 환경을 어떻게 지각하는가 하는 것인데, 그것은 그런 환경이 교사에 의해 어떻게 운영되는가에 달려 있다. 그러므로 교사가 교실에서 일으키는 기대의 종류는 피상적인 읽기(superficial reading)나 혹은 심층적 이해(deep understanding) 가운데 어느 하나를 촉진하는 데 커다란 역할을 한다. 대학생들과 함께 한 텍스트 회상에 대한 실험에서, 그것이 시험에서 자신들에게 자주 묻는 종류이기 때문에, 텍스트에 있는 명칭과 숫자가 무엇이든 학생들은 충실하게 재생산하지만, 자신들이 모든 전제를 회상할 수 있을 때조차 텍스트에 대한 심층적인 이해로 귀결되는 추론을 생성하는 데 실패하는 것을 우리는 자주 발견했다.

상황모형은 개인의 배경지식과 개인적 경험, 목적 및 목표를 텍스트로부터의 정보와 함께 연결시키기 때문에, 일반적으로 텍스트에 가깝게 준수하는 텍스트 기반보다 개인들 간에 상황모형들이 더 상이하다. 그럼에도 불구하고, 정직한(현실적인) 상황모형은 공통점을 많이 가지고 있는데, 그 이유는 그것들이 텍스트에 의해 구속되어야만 하기 때문이다(van Dijk & Kintsch, 1983; Trabasso & Suh, 1993; Zwaan & Radvansky, 1998; Tapiero, 2007; Therriault & Rinck, 2007). 상황모형은 텍스트 기반 같은 언어적이거나 혹은 명제적인 정보만 포함하고 있지 않으며, 감각적 상상(선행지식으로부터 인출되거나 혹은 텍스트 그 자체의 기초를 바탕으로 구성되거나 둘

중에 하나), 정서적 표시, 그리고 행동계획을 포함할 수도 있다. 상황모형은 누적적(cumulative)이라는 것이 중요하다. 즉, 어떤 사람이 주어진 토픽에 대해 점점 더 많이 읽을수록 누적에 의해서 뿐만 아니라 재조직과 실수 교정에 의해서도 상황모형은 바뀌게 된다. 상황모형은 학습과정의 산물이다. Bereiter와 Scardamalia는 텍스트로부터의 단순한 학습이 아니라 일반적인 학습에 관해 얘기하는 데 있어서, 이런 과정에 대해 지식 건축(knowledge building)이라는 용어를 사용했다(Bereiter, 2002; Bereiter & Scardamalia, 2003; Scardamalia & Bereiter, 2003).

수업의 목적은 지식 건축을 가능하게 만드는 것이다. 지식 건축의 두 가지 측면은 수업에 결정적이다. 첫째, Harel과 Papert(1991)의 말을 빌리면, "(지식 구조의 건축은) 그것이 해변에 있는 모래성이건 우주 이론이든 여하간에 학습자가 어떤 공적인 실체(a public entity)를 구성하는데 의식적으로 참여하고 있을 때, 어떤 맥락에서 특별히 절묘하게 발생"한다거나 혹은 학습자가 보고서를 요약하거나 혹은 비판적인 에세이를 쓸 때를 첨가할 수도 있을 것이다. 둘째, 지식 대상(knowledge objects)은 홀로 서 있지 않으며 공유된 문화적 지식 기반 위에 토대를 두고 있다(Hirsch, 1987, 2006). 문화적 지식은 어떤 문화(텍스트와 같은) 속에 있는 대상을 이해하기 위해서만 필요하지는 않다. 즉, 공통적 지식 또한 그 문화 속에 있는 상이한 개인들이 중요한 특징을 공유하는 상황모형을 수립함으로서 문화적 공동체의 구성원이 되어가는 것을 확실하게 한다. 그러나 지식이 획득되는 방식, 그리고 새로운 지식을 건축하는데 그것이 사용되는 방식은 능동적이고 구성적인 과정이라는 것이 반드시 강조되어야만 한다. 문화적 대상은 수동적인 읽기를 통해 흡수될 수 있는 어떤 것이 아니라 지식 구성을 위한 건축 블록이 된다. 얼마나 많은 가이던스가 지식 건축을 촉진하는데 최적인가 하는 질문은 다음에서 고려될 것이지만, 먼저 지식 건축을 좀 더 자세하게 논의할 필요가 있다.

상황모형을 구성하는 것에 관해 전문가와 초보자가 어떻게 나아가는지 둘 사이의 차이를 이해하는 것이 중요하다(Erisson & Kitsch, 1995; Kintsch, 1998). 두 가지 사례 모두에서, 텍스트는 다소간 문장 단위에 상응하는(corresponding) 사이클 속에서 처리된다. 현재 읽혀지고 있는 문장에 관한 정보는 작동기억 속에 유지되며 다양한 방식으로 처리된다. 예컨대, 일관성 있는 텍스트 기반을 형성하기 위해 요구되는 추론은 종종 자동적으로(대부분의 연결 추론의 경우에서처럼) 수행되지만, 가끔씩 의식적인 탐색과 추론에 의존한다. 의심할 여지없이 이런 과제에서 초보자들

은 전문가들만큼 훌륭하지는 못하지만, 그들이 하는 것에는 사실 아무런 질적 차이
가 없다. 그러나, 동시에 상황모형 또한 구성되고 있기 때문에, 처리는 텍스트 기반
의 수준에 국한되지 않는다. 여기에서 전문가와 초보자는 질적으로 다르다. 자신들
의 전문영역 내에 있는 텍스트를 읽고 있는 영역 전문가는 장기기억 속에 있는 관
련 정보와 함께 자동적으로 작동기억－그들이 작업하고 있는 텍스트의 현재 부분
－속에 있는 정보를 연계시키는 이용가능한 인출 구조를 갖고 있다. 따라서, 그들
이 읽을 때, 대체로 의식적인 노력 없이 상황모형은 형성된다. 읽기 목적은 장기기
억의 목적－관련 부분(goal-relevant portions)을 촉진하는 인출구조를 거쳐 거의 동일
한 방식으로 작동하기 시작한다. 따라서, 전문가들의 읽기는 텍스트 기반을 자신들
의 선행지식과 함께 통합하는, 그리고 자신들의 관심과 목적을 반영하는 방식으로
구조화되는 상황모형의 자동적인 생성으로 귀결된다.

　　초보자들은 텍스트 이해력 및 텍스트로부터의 학습과 관련하여 매우 다른 상황
에 있다. 상급 학년에 이르기까지 많은 학생들은 학교에서 다소간 자동적으로 그리
고 손쉽게 적절한 텍스트 기반을 형성할 수 있도록 하는 능숙한 성인 읽기 전략
(expert adult reading strategies)을 성공적으로 획득해 왔다. 이런 전략들은 재학기간
동안 많은 연습을 받으며, 어느 정도까지는 듣기에서 사용되는 일반적인 이해 전략
으로부터 전이(transfer)가 있는데 그것은 일생을 통해 훨씬 더 많이 연습된다. 따라
서, 많은 젊은 성인들은 이런 점에서 더 이상 초보자가 아니며, 읽기자료가 자신들
이 적절한 배경지식을 갖고 있는 일상적인 문제에 관련되는 한 그들은 숙련된 독
자, 심지어는 전문가들이다. 그러나, 그런 경우가 아닌 많은 독자들이 중학교와 고
등학교 심지어는 대학교에도 있다. 이 때문에, 그들이 익숙한 토픽에 관해 읽고 있
을 때조차 텍스트 기반 형성(the formation of textbase)은 의식적인 노력을 포함하는
과제로 남아 있다. 이해를 보장하기 위해 그들은 명시적 전략을 사용해야만 하며,
반드시 지시적으로 가르쳐져야만 하는 전략을 사용해야 한다. 따라서, 초보 독자는
관련 있는 선행지식을 의식적으로 찾기 위해 학습해야만 하는데, 그 이유는 그것이
자동적으로 활성화되지 않을 것이기 때문이다. 즉, 저자가 특정 문장에서 의미하는
것, 혹은 저자가 그것을 말한 이유, 혹은 그전에 말했던 것과 그것이 어떻게 관련되
는지를 스스로에게 질문하는 것을 그는 반드시 학습해야만 하며, 그리고 주된 주장
이 무엇인지 그리고 부수적인 요지가 무엇인지, 저자가 어디에서 증거를 제시하고
있는지 그리고 어디에서 클레임을 제기하고 있는지를 식별하기 위해 학습해야만

한다.

그러나 학생들이 일반적이고 익숙한 텍스트(이야기나 신문 같은 것) 읽기에 능숙하다고 할지라도, 이는 그들이 학교에서 읽는 수업 텍스트에서는 좀처럼 드문 경우이다. 이런 교재를 읽을 때 영역 전문가들에게 매끄러운 이해를 보장하는 인출 구조(retrieval structures)를 학생들은 갖고 있지 않다. 인출구조는 작동기억 속에 유지되고 있는 항목들(개략적인 의식적 인식)과 제한된 용량의 작동기억을 과부하하지 않고서도 작동기억에 의해 활성화되는 장기기억 속에 있는 관련 연합지식 간의 연결수단이다. 인출구조를 가진 지식 활성화(knowledge activation)는 자동적이고 수월하므로, 전문 지식과 읽기 행동을 특징짓는다(Ericsson & Kintsch, 1995). 그러나, 전문적인 인출 구조는 지식 건축에 있어 확장된 연습의 산물이며, 기초가 잘 갖춰진 상황모형으로 귀결되는 일종의 심층적 이해이다. 초보자들에게 상황모형을 구성하는 것은 관련된 배경지식을 인출하기 위해 의식적이고 힘든 기억 탐색을 요구하며, 초보자들의 자동적인 인출 구조의 결여를 상쇄하기 위해 명시적인 이해전략의 사용을 요구한다. 초보자들은 정교화와 명료화를 요구하는 곳을 확인함으로써 텍스트를 통해 자신들의 방식을 해결해야만 한다. 초보자들은 텍스트에 있는 새로운 정보와 자신들이 이미 알고 있는 것 사이의 관계를 설명하기 위해 자신의 말로 교재 구절을 바꾸고 다시 설명해야만 한다.

따라서, 우리는 네 가지 유형의 독자들을 구별할 수 있다, 즉 훌륭한 일반적인 이해 전략과 전문적인 영역 지식을 가진 독자, 영역 지식을 갖지 않은 훌륭한 독자, 영역 지식을 갖지 않은 빈약한 독자, 그리고 마지막으로, 높은 영역 지식을 가진 빈약한 독자(Schneider, Körkel , & Weinert, 1989가 연구한 축구 전문가와 같은 것)가 그것이다. 대부분의 학생들은 두 가지 중간 범주 가운데 하나에 속한다. 위에서 서술되었던 것처럼, 이런 학생들에게 이해는 능동적이고, 힘이 들며, 자원을 요구하는 구성 과정이다. 수업의 역할은 이런 과정을 지원하는 것이다(Brown & Compione, 1994; King, 1997; Palincsar & Brown, 1984; Pearson & Fielding, 1991; Scardamalia, Bereiter, & Lamon, 1994).

영역 지식이 결여된 독자들을 위한 다수의 수업 함의(instructional implication)는 학습에 대한 그런 능동적인 견해로부터 수반된다. 우리의 연구에서 탐구했던 두 가지 사례를 여기서 간단하게 논의하려고 한다.

심층적 이해(deep comprehension)는, 그리고 텍스트로부터의 학습이므로, 적어도 어느 정도의 당면한 배경지식이 없다면 가능하지 않다. 따라서, 교육자들은 학생들의 선행지식 수준에 맞춰진 수업 텍스트를 배정하기 위해 노력한다. 지식 획득이 가능하도록 하기 위해 텍스트는 "근접학습대(zone of proximal learning)" 내에 있을 필요가 있다(Kintsch, 1994; Wolfe *et al.*, 1998). 하지만, 그 토픽에 관해 더 많이 학습할 수 있기도 전에 학습자가 그것에 관해 얼마나 많이 알아야만 하는지 그리고 요구에 따라(on demand) 학습할 수 있는 것을 제외하고 학습자가 알 필요가 없는 것이 무엇인지는 결코 간단한 문제가 아니다.

학습에 대한 구성주의 견해의 또 다른 함의는 메타인지(meta cognition)의 역할이다. 만약 의미 구성이 수고스럽고 힘든 과정이라면, 독자들은 노력하지 않고 빠져나려고 시도할지 모른다. 그렇게 하는 가장 쉬운 방법은 현재 이루어지고 있는 이해 수준을 철저하게 분석하지 않음으로써 가능하다. 피상적인 이해수준(superficial level of understanding)은 달성하는 데 있어 충분히 쉽기 때문에, 이것이 충분하지 않다는 것을 학생들은 학습할 필요가 있다. 피상적이란 의미는, 합리적인 상황모형을 형성하지 않고 텍스트 기반 수준에서 이해하는 것이다. 그런 수준의 이해는 텍스트의 요점과 어느 정도의 세부 사항을 재생산하기에는 충분하지만, 그것은 지식저장고에 연결되지 않은 채 비활성 지식(inert knowledge)으로 남아 있으므로 쉽게 망각되며 새로운 상황에서는 쓸모가 없다(Kintsch, 1998, 9장).

독자들로 하여금 자신의 이해력 결여를 인식하게 해줄 수 있는 한 가지 방법은 수업을 문제화하는 것(to problematize instruction)이다(Reiser, 2004). 그런 접근의 가능성과 함정(pitfalls)을 훌륭하게 보여주는 한 가지 실험이 McNamara, Kintsch, Songer 및 Kintsch(1996)에 의해 보고되었다. 이 연구는 자신들이 학습하도록 요구되었던 특정 과학 텍스트에 관하여 좋은 배경지식을 가진 독자와 부적절한 배경지식을 가진 독자를 활용하였다. 두 가지 버전의 텍스트가 사용되었는데, 하나는 잘 표현되었으며, 구조화되고, 명시적이어서, 일반적으로 가능했던 모든 지원을 독자에게 제공했다. 다른 버전은 의도적으로 손상을 입혔는데, 추론들을 연결하기를 요구하는 텍스트에 격차가 있었으며, 용어가 정의되지 않았고, 텍스트의 조직은 모호했으며, 일반적으로 그 교재는 읽기 어렵도록 만들어졌다.

이 연구의 결과는 유익했다. 단지 피상적인 이해만 요구되었을 때(텍스트의 부분을 회상하는 능력), 잘 표현된 버전은 학생들이 가진 배경지식이 높든 낮든 간에 항상 우월했다. 그러나, 텍스트가 보다 심층적인 이해 즉, 잘 만들어진(well worked-out)

상황모형을 요구했을 때(추론 질문과, 문제해결 과제에 의해 평가되었을 때), 높은 배경지식을 가진 학생들은 잘 표현된 버전의 텍스트를 가지고 했던 것보다 빈약하게 표현된 텍스트를 가지고 더 잘 수행했다. 잘 표현된 텍스트로, 그들은 훌륭한 텍스트 기반을 쉽게 형성했으며, 그것이 그들로 하여금 자신들이 반드시 이해해야 할 것이 있다는 것을 알게 했지만, 그들은 상황모형 수립을 위해 요구되었던 처리를 전혀 하지 않았다(자신들의 배경지식에도 불구하고, 그들은 더 이상의 노력 없이도 이런 텍스트를 이해했던 영역전문가는 결코 아니다). 텍스트가 어려웠을 때, 그들은 자신들이 그것을 잘 이해하지 못했다는 것을 깨달았으며 자신들의 이해에 대한 유익한 결과와 함께 보다 심층적 수준에서 처리하도록 강요받았다.

높은 지식 학생들은 자신에게 요구되는 추론을 도출하고 적절한 상황모형을 구성하는 것이 가능하도록 하는 충분한 배경지식을 가지고 있었다. 그 영역의 배경지식을 거의 갖고 있지 않은 학생들에게 그 상황은 달랐다. 그 텍스트가 잘 표현되었을 때, 그들은 최소한 좋은 텍스트 기반을 찾아낼 수 있었으므로, 그 텍스트를 재생산할 수 있었다. 그러나 그들은 요구되는 상황모형을 구성할 수 없었는데, 왜냐하면 그 텍스트가 자신들의 근접학습대 바깥에 놓여 있었기 때문이었다. 공부하기 어려운 텍스트를 그들이 받았을 때, 그들은 어찌할 바를 몰랐다. 즉 일관성 격차를 메우거나 지시 대상(referents)을 확인할 지식을 갖고 있지 않았기 때문에 텍스트에서 분명한 조직의 결여로 말미암아 그들은 혼란스럽게 되었고, 따라서 그것을 잘 회상할 수도 없었을 뿐만 아니라 보다 심층적인 수준에서 이해할 수도 없었다. 텍스트를 문제화하는 것은 좋지만, 독자들이 그 문제를 해결할 수 있다는 것을 확실히 할 필요가 있다!

텍스트로부터의 성공적인 학습은 좋은 상황모형의 구성을 요구한다는 것이었는데, 독자가 이미 영역 전문가가 아닌 한, 그것은 의식적인 노력을 포함하는 자원-요구 과정(resource-demanding process)이라는 것이 지금까지의 주장이었다. 그래서 이런 노력의 성공을 위해 필요한 조건은 무엇인가?

인지부하이론(Sweller, 1988)이 어느 정도 유용한 답변을 제공하고 있다. 독자의 자원은 한정되어 있으며 그 자원은 목적에 맞게 사용되어야만 한다. 어떤 환경하에서는 인지부하를 증가시키는 것이 학습을 개선할 수 있다는 것을 우리는 보아왔다(McNamara 등의 실험에서 빈약하게 표현된 텍스트를 가진 높은 지식의 독자). 그런 사례에서 증가된 인지부하는 학습과정에 직접적으로 관련 있었던 활동으로부터 발생했다. 즉 텍스트의 어려움을 극복하는 것에서, 독자는 보다 깊은 수준의 이해에 도달할 수 있었다. 그러나 포함된 활동이 학습과정에 외재적일 때, 인지부하 증가는 유익하지 않다. 따라서, 외국어로 텍스트를 읽는 것은 그 텍스트에 관한 아주 적은 정보가 장기기억에 도달하는 결과로서, 그 텍스트가 이해될 수 있도록 번역되어야만 하기 때문에 작동기억에 과부하가 걸리게 할 수도 있다.

상황모형을 구성하기 위해 요구되는 노력을 확대하도록 학습자들을 동기화시키는 것은 인지부하에 대한 고려 못지않게 중요하다. 프로젝트 기반 학습과 학생들에게 흥미롭고 적절한 문제에 학생들을 참여시키는 관련된 접근은 이런 면에서 커다란 가능성을 제시하고 있다. Kuhn(2007)이 지적했던 것처럼, 학습자들은 지식을 구성하는 방법에 관해 그들 자신이 선택을 한다. 그들은 자신들이 하고 있는 것에 대해 관심이 있을만한 몇 가지 이유를 가질 필요가 있다(Hidi & Renninger, 2006). 우리의 연구에서, 중학교 학생들에게 요약을 쓰는 방법을 가르치기 위해 콜로라도에 있는 수백 개의 교실에서 소프트웨어 프로그램을 사용했다. 그 프로그램은 그렇게 하는 것에서(in doing so) 보여줄 수 있을 정도로 성공적이었지만, 모든 교실에서 성공적이지는 않았다. 한 가지 결정적인 변수는 교사가 학생들에게 요약쓰기 활동을 위한 좋은 이유(예컨대, 학급토의나 혹은 프레젠테이션을 위한 준비하기, 혹은 특정 프로젝트)를 주었는지의 여부 혹은 그 프로그램이 단지 또 다른 탈맥락화된 활동(decontextualized activity)으로 소개되었는지의 여부였는데, 후자의 경우 전형적으로 학생들이 어떤 것을 학습하기에 실패했다(Caccamise et al., 준비 중임). 학습은 능동적인 과정이며, 학생은 능동적으로 되어야만 하며, 그리고 수업은 능동적인 노력을 위한 이유를 반드시 제공해야만 하는데, 그것은 학생들의 관심과 동기를 관여시킴으로써 행해질 수 있다. 문제 기반 학습, 프로젝트 기반 학습, 혹은 과학적 탐구는 그런 목적으로 지향하게 하는 효과적인 수단인 것으로 보인다. 그러나, 관련된 과학을 학습하는 것이 진짜 목적(real goal)일 때 문제해결 활동이 그 자체로서 목적이 되지는 않는다는 것이 중요하다. 그 프로젝트가 중요한 결과물이 아니라 과학 지식이 중요한 결과물이다.

●○ 학습과 학습방식 학습

텍스트로부터의 학습은 흔히 동시에 작동하는 두 가지 목적을 가지고 있다. 내가 학생들에게 플레이트 구조학(plate tectonics)의 이론에 대한 텍스트를 공부하도록 요청한다고 가정해 보라. 나는 플레이트 구조학 즉, 주장, 자료, 논쟁점 등이 무엇인지에 관해 그들이 학습하기를 원한다. 그렇게 하기 위해, 앞서 논의된 것처럼, 학생들은 지질학과 지리학에 관한 선행지식과 함께 그들이 방금 읽었던 텍스트를 통합하는 좋은 상황모형을 형성해야만 한다. 그러나, 나는 두 번째 목적을 가지고 있는데, 나는 학생들이 반드시 지질학에서 정확히 전문가가 되기를 원하는 것이 아니라, 과학 텍스트를 읽는 그들의 능력에서 보다 전문가다워지기를 원한다.

과학, 스포츠 혹은 예술 등 어떤 분야에서도 전문가가 되기 위해 10,000시간 혹은 10년의 계획적인 연습을 필요로 한다는 Simon의 추정치(estimate)는 오늘날 광범위하게 수용되고 있다(Simon, 1996). 일반적으로, 학교는 진정한 전문가를 배출하지 않지만, 학생들이 조금이라도 더 전문성에 가깝게 가도록 애쓰며, 스스로 더 개발하도록 도구를 제공한다. 그러므로, 전문가가 되는 방법에 관한 힌트를 얻기 위해 전문성에 대한 문헌을 살펴보는 것은 가치가 있다(Ericsson, Charness, Hoffman, & Feltovich, 2006). 처음 눈에 띤 것은 전문성을 위해 필요한 순수한 연습의 양이었는데, 단순한 연습이 아니라 계획적이고 가이드된 연습이었다. 교실수업과 학습을 위한 중요한 레슨은 텍스트 이해 기능을 포함하여 반드시 학습되어야 할 기능에 대한 가이드된 연습 기회를 제공할 필요성이었다.

가이드된 연습은 스포츠 코치가 하고 있는 것에 의해 가장 잘 예시된다고 스키강사는 말한다(Fisher, Brown, & Burton, 1984). 한편으로, 강사는 학생의 현재 수행에 대한 피드백을 제공하고, 다른 한편으로는 그 학생의 근접학습대 내에 있는 새롭고 보다 진전된 과제를 선택한다. 이것은 하나의 까다로운 일(tricky business)인데, 왜냐하면 너무 많은 도전은 스키어로 하여금 겁이 나서 슬로프를 벗어나게 하며, 반면에 도전이 없다면 그는 영원히 훈련용 슬로프에 맡겨질 것이며, 곧 그 운동에 권태를 느끼게 될 것이다. Csikszentmihalyi(1990)는 몰입 경험(flow experience) 유지하기라는 면에서 이런 딜레마를 논의했는데, 그것은 스키 타는 것처럼 읽기 이해에 있어서, 한편으로 과잉-도전을 받았을 때에는 걱정(anxiety)에 의해 위협을 받으며,

충분히 도전받지 않았을 때에는 지루함(tedium)에 의해 위협을 받는다. 그러나 몰입의 즐거움이 중요한 동기유발 역할을 할 수 있는 동안, 학습은 계획적인 연습의 결과이며, "그런 연습 안에서 개인은 완전한 집중, 피드백 뒤의 분석, 그리고 개선을 가진 반복에 참여함으로써 오로지 현재 수행수준을 넘어서는 수준에 도달하는 것을 목표로 하는 (전형적으로 계획된) 활동에 참여한다"(Ericsson & Ward, 2007, p. 349). 따라서 몰입은 수업의 목적이 아니며, 학습은, 힘든 일이지만, 몰입은 계획적인 연습(deliberate practice)이라는 힘든 작업에 참여하기 위한 동기를 제공할 수도 있다.

그러므로 수업은 가이드된 연습을 위한 충분한 기회를 학생들에게 제공해야만 한다. 만약 그들이 과학 텍스트를 읽기 위해 전문가 같은 전략을 얻기를 원한다면, 단지 읽도록(그리고 아마도 나중에 테스트를 할 것이다) 하는 것만으로는 충분하지 않을 것이다. 학생이 자신의 현재 이해수준을 평가하도록 허용하는 피드백을 제공해야만 하고, 자신의 이해가 부적절할 때 해야 할 것에 관해 힌트를 제공해야만 하며, 그리고 학생에게 보다 진전된 전략을 학습할 기회를 제공하는 새로운 텍스트를 신중하게 선택해야만 한다. 만약 우리가 학생들에게 요약하는 법을 가르쳐주고 싶다면, 자신들이 작성했던 것에 관한 피드백, 그것을 개선하기 위한 방법에 대한 힌트를 주어야만 하며, 그리고 점점 더 어려운 과제에 대해 공부할 기회를 주어야만 한다. Franzke, Kintsch, Caccamise, Johnson 및 Dooley(2005)는 요약하기를 가르치는 방법의 한 가지 사례를 제공하면서, 서머리 스트리트(Summary Street)라고 불렀던 컴퓨터 기반 도구(computer-based tool) 속에 넣어두었다. 시스템에 의해 전달되는 내용기반 피드백(content-based feedback)을 사용함으로써, 학생들이 아무런 지원 없이 요약했을 때조차도 요약의 질이 개선되었을 뿐만 아니라, 그 이점(benefits)도 더 오래 지속되었다. 특별히 말하고 있는 것은 서머리 스트리트로부터의 가이던스 없이 동일한 수의 텍스트를 요약했던 통제집단의 학생들은 전혀 개선이 이루어지지 않았다는 사실이다. 그들은 전에 그들이 했던 것과 같은 연습 후에 동일한 실수를 했다. 마찬가지로, 비행 시뮬레이터(flight simulator) 속에 있는 단순한 활동은 파일럿의 수행을 개선하지 못하지만, 가이드된 연습은 개선하고 있다(Ericsson & Ward, 2007 논의 참조).

사실, 가이드된 연습 없이는, 그것도 많은 가이드된 연습 없이는 전문가가 될 수 없다는 것은 분명하다. 그러나 어떤 종류의 가이드된 연습인가? 두 가지 접근이 제시되어 왔는데, 하나는 일반적인 사고기능의 교수를 포함하고 있으며, 다른 하나는 영역 특수적 전략에 초점을 맞추는 것이다. 문제해결에 대한 최초의 현대적 이론은 일반적인 문제해결 전략을 강조했다(Newell & Simon, 1972). 따라서, 수업은 "학생들이 자신의 마음을 잘 활용하기 위해 ... 탐구 기능과 논증 기능"(Kuhn, 2007)을 가르치는 데 초점을 맞추어야만 했다. 그러나, 효과적인 문제해결은 영역 특수적인 경향이 있다는 것이 곧 명백하게 되었다. 즉 전문적인 문제해결은 일반적인 문제해결 기능보다는 영역 특수적인 전략의 사용으로 특징지어진다(Chase & Simon, 1973; Schunn & Anderson, 2001). 전문가들은 작동기억 속에 있는 특정 내용을 장기기억 속에 있는 관련 지식과 연결짓는 인출구조를 개발한다. 인출구조의 조작을 촉발하는 작동기억 속에 있는 패턴과 장기기억의 내용은 두 가지 모두 고도로 영역 특수적이다. 문제해결 기능은 상황적이며 일반적으로 상황을 교차하여 전이되지는 않는다. 한 영역에서 전문가가 되는 것이 그 사람을 상이한 영역에서의 전문가로 만들지는 않는다.

전문성의 이런 영역 특수성은 학교에 심각한 딜레마를 제기한다. 학교(법학 전문대학원이나 의학 전문대학원 이전에)는 전문가를 배출하도록 기대되지는 않지만, 수많은 상이한 환경에서 기능할 수 있는 다재다능한 일반적 문제해결자는 더 많은 훈련을 받음으로써 어떤 환경에서 전문가가 될 수 있다. 따라서, 다양한 상황 속에서 학교학습이 융통성 있고(flexible), 사용가능(usable)하도록 하기 위해 학교학습은 지식과 기능을 비상황적(un-situate)으로, 탈맥락화(decontextualize)하도록 설계되어 있다. 잘 알려진 것처럼, 그것은 다루기 힘든 과제인데, 왜냐하면 너무 상황구속적이어서 바로 그 상황에서만 쓸모 있는 지식과 너무나 탈맥락화되어서 그 어떤 상황에서도 쓸모없는 비활성 지식이 되어버리는 지식 간에는 미묘한 균형(delicate balance)이 있기 때문이다. 학교학습은 항상 비활성 지식을 산출할 위험성이 있지만, 그럼에도 불구하고 학교학습의 목적은 여전히 광범위하게 쓸모 있고 맥락에 묶여 있지 않은 일반적인 지식을 학생들에게 제공하는 데 계속 머무르고 있다(Bereuter, 1997). 학교는 학생들에게 적절한 추론 수준에 있는 지식 즉, 구체적인 상황에 제한되지도 않고 완전히 탈맥락화되어 있지도 않을 뿐만 아니라 오히려 추상적이고 일반화할 수 있는 상황 특징과 연계된 지식을 구성하도록 학생들에게 가르칠 필요가 있다.

영역 특수적 전략과 영역 지식의 중요성과는 관계없이, 일반적인 목적 전략도 사고와 문제해결에서 역할을 한다. 무엇보다 먼저, 전문적인 문제해결은 영역 특수적 전략에 제한되지 않고 오히려 일반적인 추론방법과 특수적인 추론방법의 혼합을 전형적으로 사용한다는 것을 보여주었다(예컨대, Greeno, 1983; Duncan, 2007). 둘째, 영역을 교차하여 일반화 할 수 있는 적어도 두 가지 진짜 기능이 있는데, 그것은 메타인지적 전략(Flavell & Wellman, 1977)과 읽기-이해 전략(Perfetti, 1989)이다. 우리가 어린 성인(young adults)일 때까지, 우리들 대부분은 전문적인 이해자들(expert comprehenders)이다. 즉, 우리는 읽기 이해력과 함께 십년 이상의 연습(항상 계획적이지는 않은)은 물론, 구어 이해력과 함께 많은 해의 연습을 해 왔다. 자동적인 인출구조에 의존하는 진정한 전문가들처럼, 우리는 유창하게 읽고 자동적으로 이해하지만, 그것은 오직 친숙한 텍스트를 읽는 동안(Ericsson & Kintsch, 1995)에만 한한다. 그러나 우리가 낯선 영역에 있는 텍스트를 읽을 때 호기심을 끄는 일이 발생하는데, 일간 신문이나 비행 중 읽는 소설보다는 노끈 이론(string theory)이나 감수분열과 유사분열에 관해 얘기해 보라. 그런 텍스트를 읽기 위해서는 우리는 두 가지 종류의 전문성 즉, 영역 전문성은 물론 일반적인 독서기능을 필요로 한다.

학습을 위해 독서할 때, 학생들은 좋은 독서가일 수도 있지만, 영역 지식이 결여되어 있기 때문에 아직 이해하지는 못한다. 읽기이해력 전략은 학생들이 이런 상황을 다루도록 도와줄 수 있다. 영역전문가가 아닌 독서가는 타당한 상황모형을 구성하기 위해, 이런 과정에서 요구되는 많은 단계 즉, 텍스트에 있는 간격을 메우기 위해 추론하기, 관련 있는 배경지식 인출하기, 어떤 주장의 구조 확인하기 등을 통해 의식적으로 그리고 의도적으로 영역전문가가 자동적인 인출구조에 의존하는 곳으로 가야만 한다. 요컨대 학생들이 자신들의 목적을 성취하기 위해 사용할 수 있는 효과적인 이해전략을 가르침으로써, 교사는 요구되는 행동을 시범보일 수 있다. 그런 전략은 학생들에게 매우 도움을 줄 수 있으며, 전문적인 이해로 가는 경로를 수월하게 한다는 많은 증거(예컨대, Palincsar & Brown, 1984; McNamara, 2007)가 있다. 따라서, 학습자들이 학교에서 읽는 수업 텍스트로부터 새로운 지식을 수립하도록 하는 데 있어서 읽기이해력 전략은 수업에서 중요한 역할을 한다.

이해 전략을 어떻게 가르쳐야만 하는가에 관해 몇 가지 공개된 질문이 있다. 어떤 컴퓨터 튜터들(Summary Street, Caccamise et al., 준비 중; Franzke et al., 2005와 같은 학자)은 학생들에게 구체적인 이해전략을 가르치지는 않지만, 학생들이 적합한 전략을 선택하기 위해 학습하도록 사려 깊은 피드백을 통해 학생들의 연습을 가이드한다. 이와 대조적으로, 다른 성공적인 시스템(상호 교수, Palincsar & Brown, 1984; 저자에게 질문하는 것, Beck & McKeown, 2006; 혹은 iSTART, McNamara, 2007 같은 것)은 학생들에게 의식적으로 이용가능한 한 세트의 이해력 도구(comprehension tool)를 제공함으로써, 적절한 이해력 전략을 명시적으로 가르친다. 어떤 학생들에 게, 어떤 학습단계에서, 이런 접근들의 어떤 조합이 가장 효과적인지는 이 시점에 서는 분명하지 않다.

텍스트로부터의 학습이 일반적인 이해전략 훈련과 함께 어떻게 조합될 수 있는 가에 대한 한 가지 사례를 7, 8학년을 위한 Hampton(2007)의 교사와 학생 메뉴얼에 서 발견할 수 있다. Hampton은 상황모형 수립전략(중얼거리며 생각하기와 교사 모 델링, 논의, 요약하기, 그리고 에세이 쓰기)은 물론 신뢰성 있는 텍스트 기반 구성 전략(대명사 확인, 문장 접속사, 어휘, 텍스트 구조와 같은 것)에 대해 공부하고 있 는 학생들을 맡고 있다. 이런 전략에 관해 새로운 것은 전혀 없으며, 여기서 다른 것은 텍스트 기반 상황모형 프레임 속에 그런 전략들이 어떻게 묻혀있는가 하는 것과, 결정적으로, 이것은 학생들이 시작하기에 비교적 친숙한 그리고 30가지 레슨 의 코스 동안 체계적으로 확대되는 하나의 구체적인 지식영역 내에서 모두 행해진 다는 것이다. 따라서, 학생들은 생물학에서 한 가지 중요한 개념에 관해 한 세트의 일반적인 독서전략을 학습하며, 동시에 누적적인 상황모형을 수립한다. 학생들에 게, 전략지식은 암묵적으로 남는다. 교사들에게, 이해력이 어떻게 작동하는지에 대 한 일반적인 이해는 자신들의 활동을 위한 유의미한 프레임워크를 제공한다.

●○ 학습 가이던스의 수준

텍스트로부터의 학습은 본질상, 구성적 과정이며, 피드백을 통해 가이드된다. 효 과적인 이해전략을 학습하는 것은 상당한 양의 계획적인 연습을 요구하며, 또한 그 것은 어떤 종류의 가이던스를 암시한다. 가이던스는 교사로부터, 수업 텍스트의 본 질과 조직으로부터 올 수 있으며, 혹은 메타인지적 통제를 통해 자기 가이던스가 될 수도 있다. 하나의 극단에 지시적 수업이 있는데, 거기서는 학생들의 자유재량 에 거의 맡겨놓지 않은 채 교사와 학습자료가 견고하게 학습과정을 가이드한다. 다 른 극단에는 전혀 가이드되지 않는 발견수업이 있으며, 물론 그 사이에는 많은 회색 음영(shades of gray)이 있다. 궁극적인 목적은 자기 가이드적인 학습자를 가지는 것이지만, 그 목적에 도달하는 최선의 길이 무엇인지는 그렇게 분명하지 않으며, 그것은 "구성주의" 논쟁이 전부인 것 가운데 하나이다. 이 책의 다른 장은 이런 일반적인 이슈에 말하고 있다. 여기서, 나는 그런 복잡한 질문에 관해 단지 텍스트 이해에 대한 문헌의 함의를 탐구하고 있다.

가이던스 이슈가 광범위하게 탐구되어 왔던 하나의 영역이 하이퍼텍스트(hypertext) 이다. 친숙한 선형적 텍스트는 저자 생각이 최적화되는 순서로 텍스트를 계열화함으로써 독자를 가이드한다. 그러나 가끔씩 저자가 설명적 텍스트를 배열해 왔던 방식은 독자의 목적과 잘 들어맞지 않는다. 예를 들어, 어떤 독자가 어떤 정보의 조각을 찾고 있다면, 이런 것들은 선형적인 텍스트 속에 위치시키는 것이 쉽지 않을 수도 있다. 명료한 구조와 적절한 네비게이션 지원을 가진 잘 조직된 하이퍼텍스트는 훨씬 더 효율적으로 탐색될 수 있다. 그래서, 예컨대 학생들이 원문 자료들(textual sources)로부터 관련 정보를 찾을 필요가 있는 목적으로 해결해야 할 특정 문제를 받았을 때, 하이퍼텍스트는 매우 도움이 될 수 있다(Dillon & Gabbard, 1998).

문제해결을 위해 필요한 구체적인 정보 조각을 찾는 것이 아니라, 어떤 영역에 관한 지식을 획득하는 것이 목적일 때, 하나의 상이한 질문은 학습 촉진을 위해 하이퍼텍스트가 선형적인 텍스트의 좋은 대안이 될 수 있는지의 여부이다. 원래, 하이퍼텍스트는 이런 점에서도 도움이 될 것이라는 기대가 많았다(McKnight, Dillon, & Richards, 1993). 그러나, 급증하는 문헌은 곧 이런 기대를 실망시켰다(예컨대, Unz & Hesse, 1999). 하이퍼텍스트 사용자들은 따라야 할 노드(node)를 선택하기 위해 세 가지 다른 전략을 사용하는 경향이 있다(Salmerón, Kintsch, & Cañas, 2006). 즉 (a) 자신들이 방금 읽었던 것과 가장 일관성 있는 연속을 제공할 것 같은 노드를 선택한다, (b) 자신들에게 가장 관심을 끄는 것처럼 보이는 노드를 선택한다, (c) 스크린의 상단에 인쇄된 노드를 선택하는 것처럼, 어느 정도 피상적인 전략을 따른다. 만약 그들이 일관성 전략을 따르면, 그들은 꽤 잘 학습하지만(Foltz, 1996), 그렇지 않으면 잘 학습하지 못한다. 구체적으로 살펴보면, 낮은 지식 독자들은 그 텍스트가 일관성 있는 순서대로 제시되지 않거나(Salmerón, Cañas, Kintsch, & Fajardo, 2005) 혹은 그들 자신의 순서를 선택하는 데 있어서 일관성 전략(coherence strategy)을 따르지 않으면(Salmerón et al., 2006), 상황모형 수준 이해에서 저조하게 된다. 다른 한편으로, 높은 지식 독자들은 자신들이 노드를 선택하는 데 있어 관심 전략(interest strategy)을 따른다 하더라도 잘 할 수 있다.

높은 지식 독자들에게 하이퍼텍스트를 주는 것은 능동적인 읽기와 적절한 상황 모형-그들은 피상적으로 읽을 수가 없는데, 그 이유는 각 선택 포인트에서 그들은 좋은 연속을 선택해야만 하기 때문이다-의 구성을 확실히 하기 위해 사용될 수 있는 기법 가운데 하나이다. 자신들이 일관성 있는 연속성을 찾거나, 혹은 만약 그들 자신의 관심을 따른다면, 텍스트의 다른 부분과의 일관성 연계를 형성할 수 있는 충분한 지식을 높은 지식 독자들은 갖고 있기 때문에, 이런 활동은 자신들의 이해에 득이 되는데, 이것은 McNamara 등(1996)이 초기에 보고된 선형적 텍스트로 한 연구에서 일관성 격차(coherence gaps)를 메우고 지시대상(referents)을 확인할 필요가 높은 지식 독자들에게 이익이 되었던 것과 마찬가지다. 이런 독자들에게 인지 부담을 증가시키는 것은 능동적인 처리의 이익에 의해 균형 잡힌 그 이상이다. 그 상황이 낮은 지식의 독자에게는 다르다. 만약 그들이 일관성 전략을 따르지 않으면, 그들은 무질서하고 조각난 상황모형으로 끝나게 된다. 즉 만일 그들이 일관성 전략을 따른다면, 증가된 인지부하는 텍스트의 다른 측면을 처리하기 위한 충분한 자원을 그들에게 남겨 놓지 않을지도 모른다(Sweller, 1988). 따라서, 학습을 위해 하이퍼텍스트를 사용하는 것은 이해력을 문제화하는데(problematizes), 그것은 유익할 수 있지만, 심각한 위험을 수반할 수 있다. 선형적 텍스트에 의해 제공된 가이던스 수준이 독자로 하여금 하이퍼텍스트에서 스스로 선택하도록 하는 것보다 필연적으로 우월하지만, 하이퍼텍스트가 학습에 우월한 조건이 좁게 제한된다고 주장할 수는 없다.

하이퍼텍스트로부터 학습에 대한 논의에서, 위에서 도달된 가이던스의 역할에 관한 결론을 일반화하는 것이 비합리적인 것 같지는 않다. 최소한으로 가이드된 학습(하이퍼텍스트가 가이드되지 않는 것이 아니다-당신은 단지 아무데나 갈 수는 없지만, 주어진 세트의 연계를 반드시 따라야만 하며, 그리고 전형적으로 당신은 이용할 수 있는 개요와 여타 내비게이션 지원을 가진다)은 가이드된 수업만큼 좋거나 혹은 더 좋을 수 있지만, 잠재적인 위험성은 반드시 신중하게 잘 생각되어야만 하며 상이한 유형의 학습자를 위해 숙고되어야만 한다.

내가 여기서 강조했던 것은 학습이란 학습자로부터 상당한 전념(commitment)과 노력을 요구할 수도 있는 구성적 활동(constructive activity)으로서, 능동적이고 의도적인 과정(intentional process)이라는 것이다. 학습과정을 위해 적절한 수준의 가이던스가 무엇인지를 일반적인 용어로 진술하는 것은 어렵다. 우리가 보아왔던 것처럼, 필요한 가이던스의 양은 상이한데, 그것은 학습의 단계는 물론 학습자료의 성격, 학습자의 배경에 달려있다. 가이던스의 수준은 학습자들이 능동적으로 참여하도록 유지시키는 목적을 지원해야만 하는데, 그것은 도전의욕을 고취시키거나 혹은 관심을 유발함으로써, 힘든 이해 과제에 참여하도록 학습자를 동기화시켜야만 한다.

●○ 결 론

이 책의 제목은 "구성주의 수업이론"의 성공 혹은 실패를 의미한다. 나는 구성주의에 관해 있을 수 있는 용어상의 혼란을 미연에 방지하기 위해 노력했다. 일반적으로 "구성주의"라고 명명되고 있는 발견, 문제 기반, 경험에 의거한, 프로젝트 기반의, 그리고 탐구 기반 교수와 같은 최소한으로 가이드된 수업방법의 효과성이 여기에서의 이슈이다. 그러나 구성주의 또한 이해와 학습에 대한 한 가지 이론이다. 의미는 반드시 구성되어져야만 한다는 것, 지식 건축은 수동적인 정보 흡수의 과정이 아니라, 학습자에 의한 하나의 능동적인 과정이라는 것이 이 이론의 중심적인 아이디어이다. 지금의 모든 학습이론은 그런 점에서 구성주의이다. 최소한의 가이던스는 별개의 이슈이지만, "구성주의"라는 용어에 대한 이런 두 가지 사용을 분명하게 그리고 명시적으로 구별하지 않으면, 혼란을 초래한다.

또한 나는 하나의 참신한 견해와 일련의 새로운 증거를 논의에 가져오려고 노력했다. 지금까지의 논의는 수학과 물리학 같은 영역에서 문제해결에 관해 대부분 틀지어져 왔다. 여기서 나는 텍스트 이해와 텍스트 학습분야로부터의 연구결과를 검토했으며, 그것은 문제해결에 대한 문헌을 훌륭하게 보완한다. 텍스트 이해는 정규 학문 안에 있는 문제해결과는 달리, 비구조화된 영역이다. 나는 텍스트로부터의 이해와 학습방식은 구성적인 과정으로 간주된다고 논의했다. 이런 주장에 중심이 되는 것은 텍스트의 기초를 바탕으로 상황모형을 구성해야 할 필요성이다. 가장 중요한 수업문제는 학습자들로 하여금 피상적인 이해에 만족하게 하는 것이 아니라 그들이 적절한 상황모형을 구성하도록 하는 것이다.

상황모형에 대한 누적적인 구성과 정교화는 지식 건축의 한 형식이다. 상황모형은 항상 선행지식의 기초 위에 세우기 때문에, 상황모형 구성 과정은 영역 전문가와 영역 초보자에게 매우 상이한데, 전자에게는 매우 부드럽고 자동적이며 후자에게는 수고스럽고 의도적이다. 전문가가 되는 데 있어서 계획적인 연습의 결정적인 역할이 논의되었다.

이 책의 가장 중요한 질문―얼마나 많은 가이던스가 학습을 위해 최적인가―에 관해 텍스트 이해에 대한 문헌은 미묘한 차이를 띤 답변을 제시하고 있다. 구속받지 않는 발견학습과 같은 최소한의 가이던스는 일반적으로 효과적이지 않은데, 왜냐 하면 그것은 학습자, 특히 적절한 배경지식이 결여된 학습자들의 자원을 쉽게 초과하는 요구를 만들기 때문이다. 그러나, 학습자를 수동적인 정보수용자로 격하시키는 수업 형태에서처럼, 최대한의 가이던스 또한 그것이 학습자들로부터 적절한 상황모형의 구성을 위해 요구되는 텍스트에 대한 능동적이고 심층적인 처리를 방해할 때 비생산적으로 될 수 있다. 학습과정을 위해 최적 수준의 가이던스가 무엇인가를 일반적인 용어로 진술하는 것은 어렵다. 우리가 보아왔던 것처럼, 최적 수준의 가이던스는 다른데, 그것은 학습의 단계는 물론 학습자료의 성격, 학습자의 배경에 달려 있다. 가이던스 수준은 학습자로 하여금 지속적으로 흥미 있는 토픽에 초점을 맞추어서 능동적으로 참여하도록 유지시키는 목적을 반드시 지원해야만 한다.

질문: Spiro와 DeSchryver. 당신이 쓴 장의 커다란 강점 중의 하나는 "얼마나 많은 가이던스가 학습에 최적일까?"라는 질문에 "학습의 단계는 물론, 학습자료의 성격, 학습자의 배경지식"에 달려 있다고 답한 조심스럽고도 미묘한 표현이다. 당신은 가이던스의 종류에 대한 질문에 "얼마나 많이"(지원의 수준이나 양)를 넘어 당신의 결론을 확장할 수 있는가? 우리가 쓴 장에서 주장하는 것의 일부분은 최적 가이던스의 본질은 현저하게 구조화된 영역 연구에서 가장 유익한 것으로 보여 왔던 종류로부터 보다 비구조화된 영역으로 옮긴다는 것이다. 만약 그렇다면, 어디서 이런 변화가 발생하는가를 구체화할 수 있는 것은 구성주의―지시적 수업 논쟁에서 유용할 것이다.

당신은 비구조화된 영역으로서 텍스트 이해와 텍스트로부터의 학습을 제시하고, 경험적으로 효과적인 것으로 보여져왔던 가이던스의 종류(예컨대, 상호 교수와 저자에게 질문하기에서 사용된 것들)를 지적하고 있다. 그런 접근에서 지지된 전략 유형이 Kirschner 등의 준거와 어느 정도까지 대조적인 질적 구분이 되는가? 즉, 텍스트로부터의 성공적인 학습전략이 필수적인 절차를 충분히 설명하는 것만큼 특징 지어질 수 있는가? 아니면 텍스트로부터의 학습과 같은 영역에서 지원은 필연적으로 막연한 종류(예컨대, "선행지식에 연결을 찾는 것")인가?

답변: Kintsch. 당신은 중요한 요점을 제기하고 있다. 얼마나 많은 가이던스가 필요한가는 오직 이야기의 일부일 뿐이다. 어떤 종류의 가이던스가 필요한가도 똑같이 중요하며, 그것 역시 이야기의 일부에 달려 있다. 그러나 나는 이 점에 관해 당신과 동의했기 때문에 당신의 질문에 대해 적절한 답을 틀지우는 방법에 관해 무시했던 것을 변론해야만 한다. 당신들의 연구는 확실히 보다 상세한 답변을 제공하겠지만, 우리는 현재 이런 문제에 대해 부족한 개관을 알고 있는 것에 지나지 않는다.

잘 형성된 문제(well-formed problems)에서, 필수적인 정보와 충분한 설명에 대한 Kirschner 등의 강조는 옳은 것 같다. 또 다른 질문에 대한 답변에서 내가 논의했던 것처럼, 텍스트 이해 분야로부터의 한 가지 사례는 산수 단어 문제(arithmetic word problems), 그리고 학생들을 위해 상황모형의 구성을 가이드할 수 있는 기술적 지원이 될 것이다. 그러나, 질문에서 당신이 제시했던 것처럼, 텍스트로부터의 학습은 매우 상이한 요구를 할 수 있다. 어떤 영역에서(당신이 인용한 생물학은 정답이 있어서, 정확히 비형식적 영역은 아니다) 필수적인 정보와 불필요한 정보 간의 구별은 하기 어려우며, 어떤 것이 충분한 설명으로 간주될지조차 분명하지 않다. 내용에 제한받지 않는 프롬프트는 설명과 피드백만큼 효과적일 수 있지만, 단지 경계가 어디인지는 더 진전된 연구를 기다려야만 한다.

Kintsch의 답변에 대한 반론: Spiro와 DeSchryver. 우리의 질문에 대한 당신의 답변에 동의하는 우리 자신들을 만족스럽게 보고 있지만, 한 가지 예외 사항을 가지고 있는데, 우리는 그것을 논의할만한 가치가 있다고 생각한다. 즉 당신은 생물학의 양상(측면)은 비구조화되어 있다는 우리의 주장에 이의를 제기했다. 여기에 두 가지 중요한 요점이 있다. 첫째, 어떤 것이 다른 것보다 현저하게 더 많은 측면일 수는 있다 하더라도, 영역이 전적으로 구조화되어 있다거나 비구조화되어 있다고 우리는 주장하지 않는다. 예를 들어, 이런 개념에 대한 우리들의 사용에 따르면, Newton의 역학(Newtonian mechanics)은 현저하게 구조화되어 있으며 예술사에서

"시기(period)" 개념은 현저하게 비구조화되어 있다. 모든 영역은 구조화된 측면과 비구조화된 측면의 양면을 가지고 있다. 마찬가지로, 단지 생물학의 어떤 중요한 측면이 그렇다는 것이지 생물학이 현저하게 비구조화되었다고 주장하지 않는다. 예를 들어, 적응의 기제(mechanisms of adaptation)는 개별적 사례에서, 그리고 더욱 중요한 것으로, 개념적 특징이 실증되고 형성되는 방식에서 양쪽 모두 다 복잡하며, 일반화(generalizations)와 추상적 환원(abstractive reductions)을 불확실하게 만들면서 사례를 교차하는 상당한 개념적 불규칙성을 입증한다. 더욱이, 적응 사례를 이해하는 것은 종종 "정답(correct answers)"으로 간주하는 것이 하나의 확장이 되는 해석 과정을 포함한다.

　두 번째 중요한 요점은 수업과 지원이 주어진 측면의 구조성 정도에 대한 한 가지 기능이지 영역에 대한 전반적인, 지배적인 양상이 아니라는 것이며, 비구조화된 측면은 구조화된 측면과는 상이한 종류의 수업과 수업지원을 요구한다는 것을 우리는 주장하고 있다는 것이다. 그래서 예를 들면, 우리는 거시생물학적 영역(적응과 같은)에 있는 어떤 토픽을 위해서보다는 보다 한정된 미시생물학적 영역을 위한 수업지원의 성격에 질적인 차이가 있기를 기대할 것이다. 어쨌든, 비구조화된 생물학적 측면이 원리에 있어서 그런 방법인지, 아니면 대신에 어느 정도의 미래에 치료될 수도 있는 현재 지식의 한계점의 반영인지의 여부에 대해서는 우리는 아무런 입장도 취하지 않는다. 이 시점에서 수업 지원은 동일할 것이다.

질문: Schwartz 등. 그 장을 읽으면서, 우리가 생각하기에 중요한 파문을 갖고 있는 작은 혼동을 가졌다. 그 혼동은 학생들이 "내용 지식(content knowledge)"을 학습하는 것과 "과정 지식(process knowledge)"을 학습하는 것 사이의 분리를 포함했다. 내용 지식이 그것의 획득과 연합되어 있는 과정 및 맥락과 분리된 것으로 취급되어야만 하는지의 여부는 중요한 질문이다. 그러나, 우리의 질문은 더욱 단순하다. 우리는 한편으로 당신이 진술했던 것을 이해하지 못했다.

　문제 기반 학습, 프로젝트 기반 학습, 혹은 과학적 탐구는 그런 목적(동기화)으로 향하는 효과적인 수단으로 보인다. 그러나 문제해결 활동은 진정한 목적이 관련된 과학을 학습하는 것일 때 그 자체로 목적이 되지 않는다는 것이 중요하다. 프로젝트가 중요한 결과가 아니라 과학 지식이 중요한 결과이다.

그러나, 다른 한편으로, 읽기 수업의 맥락에서 당신은 "학생들이 지질학에서 정확하게 전문가가 되는 것이 아니라, 과학 텍스트를 읽을 학생들의 능력에서 보다 전문가다워지기를" 원한다고 진술했다. 사람들은 텍스트 내용과 읽기 과정을 잘 학습해야만 하는 반면 과학을 위해서 그 목적은 과학내용을 학습하는 것이지만 탐구과정을 학습하는 것은 그것의 동기적 가치를 제외하면 부적절하다는 것을 함의하려는 의미였는가?

답변: Kintsch. 나는 과학 학습과 읽기 수업 양쪽 모두에서 일반적인 문제해결 전략의 역할에 관해 스스로 졸렬하게 표현했다. 내가 그것을 바로잡을 수 있을지 보자. 나는 과학 학습에서 어느 누구도 내용과 과정을 분리할 수 있다고 생각하지 않는다. 내가 "과학 지식(science knpwledge)"을 말했을 때, 나는 내용과 과정 양쪽의 지식 모두를 의미했다. 과학에서, 탐구의 과정은 내용과 밀접하게 묶여 있다. 문제해결 문헌이 보여주는 것처럼, 전략은 영역 특수적이다. 모든 과학 영역에서 활용될 수 있었던 일반적인 문제해결 전략은 별로 중요하지 않은 역할을 한다. 탐구과정은 상이한 과학 분과에서 충분히 달라서, 한 영역에서의 전문가는 다른 영역에서는 유리한 점이 거의 없다. 따라서, 과학수업은 내용과 과정 양쪽을 동시에 포함해야만 한다. 내가 프로젝트에 대한 강조에 반대했을 때, 나는 사람들이 과학전시회와 학급 프로젝트에서 가끔씩 관찰하는 화려한 포장과 프레젠테이션을 내 마음 속에 가졌다. 이것이 약간의 동기적 가치를 가질 수도 있겠지만, 과학 프로젝트의 주된 초점이 되지 않아야만 한다.

읽기 수업에 관하여, 사항은 조금 다르다. 읽기 전략은 사실 일반적인 문제해결 전략이라고 주장하는 Perfetti의 논문을 내가 쓴 장에 인용했다. 따라서, 학생들에게 일반적인 읽기 전략을 가르치고 가이드된 연습기회를 많이 주는 것은 정말 중요하다. 읽기 전문성을 개발하는 데 있어서 궁극적인 목적은 이런 전략의 자동적인 활용이다.

질문: Schwartz. 텍스트 기반과 상황 간의 당신의 구별은 강력하고 잘 지지되며, 모든 지식은 구성된다는 평범한 주장과는 달리 그것은 미묘함을 더하고 있다. 아직 당신의 장을 읽지 않은 독자들에게, 그런 구별은 텍스트를 "분석하는 것

(parsing)"과 텍스트를 "이해하는 것(understanding)" 간의 차이로 거칠게 특징지어질 수도 있다. 일차적 투입(primary input)이 상징적인 여타 영역에 당신이나 혹은 다른 사람이 당신의 프레임워크를 성공적으로 적용해 본 적이 있는가? 예를 들어, 수학 단어 문제나 방정식과 직면했을 때, 사람들은 문제에 있는 양(quantities)의 "상징 기반(symbol base)"을 만든 다음 그 양이 적용할 수 있는 상황에 대한 정신적인 모형을 만들 수도 있다. 대안적으로, 정신적 모형은 상징 기반의 구성을 가동시킬 것이다. 예를 들어, 그것이 그들의 지시 대상에 대한 도표를 분석하고 정신적 모형을 구성할 때 당신의 프레임워크의 다른 가능한 적용이 있다. 읽기 이외의 영역에 적용될 때 구성-통합 프레임워크(construction-integration framework)에 대한 당신의 생각을 듣는 것은 흥미로울 것이다.

답변: Kintsch. 나는 당신의 제안에 열렬히 동의한다. 즉 그런 라인들을 따라 행해질 수 있는 많은 것들이 있다. 사실, 얼마 전에 우리는 상이한 수준의 표상과 그들의 상호의존성 간의 구별을 명확하게 했던 단어 문제의 이해와 해결을 위한 모형(Kintsch & Greeno, 1985)을 수행했으며, 학생들에게 방정식이 무엇을 함의하는지에 대해 상황모형 수준에서 그 결과를 보여줌으로써 학생들의 노력을 가이드하여 대수 단어 문제를 해결하도록 했던 소프트웨어 프로그램(Nathan, Kintsch, & Young, 1992)을 설계했다. 추월 문제에서 더 빠른 비행기가 더 늦은 비행기 전에 출발하는 것을 보았을 때, 학생들은 자신들이 저질렀던 실수를 재빨리 알아차렸다! 그때부터 우리들로 하여금 이 작업의 세부적인 내용 약간을 수정하도록 강요했던 많은 것이 학습되었지만, 이것은 현대 기술이 수학에서뿐만 아니라 당신도 설명하고 있는 다른 영역에서도 수업에 직접적인 영향을 줄 수 있는 매우 유망한 접근을 남겨두고 있다고 나는 확신한다.

▣ 참 고 문 헌 ◖

Beck, I. L., & McKeown, M. G. (2006). *Improving comprehension with Questioning the Author: A fresh and expanded view of a powerful approach.* New York: Scholastic.

Bereiter, C. (1997). Situated cognition and how to overcome it. In D. Kirschner & J. A. Whiston (Eds.), *Situated cognition: Social, semiotic, and psychological perspectives* (pp. 281–300). Hillsdale, NJ: Erlbaum.

Bereiter, C., & Scardamalia, M. (2003). Education and mind in the knowledge. In E. De Corte, L. Verschaffel, N. Entwistle, & K. van Merriënboer (Eds.), *Powerful learning environments* (pp. 55–68). Amsterdam: Elsevier.

Brown, A. L. & Campione, J. C. (1994). Guided discovery in a community of learners. In K. McGilly (Ed.), *Classroom lessons: Cognitive theory and classroom practice* (pp. 229–272). Cambridge, MA: MIT Press.

Caccamise, D., Snyder, L., Johnson, N., Allen, C., Dehart, M., Kintsch, E., et al. (in preparation). *Summary Street: Scale–up and evaluation.*

Chase, W. G., & Simon, H. A. (1973). The mind's eye in chess. In W. G. Chase (Ed.), *Visual information processing.* New York: Academic Press.

Csikszentmihalyi, M. (1990). *Flow: The psychology of optimal experience.* New York: HarperCollins.

Dillon, A., & Gabbard, R. (1998). Hypermedia as an educational technology: A review of the quantitative research literature on learner comprehension, control and style. *Review of Educational Research, 68,* 322–349.

Duncan, R. G. (2007). The role of domain–specific knowledge in generative reasoning about complicated multileveled phenomena. *Cognition and Instruction, 25,* 271–336.

Ericsson, K. A., Charness, N., Hoffman, R. R., & Feltovich, P. J. (2006). *The Cambridge handbook of expertise and expert performance.* New York: Cambridge University Press.

Ericsson, K. A., & Ward, P. (2007). Capturing the naturally occurring superior performance of experts in the laboratory. *Current Trends in Psychological Science, 16,* 346–350.

Fischer, G., Brown, J. S., & Burton, R. (1984). Analysis of skiing as a success model of instruction: Manipulating the learning environments to enhance skill acquisition. In B. Rogoff & J. Lave (Eds.), *Everyday cognition: Its development in social context.* Cambridge, MA: Harvard University Press.

Flavell, J. H., & Wellman, H. M. (1977). Meta memory. In R. V. Kail & J. W. Hagen (Eds.), *Perspectives on the development of memory and cognition.* Hillsdale, NJ: Erlbaum.

Foltz, P. W. (1996). Comprehension, coherence, and strategies in hypertext and linear text. In J. F. Rouet, J. J. Levonen, A. Dillon, & R. J. Spiro (Eds.), *Hypertext and cog-nition* (pp. 106-136). Mahwah, NJ: Erlbaum.

Franzke, M., Kintsch, E., Caccamise, D., Johnson, N., & Dooley, S. (2005). Summary Street: Computer support for comprehension and writing. *Journal of Educational Computing Research, 33,* 53-80.

Greeno, J. G. (1983). Conceptual entities. In D. Gentner & A. Stevens (Eds.), *Mental models* (pp. 227-252). Mahwah, NJ: Erlbaum.

Hampton, S. (2007). *Foundations: Comprehending texts.* Washington, DC: America's Choice.

Harel, I., & Papert, S. (Eds.), (1991). *Constructionism.* Norwood, NJ: Ablex Publishing Corporation.

Hidi, S., & Renninger, K. A. (2006). The four-phase model of interest development. *Educational Psychologist, 41,* 111-127.

Hirsch, E. D. (1987). *Cultural literacy: What every American needs to know.* Boston, MA: Houghton Mifflin.

Hirsch, E. D. (2006). *The knowledge deficit.* Boston, MA: Houghton Mifflin.

Hmelo-Silver, C. E., Duncan, R., & Chinn, C. A. (2007). Scaffolding and achievement in problem-based and inquiry learning: A response to Kirschner, Sweller, and Clark (2006). *Educational Psychologist, 42,* 99-107.

King, A. (1997). ASK to THINK-TEL WHY: A model of transactive peer tutoring for scaffolding higher-level complex learning. *Educational Psychologist, 32,* 221-235.

Kintsch, W. (1994). Text comprehension, memory, and learning. *American Psychologist, 49,* 294-303.

Kintsch, W. (1998). *Comprehension: A paradigm for cognition.* New York: Cambridge University Press.

Kintsch, W., & Greeno, J. G. (1985). Understanding and solving word arithmetic problems. *Psychological Review, 92,* 109-129.

Kirschner, P. A., Sweller, J., & Clark, R. E. (2006). Why minimal guidance during in-struction does not work: An analysis of the failure of constructivist, discovery, problem—based, experiential, and inquiry—based teaching. *Educational Psychologist, 41*, 75—86.

Kuhn, D. (2007). Is direct instruction an answer to the right question? *Educational Psychologist, 41*, 109—113.

McKnight, C., Dillon, A., & Richards, J. (Eds.). (1993). Hypertext: A psychological perspective. Mahwah, NJ: Erlbaum.

McNamara, D. S. (Ed.). (2007). *Reading comprehension strategies*. New York: Erlbaum.

McNamara, D. S., Kintsch, E., Songer, N., & Kintsch, W. (1996). Are good texts always better? Text coherence, background knowledge, and levels of understanding in learn—ing from text. *Cognition and Instruction, 14*, 1—43.

Nathan, M. J., Kintsch, W., & Young, E. (1992). A theory of word algebra problem com—prehension and its implications for the design of learning environments. *Cognition and Instruction, 9*, 329—389.

Newell, A., & Simon, H. A. (1972). *Human problem solving*. Englewood Cliffs, NJ: Prentice—Hall.

Palincsar, A. S., & Brown, A. L. (1984). reciprocal teaching of comprehension—fostering and monitoring strategies. *Cognition and Instruction, 1*, 117—175.

Pearson, P. D., & Fielding, L. (1991). Comprehension instruction. In R. Barr, M. L. Kamil, P. B. Bosenthal, & P. D. Pearson (Eds.), *Handbook of reading research* (Vol. 2, pp. 8115—8860). White Plains, NY: Longman.

Perfetti, C. A. (1989). There are generalized abilities and one of them is reading. In L. B. Resnick (Ed.), *Knowing, learning, and instruction* (pp. 307—336). Hillsdale, NJ: Erlbaum.

Reiser, B. J. (2004). Scaffolding complex learning: The mechanisms of structuring and problematizing student work. *The Journal of the Learning Sciences, 13*, 273—304.

Salmerón, l., Cañas, J. J., Kintsch, W., Fajardo, L. (2005). Reading strategies and hypertext comprehension. *Discourse Process, 40*, 171—191.

Salmerón, l., Kintsch, W., Cañas, J. J. (2006). Reading strategies and prior knowledge in learning from hypertext. *Memory & Cognition, 34*, 1157—1171.

Scardamalia, M., & Bereiter, C. (2003). Knowledge building. In *Encyclopedia of education* (2nd ed., pp. 1370—1373). New York: Macmillan.

Scardamalia, M., & Bereiter, C., & Lamon, M. (1994). The CSILE Project: Trying to bring the classroom into World 3. In K. McGilly (Ed.), *Classroom lessons* (pp. 201—228).

Cambridge, MA: MIT Press.

Schmidt, H. G., Loyens, S. M. M., van Gog, T., & Paas, F. (2007). Problem—based learning is compatible with human cognitive architecture: Commentary on Kirschner, Sweller, and Clark (2006). *Educational Psychologist, 42*, 91—97.

Schneider, W., Korkel, J., & Weinert, F. E. (1989). Domain—specific knowledge and memory performance: A comparison of high— and low—aptitude children. *Journal of Educational Psychology, 81*, 306—312.

Schunn, C. D., & Anderson, J. R. (2001). Acquiring expertise in science: Exploration of what, when, and how. In K. Crowley, C. D. Schunn, & T. Okada (Eds.), *Designing for science: Implications from everyday, Classroom, and professional settings* (pp. 83—114). Hillsdale, NJ: Erlbaum.

Simon, H. A. (1996). *The science of the artificial* (3rd ed.). Cambridge, MA: MIT Press.

Sweller, J. (1988). Cognitive load during problem solving. *Cognitive Science, 12*, 257—285.

Tapiero, I. (2007). *Situation models and levels of coherence.* Mahwah, NJ: Erlbaum.

Therriault, D. J., & Rinck, M. (2007). Multidimensional situation models. In F. Schmalhofer & C. A. Perfetti (Eds.), *Higher level language processes in the brain.* Mahwah, NJ: Erlbaum.

Trabasso, T., & Suh, S. (1993). Understanding text: Achieving explanatory coherence through on—line inferences and mental operations in working memory. *Discourse Processes, 16*, 3—34.

Unz, D. C., & Hasse, F. W. (1999). The use of hypertext for learning. *Journal of Educational Computing Research, 20*, 279—295.

Van Dijk, T. A., & Kintsch, W. (1983). *Strategies of discourse comprehension.* New York: Academic Press.

Wolfe, M. B., Schreiner, M. E., Rehder, R., Laham, D., Foltz, P. W., Landauer, T. K., et al. (1998). Learning from text: Matching reader and text by Latent Semiotic Analysis. *Discourse Processes, 25*, 309—336.

Zwaanm R. A., & Radvansky, G. A. (1998). Situation models in language comprehension and memory. *Psychological Bulletin, 123*, 162—185.

제 **13** 장

행동주의로부터 구성주의로

- 훈련 및 연습으로부터 상황학습으로의 철학 여행

J. D. Fletcher

Institute for Defense Analyses, Alexandria, VA

행동주의와 구성주의 모두 실재(reality)의 본질, 실재에 대한 우리의 지각, 그리고 심지어 우리가 지각하는 것처럼 실재가 실제로 존재하는지의 여부에 관한 수 세기의 철학적 숙고로부터 나온다. 아마도 첫 번째 이슈와 세 번째 이슈는 우리가 여기서 논의하고 싶은 것 이상이지만, 두 번째 이슈는 공정한 게임인 것 같다. 그것은 우리가 철학으로부터 실험심리학까지 그리고 마지막으로, 구성주의 사고의 한 측면에 관해 우리가 말하는 것 즉, 진정한 경험(authentic experiences) 속에 있는 학습 상황에까지 진전하도록 해준다. 상황학습(situated learning)에 대한 구성주의 처방은 철학적 뿌리, 실험심리학으로부터의 경험적 발견, 그리고 시뮬레이션에 의존하는 상황학습 환경과의 경험으로부터 도출될 수도 있다는 것을 이 장은 시사한다. 여기서 보고된 다수의 경험적 지지는 군사적 훈련시뮬레이션의 사용으로부터 나오지만, 몇 명의 철학자들과 함께 시작해 보자.

● ○ 철학자들[1]

심리학적 과학(psychological science) 속에 있는 대부분의 개념들처럼, 구성주의 아이디어는 철학에 기반을 두고 있다. 보다 초기의 그리고 여타 철학적 숙고가 인용될 수 있었지만, 이 논의를 위해 John Locke의 「인간 이해에 대한 에세이(Essay on Human Understanding)」와 함께 17세기에서 시작하는 것이 좋을 것이다. 마음 속에 있는 모든 것은 맨 처음 감각 속에 있었으며, 마음은 우리의 지각을 기록하기 위해 타불라 라사(tabula rasa) 상태로 존재하고 있다고 Locke는 주장했다. Locke의 관념은 감각에 의해 수용된 관찰상의 증거 단독으로 세상에 대한 지식을 산출한다는 결론으로 유도했다.

Locke에 반발하여, 18세기 철학자인 Bishop George Berkeley는 어떤 마음(some mind)에 의해 지각되지 않으면 아무것도 존재하지 않는다거나 의미를 가진 것은 아무것도 없다고 주장하면서, 「인간 지식의 원리에 관한 논문(Treatise Concerning the Principles of Human Knowledge)」을 출판했다.[2] 식당 테이블 밑에서 잠자고 있는 고양이는 오직 나의 감각이 나의 마음에게 고양이가 잠자고 있다는 것을 말해 주었기 때문에만 존재한다.[3] 말과 이미지는 물질에 존재(existence)와 의미(meaning)라는 두 가지 모두를 주기 때문에 필수적이다. Berkeley는 감각이 마음에 가져오는 것을 추상하고(abstracting) 명명하기(labeling) 위해 우리가 사용하는 말은 다른 마음 속에는 상이한 의미, 오늘날 우리가 말하는 것과 같은 상이한 연합을 불러일으킬 수도 있다는 것을 지적하는 데까지 갔다. 그의 용어에서, 실재에 대한 정의는 우리들 각각에게 특유(idiosyncratic)하다.

거기까진 좋았지만, 그때 David Hume은 「인간 본성에 대한 논문(A Treatise of Human Nature)」에서, 마음의 경우 지각(예컨대, 아이디어, 기억, 느낌)은 외재적이라기보다는 내재적이지만, 지각을 통해서 고양이가 하는 것과 같은 방식으로 마음은 그 자체로서 존재한다는 것을 우리는 알고 있다는 것을 제안하게 되었다. 그래서 우리들의 내재적 감각이 마음의 존재를 우리들에게 말해주고 있는 것을 확신할 수 없는 것처럼 우리의 외재적 감각이 그 고양이에 관해 우리들에게 말해주고 있는 것을 확신할 수 없다. Durant(1933/1961)가 언급했던 것처럼, 이 점에서 "Berkeley가 물질(matter)을 파괴했던 것만큼이나 효과적으로 Hume은 마음(mind)을 파괴했다"(p. 195). 아마도 여기가 그 고양이와 우리의 마음을 구하기 위해 Immanuel Kant가 들어왔던 곳이다.

Kant의 「순수이성비판(Critique of Pure Reason)」은 모든 지식이 감각으로부터 오는 것은 아니라고 주장했으며, 적어도 18세기 철학적 증명에 대한 관념이 허용했던 데까지 그것을 증명하기 위해 Kant는 착수했다. Kant는 모든 감각경험으로부터 독

립된 선험적 진리(priori truths)를 발견하도록 하는 "순수이성"이라는 아이디어(그리
고 존재)를 수립할 작정이었다. 특히 순수이성은 이런 진리들을 발견하지 않으면
안 되게 되어 있다고 Kant는 주장했다. 불이 Platon의 동굴(Plato's cave) 뒤편에 있는
그림자로서 반영하는 것은 우리의 이성이 애타게 그리고 억제할 수 없을 정도로
실재 즉, 일반적인 진리(the general truths)를 찾고 있는 것과 같다.

   Durant는 "[칸트의] 진리들은 우리 마음의 고유한 구조로부터, 우리의 마음이 반
드시 조작해야만 하는 자연적이고 불가피한 태도로부터 진리들의 필수적인 특성
(necessary character)을 이끌어낸다"(1933/1961, p. 202)고 적었다. Kant의 순수이성이
라는 아이디어는 그 후 Chomsky(1965)의 생득적인 심층구조 문법(innate, deep-struc-
ture grammar)이라는 개념에 반영된 것 같은데, Chomsky는 그것을 각종 컴퓨터와
함께 오는 기본적인 수업 세트에 비유했다. 이런 생각은 한편으로는 컴퓨터의 고차
기능성에 대한 기계적 마이크로코드 효과(effects of machine microcode)와, 다른 한편
으로 인간의 사고, 지식, 그리고 Chomsky의 경우에는 언어적 보편성의 형식과 특징
에 대한 아주 기본적인 인지적 조작 효과(effects of basic cognitive operations) 간의 유
비(analogy)를 이끌어낸다. 만약 우리가 탄소 대신에 실리콘으로부터 진화했다면, 수
학, 과학, 그리고 언어의 기초가 되는 순수이성은 지금과는 매우 달랐을 것이다. 혹
자는 오늘날 급속하게 부상하고 있는 두뇌의 기능에 대한 발견이 순수이성의 본질
에 대한 Kant의 숙고에 어떻게 영향을 미칠지 알고 싶어 한다.

●○ 심리학자들

   이런 논의의 의도는 독자들에게 철학적 숙고로 부담을 주려는 것이 아니라 단지
구성주의의 뿌리는 길고도 명예롭다는 것, 이런 숙고는 Locke의 타불라 라사를 초
월하여 우리가 알고 있는 모든 것의 기초가 되는 능동적이고, 구성적인 인지 활동
을 상정하는 것, 그리고 오늘날 구성주의 관념에 깊이와 관점을 빌려주었다는 것을
시사하려는 것이다.4) 그들은 William James의 「지각의 일반 법칙(General Law of
Perception)」을 예상하며, 그것을 James는 다음과 같이 서술했다. 즉 "우리가 지각하
는 것의 일부가 우리 앞에 있는 대상(object)으로부터 우리의 감각을 거쳐 오는 동
안, 또 다른 일부(그리고 그것이 더 커다란 부분일 수도 있다)는 항상 우리의 마음

바깥(out of our mind)에서 온다"(1890/1950, p. 747).

Locke의 실증주의적 경험론(positivist empiricism)과 James의 구성주의 견해 (constructivist views)는 둘 다 우리와 함께 남아 있다. 양 쪽 견해 그 어느 것도 논쟁이 없을 수 없지만, 수업설계와 개발에 심리학적 발견을 적용하는 것과 같은 실용적인 사업에서 그런 견해들이 하고 있는 것과 마찬가지로, 양쪽 다 심리학적 이론과 연구에 어떤 여지를 가지고 있는 것으로 보인다.

무엇이 자신들 연구의 근원적인 현상이 되어야만 하는가에 대해 심리학 연구자들은 오랫동안 논쟁해 왔다. 대략 1920년대부터 1960년대까지를 지배했던 연구자들은 초기의 논리적 실증주의(logical positivists)를 따랐으며 자신들의 연구는 직접적으로 관찰할 수 있고 측정할 수 있는 행동에 한정된다고 주장했다. 1930년대 전형적인 행동주의자인 John Watson의 견해를 생각해 보라. 노골적으로, Watson은 다음과 같이 주장했다. "의식은 분명하지도 않으며 유용하지도 않은 개념이다. 실험주의자로 훈련받아 왔던 행동주의자들은 더 나아가 의식(consciousness)의 존재를 믿는 것은 미신과 마술의 고대로 되돌아가는 것이라고 주장한다"(Watson, 1930, p. 2).

대조적으로, 1967년 Ulric Neisser의 세미나 교재인 「인지심리학(Cognitive Psychology)」에서 "보고, 듣고, 그리고 기억하는 것 모두가 구성 행위(acts of construction)인데, 그것은 다소간 정황(circumstances)에 의존하는 자극 정보를 활용할 수도 있다"(p 10)는 "핵심적 주장"을 고려해 보라. 이런 인용은 강조할만한 가치가 있는 하나의 요지를 제기한다. 교육적 구성주의의 기반은 철학에서 발견될 수 있다 할지라도, 그들은 또한 평판이 좋은 방대한 심리학적 연구로부터의 경험적 자료에 뿌리를 두고 있다. Locke 자신의 경험론은 우리가 그의 타불라 라사를 기각하도록 유도할지도 모른다. 혹자는 그가 인정했을지 의심한다.

Neisser 주장의 기저는 우리가 관찰하는 행동과 실험조건하에서의 측정치는 그것에 기초가 되는 메커니즘을 위한 어떤 특징, 특성, 그리고 활동을 가정하지 않고서는 만족스럽게 설명될 수 없다는 것을 보여주는 방대한 연구 실체였다. 예컨대, 텍스트 속에 있는 단어는 단어 속에 있는 모든 철자가 누락되거나 혹은 불명료할 때에도 인식될 수 있는 상당한 증거를 지적하고 있다. 이런 증거를 설명하기 위한 작업에서 그는 내적인(internal) "종합에 의한 분석(analysis by synthesis)"이나 혹은 계속적인 "무언의 사고 흐름(silent stream of thought)"이 있음에 틀림없다는 것을 시사하고 있다(Neisser, 1967, p. 186). Neisser는 청각적으로 제시되는 음소, 단어, 그리고 문장에도 유사한 주장을 하고 있다. 이런 경우, 감각에 의해 제공되고 있는 부족한 지각적 단서를 이해하기 위해 우리가 사용하는 능동적이고, 내재적이며, 그리고 진행 중인 종합(ongoing synthesis)에 의해 보충되는 상대적으로 수동적이며, 그리고 주의에 선행하는(pre-attentive) 지각적 메커니즘(perceptual mechanism)을 Neisser는 가정하고 있다.

Neisser는 감각수용기의 물리적 용량 그리고 그들이 뇌로 보내는 물리적 정보는 듣기와 보기를 설명할 수 있다 할지라도, 그들은 읽기, 말하기 지각(speech perception), 언어 이해, 복잡한 시각적 장면에 대한 분석, 혹은 심지어 생각을 떠오르게 하는 향기에 대한 인식과 같은 그런 인지과정을 설명할 수 없다고 결론지었다. Locke와 행동주의자들은 보는 것을 설명할 수 있지만, 지각을 이해하기 위해서는 구성주의 심리학과 함께 Berkeley, Hume, 그리고 Kant를 필요로 한다. Sherlock Holmes는 "Watson, 자네는 보긴(see) 하지만, 관찰(observe)하지 않는군. 그 차이는 명백해"라고 초기의 Watson 박사에게 훈계하는 것으로 이것을 이해한다(Doyle, 1892, p. 162). 그것은 만약 행동을 이해해야만 한다면, 인지의 구성적, 내적 작동을 반드시 이해해야만 한다는 것으로 보인다.

그 후 인지과학자들은 모든 지각, 기억, 그리고 학습을 포함하는 인간의 인지는 압도적으로 어떤 구성 과정(constructive process)이라는 견해에 뒤늦게 도달했는데, 그것은 세계가 상당한 정도에까지, 그리고 George Berkeley가 시사했던 것처럼, 자신의 창안(devising)에 대한 감각적 시뮬레이션을 통해 구성 과정을 일으키는 개별 관찰자의 창조물(creation)이라는 것이다. 심지어 간단한 상기(recall)조차도 기억으로부터 거짓 항목(items whole cloth)의 인출로서 보여지는 것이 아니라, 아마도 Kant의 순수이성에 의해 실질적으로 도움 받고 조형되는 보다 근원적인 단서로부터의 재구성으로 보여진다.

Neisser는 이러한 요지의 견해에서 혼자가 아니다. Bartlett(1932)의 도식(schemata), Lashley(1950)의 연합 체계(systems of associations), Tulving(1962)의 자유회상 속의 주관적 조직(subjective organization in free recall), Craik와 Lockhart(1972)의 처리 수준(levels of processing), Baddley와 Hitch(1974)의 작동기억의 다중요소 모형(multi-component model of working memory), 그리고 Mayer(2005)의 멀티미디어 학습모형(model of multimedia learning)으로부터 걸쳐 있는 심리학적 개념은 모두 경험적 기반의, 기억과 인지에 대한 구성주의자들의 견해를 지지하기 위해 인용될 수 있다. 다른 연

구들도 첨가될 수 있을 것이다. 이런 기초 위에 그리고 여러 학자들(예컨대, Fletcher, 1982; von Glasersfeld, 1989, 1997)이 제시했던 것처럼, 그 후 우리는 채널 (channels)을 넘어 자신들에게 전달되는 정보의 수동적인 녹음기로서가 아니라, 세상에 대한 자신의 감각자극을 구성하고 검증하고 수정하기 위해 제한된 감각수용기에 의해 자신들에게 허용된 단편적 단서를 사용하는 능동적인 참여자로서 지각자와 학습자들을 보도록 조언받게 될 것이다.

상기(recall)라는 이슈를 넘어, 구성주의 견해는 과학적 심리학 속에 있는 수많은 학파를 교차하여 주장하였으며, Watson과, Skinner, 그리고 여타 학자들에 의해 자신들이 압박받았던 것처럼 억압했다. 이런 견해는 Lewin(1951)과 같은 형태주의 심리학자의 연구에서 발견될 수 있는데, Lewin의 장이론(field theory)과 집단역학(group dynamics)은 환경 속에서 기능하기 위해 우리가 사용하는 복잡한 벡터(complex vectors)의 측면에서 행동을 서술하고 있으며, 그리고 심지어는 Tolman(1948)과 같은 신행동주의자의 연구에서도 발견될 수 있는데, Tolman은 목적, 목표, 그리고 인지도 (cognitive maps)와 같은 내적 현상을 기꺼이 탐색했다. 요약하면, 폭넓은 스펙트럼의 심리학자들이 행동에 대한 엄격한 논리실증주의로부터 내적, 구성주의, 인지과정에 대한 고려 쪽으로 연구추(research pendulum)가 거꾸로 흔들릴 필요성을 보았다.

행동주의와 구성주의 이슈 양쪽 모두 장점을 가지고 있다. 양 쪽 견해 그 어느 것도 논쟁이 없을 수 없지만, 수업과 같은 실용적인 사업에서 그런 견해들이 수행하고 있는 것과 마찬가지로, 둘 다 심리학적 이론과 연구에 어떤 여지를 가지고 있는 것으로 보인다. 일반적으로 우리는 행동주의 과학이 경험적 검증과는 독립적인 심사숙고 현상(gedanken phenomena)이라는 안락의자 연구(armchair study)로 역행하는 것을 원치 않는다. 그러나, Locke의 경험론에 대한 목례와 함께, 아마도 뇌의 조직과 기능에 관한 오늘날의 신경생리학적 정보를 포함하여, 우리의 자료가 우리를 데려다가 실험심리학으로부터 떠오른 경험적 연구결과를 더 잘 이해하도록 하는 곳으로 가고 싶다. 그리고 우리는 수업을 설계하고 개발하는 데 있어 그들을 활용하고 싶다.

●○ 학습과 수업

　한동안 그리고 많은 입장(Duffy & Cunningham, 1966; Fletcher, 1982; Savery & Duffy, 1996; Tobias & Frase, 2000 참조)에서, 철학자들과 실험심리학자들의 앞서 발견이 학습과 수업을 위해 무엇을 말해야만 하는지를 우리는 질문해 오고 있다. 위의 논의는 위험을 무릅쓰고 우리들을 Ernst von Glasersfeld의 "급진적 구성주의(Radical Constructivism)"에 가까이 유도했는데, 그 또한 George Berkeley와 함께 출발했지만, Berkeley와 동시대인인 Giambattista Vico의 철학적 숙고 안에서 움직인다(예컨대, von Glasersfeld, 1977). 그는 상이한 경로를 따르지만, von Glasersfeld는 여기 제시된 결론에 매우 가깝게 마무리한다.

　Watson의 "급진적 행동주의(Radical Behaviorism)"에 불만을 가지고 William James와 관계를 유지하면서, von Glasersfeld는 급진적 구성주의를 실용주의(pragmatism)의 한 가지 형태로 서술했는데, 그 속에서 우리의 지식이 외적인, 독립적인, 객관적 실재를 반영한다는 불확실성은 필연적으로 자신의 경험을 통해 우리들 각각이 구성하는 세계에 대한 관심으로 유도한다. 학생들은 "과학과, 자신들의 개인적인 경험적 세계에 대한 비교적 안정적이고 일관성 있는 모형을 구성하려는 목적을 … 공유하기"를 제안하며, 이런 근본적인 가정이 없다면 "우리는 그들로 하여금 자신들의 이해를 확장하도록 유도할 수 없다"(von Glasersfeld, 1989, p. 13)고 그는 제안한다. 거기까지는 좋다. 그러나, 그는 계속하여 "사실을 기억하는 것 그리고 기계적 절차를 훈련하는 것은 이것을 성취할 수 없다"(von Glasersfeld, 1989, p. 13)고 계속 주장한다. 이것은 추를 너무 멀리 거꾸로 흔들었는지도 모른다. 학습과 수업에서 기억하기 위해 사실, 기본적 개념, 그리고 기계적 절차를 언명하는 것의 가치를 고려하는 것은 상당한 이유가 있을 것이다. 만일 우리가 철저히 실용적으로 되기를 선택한다면, 훈련과 연습을 위해 할 말이 많을 것이다.

●○ 훈련과 연습

　훈련과 연습은 수많은 수업설계자와 개발자들 특히 공학 기반 수업(technology

based instruction) 개발자들 사이에서 인기 있는 조롱거리(derision) 표적이 되어 왔다. "훈련과 죽이기(Drill and kill)"는 의미 없는 수업항목의 선형적인 연쇄를 통해 혹독하게 몰리는 지루해하는 학생들의 이미지를 불러일으킨다. 그러나, 수많은 초기 훈련 및 연습프로그램은 아주 잘 작동했으며 학생들은 그것을 즐겼다(예컨대, Fletcher & Atkinson, 1973; Fltcher & Suppes, 1975; Suppes & Morningstar, 1972; Vinsonhaler & Bass, 1972). 이런 훈련과 연습프로그램은 내용, 계열, 난이도, 그리고 개인 학습자를 위한 속도 즉, 오늘날 가끔씩 "지능형 개인교사시스템(intelligent tutoring systems)"의 특징을 정의하는 것으로 열거되는 역량을 조정했다. 이런 프로그램은 효과적이었는데, 그 이유는 그런 프로그램이 명시적인 수업목표에 초점을 맞추고, 목표를 성취하는 데 있어 자료에 기초한 진전의 증거에 초점을 맞추었으며, 빈번한 상호작용을 통해 학습자 참여를 촉진하며, 개인적 요구에 실시간으로 그런 상호작용을 맞추는데 중점을 두었기 때문이다.

훈련과 연습프로그램의 목표가 자극이나 프롬프트로부터 올바른 반응을 구성하기 위해 단지 몇 가지의 인지적 단계만 요구할 때 특히 효과적인 것으로 보인다.[5] 예컨대, 읽기를 시작함에 있어 음소 /at/을 철자 형태 "at"과 함께 연합하는 것이나 혹은 외국어 어휘를 학습함에 있어 "gato"란 단어를 "cat"과 함께 연합하는 것은 문제해결이나 의사 결정에 비해 많은 인지 단계를 취하지 않는다. "cat"은 포유류라거나 깡통 따개(a can opener)를 조작하는 데 있어서의 사용 절차라는 것을 학습하는 데에 동일한 것이 적용될 수 있을 것이다. 기본적으로, 기계적 절차가 아니라면 이런 자료는 단순한 기억, 이해, 그리고 적용을 포함하는데, Bloom(1956) 그리고 Anderson과 Krathwohl(2001)의 학습 위계(hierarchies of learning)로부터 채택된 용어를 사용한다.

이런 종류의 수업내용은 Hume의 내재적 지각이나 Kant의 순수이성을 크게 활용하지 않는다. 이런 경우에 학습은 Locke의 타불라 라사에 기초한 항목 안에 있는 충전 사업(business of plugging)과 닮아있다. 읽기를 시작함에 있어서 제시된 자극과 올바른 반응 간의 비교적 간단한 연합을 포함하는 산술적 "사실들(facts)", 철자법 패턴, 그리고 시각 어휘에 대한 훈련과 연습은 메타 분석에서 꽤 성공적이었으며 0.5 이상의 효과 크기를 보여주고 있다(예컨대, Fletcher, 1997, 2003, 2004; Kulik, 1994). 이런 경우 각 질문에 명백한 정답이 있으며, 그리고 학생들의 답변은 그것이 학습되었는지 혹은 안 되었는지를 꽤 잘 나타낸다. 결국 학생들은 이런 종류의 자료를 학습하기 위해 적절하게 구성된 상황적 환경을 통해 자신들의 방식을 발견할 수 있지만, 훈련과 연습을 통해 이런 종류의 학습을 직접적으로 처리하는 것이 훨씬 효과적인 것 같다—학생들의 시간은 어쨌든 가치 있는 것이다.

논리실증주의는 이런 프로그램의 설계에서 잘 작동하는 것으로 보인다. 스탠포드 수학 프로그램 효과성에 대한 한 가지 매우 정밀한 측정이 Suppes, Fletcher 및 Zanotti(1975, 1976)에 의해 개발된 "궤적 이론(trajectory theory)" 평가에서 보고되었다. 통제집단과 실험집단 간의 성취에 흔히 하는 경쟁적 레이스를 쓰는 대신, 궤적 이론은 과제에 대한 시간량 즉, 이 경우에는 산수에서 개별 학생들이 컴퓨터 보조수업으로 공부하는데 보내는 시간량으로부터 엄밀하게 학생들의 성취를 설명하려고 시도했다. 그것들은 학습자의 90%를 위한 표준화 테스트를 바탕으로 종합적인 수학 성적 배치 점수를 거의 1/10까지 예측할 수 있었다는 것을 Suppes 등은 발견했다.

수업효과성의 한 가지 측면은 비용에 달려있다. 교육에 관한 대부분의 행정적인 의사결정은 단순히 수업 실제를 확인하고 개선책을 만드는 것이 아니라, 행정적인 의사결정을 제 자리에 놓기 위해 포기하지 않으면 안 되는 것을 결정하는 것에 관련되어 있다. 의사결정자에게 중심적인 관심사로 이용가능한 것들에 수업 실제의 비용—효과(cost-effectiveness)를 상대적으로 만듦으로써 흔히 비용은 반드시 포기되어야만 하는 것 가운데 가장 접근이 용이한 측정치인 것으로 판명되고 있다.

컴퓨터 기반 훈련과 연습의 비용—효과는 Fletcher, Hawley 및 Piele(1990)에 의해 검토되었다. Jamison, Fletcher, Suppes 및 Atkinson(1976), Levin, Glass 및 Meister(1987), 그리고 그들 자신의 통제된 연구에 의해 보고된 실험적 자료를 사용하여, Fletcher 등은 상이한 수업절차 즉 동료 튜터, 전문적 튜터, 축소된 학급규모, 증가된 수업시간, 그리고 컴퓨터 보조수업을 사용하여 표준화 테스트에서 종합적인 수학점수 1 표준편차를 올리기 위한 비용(고정 달러 가치에서)을 검토했다. 이 모든 대안들 가운데 가장 비용—효과적인 접근은 컴퓨터 기반 수업과 동료 튜터링이었으며, 이 두 가지 가운데 컴퓨터 기반 수업이 네 가지 사례 가운데 세 가지에서 보다 비용—효과적이었다는 것을 그들은 발견했다.

이런 결과는 동료 튜터링의 비용 효과성 연구와 컴퓨터 기반 수업에 대한 연구를 비교했던 Niemiec, Sikorski 및 Walberg(1989)의 연구결과를 반영하고 있다. 그들은 두 가지 접근이 동등하게 효과적이며 전통적인 교실수업보다 두 가지 접근 모두 약 0.4 표준편차 정도 더 효과적이었다는 것을 발견했다. Fletcher 등(1990)이 지적했던 것처럼 그 두 가지 접근은 서로 모순되지 않으며 함께 사용될 수 있지만, Niemiec 등은 컴퓨터 기반 수업이 동료 튜터링보다 명백한 비용 - 효과 우위(약 세 가지의 요인에 의해)에 있음을 발견했다.

이런 실증주의적 접근은 학습자들의 내적 처리(internal processing)를 거의 주목하지 않지만, 실증주의적 접근들 특히 효과적인 실증주의적 접근들은 수업목표 달성 쪽으로 향하는 학습자들의 현재 진전 상태를 평가하기 위해 다양한 수단을 사용했다. 예컨대, 개별 학습자들에게 수업을 맞추는 데 사용하기 위해 Paulson(1973)으로부터 개작된 모형을 고려해 보라. 이 모형은 어떤 학생이 어떤 아이템의 지식 - 예를 들어 산술적 사실, 경제적 개념, 혹은 표준적 절차에서의 다음 단계 - 에 관해 질문을 받았을 때 무엇이 일어나고 있는지, 그리고 그 아이템이 다루어지지 않았지만 그 학생이 어떤 다른 아이템에 관한 질문에 답하도록 요구받았을 때 무엇이 일어나고 있는지를 설명하려고 시도했다.

학생이 학습하는 모든 아이템은 기억에서 세 가지 상태 - 학습된 상태, 단기 상태, 학습되지 않은 상태 - 가운데 하나라고 그 모형은 가정한다. 학생에게 학습된 상태에 있는 아이템은 그 상태로 영원히 머무르는 것으로 가정된다. 학습되지 않은 상태에 있는 아이템에 관한 질문이 제시되었을 때, 그 아이템은 학습된 상태, 단기 상태로 나아갈 수 있거나 혹은 원래 있던 곳에 머무를 수 있다. 마찬가지로, 단기 상태에 있는 아이템에 관한 질문이 제시되었을 때, 그 아이템은 학습된 상태로 나아가거나 혹은 원래 있던 곳에 머무를 수 있다. 어떤 아이템(any item)이라도 학생들에게 제시될 때, 그 학생에게 단기 상태에 있는 여타 아이템들(other items)은 학습되지 않은 상태로 되돌아가 탈락되거나 혹은 그런 아이템들이 있던 자리에 그대로 머무를 것이다. 모든 학생들에게 모든 아이템은 학습되지 않은 상태에서 시작하는 것으로 가정된다.

그런 다음 그 모형은 그들이 발생할 확률을 추정함으로써 한 상태에서 다른 상태로의 아이템의 변이를 설명하려고 시도한다. 그 모형은 변이 행렬 형식을 취한다 [그림 13.1]:

		n+1 시행 상태			
		L	S	U	P(correct)
n 시행 상태	L	1	0	0	1
	S	c	1-c	0	1
	U	a	b	1-a-b	g

[그림 13.1]
n 시행 상태에 주어진 아이템이 n+1 시행에 제시되었을 때, 아이템 상태 변이의 확률

즉:

- 만약 학습된 아이템(상태 L)이 제시되면, 그 다음:
  - 확률 = 1로, 그것은 거기에 머무른다.
- 만약 학습되지 않은 아이템(상태 U)이 제시되면, 그 다음:
  - 확률 = a로, 그것은 학습된 상태로 변이할 것이다;
  - 확률 = b로, 그것은 학습되거나 혹은 망각될 수 있는 것으로부터 단기 상태로 변이할 것이다; 그리고 마지막으로,
  - 확률 = 1−a−b로, 그것은 학습되지 않은 채로 머물 것이다.
- 만약 아이템이 단기 상태(S)에 있으면, 그 다음:
  - 확률 = c로, 그것은 학습된 상태로 변화할 것이다; 그렇지 않으면,
  - 확률 = 1−c로, 그것은 단기 상태로 머무를 것이다.

이 모형의 핵심적 특징은 그것이 시행에서 제시되지 않은 아이템을 설명한다는 것이다. Rumelhart(1967)의 일반적 망각이론에 기초하고 있는 Paulson(1973)의 공식에서 어떤 다른 아이템(some other item)을 제외한 어떤 아이템(an item)이 제시되지 않을 때, 상태들 간의 변화는 [그림 13.2]에 있는 변이 행렬에 따라 발생할 것으로 기대된다.

		n+1 시행 상태		
		L	S	U
n 시행 상태	L	1	0	0
	S	0	1−f	f
	U	0	0	1

[그림 13.2]

n 시행 상태에 주어진 아이템이 n+1 시행에 제시되지 않았을 때, 아이템 상태 변이의 확률

즉, 어떤 아이템(an item)이 제시되지 않을 때:

- 그것이 학습된 상태나 학습되지 않은 상태에 있으면, 그것은 확률 = 1로 거기에 머무른다;
- 그것이 단기 상태에 있으면, 그것은 확률 f로 학습되지 않은 상태로 회귀하거나 혹은 확률 1−f로 단기 상태에 머무를 수도 있다.

이와 같이 명시적인 기억의 변이 모형(explicit transition model of memory)에 기초하고 있는 공식들은, 각 학습자에게 어떤 상태의 문제나 혹은 아이템이 있는지를 말해준다. 그런 공식들은 기억되고 이해되어야 하는 혹은 거기에 적용되고 거기서 멈추어야 할 분리된 아이템에 초점을 맞추고 있다. 그들은 수업에 할당된 총 시간에서 개별 학습자가 학습한 아이템의 숫자를 최대화하는 데 최적인 매우 효과적인 수업전략으로 인도하는데, 그것은 입증가능하다. 이런 전략들이 학습자의 상태를 설명하지만, 그들은 그들의 내적 표상이나 혹은 교과모형을 개발, 테스트, 수정하기 위해 학습자가 사용하는 인지 과정을 직접적으로 지원하지는 않는다.

●○ 상황적, 모의적 환경

그러면, 언젠가는 학습자들은 훈련 및 연습과 같은 반복적, 행동적, 실증주의적 접근을 통해 학습-기억, 이해, 그리고 적용되는- 될 수 있는 일단의 분리된 아이 템들을 최초로 획득하고 있는 지식 위계(knowledge hierarchy)를 상향 이동할 필요가 있을 것이다. 이런 분리된 지식 아이템들은 흔히 표적 교과(targeted subject matter) 의 세부적인 분석으로부터 수집되며 표적 교과가 유능한 수행을 위해 요구하는 기 본적인 요소를 확인하기 위해 의도된다. 이런 아이템들이 일단 학습되면 그리고 자 신들의 지식과 능력을 진전시키기 위해서, 학생들은 자신들이 문제를 해결하고, 결 정하고, 그리고 효과적인 행동을 취하기 위해 필요로 하는 분석적, 평가적, 그리고 심지어 창조적인 역량 속으로 이런 아이템들을 모으고, 연결하고, 통합해야만 한 다. 분리된 아이템들을 유능한 수행 속으로 모으는 이런 종합을 고취하기 위한 학 습 환경을 설계·개발하는 데 있어서, 학생들의 내적 인지 모형과 교과에 대한 표 상을 구성, 평가, 수정하는 데 학습자들을 가능한 한 많이 지원하는 것은 강제적이 아니라면 합리적인 것 같다. 이것을 하기 위한 한 가지 방법은 학습자들이 자신들 의 교과지식 및 기능과 함께 이런 표상을 개발, 테스트, 그리고 연마하기 위해 사용 할 수 있는 "진짜(authentic)" 환경 속에 그들을 놓이게 하는 것이다.

"행함으로서의 학습(learning by doing)"과 John Dewey로 들어가라. Dewey의 말로 하면, 학습이란 "끊임없는 재구성으로서, 아동의 현재 경험으로부터 나와서 우리가 공부라고 부르는 조직된 실체의 진리(organized bodies of truth)에 의해 표상된 것 안 으로 들어가는 것이다"(1947, p. 11). Dewey는 사실 및 개념과 같은 "공부(studies)"라 는 분리된 요소의 획득보다는 계획하기, 해석하기, 문제해결 하기, 그리고 의사결 정 하기처럼 그런 활동 속에 있는 학습자들의 경험에 초점을 맞추었다. 아마도 Kant에 대한 그의 박사논문을 포함하여 자신의 철학 공부에 의해 영향을 받은 대 부분에서, 오늘날의 용어로 "인지적 도제(cognitive apprentice)"가 됨으로써 학생들이 단지 내용뿐만 아니라 사고 과정도 학습할 필요성을 Dewey는 강조했다. 교사가 제 공하는 학습 환경을 조직하고 이해하기 위해 학급 교사에 의해 명백히 제공되지 않지만 학습자가 필요로 하는 지식을 부가하고 구성하는 데 있어 학습자의 역할을 논의했던 Schuell(1988)에 의해 이런 초점이 반영되고 있다. 이것들과 유사한 고려는 상황학습 환경에서 구성주의, 학생중심 관심(student-centered interests)으로 우리를 유도하는데, 상황학습 환경은 다시 학습에 있어서 시뮬레이션의 활용으로 우리들을 유도한다.

철학과 실험심리학 내의 구성주의 이론은 직접적으로 상황학습에 유도한다는 것이며 그러므로 교육에서 구성주의 관념에 대한 경험적 지지는, 특히 훈련에서 시뮬레이션의 활용과 가치에 대해 군대에 의해 수집되어온 상당한 양의 지식에서 발견될 수도 있다는 것이 이 장과 저자의 주장이다. 이 영역 내에 있는 수업 실제를 논하기 전에 우리는 그것을 너무 멀리 옮기는 것에 반대하여 경고할 수도 있다. 상황적인, 진정한 환경으로부터 도출된 경험은 학습과 수업에 필수적인 요소이지만, 초기 연구와 최근의 연구 모두 가이드되지 않은, 자유로운 놀이(free play)는 찾고 있는 학습을 산출하지 않는다는 것을 시사하고 있다(Clark, 2005; Gay, 1986; Kalyuga, Ayres, Chandler, & Sweller, 2003; Kirschner, Sweller, & Clark, 2006; Morrison & Meliza, 1999).

어느 영역에서든지 인간 능력이 요구되는 타당한, 내적 표상을 학생들이 발견하는 환경을 제공하려는 열망은 가이던스와 명시적인 피드백 두 가지 모두의 필요성에 의해 조절되어야만 한다. 예를 들어, 가이던스의 필요성을 고려함에 있어서, Clark(2005)는 가이드된 경험학습(Guided Experiential Learning: 이하 GEL로 표현)을 개발했다. GEL은 정보 피드백, 수행 측정, 인지와 기억, 그리고 수업설계 원리에서의 연구결과에 기초하고 있는 실용적이고 체계적으로 개발된 접근으로서, 수업상 가이던스와 문제해결의 생산적인 특징과 상황적이고 진정한(authentic) 환경을 함께 통합한다.

피드백 요구에 대응해서, 미육군은 교전 후 리뷰(after-action reviews: AARs, 이하 AARs로 표현)를 개발했는데, 그것은 유사한 연구결과에 근거를 두고 있다. 훈련 연습 후 AARs에 의해 제공된 피드백은 가르치는 방식으로 제공되지 않고, 참여자들 사이의 조장적인 토의(facilitated discussion)로 제시된다(Morrison & Meliza, 1999). 훈련장치의 도움으로 모든 참여자들은 자신들이 교전하는 동안 무엇이 일어났는지 그리고 교전에 대한 공유된 정신모형(shared mental model)으로 서술될 수 있는 것을 어떻게 개발할 것인지를 발견하고 진단하는 동료로서 상호작용한다. 그렇지 않았다면 진정성(authenticity)을 요구하는 이런 환경이 긴급상황의 혼미 속에서 감춰진 채로 남아있었을 무제한의 교전훈련 참여자들에게 AARs는 매우 유용한 피드백 원

(비행 장갑을 끼고 있는 동안) 적절하게 조작해야만 한다.

- 생존. 지상에, 바다에, 그리고/혹은 공중에 있는 사람들이 이용가능한 모든 수단으로 우리의 조종사를 장면으로부터 제거하기 위해 그들의 최선을 다 하고 있는 동안, 위에 있는 모든 것들에 반드시 주의를 기울여야 한다.

비행하고 있는 전투기의 과제는 상상할 수 있는 가장 복잡한 인지적 과제 중 하나이다. 전투기 조종사는 항공기를 비행하고 조작하는데 매우 숙달되어야만 하므로 서술된 거의 모든 과제는 자동적으로 된다. 조종사들은 이런 능력을 "항공기를 묶는 것(strapping the aircraft on)"으로 서술한다. 자극과 반응 간의 일시적인 거리는 전투기 조종사에게 자주 그리고 반드시 매우 짧아야만 하지만, 어떤 긴급 상황의 이슈에 대해 확인하고, 숙고하고, 우선순위를 매기고, 평가하고, 관리하고, 그리고 적응하기 위해 필요한 자극과 반응 간의 인지 과정의 수는 매우 많다. 이런 과정을 자동화 지점까지 개선하는 것은 도움을 주지만, 조종사는 특수한 환경, 임무 그리고 자신들을 간파하기 위해 노력중인 똑같이 유능한 사람들을 다루기 위해서 요구되는 인지적 판단으로 이런 과정을 조절하고 균형을 맞추어야만 한다.

전투기 조종사를 만들기 위해 우리가 지금 제공하는 수업은 상향식(bottom-up) 과정을 활용하며, 요구되는 분리된 지식과 기능을 위한 훈련과 연습을 제공하고 있다. 이런 과정은 최종적인 수행 환경의 근사치에 학습자를 처하게 하는 하향식(top-down)과 시뮬레이션 기반 학습으로 보완된다. 두 가지 수업접근 모두 전투기 조종사와 유사하게 요구되는 활동을 수행해야만 하는 사람들을 만들기 위해 활용된다. Locke는 아직 그의 위치를 차지하고 있지만, Berkeley, Hume, 그리고 Kant도 마찬가지이다.

사활에 관계되는 이슈는 말할 것도 없이, 시간적인 압박 때문에, 전투기 조종하기는 극단적인 사례가 될 수 있지만, 우리가 제공하는 프로그램은 응급실 의료관리, 재난에 대한 응급 대응, 운동경기 등과 같은 많은 비전투 활동에 적용될 수 있을 것 같다. 더욱이, 사업과 업무계획, 장비 조정 및 수리, 그리고 의료 진단과 같은 유사한 시간 그리고/혹은 생존 압박이 없는 사례가 있는데, 거기서는 자극(내적으로 그리고/혹은 외적으로 발생하는)과 반응 간의 인지단계는 풍부한 만큼 복잡하며, 거기서는 문제해결과 의사결정을 위해 사용되는 내적 인지과정은 적어도 정확성을 위해 최적화되어 있어야만 하며, 만약 그렇지 않다면 이런 경우에서는 속도를 위해 최적화되어 있어야만 한다.

이런 모든 경우에, 시뮬레이션에 의해 지원되는 학습 환경으로 돌아갈 수 있는데, 그것은 상황적인 연습에 필요한 고도로 사실적인 환경인 전체 과제(full-task)와보다 진단적이고 체계적인 수업에 필요한 "코치 받은(coached)" 환경인 부분 과제(partial-task) 두 가지 모두를 제공할 수 있다. 두 가지 환경 모두 유능한 수행에 요구되는 표상의 개발, 검사, 그리고 수정을 지원할 수 있으며 두 가지 환경 모두 그렇지 않으면 획득하기 위해 평생에 걸친 직업사이트 경험(job-site experience)을 요구할 전문성 수준을 얻기 위해 필요한 시간을 단축할 수 있다. 내적 인지모형의 개발에 대한 이런 시뮬레이션 환경의 영향에 대한 증거는 대표적으로 Andrew와 Bell(2000)에 의해 논의되어 왔으며, Cannon-Bowers, Salas, Blickensderfer 및 Bowers(1998) 그리고 Rouse, Cannon-Bowers 및 Salas(1992)의 공유된 정신모형(shared mental models)에 대한 연구에서 발견할 수 있다.

시뮬레이션의 이점은 안전성, 경제성, 통제된 가시성(visibility), 그리고 재현가능성(reproducibility)을 포함한다(Andrews & Bell, 2000; O'Neil & Robertson, 1992; Orlansky *et al.*, 1994; Raser, 1969). 모의 환경(simulated environments)은 시뮬레이션 없이는 시도될 수 없거나 시도되어서는 안 되는 훈련목표의 달성을 허용한다. 모의 환경에서는 그렇지 않을 경우 비현실적인 것으로부터 상상할 수도 없는 것까지의 범위에 걸친 방식으로 항공기가 추락될 수 있으며, 값비싼 장비가 파괴되고, 그리고 생명이 위태로워질 수도 있다. 모의 환경은 보이지 않는 것을 볼 수 있게 만들수 있으며, 사태가 발생될 실제 세계에서 요구되는 시간을 압축하거나 확장할 수 있으며, 반복적으로 사건, 상황, 그리고 의사결정 지점을 재생산할 수 있다. 그렇지 않으면 도달하기 어려운 수업목표의 달성을 모의 환경은 가능하게 한다.

시뮬레이션 환경은 수업 중재를 수행에 직접 연계시키려고 의도한다. 승무원 훈련에서, 시뮬레이션에서 획득된 기능과 지식이 실제 항공기 비행에 가치가 있는지를 알기 위해 이슈는 전이(transfer)에 맞춘다. 이런 질문에 답하기 위한 많은 시도는 전이-효과 비율(transfer-effectiveness ratios: 이하 TER로 표시)(예컨대 Roscoe & Williges, 1980)에 달려 있다. 이런 비율은 다음과 같은 방식으로 조종사 훈련을 위해 정의될 수도 있다.

$$TER = \frac{A_C - A_S}{S}$$

여기서

    TER = 전이-효과 비율;

    Ac = 시뮬레이션에 접근함이 없이, 준거 수행에 도달하기 위해 요구되는
        비행시간;

    As = 시뮬레이션에 접근하고, 준거 수행에 도달하기 위해 요구되는 비행시간;

    S = 시뮬레이터 시간

개략적으로, 이런 TER은 투자된 시뮬레이터의 각 단위 당 항공기 시간이 얼마나 절약되었는지를 말해준다. Orlansky와 String(1977)은 자주 인용되는 연구에서 이런 이슈를 탐구했다. 그들은 1967년부터 1977년까지 군대조직, 영리조직, 그리고 학교 조직에 의해 수행된 평가로부터 34 TERs를 발견했다. 0.45라는 중앙값과 함께 -0.4 에서 1.9까지의 범위에 걸쳐있었던 TERs는 전반적으로 시뮬레이터 당 1시간은 항 공기 당 약 27분(0.45×60분)을 절약한다는 것을 제시하고 있다. Orlansky, Knapp 및 String(1984) 또한 실제 항공기를 띄우기 위한 비용과 시뮬레이터를 "띄우기(fly)" 위 한 비용을 비교했다. 아주 일반적으로 비행 시뮬레이터 조작 비용이 대표적인 군용 항공기 조작 비용의 약 10분의 1이라는 것을 그들은 발견했다. 시뮬레이터 내에서 의 1시간이 항공기 안에서 약 30분을 절약한다는 것을 가정해 볼 때, 만약 TER이 0.2 이상이면 전반적으로 비행 시뮬레이터의 사용은 비용 효율이 높다.

한 가지 수준에서, 이런 발견은 유용하고 의미가 있다. 그러나 약간의 주의사항 이 바람직할 수도 있다. 첫째, Provenmire와 Roscoe(1973)는 모든 시뮬레이터 시간이 동등하지는 않으며, 시뮬레이터에서의 초기 시간이 나중 시간보다 더 많은 항공기 시간을 절약하는 것으로 보인다고 지적했다. 후자에 의해 가장 잘 포착되는 감소하 는 복귀(diminishing return)와 함께, 이런 고려는 누적적 TERs와 증가적 TERs 간의 학습곡선 차이로 유도한다.

둘째, 전이는 시뮬레이터 단독의 특징이 아니다. 시뮬레이터 혹은 모의 환경으로 부터의 전이에 대한 측정은 훈련이 달성하고자 하는 것 즉, 훈련 목표를 반드시 고

려해야 한다. 이런 이슈는 Holman(1979)의 연구에서 잘 묘사되어 있는데, 그는 어떤 훈련목표가 고려되고 있는지에 따라 2.8로부터 0.0까지의 범위에 걸쳐있는 CH-47 헬리콥터 시뮬레이터에 대해 24 TERs를 발견했다.

셋째, 교과에 대한 지식과 시뮬레이션 단독의 가치 간의 상호작용이 있다. Clark와 Estes(2002), Gay(1986), Tobias(1989, 2003), 그리고 여타 연구자들은 학생들이 교과에 대해 더 적게 알수록 시뮬레이션에서 개인교사의 가이턴스에 대한 요구가 더 커진다는 것을 강조했다. Kalyuga 등(2003)은 높은 수준의 수업 지원은 초보 학습자들에게 필요하지만 전문가에게는 거의 효과가 없으며 실제적으로 그들의 학습을 저해할 수도 있다는 것을 암시하는 "전문지식 역전 효과(expertise reversal effect)"를 보여주는 다수의 연구를 요약했다.

넷째, 항공기의 조작비용은 현저하게 다르며 시뮬레이터를 가진 훈련의 비용효과와 가지지 않은 비용효과 간에 매우 상이한 교환(trade-offs)을 만들어 낼 것이다. 시뮬레이터에 대한 항공기의 비용 비율이 약 0.1이었던 Orlansky 등(1984)에 의해 고려된 군용항공기에 대조적으로 Provenmire와 Roscoe(1973)는 비용 비율이 0.73이었던 파이프 체로키(Piper Cherokee)를 위한 비행 시뮬레이션을 고려했다.

아직, TERs는 조종사 훈련을 넘어 많은 교과영역에 교차하여 양적인 방식에서 설명할 수 있는 수업을 만들기 위한 하나의 중요한 역량이다. 그러나 우리는 실질적인 장비 설치 시간(그것이 어떤 장비이든 간에) 혹은 위의 TER 정의에서 항공기 시간을 위한 실세계 경험을 대체함으로써 그들의 적용을 일반화해야만 하며 우리는 학습자들로 하여금 성취하기를 바라는 어떤 능력이라도 그것을 성취하는 데 있어서 상황학습의 비용과 효과를 평가하는 길목에 있다.

TERs의 개연적인 유용성을 가정할 때, 교육에 관련될 수도 있다면 그리고 TERs가 교육에 어떻게 관련될 수 있는지 주목할 만하다. TERs의 유용성은 수업의 많은 측면에 걸쳐 발견될 수 있는데, 거기에는 특수한 과제와 기능에 초점을 맞추었던 것들은 물론 비구조화된 문제를 해결하는 능력도 포함되어 있다. TERs의 사용은 비용을 경감하고, 안전성을 증가시키며, 능력과 숙달 두 가지 모두를 성취하는데 필요한 경험을 압축하며, 주어진 수업이 광범위한 다양성의 적용에 필요한 수업이라는 것을 보장한다. 그것은 TERs가 그들이 트레이너로부터 받았던 만큼 교육자로부터 그리고 관련 경험에서 학습을 상황화하는 것(situating learning)에 관해 의사결정자에게 정보를 제공하는 것에 관심을 가진 그 누구로부터도 주목을 받을 수 있다는 것을 시사한다.

상황 학습/수업은 작동하는가? 어느 정도 잘 작동하는가? 이런 이슈는 많은 해설자들(예컨대, Orlansky et al., 1994; Gorman, 1990)에 의해 군사훈련 영역에서 충분히 논의되었다. 그 접근의 첫 번째 사례는 베트남 전쟁 동안 발생했던 자연적 실험(natural experiment)에서 발견되었으며, 이제는 유명한 미국 해군 탑건 훈련(US Navy's Top Gun exercises), 미국 육군 국립훈련센터(US Army's National Training Center), 그리고 여타 전투훈련센터의 수립으로 유도했다(Fletcher, 1999, 출간 중).

북부 베트남 상공의 공중전에서, 미국 해군과 공군은 서로 필적하는 역량의 항공기를 띄웠다. 사실, 사용된 많은 항공기들은 정확하게 동일했으며, 동일한 무기로 무장되었다. 처음 4년간의 공대공(air-to-air) 전투 동안, 해군과 공군 모두 미국 항공기 한 대 당 북부 베트남 항공기 2.2 대에서 2.4대까지의 동일한, 그리고 실망스러울 정도로 낮은 손실-교환 비율(loss-exchange ratio)을 경험했다.

1968년부터 1970년까지 북부 베트남 상공의 공중전 작전에 휴식기가 있었다. 이 기간 동안, 공군이 아니라 미국 해군은 공대공 전투에서 조종사 수행을 증진시키기 위해 모의된, 잘 도구화된, 포스 온 포스(force-on-force) 전투 참여를 사용하는 훈련 프로그램을 시작했다. 조종사들은 시뮬레이터가 아니라 항공기를 띄웠으며, 그래서 비행은 실제 상황이었고, 오직 전투만 모의화(simulated) 되었다. 해군 학생 조종사들은 "적군(enemy)" 조종사 즉, 적군 전술로 훈련되고 미그(MIG) 유형의 항공기를 타는 고도로 숙달된 해군 조종사에 맞붙게 했다. 교전은 해군 학생 조종사가 교전을 올바르게 할 때까지 반복적으로 이루어졌다.

1970년대 공중전이 다시 시작되었을 때, 아직 공군 상대자들과 같은 항공기를 몰고 있었지만 교전 시뮬레이션을 사용하여 훈련했던 해군 조종사들은 훈련이 변하지 않은 채 그대로 머물러 있었던 공군 조종사들보다 약 6배 정도 더 잘 수행했다. 새로운 손실-교환 비율은 공군조종사들에게 2.0이었으며, 해군 조종사들에게는 12.5였다. 아무도 이런 경험에 TER을 계산하지 않았지만, 모의된 전투경험의 가치는 분명한 것 같다.

모의-전투 환경(mock-combat environment)에서의 상황학습의 성공은 군사 요원들로 하여금 실세계의 작전을 준비하기 위해 사용된 많은 전투훈련센터를 생겨나게 했다(Chatham, 출간 중; Fletcher, 출간 중). 이런 환경은 피드백과 함께 진지하고 상황적인 연습을 제공한다. 그런 환경은 어떤 결정적인 방식으로도 사전에 구체화될 수 없는 과제와 활동을 포함하는 긴급한 과제 환경에서의 훈련을 제공하도록 의도되어 있다. 그 과제는 시간에 따라 그리고 모의된 환경에서 취해진 활동에 대응하여 신속하게 진화한다. 개인들, 승무원들, 팀들, 그리고 부대들 간의 의사소통과 조정은 자유로우며 통제되지 않는다. 결과는 오직 참여자들의 결심과 행동에 의해 결정된다.

이제 실제 전투 이외에 있는 모든 것은 시뮬레이션이라고 흔히 말한다(예컨대, Gorman, 1990). 최초 걸프전에서, 9대의 탱크로 23분간의 공격을 지휘했던 기갑병 지휘관은 아군에 전혀 손실 없이 약 50대의 적 탱크, 25대의 무장병력 수송차량, 40대의 트럭, 그리고 다양한 차량을 파괴했다. 이전에 전투경험이 전혀 없었던 그가 어떻게 이런 성과를 이루게 되었느냐고 질문 받았다. 그것은 자신이 전쟁에서 싸웠던 처음이 아니었다고 그는 되받았다. 그는 국립훈련센터(지상군 모의−전투환경)에서 제병 연합부대의 실제 사격 훈련, 그리고 여타 시뮬레이션에서 포스 온 포스(force-on-force) 교전 속에서 적들과 싸웠다. 자신과 부대원들은 단지 정확한 훈련을 자동적으로 수행했으며, 자신들이 시뮬레이션 속에 있지 않았다는 것을 충분히 이해하기 전에 그런 훈련들을 완수했다고 그는 진술했다(Fletcher, 출간 중; McMaster, 1992, 2005).

전투훈련센터들은 지각, 이성, 그리고 실재에 대한 Locke, Berkeley, Hume, 그리고 Kant의 철학적 숙고로부터 멀리 떨어진 그리고 스테로이드(steroids)에 기초한 상황 학습인 것으로 보일 수도 있다. 또한 그런 전투훈련센터들은 인간의 인지와 학습에 대한 심리학적 연구자들의 발견과는 멀리 떨어진 것 같지만, 그 관련성은 진짜인 것 같다. 이런 센터의 설계자와 개발자는 자신들이 "상황 인식(situation awareness)"(예컨대, Endsley, 1988)이라고 서술하는 내적인 인지 표상을 통해 그 교전을 지각하려는 참여자들의 능력에 초점을 맞추고 있다. 군대가 시뮬레이션의 활용을 통해 훈련을 상황화하는 것(situating)에 관해 학습했던 많은 것들은 물론, 정보 피드백에 대한 심리학적 원리, 수행 측정, 인지와 기억, 집단 과정, 커뮤니케이션 이론, 수업 설계에 대한 세련된 원리에 기초하고 있는 응용을 훈련센터 자체로 적용하고 있다.

시뮬레이션은 군대에 의해 수행된 극적 훈련과 교육에 훨씬 적게 활용되어 왔다. 예를 들어, 명령과 통제를 위한 전자장비의 유지로부터 리더십까지의 범위에 걸쳐 있는 교과를 위해 거주를 요하는 군사훈련에서 비디오디스크에 바탕을 둔 시뮬레이션을 사용하는 24개의 수업 연구는 전반적으로 0.39라는 효과 크기를 발견했다

(Fletcher, 1997). 산업 훈련에서 9개의 유사한 비교를 위한 효과 크기는 평균 0.51이 었으며, 고등교육에서 14개의 비교를 위한 효과 크기는 평균 0.69였다. 물론 비디오 디스크에 기초한 시뮬레이션은 오늘날 구식이긴 하지만, 교실 사용에서 공학－기 반 시뮬레이션을 사용하는 후속 기술은 더 우월하지는 않다 하더라도 최소한 동일 한 수업효과성을 보여주어야만 한다.

학습자들을 인지모형의 능동적인 구성자로 그리고 외적 환경에 대한 정신적 시 뮬레이션으로 고려하는 데 있어, 시뮬레이션과 상황학습 또한 학생들이 이런 인지 표상을 테스트하고 검증하는 데 도움을 준다는 것을 반드시 강조해야만 한다. 이런 접근을 사용하는 수업은 학생들로 하여금 시뮬레이션으로 조작하며 실험하도록 하 고 자신들 스스로 직접 결과를 보게 허용함으로써 교과에 관한 자신들의 가정을 고안하고 테스트할 기회를 학생들에게 제공한다. 그것은 Dewey의 행함으로서의 학 습으로 우리들을 되돌릴 수도 있지만, 그것은 오늘날의 군대에서 그리고 오늘날의 게임 플레이어들 가운데 어딘가 다른 곳에서는 일상적인 실제이다.

●○ 최종적 생각

이전 논의가 지지하려고 의도되었던 약간의 주장과 함께 결론을 내려 보자.

구성주의는 철학적 사고에 깊은 뿌리를 가지고 있다. 이런 토대는 경험적이고 과 학적인 연구에서 거대한 실체의 발견으로 유도했는데, 그런 연구는 우리가 환경을 이해하고 다루기 위해 사용하는 내적이고 인지적인 표상과 아울러 "구현가능한 모 형(runnable models)"(인지적 시뮬레이션)을 상정하기 위한 필요성을 제시하고 있다. 이런 표상은 감각에 의해 제공되는 제한된 증거에 기초하여 개발되고, 테스트되고, 수정된다. 효과적인 수업은 어느 정도까지는 이런 표상－수립 활동(representation-build- ing activity)에서 학습자를 지원하는 환경을 창출해야만 한다.

대부분의 학습은 꽤 기계적인 방식으로 사실, 개념, 그리고 기본적인 절차를 똑 바로 기억하기, 이해하기, 그리고 적용하기를 포함하고 있다. 이런 활동은 개별 학 습자의 요구에 맞게 재단된 빈번한 상호작용을 통해 동기와 학습자 관여를 촉진하 는 잘 설계된 훈련 및 연습과 같은 반복적이고, 행동적이며 실증적인 접근을 통해 가장 효과적으로 그리고 효율적으로 달성된다. 이런 접근들은 표적 수업목표에 관하여 학습자의 지식 상태를 반드시 설명해야만 하지만, 이런 필수적이고, 낮은 수준의 목표를 성취하는 데 있어서까지 효과적으로 될 필요는 없다.

많은 수업은 이런 제한된 학습목표를 넘어서려는 의도를 가지고 있으며, 분석적, 평가적, 그리고 창의적인 역량을 개발하려는 의도가 있다. 그런 수업은 학습자의 표상－수립 노력을 지원하기 위해 더욱 풍부한 학습 환경을 요구한다. 이런 환경 가운데 두드러진 것은 학습자를 "진정한(authentic)" 경험에 처하게 하는 것들이다. 이런 상황학습 환경은 시뮬레이션의 사용을 통해 산출될 수도 있고 제공될 수도 있다.

시뮬레이션 기반 학습(simulation-based learning)의 설계와 효과에 관한 연구문헌을 훈련하는 데 있어 많은 경험적 증거가 존재한다. 이런 증거는 교육에서 구성주의의 교리(tenets)를 지지하는 데 사용될 수도 있다.

효과성에 대한 경험적 증거는 문제가 된다. 대안적 교육(alternative educatin)과 훈련 중재(training interventions) 가운데 우리의 선택에 관해 사람들이 학습하고 결정하는 환경을 산출하기 위한 우리의 역량을 개발하는데 경험적 증거는 반드시 진전을 지원해야만 한다. 그것은 효과(effectiveness)와 비용(costs) 두 가지 모두에 대해 체계적으로 도출된 자료를 반드시 제공해야만 한다. 아마도 순수이성에 관한 Kant의 정신에서 그리고/혹은 지식의 내용보다는 학습의 과정에 대한 Dewey의 강조에서, 구성주의자들은 자신들의 수업 제안을 지원하기 위해 수사와 에세이에 의존할 수도 있다. Locke의 경험적 실증주의(empirical positivism)를 기억하고 아울러 회의론자들의 표상－수립 노력을 지원하기 위한 자료를 제공하는데 더욱 주의를 기울여야 할 시간인지도 모른다.

마지막으로, 철학과 실험심리학 양쪽 모두에서 행동주의와 구성주의는 극단으로 치달았다는 것이 주목되어야만 한다. 수업을 설계하고, 개발하고, 전달하는 실용적인 사업에서 경쟁하는 반대로서가 아니라 상보적인 접근(complementary approaches)으로 그들을 보아야만 한다.

질문: Kintsch. 진정한 학습경험에 앞서 탈맥락화된 연습이 최선의 방법인가? 학생들이 흥미를 가지지 않는 것을 연습하도록 강요하는(이를테면, 우리는 학생들이 수학을 철저히 미워할 때까지 유용한 산수적 사실을 암기하도록 만든다) 대신에, 학습할 필요가 있는 것을 자신들이 발견하도록 먼저 시뮬레이터 속으로 학생들

을 집어넣을 수 있는가? 자신들이 관심을 갖는 개인적 목적과 함께, 사람들은 많은 훈련과 연습을 기꺼이 참는다－그것은 단지 끊임없이 연습하는 축구선수가 아니라, 자신들의 추구하는 진지한 일에 대해 많은 시간을 보내는 보다 많은 지적 관심을 개발하는 극소수의 사람들도 역시 그렇다.

　　답변: Fletcher. Merrill은 일반적으로 학습에서 계열성이 가장 잘 활용되는 것으로서 "법칙", "사례", "연습"에 관해 얘기하곤 했다. 우리는 "사례", "법칙", "연습"이 보다 동기유발적이고 생산적이라는 것을 어떤 실험을 통해서 발견했다. 이것은 단지 좋다고 말하는 것일 뿐이다－당신이 학생들을 위해 준비하고 있는 어떤 모의된 혹은 진짜(real) 환경에서도 성공적으로 기능하기 위해 그들이 필요로 하는 사실, 단순 개념, 그리고 아마도 기계적인 간단한 절차에 대해 훈련과 연습을 통한 자신들의 방식에 꾸준히 정진하도록 동기화시키는 방법으로서 어떤 시뮬레이터 경험(simulator experience)을 맨 처음에 제공한다는 당신의 생각에 동의한다. 그것은 또한 번잡한 장면에서 학습자들이 관련 있는 것과 관련 없는 것을 견적하는 가추문제(abductive problem)를 해결하도록 도와 줄 것이다. 그러나, 아마도 너무나 어렵고 당황스러워서 학생들이 수업의 출발부터 실망하는 모의된 상황 속으로 그들을 집어던지는 것을 우리는 원치 않는다. 그리고 아마도 자신들이 배울 필요가 있는 모든 것을 학습하기 위해 오로지 발견에만 의존하는 환경에 학생들이 처해지기를 우리는 원하지 않을 것이다. 한 가지를 위해 그것은 비효율적이다－피훈련자의 시간은 그들의 훈련을 위해 우리가 돈을 지불하면 분명히 가치 있다－그러나 심지어 K-12 교육에서조차 많은 이유 때문에 학생들의 시간은 가치 있는 것이라고 나는 주장한다. 또 다른 것을 위해, 지원 없는 발견은 사실 좌절시키고 동기를 잃어버리게 할 수 있다.

　　만약 경쟁, 엠엔엠즈(M&Ms), 혹은 그것이 어떤 것이라 할지라도 그것을 통해 개별화되고 유인가가 제공된다면, 훈련과 연습은 꽤 동기유발적으로 될 수 있다. 스탠포드에서 Suppes와 Atkinson의 K-12 훈련과 연습프로그램 학생들은 보통 컴퓨터로부터의 추방 위협에 의해 좋은 행동으로 강요될 수 있었다. 이 모든 것은 시뮬레이션, 발견, 가이던스 혹은 연습 하나에만 의존하는 수업을 지양하고 오히려 그들 간에 어느 정도의 균형을 찾기를 제안하는 것이다. 좋다, 균형은 무엇인가? 어떤 학생들을 위해, 어떤 수업목표로, 어떤 조건하에서? 이것은 연구를 위한 하나의 직무

(a job)처럼 보인다.

질문: Kintsch. 당신은 훈련과 시뮬레이터를 위해 훌륭한 주장을 하고 있다. "훈련과 연습을 … 통해 … 분리된 항목의 실체를 획득했다"는 것은 시뮬레이터 속에 포함되어 있는 것과 같은 학습을 구성하기 위한 하나의 전제 조건이라는 당신의 주장에 대해 상세히 설명할 수 있는가? 조종사들은 어떤 분리된 항목을 훈련해야만 하는가? 그런 항목들은 어떻게 선정되는가? 얼마나 많은 훈련을? 조종사들이 시뮬레이터 훈련을 받는 데 있어 그런 훈련의 효과성을 위한 증거가 있는가?

답변: Fletcher. 어떤 비행기라도 조종실을 일별하면, 아무리 엉성하다 할지라도, 조종사가 반드시 이해하고 적용해야만 할 어수선한 도구, 게이지, 다이얼, 디스플레이, 그리고 스위치가 드러난다. 자주 비행하는 우리들 같은 사람들은 이런 모든 기기장치의 위치와 기능성이 비행기들의 기종들 간에 현저하게 다르다는 것을 아는 것에 호기심을 느낄 것이다. 항공기나 시뮬레이터를 성공적으로 비행시키기 위해 이런 정보는 수중이나, 마음속에 잘 간직될 필요가 있다. 조종사가 이런 자료를 학습하기 위해 효과적이고 효율적인 만큼 그런 정보의 사용을 위한 증거로서 개별화된 훈련과 연습에 대한 문헌을 나는 인용할 것이다. 이런 종류의 분리된 것을 학습하기 위해 보다 효과적이고 효율적인 환경이 있겠지만, 아무것도 생각에 떠오르지 않는다. 생각나는 것은 Mayer(2004)에 의해 논의된 것들과 같은 것으로서, 발견학습과 함께 순진한(naive) 학습자들이 가지고 있는 문제가 있다. 분리된 항목의 실체는 상황적인, 시뮬레이터 기반의 학습에서의 성공을 위한 하나의 전제조건이라는 증거로서 나는 이것들을 인용하고 싶은 유혹을 느낄 것이며, 다시 한번 나는 그것들을 획득하기 위한 가장 효과적이고 효율적인 방법으로서 훈련과 연습을 인용하려는 유혹을 느낄 것이다.

또한, 우리는 조종사, 외과의사, 소방수, 요리사, 그리고 트럭 운전사들이 자동적으로 정확하게 하도록 하고 싶은 것이 있다. 사람들은 적기 학습(just-in-time learning)을 미덕으로 말하지만, 사례에 꼭 들어맞는 학습(just-in-case learning)을 선호하는 말이 많이 있다. 만약 조종사가 기기로부터 엔진이 점화될 예정이라는 것을 적어두면, 조종사의 첫 번째 단계가 불, 엔진, 방지를 찾아보기 위해 조작자의 교범 색인으로 돌아가는 것이라 하더라도, 우리는 고무되지 않을 것이다. 다시 한번, 나는 자동화 반응의 필수적 수준을 성취하는 가장 효과적이고 효율적인 방법으로서 훈련과 연습을 지적할 것이다. 자신들이 요청될 때 조종사들과 여타 사람들이 그런 희귀한 경우에 대해 이런 반응을 유지하게 되리라는 것을 보장하는 한 가지 방법으로서 나는 훈련과 연습을 통한 과잉학습을 추천하는 데까지 가고 싶다.

　당신은 어떤 종류의 것들이 훈련에 적절한가, 그것들은 어떻게 선정되는가, 그리고 만약 훈련되면 그것이 중요한가?라고 정확하게 질문했다. 글쎄, 우리는 두 가지 차원을 고려할 수 있다. 그것은 학습된 것(사실, 개념, 절차, 그리고 메타인지)과 학습을 위한 준거(기억, 이해, 적용, 분석, 평가, 그리고 창조)이다. 우리가 사실–기억 목적 차원(fact-remember ends of the dimensions)에 가까울수록, 훈련에 적절한 문제에 가깝게 된다고 나는 주장한다. 우리가 메타 인지–창출 목적 차원(meta cognitive-creat end of the dimensions)에 가까울수록, 우리는 상황적인, 시뮬레이션 기반의 접근에 적절한 항목에 더 가까이 있게 될 것이다. 그래서 하나의 접근으로부터 다른 접근으로 바꾸어야만 하는 지점이 어디냐?라고 당신은 질문할 수도 있을 것이다. 나도 알았으면 좋겠다. 당신의 훌륭한 질문은 훈련과 시뮬레이션 간의 최적의 양적 균형을 결정하기 위한 원리의 가치를 제안하고 있다(특수한 학생, 목표, 그리고 조건을 위해).

질문: Herman과 Gomez. 조종사의 시뮬레이터 사례가 유의미하게 가이드되는 고도로 상황적인 실제의 맥락 안에서 사실적 지식을 혼합하는 것에 대한 좋은 사례라는 당신의 요지를 우리는 받아들인다. 우리의 질문은 조종사가 되기 위해 요구되는 지식과 전통적인 학교교육의 학문에서 학습에 필요한 지식의 종류 간의 관계가 무엇인가 하는 것이다.

답변: Fletcher. 교육과 훈련 사이의 꼭지점(cusp)에 앉아 교육과 훈련 사이를 왔다갔다하는데 시간을 보내는 우리들에게 그것은 매우 좋은 질문이다. 훈련은 개인과 팀이 특수한 과제나 직무를 수행하도록 준비시키려는 의도를 가지고 있다는 언급으로부터 출발할 수도 있을 것이다. 이런 점에서 훈련은 엄격하게 목적에 대한 하나의 수단이다. 목표된 지식과 기능의 측면에서, 성공이란 목표로 정해진 과제나 직무를 행하는 데 있어서의 성공에 의해 측정된다. 기회와 수입을 확대하는 열쇠로서의 교육에 대한 모든 장려에도 불구하고, 매우 근본적인 점에서 교육은 그 자체

로 목적이라는 것을 나는 말하고 싶다. 그것은 삶을 위한 준비이다. 그리고 K-16 학교의 사업은 원래 교육이며 사람들로 하여금 항공기가 날도록 준비시키는 것은 원래 훈련이라는 것을 나는 말하고 싶다. 그러나, 교육의 요소를 담고 있지 않은 훈련프로그램은 거의 없는 것 같으며 사람들로 하여금 특수한 과제를 수행하도록 준비시키지 않는 교육프로그램도 거의 없는 것 같다. 또한, 그들 둘 다 학습을 산출하려는 의도를 가지고 있다. 우리는 교육에서 펜맨십(penmanship), 실험 절차, 그리고 산술적 "사실들(facts)"을 가르치며, 훈련에서 공기 역학과 옴의 법칙(Ohm's law)을 가르친다. 그래서 나는 하는 수 없이, 우리가 "수업(instruction)"이라고 부르는 하나의 단일 차원의 반대되는 목적으로 교육과 훈련을 놓고 싶다.

    이런 인식은 아마도 우리가 훈련에서 당연히 배우도록 되어 있는 구체적인 것들 -우리가 당연히 해결하도록 되어 있는 구체적인 문제나 혹은 우리가 당연히 하도록 되어 있는 구체적인 결심 - 보다는 교육에서 과정에 대한 John Dewey의 집중 - 일반적으로 학습하기 위한 학습, 문제 해결, 의사결정 - 을 강조하는 것일 수도 있다. 그래서 훈련에서 내용은 왕이며, 교육에서는 과정 - 아마도 보다 추상적일수록 그리고 "더 고차적일수록" 더 좋다고 우리가 말하는지도 모른다. 그러나, 조종사가 되는 훈련과 학교교육의 전통적인 학문을 숙달하는 것 간의 핵심적인 차이는 우리가 제시하는 지식의 종류에 대한 열쇠가 아니라는 것을 감히 말하고 싶다. 대신에, 최소한 지금, 가장 큰 차이점은 수업의 의도나 혹은 목적에 있다는 것을 나는 말하고 싶다. 전기기술자들이 레이더 부지시기(radar repeaters)를 수리할 수 있도록 그들은 옴의 법칙을 학습하고, 이해하고, 적용하도록 해야만 하며, 학생들이 물리학자가 되도록 준비시키기 위해 동일한 것을 우리는 해야만 한다. 그리고 나는 상황적인 (하지만 가이드 된!) 시뮬레이션 기반 학습이 전투기 조종사들을 훈련시키는 것만큼 K-12 학생들을 교육시키기에 적절하다는 언급으로 마무리하려고 한다.

질문: Herman과 Gomez. 성인 조종사들과는 달리 아동과 청소년들은 진정한 지식 구성을 위해 없어서는 안 될 추상적인 인지 변환(abstract cognitive transformation)을 수행할 수 없다고 어떤 학자들은 주장한다. 아마도, 그런 변환은 학습을 위한 시뮬레이터를 성공적으로 활용하기 위해 요구된다. 아동과 초기 청소년들의 교육에 시뮬레이터 같은 학습을 가져오는 것을 생각할 때 이것은 타당한 생각인가?

답변: Fletcher. 만약 아동과 청소년들이 진정한 지식 구성을 위해 필요한 추상적인 인지 변환을 할 수 없다면 그들은 어떻게 말하기를 학습하게 되었을까?라는 것이 그럴듯한 대답이 될 수 있을 것이다. 그리고 아마도 그것은 결국 그렇게 나쁘지는 않을 것이다. 세대 이전(즉, 1965)에 Chomsky가 지적했듯이, 아주 어린 아동들은(칸트의 순수이성을 사용하여?) 들은 적도 없고 전에 스스로 생산했던 적도 없는 문장을 구성하고 말하는 것을 학습한다. 그리고 그들은 상황적인, 구성주의, 발견 학습환경 밖에서 결연히 그렇게 한다. 시뮬레이션 기반 훈련에서 지식 구성에 필요한 추상적인 인지 변환을 위한 어떤 역량 없이 그들이 그렇게 할 수 있었는가? 그러나 그것은 전적으로 수사적인 질문은 아니다. 아마 언어학습은 다른 모든 종류의 학습과 너무나 달라 그것은 학습을 위한 시뮬레이터의 사용에 단순히 적용되지 않는다. 아마도 언어학습이 최초-언어 학습을 위해 요구했던 것과는 매우 다른 인지 경로를 요구하는 것 같은 6세경에 그 역량은 사라져 버린다.

그렇긴 하지만, 모의된 환경에서 반복과 연습을 통해, 많은 훈련 환경이 요구하는 일종의 근전이(near-transfer), 영역 특수적 기능을 아동들이 당연히 획득할 수 있다는 것은 가능성이 크다. 그러나, 아동들은 축구, 연날리기, 바이올린 연주, 그리고 꽤 복잡한 컴퓨터 게임을 한다. 혹자는 그들이 원전이(far-transfer)와 비영역 전이(non-domain transfer)를 요구하는 과제를 수행하는 능력이 적다고 생각할지도 모른다. 한때 어떤 사람은 우리가 아동들의 언어역량을 일관성 있게 과대평가하고 아동들의 사고능력을 과소평가한다고 말했다. 상이한 정도의 전이를 포함하는 모의된 환경을 가진 일련의 실험이 여기서 요구될 수도 있을 것이다. 보다 많은 연구를 요구함으로써 질문에 답했다는 것을 당신이 알아차렸다는 것은 틀림없다. 그러나 거의 방문한 적이 없는 한 영역 즉, 발달과정에서 나는 여기저기 방랑하고(tromping around) 있다. 자신들이 얘기하고 있는 것을 아는 사람들에게 이런 이슈를 남겨두는 편이 더 나았을 것이다.

[노 트]

1) 참고서적 노트 - 이런 주장을 리뷰하는 데, 나는 Will Durant의 「철학이야기(Story of Philosophy, 1961)」가 가장 도움이 된다는 것을 발견했다. 나는 그의 책 여기저기로부

터 인용하고 있으므로 절판된 나의 1961판을 인용해야 할 의무감을 느낀다.

2) 신의 마음(God's mind)이 물질계(physical world)를 포함했으므로, Berkeley에게는 다행
히도 물질계의 존재를 인간의 마음에 의존하지 않았다.

3) 이런 논의를 위해 고양이의 마음과 지각은 제쳐두기로 하자.

4) 다소 상이한 경로를 따르고 있지만, Duffy와 Cunningham(1966)은 구성주의의 철학적
뿌리에 대한 보다 광범위한 논의를 제공한다.

5) 독자들은 여기서 선언적 지식과 절차적 지식 간의 특징 구별하기를 넘는 논쟁을 피하
기 위한 노력을 인식할 수도 있다.

▣ 참 고 문 헌 ▣

Anderson, L. W., & Krathwohl, D. R. (Eds.). (2001). *A taxonomy for learning, teaching, and assessing: A taxonomy of educational objectives.* Columbus, OH: Allyn & Bacon.

Andrews, D. H., & Bell, H. H. (2000). Simulation based training. In S. Tobias & J. D. Fletcher (Eds.), *Training and retraining: A handbook for business, industry, govern-ment, and the military* (pp. 357–384). New York: Macmillan Gale Group.

Baddeley, A. D., & Hitch, G. J. (1974). Working memory. In G. A. Bower (Ed.), *The psychology of learning and motivation: Advances in research and theory* (Vol. 8, pp. 47–89). New York: Academic Press.

Barlett, F. C. (1932). *Remembering.* Cambridge: Cambridge University Press.

Bloom, B. S. (1956). *Taxonomy of educational objectives, handbook I : The cognitive domain.* New York: David McKay Co. Inc.

Cannon–Bowers, J. A., Salas, E., Blickensderfer, E. L., & Bowers, C. A. (1998). The im-pact of cross–training and workload on team functioning: A replication and extension of initial findings. *Human Factors, 40,* 92–101.

Chatham, R. E., (in press). Toward a second training revolution: Promise and pitfalls of digital experiential training. In K. A. Ericcson (Ed.), *Development of professional per-formance: Approaches to objective measurement and designed learning environments.* New York: Cambridge University Press.

Chomsky, N. (1965). Aspects of the theory of syntax. Cambridge, MA: MIT Press.

Clark, R. E. (2005). *Guided experiential learning: Training design and evaluation. Retrieved* from http://projects.ict.usc.edu/itw/gel/.

Clark, R. E., & Estes, F. (2002). *Turning research into results: A guide to selecting the right performance solutions.* Atlanta, GA: CEP Press.

Craik, E. I. M., & Lockhart, R. S. (1972). Levels of processing: A framework for memory research. *Journal of Verbal Learning and Verbal Behavior, 11,* 671–684.

Dewey, J. (1947). *The child and the curriculum and the school and society.* Chicago, IL: University of Chicago Press.

Duffy, T. M., & Cunningham, D. J. (1996). Constructivism: Implications for the design and delivery of instruction. In D. H. Jonassen & P. Harris (Eds.), *Handbook of research on educational communications and technology* (AECT) (pp. 170–198). Mahwah, NJ:

Lawrence Erlbaum.

Durant, W. (1933; paperback printing from 1961). *The story of philosophy: The lives and opinions of he great philosophers*. New York: Simon & Schuster.

Endsley, M. R. (1988). Design and evaluation for situation awareness enhancement. In *Proceedings of the 32nd Annual Meeting of the Human Factors Society* (pp. 97–101). Santa Monica, CA: Human Factors Society.

Fletcher, J. D. (1982). Training technology: An ecological point of view. In R. A. Kasschau, R. Lachman, & K. R. Laughery (Eds.), *Psychology and society: Information technology in the 1980s* (pp. 166–191). New York: Holt, Rinehart, and Winston.

Fletcher, J. D. (1997). What have we learned about computer based instruction in military training? In R. J. Siedel & R. P. Chatelier (Eds.), *Virtual reality, training's future?* (pp. 169–177). New York: Plenum Publishing.

Fletcher, J. D. (1999). Using networked simulation to assess problem solving by tactical teams, *Computers in Human Behavior, 15*, 375–402.

Fletcher, J. D. (2003). Evidence for learning from technology–assisted instruction. In H. F. O'neil, Jr. & R. Perez (Eds.), *Technology applications in education: A learning view* (pp. 79–99). Hillsdale, NJ: Lawrence Erlbaum Associates.

Fletcher, J. D. (2004). Technology, the Columbus effect, and the third revolution in learning. In M. Robinowitz, F. C. Blumberg, & H. Everson (Eds.), *The design of in–struction and evaluation: Affordances of using media and technology* (pp. 139–157). Mahwah, NJ: Lawrence Erlbaum Associates.

Fletcher, J. D. (in press). The value of expertise and expert performance: A review of evidance from the military. In K. A. Ericcson (Ed.), *Development of professional per–formance: Approaches to objective measurement and designed learning environments*. New York: Cambridge University Press.

Fletcher, J. D., & Atkinson, R. C. (1973). An evaluation of the Stanford CAI program in initial reading (Grades K through 3). *Journal of Educational Psychology. 63*, 597–602.

Fletcher, J. D., Hawley, D. E., & Piele, P. K. (1990). Costs, effects, and utility of micro–computer assisted instruction in the classroom. *American Educational Research Journal, 27*, 783–806.

Fletcher, J. D., & Suppes, P. (1975). The Stanford project on computer–assisted in–struction for hearing–impaired students. *Journal of Computer–Based Instruction, 3*, 1–12.

Gay, G. (1986). Interaction of learner control and prior understanding in com—puter—assisted video instruction. *Journal of Educational Psychology, 78*, 225—227.

Gorman, P. F. (1990). *The military value of training* (IDA paper P—2515), Alexandria, VA: Institute for Defense Analyses. (DTIC/NTIS No. ADA 232 460.)

Holman, G. J. (1979). *Training effectiveness of the CH—47 flight simulator* (ARI Research Report 1209). Alexandria, VA: US Army Research Institute for the Behavioral and Social Sciences.

James, W. (1890/1950). *Principles of psychology: Volume I*. New York: Dover Press.

Jamison, D. T., Fletcher, J. D., Suppes, P., & Atkinson, R. C. (1976). Cost and perform—ance of computer—assisted instruction for education do disadvantaged children. In J. T. Froomkin, D. T. Jamison, & R. Radner (Eds.), *Education as an industry* (pp. 201—240). Cambridge, MA: Ballinger Publishing Company.

Kalyuga, S., Ayres, P., Chandler, P., Sweller, J. (2003). The expertise reversal effect. *Educational Psychologist, 38*, 23—31.

Kirschner, P. A., Sweller, J., & Clark, R. E. (2006). Why minimal guidance during in—struction does not work: An analysis of the failure of constructivist, discovery, prob—lem—based, experiential, and inquiry—based teaching. *Educational Psychologist, 41*, 75—86.

Kulik, J. A. (1994). Meta—analytic studies of findings on computer—based instruction. In E. L. Baker & H. F. O'Neil, Jr. (Eds.), *Technology assessment in education and training* (pp. 9—33). Hillsdale, HJ: Lawrence Erlbaum Associates.

Lashley, K. S. (1950). In search of the engram. *Proceedings of the Society for Experimental Biology and Medicine, 4*, 454—482.

Levin, H. M., Glass, G. V., & Meister, G. R. (1987). Cost—effectiveness of com—puter=assisted instruction. *Evaluation Review, 11*, 50—71.

Lewin, K. (1951). *Field theory in social science*. New York: Harper & Brothers.

Mayer, R. E. (2004). Should there be a three—strikes rule against pure discovery learning? *American Psychologist, 59*, 14—19.

Mayer, R. E. (2005). Cognitive theory of multimedia learning. In R. E. Mayer (Ed.), *The Cambridge handbook of multimedia learning* (pp. 31—48). New York: Cambridge Universoty Press.

McMaster, H. R. (2005). The Battle of 73 Easting. In F. Kagan (Ed.), *Leaders in war: West Point remembers the 1991 Gulf War* (pp. 103—117). London: Frank Cass Publishers.

Morrison, J. E., & Meliza, L. L. (1999). *Foundations of the After Action Review Process* (IDA Document D−2332). Alexandria, VA: Institute for Defense Analyses.

Neisser, U. (1967). *Cognitive psychology.* New York: Appleton, Century, Crofts.

Niemiec, R. P., Sikorski, M., & Walberg, H. J. (1989). Comparing the cost−effec−tiveness of tutoring and computer−based instruction. *Journal of Educational Computing Research, 5*, 395−407.

O'Neil, H. F., Jr., & Robertson, M. (1992). Simulations: Occupationally oriented. In M. C. Alkin (Ed.), *Encyclopedia of educational research* (6th ed., pp. 1216−1222). New York: Macmillan.

Orlansky, J., Dahlman, C. J., Hammon, C. P., Metzko, J., Taylor, H. L., & Youngblut, C. (1994). *The value of simulation for training* (IDA paper P−2982). Alexandria, VA: Institute for Defense Analyses. (ADA 289 174.)

Orlansky, J., Knapp, M. I., String, J. (1984). *Operating costs of military aircraft and flight simulators* (IDA Paper P−1733). Alexandria, VA: Institute for Defense Analyses. (DTIC/NTIS ADA 144 241.)

Orlansky, J., & String, J. (1977). *Cost−effectiveness of flight simulators for military training* (IDA Paper P−1275). Alexandria, VA: Institute for Defense Analyses. (DTIC/NTIS ADA 052 801.)

Paulson, J. A. (1973). *An evaluation of instructional strategies in a simple learning situation* (Technical Report No. 209). Stanford, CA: Institute for Mathematical Studies in the Social Sciences, Stanford University.

Pohlman, D. L., & Fletcher, J. D. (1999). Aviation personnel selection and training. In D. J. Garland, J. A. Wise, & V. D. Hopkin (Eds.), *Handbook of aviation hu−man factors* (pp. 277−308). Mahwah, NJ: Lawrence Erlbaum.

Provenmire, H. K., & Roscoe, S. N. (1973). Incremental transfer effectiveness of a ground−based aviation trainer. *Human factors, 15*, 534−542.

Raser, J. R. (1969). *Simulation and society: An exploration of scientific gaming.* Boston, MA: Allyn and Bacon.

Roscoe, S. N., & Willings, B. H. (1980). Measurement of transfer of training. In S. N. Roscoe (Ed.), *Aviation psychology* (pp. 182−193). Ames, IA: Iowa State University Press.

Rouse, W. B., Cannon−Bowers, J. A., & Salas, E. (1992). The role of mental models in team performance in complex systems. *IEEE Transactions on Systems, Man, and Cybernetics, 22,* 1296−1308.

Rumelhart, D. E. (1967). *The effects of inter−presentation intervals on performance in a continuous paired−associate task* (Technical Report No. 27). Stanford, CA: Institute for Mathematical Studies in the Social Sciences, Stanford University.

Savery, J. R., & Duffy, T. M. (1996). Problem−based learning: An instructional model and its constructivist framework. In B. G. Wilson (Ed.), *Constructivist learning environments: Case studies in instructional design* (pp. 135−148). Englewood Cliffs, NJ: Educational Technology Publications.

Schuell, T. J. (1988). The role of the student in learning from instruction. *Contemporary Educational Psychology, 13,* 276−295.

Suppes, P., Fletcher, J. D., Zanotti, M. (1975). Performance models of American Indian students on computer−assisted instruction in elementary mathematics. *Instructional Science, 4,* 303−313.

Suppes, P., Fletcher, J. D., Zanotti, M. (1976). Models of individual trajectories in computer−assisted instruction for deaf students. *Journal of Educational Psychology, 68,* 117−127.

Suppes, P., & Morningstar, M. (1972). *Computer−assisted instruction at Stanford 1966−68: Data, models, and evaluation of the arithmetic programs.* New York: Academic Press.

Tobias, S. (1989). Another look at research on the adaptation of instruction to student characteristics. *Educational Psychologist, 24,* 213−227.

Tobias, S., & Frase, L. T. (2000). Educational psychology and training. In S. Tobias & J. D. Fletcher (Eds.), *Training and retraining: A handbook for business, industry, government, and the military* (pp. 3−24). New York: Macmillan Library Reference.

Tolman, E. C. (1948). Cognitive maps in rats and men. *Psychological Review, 55,* 189−208.

Tulving, E. (1962). Subjective organization in free recall of "unrelated" words. *Psychological Bulletin, 69,* 344−354.

Vinsonhaler, J. F., & Bass, P. K. (1972). A summary of ten major studies on CAI drill and practice. *Educational Technology, 12,* 29−32.

Von Glaserfeld, E. (1989). Cognition, construction of knowledge, and teaching. *Synthese, 801,* 121−140.

Von Glaserfeld, E. (1997). Homage to Jean Piaget. *Irish Journal of Psychology*, *18*, 293–306.

Watson, J. (1930). *Behaviorism*. New York: Norton Press.

제 14 장

수학에서 알만한 가치가 있는 것은 무엇인가?

Melissa Sommerfeld Gresalfi and Frank Lester

Indiana University

이 책의 다른 장과 마찬가지로, 이 장은 "구성주의"의 분명한 실패를 지적하고 학습 지원을 위한 관련된 교수 접근을 논의했던 Kirschner, Sweller 및 Clark(2006)의 논문에 대한 응답으로 수행되었다. 우리는 수학교육의 관점에서 그 이슈를 다루는 장을 쓰도록 요청받았다. 우리의 대응은 어떤 수업 접근이 가장 효과적인가를 고려하지 않는다. 오히려, 학습과 수업에 관한 가정들을 다루고, 그런 가정이 수학에 관련되어 있는 학습과 수업에 대한 대안적 개념화(alternative conceptualization)를 제시하는 것이 이 장의 목적이다. 그렇게 하는 데 있어서, 우리는 특정 관점을 옹호하기 위해서 애쓰기보다는 오히려 학습을 이해하고 설계하는 것을 지원하기 위한 특정 이론의 유용성(usefulness)을 고려하고자 한다(Cobb, 2007).

●○ 학습과 수업에 관한 주장

Kirschner 등(2006)은 자신들이 "최소한으로 가이드된"이라고 부르는 교육학적 접근의 그럴듯함을 반대하는 주장을 제시한다. 첫째, 그들은 인간의 인지적 구조에 관한 연구결과를 언급함으로써, 그리고 인간 기억의 기능에 대한 이해를 고려해 볼 때 그런 접근이 왜 무감각한지를 설명함으로써 최소한으로 가이드되는 방법을 비판한다. 둘째, 그들은 "지시적 수업"과 최소한으로 가이드되는 접근을 대조하는 선택된 연구를 리뷰하면서, 지시적 수업 조건에 있었던 학생들이 보다 높은 비율의 기억과 전이를 나타낸다는 것을 실례를 들어 설명하고 있다. 그렇게 하면서, 수학교육공동체 내에서 많은 사람들이 이런 구인들(constructs)을 개념화했던 방식과는 어울리지 않는 학습과 수업의 본질에 관한 주장을 Kirschner 등은 하고 있다. 보다 구체적으로 말하면, 학습에 대한 그들의 성격 규정과 그로 인해 귀결되는 수업에 관한 그들의 주장은 일반적이며, 교실수업과 인간의 상호작용에 대한 복잡성을 고려하지 않고 있다.

　다음 절에서, 우리는 학습과 수업에 관해 Kirschner와 공동 저자들의 주장을 리뷰하는 것으로 시작하며, 그들이 수학학습에 관련지우고 있는 이런 주장에 대해 우리의 도전을 강조하려고 한다. 그 다음 학습과 수업에 대한 우리의 관점을 제시하고 Kirschner 등의 주장과 상이한 것의 요지를 명기한다. 이런 차이점의 귀결성(consequentiality)을 예증하기 위해, 상이한 수업방법을 사용하여 동일한 자료를 가르치는 두 학급으로부터의 사례를 제시하며, 학습과 수업에 관한 우리들 자신의 주장과 Kirschner 등의 주장 양쪽의 관점에서 이런 사례에 대한 분석을 제시한다. 이 장에서 우리는 전체 수학교육공동체를 대표하는 것이 아니라, 수학에서 학습과 수업에 상황적인[1] 접근을 따르는 우리들 자신의 관점이라는 것을 명기하는 것이 중요하다.

이슈 1: 학습의 정의

　Kirschner 등은 기억에 초점을 맞추고 있는 학습을 숙고하기 위해 분석적인 렌즈를 채택하고서, 학습을 "장기기억에 있어서의 변화"(p. 75)로 정의하고 있다. 이것이 학습의 어떤 특징이라는 것에 동의하지 않는 사람들은 거의 없겠지만, 그 자체로 하나의 수업 가이드로서는 불충분하다. 첫째, 장기기억 내에서의 변화를 이해하는 방법에 대한 의문이 있다. 변화란 새로운 정보가 첨가되고, 상실되고 혹은 재배열되어, 대략 상기하는 것(making recall)을 의미하는지도 모른다. 바람직한 결과가 구체화되지 않기 때문에, 오로지 장기기억에서의 변화에만 초점을 맞추는 것은 수업 전략이나 커리큘럼의 개발을 가이드하기에는 부적절하다.

또한 Kirschner 등은 인간 기억의 구조와 기능을 리뷰한다. 장기기억은 새로운 상황에서 행동하기 위한 우리들 능력의 장소(site)라는 것을 명기하고, "노련한 문제해결자는 장기기억 속에 저장된 방대한 경험을 활용함으로써 기능을 도출한 다음 신속하게 선택하고 문제해결을 위한 최선의 절차를 적용한다"(2006, p. 76)는 것을 명기하려고 전문적 실제에 대한 연구결과를 그들은 리뷰한다. 하지만, 이것은 수업설계라는 목적에 유용하기에는 구체화 정도가 충분하지 않다. 초보 체스 선수, 대수학습자, 혹은 예술 학생들(art students) 또한 문제를 해결하기 위해 자신들의 장기기억에 의존한다. 초보자와 전문가가 똑같이 경기 코스를 통해 장기기억 저장고로부터 기억을 인출하는 것처럼, 초보 선수와 전문적 선수 간의 차이는 장기기억의 사용이 아니다. 그보다는 전문가와 초보자 간의 차이는 동일한 정보를 이해하는 방식에 있으며, 그런 기억의 적절한 인출에 그것을 관련짓는 방식이다. 다른 말로 하면, 의문은 장기기억의 기능이 아니라 장기기억의 구조에 관한 것이며, 그것이 어떻게 구조화되어 가는가에 관한 것이다.

그러므로 수학교육에 관련된 질문은 단순히 장기기억에 어떤 변화를 만드는 방법이 아니라 Kirschner 등이 위에서 인용했던 것처럼, "문제 해결을 위한 최선의 절차를 선택하고 적용하기" 위해 학생들에게 지원하는 방법이다. 사실, 여기서의 이슈는 학문들 간에 교차하는 교육자들을 괴롭히는 것으로서, 그것은 기억(memory)의 문제가 아니라 전이(transfer)의 문제이다. 어떤 상황에서 기대된 방식으로 문제를 해결함으로써 자신들의 장기기억에 변화가 만들어진 것으로 보일 수 있는 사람들이 그 후 또 다른 상황에서는 동일한 정보를 전이하는데 실패한다는 것을 전이에 대한 연구는 꽤 강력하게 증명했다(Detterman, 1993).

이 문제는 학습에 대한 상이한 개념화(a different conceptualization of learning) 즉, 장기기억의 구조에 대한 초점을 넘어 확대할 것을 요구한다. 예를 들어, 보다 최근의 이론(Cobb & Bowers, 1999; Greeno & MMAP, 1998; Lave, 1997)은 학습이 기억에 있어서의 변화 그 이상으로서 환경 속에 있는 자원과 상호작용하는 능력에 있어서의 변화라는 것을 시사하고 있다. 위에서 인용된 전문적인 선수와 초보 선수의 사례를 받아들인다면, 수행 간의 차이는 자원과 특정한 활동시스템(이 경우에, 체스조각들, 전략, 다소간의 전문적인 플레이어 등을 포함하고 있음)의 상호작용의 상이한 역사 때문인 것으로 이해될 수 있다. 기억에 대한 개인들의 이런 차별적인 활성화(differential activation)는 이런 전략에 대한 자신들의 초기경험에 있어서의 차이

(Lave, Murtaugh, & de la Rocha, 1984), 그리고 특정 전략의 사용이 적절한 새로운 상황의 행동유도성(affordances)에 대한 자신들의 조율성(attunement)에 있어서의 차이(Gibson, 1979; Greeno, 1991)라는 이 두 가지 모두의 차이로 이해될 수 있다.

이슈 2: 수업의 정의

탐구, 문제 기반 학습, 발견학습, 경험학습, 그리고 구성주의 학습을 포함하는 다양한 교육학적 접근을 Kirschner 등은 "최소한으로 가이드 되는" 것으로 분류하는데, 그들은 그것을 스스로 필수적인 정보를 찾거나 발견하도록 학습자들에게 요구하는 것으로("정보가 제공되는 것"이라기보다는, Kirschner *et al.*, 2006, p. 75) 정의한다.[2] 이런 접근들은 학생들로 하여금 진짜 문제를 해결하고 복잡한 정보에 관여하도록 하는 전념(commitment)을 포함하며, 훈련 방법을 모방하는 장면에서 그렇게 하도록 하는 전념을 포함한다고 그들은 진술하고 있다. 덧붙여, Kirschner 등에 따르면, 이런 교육학적 접근은 만약 학습자가 "그것을 사용하기 위해 선택한다면"(Kirschner *et al.*, p. 76) 이용가능한 관련 정보의 형식으로 수업 가이던스를 제공한다.[3] 대조적으로, 지시적 수업은 "인간의 인지구조와 양립될 수 있는 학습전략 지원은 물론 학생들이 학습하도록 요구되는 개념과 절차를 충분히 설명하는 정보"(p. 75)로 정의된다.

수업에 대한 Kirschner 등의 성격 규정에 대응하여 우리가 제기하는 두 가지 이슈가 있다. 첫째는 수업목적과 수업방법 간의 관계를 포함하고 있다. Kirschner 등은 수업방법과 교육자들이 찾는 목적 간의 관계를 서술하지 않는다. 따라서, "어떤 수업방법이 더 좋은가"라는 질문보다는, 오히려 "어떤 수업방법이 우리가 마음 속에 품고 있는 수업목적을 달성하는데 가장 적합한가(best suited)"라는 질문이 되어야만 한다고 우리는 믿고 있다. 사실, 우리는 왜 탐구를 수반하는 활동을 포함하고 있는 커리큘럼을 한 번도 창조한 적이 없는지를 합리적으로 질문해 볼 수 있을 것이다. 탐구 실제에 참여하는 것은 탐구방법을 학습할 기회를 가지는 것을 포함한다. 만약 학생들이 질문과 가설을 주도하고 평가하며 그리고 설명을 제시할 수 있도록 하는 것에 우리가 유념한다면, 학생들은 그런 것들을 하기 위해 학습할 수 있는 활동에 참여할 기회를 필요로 한다는 것은 합리적인 것 같다.

두 번째 이슈는 특정한 수업 접근을 "최소한으로 가이드된"이라고 성격 규정하는 것을 포함한다. 학생들이 교사로부터의 중재 없이 자료를 가지고 독립적으로 관여하도록 요구받는 수업이 있지만, 특별히 이것이 "최소한의 가이던스"라고 그들이 분류하는 접근의 특징이라는 것은 분명하지 않다. 최소한의 가이던스와 지시적 수업 간의 구별은 Kirschner 등이 제시하는 것처럼, 강사에 의해 학생에게 주어지는 조력의 양이라기보다는 제공되는 가이던스의 형식에서 보여진다.

　탐구에 대한 Kirschner 등의 성격 규정은 아동들이 기초적인 과학 원리를 "재발견(rediscover)"할 것이라는 기대에서, 모종삽과 확대경으로 무장한 채 아동들을 야외로 보내는 것을 탐구 접근은 포함하고 있다는 일반적인 오해로부터 나오는 것으로 보인다. 우리는 이것이 발견학습의 사례라기보다는 오히려 나쁜 교수(bad teaching)의 사례라고 주장한다. 발견학습은 학문의 근원적인 구조에 대한 이해로 인도하며, 아울러 아동들을 위한 경험은 탐구 중인 현상에 대한 모형이 구성되는 순서에 따라 신중하게 개발되어야만 한다고 Bruner(1961)는 자신의 기대를 분명히 밝혔다. 이것은 신중한 준비, 가이던스, 그리고 교사 부분에 대한 모델링을 포함한다고 브루너는 주장했다. 따라서, 그런 접근을 "가이드되지 않는" 혹은 심지어 "최소한으로 가이드되는"이라고 언급하는 것은 총체적으로 잘못된 성격 규정이다(Lampert, 1998, 2001; McClain, 2000; Schifter, 2001 참조). 이런 이유 때문에, 뒤이은 논의에서, Kirschner 등에 의해 성격 규정된 최소한의 가이던스 접근을 이런 교육학적 설계의 의도를 더 잘 포착하는 용어인 "탐구 접근(inquiry approaches)"이라고 우리는 언급할 것이다.

　효과적인 발견, 탐구, 혹은 문제-기반 수업에서, Kirschner 등이 함의하는 것처럼, 교사는 학생들과 정보에 따라 확실히 위치가 달라진다. 그들은 요구되었을 때 질문하고, 증명하고, 재지시하며, 그리고 설명을 제공한다. 그러나, 이것이 더 적은 가이던스로 보여지기보다는, 가르치고 있는 내용에 대한 상이한 이해를 좀 더 필요로 하고 아울러 요구하는 전문적인 개발 공동체(professional-development community)에 의해 정착되어온 단지 하나의 상이한 종류의 가이던스일 뿐이다(Schifter, 2001; Ball, 1988, 2000, 2001).

●○ 수학에서 앎과 학습

우리가 적었던 것처럼, Kirschner 등은 학습을 장기기억에서의 변화라고 정의했는데, 그 정의는 수업설계를 위한 유익한 정보가 되기에는 너무 광범위하다는 것, 그리고 그 정의는 지식의 활용과 적용에 포함되는 복잡성을 무시하기 때문이라는 두 가지 이유 때문에 불충분하다고 생각한다. 따라서, 학습을 논의하는 이 절에서, 특히 그것이 수학과 관련되므로, Kirschner 등에 의해 발전된 정의에 대한 하나의 대안적인 개념화를 제안한다.

어떤 것이 학습되었다는 것을 보여주는 것은 어떤 사람이 전에 어떻게 행동했는가보다는 특정 아이디어에 관해 어떤 상황에서 다르게 행동할 것을 요구한다. 상이한 학습이론은 다소간 관찰할 수 있는 행동과 연합된 환경에 주목하며 이런 행동결과에 관련된 정보의 구조에 관한 가설에 주의를 기울인다. Kirschner 등이 주장한 접근 즉, 인간의 인지구조에 대한 연구는 정보가 작동되고 기억 속에 저장되는 방식에 관한 추측에 일차적으로 초점을 맞추고 있다. 그러나, 학습을 단지 장기기억 속에서의 변화로 정의하는 것은 관찰할 수 있는 행동과 연합된 환경에 관해 그 분야가 수립해 왔던, 상황적인 그리고 사회문화적인 이론가들에 의해 기여된 이해를 무시한다고 우리는 주장한다[4](Brown, Collins, & Duguid, 1989; Greeno, 1991; Lave, 1997; Lave & Wenger, 1991; Pea, 1993; Rogoff, 1990).

사람들이 무엇을 학습하는지 그리고 무엇을 할 수 있는지는 사람들이 그것을 하기 위해 어떻게 학습하는지와 분리될 수 없다는 것이 잘 기록되어 왔다(Boaler, 1999, 2000; Cobb, Stephan, McClain, & Gravemeijer, 2001; Greeno, 1991; Hiebert *et al.*, 1997; Saxe, 1999). 따라서, 어떤 사람이 특정 시간에 할 수 있는 것을 이해하기 위해서는 그 사람이 관여하는 실제를 검토할 것을 요구한다. 예를 들어, Lave와 Wenger(1991)는 자신들이 실천공동체의 구성원이 됨으로써 개인들의 참여의 궤도(trajectories of individual's participation)를 고려하는 학습에 대한 프레임워크의 윤곽을 그렸다. 그들에게, 학습은 공동체의 실천에 개인들이 참여할 때 발생한다. 즉 참여에 있어서의 변화는 증가된 역량을 반영한다. 따라서, 학습은 개인적인 성취가 아니라 상호작용시스템의 성취로 간주된다(Greeno, 2006; Prawat, 1996). 달리 말하면, 학습은 사람들, 사회적 규범과 기대와 같은 요소, 책이나 계산기 같은 자원, 역사, 제도적 기대, 그리고 개인적인 인지구조ー이 모든 것들은 분리될 수 없는 방식으로 함께 작동함ー를 포함하는 시스템에서의 변화를 통해 성취된다.

학습을 사회적 활동으로 간주하는 것으로의 변화는 사람들이 참여하게 되는 실천의 종류에 따라 분석단위를 재구성하며, 특정 활동 환경 내에서 사람들이 서로에게 관련되는 방식을 재구성한다. 이런 관점은 학생들이 관여하는 특정 내용과 분리될 수 없는 것으로서, 학생들이 실제로 알게 되는 것과 아울러 자신들이 장래에 될 사람에 대한 하나의 비판적 측면으로서, 학생들의 수학적 관여(mathematical engagement)의 본질에 새로워진 주의를 기울여야 한다는 것을 시사한다. 다른 말로 하면, 학생들이 수학내용과 함께 참여하는 방식 예컨대, 문제에 대한 해결책을 창출하고 자신의 해결책을 다른 사람의 해결책과 대조하도록 고무됨으로써, 그런 방식은 학생들의 수학적 앎의 본질을 구체화한다. 이런 방식으로, 활동을 통한 앎은 교실을 상호작용시스템으로 간주함으로써 그리고 그런 시스템들의 속성과 그런 시스템들이 조직화되는 방식 두 가지 모두에 초점을 맞춤으로써 이해될 수 있다(Greeno, 2006). 따라서, 새로운 문제해결을 위해 어떤 수학적 절차를 사용할지를 아는 것에서 학생들이 점차 어떻게 전문가가 되어가는지를 이해하기 위해서, 초점은 그들의 장기기억이 어떻게 변하는지에 있지 않으며 그런 정보의 사용이 적절한 새로운 맥락을 인식할 수 있는 정보에 그들이 최초로 어떻게 관여하게 되었는지에 있다. Engle(2006)에 이어, 최초의 참여가 동일한 내용을 새로운 상황에 적용할 기회를 어떻게 틀지우는지를 이해하기 위해서는 "내용(content)"과 "맥락(context)" 두 가지 모두에 대한 학생들의 관여를 탐색함으로써 이것을 가장 잘 달성할 수 있다는 것을 우리는 제안한다.

학습을 활동 환경의 완성(an accomplishment of activity setting)으로 개념화하는 것은 참여자들 간에 구성되는 기대, 의무, 그리고 명칭붙이기(entitlements)에 개인적 활동이 밀접하게 관련되는 것으로 이해되어야만 하므로(Vygotaky, 1978 참조), 학생들이 할 기회를 가지고 있는 것을 고려해 볼 때 학생들이 하는 것에 주의를 기울일 것을 요구한다. 예를 들어, 문제에 관해 상이한 방법들이나 혹은 사고방식들 간의 관계를 설명함으로써 자신의 이해를 표현할 기회를 가졌던 경력이 있는 학생들이 하나의 특정 알고리즘(algorithm)을 빈번히 사용하는 연습기회를 많이 가졌던 학생들과 동일한 방식으로 정보를 이해하리라는 것은ー이런 활동들 모두 장기기억에서의 변화로 귀결되겠지만ー개연성이 크지 않다.

우리는 행동에서 관찰된 변화를 설명하기 위해 상이한 학습모형을 제시했다. 이런 설명은 Kirschner 등에 의해 발전된 것과 모순되지 않으며, 오히려 변화가 발생하는 메커니즘을 구체화한다는 것이 분명하다. 특히, 오직 정보의 내적 구조에만 초점을 맞추기보다는 학생들이 정보와 함께 참여하는 방식을 통합하는 접근을 우리는 주장했다. 그러므로 이런 관점에 있어서의 핵심은 알게 된 것의 본질이 그것을 알게 된 방법과 불가분하게 연계되어 있다는 것을 인식하는 것이다(Lampert, 1990; Lave *et al.*, 1984; Saxe, 1991). 아는 것과 학습의 실제에서 참여의 역할에 초점이 맞춰지면, 수학 교실에서 수립된 수업 실제(instructional practices)를 고려하는 것은 최고로 중요하다. 다음 절에서 이런 이슈에 착수한다.

●○ 수학에서의 수업

수업은 학습이론 위에 타당하게 수립되고, 아울러 사람들이 점점 더 식견이 있게 되는 방법을 위한 그런 학습이론의 함의나 제안을 평가하는 것은 필수적이다. 따라서, 많은 수업방법이 기억의 구조와 기능에 관한 확고한 연구결과를 무시하는 것처럼 보인다고 시사하는 Kirschner 등(2006)의 걱정을 심각하게 받아들인다. 학습이 일어나는 방법에 대한 이해와 일치하지 않는 수업방법은 실패할 것 같다(혹은 전적으로 새로운 이론의 개발을 지원할 것 같다). 그러나, 수업설계는 학습이론을 바탕으로 수립하는 것에 관해서 뿐만 아니라, 수업목적을 구체화하는 것 즉, 수업이 그런 목적을 달성하기 위해 계획될 수 있다는 것도 요구한다.

수학의 수업목적

수학에 대하여, 수업목적에 관한 논의는 갈등으로 가득 차 있다(Schoenfeld, 2004). 학생들이 수학에서 무엇을 반드시 알아야만 하는지 그리고 학생들이 수학에서 무엇을 할 수 있는지에 대한 상충되는 기대가 문제의 중심에 있다. 모든 여타 내용 영역, 개념, 단어, 혹은 의미처럼, 분명히 수학은 공동으로 구성된 활동이다. 따라서, 수학을 아는 것이나 혹은 이해하는 것이 무엇을 의미하는지는 상호작용 내에서 국지적으로 수학이 정의되는 방식에 따라 다르다(Boaler, 2000; Cobb, 2007; Cobb,

Gresalfi, & Hodge, 인쇄 중; Franke, Kazemi, & Battey, 2007; Hand, 2003; Moschkovich, 2002). 학생들은 단순히 특정 수학 절차를 정확하게 활용할 수 있는 능력을 가질 필요가 있는가("내용 접근"), 혹은 그런 절차가 언제 그리고 왜 유용한지를 탐구하는 방법을 이해할 수 있는 능력을 가질 필요가 있는가("과정 접근")? 이런 두 가지 수업목적 간의 차이에 대한 한 가지 사례를 동일한 토픽에 대해 서로 다른 집단이 산출했던 표준에서 볼 수 있다. 수학 개혁노력을 선도했던(Schoenfeld, 2004) 집단인 미국수학교사위원회(National Council of Teachers of Mathematics)는 3-5학년을 위한 "숫자 이해하기(understanding numbers)"를 위해 다음과 같은 준거를 내 놓았다:

- 기본적인 10진법 시스템의 자리값 구조를 이해하고 정수와 소수를 표상하고 비교할 수 있다;
- 같은 숫자에 동일한 표상을 인식하고 더하고 뺌으로써 그것들을 생성한다;
- 전체 단위의 부분으로서, 집합의 부분으로서, 수직선에서의 위치로서, 전체 숫자의 나눗셈으로서, 분수에 대한 이해를 개발한다;
- 분수의 크기를 판단하기 위해 모형, 기준점, 동일한 형식을 사용한다;
- 공통적으로 사용되는 분수, 소수, 그리고 백분율의 동일한 형식을 인식하고 생성한다;
- 수직선을 확대하고 친숙한 적용을 통해 0보다 적은 숫자를 탐색한다;
- 그들 요인의 본질과 같은 특징에 따라 숫자의 분류를 서술한다(National Council of Teachers of Mathematics, n.d.).

이런 표준은 수학적 아이디어 간의 관계에 초점을 맞추고 있다. 이와 대조적으로, 과정 지향적인 접근을 반대하고 "수학 교육에로의 기본적인 기능을 회복하기 위해"(Mathematically Correct, n.d.) 애쓰는 집단인 수학적으로 올바른(Mathematically Correct) 단체는 3학년을 위한 수 감각을 위해 아주 다른 준거를 주장했다:

- 아라비아 숫자와 단어로 0부터 999,999까지의 수를 읽고 쓰시오;
- 999,999까지 전개 형식으로 숫자를 쓰시오;
- 아라비아 숫자의 각 자리값을 십만 자리까지 확인하시오;
- [(>, <, 혹은 =)와 단어("보다 큰", "보다 적은", "~와 같은")] 기호를 사용

하여 0과 999,999 사이에 있는 두 가지 정수를 비교하시오;

- 999 이하의 정수를 10의 자리 혹은 100의 자리까지 반올림하시오;
- 1부터 0.01까지 서수 위치를 확인하시오;
- 0.01자리까지 소수를 읽고 쓰시오(mathematicallycorrect.com/kprea.htm#G3).

이런 준거는 수학적 아이디어 간의 관계에 대해서라기보다는 절차적 조작 수준에 초점이 맞춰져 있다(Stein, Remillard, & Smith, 2007 참조). 이런 표준이 수 감각의 본질(Greeno, 1991 참조)에 관해 아주 다른 가정을 대표하고 있으므로, 학생들이 수에 대한 "이해(understanding)"를 가지고 있다는 것이 충족되기 위해서 학생들의 수행이 어떻게 보여야만 하는가라는 것이 여기서의 요지이다.

두 집단의 수업목적 간의 대조는 Thompson, Philipp, Thompson 및 Boyd(1994)가 만든 구별과 유사한데, 그들은 수학을 가르치기(혹은 학습하기) 위해 혹자가 가질 수도 있는 오리엔테이션의 성격 규정을 소개했다. 계산적 오리엔테이션(calculational orientation)은 계산과 절차의 정확성에 대한 강조로 특징지어지는 수학과의 관계를 의미한다. 이와 대조적으로, 개념적 오리엔테이션(conceptual orientation)은 의미 만들기(meaning-making) 행동을 정확한 수학적 작업을 위한 목적으로 간주하는 것으로 특징지어지는 수학과의 관계를 의미한다. 이런 구별은 교사가 학생들의 추론을 어떻게 지원하는가 그리고 수학적 작업에 대한 학생들 자신의 귀결적 이해 양쪽 모두를 이해하는 데 중요하다. 우리가 명기했듯이, 절차를 정확하게 사용할 수 있다는 것이 반드시 언제 그런 절차를 사용할지를 아는 것으로 번역되지는 않으며, 혹은 절차를 사용하는 이유를 설명할 수 있다는 것이 반드시 합리적이거나 유의미하지는 않다(Peterson & Walberg, 1979; Schoenfeld, 1988).

수업목적(instructional goals)이라는 이슈는 Kirschner 등에 의해 제기되지 않았지만, 우리들에게는 수업목적이 수업설계에 대한 모든 비판의 결정적인 요소인 것 같다. 어떤 수업설계가 더 우월한가에 관한 논의는 두 가지가 동일한 수업목적에 대해 비교되는 경우에만 적절하다. 만약 수업목적이 같지 않다면, 그 비교는 무의미하다. 예를 들어, 수 감각에 관해 앞에서 개관된 두 가지 세트의 표준을 고려해 보라. 이미 진술했듯이, 이런 표준은 수에 대한 이해를 보여주기 위해 충족되어야 할 상이한 목적을 대표한다. 그 이슈를 따로 떼어 놓는다면, 이런 목적을 달성하는 것은 두 가지 상이한 형식의 수업을 요구할 것이다. 수학적으로 올바른(Mathematically

Correct)에 의해 진술되었듯이, 만약 수업목적이 "아라비아 숫자의 각 자리값을 십만 자리까지 확인"하는 것이라면, 어떤 학생이 그렇게 할 수 있었다는 것을 보장하는 가장 효율적인 방법은 학생에게 각각의 아라비아 숫자를 위한 각각의 위치의 이름에 관해 가르치는 것이고 자리값 이름을 아라비아 숫자와 매치시키는 것을 연습할 기회를 그들에게 주는 것이다. 이것은 Kirschner 등에 의해 개관된 "지시적 수업"에 대한 정의와 일치한다. 이런 방식으로, 학생들은 상이한 자리값의 이름을 적절한 아라비아 숫자와 연합할 수 있어야만 한다. 그러나, 이 대신에 미국수학교사위원회(NCTM)에 의해 진술되었듯이 만약 목적이 십진법 시스템의 자리값 구조(place-value structure)를 이해하고 전체 숫자와 십진법을 표상하고 비교할 수 있는 것이라면, 이야기하기와 연습하기는 충분하지 않을 수도 있는데, 그 이유는 이름을 위치와 매치시키는 능력은 자리값 구조에 대한 이해를 요구하지 않기 때문이다.

예를 들어, 자리값을 "이해하는 것(understanding)"은 하나의 아라비아 숫자의 위치가 그 숫자의 가치에 관한 어떤 것을 전달한다는 것을 앎을 의미하며, 학생들은 단순히 이름을 위치와 연합하는 것보다는 더 많은 것을 할 기회를 필요로 한다(Hiebert & Wearne, 1992; Varelas & Becker, 1997). 그 대신, 학생들은 우리의(서구의) 계산시스템의 구조를 탐구할 기회를 필요로 한다. 이것이 달성되었을 수도 있다는 방식의 한 가지 사례는 학생들에게 위치에 의해 작동하는(혹은 위치에 의해 작동하지 않는 시스템) 그들 자신의 계산시스템을 고안하도록 요구한 다음, 그들로 하여금 고안된 계산시스템이 얼마나 다른지, 그리고 표준 계산시스템과 어떻게 비교되는지에 관한 대화에 참여하도록 하는 것이다. 학생들이 학문의 기초적인 구조를 밝히기 위해 학문의 법칙에 창조적으로 관여하도록 요구된다는 점에서 이런 종류의 수업방법은 "탐구(inquiry)"로 범주화될 수 있을 것이다.

수업 목적과 연습 일치시키기

"탐구(inquiry)"라고 불릴 수도 있는 수학 교육학(mathematics pedagogies)과 커리큘럼의 의도는 교사나 교과서로부터 학생과 학문으로 권위를 옮겨, 학문의 실제에 학생들이 참여하도록 하는 것이다(Brown & Campione, 1994; Hieert et al., 1996; Lampert, 1990). Engle(2006)이 명기 했듯이,

　　단순히 타인 지식의 수용자로서보다는 한 사람의 저자(author)로 만들어지는
것은 어떤 사람이 혹자가 저술했던 내용에 관련된 어떤 것에 대해 지적으로 코
멘트할 수 있을 것이라는 사회적 기대를 창출하며, 장래에 어떤 사람이 그 내용
에 답할 수 있도록 만드는 것이다.

(p. 457)

　　달리 말해, 이런 교육학은 학생들을 정보의 수용자로 위치시키기보다는 그들을
정보의 생산자와 비판적인 소비자로 위치시키는 데 기여할 수 있는데, 그것은 질문
하기, 개발하기, 그리고 아이디어를 새로운 문제에 적용하기를 포함한다(Gresalfi,
Barab, Siyahhan, & Christensen, 인쇄 중). 이것은 위에서 개관된 학습이론과 같은 입
장을 취하는데, 그것은 실제(practices)와 아는 것(knowing) 간의 관계를 강조한다.

　　예를 들어, Lampert(1990)는 대부분의 학교 수학에서, "수학을 하는 것은 교사에
의해 정해진 규칙을 따르는 것을 의미하며, 수학을 아는 것은 교사가 질문할 때 정
확한 규칙을 기억하고 적용하는 것을 의미하며, 그리고 수학적 진리는 답변이 교사
에 의해 재가될(ratified) 때 결정된다"(p. 32)고 명기함으로써, 수학적 실제와 학교
수학 간의 차이를 상세하게 서술했다. 학습자(초보자)는 전문가와는 다르게 정보에
관여한다는 명백한 주장에 우리는 도전하지 않는다. 그러나, 학교 실제가 전문가
실제와는 너무나 달라서 사실상 그것이 수학의 한 가지 사례로 인식할 수 없게 된
다는 식으로 교실활동을 조직하는 것이 왜 합리적인 것 같은지 그 이유를 우리는
묻고 있다.

　　위에서 논의된 수학 개혁은 오직 내용 목표(content objectives)보다는 과정과 개념
적 발달에 초점을 맞추고 있는 것과 더불어, 교사들이 몇 가지 수준에 대해 중요한
변화를 만들 것을 요구한다. 첫째, 교사들은 자신들이 가르치도록 요구받는 수학적
아이디어에 대해 비교적 심층적인 이해를 반드시 개발해야만 한다(Ball & Brown,
2004; Cochran-Smith & Lytle, 1999; Schifter & Fosnot, 1993). 그렇게 하는 것은 학생
으로서 그들 자신의 경험과는 다른 수학적 활동의 형식에 교사가 개인적으로 참여
할 것을 요구하며, 그리고 또한 수학을 하는 것이 무엇을 의미하는가라는 본질을
자신들이 재개념화(reconceptualize)할 것을 요구한다(Cohen & Ball, 1990; Schifter,
2001). 둘째, 교사들은 핵심적인 수학 아이디어와 함께 학생들의 관여를 지원하는
새로운 교수 실제(teaching practices)를 개발해야만 한다(Heaton, 2000; Schifter, 2001;

Sherin, 2002).

이런 새로운 실제가 Kirschner 등의 논문의 초점인데, 그들은 그것을 최소한으로 지도된 것으로 특징짓는다. 앞에서 명기했던 것처럼, 우리는 이런 성격 규정과 함께 이슈를 받아들인다. 탐구 지향의 교수 실제는 수업 목적을 달성하는데 실패할 수 있다는 것은 그동안 잘 확립되어 왔다(Henningsen & Stein, 1997; Kazemi & Stipek, 2001). 이것은 실제에 대한 새로움, 교사와 커리큘럼 사이의 인식론적 전념 간의 도전(Cohen & Ball, 1990), 개혁의 표면적인 특징에의 집착(Kazemi & Stipek, 2001), 그리고 부적절한 전문적 발달(Sowder, 2007)과 같은 무수한 이유로 귀인될 수 있다. 그러나, 지시적 수업 실제가 자신의 약점(Boaler, 2000; Ladson-Billings, 1994, 1998; Schoenfeld, 1998)을 가지고 있다는 것을 보여 왔던 것처럼, 이것이 탐구적 실제에 국한되는 문제는 아닌 것이 확실하다. 수업 실제를 비교할 때 우리가 이런 수업 실제가 실현되는 방식에 관한 정보를 포함하는 것이 불가피한 것은 이런 이유 때문이며, 그런 것들을 표상한다고 말하는 커리큘럼과 실제가 정말 일치하는 것은 분명하기 때문이다(Kazemi & Stipek, 2001).

여기서 탐구적 실제의 실행과 관계없이, 어떤 탐구적 실제라 할지라도 다른 형식의 수업보다 우월하다는 것을 우리는 주장하지 않는다. Kirschner 등은 자신들이 리뷰했던 탐구와 "지시적 수업"을 비교했던 연구에서 수업 실제의 본질을 논의하지 않았기 때문에, 정확하게 무엇이 비교되고 있었는지에 관해 우리는 확신할 수 없다. 이어서, 그들이 마음속에 그리는 커리큘럼 목적에 관련시키는 것과 같은 탐구 수업 실제를 논의하며(Boaler, 1997; Hiebert et al., 1997; Silver & Stein, 1996; Wood & Sellers, 1997 참조), 아울러 그런 실제를 "최소한으로 가이드되고" 있는 것이라는 그들의 성격 규정에 우리는 도전한다.

수업 실제에서 가이던스

Kirschner 등은 지시적 가이던스를 "인간의 인지구조와 양립하는 학습전략 지원은 물론 학생들이 학습하도록 요구되는 개념과 절차를 충분히 설명하는 정보를 제공하는 것"(Kirschner et al., 2006, p. 75)으로 정의한다. 이와 대조적으로, 최소한의 가이던스는 "만약 학습자가 그것을 사용하기 위해 선택하면 이용가능한 과정 관련 정보 혹은 과제 관련 정보의 형태로 제공되는 … 가이던스"(p. 76)로 정의된다. 이런 정의로 볼 때, Kirschner 등은 개념에 대해 명확하게 논리정연한 설명의 형식(지시적 가이던스)이나, 혹은 "해야 할 것(what to do)"에 관한 정보(최소한의 가이던스) 가운데 하나로서, 바로 가까이에 있는 과제에 관련되어 있는 말이나 혹은 글로 표현된 정보를 가이던스로 간주하고 있는 것으로 우리는 추측한다. 이미 진술했던 바와 같이, 우리는 이런 형식에서만 일어나는 가이던스를 포함하고 있는 것으로서의 탐구적 실제를 지정하는 것에 도전한다. 덧붙여, 우리는 언어적인 그리고 글로 표현된 수업 가이던스는 단지 정보와 함께 학생들의 관여를 지원하는 많은 가이던스 형태 가운데 하나일 뿐이라고 제안한다. 내용과 함께하는 학생들의 관여에 대해 영향력을 가지고 있는 요인들의 목록은 교실과 같은 복잡한 시스템 속에서 잠재적으로 무한하지만, 가장 많은 주의를 받았던 수업 실제의 측면은 다음과 같은 것－수업 과제의 설계(Stein, Smith, Henningsen, & Silver, 2000), 수학 활동이 교실에서 구성되는 방법에 기여하는 교실의 규범(Yackel & Cobb, 1966), 그리고 교사가 묻는 질문의 종류와 학생들 사고를 지원하는 방식－을 포함하고 있다.

교사들이 제공하는 가이던스의 핵심적 형식은 수업을 위해 설계하거나 선정하는 과제를 포함한다. 수업 과제는 수학에 대한 학생들의 이해를 개발하는 것 가운데 핵심적인 구성요소이다(Doyle, 1988; Hiebert et al., 1997; Schoenfeld, 1988; Stein et al., 2000). 과제는 학생들이 하는 작업의 기초를 형성하며, 상이한 과제 설계는 상이한 이해의 개발을 지원한다. Stein과 그녀의 동료들(Stein & Lane, 1996; Stein et al., 2000)은 교실 수업과제에 의해 제공되는 상이한 수준의 인지적 수요를 논의했다. 교실에서의 연구로부터, 그들은 네 가지 수준의 인지적 수요를 목록화했다. 가장 낮은 수준의 과제는 학생들이 기억으로부터 어떤 것을 암송하는 것(recite)만을 요구했다. 두 번째 수준의 과제는 절차의 정확한 수행(correct performance)을 요구했지만, 그 절차를 일반적인 개념에까지 관련시킬 필요는 없었다. 세 번째 수준은 결합을 가진 절차(procedures with connection)로 불렀으며, 학생들이 그 절차를 유의미하게 만드는 개념에 주의를 기울이도록 요구했으며, 그리고 네 번째 수준은 수학을 하는 것(doing mathematics)으로 불렀으며, 학생들이 개념과 방법의 의미를 명시적으로 고려하도록 요구했다.[5]

Stein 등(2000)이 말하는 핵심 요지는 과제 구조가 과제에 대한 궁극적인 인지적 수요를 위한 프레임워크를 제공할 뿐이라는 것을 명기하는 것이다. 과제의 이행 즉, 실시간으로 과제가 어떻게 소개되고, 작동되고, 지원되고, 완수되는가 하는 것은 인지적으로 부담스러운 그 과제가 실제로 어떻게 될지를 궁극적으로 결정한다.

교실규범 즉, 참여하고 있는 구성원들이 과제를 완수하기 위해 기대되고 자격 주어진(entitled) 공유된 것으로 간주되는 (taken-as-shared) 기대와 의무는(Cobb, 1999; Cobb, Jaworski, & Presmeg, 1996; Yackel & Cobb, 1996 참조), 수업과제가 교실에서 실현되는 방식에 영향을 미친다(Staples, 2008 참조).

그러므로 과제에서 인지적 수요를 유지하는 행동은 전혀 하찮은 일이 아니며, 교사 쪽에 중요한 작업을 요구한다(Henningsen & Stein, 1997; Lampert, 2001). 특히, 교사들은 학생들의 사고에 대한 자신들의 편성과 지원(orchestration and support)을 통해 수업 가이던스를 제공한다. 자신들의 실천을 연대순으로 기록했던 교사들의 작업은 전체 학급토론(Ball, 1993; Lampert, 2001; Staples, 2007)과 개별적인 작업 (Schifter, 2001) 양쪽 모두에서 학생들의 사고를 지원하기 시작하는 극도의 사려 깊음을 분명히 보여주었다. 가이던스의 형식은 질문, 조사, 이야기 전환점의 조정, 그리고 움직일 시점(when to move on)에 대한 의사결정에서 나온다. 그러므로, 이런 가이던스를 "최소한의"라고 부르는 것은 학생들 사고에 대해 가르치는 작업과 가이던스의 영향을 놓치는 것이다. 예를 들어, Fraivillig, Murphy 및 Fuson(1999)은 학생들의 수학적 사고를 지원했던 교수 실제를 서술하기 위해 아동들의 사고력 향상시키기(Advancing Children's Thinking)라고 불렀던 하나의 프레임워크를 개발했다. 그들은 세 가지 실제를 확인했는데, 그것은 아동들의 해결방법 유발하기(eliciting), 아동들의 개념적 이해 지원하기(supporting), 그리고 아동들의 수학적 사고 확장하기(extending)이다. 이런 프레임워크는 자신들이 정보에 관여하는 그대로 학생들에게 중요한 가이던스를 교사가 제공하고 있다는 것을 제시한다.

그런 실제를 "최소한으로 지도된" 것으로 보는 성격 규정을 우리는 어떻게 설명할 수 있는가? 잘 기능하는 탐구수업에서, 활동의 초점 — 논의하고, 논박하고, 추측하고, 고안하는 사람 — 은 교사가 아니라 학생이다. 그런 교실에서, 학생들은 해결책을 창출하고, 자신들의 전략을 비교하고, 차이점을 해소하도록 요구받는다(Cobb, 1999; Hiebert et al., 1997; Kazemi & Stipek, 2001). 이런 수업에서, 교사가 교실 전면에서 정보를 나눠주는 일은 거의 없다. 그보다는 오히려, 그들은 집단 사이를 돌아다니거나, 대화를 경청하고, 재지시, 재구성하기 위해 중재하며(O'Connor &Michaels, 1993), 상이한 아이디어 간의 결합에 관해 학생들을 상기시킨다. 따라서, 실제를 잘 정립해 온 교실에서(Goos, 2004; Staples, 2007), 교사가 늘 활동의 중심에 있는 것이 아니라는 것은 사실이다. 그러나, 교사들이 중심적으로 활동에 참여하지 않고 가이드하지 않는다고 주장하는 것은 단순히 잘못되었으며 교수 실제에 대한 총체적으로 잘못된 진술이다.

　똑같이 오해의 소지가 있는 것은 "지시적 수업"이 최대한의 가이던스의 한 가지 사례라는 함의이다. 지시적 수업을 사용하는 많은 교실에서 제공된 가이던스 유형이, 분명하고 모호하지 않을 것 같은 반면, 보다 심층적인 개념적 이해로 인도할 것 같지는 않다는 것을 우리는 말하고 싶다(Boaler, 1997; Hiebert *et al.*, 2005; Stigler, Fernandez, & Yoshida, 1996; Stigler & Perry, 1988). 그 대신, 그런 수업은 수학적 활동을 생성하기보다는 듣기에 관해 더 많은 비중을 두는 수동적인 노력으로서 자리매김한다(Gresalfi *et al.*, 인쇄 중; Ladson-Billings, 1998 참조). 뒤이은 절에서, 우리는 동일한 수학적 아이디어에 관한 두 가지 수업 논의로부터의 발췌를 공유한다. 한 교실은 탐구 실제를 극대화하는(leverages) 반면에, 다른 교실은 지시적 수업을 사용했다. 이런 사례에 대한 프레젠테이션에서, 우리는 수업 실제에 있어서의 차이점을 논의하고, 교사들이 제시하는 가이던스의 형식을 강조하며, 그리고 이런 실제와 학생들이 학습기회를 받고 있는 것 간의 관계를 명기한다.

●○ 수업 분석: 변수의 표상

　다음 사례는 캘리포니아 베이 지역(California Bay area)에 있는 두 개의 8학년 대수 수업으로부터 나왔다. 이 수업들은 수학적 정체성의 발달(the development mathematical identities)에 대한 대규모 연구의 대상이었다(Gresalfi, 2004). 연구의 일원이었던 교사들은 공동체(부모, 다른 교사, 그리고 행정가)에 의해 존경받아왔기 때문에, 그리고 자신들의 교실을 아주 색다르게 조직했기 때문에 선정되었다. 미즈 S의 교수 스타일은 탐구 지향(inquiry oriented)으로 성격 규정되었던 것들과 일치했다. 그녀는 학생들에게 자주 개방적이고 복잡한 문제를 제시했으며, 학생들이 함께 공부하기를 기대했다. 그녀는 보통 학생들이 자신들의 집단에서 먼저 공부한 이후에 전체 수업을 함께 이끌었으며, 일반적으로 전체 수업 논의는 학생들로 하여금 자신들의 전략과 해결책을 공유하도록 하는 데 초점을 맞추었다. 이와 대조적으로, 미즈 H의 교수 스타일은 좀 더 지시적 수업 쪽으로 지향하는 경향이 있었다. 어떤 특정한 날이라 하더라도(on any given day), 수업은 미즈 H의 새로운 아이디어를 보여주거나 혹은 설명하는 것으로 시작된 후, 학생들은 둘씩 짝을 짓거나 혹은 개인적으로 문제에 대해 공부하도록 놓아두었다.

초점 수업(focal lesson)은 둘 다 9월 초에 일어났는데, 그 때 학생들은 처음으로 대수 타일(algebra tiles)을 가지고 공부하고 있었다. 대수 타일이란 Cuisenaire^{TM}가 설계한 손으로 다루는 학습자료인데, 그것은 알려지지 않은 양(x와 x^2 같은 것)을 표상하기 위해 사용될 수 있다. 대수 타일은 종종 추상적 표상(abstract representation)이라는 어려운 주제로 들어가는 또 다른 접속점(point of access)을 학생들에게 부여할 잠재력을 가지고 있다. 또 다른 표상 형식을 제공함으로써, 학생들은 한 가지 관점 이상으로 아이디어에 접근할 기회를 가지며, 표상들을 교차하여 사고함으로써, 아마도 개념에 대한 좀 더 심층적인 이해에 도달할 수 있을 것이다. 그러나 이런 종류의 표상은 아직 학생들이 기억하는 또 다른 절차가 될 수 있다. 대수 타일의 포함은 학생들이 자료와 좀 더 유의미하게 상호작용하리라는 것을 보장하지 않는다. 대수 타일은 단지 그런 일이 일어날 기회를 제공할 뿐이다.

발췌 1: 지시적 수업

이 수업에서, 미즈 H는 대수 타일을 학생들이 아이디어나 문제를 통해 자신들의 공부를 도와주는데 사용할 수 있는 도구로 소개했다. 예를 들어, "동류항(like terms)"에 소개했을 때 학생들은 대수 타일에 의존했다. 오직 단항식만 조합될 수 있다는 아이디어는 세 가지의 매우 다른 모양을 보았을 때 보다 명료해졌다. 이런 대수 타일의 견해는 그런 타일들의 소개를 통해 지원되었으며, 교사가 학생들에게 각각의 타일이 무엇을 표상하는지를 얘기해 줌으로써, 학생들은 그 타일을 가지고 실습할 수 있었다.

천인 것으로 증명되었다.

이런 고려들을 바탕으로, 군대의 시뮬레이션 기반 훈련의 활용으로부터 도출된 어떤 절차, 분석 및 자료를 리뷰하는 것은 과거 시간(past time)일 수도 있다. 예컨 대, 전투 작전을 위한 훈련 조종사의 과제를 고려해 보라. Pohlman과 Fletcher(1999) 가 논의했던 것처럼, 전투 조종사는 다음과 같은 것을 반드시 학습해야만 한다:

- 기본적인 비행술. 네 가지의 기본적 비행 차원이 있다. 고도(어떤 지점 위의 높이), 태도(공중에서의 자세), 위치(공간에서의 지점에 관련), 그리고 시간(정상적으로 대기속도의 기능)이 그것이다. 조종사는 이런 네 가지 차원을 동시에 통제해야만 한다. 그렇게 함으로써 비행기를 뜨게 하고, 고도를 유지하며, A지점으로부터 B지점까지 이동하며, 접근하고, 그리고 착륙하게 한다.

- 항공기 시스템 조작. 전투조종사들은 또한 비행기 시스템을 조작해야만 한다. 이런 시스템은 엔진 통제, 내비게이션, 연료 통제, 통신, 기체 통제, 그리고 환경 통제를 포함한다. 어떤 비행기는 다른 승무원에 의해 운영될 수 있는 탑재형 시스템이지만, 조종사는 스스로 책임을 지며 언제나 각 시스템의 상태를 반드시 알고 있어야 한다.

- 내비게이션. 조종사가 기본적인 비행술과 항공기 시스템 조작을 숙달하게 되면, 그들은 네 가지 차원에서 항해하기 위해 학습해야만 한다. 조종사는 할당된 위치, 할당된 코스 및 방향 위에서 모든 유형의 영공과 모든 방식의 환경 조건에서 항공기를 유지해야만 한다. 끊임없이 변하는 지시를 인식하고 이행하는 동안 할당된 비율과 풍속에서 고도를 유지하거나 수정해야만 한다.

- 전투무기 시스템. 전투기는 싸워야 할 수많은 부가적인 시스템을 가진 조종사와 직면한다. 전투기 조종사들은 무기가 외부에 있을 때와 발사될 때 항공기에 어떻게 영향을 미치는지를 반드시 이해해야만 한다. 그들은 무기, 그들의 비행 특징, 그들이 요구하는 부가적 시스템 통제의 발사 매개변수를 반드시 이해해야 한다. 이런 통제는 스로틀(throttles)과 막대 손잡이 위에 있는 버튼, 스위치, 로커(rockers), 그리고 슬라이더(sliders)로 구성된다. 조종사는 개별 시스템에 속하는 모든 통제를 이해하고, 모니터하고,

[그림 14.1]
대수 타일

1   T: ...좋아, 자 이것의 이름이 뭐지? (오버헤드 상에 제시된 작은 사각형 타일
2   을 가리키며) 이것은 하나야 (오버헤드 상에 있는 직사각형을 가리키며) 이
3   것은 하나의 x야.
4   ST1: 혹은 하나의 (x)
5   T: 혹은 하나의 s. 하나의 a도 될 수 있겠지. 이것은 하나의 모르는 숫자를
6   나타내는 거야. 그것이 무엇이든 간에. G, W, W, 네가 좋아하는 철자를 골
7   라봐. 좋아? 이것은 무엇이라고 생각하니 (직사각형 타일을 가리키며)
8   ST2: 오, 나는 알아!
9   T: 이것을 만들자, 이것은 내가 좋아하는 거야, 이것을 a로 만들자 (직사각 형
10   타일옆에 a를 쓴다) 그리고 이것을 반대 a로 만들자 (빨간 직사각형 옆에 -a를
11   쓴다). 좋아, 네가 어떤 문제를 갖고 있다 하더라도, 너는 하나의 철자를 가지
12   게 될거야, 그리고 이것은 우리가 모르는 숫자를 나타내. 이것은 무엇이라고
13   생각하니 (푸른 사각형 타일을 가리키며) (잠시 멈춤) 내가 너에게 힌트를 주려고
14   해, 이런 조각들은 면적에 기초하고 있어, 너는 이것이 하나 곱하기 x라는 것을 알
15   고 있어 (직사각형을 가리키며), 그래서 x만큼 길고 하나만큼 넓어, 그래서 그것은 x
16   곱하기 하나의 면적을 가지고 있거나 혹은 x^2? 이것은 (푸른 사각형을 가리키며) x와 하나
17   의 x의 면적을 가지고 있어, 그래서 이 조각을 무엇이라고 부른다고 생각하니?
18 ST3: x 곱하기 x, 혹은 x 자승.
19 T: ...x 곱하기 x, 혹은 x 자승이라, 나는 그저 x 자승이라고 부를거야 ...

20   좋아, 내가 너에게 어떤 타일을 주려고 해, 너와 너의 부모님, 그리고 나는
21   너에게 어떤 표현을 보여줄 것을 요청하려고 해 (타일을 건네주며). 나는
22   너에게 그 문제를 주어야만 해.... x 자승, 빼기 3 x, 그리고 더하기 2. 나는
23   네가 책상 위에 x 자승 빼기 3x 더하기 2를 했으면 좋겠어. x 자승 빼기
24   3 x 더하기 2는 너의 책상 위에 있어.

이런 발췌에서, 교사는 대수 타일의 이름에 관해 분명한 가이던스를 제공했으며, 이름을 위한 이론적 설명을 포함했다. Kirschner 등(2006)이 "학생들이 학습하도록 요구되는 개념과 절차를 충분히 설명하는 정보를 [제공한다]"고 진술했던 것처럼, 분명하게 말해진 정보를 학생들이 제시받았다는 점에서 이것은 지시적 수업에 대한 하나의 사례이다. 학생들이 그것으로 작업해야만 했던 정보 - 대수 타일의 이름과 그런 대수 타일이 전통적인 가변적 표상과 어떻게 서로 조화되었는가 - 는 교사에 의해 제시되고, 해석되고, 설명되었다. 이런 발췌에서, 교사의 가이던스는 매우 지시적이다. 예를 들어, 10-13 라인에서, 교사는 학생들에게 그 조각들은 면적을 위해 이름붙여져 있다는 것을 말해준 다음 면적을 위한 방정식이 무엇인지를 학생들에게 상기시킨다. 따라서, 그녀는 학생들을 직접적으로 가르치는 것이며, 그 조각들에 대한 이름붙이기라는 측면에서 학생들을 가이드하고 있는 것이다.

그러나, 그녀의 가이던스는 지시적이지만, 또한 보다 최소한인 것으로서, (바라건대) 이전에 학습했던 사실들을 학생들에게 상기시키는 것을 포함하고 있지만, 이전에 학습했던 그런 사실이 사각형의 이름과 어떻게 관련되어 있는지를 학생들이 이해하도록 지원하고 있지는 않다. 특히, 학생들이 면적 공식을 학습했다는 것을 기억한다 할지라도, x 곱하기 x가 왜 x 자승인지를 반드시 기억하거나 혹은 이해하는 것은 아니다. 이렇게, 조각에 대한 이름붙이기 뒤에 있는 이론적 설명처럼 대수 타일과 여타 수학적 아이디어 간의 결합은, 말하자면 불안정한 상태로 남아(left in the air) 있었다. 학생들이 그 정보를 내재화하고 그것을 기억할 것이라는 기대를 가지고, 그 정보는 큰소리로 진술되었다. 그러나, 학생들의 역할은 이런 아이디어들 간의 결합을 만드는 것이 아니라, 미즈 H가 설명했던 결합을 기억하는 것이다.

이런 프레젠테이션은 학생들로 하여금 상이한 모양의 대수 타일에 이름을 붙일 수 있는 기회, 그리고 동일한 정보에 대해 전통적인 글로 표현된 표상 위에 이런 이름들을 그릴 수 있는 기회를 제공했다. 그러나, 이런 프레젠테이션은 학생들이

이미 직면했던 다른 아이디어에 관련지었던 것과 같은 조작(manipulatives)을 그들이 이해하는 데 초점을 맞추지 않았다. 그보다, 그 제시(presentation)는 학생들이 그 대수 타일을 활용할 기회를 창출했다. 사실, 수업기간의 나머지는 전통적인 대수의 문단을 표상하기 위해 대수 타일의 활용을 연습하는 데 보내졌다.

발췌 2: 탐구 수업

수업과 타일의 사용에 대한 미즈 S의 접근은 매우 달랐다. 학생들에 의해 구성된 것처럼, 도구의 의미로 시작한 다음 그녀는 그 도구들을 이름붙이는 것으로 옮겨 갔다. 그녀는 그 타일을 아이디어를 통해 학생들이 공부하도록 도와주기 위한 도구로 대하기보다는, 표상 그 자체의 아이디어 속으로 들어가는 하나의 접속점(an access point)으로서 그 타일들을 취급했다. 미즈 S가 대수 타일을 소개했을 때, 학생들은 각각의 것들을 무엇으로 이름붙여야만 할지, 그리고 왜 그런 이름을 붙여야만 하는지에 관해 확장된 토론을 가졌다. 아래에 있는 발췌는 학생들이 가장 큰 조각(x^2)을 이름붙이는 것에 대해 공부하고 있었을 때 그 수업의 일부로부터 나왔다. 이것은 (위에서 보여진 것처럼, 토론의 맨 처음에 반대되는) 토론이 시작된지 약 20분 가까이 되어 일어났다. 이렇게 글로 쓴 기록은 교사가 학생들에게 그 조각들 자체를 위한 이름에 도달할 시간을 준 다음, 수업의 중간에 시작되며, 그 후 전체 수업을 고려하여 오버헤드 상에 그들의 제안된 이름을 쓴다.

1 T: 좋아, 여기를 잘 볼까요? 우선 첫째로, 나는 자승에 관해 얘기하고 싶은
2   데, 그 이유는 그것이 혼동할 수밖에 없을 것 같은 부분이기 때문이야 …
3   그래서 그것에 대해 생각했던 사람들 가운데 한 명 누구라도, 앞으로 나가
4   서 z 자승이나 혹은 x 자승 중에 하나를 어떻게 알게 되었는지를 설명해
5   봐. (한나가 그녀의 손을 든다) 한나.
6 H: 오. (앞으로 나간다) 글쎄, 나는 알았어, 우리도 알았다, 이거야 ((x^2)을
7   가리키며) 왜냐하면 우리가 잘 갔기 때문이야, 면적은 밑변 곱하기 높이와
8   같기 때문에, 그러면 으, 그러면 x 곱하기 x를 했어_어(그녀가 곱셈 기호로
9   썼던 작은 x를 지우면서) 음, 그래서 그것의 밑변 곱하기 높이이기 때문에
10   우리는 x 곱하기 x를 했어. 그리고 그것은 x 자승과 같아. 그래서 그러면

11　음 보통 우리는 그 숫자를 취해서 그 옆에 단위 자승을 두지만. 그러면 그

12　것이 이상한 종류로 보일 수 있기 때문에, 우리는 그처럼 갔던 거야 (x^2

13　주위에 괄호를 놓으면서).

14　T:　너는 x 곱하기 x가 x^2과 같다는 것을 어떻게 알게 되었니?

15　H:　기다려 오 오, 왜냐하면, 그것은 x 자승이 x 곱하기 x와 같기 때문이지.

16　T:　(잠시 멈춤) 모든 사람이 그것에 동의해? x 자승이...

17　네가 x 자승과 같이 부른다, 만약 네가 3 자승처럼 하게 된다면, 그것은 3

18　곱하기 3을 의미하며, 그러면 x 자승은 x 곱하기 x를 의미한다.

19　(긍정적으로 소리 내었던 학생들로부터 중얼거리면서)

20　T:　좋아, 그래서 어떤 사람은 x 자승이 x 곱하기 x를 의미하지 않는다거나

21　혹은 3제곱이 3 곱하기 3을 의미하지 않는다는 것에 동의하지 않는다. 좋

22　아, 그래서, 너희들 모두는 만약 x 곱하기 x를 가졌다면 너희들은 그것을

23　x 자승이라고 쓸 수 있다는 것을 동의하니? 좋아, 그래서 그러면, 그것은

24　아마도 어떤 사람이 어디서 z 자승을 얻었는지를 ... 그래서 나는 누가, 허,

25　앞으로 나가서 z 자승에 관해 얘기해 줄 수 있는지를 말하고 싶어. 그래서,

26　그 집단, 너는 네가 생각하고 있었던 것을 설명할 수 있었니?

미즈 S의 자료 프레젠테이션은 결합을 만드는 책임을 학생들 자신에게 두었다. 그녀가 학생들을 위해 설정했던 과제를 근거로, 학생들의 공부와 학생들의 사고 위에 수립함으로써 그녀는 대화를 시작했다("ones" 조각과 "x" 조각을 위해 결정했던 이름을 마음에 새기면서, 사각형 조각 이름붙이기). 이런 연습을 토대로, 설명을 생성하는 작업은 학생들에 의해 행해졌다는 점에서 미즈 S의 접근은 "탐구(inquiry)"로 특징지어질 수 있다. 그러나, 이런 대화가 최소한의 가이던스의 한 가지 사례가 되기는 어렵다. 대신에, 그것은 의도적 가이던스의 한 가지 사례이다. 교사의 말하기는 정보를 공급하거나 혹은 아이디어들 간의 결합을 공유하는 것을 목표로 하지 않았다. 오히려, 아이디어는 모두에게 접근될 수 있어야 한다는 것을 보장하기 위해, 그녀의 작업은 학생들에 의해 만들어진 주장이나 진술을 문제화하는 것이었다. 이렇게 끼워 넣을 수 있게 되는 것은 생산적으로 앞으로 나아가기 위해 학생들이 아는 것, 그들이 혼동할 수도 있는 것, 그리고 반드시 이해해야 하는 것에 대한 이론을 가지고 있을 것을 요구한다. 이런 아주 간단한 교환에서, 교사는 학생들을 세

가지 방식으로 가이드했다. 첫째, 그녀는 수학적으로 중요한 것(에 대한 그녀의 해석)에 기초하여, 어떤 해결책이 반드시 논의되어야만 하는지를 결정했다. 특히, 그녀는 x 곱하기 x는 x자승이라는 것, 그리고 하나의 변수는 항상 동일한 정보(그리고 거꾸로, 동일한 정보는 항상 동일한 변수에 의해 표상될 수 있다는 것)를 표상할 필요가 있다는 아이디어를 목표로 정했다. 둘째, 교사는 매우 신속하게 그리고 정당화 없이(10번째 줄: 너는 x 곱하기 x가 x 자승과 같다는 것을 어떻게 알게 되었나?) 진술되었던 기여를 명확히 하기 위해, 학생들의 프레젠테이션 속으로 코멘트와 질문을 끼워 넣었다. 이런 움직임은 더 나아가 정보를 유발할 기회를 창출하는 데 기여했으며, 해결책과 아이디어가 어떻게 공유되어야만 하는지에 대한 기대를 모델로 보여주는데 기여했다. 셋째, 동일한 주장을 단순히 재진술함으로써 학생이 자신의 진술을 정당화 했을 때, 이번에는 그 학생이 하고 있었던 주장을 다른 학생들이 따르고 있는지(그리고 동의하고 있는지)를 알기 위한 평가의 행동으로서 그 교사는 다시 끼어들었다.

이런 프레젠테이션은 학생들이 대수에서 조작(manipulatives)과 여타 아이디어 간의 결합을 만드는 기회를 제공했으며, 그리고 특히, 이런 조작이 작동하는 방법에 대한 이해를 개발할 기회를 제공했다. 학생들은 자신들이 아이디어에 대한 모든(혹은 다중적인) 측면을 이해할 때만 아이디어들 간의 결합을 만들 수 있다. 이 수업은 단지 이런 새로운 도구를 사용할 학생들의 능력에 대해서보다는, 수업목적으로서 이런 결합에 초점을 맞추었다.

●○ 논의 및 결론

"지시적 가이던스(direct guidance)"와 "탐구적 접근(inquiry approaches)"이 수업에서 사용될 때 무엇처럼 보이는지에 대한 하나의 사례를 그 발췌는 간단히 보여준다. 이런 사례를 제시하는 데 있어서, 우리는 이 장을 통해 학습과 수업의 본질에 관해 우리가 만들어 온 몇 가지 주장을 보여주기 위해 애쓰고 있다. 오로지 장기기억의 변화에 대해서만 초점을 맞추는 학습이론은 우리가 찾는 변화의 본질을 구체화하지 않는다는 점에서 너무 광범위하며, 아울러 정보에 대한 개인적 표상을 넘어서는 학습의 측면에 대한 고려를 포함하지 않는다는 점에서 너무 세부적이라는 것을 우리는 제안했다. 활동시스템(activity system)이라는 특정 실제를 가지는 참여에 있어서의 변화로 학습이 더욱 유용하게 개념화될 수도 있다는 것을 우리는 제안했다. 이런 정의는 개인적 지식 구성이라는 아이디어에 도전하지 않으며, 오히려 지식 구성활동을 집합적 성취(collective accomplishment)로 위치를 옮기는데, 그런 집합적 성취는 문제가 되고 있는 개인뿐만 아니라 그나 혹은 그녀가 상호작용하고 있는 특정 환경의 다른 사람들과 자원도 포함한다.

위의 발췌에서 소개된 두 학급 모두 동일한 수학적 과제에 대해 공부하고 있었다는 사실에도 불구하고 학생들의 관여를 위해 상이한 자원을 제공했다. 미즈 H의 수업에서, 이해를 지원하기 위해 쓸 수 있었던 자원은 우선적으로 교사를 통해 왔는데, 이 경우에 조각에 이론적 설명을 가진 이름을 제공하는 형식으로 왔다. 이런 대화에서 학생들은 서로에게 자원으로서 위치하지 않았을 뿐만 아니라, 그들의 사전 수학적 이해가 자원이 될 수 있을 것 같다는 방식으로 강조되지도 않았다(몇 명의 학생들에게는 그랬을 수도 있지만 모든 학생들에게는 그렇지 않은 것 같았다). 대조적으로, 미즈 S의 학급에서, 이해를 지원하기 위해 쓸 수 있는 자원은 교사로부터, 다른 학생으로부터 그리고 수학적 내용 그 자체로부터 왔다. 미즈 S가 자신의 수업에서 근원적이었던 수학적 아이디어에 학생들이 관여하게 함으로써, 그녀는 수학을 대수 타일 조각의 명칭붙이기에 대한 학생들의 이해를 위한 자원으로서 위치시켰다. 그녀는 이 과제에 대해 학생들이 협동적으로 작업하도록 요구했기 때문에, 학생들은 또한 서로의 이해를 위한 자원이 되었다. 양쪽 학급에서 참여하고 있었던 어떤 학생들이라도 그들의 장기기억에서 변화를 만들 잠재력을 가지고 있었다는 것을 의심하지는 않지만, 두 가지 수업에서 동일한 변화가 만들어졌을 것 같지는 않다. 그렇게 될 수도 있는 이유를 이해하는 것은 활동환경의 구성요소와 아울러 그런 구성요소들이 상호작용하는 방법을 고려함으로써만 달성될 수 있다.

또한 특정 수업이론이 효과적인지의 여부에 대한 질문은 오직 수업목적에 비추어 고려될 수 있다는 것을 우리는 제안했다. 그 두 가지 수업 에피소드는 상이한 수업 실제를 극대화(leverage) 했다. 그러나, 덧붙여, 그 두 가지 수업 에피소드 또한 마음속에 상이한 목적을 가지고 설계되어 있는 것으로 보였다. 양쪽 교사 모두 대수 타일에 대한 학생들의 이해를 지원하고 싶어 했다는 것은 비슷했지만, 어떤 이해처럼 보이는지에 대한 그들의 생각은 다른 것처럼 보인다(그들의 프레젠테이션에 기초하여). 미즈 H에게는 대수 타일에 대한 이름을 성공적으로 의사소통하는 것과 학생들을 지원하여 그런 이름을 글로 표현된 변수에 결합시키는 것이 프레젠테이션의 목적인 것처럼 보였다. 대조적으로, 미즈 S는 조각의 이름을 고안하기 위해 학생들이 조각 모양의 개발에 대한 수학적인 원리를 활용하기를 원하는 것으로 보였다. 두 교사들은 자신들의 수업목적과 잘 일치되었던(well-aligned) 수업 실제를 극대화했다. 이런 상이한 수업목적의 함의는 무엇이 학습되는지, 그리고 누구에 의해서라는 측면에서, 수학교육공동체에서 커다란 논쟁거리 가운데 한 가지 토픽이 되어왔지만, 이 장에서 우리가 다루지 않았던 한가지이다(Boaler, 2002; Boaler & Staples, 2007; Gresalfi, Boaler, & Cobb, 2004; Lubienski, 2000).

또한 가이던스는 형식에 있어서 수업을 뛰어넘으며, 더 적은 지시적 가이던스(less direct guidance)와 더 적은 전반적 가이던스(less overall guidance)는 동일하지 않다는 것을 주목하면서, 탐구적 접근을 최소한의 가이던스로 성격 규정하는 것에 우리는 도전했다. 미즈 H는 모양에 분명히 이름 붙여줌으로써, 그 이름에 대한 이론적 이유를 말해 줌으로써, 그리고 변수에 대해 글로 표현된 표상을 그에 대응하는 대수 타일과 함께 결합하도록 요구했던 문장 표현하기를 학생들이 연습하도록 지시함으로써 지시적 가이던스를 제공했다. 미즈 S는 다양한 형식으로 가이던스를 제공했다. 그녀는 모양에 대한 이름붙이기 뒤에 있는 이론적 이유에 학생들이 참여할 수 있도록 하는 배경정보를 제시한 다음, 기본적인 수학이론에 근거한 그런 모양들에 대한 이름붙이기를 하나의 과제로 설정했다. 이런 방식으로 그녀는 모든 학생들이 동일한 수학적 배경정보에 접근하는 것을 제공하는 형식으로, 그리고 개방적인 과제를 설계함으로써, 지시적 가이던스를 제공했다. 또한 그녀는 학생들이 함께 작업하고, 서로 들으며, 서로의 이해에 책임을 지는 것을 요구했던 수업규범을 조직화했다(Gresalfi, 2004). 따라서, 미즈 S는 그 조각들의 이름에 관해 더 적은 가이던스를 제공했지만, 그 조각들에 대한 최종적인 이름붙이기가 학생들에게 의미를 가지게 했던 것과 같은 다른 형식으로 중요한 가이던스를 제공했다.

마지막으로, 그 어느 사례도 수학 내용을 "실세계(real-world)" 환경 속에 위치시키지 못했다는 것을 주목하는 것이 중요하다. Kirschner 등(2006)은 내용을 실세계 맥락 속에 그리고 실습 절차 속에 끼워 넣으려고 시도하기 위해 탐구적 접근의 경향성을 가진 이슈를 취한다. 탐구적 실제(inquiry practices)가 실세계가 될 필요가 없는 수학 교실에서 그런 것들이 종종 예를 들어 설명될 때 이것은 탐구적 접근의 활용과 부합되지(correspond to) 않는다. 그 대신, 탐구의 본질을 고려하는 것이 중요한

데, 수많은 합법적인 행동은 추상적인 상징의 시스템 속에 놓여 있다(Greeno, 1997). 예를 들어, 수학자들은 상징적 표상 속에 홀로 놓여 있는 활동에 참여하지만, 그들의 행동은 그런 표상에 관하여 유의미하고 합법적이다. 활동이 상징적인 관계를 바꿔놓는 데 기여할 때, 심지어 방정식을 단순화하기 위한 학습과 같은 절차적 행위도 외견상으로는 그들이 시스템에 영향을 주고 있으며 아울러 시스템에 의해 영향을 받고 있다는 의미를 가지고 있다. 따라서, 미즈 S의 수업에 있는 학생들은 합법적인 탐구에 참여하고 있었지만, 이런 경우 그들은 표상의 개발과 사용에 관해 탐구하고 있었다.

이것은 한 바퀴를 완전히 일주하여 우리 장의 제목으로 다시 우리를 데려 온다. 즉 수학에서 무엇이 알만한 가치가 있는가? 우리는 이것을 하나의 철학적인 질문으로 놓기 위해 노력해 왔는데, 그것은 특정 이론적 입장과의 동맹(alliance)을 통해 단순히 다뤄질 수는 없다. 그보다, 수학에서 무엇이 알만한 가치가 있는가라는 것은 학생들을 위한 개인적 수업목적과 결과, 그리고 사람들은 어떻게 점점 더 많이 알게 되는가에 대한 이해를 조형하고 아울러 그것에 의해 조형되는 핵심적 질문이다. 우리는 의도적으로 이런 질문에 답하지 않았지만, 대신 이론가, 실천가, 그리고 연구자들이 수학적 활동에 관해 만든 상이한 가정들 간의 상호관계에 초점을 맞추었다. 학생들의 수학학습을 개선시키는 것에 관한 진정한 탐구가 착수될 수 있는 시점은 오직 이런 가정이 분명해질 때뿐이다.

질문: Kirschner. 당신은 학습을 "환경 속에 있는 자원과 상호작용하는 능력에 있어서의 변화"라고 정의하고 있다. 당신이 "장기기억에서의 변화"에 주는 비판은 여기에서 충분히 적절하다! 사람들은 적절한 방식이나 혹은 부적절한 방식, 기타 등에서 구조적이거나 혹은 피상적 수준에서 사람들은 더 잘 상호작용하거나 혹은 더 못할 수도 있다.

답변: Gresalfi와 Lester. 이것은 매우 좋은 요지이며, 어느 정도 분명하게 할 가치가 있다. 학습을 장기기억에서의 변화로 정의하는 것은 수업목적에 유용하기에는 충분하게 구체화되어 있지 않다는 우리의 주장은 사실 개인의 참여방법에 있어서의 변화에 초점을 맞추었던 학습에 대한 정의에 적용될 수 있을 것이다. 그러나, 이런 성격 규정과 우리가 학습을 논의했던 방법 간에는 중요한 차이가 있다. 특

히, 우리는 학습을 단순히 참여에 있어서의 변화로 정의하지 않았으며, 오히려 환경 속에 있는 자원과 함께하는 참여의 변화로 정의했다. 그 차이는 어떤 사람이 하고 있는 것에 대한 성격 규정과 주어진 맥락에서 이용가능한 행동유도성에 관련하여 어떤 사람이 하고 있는 것에 대한 성격 규정 사이에 있다. 어떤 점에서, 이것은 분석단위(unit of analysis)의 이슈인데, 우리가 쓴 이 장에 깔려 있는 관점-상황적 관점(a situative perspective)-은 맥락으로부터 분리될 수 없는 개인이 반드시 분석단위로 취해져야만 한다는 것을 상정한다. 따라서, 학습이 환경 속에 있는 자원과 상호작용하는 능력에 있어서의 변화라고 주장할 때, 개인과 실제가 어떻게 변화하고 어떻게 진화하는지, 그리고 서로에게 어떻게 영향을 미치는지, 그들 두 가지 모두에 초점을 맞추고 있다. 결과적으로, 학생들이 학습하고 있는 것으로 간주되는지의 여부는 그 학생의 성취만으로는 더 이상 보이지 않으며, 오히려 어떤 학생이 반드시 참여해야만 하는 기회, 개인이 그런 기회를 계속 잡을지의 여부 및 시기와 그렇게 하는 것과 연합된 의미 간의 상호작용이다.

   분석단위에 있어서의 이런 변화는 특히 효과적인 수업 실제에 대한 질문으로 옮길 때 특히 필연적이다. 분석단위에 대한 정의는 수업목적이 달성되었는지의 여부에 대한 증거를 상이한 연구자들이 어디에서 찾는지를 위한 함의를 가지고 있다(예를 들어, 교실 바깥에서의 임상적인 면담 대 집단작업과 같이 자연적으로 발생하는 학급구조 속에서 학생들 간의 대화). 덧붙여, 학생들이 참여할 기회와 함께 실제를 비판적으로 고려하는 것은 내용과 함께 학생들의 관여에 대한 본질에 통찰을 준다. 자신들의 특정한 수업 실제를 통해 수학이 정의될 때, 전형적으로 학생들은 수학에 참여하는 데 매우 정통하게 된다. 이런 수업 실제가 우리들이 마음 속에 가지고 있는 결과와 좋든 싫든 간에 일치하고 있는지의 여부가 질문이다.

질문: Kirschner. 당신은 초등학교 교사들이 심층적이고, 유의미하며, 개념적인 방식으로 "가이드"하기 위해 수학에 대한 심층적인 이해를 가지고 있다고 가정한다. 불행하게도 초등학교 교사들의 수학적 기능 수준에 대한 과다할 정도로 많은 문헌은 이것을 반박한다. 보통 교사 준비프로그램은 많은 수학과 과학 코스를 포함하고 있지 않으며, 많은 초등학교 교사들이 강력한 수학기능을 결여하고 있다는 것은 잘 알려져 있다. 단순하게 진술하면, 교사는 자신들이 모르는 것을 가르칠 수 없다. 당신은 무엇을 제안하겠는가?

질문: Kirschner. 초보자는 무엇이 문제 혹은 문제해결에 관련되어 있는지 그리고 어떤 특수한 상황에서 무엇이 새로운 것인지를 인식할 수 없다는 것을 대부분의 전문가-초보자 연구는 보여준다(달리 말해, 당신이 아는 것이 당신이 보는 것을 결정한다). 제멋대로 하게 내버려두면 초보자는 문제를 해결할 때 그리고 연구와 해결책을 위한 더 나아간 문제를 선택할 때 표면적인 특징에 집중하고 문제의 구조적인 특징에 집중하지 않는다는 것을 최근의 연구는 보여주었다. 그리고 수학에 유능하지 않은 교사에 의한 가이던스는 정말 이것을 도울 수 없다!

두 가지 질문에 대한 답변: Gresalfi와 Lester. 위의 질문은 동일한 이슈에 초점을 맞추고 있는 것 같으므로 함께 정리하려고 한다. 탐구적 교수방법을 효과적으로 사용하는 것은 많은 교사들이 결여하고 있는 중요한 수학적 이해를 교사 쪽에 요구한다는 것을 제기하고 있는 반론인 것 같다. 이런 실용적인 도전은 매우 중요하며, 적절하게 중요한 관심의 초점이 되어 왔다. 사실, 그 도전은 Kirschner가 진술하고 있는 것처럼, 이것이 핵심적인 이슈이긴 하지만, 단순히 교사들의 내용지식에 대한 관심을 넘어선다. 확인되어 왔던 두 가지 부가적인 압박은 교수와 학습에 대한 교사들의 신념이 변화한 정도 그리고 수업맥락의 압박과 함께 이런 실제들의 정렬(alignment)을 포함하고 있다. 따라서, 교실 실제의 본질을 변화시키기 위한 도전은 중요하다.

그 질문은 그것이 노력할 만한 가치가 있는지의 여부이다. 만약 그것이 어떤 수업방법도 학생들에게 동일한 학습결과로 유도할 것 같은 경우라면, 탐구적 방법을 사용하는 교수에 있어서 교사들을 지원하기 위해 시간, 자원, 그리고 노력을 투자하는 것은 어리석을 것이다. 그러나, 학생들의 내용에 대한 관여의 본질은 정말 그들이 참여할 기회를 가졌던 수업 실제의 종류와 밀접하게 연계되어 있다는 것을 연구는 시사해 왔다. 그러나, 이것은 이런 차이가 표준화 테스트를 진술하는 것과 같은 전체적인 측정에 기초해 포착된다는 것을 반드시 의미하지는 않는다. 이것은 학생들의 학습을 위한 목적이 무엇인가, 그리고 수학을 아는 것과 할 수 있는 것이 무엇을 의미한다고 생각하는가라는 질문을 제기한다. 만약 우리의 목적이 특정 시험에 대한 수행을 증진시키는 것이라면, 가장 수월하고 가장 효율적인 방법과 함께 가는 것이 합리적이다. 만약 우리의 목적이 상이한 종류의 관여-수학 문제 해결하기와 제기하기, 탐색하기, 그리고 질문에 답하기를 포함하고 있는 어떤 것 ─를 지원하는 것이라면 상이한 종류의 수업접근이 요구된다. 그것을 간단히 말하면, 탐구적 방법에 참여하는 것은 탐구방법을 학습할 기회를 창출하며, 학생들이 항상 정답을 듣게 되면 탐구할 기회를 갖지 못한다. 이것이 중요한 목적이라면, 학생들을 탐구 실제에 포함시키려는 노력이 가치 있을 것이라고 우리는 제안한다.

질문: Mayer. 검증할 수 있는 이론을 가지고 있지 않다, 과학적으로 엄정한 연구방법을 사용하지 않는다, 타당한 연구 증거에 대한 주장을 바탕에 두고 있지 않다는 것과 같이 교육 연구는 질에 있어 낮은 것으로 종종 비판받고 있다. 당신은 "수학 수업에서 무엇이 작동하는가?"를 묻는 것이 적절하다고 생각하는가? 만약 그렇다면, 수학적 문제해결을 위한 학습을 촉진하는 데 있어 탐구적 방법이 지시적 수업보다 효과적이라는 것을 보여주는 세 가지 연구 사례를 제공해 주시오. 나는 당신이 쓴 장에서 그런 증거를 찾을 수가 없었다.

답변: Gresalfi와 Lester. 우리는 수학 교육에서 "무엇이 작동하는지(what works)"에 관해서 질문하는 것은 적절하고도 필수적이라는 데 동의한다. 그런 질문을 하지 않고서는, 미래 교사를 준비시키는 과정을 착수하는 것이나 혹은 그들 자신의 실제를 증진시키기 위해 교사들을 연습시키는 것과 함께 작업하기는 어려울 것이다. 우리는 의도적으로 이 질문을 다루지 않았는데, 그 이유는 용어와 범주를 충분히 정의하지 않음으로써, 대화는 공통적인 가정과 증거로부터 도출되지 않는다거나 혹은 공통적인 가정과 증거를 기초로 수립되지 않는다는 우리의 지각 때문이다. 따라서, 수학교육 분야에서 우리가 묻는 질문의 기초가 되는 가정을 다룸으로써, 그리고 우리가 상대적인 효과성(relative effectiveness)에 관한 증거를 모으기 위해 시도하는 방식을 그들이 어떻게 조형하는지를 다룸으로써 이 장은 시작되었다. 사실, 경험적 증거와 함께 무엇이 작동하는지에 대한 질문을 다루기 위해 연구에서 명확히 만들어져야만 하는 두 가지 필수적인 구성요소가 있다는 것을 우리는 주장한다. 첫째는, 우리의 바람직한 결과를 정의하는 것이다. 즉 무엇이 "유능한 수학적 수행(competent mathematical performance)"과 비슷해 보이는가? 둘째는 우리가 사용하는 범주화("탐구적" 혹은 "지시적 수업" 혹은 기타 다른 것들)가 보편적으로 정의되고 적용되고 있다는 것을 보장하기 위해 우리의 수업방법을 구체화하는 것이다.

우리의 장에 있는 논의를 기초로 할 때, 우리는 당신들이 제기했던 것과는 약간 다른 질문을 제기하면서, 묻는다. 즉 "누가 무엇을 학습하기 위해 무엇이 작동하는 가?". 이것은 우리들에게 테스트할 수 있는 이론으로 유도할, 그리고 타당한 연구 증거에 대한 누적으로 유도할 가능성이 큰 질문인 것 같다. 식견 있는 수학적 수행의 상이한 구성요소를 정리하는 그리고 상이한 측면의 수업 실제를 푸는 방대한 저술에 기초해 볼 때, 우리의 생각은 "한 가지 최선의(one best)" 수업 실제는 없다는 것이다. 그 대신, 좋든 싫든 간에 특정 수업 실제가 특정 수업 목적과 부합되며, 최선의 해결책은 학생들의 이해를 지원하기 위해 그들과 함께 다양한 전략을 사용하도록 교사들을 지원하는 것일 것 같다.

질문: Mayer. 적절한 수업방법을 선정하기 위한 하나의 중요한 출발점은 수업 목표를 명확하게 구체화하는 것이다. 당신이 쓴 장에서, 수업목표는 학습자의 지식 속에서의 바람직한 변화란 측면에서 진술되어져야만 한다는 생각을 당신은 무시하는 것처럼 보인다. 그러나, 학습되어야만 할 것을 당신이 어떻게 성격 규정하는지를 나는 결정할 수 없다. 한 쪽에서 학습은 "환경 속에 있는 자원과 상호작용할 수 있는 능력에 있어서의 변화"라고 당신은 말하고 있다. 그러나, 그 진술이 학습자의 인지적 전략과 메타 전략에 있어서의 변화와 같은 학습자의 지식에 있어서의 바람직한 변화를 구체화하는 것과 어떻게 모순되는지를 나는 알지 못한다. 만약 수학적 능력이 학습자의 지식(예컨대, 사실, 개념, 절차, 전략, 그리고 신념)에 기초하지 않는다면, 수학 수업의 결과로서 당신이 찾고 있는 바람직한 변화는 무엇인가?

답변: Gresalfi와 Lester. 간단히 말해서, 당신의 말이 옳다. 이것은 중요한 질문이며, 일차적으로 상이한 이론적 관점의 의미론(semantics)을 말하는 것이라고 우리는 믿고 있다. 위에서 명료화했던 것처럼, 수업목표가 정의되어야만 한다는 아이디어를 우리는 전혀 거부하지 않는다. 그러나, 우리는 학습자의 인지적 전략(지식) 내의 변화에 있어서보다는 어떤 학생이 할 수 있는 것(아는 것)에 있어서의 변화에 관해 그런 목표를 정의하고 있다. 이런 의미론적 결정에는 이론적인 이유가 있다. 우리의 장의 기저를 이루는 관점 – 상황적인 혹은 사회문화적인 관점 – 은 맥락으로부터 분리될 수 없는 개인을 반드시 분석단위로 취해야만 한다는 것을 가정하고 있다. 분석단위에 대한 이런 상이한 정의는 서로 다른 연구자들이 수업목표가 충족

되었는지의 여부에 대한 증거를 어디서 찾을지를 위한 함의를 가지고 있다. 그러나, 증거에 있어서의 이런 차이는 관점들 즉, 단지 증거에 의거한 주장을 둘러싸고 있는 경계를 정의하는 상이한 방식들 간에 양립불가능성이 있다는 것을 의미하지는 않는다. 이런 차이는 상이한 결론으로 유도할 수도 있지만, 분석단위의 경계가 정의되는 한, 이것은 더 적은 논의가 아니라, 더 많은 흥미 있는 논의로 유도해야만 한다.

두 번째 포인트는 학습을 논의할 때 인지구조에서의 변화에 대한 집중이 충분한 고려인지의 여부이다. 활동환경 속 참여에 있어서의 변화를 고려하는 장점 가운데 하나는 그것이 지식에 대한 입증과 아울러 특정 실제에 접근하고 관련짓는 방식의 입증 두 가지 모두를 포함하고 있다는 것이다. 총명하지만 자신이 하고 있는 것을 즐기지 않는 아이들을 우리가 데리고 있다면 걱정하는가? 우리가 가르치는 방식과 특정 학문으로 학생들이 개발하는 협력의 종류 간의 관계는 무엇인가? 참여라는 관념(notion of participation)을 그 분야 속에 그렇게 중점적으로 가져 왔던 Lave와 Wenger의 연구를 활용하면, 학습은 특정 실천공동체 속에서 어떤 사람이 가지고 있는 역할의 변형(transformation of the role)이며, 그 공동체에 관하여 새로운 정체성을 동시적으로 정교하게 만드는 것(simultaneous crafting)이다. 이것은 결과적인데, 그 이유는 그것이 학생들의 관여(그 자체로 하나의 중요한 목적)의 본질뿐만 아니라, 학문의 제휴와 즐거움에 대한 생각에도 관련되어 있기 때문이다. 특히, 특정 학문에 있어 학생들의 경험은 계속 관여하고자 하는 그들의 의지에 영향력을 가지고 있다는 것, 그리고 그런 경험들은 오직 성공에 관해 있지 않으며 오히려 학문의 가치에 관련되어 있다는 것이 기록되어 왔다.

질문: Mayer. 당신이 쓴 장을 내가 정확하게 이해한다면, 학습결과는 학습자의 지식에 있어서의 오래 지속되는 변화라고 하는 아이디어를 당신은 거부한다. 하나의 대안으로서, 수학 학습을 하나의 "사회적 활동", "하나의 구성된 활동", 그리고 "하나의 활동 환경의 완성"으로 당신은 성격 규정하고 있다. 이런 종류의 은유는 가끔씩 교사에 의해 수학에서 유일하게 허용되는 수업방법은 최소한의 교사 중재로 학생들이 집단 속에서 학습하도록 요구하는 것을 의미하는 것으로 해석된다. 이런 결론을 도출하는 교사들에게 당신은 무엇을 말할 것인가? 당신은 사회적 기반의 학습이 수학 학습을 촉진하는데 개인적 기반의 수업보다 더욱 효과적이라는 주

장을 지원하기 위한 어떤 증거 - 조심스럽게 선정된 일부의 사본 이외에 - 라도 가지고 있는가?

답변: Gresalfi와 Lester. 여기서 정리되고 있는 두 가지 상이한 이슈가 있는 것처럼 들린다. 즉 하나는 "학습(learning)"이 어디에 위치하고 있는가(머릿속에 대 실제에)에 대한 생각과 관련되어 있으며, 두 번째는 학습에 관한 그런 논의가 수업에 번역되는 방식이다. 기록을 위해, 학습을 상호작용으로 간주하는 것은 단지 분석단위에 관한 진술이지 반드시 사용되어져야만 하는 수업방법의 종류에 관한 진술이 아니다. 물론, 학습이 어떻게 일어나는지에 대한 우리의 이해는 수업을 위한 함의(Kirschner et al., 2006 논문의 주된 요지 가운데 하나)를 가지고 있으며, 가지고 있어야만 하는데, 이 점에서 곤혹스러운 것이 있다.

유일한 학습방법이 다른 사람에게 끊임없이 얘기하는 것이라고 생각하는 것은 맞지 않다는 것과 마찬가지로 어느 누구도 수업에서 학생들의 경험이 전적으로 개별화되어야만 한다고 주장하지 않으리라는 것은 확실하다. 이것은 실제에 대한 생각의 오해인데, 그것은 단지 대화뿐만 아니라, 예컨대 수용할 수 있는 관여 방법에 대한 규범적 기대(normative expectations)도 포함하고 있다. 여기서의 요지는 어떤 사람이 관여하는 실제의 종류는 학습되는 내용의 바로 그 본질을 조형한다는 것이다. 따라서, 질문은 개별적 수업이 협력적인 집단활동보다 우월한가의 여부가 아니라 오히려 상이한 실제가 무엇에 유용한가이다. 만약 우리의 목적이 수학문제 해결과 제안하기, 탐색하기, 그리고 질문에 답하기를 포함하는 관여를 지원하는 것이라면, 이런 종류의 실제를 지원하는 수업접근이 요구된다. 특히, 공동적인 활동에 관여하는 것은 협력하는 방법을 학습할 기회를 창출한다.

Gresalfi와 Lester의 답변에 대한 반론: Mayer. 수업 실제는 견고한 연구 증거를 기반으로 해야만 한다는 것에 우리 모두 동의하게 되어 기쁘다. 특히, 어떤 수업 실제가 어떤 수업목적을 가장 잘 성취하는가를 찾아내는 것을 포함하여 "누가 무엇을 학습하기 위해 무엇이 작동하는가"에 대한 연구를 수행하는 것의 중요성에 대해 우리 모두 동의한다. 이런 요지는 Jim Greeno와 함께 한 나의 최초로 출판된 논문과 일치하는데, 그 속에서 수학적 개념을 가르치기 위한 귀납적 방법은 전이 문제(transfer problems)에 가장 잘 작동했으며 연역적인 방법은 관습적인 문제

(conventional problems)에 가장 잘 작동했다는 것을 우리는 보여주었다.

전반적으로, 학생들이 수학에 대한 이해를 촉진하는 것이 하나의 중요한 목적이라는 것에 우리 모두는 동의한다고 생각한다. 따라서, 우리는 수학적 이해를 촉진하는 목적을 성취하기 위해 최선의 방법에 관한 결정을 알려주기 위한 출판된 연구 증거를 반드시 찾아야만 한다는 것으로 보인다. 나의 평가에 의하면, 수학적 이해 촉진에 있어서 최소한으로 가이드된 방법의 비효과성을 증거의 우세함을 통해 보여주고 있다.

[노 트]

1) Greeno(1997)를 따르면, 우리는 상황적 인지(situated cognition)라는 보다 일반적인 용어를 사용하기보다는 학습에 대한 상황적인 관점(situative perspective on learning)을 의미한다. 그렇게 하는 우리의 목적은, 모든 인지는 항상 상황적이며, 따라서 인지를 상황적이라고 언급하는 것은 그 용어가 인지는 "비상황적(unsituated)"일 때도 있을 수 있다는 것을 함의한다는 점에서 불필요하고 또한 호도한다는 것을 강조하는 것이다.

2) Kirschner 등(2006)은 이런 상이한 수업접근 간을 구별하지 않을 뿐만 아니라, 이런 이론들의 상이한 예시화(different instantiations) 간의 변동에 대한 학문의 부(wealth of scholarship)를 인식하지도 못한다. 예컨대, 탐구적 접근을 주장한 극소수의 연구자들이 그런 모형을 지지했을 때, 그들은 "가이드되지 않은 발견(unguided discovery)"을 발견학습의 사례로 언급하고 있다. 확고부동한 보잘 것 없는 사람(confirmed straw man)에 반대하여 어떤 주장이 구성되어지지 않도록, 이런 교육학적 접근의 상이한 예시화 간의 구별을 명기하는 것이 중요하다.

3) 물론, 이런 "특징들(characteristics)" 각각은 도전받을 수 있을 것이다. 즉 적어도, 그들은 이런 모든 이질적인 접근에 대한 핵심적인 교육학적 목적(core pedagogical goals)을 적절하게 서술하지는 않는다.

4) 상황성 이론(situativity theory)과 사회문화적 이론(sociocultural theory)은 동일한 이론이 아닌데, 우선 그 이유는 그들의 상이한 발달 역사 때문이다. 두 이론 간의 상이한 예로 Gee(2008) 그리고 Greeno와 Gresalfi(2008)의 연구를 참조하는데, 그들은 사회문화적 관점(Gee)과 상황적 관점(Greeno & Gresalfi)으로부터 동일한 토픽(학습기회에 대한 평가)을 다루고 있다. 그러나, 두 가지 관점의 많은 핵심적 가정은 유사하다. 즉,

여기 논의에서 특히 중요한 것은 모든 활동은 어떤 사람이 "알기(know)" 위해 말해질 수 있는 것으로부터 불가분의 관계에 있는 사람, 역사, 사회적 도구, 그리고 규범과 기대들 간의 상호작용이라고 하는 공유된 가정이다.

5) 특정 유형의 수업과제를 완성하는 것에 대한 학생들의 역사는 또한 자신들의 문제해결 행동과 관련되어 있다(Boaler, 1998, 1999; Hodge, McClain, & Cobb, 2003; Schoenfeld, 1998). 예를 들어, Schoenfeld(1988)는 루틴하게 해결하도록 학생들이 요구받는 문제 유형과 그들이 형성했던 수학에 관한 결과적인 아이디어(resulting ideas) 간의 관계를 논의했다. 하나의 사례로서, 그는 짧은 시간 내에 많은 문제를 해결하는 것에 대한 수학 수업에 있어서 널리 행해지고 있는 강조는 수학을 즉각적으로 이해할 수 있거나 혹은 결코 이해될 수 없는(혹자는 이것을 "흑과 백"으로 특징짓는다) 것 가운데 하나의 영역으로 지각하게 유도한다는 것을 명기했다. 학생들은 오직 짧은 시간에 문제 풀기를 지속한다는 점에서 이런 신념은 학생들의 수행에 영향력을 가지고 있다는 것을 Schoenfeld는 명기했다. 즉, "만약 합당한(reasonable) 시간 내에 연습문제를 풀 수 없다면, 당신은 그 학습자료를 모른다"(pp. 159-160).

◘ 참 고 문 헌 ◘

Ball, D. L. (1988). I Haven't done these since high school: Prospective teacher's under−standings of mathematics. In M. Behr, C. Lacampagne, & M. Wheeler (Eds.), *Proceedings of the Conference of the Psychology of Mathematics Education − North America* (pp. 268−274). Dekalb, IL: Northern Illinois University.

Ball, D. L. (1993). Halves, pieces, and twoths: Constructing and using representational contexts in teaching fractions. In T. A. Romberg, E. Fennema, & T. P. Carpenter (Eds.), *Rational numbers: An integration of research* (pp. 157−198). Hillsdale, NJ: Erlbaum.

Ball, D. L. (2000). Bridging practices: Intertwining content and pedagogy in teaching and learning to teach. *Journal of Teacher Education, 51*, 241−247.

Ball, D. L. (2001). Teaching, with respect to mathematics and students. In T. Wood, B. Nelson, & J. Warfield (Eds.), *Beyond classical pedagogy: Teaching elementary school mathematics* (pp. 11−22). Mahwah, NJ: Erlbaum.

Ball, D. L., & Rowan, B. (2004). Introduction: Measuring instruction. *The Elementary School Journal, 105*(1), 3−10.

Boaler, J. (1997). *Experiencing school mathematics: Teaching styles, sex, and setting.* Philadelphia, PA: Open University Press.

Boaler, J. (1998). Open and closed mathematics: Student experiences and understandings. *Journal for Research in Mathematics Education, 29*, 41−62.

Boaler, J. (1999). Participation, knowledge, and beliefs: A community perspective on mathematics learning. *Educational Studies in Mathematics, 40*, 258−281.

Boaler, j. (2000). Exploring situated insights into research and learning. *Journal for re−search in Mathematics Education, 31*, 113−119.

Boaler, J. (2002). Learning from teaching: Exploring the relationship between reform cur−riculum and equity. *Journal for Research in Mathematics Education, 33*, 239−258.

Boaler, J., & Staples, M. (2007). Creating mathematical futures through an equitable teaching approach: The case of Railside school. *Teachers College Record, 110*(3), 608−645.

Brown, A. L., & Campione, J. C. (1994). Guided discovery in a community of learners. In K. McGilly (Ed.), *Classroom lessons: Integrating cognitive theory and classroom prac−tice* (pp. 229−272). Cambridge, MA: MIT Press.

Brown, J. S., Collins, A., & Duguid, P. (1989). Situated cognition and the culture of learning. *Educational Researcher, 18*, 32−42.

Bruner, J. S. (1966). *Towards a theory of instruction*. Cambridge, MA: Belknap Press.

Cobb, P. (1999). Individual and collective mathematical learning: The case of statistical data analysis. *Mathematical Thinking and Learning, 1*, 5−44.

Cobb, P. (2007). Putting philosophy to work: Coping with multiple theoretical perspectives. In F. K. Lester (Ed.), *Second handbook of research on mathematics teaching and learning* (Vol. 1, pp. 3−38). Charlotte, NC: Information Age Publishing.

Cobb, P., & Bowers, J. S. (1999). Cognitive and situated learning perspectives in theory and practice. *Educational Researcher, 28*(2), 4−15.

Cobb, P., Gresalfi, M. S., & Hodge, L. (in press). An interpretive scheme for analyzing the identities that students develop in mathematics classrooms. *Journal for Research in Mathematics Education.*

Cobb, P., Jaworski, B., & Presmeg, N. C. (1996). Emergent and sociocultural views of mathematical activity. In L. P. Steffe, P. Nesher, P. Cobb, G. A. Goldin, & B. Greer (Eds.), *Theories of mathematical learning* (pp. 3−20). Mahwah, NJ: Erlbaum.

Cobb, P., Stephan, M., McClain, K., & Gravemeijer, K. (2001). Participating in classroom mathematical practices. *Journal of the Learning Sciences, 10*, 113−164.

Cochran−Smith, M., & Lytle, S. L. (1999). Relationships of knowledge and practice: Teacher learning in communities. *Review of Research in Education, 24*, 249−305.

Cohen, D. K., & Ball, D. L. (1990). Relations between policy and practice: A commentary. *Educational Evaluation and Policy Analysis, 12*, 331−338.

Dettermann, D. K. (1993). The case for prosecution: Transfer as an epiphenomenon. In D. K. Dettermann & R. J. Sternberg (Eds.), *Transfer on trial: Intelligence, cognition, and instruction* (pp. 1−24). Norwood, NJ: Ablex.

Doyle, W. (1988). Work in mathematics classes: The context of students' thinking during instruction. *Educational Psychologist, 23*(2), 167−180.

Engle, R. A. (2006). Framing interactions to foster generative learning: A situative ex−planation of transfer in a community of learners classroom. *Journal of the Learning Sciences, 14*(4), 451−498.

Fraivillig, J. L., Murphy, L. A., & Fuson, K. C. (1999). Advancing children's mathematical thinking in Everyday Mathematics classrooms. *Journal for Research in Mathematics Education, 30*, 148−170.

Franke, M. L., Kazemi, E., & Battey, D. (2007). Understanding teaching and classroom practice. In F. K. Lester (Ed.), *Second handbook of research on mathematics teaching and learning* (Vol. 1, pp. 225–256). Charlotte, NC: Information Age Publishing.

Gee, J. P. (2008). A sociocultural perspective on opportunity to learn. In P. A. Moss, D. C. Mullian, J. P. Gee, E. H. Haertel, & L. J. Young (Eds.), *Assessment, equity, and opportunity to learn* (pp. 76–108). New York: Cambridge University Press.

Gibson, J. J. (1979). *The ecological approach to visual perception.* Boston, MA: Houghton Mifflin.

Goos, M. (2004). Learning mathematics in a classroom community of inquiry. *Journal for Research in Mathematics Education 35*(4), 258–291.

Greeno, J. G. (1991). Number sense as situated knowing in a conceptual domain. *Journal for Research in Mathematics Education, 22,* 170–218.

Greeno, J. G. (1997). On claims that answer the wrong questions. *Educational Researcher, 26*(1), 5–17.

Greeno, J. G. (2006). Learning in activity. In R. K. Sawyer (Ed.), *The Cambridge hand‐book of the learning sciences* (pp. 79–96). Cambridge: Cambridge University Press.

Greeno, J. G., & Gresalfi, M. S. (2008). Opportunities to learn in practice and identity. In P. A. Moss, D. C. Mullian, J. P. Gee, E. H. Haertel, & L. J. Young (Eds.), *Assessment, equity, and opportunity to learn* (pp. 170–199). New York: Cambridge University Press.

Greeno, J. G., & MMAP (1998). The situativity of knowing, learning, and research. *American Psychologist, 53,* 5–26.

Gresalfi, M. S. (2004). *Taking up opportunities to learn: Examining the construction of participatory mathematical identities in middle school students.* Unpublished dis‐sertation, Stanford University, CA.

Gresalfi, M. S., Barab, S., Siyahhan, S., & Christensen, T. (in press). Virtual worlds, con‐ceptual understanding, and me: Designing for critical engagement. *Horizons.*

Gresalfi, M. S., Boaler, J., & Cobb, P. (2004). *Exploring an elusive link between knowl‐edge and practice: Students' disciplinary orientations.* Paper presented at the North American Chapter of the International group for the Psychology of Mathematics Toronto.

Hand, V. (2003). *Reframing participation: How mathematics classrooms afford oppor‐tunities for mathematical activity that is meaningful to students from diverse social and cultural backgrounds*. Unpublished dissertation, Stanford University, CA.

Heaton, R. M. (2000). *Teaching mathematics to the new standards: Relearning the dance*. New York: Teachers College Press.

Henningsen, M. A., & Stein, M. K. (1997). Mathematical tasks and student cognition: Classroom—based factors that support and inhibit high—level mathematical thinking and reasoning. *Journal for Research in Mathematics Education, 28*(5), 524—549.

Hiebert, J., Carpenter, T. P., Fennema, E., Fuson, K. C., Human, P., & Murray, H., et al. (1996). Problem solving as a basis for reform in curriculum and instruction: The case of mathematics. *Educational Researcher, 25*(4), 12—22.

Hiebert, J., Carpenter, T. P., Fennema, E., Fuson, K. C., Wearne, D., & Murray, H. (1997). *Making sense: Teaching and learning mathematics with understanding*. Portsmouth, NH: Heinemann.

Hiebert, J., Stigler, j. W., Jacobs, J. K., Givvin, K. B., Garnier, H., Smith, M. S., et al. (2005). Mathematics teaching in the United States today (and tomorrow): Results from the TIMSS 1999 Video Study. *Educational Evaluation and Policy Analysis, 27*, 111—132.

Hiebert, J., & Wearne, D. (1992). Links between teaching and learning place value with understanding in first class. *Journal for Research in Mathematics Education, 23*(2), 98—122.

Hodge, L. L., McClaine, K., & Cobb, P. (2003, April). *Classrooms as design spaces for supporting students' identities as doers of mathematics*. Paper presented at the annual meeting of the American Educational Association, Chicago.

Kazemi, E., & Stipek, D. (2001). Promoting conceptual thinking in four upper—elementary mathematics classrooms. *The Elementary School Journal, 102*(1), 59—80.

Kirschner, P. A., Sweller, J., & Clark, R. E. (2006). Why minimal guidance during in—struction does not work: An analysis of the failure of constructivist, discovery, prob—lem—based, experiential, and inquiry—based teaching. *Educational Psychologist, 41*, 75—86.

Ladson—Billings, G. (1998). *The dreamkeepers: Successful teachers of African American children*. San Francisco, CA: Jossey—Bass.

Ladson—Billings, G. (1998). It doesn't add up: African American students' mathematics achievement. *Journal for Research in Mathematics Education, 28*, 697—708.

Lampert, M. (1990). When the problem is not the question and the solution is not the answer: Mathematical knowing and teaching. *American Educational Research Journal,*

27, 29−63.

Lampert, M. (1998). Studying teaching as a thinking practice. In J. G. Greeno & S. G. Goldman (Eds.), Thinking practices in mathematics and science learning (pp. 53−78). Mahwah, NJ: Erlbaum.

Lampert, M. (2001). *Teaching problems and the problems of teaching.* New Haven, CT: Yale University Press.

Lave, J. (1997). The culture of acquisition and the practice of understanding. In D. Kirschner & J. A. Whitson (Eds.), *Situated cognition: Social, semiotic, and psychological perspectives* (pp. 17−35). Mahwah, NJ: Erlbaum.

Lave, J., Murtaugh, M., & de la Rocha, O. (1984). The dialectic of arithmatic in grocery shopping. In B. Rogoff & J. Lave (Eds.), *Everyday cognition: Its development in social context* (pp, 67−94). Cambridge, MA: Harvard University Press.

Lave, J., & Wenger, E. (1991). Situated learning: Legitimate peripheral participation. New York: Cambridge University Press.

Lubinski, S. T. (2000). Problem solving as a means towards mathematics for all: An ex − ploratory look through a glass lens. *Journal for Research in Mathematics Education, 31*, 454−482.

Mathematically Correct (n.d.). *Number sense in California.* Retrieved December 20, 2007, from www.mathematicallycorrect.com/ns.htm#part01.

McClain, K. (2000). The teacher's role in supporting the emergence of ways of symbolizing. *The Journal of mathematical Behavior, 19*, 189−226.

Moschkovich. J. (2002). A situated and sociocultural perspective on bilingual mathematics learners. *Mathematical Thinking and Learning, 4*, 189−212.

National Council of Teachers of Mathematics (n.d.). *Number Sense, Grades 3−5.* Retrieved December 20, 2007 from http://standardstrial.nctm.org/docu − ment/chapter5/numb.htm.

O'Connor, M. C., & Michaels, S. (1993). Aligning academic task and participation status through revoicing: Analysis of a classroom discourse strategy. *Anthropology and Education Quarterly, 24*(4), 318−335.

Pea, R. D. (1993). Practices of distributed intelligence and designs for education. In G. Salomon (Ed.), *Distributed cognitions* (pp. 47−87). New York: Cambridge University Press.

Peterson, P., & Walberg, H. J. (1979). *Research in teaching. Berkeley*, CA: McCutchan.

Prawat, R. S. (1996). Constructivisms, modern and postmodern. *Educational Psychologist*, *31*(3/4), 215-225.

Rogoff, B. (1990). *Apprenticeship in thinking: Cognitive development in social context*. Oxford: Oxford University Press.

Saxe, G. B. (1991). *Culture and cognitive development: Studies in mathematical understanding*. Hillsdale, NJ: Erlbaum.

Saxe, G. B. (1999). Cognition, development, and cultural practices. In E. Turiel (Ed.), Development and cultural change: Reciprocal process (pp. 19-35). San Francisco, CA: Jossey-Bass.

Schifter, D. (2001). Learning to see the invisible: What skills and knowledge are needed to engage with students' mathematical ideas? In T. Wood, B. S. Nelson, & J. Warfield (Eds.), *Beyond classical pedagogy: Teaching elementary school mathematics* (pp. 109-134). Mahwah, NJ: Lawrence Erlbaum.

Schifter, D., & Fosnot, C. T. (1993). *Reconsidering mathematics education: Stories of teachers meeting the challenge of reform*. New York: Teachers College Press.

Schoenfeld, A. H. (1988). When good teaching leads to bad results: The disasters of "well-taught" mathematics courses. *Educational Psychologists*, *23*(2), 145-166.

Schoenfeld, A. H. (2004). The math wars. *Educational Policy, 18*(1), 253-286.

Sherin, M. G. (2002). When teaching becomes learning. *Cognition and Instruction, 20*(2), 119-150.

Silver, E. A., & Stein, M. K. (1996). The QUASAR Project: The "revolution of the possible" in mathematics instruction in urban middle schools. *Urban Education, 30*, 476-521.

Sowder, J. T. (2007). The mathematical education and development of teachers. In F. K. Lester (Ed.), *Second handbook of research on mathematics teaching and learning* (Vol. 1, pp. 157-223). Charlotte, NC: Information Age Publishing.

Staples, M. (2007). Supporting whole-class collaborative inquiry in a secondary mathe-matics classroom. *Cognition and Instruction, 25*(2/3), 161-217.

Staples, M. (2008). Promoting student collaboration in a detracked, heterogeneous secon-dary mathematics classroom. *Journal of mathematics Teacher Education, 11*(5), 349-371.

Stein, M. K., & Lane, S. (1996). Instructional tasks and the development of student ca-pacity to think and reason: An analysis of the relationship between teaching and learning in a reform mathematics project. *Educational Research and Evaluation, 2*,

50-80.

Stein, M. K., & Remillard, J., & Smith, M. (2007). How curriculum influences student learning. In F. K. Lester (Ed.), *Second handbook of research on mathematics teaching and learning* (Vol. 1, pp. 319-369). Charlotte, NC: Information Age Publishing.

Stein, M. K., Smith, M. S., Henningsen, M. A., Silver, E. A. (2000). *Implementing stand-ards-based mathematics instruction: A casebook for professional development.* New York: Teachers College Press.

Stigler, J. W., Fernandez, C., & Yoshida, M. (1996). Traditions of school mathematics in Japanese and American elementary classrooms. In L. P. Steffe, P. Nesher, P. Cobb, G. A. Goldin, & B. Greer (Eds.), *Theories of mathematical learning* (pp. 149-175). Mahwah, NJ: Erlbaum.

Stigler, J. W., & Perry, M. (1988). Mathematics learning in Japanese, Chinese, and American classrooms. In G. Saxe & M. Gearhart (Eds.), *Children's mathematics* (pp. 27-54). San Francosco, CA: Jossey-Bass.

Thompson, A. G., Philipp, R. A., Thompson, P. W., & Boyd, B. A. (1994). Calculational and conceptual orientations in teaching mathematics. In *1994 Yearbook of the National Council of Teachers of Mathematics* (pp. 79-92). Reston, VA: National Council of Teachers of Mathematics.

Varelas, M., Becker, J. (1997). Children's developing understanding of place value: Semiotic aspects. *Cognition and Instruction, 15*(2), 265-286.

Vygotsky, L. S. (1978). *Mind and society: The development of higher psychological processes.* Cambridge, MA: Cambridge University Press.

Wood, T., & Sellers, P. (1997). Deepening the analysis: Longitudinal assessment of a problem-centered mathematics program. *Journal for Reserach in Mathematics Education, 28*(2), 163-186.

Yackel, E., & Cobb, P. (1996). Sociomathematical norms, argumentation, and autonomy in mathematics. *Journal for Research in Mathematics Education, 27*, 458-477.

제 15 장

무슨 일이든 다 때가 있고, 하늘 아래 모든 목적은 이루어질 시기가 있다

- 지시적 수업을 어떻게 생각하는가?*

David Klahr
Carnegie Mellon University

이 장에서는, 이 책을 통해서 반복되는 세 가지 질문을 정리한다. 즉 (a) 지시적 수업은 발견학습과 어떻게 다른가? (b) 언제 지시적 수업을 반드시 사용해야만 하는가?, 그리고 (c) 어떤 측면의 훈련 연습이 초기 과학교육에 반드시 포함되어야 하는가?

첫 번째 이슈는 지시적 수업과 발견학습을 구별하는 특징에 초점을 맞추고 있다. 지난 20년 넘게, 그리고 비판의 정점에서(Kirschner, Sweller, & Clark, 2006) 그리고 이 책이 출간되도록 동기화시킨 2007년 AERA 미팅의 논쟁에서, "발견학습", "지시적 수업", "순수한 탐구", "실습 과학(hands-on science)"에 관해 교육연구자, 학습과학자, 그리고 과학교육자들 간에 광범위하고 열띤 언쟁이 있었다(Adelson, 2004; Begley, 2004; EDC, 2006; Hmelo-Silver, Duncan, & Chinn, 2007; Janulaw, 2004; Klahr, Triona, & Williams, 2007; Kuhn, 2007; Ruby, 2001; Strauss, 2004; Tweed, 2004; Schimidt, Loyens, van Gog, & Paas, 2007). 그러나, 이런 논쟁은 서로 비교되는 수업

---

* 나의 동료 Sharon Carver, Jodi Davenport, Ido Roll 그리고 Strand-Cary의 코멘트와 제안에 감사한다. 여기 서술된 논문은 NICHD(HD25211), the James S. McDonnell Foundation(CSEP 96-37), the National Science Foundation, BCS-0132315 and IES award R305H060034로부터의 연구기금에 의해 일부 지원받았음.

유형의 필수적인 측면을 정의하기 위한 공통 어휘(common vocabulary)를 수립하는데 전형적으로 실패했다. 효과적인 수업절차를 만들어내는 우리들의 능력을 진전시키기 위해서, 교육과정 설계에 관한 주장으로 옮겨가기 전에, 수업맥락과 절차를 서술하기 위해 교육과정 설계에 사용되는 용어에서 우리 분야는 훨씬 더 엄밀해질 필요가 있다고 나는 믿고 있다. 다른 것보다 과학교육 영역에서, 이런 논쟁이 흔히 과학의 기초 가운데 하나 즉, 조작적 정의(operational definition)를 단념한다는 것은 특히 걱정스럽고 역설적이다. 그러나 과학 분야는 분명하고, 명백하며, 반복 가능한 절차 없이는 앞으로 나아갈 수 없다.

두 번째 이슈는 구성주의 관점의 맥락에서 지시적 수업의 위치에 관한 것이다. 간단히 말하면, "언제 지시적 수업을 사용하는 것이 적절한가?"이다. 그 질문에 대한 대답이 "전혀(never)"가 아니라는 것은 확실하다. 학생들에게 언제 어떤 것을 단순히 얘기해 주는 것이 최적인지, 혹은 언제 그들에게 어떤 것을 보여주는 것이 최적인지, 혹은 언제 그들에게 어떤 것에 관해 명시적 수업을 주는 것이 최적인지, 심지어 가장 열광적인 구성주의자라 할지라도 시간, 장소, 토픽, 학습자, 그리고 맥락 등의 조합이 존재한다는 것을 알고 있을 것이다. 그러나 그런 사례를 우리가 어떻게 확인하고 성격규정할 수 있나?

세 번째 이슈는 내용에 관한 것이다. 초기 과학교육은 훈련 실습(disciplinary practices)에 관한 수업을 포함해야만 했는가? 구성주의에 대한 옹호자들은 그 답이 "그렇다(yes)"라고 믿고 있다. 예를 들어, Hmelo-Silver 등(2007)은 "특히 과학교육의 경우, 대규모의 연구가 과학적 문해(scientific literacy)의 결정적인 부분으로 포함되는 과학적 연구와 실제의 본질을 이해하는 것의 중요성을 지지한다"(p. 105)고 주장한다. 내가 비판하는 과학에 대한 구성주의 접근의 몇 가지 측면이 있지만, 이 점에 대해서는 동의하는 경향이 있다. 그러나, 보통 "훈련 실습(disciplinary practice)"에 대해 구성주의 지지자들이 의미하는 것과 나의 강조는 두 가지 측면에서 다르다. 한 가지 차이점은 내용에 관한 것이다. 즉 과학 커리큘럼에 반드시 포함되어야만 하는 훈련 실습의 측면은 기본적인 인지과정에 관한 우리의 지식이라는 것을 나는 제안한다. 보다 구체적으로, 사람들이 어떻게 생각하는지, 그리고 그런 사고과정이 어떻게 과학적 발견으로 유도되는지에 관해 학습 과학(learning sciences)이 발견해 왔던 것에 관한 어떤 것을 학생들은 반드시 배워야만 한다고 나는 주장할 것이다. 다른 차이점은 이런 토픽이 가능한 한 명시적이고 직접적으로 가르쳐져야만 한다는 것을 나는 믿고 있다.

●○ 과학에서 지시적 수업이란 무엇인가?

수업방법은 구체적인 학습목적에 불가분하게 구속되어 있기 때문에, 나와 동료가 이 장에서 서술했던 상이한 수업유형을 대조했던 맥락을 서술함으로써 시작하려고 한다. 우리가 초점을 맞추고 있는 영역 – 변수 통제 전략(Control of Variables Strategy: CVS, 이하 CVS로 표기) – 은 중학교 과학수업의 작지만 필수적인 부분이다. 절차적으로, CVS는 결과에 대한 대조적인 변수의 인과상태가 명백하게 결정될 수 있도록 실험조건들 간에 단 하나의 대조가 만들어지는 실험을 만들기 위한 영역 일반적인 방법이다. CVS에 대한 숙달은 혼란스럽지 않은 실험을 창출할 능력, 결과로부터 적절한 추론을 만드는 능력, 혼란스러운 실험에 대한 불확정성(indeterminacy)을 이해하고 표현하는 능력을 포함한다.

[그림 15.1]에서 묘사된 실험적 설정은 후속 사례를 위한 하나의 지시 대상(referent)을 제공한다. 우리의 초기 수업의 목적은 학생들이 (a) 하나의 단순한 실험에서 초점 변수(focal variable)를 확인하고(예컨대, 경사로 높이), (b) 그 변수를 위해 두 가지의 상이하고 대조적인 가치(value)를 수립하고(높은 경사로와 낮은 경사로), (c) 양 쪽 조건(예컨대, 공 유형, 경사로 표면, 코스의 길이)에서 모든 다른 변수가 동일하다는 것을 보장하고, (d) 두 가지 경사로가 상이한 결과를 산출하면 학생들은 높이가 하나의 인과적 요인(a causal factor)이라는 추론을 만들 수 있지만, 여타 잠재적으로 인과적인 변수들이 각 경사로에 대해 동일한 가치를 가지고 있기 때문에 이런 추론이 가능할 뿐이라는 것을 이해할 수 있도록 하는 일련의 조건부 규칙(a set of conditional rules)을 가르치는 것이다. 물론, [그림 15.1]에서 묘사된 구체적인 실험적 설정은 완전히 혼란스러운데, 그 이유는 잠재적으로 인과적인 변수들 각각이 상이한 수준에서 설정되어 있기 때문이다.

Chen과 Klahr(1999) 연구의 목적은 CVS를 가르치는 데 있어 세 가지 수준의 "지시성(directness)"에 대한 상대적 효과를 결정하는 것이었다. 세 가지 유형의 수업은 다음 절에서 서술될 것이다. 그전에, 물리적인 맥락(physical context)의 잠재적 효과를 최소화하기 위해, 그 연구 또한 – 서로 다른 대상 간 변수처럼 – 동일한 기본적인 요인 구조 즉, (a) [그림 15.1]과 같은 슬로프, (b) 길이, 넓이, 사이즈, 그리고 무게가 다른 스프링, 그리고 (c) 사이즈, 재료, 모양, 그리고 수면 위 높이가 다른 침전체(자세한 것을 위해 [표 15.1] 참조)를 가진 세 가지의 상이한 세트의 자료를 사용했다는 것을 명기하는 것이 중요하다.

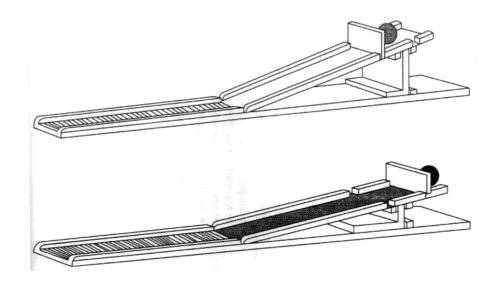

[그림 15.1]
경사로. 우리의 CVS 훈련 연구에서 사용된 몇 가지 유형의 물리적 자료 가운데 하나. 두 개의 경사로 각각에 아동들은 공의 유형은 물론 경사로의 기울기, 표면, 그리고 길이를 다르게 할 수 있었다. 여기 묘사된 혼란스러운 실험은 (a) 기울기가 가파르고, 표면이 부드러우며 짧은 경사로 위의 골프공과 (b) 기울기가 완만하고, 표면이 거칠며, 긴 경사로 위의 고무공을 대조했다.

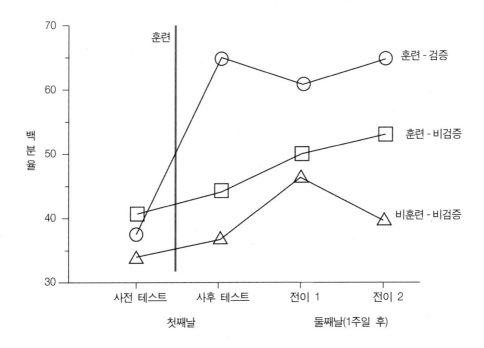

[그림 15.2]
단계와 훈련 조건에 의한 CVS의 정확한 사용을 가진 시행의 백분율(출처: Chen & Klahr, 1999, 그림 3에서 인용)

[표 15.1]   Chen과 Klahr(1999) 연구에서 사용된 자료

	영 역		
	스프링	슬로프	가라앉기
기본적 재료	세 가지 변수에 대해 달라지는 여덟 개의 스프링	각각 적합한 각도와 "출발문" 장소를 가진 두 개의 경사로	두 개의 물로 가득 채워진 실린더, 시사된 두 가지 낙하 높이와 함께
	두 개의 스프링을 달기 위한 하나의 프레임	두 가지 세트의 두 개의 볼, 골프와 러버(스쿼시)	세 가지 변수에 대해 달라지는 여덟 개의 대상

기본적 재료	두 가지 세트의 무게, 무거운 한 쌍과 가벼운 한 쌍	상이한 마찰 계수를 가진 두 개의 양면 표피 삽입(경사로를 위한)	가라앉은 물체를 회수하기 위한 국자와 자석
결정되어야 하는 것	스프링이 얼마나 늘어날지를 어떤 요인이 결정하는가?	공이 얼마나 멀리 경사로를 굴러 내려올 수 있는지를 어떤 요인이 결정하는가?	어떤 물체가 물속에 얼마나 빨리 가라앉는지를 어떤 요인이 결정하는가?
변인 2 네 가지 변인 각각에 대한 독립적 가치	• 길이 길다, 짧다 • 코일직경 넓다, 좁다 • 전선직경 가늘다, 두껍다 • 무게 무겁다, 가볍다	• 각도 높다, 낮다 • 출발문 짧다, 길다 • 표면 부드럽다, 거칠다 • 볼 골프, 러버	• 형태 입방체, 구형 • 재료 철, 테프론 • 크기 크다, 작다 • 높이 높다, 낮다
종속적 측정	확장의 길이(무게가 더해질 때 선반의 밑변으로부터의 거리를 위해)	경사로의 끝에 볼이 굴러가는 거리	물에 가라앉는 속도(바닥에 제일 먼저 닿는 것을 위해)
주체 활동 실험설계	세트의 8개 스프링으로부터: • 두 개의 스프링을 골라라. • 선반의 걸쇠 위에 스프링을 걸어라. • 각 스프링과 함께 할 무게를 선택하라.	두 개의 경사로 각각을 위해: • 하나 혹은 두 개의 각도를 선택하라 • 두 개의 표면 중의 하나 • 두 개의 출발지점 중의 하나 • 굴릴 두 개의 볼 가운데 하나를 선택하라.	세트의 8개의 대상으로부터: • 두 개의 대상을 골라라 • 각각의 대상을 위해 대상을 떨어뜨릴 두 가지 높이 중의 하나를 선택하라
실험 시행	스프링 위에 무게를 걸어라. 스트레치 양을 관찰하라(바닥으로부터의 거리를 위해).	볼이 구르는 것을 허용하면서, 문을 열어라(반드시 동시일 필요는 없음). 경사로를 벗어난 뒤에 공이 구른 거리를 관찰하라.	물이 가득 채워진 실린더 속으로 동시에 각 대상을 떨어뜨려라. 실린더의 바닥에 도달하는 시간을 위해 상대적인 하강 비율을 관찰하라.

영역과 절차 가운데 주목할 측면	• 탐구된 모든 변수는 선택된 스프링에 통합적이다. • 선택은 계량치의 "덩어리"를 가지고 있는 기존의 스프링 가운데로부터이다. 실험은 설정하고 시행하기가 쉽다(적기성의 이슈가 아님). • 측정은 쉽다(안정적인 결과).	• 변수는 독립적이며, 대상은 각 계량치의 선택으로부터 구성된다. • 비교 대상은 구성된다; 계량치는 덩어리지어지지 않는다 • 결과는 순간적(속도에 기초하고 있다면)이거나 혹은 안정적(최종적 거리에 기초하고 있다면)이다.	• 탐구된 모든 변수는 선택된 대상에 통합적이다. • 선택은 계량치의 "덩어리"를 가지고 있는 기존의 대상 가운데에 있다. 설정하기 쉽다(두 개의 대상과 높이에서 단순히 선택한다). • 떨어뜨리기의 출발점에 요구되는 동시성 결과는 바로 관찰되어져야만 하며, 그렇지 않으면 사라진다.

이런 세 가지 영역은 또한 그것들이 획득된 물리적 영역을 넘어 CVS 지식요소의 전이를 평가하기 위해 사용되었다. 따라서, 도입 수업(initial instruction)을 경사로 영역에서 받았던 아동들은 스프링과 침전체를 사용하는 전이 시험에 대해 평가받았다. 수업 중 스프링을 가지고 공부했던 아동들은 전이 시험 등에 대해 경사로와 침전체를 가지고 평가되었다. 이런 상쇄균형(counterbalancing)은 Chen과 Klahr(1999)로 하여금 CVS 절차와 개념들이 획득되어 왔던 특수한 물리적 맥락을 넘어 CVS 절차와 개념의 심층구조가 일반화되어 왔던 정도를 평가하도록 했다.

상이한 유형의 수업을 서술하기 위해 사용된 용어

Chen과 Klahr(1999)는 세 가지 대조적인 수업조건을 서술하는데 "지시적 수업"이나 혹은 "발견학습"이라는 용어를 사용하지 않았다. 그들은 그것들을 "훈련−검증", "비훈련−검증", 그리고 "비훈련−비검증"이라고 불렀으며, 다음과 같이 정의했다.

훈련−검증 조건(Training-Probe condition)에서, 아동들은 CVS에 관해 명시적 수업을 받았다. 훈련은 ... 명백한 비교를 만드는 방법에 대한 사례는 물론 통제 변수 뒤에 있는 이유에 대한 설명을 포함했다. ... 테스트가 시행되기 전의 검증 질문은 자신들이 했던 특정 테스트를 자신들이 설계했던 이유를 설명하도록 아동들에게 요구했다. 테스트가 시행된 후에, 아동들은 자신들이 테스트로부터 검사받고 있었던 변수가 차이를 만들었는지의 여부 그리고 또한 자신들이 확신했던 이유 혹은 확신하지 않았던 이유를 "확실히 말할 수" 있는지를 질문 받았다. 비훈련－검증 조건(No Traing-Probe condition)에서, 아동들은 아무런 명시적 훈련을 받지 못했지만, 그들은 훈련－검증 조건에서 사용된 것과 같은 각각의 비교를 둘러싼 동일한 일련의 검증 질문을 받았다. 비훈련－비검증 조건(No Training-No Probe condition)에 있었던 아동들은 훈련과 검증 아무 것도 받지 못했다.

(Chen & Klahr, 1999, 1101)

연구 결과는 명백했다. [그림 15.2]에서 보이는 것처럼, 학생들이 명시적 수업을 받고 그들의 논리적 근거를 설명하도록 촉구되었던 훈련－검증 조건은 훈련 직후와 일주일 지체된 후 두 가지 모두에서 단연 가장 효과적이었다.

그러나, 명백한 정의는 과학의 발전과 논쟁의 해결에 필수적이라는 것을 내가 여기서 주장하고 있기 때문에, "지시적 수업"과 "발견학습" 간의 대조를 논의함으로써 우리가 그 논문의 다른 절에서 보다 상투적인(그리고 논쟁의 여지가 있는) 용례(usage)를 사용했다고 인정하는 것은 난처하다. 3학년과 4학년에게 CVS를 가르치는 것에 대한 후속 논문에서(Klahr & Nigam, 2004), 우리는 모든 경고를 단념하고 이 연구에서는 대조적인 수업절차를 Chen과 Klahr(1999)에서처럼 세 가지 유형의 수업보다는 오직 두 가지 유형의 수업 즉, "지시적 수업"(이전에 "훈련－검증"이라고 불렀다)과 "발견학습"(이전에 비훈련－비검증으로 불렀다)으로 불렀다. 우리는 이런 두 가지 유형의 수업을 정의했던 방식을 명확히 하기 위해 노력했다.

...지시적 수업과 발견학습 간의 차이는 "능동적인(active)" 그리고 "수동적인(passive)" 학습 간의 차이를 포함하지 않는다. 양쪽 조건 모두에서, 학생들은 자신들의 실험 설계와 장치의 물리적 조작에 능동적으로 참여했다. 주된 차이점은 지시적 수업에서는 강의자가 CVS의 좋은 사례와 나쁜 사례를 제공했으며, 그들

간의 차이가 무엇인지를 설명했으며, CVS가 작동하는 방법과 이유를 학생들에게 말해주었던 반면, 발견 조건에서는 자료에 대한 동등한 양의 설계와 조작이 있었음에도 불구하고, 아무런 사례와 설명도 없었다는 것이다.

(Klahr & Nigam, 2004, p. 663)

우리의 절차에 대한 해석

우리의 연구에 대한 반응은 심지어 구성주의 옹호자들 간에도 구성주의 과학 커리큘럼이 수반하는 것에 대해 광범위하게 공유된 이해의 결여를 드러낸다. 첫 번째 유형의 비판은 우리의 발견학습 조건은 발견 지향의 수업에서 진정으로 발생된 것의 대표가 아니라는 것인데 그 이유는 너무나 작은 가이던스, 동기, 그리고 상호작용적 참여를 제공하기 때문이라는 것이었다. Hake(2004)는 다음과 같이 적었다:

물론, "탐구(inquiry)"나 "상호작용적 관여(interactive engagement)" 방법 그 어느 것도 Klahr와 Nigam(2004)에 의해 연구된 극단적인 "발견학습(discovery learning)" 방식과 혼동되어서는 안 된다. 당연하지만, 교사 가이던스가 거의 없는 하나의 극단적인 방식의 "발견학습(discovery learning)"은 3학년과 4학년 아동들의 변수 통제 전략, 소위 "과정 기술(process skill)"의 효과적인 사용을 증진시키는 데 "지시적 수업(direct instruction)"보다 열등하다는 것을 그들의 연구는 제시하고 있다.

그러나 우리의 발견 조건은 실제 참여하는 수업을 포함했는데, 그 속에서 교사는 실험 장치를 서술하고 목적(경사로의 높이가 차이를 만드는지를 알기 위해 경사로를 설치할 수 있는지를 알아보아라)을 제시했으며, 그 다음 아동은 자유롭게 다양한 종류의 배열을 탐색하고, 실험하고, 결과를 관찰하고, 그리고 마지막으로, 교사의 제안하에 "그 공이 얼마나 멀리 굴러가는지에 있어 경사로의 표면이 차이를 만드는지를 알기 위해 경사로를 설치할 수 있는지를 알아보아라"와 같은 또 다른 목적으로 옮겨간다. 발견학습에서 구조의 결여라는 하나의 패러디가 되기보다, 전형적인 발견학습보다 우리들의 발견 조건은 실제로 더 많은 스캐폴딩을 포함했다.

두 번째 유형의 비판은 우리의 조건과 "진정한(authentic)" 발견학습 간의 관계에 대한 해석에서 첫 번째에 정반대되는 입장을 취했다. 우리의 보다 효과적인 절차 즉, 우리의 "지시적 수업"이 사실, 좋은 구성주의 교육학이 추천하는 것에 매우 가까웠다고 주장했다. 세계적인 과학자로부터 그리고 발견학습에 대한 열렬한 옹호자로부터 내가 받았던 개인적인 편지에서, 나는 다음과 같이 경고 받았다:

> 캘리포니아에서, 그리고 수많은 다른 장소에서, "지시적 수업(direct instruction)"이라는 용어는 기본적으로 어떤 것도 행하는 것 없이 말하는 것을 의미한다.... 당신의 ... 연구는 물론 가이드된 탐구에 관한 모든 것이었다.... 당신의 선호하는 옵션을 위해 "지시적 수업"이라는 적나라한 용어를 사용했다는 사실은 전혀 탐구 없이 가르치고 싶어 하는 사람들을 기쁘게 했음에 틀림없다.

이런 해석하에서, 첫 번째 유형의 비판에 의해 발견학습의 패러디에 부당하게 비유되는 것으로 비판된, 우리의 지시적 수업 조건은 가이드된 탐구의 하나의 본보기가 되었다는 것을 명기해라!

세 번째 유형의 비판은 우리의 발견이 "전통적인, 사실 지향의(fact-oriented), 교사 중심 모형으로 되돌아가기" 위해 사용될 수도 있다는 것이었다(Kohn & Janulaw, 2004; p. 41). 그런 비판은 우리의 실제적인 수업절차보다는 우리의 용어에 보다 많은 주의가 기울여졌다는 것을 시사한다. 그 이유는 우리의 수업목표는 전통적이지도 않고 사실 지향적이지도 않았기 때문이다(그 이유를 이해하는 것은 어렵지만, 모든 영역의 과학에서 "사실 지향"은 경멸적으로 사용된다). 그 대신, 아동들이 명백한 실험을 설계하고 해석하는 방법을 아는 것 즉, 한 번에 하나의 요인만을 변화시키는 방법, 동시에 여러 가지 요인을 변화시키는 것을 피하는 방법, 그리고 후자가 아닌 전자 유형의 실험으로부터 명백한 인과적 추론을 만드는 것이 가능한 이유를 아는 것이 수업목적이었다. 교사가 매우 신중한 대본에 따라, 혼란스러운 그리고 명백한 실험의 특징에 아이들의 주의를 기울이도록 지시했으며, 질문하고, 잘못된 인과적 추론을 교정했다는 것은 사실이다. 이것은 교사중심이 되는 것인가, 아니면 "스캐폴딩"인가?

이런 모든 연구에서, 대조적인 수업방법의 즉각적인 효과는 일관되게 지시적 수업을 지지했다. 예를 들어, Klahr와 Nigam(2004)은 지시적 수업조건에서는 77%의 아동들이, "발견" 조건에서는 23%만이 CVS의 즉각적인 사후 테스트에서 숙달 준거에 도달했다는 것을 발견했다. 이런 결과는 세 가지 점에서 우리가 수행했던 일련의 연구 전형이다. 첫째, 지시적 수업조건에서 훨씬 더 많은 아동들이 높은 수준의 수행에 도달한다. 둘째, "발견" 조건에서 적지 않은(non-trivial) 비율의 아동들이 그렇게 한다(Chen & Klahr, 1999; Triona & Klahr, 2003; Toth, Klahr, & Chen, 2000 참조). 셋째, 심지어 지시적 수업조건에서도 또 다른 적지 않은 비율의 아동들이 높은 수행수준에 도달하지 못했으며, 따라서 지시적 수업은 확실히 완벽하지 않다.

그러나, Klahr와 Nigam 논문의 주된 목적은 즉각적인 근전이(near transfer) 평가에 대해 다른 것을 넘는 어떤 수업형태의 상대적 효과성을 비교하는 것이 아니었다. 대신에, 학생들이 하나의 절차(단순하고, 명백한 실험을 설계하는 방법과 같은)를 숙달하게 되면, 그들이 그런 숙달ー하나의 수업방법이나 또 다른 수업방법을 거쳐-을 성취했던 방법은 "원전이 과제(far-transfer task)"에 대해 문제가 되지 않는다는 것을 보여주는 것이 목적이었다. Klahr와 Nigam은 이것을 "경로 독립 가설(path independence hypothesis)"이라고 불렀다. 보다 구체적으로, 그들의 평가는 단순히 명백한 실험을 설계하기보다는 보다 더 "진정한(authentic)" 활동을 포함했다. 즉, 그들은 아동들이 다른 아동들의 과학 전시회 포스터의 질을 판단하도록 요구했으며, 그들은 지시적 수업으로부터 실험설계를 학습했던 많은 아동들이 스스로 방법을 발견했던 극소수의 아동들과 마찬가지로 잘 수행했다(Klahr & Nigam, 2004, p. 661)는 것을 발견했다.

우리의 첫 번째 연구(Chen & Klahr, 1999)로부터의 또 다른 중요한 발견ー그리고 발견학습 옹호자들에 의해 반드시 호의적으로 보여져야만 하는 것ー은 아동들이 그런 것들(즉, 실험 결과에 대한 상이한 요인 수준의 효과에 관한 명시적 수업이 전혀 없었음에도 불구하고, 그들은 공이 거친 경사로 위에서보다는 부드러운 경사로 위에서 공이 더 많이 굴러간다는 것을 학습했다)에 관해 그 어떤 것도 직접적으로 배우지 않았음에도 불구하고 상이한 요인에 관한 지식에서 증가를 보여주었다는 것이다. Klahr와 Chen(1999)이 그것을 설명했던 것처럼, "과정 기술(process skill)에 관한 지시적 수업이 영역 지식에 대한 발견학습을 촉진했다"(p. 1116). 우리 연구의 이런 측면을 우리는 강조하지 않았지만, 그것은 초기 Kirschner 등(2006)에 대한 Kuhn(2007)의 반응과 직접적으로 관련되어 있다.

그러나 이 시점에서 우리를 직면하게 하는 변칙(anomaly)을 명기해라. 만약 탐구기술의 발달이 하나의 가치 있는 교육목적이라는 것을 우리가 동의한다면,

... 그리고 또한 우리가 탐구적 수업방법을 넘는 지시적 수업방법의 바람직함 (desirability)에 관한 Kirschner 등의 주장을 수용한다면, 다음과 같은 결론은 불가피하다. 즉, 학생들은 탐구기능을 반드시 배워야만 하지만 탐구기능은 이런 기능을 숙달하기 위한 하나의 수업방법으로서의 탐구에 포함되어서는 안 된다.

(Kuhn, 2007, p. 112)

그러나, 우리의 결과가 보여주듯이, 아무런 패러독스(paradox)도 없다. 즉 아동들에게 명백한 실험을 구성하고 해석하는 방법을 가르치기 위해 지시적 수업을 사용함으로써, 우리는 각각의 인과적 변수의 상이한 수준의 효과를 발견 — 우리가 그들에게 가르쳤던 바로 그 탐구기능을 통해 — 하기 위해 아동들이 CVS를 사용할 수 있도록 했다.

대조적인 수업방법에 대한 반복, 확장, 그리고 개선된 조작적 정의

"발견으로부터 지시적 스펙트럼"(예컨대, Adelson, 2004; Begley, 2004; Cavanagh, 2004; Kirschner et al., 2006; Tweed, 2004)을 따라 상이한 지점에 놓여 있는 수업의 효과와 비용에 관한 방대한 논쟁을 고려해 볼 때, 그리고 결과는 수업과 평가절차 양쪽의 상이한 조작화(operationalizations)와 함께 과감하게 변할 수 있다는 아이디어를 고려해 볼 때, Strand-Cary와 Klahr(인쇄 중)는 위에서 서술된 경사로 장치를 사용하고 있는 Klahr와 Nigam(2004)의 몇 가지 특징 즉, 수업과 평가 간의 3개월과 36개월의 지연은 물론 동일한 대조적인 훈련조건(여기서는 "명시적 수업"과 "탐구"라고 불렀다) 및 근전이와 원전이에 대한 몇 가지 평가를 반복하고 확대하였다.

위에서 명기했던 것처럼, "실습 과학(hands-on science)", "지시적 수업", "발견학습", 그리고 "탐구 기반 과학수업(inquiry based science instruction)"과 같이 수업절차의 속성을 정의하는 것에 관한 논쟁은 대조적인 수업절차에 대한 공통적 특징과 차별적 특징 두 가지 모두를 분명하게 표현하는 것을 중요하게 만든다. [표 15.2](Strand-Cary & Klahr, 2008에서 인용)는 두 가지 유형의 수업이 몇 가지 차원에 따라 어떻게 다른지를 보여준다. 몇 가지 전형적인 지시/발견 이분법은 여기서 사용된 대조 쪽으로 깨끗하게 배치되지 않는다. 양쪽 유형 수업의 공통적인 특징을 먼저 고려하라. 양쪽 조건에 있는 아동들은 "실제로 조작하는(hands-on)" 경험을 포함하는 장치의 물리적인 조정에 참여했다. 경사로 사전 및 사후 테스트 기간 동안, 양쪽 조건에 있는 아동들은 경사로를 세우고, 공을 굴리고, 경사로를 해체했다. 또한, 양쪽 조건에서 실험자는 아동들로 하여금 명시적 목적에 도전하도록 했으며, 아이들이 아닌 실험자에 의해 목표-단일한 인과 변수의 효과에 관해 발견하는 것-가 생성된 목표 지향적 탐구에 아동들은 참여했다. 두 개의 조건 어느 것에서도 아동들은 활동의 목적에 관해 가이드되지 않았다.

두 가지 유형의 수업 간의 수많은 차이점은 또한 [표 15.2]에 목록으로 제시되어 있다. 이들 중 어떤 것들은 탐색되고 있는 근원적인 이론적 이슈에 의해 동기화되었다. 즉, 누가 각 실험을 설계했는지, 탐색 질문과 설명이 있었는지의 여부, 그리고 좋고 나쁜 실험에의 체계적인 노출 등이 그런 것들이다. 다른 것들은 실용적 관심에 의해 부과된 기술적 타협안이었는데, 설계된 실험의 숫자(설명과 조사에 의해 사용된 여분의 시간의 보완에 따라 달라지는), 실험을 위해 초점적 차원으로 사용된 상이한 요인의 숫자 등이 그런 것들이다.

[표 15.2]   1b 단계에서 명시적 수업 조건과 탐구의 공통 특징과 구별 특징

측 면		훈련 조건	
		명시적 수업	탐구
공통 특징	자료	• 경사로와 공 장치의 쌍	• 경사로와 공 장치의 쌍
	목적 설정	• 실험자에 의해: "당신은 그 공이 얼마나 멀리 굴러갈지에 있어서, X가 차이를 만들 수 있을지의 여부를 알 수 있습니까?"	• 실험자에 의해: "당신은 그 공이 얼마나 멀리 굴러갈지에 있어서, X가 차이를 만들 수 있을지의 여부를 알 수 있습니까?"
구별 특징	아동에 의한 자료의 물리적 조작	• 실험자에 의해 각각 설치된 후에 아동들은 경사로를 해체하여 치우는 데 보조했다	• 아동들은 경사로를 설치하고, 공을 굴렸으며, 스스로 설계한 실험으로부터 경사로를 끌어내렸다
	설계된 실험의 숫자	4	8

구별특징	초점 차원	가파름(두 가지 실험) 구른 거리(두 가지 실험)	가파름(두 가지 실험) 구른 거리(네 가지 실험) 표면(두 가지 실험)
	각 실험의 설계	실험자에 의해: 고려하에 있는 각 변수를 위해 하나의 "좋은"(명백한) 실험과 하나의 "나쁜"(혼동스러운) 실험	아동에 의해: 아동은 실험자에 의해 선택된 초점적 변수의 효과를 결정하기 위해 실험을 설계했다
	조사 질문	실험자는 실험이 "깔끔"했는지의 여부, 그리고 실험의(가설적)결과가 인과적 변수에 관해 "너로 하여금 확신하게 했는지"의 여부를 질문했다	조사 질문 없음
	탐구	실험자는 실험이 좋고 나쁜 이유와 그것이 어떻게 교정될 수 있는 지를 설명했다	설명 없음
	요약	실험자는 CVS 논리를 설명했다	요약 없음
	실험의 실행	없음	아동에 의해
	결과의 관찰	없음: 아동은 단지 관찰했을 뿐이며 설치와 가능한 결과를 논의했다	아동은 각 실험의 결과를 관찰했다
	좋고 나쁜 실험에의 노출	각 초점 변수를 위한 하나의 좋은 실험과 하나의 나쁜 실험(실험자에 의해 그렇다고 확인됨)	아동에 따라 달라짐(실험자로부터 좋고 나쁜 설계로 피드백 되는 것이 없었기 때문에)

명시적 조건과 탐구 조건 간의 이런 차이점 가운데 어떤 것(들)이 CVS에 관한 아동들의 학습에 있어서의 차이에 책임이 있는지를 아는 것은 이런 특정 연구에서는 가능하지 않다. 그 목적이 교육적으로 현실적인 수업전략을 비교하는 것이었음을 가정하면, 그들의 완전체(entirety)내에 있는 조건을 실험적 대조로서 취하는 것이 필요하다. 그러나, 이런 차이를 신중하게 서술함으로써, 이 연구에서 명시적 수업과 탐구에 대해 우리가 의미하는 것에 대한 꽤 상세한 조작적 정의(operational definition)를 제공할 수 있으며, 이런 조작적 정의는 두 가지 수업유형 간 상이한 모든 구체적인 특징의 효과에 대한 미래 분석을 촉진한다.

●○ 지시적 수업을 사용할 때는?

"교육과정(curricula)"으로 알려진 수업방법, 절차, 그리고 계열에 관한 결정은 기술적 행위(acts of engineering)이다. 그들은 궁극적으로는 실용적이지만, 잠재적으로 인과적인 요인들의 복잡한 혼합 간의 이론적으로 동기화된 거래(tradeoffs)를 포함하고 있다. 그러므로 지시적 수업을 사용할 시점에 관한 제안은 전체적인 교육과정의 수많은 특징을 반드시 고려해야만 한다. 이 절에서, 나는 과학 교육과정에서 지시적 수업을 지지하여 주장하는 특히 중요한 네 가지 특징 ─ 지속성, 피드백, 계열성, 수행의 일관성 ─ 을 서술하려고 한다.

수업의 지속성

지시적 수업은 효율적이다. 우리의 실험 연구에서, 훈련 조건은 25분 걸렸으며, CVS를 숙달하는 아동의 비율에 있어 일관성 있게 중요한 증가를 산출했다. 정규 과학교사가 우리의 실험 "스크립터(script)"를 수업계획에 채택했던 중류계층 학교에서의 수업연구에서, 우리는 서너 개의 45분 과학수업의 코스를 넘는 높은 수준의 숙달을 성취했다(Toth et al., 2000). 대조적으로, CVS를 가르치는데 발견 접근은 훨씬 낮은 수준의 수행에 도달하는 데 실질적으로 더 많은 시간이 걸리는 것으로 입증되었다. 예를 들어, Kuhn과 Dean(2005)은 미시발생학적(microgenetic) 접근을 사용했는데, 거기서 그들은 우리의 학습자료에 구조적으로 아주 유사한 다섯 가지의 이원 변수(binary variables)를 사용하는 단순한 맥락에서 아이들이 인과적 요인들을 분리하려고 시도했을 때 아무런 명시적 수업도 제공하지 않았다. 심지어 8주 넘게 진행된 12개의 45분짜리 "발견(discovery)" 세션 후에도, 발견 조건에 있었던 아동들의 오직 75%만이 "대부분 혹은 배타적으로(mostly or exclusively)" 타당한 추론 만들기라는 관대한 준거(lenient criterion)를 충족시켰다는 것을 그들은 발견했다.

피드백

수업맥락은 본질적으로 자기 교정적인 피드백을 제공하는 정도에서 매우 다양하다. 예를 들어, Siegler(1976)가 연구한 고전적인 균형 척도 과제(balance-scale tasks)에서, 균형 척도의 시행에 대한 시행(trial-to-trial) 수행은 아동의 예측이 정확한지의 여부에 관해 분명한 피드백을 제공한다. 이런 자료를 가진 "최소한으로 가이드된 수업"은 꽤 효과적일 것인데, 그 이유는 사실상 그 자료가 수업을 제공하기 때문이다. 대조적으로, CVS 맥락은 혼란스러운 실험 설치에 관해 그런 일관성 있고, 자기 교정적인 피드백을 전혀 제공하지 않는다. 우리의 연구에서, 혼동스러운 것에 초점을 맞추고 있는 오직 명시적 훈련만 아이들에게 CVS를 숙달하도록 하는데 효과적이었다.

계열성

우리의 가장 최근의 연구(Strand-Cary & Klahr, 2008)에서, 우리는 훈련 조건에 바로 뒤이어, 그리고 3개월 경과 후에 CVS 수행을 평가했다. 우리의 다른 연구에서처럼, [그림 15.3]은 두 가지 유형의 수업에 대한 즉각적인 효과는 명시적 수업 조건에 있는 아동들이 탐구 조건에 있는 아동들보다 유의미하게 더 높은 CVS 점수를 산출했다는 것을 보여준다. 그러나, 3개월 경과한 후에, 아무런 진전된 수업 없이, 탐구집단 수행은 명시적 집단만큼 동일한 수준으로 상승했다. 이런 "자발적인(spontaneous)" 개선에 대한 가능한 설명은 Strand-Cary와 Klahr에서 정리되어 있지만, 여기서 나는 이런 발견의 전후 관련성 함의에만 초점을 맞출 것이다. 상이한 두 가지 수업방법 가운데 하나가 학생들로 하여금 높은 수준에 신속하게 이르도록 한다는 것을 제외하고, 만약 두 가지 상이한 수업방법이 오랫동안 동등하게 효과적이라면, "신속한 활동 요소(fast acting ingredient)"를 포함하고 있는 방법은 반드시 선호되어야만 한다. 따라서, 명시적 수업을 위한 주장은 교육과정 설계자들로 하여금 그것이 장래 3개월 후에 나타나기를 기다리는 것보다 CVS를 일찍 가르치는 것을 허용한다는 것이다. 실험적 과학의 핵심에 있는 CVS의 위치를 고려할 때, CVS는 분명히 많은 과학 교육과정을 위한 필수이며, 그리고 수업방법은 최소 시간량에서 학생들의 수행 수준을 최대화하는 것이 되어야만 한다. 명시적 수업에 대한 하나의 공통적인 비판은 그것이 일시적이고 다소 협소한 학습맥락(learning context)을 제공한다는 것이다. 그러나, 만약 CVS가 과학 교육과정에서 일찍 가르쳐진다면, 학생들이 그것을 다른 맥락에 적용시킬 기회가 많아질 것이며, 나중에는 커리큘럼에서 그 지식을 굳게 다질(solidifying) 것이다.

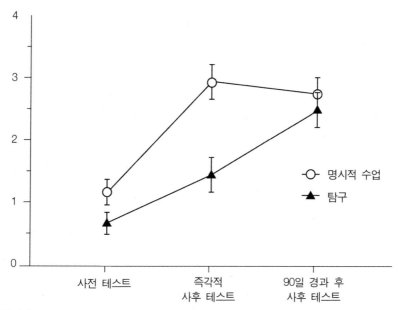

[그림 15.3]

평균 CVS 점수는 세 가지 상이한 포인트 즉, (ⅰ) 사전 테스트에서 (ⅱ) 사전 테스트 및 훈련과 같은 날에 (ⅲ) 90일 경과한 후 탐구 조건과 명시적 조건에서 아동들에게 혼란스럽지 않은 실험의 평균 수(mean number)를 보여주고 있다(출처: Strand-Carey & Klahr, 2008).

수행 충실성

학습되어야 할 영역에 관해 아이들이 탐색하고 탐구하는 동안 반드시 일어나야만 하거나 혹은 일어날 수 있는 학습 사태(learning events)의 종류에 관해 발견학습 접근은 본질적으로 모호하다. Strand-Cary와 Klahr(2008)에 있는 탐구 조건, 혹은 Klahr와 Nigam(2004)에 있는 발견학습 조건에 대한 우리의 특정 수행은 실험자에 의해 미리 구체화된 시행수와 명시적 목표 설정을 포함했지만[표 15.2 참조], 이것은 교실에서 발견학습이 시행되는 아주 드문 방법이다. 대신, 실재 교실 내에 있는 발견학습 에피소드는 산출(학습자의 구체적인 행동)에 의해서보다는 투입(시간과 노력)에 의해 범위가 더 많이 정해지는데, 그 이유는 그 방법이 본질적으로 비구조화되고 최소한으로 강요되기 때문이다. 초기 과학수업에 대한 최근의 미국연구위원회(National Research Council) 책은 다음과 같이 명기하고 있다:

탐구를 설계하고 수행하는 고도로 스캐폴드 되고 신중하게 구조화된 경험을 통해 학생들이 과학을 학습할 수 있다고 중재 연구는 제안하고 ... 있지만, 학생들이 탐구를 설계하고 수행하도록 하는 것은 특히 어려울 수도 있으며 생각의 가닥들(strands)을 교차하는 내용을 학생들이 숙달하도록 하기 위해서는 매우 높은 수준의 교사 지식과 기술을 요구한다는 것을 우리는 명기한다.

(Duschul, Schweingruber, & Shouse, 2007, p. 257)

보다 대담하게 적는다면, "수업 요리책(instructional cook book)"의 결여는 구성주의 교육과정 내의 실제로 발생하는 것에서, 극단적으로 폭넓은 가변성으로 유도한다. 따라서, 그런 접근은 지시적 수업에서보다 교사의 기술, 지식, 그리고 교육학적 통찰력에 훨씬 더 무겁게 의존한다. 혹자가 구성주의 기반의 과학수업(Hennessey, 2002; Lehrer R Schauble, 2004; Smith, Maclin, Houghton, & Hennessey, 2000)에 대한 소수의 절묘하게 민감하고 능숙한 사례를 가리킬 수 있지만, 대부분의 과학교사가 이런 모범적인 사례에 필적할만한 교육학적 기술, 준비와 분석에 필요한 시간, 혹은 심층적인 과학내용 지식을 가지고 있다는 아무런 증거가 없다. 최선의 발견학습 형식이 지시적 수업의 단조로운 이행보다 더 효과적이라는 증거가 있었다 할지라도, 교육과정 정책을 위한 견고한 기초를 제공하기에는 최선의 것이 너무 희귀하다.

●○ 과학 교육과정에 인지심리학 추가하기

과학교육에 대한 구성주의 접근에 있어 한 가지 일관성 있는 주제는 과학지식 내용에 대한 풍부하고 다양한 표본을 학습하는 것에 덧붙여, 그런 지식을 산출했던 과정을 학생들이 이해하고 경험할 필요가 있다는 것이다. "한 마디로 말해서, 과학자들이 하는 것이 무엇인지 그리고 과학자들이 과학을 하기 위해 애를 쓰는 이유를 학생들이 학습할 필요가 있다. 학생들은 그런 이해를, 가장 기본적인 방식으로,

과학의 실제에 참여함으로써만 개발할 수 있다"(Kuhn, 2007, p. 114). 이것은 일반
적으로 과학수업이 집단 프로젝트, 적절한 방식의 주장과 의사소통에의 참여, 표기
법(notation)과 표상(representation)의 과정 등을 포함하는 많은 특징의 과학적 실제를
포함해야만 한다는 것을 의미하기 위해 취해진다. Kirschner 등(2006)은 다음과 같
이 명기함으로써 이런 관점에 도전한다:

> 이런 이론적 설명의 주된 오류는 직업인으로서 전문가인 연구자의 행동 및
> 방법과 그 학문에 낯설고 본질적으로 초보자인 그런 학생들을 구별하지 못한다
> 는 것이다.
>
> (p. 79)

그러나 신예 과학자들에게 과학자가 생각하는 방법에 관해서 반드시 가르쳐야
한다는 구성주의 주장에 한 톨의 진리(a grain of truth)가 있다. 특히, 그들은 모든
타인과 같이 생각한다는 것과 지난 50년 동안 인지과학자들에 의해 발견되고, 연구
되고, 다듬어져 왔던 동일한 인지 과정을 자신들의 재량에(at their disposal) 가지고
있다는 것을 우리는 그들에게 반드시 가르쳐야만 한다.

"문제해결로서의 과학(science as problem solving)" 관점은 과학적 추론(scientific
reasoning)의 심리학(Klahr, 2000; Kuhn, Garcia-Mila, Zohar, & Anderson, 1995; Mynatt,
Doherty, & Twenty, 1977, 1978; Schauble, 1990; Klahr, Fay, & Dunbar, 1993)을 연구
하는 우리들에게는 유용하지만, 그것이 아동들에게 명시적으로 전달된 적은 한 번
도 없다. 예를 들어, 모든 과학자들의 문제해결 방법의 포트폴리오 중 일부인 방법
들 가운데 단지 하나인 유비를 생각해 보라. 과학과 수학에서 유비기반 수업
(analogy-based instruction)은 학습을 증진시키는 것으로 증명되었으며, 그런 연구는
상이한 유형의 유비를 설계하기 위해, 교사들이 그것들을 사용하는 상이한 방식을
확인하기 위해, 그리고 학생들(그리고 교사) 수행에 대한 상이한 유형의 유비적 추
론(analogical reasoning)의 영향력을 평가하기 위해 유비적 추론과 연합된 이론적 구
인을 사용한다. 그러나, 사실상, 그런 구인들은 분석자를 위해 유보된다. 그러나 인
지과학이 유비적 추론의 형식, 유형, 그리고 연합된 과정에 관해 아는 것에 대해서
학생들은 명시적으로 수업받은 적이 없다.

사실상, 심리학자들이 유비나 혹은 문제해결에 대한 연구를 설계하기 위해 사용

하는 바로 그 지식은 그런 연구에 포함되었던 아동들로부터 일종의 "비밀(secret)"로 유지되어 왔다. 즉, 인용된 작업의 어느 곳에서도 아동들은 자신들이－혹은 그들이 학습하고 있었던 과학자－다양한 공간에서 문제 해결하기, 수단－목적 분석, 혹은 패턴 탐지나 유비를 공부하고 있었다는 사실에 관해 명시적으로 수업 받지 않았다. 변별 실험을 찾아내는 도전이나 일련의 실험결과를 표상하기 위해 유익하고 일관성 있는 방식을 찾아내는 도전은 그 자체로서 해결되어야 할 문제였다는 것, 혹은 유비는 표면적 유사성과 구조적 유사성 양쪽 다, 그리고 원천(source)과 표적(target) 간에 한 세트의 맵핑(mapping)을 가지고 있다는 것을 아동들은 배우지 못했다.

우리는 근원적인 학문적 실제에 대한 하나의 설명으로서, 그리고 아동들이 자신의 과학적 노력에서 사용할 수 있는 한 세트의 발견적 교수법으로서 두 가지 모두의 이런 아이디어를 과학 교육과정의 통합적 부분－유비적 추론에 관해 알려진 것에 대해 우리가 "학생들이 안으로 들어가도록 하는(let students in)" 것－으로 만든다는 것을 나는 제안하고 있다. 여기서의 목적은 단지 과학자들처럼 행동하는 것이라기보다는, 학생들이 과학자들처럼 사고하는 것을 보장하는 것이다.

구성주의 지식 요소에 대한 지시적 수업은?

나는 이런 제안을 이 책을 동기화시켰던 과학 교육에 대한 두 가지 "적대적인(warring)" 관점 즉, 과학에서 훈련 실습의 본질에 관해 발견학습을 강조하는 구성주의 접근과 보다 높은 수준의 문제해결에 관해 지시적 수업에 초점을 맞추고 있는 정보처리 접근 간의 부분적인 타결이라고 본다. 요약하면, 많은 구성주의 방법이 어린 아동들을 과학자들의 방법과 과정에 끼워 넣음으로써 과학을 가르치려고 겨냥하지만, 그 어느 것도 아직 과학적 방법의 한 가지 필수적인 특징 즉, 강력한 세트의 일반적인 문제해결 발견식 교수법의 활용을 다루지 못하고 있다.

Kuhn(2001)과 그녀의 동료들은 아동들의 과학적 추론 역량의 발달에서, 메타인지－사고에 관한 사고－의 중요성을 확신할 수 있는 사례를 만들었다. 그 연구에서 대부분의 초점은 아동들로 하여금 이론과 증거 간의 차이점을 이해하도록 하는 것이었으며, 몇몇 연구에서, 논쟁 방법에서 훈련되고 있는 것으로써 구체적인 유형의 메타 인지적 지식을 사용하도록 아동들은 격려되었다(Kuhn & Udell, 2003; Kuhn & Pearsall, 1998). Kuhn과 Dean(2004)이 명기하고 있는 것처럼, "과학적으로 추론하는 사람들에 대한 연구는 과학 바깥에서 덜 다듬어진 일상생활 맥락 속에서의 사고에 관해 우리들에게 말해주는 어떤 것을 가지고 있다"(p. 286). 나의 제안은 주위의 그런 주장으로 돌아간다. 즉, 인지심리학에 의해 확인되어져 온 일상적인 사고과정의 범위 내에서 아동들을 가르침으로써, 우리는 과학을 이해하고 행하기 위한 그들의 능력을 증진시킬 수 있다.

●○ 결 론

교육에서 모든 훌륭한 "○○주의(ism)"처럼, 구성주의는 많은 외관과 양상을 가지고 있다. 이 에세이에서, 나는 단지 몇 가지만 정리하려고 시도했다. 즉, 무엇이 지시적 수업과 발견학습을 구별시키는가, 우리는 언제 지시적 수업을 사용해야만 하는가, 그리고 어린 과학도들을 위해 과학적 실제의 어떤 측면이 가르칠 수 있으면서도 유용하겠는가? 첫 번째 질문에 대한 나의 답변은 "접근(approach)" 만큼 광범위한 어떤 것에 보편적으로 동의하는 정의는 없으므로, 우리는 명확한 비교를 촉진할 조작적 정의를 찾으면서, 우리의 수업절차에 관해 가능한 한 명시적일 필요가 있다는 것이다. 두 번째 질문에 대한 나의 답변은 단기 및 장기에서 효율적이면서 동시에 효과적이라는 증거를 가질 때마다 지시적 수업은 사용되어져야만 한다는 것이다. 이것은 오해와 실수에 대한 교정적 피드백(corrective feedback)이 수업맥락에 의해 체계적으로 생성되지 않을 것 같은 상황에서 가장 잘 발생할 것 같다. 세 번째 질문에 대한 나의 답변은 과학적 실제의 한 가지 중요한 부분은 일반적인 "약한 방법(weak methods)"의 사용이라는 것이며(Newell & Simon, 1972), 그런 인지심리학 토픽을 초기 과학 교육과정 속으로 통합하는 것을 시작해야만 한다는 것이다. 즉, 학생들은 과학적 문제를 접근하는 데 있어서 자신들 혹은 다른 사람들이 생성했던 유비를 사용하도록 요구받지 않아야만 한다. 또한 학생들은 자신들의 자료에서 단순히 "패턴을 찾도록(look for pattern)" 말해져서도 안 된다. 그 대신, 인간의 문제해결 과정의 본질에 관해, 그리고 과학자들이 과거에 그것들을 어떻게 사용했으며 미래에 불가피하게 그것들을 어떻게 사용할 것인지에 관해 그들은 명시적인 수업을 받아야만 한다.

질문: Schwartz 등. 이것은 아동들의 "변수 통제(the control of variable)" 전략 학습하기에 대한 연구의 유용하고도 명료한 리뷰였다. "구성주의 논쟁"에 관하여, 당신은 과학에서 조작화의 결정적인 역할을 강조했다. 당신은 단일한 조작화에 기초한 제한적 일반화(circumscribing generalizations)의 역할에 대해 어떤 생각을 가지고 있는가? 이 장에 있는 주장은 대부분 어린 아동들이 하나의 특정 과학적 전략을 학습하는 맥락에서 수업 용어(instructional terms)를 조작화하는 연구로부터 유발되었다. 탐구에 대한 수많은 다른 측면 예컨대, 중요하고 다루기 쉬운 질문 생성하기, 측정 대상과 방법 결정하기, 관련 있는 이전 연구 자문하기, 표상적 도구 배치하기, 모형 가정하기, 그리고 일반화를 보장하는 가정을 알기 등이 있다. 당신의 발견이 보다 큰 교육공동체에 의해 과대일반화(over-generalized)되어 왔다는 가능성을 고려해 볼 때, 당신의 명시적 사고를 가지는 것은 멋질 것이다.

답변: Klahr. 좋은 질문이다. 첫째, "보다 큰 교육공동체(greater education community)"에 기인되는 그 어떤 것에 대해서도 모든 개인적 책임을 거부하도록 해주시오, 왜냐하면, 나는 포함되는 사람들이 누구인지를 정확히 모르며, 그리고 나는 깃털로 된 가방(a bag of feathers)을 붙잡고 싸울 수는 없기 때문이다. 나로 하여금 "단일한 조작화(a singular operationalization)에 기초하고 있는 제한적 일반화"(내가 충분히 인식하고 있는 것으로서, 내가 직면해 왔던 지시적 수업을 위한 나의 주장에 대해 가장 웅변적으로 표현된 비판)에 관한 당신의 보다 근원적인 요지에 답하게 해주시오. 지시적 수업의 보편성에 관해, 내가 쓴 장에서 나는 지시적 수업을 지지할 수 있는 몇 가지 고려 즉, 사용할 수 있는 수업시간에 대한 압박, 수업맥락으로부터의 명시적 피드백의 결여, 토픽의 계열에서 학습되어야 할 자료의 초기 위치, 그리고 교사가 일관성 있게 그리고 자신 있게 지시적 수업방법 대 발견식 수업방법을 사용할 수 있을 가능성을 상세하게 서술하는 것에 관해 신중하려고 노력했다. 내가 수년 동안 연구했던 특정 영역 즉, 변수통제 전략(CVS)은 이런 모든 것에 대해 지시적 수업을 지지하는 것으로 밝혀졌지만, 지시적 수업이 가장 괜찮은 적이 있었다면(ever the only game in town) 나는 꽤 놀랐을 것이다. 사실, 과학적 추론에 대한 나의 방대한 작업(Klahr, 2000)은 우리가 "수업 없는 학습(instructionless learning)"이라고 불렀던 것에 대한 어느 정도 초기의 연구로부터 도출되었는데, 그것이 어떤 것이든지 간에 사람들이 정말 아무런 수업도 가지고 있지 않을 때 그들이 사

용하는 몇 가지 과정을 우리는 확인했다. 사실, 그들은 학습할 수 있다. 그러나 그들이 학습할 수 있다는 사실이 그들이 만약 어느 정도의 수업을 받았더라면, 더 적은 시간에 훨씬 더 많이 학습할 수 없었을 것이라는 것을 의미하지는 않는다.

질문: Schwartz 등. 인간학습의 원리가 학생들 자신의 학습을 증진시킬 것이기 때문에, 학생들이 그것을 반드시 학습해야만 한다고 당신은 제안한다. 우리는 이런 요지에 매우 공감한다. 어느 것을 해야 할지에 대해 우리가 유사한 생각을 갖고 있을 때, 우리는 공통적인 함정 속으로 빠질 수도 있다는 것을 두려워한다. 그 함정은 우리가 아는 것을 모든 사람이 알 필요가 있다는 생각, 그리고 가장 효과적인 학습방법은 우리가 하는 것을 하는 것이라는 생각이다. 단지 우리가 인지를 연구한다는 이유만으로 복도 저쪽 끝에 있는 사회학자들(socialists down the hall)보다 학습에서(at learning) 우리가 조금도 더 낫지 않다는 것은 꽤 명백하다. 당신은 메타인지에 대한 문헌이 일반적으로 학습을 증진시키는 방식으로서 인지에 관한 과학적 지식을 가르치는 것을 정당화한다고 생각하는가? 아마도 단지 사람들에게 해야 할 것을 얘기하고 가변적인 강화(variable reinforcement)로서 그들을 연습시키는 것이 더욱 효과적일 것이다.

답변: Klahr. 지금 시점에서 이것은 추측적이다. 어린 아동들은 자신들의 단기기억을 증진시키기 위해 실험심리학자들에 의해 발견된 리허설과 여타 과정을 사용하는 방법으로 수업받을 수 있으므로, 적어도 우리가 아는 내용은 널리 퍼뜨릴만한 가치가 있는 증거가 존재한다는 것을 우리는 알고 있다. 나는 초기 과학수업에 일반적인 문제해결 방법 코스를 첨가하는 것을 제안하지는 않는데, 왜냐하면 나와 동료는 단지 그것이 멋지다(it's cool stuff)고 생각하기 때문이다. 정말, 광범위한 영역에 걸쳐 적용할 수 있는 일반적인 문제해결 기술을 가르치기 위한 시도는 그렇게 성공적이지 않았다는 것이 지금까지는 입증되고 있다. 과학에 관련된 훨씬 더 집중적인 일련의 문제해결 기술을 가르치는 것이 내가 쓴 장에서의 제안이다. 말하자면, 일반적인 패턴 탐지(pattern detection)나 유비적인 문제해결(analogical problem solving)에 관해 가르치기보다는 그런 인지적 과정이 과학에서 어떻게 작동해 왔는지를 가르치기를 나는 제안한다. 그리고 그다음에 나는 학생들로 하여금 다양한 실질적인 영역에서 자신들이 학습하고 있는 과학내용에 그것을 적용하도록 할 것이

다. 학생들이 그런 기술을 경제, 개인적 발달, 혹은 역사적 추세 속에서 패턴 탐지나 유비적 문제 해결하기에 자동적으로 일반화하는 것을 나는 기대하지 않을 것이다.

질문: Gresalfi와 Lester. 어쨌든 지시적 수업은 무엇인가? 당신이 수행했던 일련의 연구에 대한 논의는 두 가지 상이한 수업 실제를 대비하고 있는데, 하나는 당신이 지시적 수업이라고 부르는 것이고, 다른 하나는 당신이 발견이라고 부르는 것이다. 내가 의문을 가지기 시작했던 것은 왜 당신은 "수업 – 먼저(instruction-first)" 방법을 "지시적 수업(direct instruction)"으로 부르기 위해 선택했느냐는 것이었다. 사실, 지시적 수업에 대한 역사와 특정한 정의에 관하여(특히 이 책의 Rosenshine, chapter 11 참조), 이 장에서 개관된 수업방법은 잘 정열되어 있지 않다. 이런 방법을 지시적 수업으로 계속 언급하는 당신의 이론적 근거는 무엇인가?

답변: Klahr. 명칭에 관한 질문은 내가 쓴 장의 포인트를 놓치고 있다. 혹자가 나의 장의 최소한 3분의 1을 쏟은 수업방법을 "지시적 수업(direct instruction)", "명시적 수업(explicit instruction)", "탐색을 가진 훈련(training with probes)" 등으로 부르는 것은 문제되지 않는다. 문제가 되는 것은 서술된 그런 특징의 일부나 모두를 결여하고 있는 방법과 대조되었을 때 수업의 유형과 연합된 특징에 대한 조합의 효과성이다. 이런 종류의 수업은 구성주의 견해의 학습과 연합된 광범위한 집단의 수업방법과 분명히 구별되므로, 상이한 맥락에서 각 교수 유형의 상대적인 효과성을 위한 증거에 근거하고 있는 기반은 무엇인가라고 묻는 것이 과학적 질문이다.

◗ 참 고 문 헌 ◖

Adelson, R. (2004). Instruction versus exploration in science learning. *Monitor on Psychology, 35,* 34−36.

Begley, S. (2004, December 10). The best way to make schoolchildren learn? We just don't know. *The Wall Street Journal Online,* p. B1. Retrieved December 10, 2004 from http://online.wsj.com/article/0,,SB110263537231796249,00.html.

Cavanagh, S, (2004, November 10). NCLB could alter science teaching. *Education Week, 24*(11), 1; 12−13.

Chen, Z., & Klahr, D. (1999). All other things being equal: Children's acquisition of the control of variables strategy. *Child Development, 70,* 1098−1120.

Clement, J., & Steinberg, M. (2002). Step−wise evolution of models of electric circuits: A "learning−aloud" case study. *Journal of the Learning Sciences, 11*(4), 389−452.

Dagher, Z. R. (1995). Analysis of analogies used by science teachers. *Journal of Research in Science Teaching, 32,* 259−270.

Duschl, R. A., Schweingruber, H. A., & Shouse, A. W. (Eds.). *Taking science to school: Learning and teaching science in grades K−9.* Washington, DC: National Research Council.

EDC. (2006). The inquiry Synthesis Project, Center for Science Education, Education Development Center, Inc. (EDC) (2006, April). *Technical report 2: Conceptualizing Inquiry Science Instruction.* Retrieved February 14, 2008 from http://cse.edc.org/work/re−search/inquirysynth/technicalreport2.pdf.

Else, M., Clement, J., & Ramirez, M. (2003). Should different types of analogies be treated differently in instruction? Observations from a middle−school life science curriculum. *Proceedings of the National Association for Research in Science Teaching,* Philadelphia, PA.

Glynn, S. M., Britton, B. K., Semrud−Clikeman, M., & Muth, D. K. (1989). Analogical reasoning and problem solving in science textbooks. In California − Or does it? Paper presented at the 129th National AAPT meeting in Sacramento, CA, August 1−5, 2004. Retrieved February 5, 2008 from www.physics.indiana.edu/~hake/DirInstSetback−041104f.pdf.

Hennessey, M. G. (2002). Metacognitive aspects of students' reflective discourse: Implications for intentional conceptual change teaching and learning. In G. M. Sinatra & P. R. Pintrich (Eds.), *Intentional conceptual change* (pp. 103−132). Mahwah, NJ:

Lawrence Erlbaum Associates.

Hmelo–Silver, C. E., Duncan, R. G., Chinn, C. A. (2007). Scaffolding and achievement in problem–based rning: A response to Kirschner, Sweller, and Clark (2006). *Educational Psychologist, 42*, 99–107.

Janulaw, S. (2004, January 9). *Letter to California Curriculum Commission from California Science Teachers Association.* Retrieved on April 7, 2004 from http://science.n–sta.org/nataexpress/ltr to commission.htm.

Kirschner, P. A., Sweller, J., & Clark, R. E. (2006). Why minimal guidance during in–struction does not work: An analysis of the failure of constructivist, discovery, prob–lem–based, experiential, and inquiry–based teaching. *Educational Psychologist, 41*, 75–86.

Klahr, D. (2000). *Exploring science: The cognition and development of discovery process.* Cambridge, MA: MIT Press.

Klahr, D., Fay, A. L., & Dunbar, K. (1993). Heuristics for scientific experimentation: A developmental study. *Cognitive Psychology, 24*, 111–146.

Klahr, D., & Nigam, M. (2004). The equivalence of learning paths in early science in–struction: Effects of direct instruction and discovery learning. *Psychological Science, 15*, 661–667.

Klahr, D., Triona, L. M., & Williams, C. (2007). Hands on what? The relative effectiveness of physical vs. virtual materials in an engineering design project by middle school children. *Journal of Research in Science Teaching, 44*, 183–203.

Kohn, A., & Janulaw, S. (2004, December 1). Standardized sclence. Mandatory testing's impact on teaching and learning [Letter to the Editor]. *Education Week*, p. 41.

Kuhn, D. (2001). Why development does (and does not) occur: Evidence from the do–main of inductive reasoning. In J. L. McClelland & R. S. Siegler (Eds.), *Mechanisms of cognitive development: Behavioral and neural perspectives* (221–249). Mahwah, NJ: Lawrence Erlbaum Associates Publishers.

Kuhn, D. (2007). Is direct instruction an answer to the right question? *Educational Psychologist, 42*(2), 109–113.

Kuhn, D., & Dean, D. (2004). Connecting scientific reasoning and causal inference. *Journal of Cognition and Development, 5*(2), 261–288.

Kuhn, D. & Dean, D. (2005). Is developing scientific thinking all about learning to control variables? *Psychological Science, 16*, 866–870.

Kuhn, D., & Garcia—Mila, M., Zohar, A., & Andersen, C. (1995). Strategies of knowledge acquisition. *Monographs of the Society for Research in Child Development, 60*(4), Serial No. 245.

Kuhn, D., & Pearsall, S. (1998). Relations between metastrategic knowledge and strategic performance. *Cognitive Development, 13*, 227—247.

Kuhn, D. & Udell, W. (2003). The development of argument skills. *Child Development, 74*(5), 1245—1260.

Lehrer, R., & Schauble, L. (2004). Modeling natural variation through distribution. *American Educational Research Journal, 41*, 635—679.

Mynatt, C. R., Doherty, M. E., & Tweney, R. D. (1977). Confirmation bias in a simulated research environment: An experimental study of scientific inference. *Quarterly Journal of Experimental Psychology, 30*, 395—406.

Mynatt, C. R., Doherty, M. E., & Tweney, R. D. (1978). Consequences of confirmation and disconfirmation in a simulated research environment. *Quarterly Journal of Experimental Psychology, 29*, 85—95.

Newell, A., & Simon, H. (1972). *Human problem solving.* Englewood Cliffs, NJ: Prentice—Hall.

Paris, N. A., & Glynn, S. M. (2004). Elaborate analogies in science text: Tools for en—hancing preservice teacher's knowledge and attitudes. *Contemporary Educational Psychology, 29*(3), 230—247.

Richland, L. E., Holyoak, K. J., & Stigler, J. W. (2004). Analogy use in eighth—grade mathematics classrooms. *Cognition and Instruction, 22*(1), 37—60.

Ruby, A. (2001). *Hands—on science and student achievement,* RAND, Santa Monica, CA. Retrieved December 1, 2004 from www.rand.org/publications/RGSD/RGSD159/.

Shauble, L. (1990). Belief revision in children: The role of prior knowledge and strategies for generating evidence. *Journal of Experimental Child Psychology, 49*, 31—57.

Schmidt, H. G., Loyens, S. M. M., van Gog, T., & Paas, F. (2007). Problem—based learning is compatible with human cognitive architecture: Commentary on Kirschner, Sweller, and Clark (2006). *Educational Psychologist, 42*(2), 91—97.

Siegler, R. S. (1976). Three aspects of cognitive development. *Cognitive Psychology, 8*, 481—520.

Smith, C., Maclin, D., Houghton, C., & Hennessey, M. G. (2000). Sixth—grade students' epistemologies of science: The impact of school science experiences on epistemological development. *Cognition and Instruction, 18*(3), 349–422.

Stephens, L., & Clement, J. (2006). Designing classroom thought experiments: What we can learn from imagery indicators and expert protocols. *Proceedings of the NARST 2006 Annual Meeting*, San Francisco, CA.

Strand–Cary, M., & Klahr, D. (2008). Developing elementary science skills: Instructional effectiveness and path independence. *Cognitive Development, 23*, 488–511.

Strauss, V. (2004, February 3). Back to basics vs. hands–on instruction: California rethinks science labs. *The Washington Post*, p. A12.

Toth, E., Klahr, D., & Chen, Z. (2000). Bridging research and practice: A cogni–tively–based classroom invention for teaching experimentation skills to elementary school children. *Cognition and Instruction, 18*, 423–459.

Triona, L. M., & Klahr, D. (2003). Point and click or grab and heft: Comparing the influ–ence of physical and virtual instructional materials on elementary school students' ability to design experiments. *Cognition and Instruction, 21*, 149–173.

Tweed, A. (2004, December 15). Direct instruction: Is it the most effective science teach–ing strategy? *NATA WebNews Digest*. Retrieved January 3, 2005 from www.nst–a.org/main/news/stories/education story.php?news story ID=50045.

제 16 장

초보지식을 넘어

- 과학적 지식시스템 세우기와 평가하기

Richard A. Duschl   Penn State University
Ravit Golan Duncan   Rutgers, The State University of New Jersey

"과학 하기(doing science)"의 근본적인 측면은 자연계를 설명하는 이론, 모형, 그리고 메커니즘을 수립하기 위해 증거를 활용하는 것이다. 증거의 사용과 설명은 과학적 이해와 과학적 탐구의 기초이다. 그러나, Laudan(1981)이 지적했듯이, 어떤 초기 과학이론은 호도(misguided)되었거나 혹은 명백하게 잘못이었다(예컨대, 파멸적 지질학, 열에 관한 칼로리 이론, 그리고 생리학의 활력 이론). 이런 "과학적 실패(scientific failures)"에도 불구하고, 아직도 사회는 자연을 이해하고 문제를 해결하기 위한 수월성 모형(gold standard)으로서 과학적 지식과 과학적 탐구를 찬양하기를 지속하고 있다. Thagard(2007)는 진리와 설명적 일관성은 새로운 사실을 설명함으로써 그리고 그 이론이 작동하는 이유에 대한 설명을 제공함으로써 시간이 경과함에 따라 이론이 넓어지고 깊어지는 보완적 과정을 통해 성취된다는 것을 상정하고 있다.

이론의 확장 및 심화는 물론, 이론 표현과 정련에 대한 일반적인 특징이 "과학 하기(doing science)"와 "학습 과학(learning science)" 양쪽 모두에 기초가 된다는 것을 우리는 주장한다. 국가연구위원회(National Research Council)의 연구요약보고서인 학교에 과학 가져가기(Taking Science to Schools: 이하 TSTS로 표기)(NRC, 2007)에서 구체화된 것처럼, 건전한 과학 교육을 위한 기초는 숙달에 대한 네 가지 서로 얽힌 가닥(strands)이 교차하는 학습자의 발전에 의존한다.

1. 자연계에 대한 과학적 설명을 알고, 사용하고, 해석하라.
2. 과학적 증거와 설명을 생성하고 평가하라.
3. 자연과 과학적 지식의 발달을 이해하라.
4. 과학적 실천과 담론에 생산적으로 참여하라.

 과학교육에 대한 탐구, 문제 기반, 그리고 경험적 모형의 배제를 권고할 때, Kirschner, Sweller 및 Clark(2006) 그리고 Sweller, Kirschner 및 Clark(2007)가 제시하고 있는 것처럼, 과학 교육은 "우리가 아는 것(what we know)"을 가르치는 것 그 이상이라는 것이 메시지이다. 과학 교육은 "우리가 아는 방식(how we know)"과 "대안을 넘어 우리가 아는 것을 믿는 이유"에 관한 것이라는 것이 중요하다. Kirschner 등(2006)과 Sweller 등(2007)에 대한 우리의 응답은 1992년 Kirschner의 "인식론, 과학교육에서의 실제적인 작업과 학문적 기술(Epistemology, practical work and academic skills in science education)"이라는 논문에서 학교 과학과 과학 탐구에 대한 자신의 해석에 지시되어 있다. 이런 입장은 계속적으로 현재 논쟁을 틀지우고 있다. 특히, 우리의 논의는 과학과 과학교육 양쪽 모두에서 인식론적 실제와 과학적 실제의 역할에 집중되어 있다. 인식론과 교육학 간의 엄격한 이분법(strict dichotomy)을 지향하는 Kirschner의 계속되는 주장에 있어서의 결함은 그가 (1) 과학적 탐구를 위한 초점으로서 잘못된 과학적 실제와 인식론적 실제를 선택했으며, (2) 어린 학습자들의 인지적 능력을 잘못 표상했으며, (3) 지식을 정제하고 재구조화하는 것의 중요성을 인식하기보다는 단순한 지식의 누적으로 과학 학습의 성격을 잘못 규정했다는 것이다.
 과학적이고 인식론적인 실제 이슈는 첫 번째 섹션의 초점이다. 실험과 발견에만 배타적으로 집중하는 것은 오늘날 과학 실제에 대한 불완전한 표상(incomplete representation)이라는 사례를 말하기 위해 우리는 "학습 과학(learning science)"과 "과학 공부(science studies)"라는 학제적 영역(interdisciplinary fields)에서의 발달에 대한 개관을 제공한다. 두 번째 섹션에서, 우리는 어린 학습자들에 대한 "결손 모형(deficit model)" 견해를 반대하고 과학 학습에 대한 핵심요소로서 지식 재구성하기(knowledge restructuring)의 중요성을 주장한다. 우리는 이 장의 첫째 저자가 의장이었던 TSTS 종합보고서에 담겨진 연구에 의존한다(NRC, 2007). 특히, 과학적 실제, 과학적 이해,

그리고 과학적 추론을 촉진하는 과학 커리큘럼, 수업, 그리고 평가의 설계를 위해
학습자와 학습에 대한 새로운 이미지, 그리고 새로운 프레임워크를 강조한다.

●○ 과학교육에 있어 인식론적 목적과 과학적 실제

과학교육을 위한 의제(agenda)는 교육과정, 수업, 그리고 평가에의 접근방법에 대
한 재고를 요구하는 방식에 있어 계속 확대되어 왔다. 우리는 과학적 지식이 급속
하게 성장하는 시대에 살고 있다. 1950년대와 1960년대에 있어서의 첫 번째 과학
교육 개혁가들처럼, 우리는 오늘날 가르칠 내용과 방법에 관해 중요한 결정을 내려
야 하는 도전에 직면하고 있다. 그러나 1960년대 개혁 노력과는 달리 지금 우리는
학습이 어떻게 일어나는지 그리고 어떤 조건하에서 학습이 발생하는지에 대한 보
다 깊은 이해를 가지고 있다(NRC, 2007; Sawyer, 2006; NRC, 1999). 우리는 두 가지
학문적인 영역 즉, "학습 과학(Learning Sciences)"과 "과학 공부(Science Studies)"에 있
어서의 발전을 통해 과학 학습에 관해 학습해 왔다.

학습 과학과 과학 교육

학습 과학은 인지과학 연구로부터 등장했다. 전문성, 표상, 숙고, 문제해결 그리
고 사고에 대한 보다 풍부한 이해와 결부되어 아동들의 사고는 성인들의 사고와
근본적으로 다르다는 것에 대한 우리들의 보다 깊은 이해는, "학생들은 학문 분야
에서 일하는 전문가의 일상적인 활동과 유사한 활동에 참여할 때 보다 깊은 지식
을 학습한다"(Sawyer, 2006, p. 4)는 학습 과학의 주된 교의(tenet)를 위한 토대를 제
공했다. 비공식적 학습에 대한 후속 연구는 참여 구조(participatory structure)의 중요
성(Rogoff, 1990)을, 그리고 문화적으로 가치 있는 활동에 있어서 실천의 발달(Cole,
1996)을 보여준다.

과학은 인지적, 인식론적, 그리고 사회적 실제와 같은 복잡한 환경에서 발생한다
(Giere, 1988; Kuhn, 1962/1996; Knorr-Cetina, 1999; Longino, 1990, 2002; Nersessian,
2008). 학습 과학의 발전(Sawyer, 2006)과 아동들의 인지발달에 대한 보다 깊은 이해
(NRC, 2007)는 과학의 학습에 있어서 동일한 3자의 실제인-지적(cognitive), 인식론적

(epistemic), 그리고 사회적(social)—를 인식하고 조정을 구하도록 유도했다. Kirschner(1992)
의 실험활동에 대한 인식론적 전념은 필요하긴 하지만 과학 학습에 충분한 조건은
아니다. 우리는 오늘날 과학을 (1) 자료와 증거에 관한 추론, (2) 이론의 수립과 평
가, 그리고 (3) 광범위한 배열의 의사소통적인 과학 실제에 참여를 포함하는 일련
의 문답적인 약속(dialogical engagements)으로 보아야 할 필요성을 제대로 인식하고
있다. Kirschner(1992)는 과학 커리큘럼의 핵심적인 인식론으로서 가설 검정
(hypothesis testing)을 수용한다. 그는 "과학의 인식론은 본질적으로 실험적이며, 그
렇기 때문에 실험활동은 과학 커리큘럼의 중요한 부분이 될 수 있으며 아마도 반
드시 중요한 부분이 되어야만 한다"(p. 277)고 쓰고 있다. 그러나, 그런 과학적 실제
는 과학을 하는 것이 무엇을 의미하는지에 대한 여타 중요한 역동적인 요소의 서
비스로 행해진다.

- 이론과 모형 수립하기
- 논쟁 구성하기
- 특화된 방식의 말하기와 쓰기 활용하기, 그리고 현상 표상하기

과학 수업은 탐구나 실용적인 것들을 넘어서는 "과학 하기(doing science)" 실천에서
반드시 조정되어야만 한다는 것이 TSTS 위원회의 추천이다. Kirschner(1992)는 실질
적인 것들이라는 이슈를 화제 삼으며 이것이 과학을 가르치는 하나의 좋은 방식인
지의 여부에 대해 강력하게 의문을 제기한다. 과학 교육자들은 혼란스러운 인식론
(귀납적 실험)과 교육학(탐구를 수행하는 것)을 가지고 있다는 것이 그의 주장이다.
Kirschner 등(2006)에서 인식론과 교육학을 혼동하는 것에 관한 Kirschner(1992) 주장
의 많은 부분이 지속되고 있음을 우리는 발견한다:

지식은 학문 절차(procedures of the discipline)에 근거하고 있는 경험을 통해
가장 잘 획득될 수 있다고 그들은 가정하고 있는 것 같다(예컨대, 학습경험의
교육학적 내용을 연구 중인 학문의 방법과 과정 혹은 인식론과 동일하다고 보
는 것).

(Kirschner *et al.*, 2006, p. 76)

학습 경험의 교육학적 내용이 연구 중인 학문의 방법과 절차(즉, 인식론)와 동일하다고 가정하는 것은 아직 근원적인 오류(fundamental error)일 수도 있으며 수업이 반드시 방법과 과정에만 배타적으로 초점을 맞추어야 한다고 가정하는 것은 잘못이다.

(Kirschner *et al.*, 2006, p. 78)

Kirschner(1992)는 실제적인 것에 기초한 발견학습에의 전념을 "과학의 추상성(abstractness of science)" 문제라고 언급한다. 그는 피아제 이론의 단계-발달 입장(stage-development position)을 지지하기 위해 Woolnough와 Allsop(1985)을 인용하고 있다:

과학은 이론적 개념들과 그런 이론적 개념들 간의 상호관계를 다룬다. 이론적 개념들은 추상적이며 추상적 상태에서 인식되고 조정되어야만 한다. 성숙한 과학정신이 그런 것들에 대한 숙달을 얻는 것이라면 이런 개념들은 구체적인 실재(reality)로부터 분리되어야 한다는 것이 필수적이다. 우리가 실험실 경험에 모든 것을 관련시키는 외양을 줄 때 우리는 학생들의 사고를 호도하고 제한한다.

(p. 281)

Kirschner(1992)는 실제적인 것으로부터 학습하는 것을 다음과 같이 진술함으로써 자신의 학습자 – 결손 – 모형(deficit-model-of-learners) 주장을 뒷받침하고 있다.

만약 학생들이 피아제에 의해 정의된 추론(형식적 조작 수준)이라는 인지적 수준을 이미 성취했다면 유일하게 진실일 것이다 … 아직 성취하지 못한 학생들에게, 이런 "조작된(trumped-up)" 실험이 … 실제 현상(actual phenomena)에 대한 오해와 잘못된 표상으로 인도하는 경향이 있다.

(p. 281)

아동들이 할 수 없는 것에 대해 초점을 맞추는 것이 학습에 대한 결손 모형(deficit models)이다. Kirschner 등(2006)에서, 어떤 아동들이 탐구 및 문제기반 학습 환경에서 할 수 없는 것에 대한 하나의 설명으로서 "과학의 추상성(abstractness of science)" 문제와 학습자의 결손 모형은 피아제 이론의 단계로부터 인지구조 및 인지부하이론으로 옮겨간다.

TSTS 보고서(NRC, 2007)의 3장은 신생아와 아동의 인지 역량에 대한 연구 리뷰를 제시하고 있다. 어린 학습자들에 대한 결손 모형이 더 이상 지지되지 않는다는 연구결과는 아주 명확하다. 발달은 일어나지만 연령과 관련된 어떤 단계도 없으며, 어떤 주어진 연령에서도(at any given age) 과학적 지식과 추론에 있어서의 가변성은 크다는 것을 그 연구는 분명히 보여준다. 인지적 복잡성이나 혹은 추상적인 추론의 요구 때문에 발달이나 학습이 정체될 때, 교사와 동료 쪽에서의 사려 깊은 정보에 기초한 교육과정 설계와 효과적인 중재(effective mediation)는 학습자들을 앞으로 나아가도록 할 수 있다.

TSTS 연구보고서로부터 어린 아동들이 선택된 영역(예컨대, 생물의 활동과 조직, 물질의 성질과 실체) 내에서 추상적인 추론을 할 수 있다는 것을 우리는 알고 있다. 그러나, 수많은 현존 K-8 과학 커리큘럼 프로그램은 학생들에게 추론 요구를 빈약하게 한다는 측면에서 부족하다고 알려져 왔다(예컨대, Hapgood, Magnusson & Palincsar, 2004; Ford, 2005; Metz, 1995; NRC, 2007). 연구가 보여주는 것은 영역 일반적인 추론 기능과 표면적 수준의 지식을 정리하고 있는 커리큘럼이 핵심 지식과 지식을 유의미하게 통합시키는 영역 특수적인 추론 기회를 다루고 있는 커리큘럼을 압도하고 있다는 것이다. 만일 학습이 이런 선정된 영역에서 시작하거나 혹은 연계되면, 새로운 지식과 지시적인 교수에 참여할 필요가 있다는 Kirschner 등 (2006)의 문제는 사라지게 된다.

오늘날 사용되고 있다고 알려진 추론-빈약 커리큘럼(reasoning-lean curriculum) 접근 방법은 (1) 추론과 학습을 분리된 수업 속으로 고립시키는 경향이 있으며, 따라서 과학의 두드러진 주제와 커다란 아이디어를 희미하게 하고 얼버무리며, 결과적으로 커리큘럼을 "1마일의 넓이에 1인치의 깊이"로 만들고 있으며(Schmidt, McKnight, & Raizen, 1977), (2) 중학교 교과서의 사례에서, 그들 간의 관계에 거의 상관없거나 혹은 전혀 상관이 없는 아이템으로 과학 토픽들을 제시하는 경향이 있다(Kesidou & Roseman, 2002). 학습 계열을 해체하는 그런 조건은 새로운-지식 문제(novel-knowledge problem)에 기여한다. 과학 학습은 수년간의 수업 년한 내에서 수직적으로 그리고 수평적으로 교차하여 기능하는 보다 긴 수업 계열(예컨대, 학습 진전)을 통해 연결되어야 한다는 것이 TSTS의 제안이다. 학습 진전은 강조점에 있

어서 우리가 알고 있는 것(예컨대, 사실과 기능)을 가르치는 것으로부터 유치원학
생들에게 접근가능한 과학이라는 학문에 중심적인 핵심 아이디어에 초점을 맞추는
수업에로의 변화를 표상하며, K-8 학년을 가로질러 지속적인 탐구를 위한 가능성
을 가지고 있다. 그런 학습 계열과 연계는 Kirschner 등(2006) 그리고 Sweller 등
(2007)의 제안과는 극명한 반대편에 서 있다.

과학 연구과 과학 교육

아주 폭넓은 붓놀림(broad brushstrokes)에서 보면, 과학 연구에서의 20세기 발달은
세 시기로 나누어질 수 있다. 첫째, 수학적 논리와 가설연역적 방법을 강조하는 논
리 실증주의(logical positivism)는 Kirschner(1992)의 실험행동과 발견에의 전념을 반
영한다.

두 번째 시기는 학문적 행렬(disciplinary matrix) 내에서 발생하는 Thomas Kuhn(1962/1996)
의 패러다임 변화(paradigm shifts)라는 개념에 의해 정의된다. Kuhn의 과학에 대한
학문－행렬(disciplinary-matrix) 견해에서, 이론은 중심적인 역할을 하지만, 그
이론들은 모델링과 가치의 사회적 차원(social dimension of value) 및 판단을 포함하
는 여타 과학 요소와 함께 단계를 공유한다. Kuhn은 과학공동체를 과학의 인지적
기능에서 본질적인 요소로 보았지만, 그의 초기 연구는 상세한 분석을 제시하지 않
았다.

세 번째 가장 최근 시기는 자연화된 철학(naturalized philosophy)에 토대를 두고
있다(Godfrey-Smith, 2003). 그것은 논리 실증주의의 기본적 교의(basic tenets)에 대해
Kuhn이 하지 않고 남겨두었던 격차를 채운다. 이 운동은(Duschl & Grandy, 2008) 다
음과 같다:

- 이론 개발의 과학적 실천에서 모형의 역할과 자료 구성의 역할을 강조한다;
- 과학공동체(scientific community)를 개별 과학자 단독으로서가 아니라 과학
  적 과정의 하나의 본질적인 부분으로 본다.
- 인지과학적 과정을 하나의 분산시스템(a distributed system)으로 보는데,
  그 시스템은 도구, 표상의 형식, 의사소통과 주장을 위한 동의－기반 시
  스템(agreed-upon system)을 포함한다.

오늘날 과학의 본질에 대한 이해는 과학에서 발생하는 대부분의 이론 변화가 최종적인 이론 수용이 아니라, 어떤 이론의 개선과 정련이라는 인식이다(Duschl & Grandy, 2008). 과학에서 일어나는 것은 대개 논리 실증주의자들이 주장하는 발견의 맥락이나 혹은 정당화의 맥락이 아니라 이론 발달의, 개념적 수정(conceptual modification)의 맥락이다.

탐구를 실험행동과 발견으로 틀지우기를 선택함으로써, Kirschner(1992) 그리고 Kirschner 등(2006)은 잘못된 인식론적 게임(epistemic game)을 하고 있다. 선호된 인식론적 게임은 설명적 일관성을 증가시키기 위한 지식시스템의 정련이다(Duschl & Grandy, 2008; NRC, 2007; Thagard, 2007). 전통적으로, 과학 커리큘럼은 과학을 하기 위해 사람들이 알아야 할 필요가 있는 것에 초점을 맞추어 왔다. Schwab(1962)은 이것을 과학교육에의 "결론의 은유(rhetoric of conclusion)" 접근이라고 불렀다. 약 30년 후에 Duschl(1990)은 "최종적 형태의 과학(final form science)" 수업의 문제에 대해 코멘트했다. 이제 그 주장은 교실 학습에서 교사와 학생들 간의 대화, 비판, 협동, 공동작업의 중요성을 위해 존재한다(Ford, 2008; Ford & Forman, 2006; NRC, 2007). 불행하게도, Kirschner, Sweller 및 Clark는 자신들이 다음과 같이 적을 때 이런 중요한 학습 차원을 기각하기 위해 인지부하 주장을 제기했다:

하지만, 집단 내에서 의사소통 및 상호작용의 조정과 실행은 그 자체로 흔히 인지적으로 짐을 지우는 경험이라는 점에서 협동이나 공동작업은 인지적 부하의 측면에서 비용을 부과한다. 만약 집단(즉, 상호작용 과정) 내에서 문제해결 과정에 대한 의사소통과 조정이 효과적으로 그리고 효율적으로 진전된다면, 이미 문제기반학습(PBL)에 의해 야기된 기존의 내재적이고, 밀접하게 연관되며(germane), 외재적인 부하에 이것은 단지 새로운 밀접하게 관련된(germane) 부하를 첨가할 것이다.

(Sweller *et al.*, 2007, p. 117)

지난 20년에 걸친 학습 과학(learning science)과 과학–공부(science-studies) 연구는 어떤 다른 이름에 의한 학습이라 할지라도, 과학적 지식을 수립하는 것이라는 서비스에 있어서 지식, 증거, 그리고 설명 활용의 중요성을 이야기한다. TSTS의 제안은 이론 수립과 과학적 실제 및 담론을 둘러싸고 조정된 주장 위에 과학 학습에 집중하는 것이다. 그렇게 하기 위해 TSTS는 새로운 커리큘럼 계열성 – 학습 진전 (learning progressions) – 이 아동들의 영역 – 특수적 학습에 대한 연구에 기초를 두고 개발될 필요가 있다고 제안한다. TSTS 제안은 교사로부터의 지지 및 가이던스와 함께 올바른 영역 – 특수적 맥락에서 복잡한 학습과 추론이 발생할 수 있다는 가정에 기초하고 있다. 현존하는 커리큘럼과 교육학적 실제의 틀 안에서 연구하고 있는 Kirschner, Sweller 및 Clark는 달리 생각한다고 우리는 믿고 있다. TSTS에서 과학적 실제와 담론에 대한 초점을 교실에서 과학학습을 개혁하기 위한 토대로 보는 한, 그들은 그것을 학습자들의 인지 부하를 증가시키는 것으로 철저하게 기각하며 따라서 그것을 학습에 대한 하나의 장애물로 본다.

학습을 위해 가이던스를 제공하는 것은 효과적인 수업조건을 위해 중요하다는 것 즉, 예제는 효과적인 학습 환경에서 중요한 위치를 가져야만 한다는 것은 확실하다는 아이디어를 Kirschner, Swellert 및 Clark와 우리는 공유한다. 의문은 언제 그리고 어디에서 예제를 사용할 것인가이다. 우리가 어디에서 친구(company)를 분리하는가는 그 가이던스가 어떻게 그리고 무슨 목적에 제공되어야 하는가이다. 이전 섹션은 과학과 과학 교육을 위한 인식론적 지향을 다루었다. 또 다른 근본적인 분할 포인트는 학생들이 교실 학습에서 할 수 있는 것과 할 수 없는 것에 대한 상충되는 이미지(conflicting image)이다. 이런 주장의 몇 가지 측면은 이미 소개되었다. 다음 섹션은 학습에 대한 결손 모형을 받아들이는 것의 이슈와 결과를 좀 더 자세히 계속한다.

●○ 학습자의 결손 모형

"아는 것이 보는 것을 결정한다. 즉 공허한 마음은 거의 보지 못하고 이해는 더더욱 못한다"(Sweller *et al.*, 2007, p. 118)고 주장하는 학습자들에 관한 진술은, 인지 – 부하 옹호자들이 지지하는 학습자들의 결손 모형(deficit model of learners)을 분명하게 한다. 발견은 준비된 마음을 선호한다(Bruner, 1961)고 Sweller와 그의 동료들이 말하는 것은 옳지만, 학습자들을 비어 있는 석판(백지 상태)으로 보는 생각은 개념적 변화와 발달심리학에 정면으로 도전한다. 아동들의 발달과 개념적 변화에 대한 연구(Carey, 1985)는 심지어 어린 아동들도 인상적인 인지적 역량을 가지고 있으며 복잡한 방식으로 그리고 추상적 개념에 관해 추론할 수 있다는 것을 시사한다 (NRC, 2007). 신중하게 설계되고 계열화된 커리큘럼과 목표지향의 교사 중재를 가지고 있는 교실에서, 어린 학습자는 추상적인 과학적 개념에 관해 효과적으로 추론하는 방법, 자료 패턴을 표상하는 방법, 설명을 개발하고 수정하는 방법, 그리고 자신들의 개념적 구성에 관해 주장하는 방법을 학습할 수 있다(Schauble, Glaser, Duschl, Schulze, & John, 1995; Herrenkohl & Guerra, 1998; Metz, 2004 참고).

어린 아동들의 인지 능력

어린 아동들이 입학할 때까지, 그들은 이미 자연계와 사회계에 관한 실질적인 지식을 가지고 있다. 제자리에, 준비, 과학!(Ready Set, Science!)은 연구가 어린 학습자들에게 접근할 수 있도록 수립하는 핵심 영역이나 지식시스템에 대해 다음과 같은 사례를 열거하고 있다.

- 곡면체(solid bounded objects)의 단순 역학;
- 심리학적 작인(agents)의 행동;
- 생물의 활동과 조직;
- 물질의 구조와 실체(substance).

몇몇 연구는 심지어 말하기 전의 유아(preverbal infants)도 메커니즘 감각과 인과율 감각(a sense of causality)을 가지고 있다고 주장한다(Baillargeon, 2004). 이런 초기 인과관계 감각은 취학 전 시기 동안 더욱 발달한다. Gopnik과 동료들(Gopnik & Sobel, 2000; Gopnik, Sobel, Schulz, & Glymour, 2001)은 심지어 2살 된 아동도 우발성(contingency) 패턴을 관찰함으로써 인과율과 공변(covariation)에 대해 적절한 결론을 도출할 수 있다는 것을 발견했다. 이런 연구에서 취학 전 아동들은 다양한 원인과 확률론적 인과율을 포함하는 복잡한 상황에서 인과율을 추론할 수 있었다. 따라서, 어린 아동들은 학교교육이 시작되기 전이라도 인과적 메커니즘에 관해 추론할 수 있다. 유치원과 초기 학년에서 신중하게 계획되고 중재된 수업은 이런 능력을 이용할 수 있으며 계속적으로 그런 능력들을 더욱 신장시킬 수 있다.

Rochel Gelman과 그녀의 동료들(Gelman & Brenneman, 2004)이 취학 전 아동 (Pre-K children)들을 위해 개발한 NSF-기금의 과학과 수학 프로그램인 과학으로 가는 취학 전 통로(The Preschool Pathways to Science: PrePS©, 이하 PrePS로 표기)는 어린 학습자들의 도약하는 과학적 이해를 토대로 수립하는 이론기반 커리큘럼 (theory-based curriculum)의 한 가지 사례이다. 이런 프로그램에서, 그 해 초기에(분리된 이야기나누기 활동 세션 동안) 교사는 관찰, 예측, 그리고 점검이라는 언어와 아이디어를 소개한다. 그 후 아동들은 하나의 사과(apple)와 같은 현상과 대상을 관찰하기 위해 자신들의 오감을 사용하며, 교사는 그동안 공개적으로 전시된 차트에 이런 관찰을 기록한다. 과학 실제에 관여하는 것과 과학 내용에 대한 이해를 개발하는 것 간의 상호작용은 기능과 연습이 새로운 지식의 개발을 지원하는 친숙한 내용에 적용되는 것처럼 학습이 나선(spiral)상으로 움직이는 것을 허용한다. PrePS 커리큘럼은 어린 아동들이 이미 어느 정도의 실질적인 경험을 가지고 있으며, 따라서 이미 어느 정도의 관련 지식(대상의 외관과 내면, 형태와 기능, 시스템과 상호작용과 같은 것)을 소지하고 있는 영역에서, 수개월에 걸쳐 발생하며 핵심적 개념이나 혹은 커다란 아이디어에 집중되어 있다는 것을 명기하는 것이 중요하다.

물리적 메커니즘과 인과적 상호작용에 대한 도약하는 이해와 더불어, 유아와 어린 아동들은 아동기 후기에 마음 이론(theory of mind)으로 발달하는(Perner, Leekam & Wimmer, 1987; Wellman, 1990; Wimmer & Perner, 1983) 사회적 상호작용(Spelke & Kinzler, 2007)에 대한 지식을 가지고 있다. 세 살이 되기 전 대부분의 취학 전 아동들은 타인들도 자신들과 같은 동일한 사고와 지식을 가지고 있다고 가정하며, 이 단계에서 그들은 다른 사람들이 그들과 상이한 마음을 갖고 있다는 것을 알지 못한다. 타인은 달리 생각하고 믿을 수도 있다고 하는 아이디어인 마음 이론(a theory of mind)은 약 3세경에 나타나며, 이 점에서 취학 전 아동들은 다른 사람들이 잘못된 신념을 가질 수도 있다는 것 즉, 실재(혹은 최소한 실재에 대한 아동의 지각)와 상충하는 어떤 것을 믿을 수도 있다는 것을 이해할 수 있다. 개인의 마음 이론은 그들의 과학적 추론의 몇 가지 측면에 하나의 결정적인 전조(a critical precursor)이다.

마음 이론은 지식이 주관적일 수 있으며 사람들은 자연현상에 대해 상이한 해석을 가질 수도 있다는 이해를 제공한다. 이것은 과학적 지식의 수정적인 특징 (revisionary nature)과 하나의 현상을 설명하기 위한 대안적 모형의 존재를 파악하는 데 적절하다. 과학적 주장(학생들이 숙달하도록 하고 싶은 핵심적 실제)에 참여하기 위해, 아동들은 마음 이론을 가질 필요가 있다는 것과 더불어 자신들로 하여금 설명은 다양하다는 것 그리고 의심스러운 현상에 대한 다소간 정확한 묘사일 수도 있다는 것을 추정하도록 하는 그릇된 신념(false belief)에 대한 생각을 가질 필요가 있다는 것이 뒤따른다. 여기에 어린 과학 학습자들이 현상을 모델링하고 대안적인 모형과 이론에 관해 주장하는 것에 관여하도록 하는 토대가 있다(NRC, 2008). 또한 그것은 만약 학습 환경이 구체화된 방식의 말하기, 쓰기 그리고 아이디어 표상하기를 가진 이론 수립 사업이나 혹은 모형 수립 사업으로서 과학을 제시하지 않는다면, 이런 선천적인 능력은 사라져버릴 수도 있다는 것이 뒤따른다(Gopnik, 1996).

이제 아동들의 표상 역량과 또한 이런 실제가 과학에서 모형 수립을 위한 토대로 기여할 수 있는 방식으로 되돌아가 보자. 측정과 자료 표상과의 관여는 PrePS 커리큘럼이 보여주는 대로 초기에 소개될 수 있다. 취학 전 아동들은 대상을 크기, 색깔, 모양, 혹은 다른 특징에 기초하여 분류한 다음 이런 정보를 리스트, 도표, 그리고 간단한 그래프 형식으로 보여주기 위해 가이드될 수 있다. 상이한 학급(그리고 나이) 아동들의 측정치 예컨대, 신발 크기와 신장을 아동들은 비교할 수 있으며, 물론 몇 번이고 이런 양으로 성장을 도표화할 수 있다(Gelman & Brenneman, 2004). 셈하기, 측정하기, 그리고 패턴 도해하기에 관한 이해는 공식적인 학교교육에서 소개된 기술적 통계와 자료 모델링에 대한 보다 세련된 인식을 개발하는 학습 진전의 설계를 위한 닻(anchor)을 제공한다.

초등학교 학생들의 자료 측정 능력과 자료 표상 능력에 대한 연구는 대상의 어떤 측면이 측정되는지(예컨대, 식물 성장을 어떻게 측정할 것인가)와 이런 자료가 도표로 어떻게 표상되어야만 하는지에 관해 어린 아동들이 생산적인 논의에 참여할 수 있다는 것을 시사한다(Lehrer & Schauble, 2000, 2002, 2006; Lehrer, Jaslow, & Curtis, 2003). 아동들이 고안한 그리고 교사가 가이드한 자료에 대한 표상은 자료패턴에 대한 상이한 특징을 도해하기 위한 상이한 표상 형식의 가치는 물론, 자료의 단순한 통계적 질에 관한 논의를 위한 초점으로 기여할 수 있다(Lehrer & Schauble, 2004). 유아와 어린 아동들의 인지적 발달에 대한 방대한 연구는 아동들이 공교육에 가져오는 수많은 지식 자원과 추론 역량(reasoning capabilities)을 강조하고 있다.

어린 학습자들은 결코 비어 있는 마음이 아니다. 효과적인 수업조건 내에서 (Lehrer & Schauble, 2002) 그들은 자연계에 있는 패턴과 속성을 인식할 수 있으며, 패턴과 속성을 과학 개념에 연계시키며, 자연현상에 대한 설명을 개발하며, 추상적인 아이디어에 관해 유의미하고 생산적인 방식으로 추론할 수 있다. 우리가 선택했던 아니든 간에 아동들의 부상하는 과학적–추론 능력을 이용하고 그런 능력을 더욱 개발하는 것은 우리가 과학 학습의 목적을 어떻게 해석하는가 그리고 그런 학습 결과가 어떻게 성취될 수 있는지에 달려 있다. 과학을 하는 것과 과학적 지식이 어떻게 개발되고 평가되는지를 이해하는 것에 초점을 맞추는 것은 학생들의 도약하는(emerging) 표상, 모형 수립, 인과적 추론 역량 수립을 수반할 것이다. 만약 과학교육의 초점이 과학적 사실의 누적이나 혹은 최종적–형식 과학(final-form science)에 있다면, 우리가 이 절에서 서술하고 있는 도약하는 이해를 어떻게 이용할 수 있을지에 대해 분명하지 않다. 물론, 우리는 과학적 이론 수립이라는 실제와 담론에 초점을 맞추는 과학교육을 주장하며, 그런 관점과 더불어 학교교육을 통해 학생들은 과학적 사업(scientific enterprise)에 대한 보다 세련된 이해를 개발하기 위한 래버리지(leverage)로 사용될 수 있고 또한 반드시 사용되어야 하는 중요한 개념적 자원(conceptual resources)을 가져온다는 것이 분명하다고 주장한다.

먼저 논의되었던 학습–진전 접근(learning-progressions approach)에서 제시되었던 것처럼, 시간이 흐르면서 학생들의 아이디어를 심화시키는 것은 발달적으로 필연적이지 않다. 학습은 교사에 의해, 그리고 설계된 커리큘럼, 수업, 그리고 평가를 통해 조심스럽게 중재되어야만 한다. 학생들은 수업에 유용한 이해를 가져오며, 아울러 예제와 상호 교수처럼, 목표로 하는 수업과 함께, 이런 아이디어는 보다 세련된 이해로 개발될 수 있다. 그러나, 가이드된 수업과 신중하게 계획된 수업계열이 없다면, 그런 발달은 저절로 일어나지 않을 것 같다. 우리의 마음에, 신중한 수업은 오로지 지시적 수업만으로 되어서는 안 되며, 지시적 수업을 결여해서도 결코 안 된다. 그보다, 수업전략과 계열의 선택은 수업목적과 학습이론에 의해 정보가 주어져야만 한다. 다음에는 개념적 변화로서의 학습이론에 대한 최근의 연구와 Kirschner와 동료들에 의해 지지되는 학습이론의 차이를 논의한다.

개념적 변화로서의 과학 학습

Sweller 등은 "학습의 목적은 장기기억 속에 지식을 증가시키는 것"(Sweller et al., 2007, p. 118)이라고 주장한다. 학습에 대한 이런 이해는 지식 축적 가운데 하나이며, 이런 과정은 작동기억의 고정된 용량 제한에 의해 구속된다. 이것이 과학 내용의 어떤 측면을 위한 경우가 될 수도 있지만, 과학에 있어서의 학습은 단순한 지식 축적보다는 개념적 변화를 수반한다는 것을 과학 학습에 대한 연구는 제시한다 (Chi, 출간 중; Limón & Mason, 2002; Posner, Strike, Hewson, & Gertzog, 1982). Kirschner 등(2006)으로부터의 수업 제안은 과학에서 연구가 아동들의 학습에 관해 우리들에게 말해 주는 것과 일치하지 않는다.

개념적 변화(conceptual change)는 장기기억 속에 있는 지식 구조에서의 변화를 포함하며(Carey, 1988), 지식 조직에 있어서의 그런 변화는 전문성 개발(developing expertise)이라는 하나의 중요한 측면이다(Chi, 1992). 그런 변화는 시간이 걸리며, 보통 목표로 하는 가이드된 수업과 설계된 커리큘럼을 요구한다(Posner *et al.*, 1982; Smith, Maclin, Grosslight, & Davis, 1997; White & Gunstone, 1989). 학생들의 선행지식이 능동적으로 관여되며, 학생들은 자신들의 아이디어를 공유하고 그런 아이디어에 관해 논쟁하도록 고무된다는 것 또한 중요하다(Niaz, Aguilera, Maza, & Liendo, 2002; Osborne & Freyberg, 1985; White & Gunstone, 1989; White & Frederiksen, 2000).

전문가 대 초보자에 있어서 조직화된 지식 구조(organizational structure of knowledge) 차이는 방대하게 문서로 증명되어 왔다(예를 들면, DeGroot, 1965; Chase & Simon, 1973; Chi, Feltovich, & Glaser, 1981; Chi, 1988; Glaser, 1988; Wineburg, 1991). 전문가들의 지식은 그 영역에서 그들의 사고와 문제해결을 가이드하는 핵심 개념이나 혹은 커다란 아이디어를 둘러싸고 조직되는 경향이 있다(NRC, 2001). 물리 문제를 해결하도록 요구받았을 때, 전문가는 초보자들이 하는 경향처럼 자신들이 사용하는 특수한 맥락이나 방정식보다는 적용될 수 있는 기초적인 물리학 법칙과 원리의 측면에서 그것들을 표상한다(Chi *et al.*, 1981). 전문가가 해결 과정에서 사용될 방정식을 떠올릴 때, 그들은 일련의 관련 방정식을 떠올리는 것 같은데, 그것은 그들의 지식이 보다 심층적인 조직원리하에 집단화된 관련 방정식의 회상을 촉진하는 방식으로 조직되어 있다는 것을 시사한다(Larkin, 1979). 따라서, 어떤 영역에서 전문성에 대한 학습과 개발은 단순한 지식 축적보다 훨씬 많은 것을 수반한다.

장기기억에서 지식의 구조와 조직에 있어서의 변화는 단지 전문가의 징후 특징만이 아니다. 즉 그런 변화는 새로운 정보를 다루는 데 있어서 작동기억의 용량에 관한 중요한 함의도 가지고 있다. Chi(1978)는 10살의 전문가와 초보인 성인 체스 선수의 체스 위치에 대한 기억 회상을 검사했다. 체스 위치에 대한 아동들의 기억은 체스 위치에 대한 성인들의 기억보다 훨씬 우월했다. 이것은 숫자 기억 과제에 대해 아동이 성인보다 점수가 낮은 것처럼, 기억용량에 있어서의 단순한 차이 때문이 아니었다.

이런 연구결과는 작동기억의 처리용량에 대한 지식 조직의 영향을 반영한다. 교육과 사고에 있어, 지식의 역할에 대한 보고서에서, Glaser(1983)는 "초보자들의 문제해결 곤란은 대부분 그들의 처리역량에 있어서의 한계성이 아니라 그들의 지식 기반의 부적절성(inadequacies)에 귀인될 수 있다"(p. 18)고 결론짓고 있다. 심층적으로 원칙에 입각한 지식구조는 문제해결과 연합된 인지 부하를 최소화할 수 있다. 심지어 어린 아동들도 자신들이 심층적으로 원칙에 입각한 지식구조를 가지고 있는 영역에서 주목할 만한 처리 역량을 보여준다(Chi, 1978; Chi, Chi & Koeske, 1983).

지금까지 우리는 지식 축적과 동의어인 학습에 대한 인식은 과학에서 커다란 아이디어를 설명하기에는 너무 단순하다는 것, 그리고 그런 학습에 대한 더 나은 서술은 개념적 변화와 지식의 재조직을 포함하고 있다는 것을 보여주었다. 학습에 대한 하나의 상이한 견해는 상이한 수업 교육학을 함의한다. Sweller 등(2007)은 "이야기하기(telling)" 교육학을 주장하는데, 학습자들은 그것으로 문제해결에 필요한 모든 지식과 단계를 해설하는 문제해결책을 제공받으며, 이런 방식으로 학습자들은 필요한 지식을 축적할 수 있다고 주장한다. 학습은 단순한 지식 누적을 넘어선다는 개념적 – 변화 관점(conceptual-change perspective)은 매우 상이한 교육학적 접근을 수반한다. 학습을 위한 개념적 – 변화 이론의 핵심적인 수업 함의는 새로운 지식이 기존의 이해에 비추어 해석되는 것처럼, 어떤 형식의 수업도 학습자들의 기존 지식구조를 설명해야만 한다는 것이다. 만약 학습되어야 할 이론이 아동들의 기존 이해와 매우 다르다면, 단순히 새로운 아이디어(전문가가 그것들을 이해하는 것처럼)를 이야기하는 것이 개념적 변화로 귀결되지는 않을 것이다(Posner *et al.*, 1982).

마지막으로 다음 섹션에서는, 우리의 주장을 요약하고 과학적 실천에 참여하는 것으로서의 학습모형을 제시하는데, 그 이론 속에서 구성과 논쟁은 유의미한 과학 학습과 개념적 변화를 육성할 수 있는 두드러진 활동이다.

●○ 실제에의 참여로서의 과학 학습

미국과 영국에서 진행 중인 개혁 노력은 학문 내용 하나에 대한 강조로부터 학문 내용과 학문 실제 두 가지 모두에 대한 공유된 초점으로 그 초점에 있어서의 변화를 요구해 왔다. 정책 문서(AAAS, 1993; NRC, 1996; Millar & Osborne, 1998)는 과학공동체 내에서 과학적 지식이 어떻게 개발되고 평가되는지에 대한 학습에 강조점을 두고 있다. 특히 TSTS 보고서는 과학적 설명과 모형의 창조, 평가 그리고 수정에 관련된 과학적 실제와 대화에 학생들이 생산적으로 참여할 것을 주장하고 있다. 먼저 논의되었던 것처럼, 과학은 더 이상 발견과 실험행동의 노력으로 보여서는(그것은 말해져서도 안 된다) 안 되며 오히려 이론 수립(거기서 실험은 목적에 대한 수단이다)의 노력으로 보여야만 한다.

새로운 견해의 과학 교육은 과학을 학습하기 위해 학생들이 할 필요가 있는 것에 초점을 맞춘다. 과학교육에서 "하는 것(to do)"에 대한 인식은 전통적으로 개념적인 "우리가 아는 것(what we know)"이나, 혹은 실험과 시범을 통한 최종적인 형태의 지식을 가르치기 위해 학습자들로 하여금 현상에 관여하도록 하는 대상과 물질의 조작과 연합되어 왔다. Kirschner(1992)가 이런 모형의 과학-교육 수업을 비판하는 것은 옳다. 개념적 지식, 과학적 추론, 과학적 지식이 어떻게 산출되는지를 이해하는 것, 그리고 과학에 참여하는 것은 과학을 하는 것에 긴밀하게 뒤얽혀있는 요소들을 표상하고 있다. 개념적, 인식론적, 그리고 사회적 목적은 모두 현상에 대한 관여와 함께 과학수업의 요소가 될 필요가 있다.

TSTS 보고서에서 논의된 네 가지 요소의 과학적 숙달은 과학 교육을 위한 초점에 있어 중요한 변화를 반영하고 있다. 한 가지 중요한 변화는 매우 어린 아동들도 우리가 생각하는 것보다 훨씬 능력 있으며 개념과 주장에 관해 추론할 수 있다는 것을 인식하는 것이다. 그들은 조기에 추론적으로 사고할 수 있으며 보편적이고 잘 정의된 발달단계를 통해 가지 않는다. 또 다른 중요한 변화는 우리가 알고 있는 것(예컨대, 사실과 기능)에 대해 초점을 맞추는 가르침으로부터 우리가 과학적 지식을 어떻게 알고 개발하게 되었는지 그리고 대안적인 경쟁적 관점(예컨대, 모형 기반 과학)을 넘어 왜 우리가 아는 것을 믿게 되었는지에 초점을 맞추는 가르침으로의 강조점에 있어서의 변화이다. 사실과 기능 목적에 대한 강조가 인식론과 교육학의 분리(separation)를 위한 기반이 될 수 있는 반면, 과학적 지식의 재구조화와 성장에 대한 강조는 융합(fusion)을 필요로 한다(Duschl & Grandy, 2008; NRC, 2007).

방법과 이유에 대한 강조는 과학 학습이 증거의 활용과 고려에 강력하게 기반을 둘 필요가 있다는 TSTS 연구 리뷰 제안을 반영하고 있다. 결국 이것은 과학학습이 모듈, 단위, 수년간의 수업에 교차하여 작용하는 "학습 진전(learning progressions)"을 통해 통합되어야 한다는 제안으로 유도한다. 다시 한번, 그 이론적 설명은 과학적 지식의 발달에 결정적인 핵심적 과학지식과 실제에 대한 학습 그리고 네 가지 요소의 숙달에 고유한 추론하기에 대한 학습을 촉진하는 것이다. 다시, 실험과 발견을 과학의 인식론적 초석으로 그리고 수업모형으로부터 이런 동일한 과학 실제를 배제하는 Kirschner의 묘사는 학습, 이해, 추론하기를 촉진하는 연구가 보여주는 (NRC, 2007, 6장과 7장 참고) 중요한 인지적, 인식론적, 그리고 사회과학적 실제를 방치한 채 내버려 둔다.

교육목적으로서 과학적 실제(practices)의 학습에 초점을 맞추면, 수업과 학습 환경의 개발을 위한 함의는 무엇인가? 이런 질문을 정리하기 위해 학생들이 학습하기를 바라는 실제의 본질을 고려할 필요가 있다. 첫째, 이런 실제(practices)는 실제에 대한 인식론적 공동체의 맥락에서 발생한다. 즉, 과학자들은 지식 표상과 의사소통의 규범, 주장의 규범, 증거로 간주되는 것을 위한 규범, 실험이 행해지는 방법과 자료가 수집되는 방법을 위한 규범을 가지고 있다. 이런 규범들은 공동체 안에서 합의에 의하여 개발되며, 마찬가지로 시간이 경과함에 따라(새로운 지식이 개발되고 새로운 도구가 수립되는 것처럼) 바뀐다. 또한 과학학습은 실천공동체 즉, 교실 안에서 일어나지만, 그런 두 공동체는 완전히 서로 다른 일련의 규범, 인식론, 그리고 활동하에서 작동한다(Collins, Brown, & Newman, 1989; Rief & Larkin, 1991). 만약 우리가 서술했던 방식으로 학생들이 과학적으로 소양 있기를 원한다면, 과학 교실은 사회적 및 인지적 규범 그리고 과학공동체의 실제(practices)를 포함할 필요가 있다. 이런 주장은 과학학습에 대한 탐구 기반의 견해와 Kirschner 등(2006)이 지지하는 학습에 대한 교사 지시적 견해(teacher-directed view) 간의 논쟁의 핵심에 있다.

교실 실제와 규범이 과학공동체의 실제와 규범을 반영할 필요가 있다는 주장은 사회문화적 학습이론에 바탕을 두고 있는데, 그것은 학습을 실천공동체에의 증가된 참여로서의 학습 그리고 가이드된 실천으로서의 교수를 개념화한다(Lave &

Wenger, 1991). 이런 이론적 관점은 실천공동체의 맥락 안에서 학습자의 역할과 활동을 강조하며, 학습은 말초적인 참여 패턴(peripheral participation pattern)으로부터 보다 중심적인 참여 패턴(central participation pattern)에로의 이동으로 서술된다. 따라서, 학생들에게 실제―이런 경우에는 과학적 실제―에 관해 가르치는 것은 목적을 달성하기 위한 실제에 필요한 활동에 학생들 자신이 참여하는 것을 요구한다. 과학공동체에서 실제의 목적은 지식을 수립하는 것 그리고 그 학문에서 어떤 주장이 지식으로 "간주(count)"하는지를 결정하는 것이다. 그것은 지식 주장의 개발과 평가로 귀결되는 활동(모델링, 실험, 그리고 논쟁과 같은 것)에 학생들이 반드시 참여해야만 한다는 것이 뒤따른다.

우리는 과학적 실제의 핵심에 있는 두 가지 상호 관련된 역할에 학습자들이 친숙하게 되고 또한 그 역할을 수행할 수 있게 될 필요가 있다는 믿음에서 Ford와 Forman(2006)에 합류한다. "비판자(critiquer)"와 "건설자(constructor)"라는 역할은 둘 다 과학의 사회적 및 물질적 본질을 반영한다. 이런 역할에의 참여는 과학적 학문 사업이 어떻게 작동하는지 그리고 무엇이 진정한 과학적 주장인지에 대한 본질을 반영하는 "실제에 대한 파악(grasp of practice)"을 개발하도록 도와준다. 비판자와 건설자의 역할 또한 개념 학습과 개념적 네트워크를 촉진한다는 것을 우리는 강조하고자 한다.

우리는 교실 환경에서 과학학습을 증진시키기 위한 전념을 Kirschner 등(2006)과 공유한다. 개념학습(예컨대, 예제와 교사로부터의 가이드된 지원)에 관한 그들의 아이디어 가운데 많은 것이 효과적인 수업환경에 대한 우리의 이해 안에서 적합할 것이다. 하지만, 학습자들을 위한 우리의 목적은 보다 종합적이어서, 개념적 목적뿐만 아니라 인식론적인 그리고 사회적인 목적도 찾고 있다. 그들이 인식론적인 그리고 사회적인 차원을 외적인 인지 부하(extraneous cognitive load)로 보는 곳에서 우리는 효과적인 수업환경의 중요한 조짐(important rudiments)을 본다.

질문: Klahr. 당신은 인지적 복잡성이나 추상적인 추론의 필요성 때문에 발달이나 학습이 정체되어 있을 때, 사려 깊고 정보에 근거한 커리큘럼 설계와 교사와 동료 쪽의 효과적인 중재는 학습자들을 앞으로 움직이게 할 수 있다고 말한다. 나는 Piaget의 단계이론이 일련의 단계 계열에 관한 주장에서 잘못되었다는 TSTS 입장(당신의 유능한 위원장으로서의 역할하에서 그것을 산출했던 위원회의 구성원으

로 있다!)에 충분히 동의하지만, 나는 당신의 주장이 너무 강하다고 생각한다. 위에서 인용된 진술은 "어떤 교과라 할지라도 정직한 어떤 형식으로 연령에 상관없이 어떤 아동들에게도 가르칠 수 있다"(Bruner, 1977)는 강력하게 논박된 Bruner 주장의 약간 위장된 판인 것 같다. 당신은 아동이 "정체되어(stalled)" 있고 "사려 깊고 정보에 근거한 커리큘럼"이 "학습자들을 앞으로 가도록" 할 수 있는 상황에 대한 한 가지 사례를 줄 수 있는가? 그런 커리큘럼은 그 속에 숨겨져 있는 대량의 지시적 수업을 가지고 있지 않겠는가?

질문: Klahr. 당신이 사용하는 Glaser 인용은 작동기억과 장기기억 간의 상호작용 그리고 초보자-전문가 차이에 대한 Sweller 등의 입장에 반대되기보다는 오히려 완전히 일치하는 것 같은 인상을 나에게 준다. 예를 들어, 체스 전문가-성인이든 혹은 아동이든 간에-가 초보자보다 더 많은 체스 위치를 회상할 수 있는 이유는 그들이 보다 커다란 작동기억 용량을 가지고 있기 때문이 아니라 장기기억 속에 엄청난 양의 잘 조직된, 그리고 쉽게 회상할 수 있는 체스 정보를 가지고 있기 때문이다. Sweller가 "공허한 마음은 거의 보지 못하고 이해는 더욱더 못한다"고 말할 때, 그는 단순히 잘 알려진 전문지식-부호화 효과(expertise-encoding effect)를 약간 극적으로 재진술하고 있다. 따라서, 아동들이 복잡한 상황에 대한 효율적이고 풍부한 부호화를 획득하도록 하기 위해 꽤 많은 명시적인, 무겁게 스캐폴드된, 그리고(그 생각을 없애라) 지시적 수업이 당신이 제안했던 "신중하게 설계된 계열의 커리큘럼 그리고 ... 목표로 된 교사 중재"(p. 11)의 본질적인 부분이 되리라는 것에 동의하는가?

두 가지 질문에 대한 답변: Duschl과 Duncan. Schwartz와 Bransford(1998)가 주장했던 것과 같은 "말할 시간(Time for Telling)"이 있다. 지시적 교수의 역할은 효과적인 학습 환경의 설계에 중요한 위치를 가지고 있다. 그 이슈는 학습의 최대 편익이 생기도록 언제, 몇 시에, 그리고 무슨 목적을 지향하는가이다. 그 분야는 선행지식이 학습에 대해 가지고 있는 영향력을 오랫동안 인식해 왔으며, 학생들의 이해를 면밀히 조사하는 것은 과학 교육의 초석이다. 대안적인 관점이 학습을 저해할 수 있다는 것 그리고 이런 "오해(misconceptions)"가 수업의 공격 표적(the target of instruction)으로 만들어지지 않으면, 그런 오해들은 치명적일 수 있으며 성인기(예컨대, 계절의 원인은 태양으로부터 지구의 거리임)로 지속될 수 있다는 것을 우리는 이해하고 있다. 학습자에게 정답을 말하는 것은 순진한 신념에 기초하고 있는 수많은 지식시스템이 흔히 지속되는 것처럼, 항상 작동하지는 않는다. 새롭거나 후속적인 학습은 흔히 명석한 학습자의 지식시스템을 교란하여 그들로 하여금 새로운 개념을 파악하지 못한 채 이전의 신념으로 되돌아가게 하거나 재조직하게 하는 원인이 된다는 것을 사적인 우주 비디오(A Private Universe video)(Harvard-Smithonian Center for Astrophysics, 1987)에서 보고되었던 것과 같은 증거로부터 우리는 알고 있다. 이것은 우리가 어떻게 커리큘럼의 계열을 구상해야 하는지, 학습자로 하여금 현상에 관여하게 하는 방식, 그리고 지시적 교수에 도움을 청할 시간과 방법을 위한 함의를 가지고 있다.

교사들은 아동들이 세계를 알도록 도와주기 위해 학생들의 선행지식을 활용할 수 있다. 예를 들어, 어떤 지식시스템이 선호되는지 그리고 그 이유에 관한 논의를 발생시키기 위해 학생들의 경쟁하는 대안적 개념은 대조 사례(contrast cases)로 효과적으로 사용될 수 있다는 것을 배웠다. 또한 학생들의 불완전하고 직관적인 지식은 개념적 변화를 위한 자원이 될 수 있다는 것을 우리는 이해하게 되었다. 과학 학습에 대한 연구는 세 가지 유형의 개념적 변화 즉, 기존 개념을 바탕으로 정교화하기(elaborating), 개념의 네트워크를 재구조화하기(restructuring), 그리고 새로운 수준의 설명 성취하기(achieving)를 인식한다. 개념적 변화는 무엇이 옳고 그른지에 대한 지시적 수업이 아니라, 스캐폴드되고 가이드된 수업을 통해 정보를 이해하고 통합하는 것을 요구한다.

증거와 증거의 이해 및 조정에 주의를 기울이는 것은 "일반 사람들(folk)"의 상식 유형의 지식시스템과 싸우는 데 요구된다. 증거에 의거한 패턴을 인식하기 위한 추론 실제의 개발, 지식을 재조직하고 설명모형을 가다듬기가 요구된다. 이런 증거는 두 가지 형식으로 오는데, 하나는 경험적 증거(예컨대, 지구가 년 1회 궤도를 도는 동안 태양의 하늘 쪽 경로의 측정된 변화 위치와 높이)이며 다른 하나는 개념적 일관성을 위한 증거(예컨대, 월 1회 지구를 도는 궤도 위에 있는 달의 경로의 변화된 위치와 높이)이다. 설명적 일관성과 개념적 이해는 경험적 동맹(empirical alliance)과 개념적 동맹(conceptual alliance) 두 가지 모두를 요구한다. Chi(2005)는 정체된 학습을 진전시키기 위해 존재론적 변화가 흔히 어떻게 요구되는지를 보여주었다. Clement(1998)는 추상적인 개념에 관한 학습이 정체되었을 때 유비적 연결

(analogical bridges)이 가지고 있는 힘을 증명했다. Adey, Shayer 및 Yates(2001)는 설계된 사고활동과 집단학습 세션이 정체된 영역 일반적인 추론 기능을 진전시키는 것에 대해 가질 수 있는 효과성을 증명했다. Schwartz와 Bransford(1998)는 선행지식이 의미 만들기를 위한 관련 속성과 개념에 대한 학습을 정체시킬 때 대조적 사례의 사용을 위한 긍정적 결과를 보고하고 있다.

학습목적이 지식시스템의 발달, 인지적 및 인식론적인 과학적 실제의 발달, 그리고 사실과 개념에 대한 유의미학습의 통합을 겨냥하고 있을 때, 추론과 추론 기회는 탁월하다. 실제를 모델링하고 학습을 스캐폴딩하는 데 바탕을 두고 있는 가이드된 수업을 위한 중요한 역할이 있다. 그러나, 생산적인 개념적 변화를 위한 지식의 심층적 재조직화는 첫째, 현상과의 연장된 관여(prolonged engagement)에 기초할 것, 둘째, 학생들의 이해에 대한 사려 깊은 표상을 생산하는 대화 교환(dialogic ex-changes)에 의해 지원받는 것, 그리고 셋째, 교사와 동료로부터의 중재/피드백에 의해 가이드되는 것을 필요로 한다. 따라서, 형성평가 실제와 학습 진전을 통합하기 위한 연구로부터의 제안은 과학 교육에서 중요하다.

Duschl과 Duncan의 답변에 대한 반론: Klahr. 당신은 "개념적 변화는 새로운 지식에의 노출에 의해 성취되지 않는다. 그것은 무엇이 옳고 무엇이 그른지에 대한 지시적 수업이 아니라 스캐폴드되고 가이드된 수업을 통해 정보를 이해하고 통합하는 것을 요구한다"고 진술하고 있다. 이런 주장이 열거된 모든 유형의 개념적 변화에 적용되는가? 만약 그렇다면, 어떤 사람이 독서, 혹은 강의를 듣는 것, 실험을 하는 것으로부터 어떤 것을 어떻게 학습할 수 있었는가? 그들이 자신들의 실험결과를 검토했을 때 18세기와 19세기의 위대한 과학자들의 마음속에 개념적인 변화가 어떻게 일어났는가? 그리고 이 책을 읽는 독자들은 자신들이 읽는 것에 관해 단지 읽고 생각하는 것으로부터 어떤 것들을 어떻게 학습할 것인가? 독자들 또한 확대된 "스캐폴드되고 가이드된" 유형의 수업에 참여하지 않는다면 당신은 그런 개념적 변화가 일어날 것을 기대하지 않는다고 나는 결론지을 수 있다. 그러나 Crick과 Watson이 55년 전에 DNA의 구조를 발견했을 때, 그들의 혁명적 논문을 읽었던 대부분의 사람들은 … 그리고 적어도 … 그것이 제공했던 단순한 "지시적 수업"으로부터 심원한 개념적 변화를 경험했다고 확신한다.

Klahr에 대한 응답: Duschl과 Duncan. Watson과 Crick[1])의 문장은 사실 생물학적 체제에 대한 우리들의 이해에 있어 하나의 전환점이다. 하지만, 우리는 분자사고 생물학자(molecular thinking biologists)라는 그 작은 공동체의 바깥에 있는 얼마나 많은 개인들이 네이처(Nature) 논문을 처음으로 읽고서 그것을 이해했는지 그리고 분자생물학이라는 하나의 새로운 학문을 연마하는 데 그것이 가질 수 있는 함의를 이해했는지는 의문이다. 단지 뒤늦게 깨달은 판단으로, 단일한 문장 하나를 우리는 혁명으로 주장할 수 있을 뿐이다.

개념적 변화에 관해 만들어져야만 하는 두 가지 중요한 차이가 있다. 하나는 K-12 교실 학습자와 다양한 공동체의 과학자들 간의 지식 과정의 성장에 있어서의 차이이다. 다른 하나는 개념적 변화는 과학적 증거를 수립하는 방법론적 실제에 있어서는 물론 지식시스템에 있어서의 변화와 재구조화 두 가지 모두를 포함하고 있다는 현재의 이해이다. 개념과 개념적 시스템을 위한 증거에 의거한 기초는 과학 학습에서 중요하다.

질문: Kirschner. 만약 그것이 "교사가 적절한 과학 지식을 소지하고 있는 것에 의존한다 … [그리고] 준비에 그리고 서비스 하는 동안 지속적인 과학-특수적인 전문적 발달에 의존한다"(NRC, 2007, 10장, p. 1)면, 만약 교사가 이런 지식을 가지고 있지 않거나 혹은 이런 발달을 위한 충분한 기회를 갖고 있지 않으면, 지원과 가이던스가 어떻게 주어질 수 있는가? 지식의 결여에 대한 증거는 미국 교육부의 수학과 과학 파트너십 프로그램의 팀 리더인 Patricia O'Connel Ross의 진술에서 볼 수 있다.

개별 교사가 일을 적당히 함(comfort zone)에 따라, 수학과 과학에서 초등교육이 고도로 가변적인 동안, 중학교까지 더욱 악화되어, 수학과 과학교사 가운데 50% 미만이 그런 교과 영역에서 전공 혹은 부전공 학위를 가지고 있다. 어떤 교육구(district)에서는 고등학교 수학 및 과학 교사의 25%까지 이런 교과에서 전공 혹은 부전공 학위를 갖고 있지 않다. 그러나, 이것은 대단히 다양하다.

전술한 것은 가이던스와 지원이 과학 교사의 준비에 있어서 결정적이라는 것을 시사한다. 이것이 미국에서의 사례만은 아니다. 오스트레일리아의 중고등학교

(senior secondary schools)에서 화학 교사의 1/4 이상, 물리 교사의 43%, 그리고 지질학 교사의 반 이상이 대학에서 2년차 이후에는 그 교과를 공부하지 않았다(Harris, Jensz, & Baldwin, 2005).

답변: Duschl과 Duncan. 교사 지식에 대한 문제는 특히 교사들이 과학 코스(science course)와 과학 방법 코스(science-methods courses)에 매우 제한된 노출기회를 가지고 있는 초등 수준에서 충분히 명기되었다. 따라서, 탐구기반 과학 교육의 전달에 있어 초등학교 교사가 능숙하고 편안함을 느끼도록 하는 데 2~3년에 걸쳐 약 100시간의 전문적인 발달이 소요된다는 것을 보여주는 연구와 함께 우리는 현직 교사교육을 강조하기 위한 지금의 의제를 가지고 있다. 능력은 수업에서의 과학 지식과 학생들의 학습을 모니터하기 위한 효과적인 형성평가 전략의 사용을 포함하고 있다. 코칭과 짝지은 연습이 차이를 만든다.

예를 들어, 과학교육에 새로운 "몰입 단위(immersion unit)" 접근 즉, 제한된 일련의 과학 개념과 실제에 대한 4~6주의 수업 단위는 교사들의 과학 지식에 긍정적인 효과를 가지고 있다. 단위를 가르치는 것과 교수 학습에 관해 동료들과 경험을 논의하는 것은 매우 강력한 전문성 개발 전략(professional-development strategy)인 것으로 입증되고 있다. 몇 개의 단위를 이수한 후에 교사들의 과학 지식과 학생들이 과학을 어떻게 학습하는지에 대한 이해가 증가한다. 교사들에게 정의(definitions)와 사실을 가르치는 것을 강조하는 짧은 수업 위주의 계열에 대조적으로 지식 사용하기(using knowledge)를 강조하는 보다 긴 몰입 단위들은 지식 통합과 유의미 학습을 강조한다.

학생과 교사 양쪽 모두에게 이해의 심화와 확대를 촉진하기 위해, 실제를 위한 연구 제안들은 가장 중요한 개념에 초점을 맞추고, 엄밀한 이해를 성취하고, 커리큘럼 계열성에 일관성을 수립하는 것이 중요하다. 코칭을 필요로 하면서 포함하고 있는 교사들의 구체적인 수업에 초점을 맞추는 교육적인 커리큘럼 자료, 전문적인 학습공동체, 그리고 현직 교육은 차별성을 만드는 전략들 가운데 몇 가지 전략들이다. 결국 학교의 수업문화 속으로 학습 연구를 맞추는지 아니면 학습 연구를 조절하기 위해 학교의 문화를 바꾸는지?를 우리는 반드시 물어보아야만 한다. 탁자로 오는 중요한 정책과 실제 이슈가 있다. 학교문화의 변화를 도와주는 진행 중인 교사의 전문적 발달에 투자하는 것은 하나의 정책 이슈이다.

Duschl과 Duncan의 답변에 대한 반론: Kirschner. "과학에서 고도로 성공적인 교사 전문성 개발 프로그램은 초등학교 교사로 하여금 탐구 기반의 과학 교육의 전달에 능숙하고 편안해지도록 하기 위해 2~3년에 걸쳐 거의 100시간의 전문성 개발을 소요한다는 것을 보여준다"는 것은 훌륭하지만, 이것이 나의 질문에 대한 답은 아니다. 나는 구체적으로 교사의 영역 기반 지식(domain-based knowledge)의 결여를 언급했다. 영역에 대한 지식이 없는 좋은 교육학은 그 교육학에 관계없이 어떤 학습도 유도하지 못할 것이다. 그리고 "제한된 일련의 과학 개념과 실제에 대한 4~6주 기간의 수업 단위인 과학 교육에의 새로운 '몰입 단위' 접근은 교사들의 과학 지식에도 긍정적인 효과를 가지고 있다"는 것은 지금 교사들 앎이 어떤 것을 거의 알고 있지 못하다는 것을 의미한다. 이것은 "교사가 적절한 과학 지식을 가지고 있다 ... [그리고] 준비와 현직에 있는 동안 지속적인 과학–특수적(science-specific) 전문성 개발"과는 심한 격차가 있다.

질문: Kirschner. 이런 "최고의 세상(best of all possible worlds)"에서 Leibniz를 바꾸어 표현하기 위해, 만약 구성주의가 그렇게 훌륭한 교육학이라면 그리고 해방된 탐구와 발견이 학습자와 사회를 위해 그런 인상적인 결과로 인도할 수 있다면, 우리는 만연한 과학적 문맹(scientific illiteracy)과 빈약한 결과를 어떻게 설명하는가? 예를 들어, 미국 일반인의 반이 1년에 한번 지구가 태양 주위를 돈다는 것을 알지 못하며 최초의 인간이 디노사우르스(dinosaurs)와 동시대에 살았다고 믿고 있다. 마지막으로, 경제협력개발기구(OECD)에 의해 수행된 학생 평가를 위한 2006 프로그램 결과는 미국학생들을 위한 과학 문해 척도(science literacy scale) 점수와 결합된 평균치가 평균 이하라는 것을 보여준다. 미국학생들은 과학 문해에서 여타 29개국 중 16개국의 자신의 또래들보다 더 낮은 점수를 얻었다. 또한 미국 학생들은 세 개의 내용 영역 하위 척도 중 두 개에서 평균 점수보다 더 낮은 점수를 얻었다(현상을 과학적으로 설명하고 과학적인 증거를 활용하시오).

Kirschner에 대한 답변: Duschl과 Duncan. 아마도, 단지 아마도 과학 문해란 학교에서 사실과 개념을 아는 것으로 정의되고 가르쳐진다. 만약 그렇다면, 문해 비율이 낮으며 OECD 국가 내 학생들 간의 과학 학습을 위한 태도가 ROSE(Relevance

of Science Education) 연구-「과학 교육의 적절성에 관한 학생들의 태도에 대한 국제적
조사(Jenkins & Pell, 2006)」-의 결과에서 암시된 것처럼 개발도상국가보다 더 낮
다는 것에 우리가 왜 놀라는가? 학생들과 자격 있는 교사를 STEM 학문으로 끌어들
이는 매력과 유지에 관해 받아들일 수 없는 상태의 문제는 각기, NRC(2006)의 「폭
풍을 넘어(Rising above the Gathering Storm: RAGS)」라는 보고서와 Robert의
Report(2002)에 의해 증명된 것처럼 미국과 영국에서 꽤 유사하다. Osborne과
Dillon(2007) 보고서로부터의 세 가지 제안은 다음과 같은 요구되는 변화를 명기하
면서, 커리큘럼과 학생들의 학교경험을 비판하고 있다.

- 유럽연합 간에 과학 교육의 최우선 목적은 과학이 제공하는 물질세계의
  주된 설명에 관해 그리고 과학이 작동하는 방식에 관해 두 가지 모두를
  학생들에게 교육하는 것이 되어야만 한다. 미래의 과학자와 엔지니어들에
  게 기초적인 교육을 제공하는 것이 기본적 목적인 과학 코스는 반드시 선
  택적이어야만 한다.
- 혁신적인 커리큘럼에서 그리고 낮은 학생 동기라는 이슈를 다루는 과학의
  교수를 조직하는 방식들에서 보다 많은 시도가 요구된다. 이런 혁신은 평
  가될 필요가 있다. 특히, 여학생들에게 관심을 끌기 위해 알려져 있는 맥
  락에서 과학에 대한 이해를 개발하는 것에 대해 구체적으로 초점을 맞추
  고 있는 자연과학 커리큘럼이 유럽연합 내에서 반드시 개발되고 시도되어
  야만 한다.
- 유럽연합 국가들은 과학 내에서의 경력-여기서는 과학에서 작업하는 이
  유가 하나의 중요한 문화적인 그리고 인문적인 활동에 그 강조점이 있어
  야만 한다-그리고 과학으로부터의 경력-여기서는 과학 연구가 제공하
  는 광대한 범위의 잠재적 경력에 강조점이 있어야만 한다-에 관한 두 가
  지 모두에서 이용가능한 인간적인 그리고 물질적인 자원을 개선하는 데
  있어 학생들에게 정보를 주기 위한 학교에 투자할 필요가 있다.

  다음 세대의 과학자들을 드러내기 위한 목적으로 과학은 사실과 개념학습 결과
를 가르쳤다는 증거가 대부분의 학생들에게 어필하지 않는다는 증거는 꽤 강력하
다. 맥락이 중요하다.

Duschl과 Duncan의 답변에 대한 반론: Kirschner. 주어진 답변은 질문을 청하지만 나는 먼저 동기를 다루겠다. 나는 교육과정을 바꾸는 것이 학생들의 STEM에 대한 사랑에 있어서 산사태와 같은 변화를 야기하지 않을 것이며, 엄청난 수의 학생들이 과학자나 혹은 교사로 그 분야에 들어가도록 야기하지도 않을 것이라는 점에 기꺼이 내기를 걸고 싶다. PSSC, BSCS, Chem Study와 여타 그런 커리큘럼 변화는 오늘날 우리가 있는 그런 상황, 즉 STEM 분야에서 교육을 잘 받은 시민이 너무나 적은 상황에 우리를 방치했다. 학습으로 돌아가 보면, "과학이 제공하는 물질적 세계에 대한 주된 설명에 관해 그리고 과학이 작동하는 방식 두 가지 모두에 관해 학생들을 교육하는 것이 유럽연합에서 과학 교육의 최우선 목적이 되어야만 한다"면 지구가 둥글다는 것을 아는 것은 이런 범주에 속한다고 나는 생각한다.

[노 트]

1) 과학 논문에서 가장 절제된 문장이 될 수도 있는 것을 고려하는 것은 겸손한 것이다: "우리가 즉각적으로 가정했던 구체적인 짝짓기가 유전형질(genetic material)을 위한 하나의 가능성 있는 복사 기제(copying mechanism)를 제시한다는 것은 우리의 인식으로부터 벗어나지 않았다."

Crick & Watson, Nature, April 25, 1953.

▫ 참 고 문 헌 ◘

Adey, P., Shayer, M., & Yates, C. (2001). *Thinking Science: The curriculum mate—rials of the CASE project* (3rd ed.). London: Routledge.

American Association for the Advancement of Science. (1983). *Benchmarks for sci—ence literacy.* New York: Oxford University Press.

Baillargeon, R. (2004). Infants' physical world. *Current Directions in Psychological Science, 13*(3), 84—94.

Bruner, J. (1961). The act of discovery. *Harvard Educational Review, 31*, 21—32.

Bruner, J. (1977). *The process of education.* Cambridge, MA: Harvard University Press.

Carey, S. (1985). *Conceptual change in childhood.* Cambridge, MA: MIT Press.

Carey, S. (1988). Conceptual differences between children and adults. *Mind and Language, 3*, 167—181.

Chase, W. G., & Simon, H. A. (1973). Perceptions in chess. *Cognitive Psychology, 4*, 55—81.

Chi, M. T. H. (1978). Knowledge structures and memory development. In R. Siegler (Ed.), *Children's thinking: What develops?* (pp. 73—96). Hillsdale, NJ: Erlbaum. [Reprinted in: Wozniak, R. H. (1993). *Worlds of childhood* (pp. 232—240). New York: HarperCollins College Publishers.]

Chi, M. T. H. (1988). Children's lack of access and knowledge reorganization: An example from the concept of animism. In F. Weinert & M. Perlmutter (Eds.), *Memory development: Universal changes and individual differences* (pp. 169—194). Hillsdale, NJ: Erlbaum.

Chi. M. T. H. (1992). Conceptual change within and across ontological categories: Examples from learning and discovery in science. In R. Giere (Ed.), *Cognitive models of science: Minnesota Studies in the Philosophy of Science* (pp. 129—186). Minneapolis, MN: University of Minnesota Press.

Chi. M. T. H. (2005). Commonsense conceptions of emergent processes. Why some misconceptions robust. *The Journal of the Learning Sciences, 14*, 161—199.

Chi, M. T. H. (2008). Three typrs of conceptual change: Belief revision, mental model transformation, and categorical shift. In S. Vosniadou (Ed.), *Handbook of research on conceptual change* (pp. 61−82). Hillsdale, NJ: Erlbaum.

Chi, M. T. H., Feltovich, P., & Glaser, R. (1981). Categorization and representation of physics problems by experts and novices. *Cognitive Science, 5*, 121−152.

Chi, M. T. H., & Koeske, R. (1983). Network representation of a child's dinosaur knowledge. *Developmental Psychology, 19*, 29−39.

Clements, J. (1998). Expert novice similarities and instruction using analogies. *International Journal of Science Education, 20*(10), 1271−1286.

Cole, M. (1996). *Cultural psychology: A once and future discipline.* Cambridge, MA: Belknap Press.

Collins, A., Brown, J. S., & Newman, S. E. (1989). Cognitive apprenticeship: Teaching the crafts of reading, writing and mathematics. In L. B. Resnick (Ed.), *Knowing, learning and instruction: Essays in honor of Robert Glaser* (pp. 453−494). Hillsdale, NJ: Erlbaum.

de Groot, A. D. (1965). *Thought and choice in chess.* The Hague: Mouton.

Duschl, R. A. (1990). *Restructuring science education. The importance of theories and their development.* New York: Teachers' College Press.

Duschl, R., & Grandy, R. (Eds.). (2008). *Teaching scientific inquiry: Recommendations for research and implementation.* Rotterdam, Netherlands: Science Publishers.

Ford, D. (2005). The challenges of observing geologically: Third grades description of rock and mineral properties. *Science Education, 89*, 276−295.

Ford, M. J. (2008). Disciplinary authority and accountability in scientific practice and learning. *Science Education, 92*(3), 404−423.

Ford, M. J., & Foreman, E. A. (2006). Redefining disciplinary learning in classroom contexts. *Review of Research in Education, 30*, 1−32.

Gelman, R., & Brenneman, K. (2004). Science pathways for young children. *Early Childhood Research Quarterly, 19*(1), 150−158.

Giere, R. (1988). *Explaining science: A cognitive approach.* Chicago, IL: University of Chicago Press.

Glaser, R. (1983). *Education and thinking: The role of knowledge*(technical report), Learning Research and Development Center, University of Pittsburgh, Pittsburgh, PA.

Glaser, R. (1992). Expert knowledge and processes of thinking. In D. F. Halpern

(Ed.), *Enhancing thinking skills in the sciences and mathematics*. Hillsdale, NJ: Lawrence Erlbaum Associates.

Godfrey—Smith, P. (2003). *Theory and reality*. Chicago, IL: University of Chicago Press.

Gopnik, A. (1996). The scientist as child. *Philosophy of Science, 63*, 485—514.

Gopnik, A., & Sobel, D. M. (2000). Detecting blickets: How young children use information about causal properties in categorization and induction. *Child Development, 71*, 1205— 1222.

Gopnik, A., Sobel, D. M., Schulz, L., & Glymour, C. (2001). Causal learning mechanisms in very young children: Two, three, and four—year olds infer causal relations from patterns of variation and co—variation. *Developmental Psychology, 37*, 620—629.

Hapgood, S., Magnusson, S. J., & Palincsar, A. S. (2004). Teacher, text, and expe—rience: A case of young children's scientific inquiry. *Journal of the Learning Sciences, 13*, 455—505.

Harris, K.—L., Jensz, F., & Baldwin, G. (2005). *Who's teaching science? Meeting the demand for qualified science teachers in Australian secondary schools*. Report prepared for the Australian Council of Deans of Science. Centre for the Study of Higher Education, University of Melbourne, Australia.

Harvard—Smithsonian Center for Astrophysics. (1987). A Private Universe. Anneberg Media Learner. Retrieved from www.learner.org/resources/series28.html.

Herrenkohl, L., & Guerra, M. (1998). Participant structures, scientific discourse, and student engagement in fourth grade. *Cognition and Instruction, 16*(4), 431—473.

Jenkins, E. W., & Pell, R. G. (2006). *The Relevance of Science Education project (ROSE) in England: A summary of findings*. Leeds, UK: Centre for Studies in Science and Mathematics Education.

Kesidou, S., & Roseman, J. (2002). How well do middle school science programs measure up? Findings from Project 2061's curriculum review. *Journal of Research in Science Teaching, 39*(6), 522—549.

Kirschner, P. (1992). Epistemology, practical work and academic skills in science education. *Science & Education, 1*(3), 273—299.

Kirschner, P., Sweller, J., & Clark, R. E. (2006). Why minimal guidance during in—struction does not work: An analysis of the failure of constructivist, discovery, problem—based, experiential and inquiry—based teaching. *Educational Psychologist, 41*, 75—86.

Knorr—Cetina, K. (1999). *Epistemic cultures: How science makes knowledge.* Cambridge, MA: Harvard University Press.

Kuhn, T. (1962/1996). *The structure of scientific revolutions* (4th ed.). Chicago, IL: University of Chicago Press.

Larkin, J. H. (1979). Processing information for effective problems solving. *Engineering Education, 70*(3), 285—288.

Laudan, L. (1981). A confutation of convergent realism. *Philosophy of Science, 48*, 19—49.

Lave, J., & Wenger, E. (1991). *Situated learning: Legitimate peripheral participation.* Cambridge, Cambridge University Press.

Lehrer, R., Jaslow, L., & Curtis, C. (2003). Developing understanding of measure—ment in the elementary grades. In D. H. Clements & G. Bright (Eds.), *Learning and teaching measurement. 2003 Yearbook* (pp. 100—121). Reston, VA: National Council of Teachers of Mathematics.

Lehrer, R., & Schauble, L. (2000). Inventing data structures for representational purposes: Elementary grade students' classification models. *Mathematical Thinking and Learning, 2*, 49—72.

Lehrer, R., & Schauble, L. (Eds.). (2002). *Investigating real data in the classroom: Expanding children's understanding of math and science.* New York: Teachers College Press.

Lehrer, R., & Schauble, L. (2004). Modeling natural variation through distribution. *American Educational research Journal, 41*(3), 635—679.

Lehrer, R., & Schauble, L. (2006). Cultivating model—based reasoning in science education. In K. Sawyer (Ed.), *The Cambridge handbook of the learning scien—ces* (pp. 371—388). New York: Cambridge University Press.

Limon, M., & Mason, L. (Eds.). (2002). *Reconsidering conceptual change: Issues in theory and practice.* Dordrecht, Netherlands: Kluwer.

Longino, H. (1990). *Science as social knowledge.* Princeton, NJ: Princeton University Press.

Longino, H. (2002). *The fate of knowledge.* Princeton, NJ: Princeton University Press.

Metz, K. (1995). Reassessment of developmental constraints on children's science instruction. *Review of Educational Research, 65*, 93－127.

Metz, K. (2004). Children's understanding of scientific inquiry: Their con－ ceptualization of uncertainty in investigations of their own design. *Cognition and Instruction, 22*, 219－290.

Millar, R., & Osborne, J. (Eds.). (1998). *Beyond 2000: Science education for the future.* London: King's College, London.

National Research Council. (1996). *National science education standards.* Washington, DC: National Academy Press.

National Research Council. (1999). *How people learn.* J. Bransford, A. Brown & R. Cocking (Eds.). Center for Education, Division of Behavioral and Social Sciences. Washington, DC: The National Academy Press.

National Research Council. (2001). *Knowing what students know: The science and design of educational assessment.* J. Pellegrino, N. Chudowsky, & R. Glaser (Eds.). Center for Education, Division of Behavioral and Social Sciences. Washington, DC: The National Academy Press.

National Research Council. (2007). *Taking science to school: Learning and Teaching science kindergarten to eight grade.* R. A. Duschl, H. A. Schweingruber, & A. W. Shouse (Eds.). Center for Education, Division of Behavioral and Social Sciences. Washington, DC: The National Academy Press.

National Research Council. (2008). *Ready, set, science!: Putting research to work in K－8 science classrooms.* S. Michaels, A. W. Shouse, & H. A. Schweingruber (Eds.). Center for Education, Division of Behavioral and Social Sciences. Washington, DC: The National Academy Press.

Nersessian, N. (2008). Model－based reasoning in scientific practice. In R. Duschl & R. Grandy (Eds.), *Teaching scientific inquiry: Recommendations for research and implementation* (pp. 57－79). Rotterdam, Netherlands: Sense Publishers.

Niaz, M., Aguilera, D., Maza, A., & Liendo, G. (2002). Arguments, contradictions, resistances, and conceptual change in students' understanding of atomic structure. *Science Education, 86*, 505－525.

Osborne, J. F., & Dillon, J. (2008). *Science education in Europe: Report to the Nuffield Foundation.* London: King's College Press.

Osborne, R., & Freyberg, P. (1985). Learning in science: The implications of children's science. Auckland, NZ: Heinemann.

Perner, J., Leekam, S. R., & Wimmer, H. (1987). Three—year—olds' difficulty with false belief: The case for a conceptual deficit. *British Journal of Developmental Psychology, 5*, 125—137.

posner, G. J., Strike, K. A., Hewson, P. W., Gertzog, W. A. (1982). Accommodation of a scientific conception: Towards a theory of conceptual change. *Science Education, 66*(2), 211—227.

Reif, F., & Larkin, J. H. (1991). Cognition in scientific and everyday domains: Comparison and learning implications. *Journal of Research in Science Teaching, 28*(9), 733—760.

Roberts, G. (2002). *SET for Success: The supply of people with science, technology engineering and mathematic skills.* www.hm—treasury.gov.uk/roberts.

Rogoff, B. (1990). *Apprenticeship in thinking: Cognitive development in a social context.* New York: Oxford University Press.

Sawyer, R. K. (Ed.). (2006). *The Cambridge handbook of the learning sciences.* New York: Cambridge University Press.

Schauble, L., Glaser, R., Duschl, R., Schulze, S., & John, J. (1995). Students' un—derstanding of the objectives and procedures of experimentation in the science classroom. *The Journal of the Learning Sciences, 4*(2), 131—166.

Schmidt, W. H., McKnight, C. C., & Raizen, S. A. (1997). *A splintered vision: An investigation of US science and mathematics education.* Boston, MA: Kluwer Academic Publishers.

Schwab, J. (1962). The teaching of science as inquiry. In J. Schwab & P. Brandwein (Eds.), *The teaching of science* (pp. 1—104). Cambridge, MA: Harvard University Press.

Schwartz, D., Bransford, J. (1998). A time for telling. *Cognition and Instruction, 16*, 475—522.

Smith, C., Maclin, D., Grosslight, L., & Davis, H. (1997). Teaching for under—standing
: A comparison of two approaches to teaching students about matter and density. *Cognition and Instruction, 15*(3), 317—393.

Spelke, E. S., & Kinzler, K. D. (2007). Core knowledge. *Developmental Science, 10*, 89—96.

Sweller, J., Kirschner, P., & Clark, R. (2007). Why minimally guided teaching tech-niques do not work: A reply to commentaries. *Educational Psychologist, 42*(2), 115-121.

Thagard, P. (2007). Coherence, truth, and the development of scientific knowledge. *Philosophy of Science, 74*(1), 28-47.

Wellman, H. (1990). *The child's theory of mind.* Cambridge, MA: MIT Press.

White, B., & Frederiksen, J. (2000). Metacognitive facilitation: An approach to making scientific inquiry accessible to all. In J. Minstrell & E. van Zee (Eds.), *Inquiring into inquiry learning and teaching in science* (pp. 331-370). Washington, DC: American Association for the Advancement of Science.

White, R., & Gunstone, R. (1989). *Probing understanding.* London: Palmer Press.

Wimmer, H., & Perner, J. (1983). Beliefs about beliefs: representation and con-straining function of wrong beliefs in young children's understanding of deception. *Cognition, 13*, 41-68.

Wineburg, S. S. (1991). Historical problem solving: A study of cognitive processes used in the evaluation of documentary and pictorial evidence. *Journal of Educational Psychology, 83*, 73-87.

Woolnough, B. E., & Allsop, T. (1985). *Practical work in science.* Cambridge: Cambridge University Press.

제 5 부

요 약

CONSTRUCTIVIST INSTRUCTION

제 17 장
구성주의 수업의 성공 혹은 실패에 대한 절충적인 평가

Sigmund Tobias   *Institute for Urban and Minority Education,*
Teachers College, Columbia University

이 책은 오늘날 가장 중요한 수업방법 가운데 하나인 구성주의의 현 상태를 논의하기 위해 시작되었다. 구성주의 패러다임의 가치에 관한 논쟁은 오랫동안 지속되었으며, 가장 최근의 발달은 이 책의 서론 장과 Klahr의 장에 요약되어 있다. 물론, 그런 논쟁이 연구현장에서는 일반적이며, 현재 연구 중인 현상에 대해 보다 나은 이해로 이어지기를 기대한다. 이 장의 목적은 구성주의적 접근의 비판자나 지지자가 되기보다는 이 책에 있는 몇 가지 주제에 대해 절충적인 관점에서 논평하는 것이며, 가능하다면 언제나 나는 연구결과에 의해 지지되는 실제에 찬성하고 싶다. 구성주의자들과 수업체제 설계 지지자들(Tobias, 1992) 간의 유사한 논쟁에 대해 논평하는 동안 제시되었던 것처럼, 마음을 움직이는 수사(stirring rhetoric)보다는 논쟁 중에 있는 이슈를 명확하게 하기 위해 자료에 집중될 수 있도록 논쟁이 연구를 생성하는 것이 중요하다. 더 나아가서 이 장의 목적은 논쟁에 중요한 다수 이슈의 관점으로부터 상이한 입장을 평가하는 것이었다. 마지막으로, 앞으로의 연구를 위한 구체적인 제안이 이 장의 곳곳에서 제시될 것이다.

이 책을 계발하는 데 있어서 우리의 기대는 상이한 유형의 수업에 의해 관여된 몇 가지 인지 과정을 확인하는 것이었다. 상이한 접근이 다양한 수업 결과, 아마도 매력적인 상이한 인지 과정으로 유도한다는 것을 몇몇 저자들은 시사하고 있지만,

자신들이 추천한 접근이 어떤 인지 과정을 관여시키는지를 구체적으로 명시한 저자는 거의 없다. 그 이슈는 아래에서 더 논의될 것이다. 구성주의 수업에 대한 지지자들과 비판자들 간의 활발한 논쟁 아래 어느 정도 차이를 좁히는 것이 감지될 수 있으리라는 것도 기대되었다. 약간의 공통적인 토대(common ground)가 이 장에서 나타났는데, 예를 들면 구성주의자들과 구성주의에 대한 비판자들은 예상대로 가이던스의 유형에 대해서는 일치하지 않지만, 효과적인 수업을 위해 어떤 형식으로든지 가이던스가 필요하다는 것에는 동의하고 있다. 마지막으로, 이 책이 연구를 필요로 하는 영역을 확인해 줄 수 있으리라고 기대한다. 이 장은 구성주의자와 그 비판자들 간의 몇 가지 이슈를 명료화 할 수 있었던 구체적이고도 연구 가능한 질문을 제시하기 위해 연구를 필요로 하는 영역에 대해 확대하려고 한다.

일반적으로 이 책과 현장 양쪽에서, 연구자들은 지시적 수업(direct instruction), 수업주의(instructionism), 그리고 인지적 수업(cognitive instruction)과 같은 다양한 이름으로 비구성주의 접근을 언급한다. 이런 명칭은 학습자들로 하여금 혼자 힘으로 꾸려 나가기를 격려하기보다는 명시적 수업에 대한 선호를 공유하고 있는 것 같으며, 그 용어는 이 장에서 이런 접근들을 서술하기 위해 사용될 것이다.

●○ 패러다임과 패러다임 이동

모든 영역의 연구경험은 그 연구를 자극하는 패러다임에서 변화하며(Kuhn, 1970), 수업으로부터의 학습도 예외가 아니다. 몇몇 지지자들은 이전의 견해를 찬성하며, 이전의 패러다임을 바탕으로 연구와 개발 활동을 계속하지만, 하나의 새로운 패러다임이 두드러질 때, 그 패러다임은 대부분의 관심을 사로잡는다. 연합주의 지향은 1950년대부터 1960년대 초까지 심리학에서 지배적인 패러다임이었으며 심지어 복잡한 학습까지 연합주의의 가장 단순한 구성요소 즉, 자극과 반응 결합으로 축소하려고 시도했다. 이런 일련의 이론이 종종 '행동적(behavioral)'으로 언급된다 할지라도, 그것을 '연합주의(associationist)'라고 부르는 것이 보다 정확한데, 그 이유는 그 이론이 외적 자극과 학생들 반응 간의 관계를 확인하려고 했을 뿐만 아니라 자극과 반응 간의 결합을 설명하는 구인들(constructs)을 제시하려고 했기 때문이다. 대부분 자극-반응 결합에 대한 근거를 이해하는 이론에 전념했던 Thorndike(1932)

그리고 Hull(1951)과 같은 연합주의자들은 행동주의자(behaviorists)로 불릴 수 없는 게 확실하다. 행동주의자란 명칭은 아마도 실제로 행동주의자였던 소수의 연합주의자들 가운데 한 사람이었던 Skinner(1954)에 대한 반작용이다. Skinner는 학습이 오직 강화(reinforcement)의 결과로서만 발생한다고 가정되는 조작적 조건화(operant conditioning)의 원리를 수업에 적용하려고 노력했으며, 교육에 교수기계(Skinner, 1954)와 행동 수정(behavior modification)의 활용을 최초로 주장했다.

연합주의 패러다임은 1960년대와 1970년대 초에 쇠퇴했으며 인지적 지향은 그 중에서도 Bruner(1960), Ausubel(1963, 1968), 그리고 Neisser(1967)와 같은 학자들에게 자극받아 두드러지게 되었다. 연합주의자들과는 대조적으로, 인지적 패러다임은 외적 사태와 그런 사태들의 조직에 대한 내적 표상(internal representation)을 강조했다. 물론, Vygotsky(1962, 1978)의 업적에 영향을 받은 또 다른 패러다임인 구성주의도 그 후 두드러지게 되었다. 흥미롭게도, Vygotsky의 연구는 1930년대에 걸쳐 소련에서 출간되어 사실상 연합주의 오리엔테이션 가운데 많은 부분을 앞서나갔지만, 영어로 번역되었던 1960년대까지 서구의 사고에 영향을 주지 못했다. 1장과 여타 장에서 명기되었던 것처럼, 구성주의자들은 모든 학습이 단지 외적 사태의 단순한 반영으로 되는 것이라기보다는 사람에 의해 구성된다는 것을 주장한다. 여러 학자들 중에서도 Kintsch, Mayer, Jonassen, 그리고 Fletcher(이 책에서)는, 이런 가정 (assumption)이 심지어 구성주의 수업을 주장하지 않는 사람들에 의해서, 그리고 이 책에 제시된 모든 저자들에 의해서도 광범위하게 공유되고 있음을 지적하고 있다는 것을 반드시 명기해야만 한다.

구성주의 패러다임에 대한 개관과 구성주의 패러다임의 상황적인 외연은 다른 장에서 제시된다(Tobias & Duffy, Gresalfi & Lester, 그리고 Duscul & Duncan, 이 책). Fletcher(이 책)는 상황성 운동(situativity movement)으로부터 완전히 독립된 실제적인 훈련 관심에 의해 동기화되는 시뮬레이션의 개발이 상황 인지(situated cognition)의 탁월한 실행이라는 것을 암시함으로써 흥미 있는 언급을 덧붙이고 있다.

상황성 이론가들(situativity theorists)이 선호하는 수많은 수업방식은 교육공동체나 혹은 훈련공동체에게 사실상 새롭지 않았다. 교육에서, 구성주의자들이 제안하는 많은 활동은 Dewey(1938)에 의해 주장된 것과 꽤 유사하다. 훈련 편람(Tobias & Fletcher, 2000)에서, 도제제도(apprenticeship)는 몇 개의 장에서 논의되었다(Shute, Lajoie, & Gluck, 2000; Semb, Ellis, Fitch, & Kuti, 2000; Allen, Otto, & Hoffman,

2000). 흥미롭게도, 학습은 진짜(real) 혹은 진정한(authentic) 문제를 해결하기 위해 반드시 구조화되어야만 한다는 구성주의자들의 주장은 그런 훈련 편람의 많은 장에서도 제안되고 있으며, Fletcher(이 책)는 훈련(Andrews & Bell, 2000)에서 광범위하게 활용되고 있는 시뮬레이션 역시 그런 아이디어의 한 가지 대중적인 실행이라는 것을 명기하고 있다. 광범위하게 채택되고 있다 할지라도, 사회적 구성주의 패러다임은 명시적 수업 지지자들에 의한 현재의 도전 그 이전에도 꽤 많은 논쟁(Klahr, 이 책; Duffy & Jonassen, 1992; Anderson &, Reder, & Simon, 1996, 1998)을 자극했다.

패러다임의 건전성(soundness)은 거의 수립되기가 어려운데, 그 이유는 과학적 연구가 전체 이론(entire theory)의 타당성에 관한 질문에 답하는 데 적절하지 않기 때문이다(Duschi & Duncan, 이 책). 예를 들어, Hilgard(1964)는, 형태심리학(Bower & Hilgard, 1981)의 기본적인 여러 가지 가정 가운데 어느 하나도 논박할 수 없다는 것을 인식했음에도 불구하고, 인지심리학의 선도자였던 형태심리학(Gestalt psychology)의 소멸 신호를 보았다. 형태심리학의 "쇠퇴와 추락(decline and fall)"은 그 당시 유행했던 연합주의 패러다임에 의해 자극된 엄청난 숫자의 연구에 비해 1950년대부터 1960년대 초까지 거의 아무런 연구도 자극하지 못했다는 데에 기인했다고 Hilgard(1964)는 주장했다. 따라서, 연구를 자극하고 새로운 지식을 생성하는 데 실패할 때 패러다임은 사라지는 경향이 있는 것으로 보인다.

돌이켜보면 형태심리학의 소멸에 대한 Hilgard(1964)의 주장이 아마도 너무나 일반적이었다는 것을 언급하는 것은 흥미로운데, 왜냐하면 형태이론가들은 주된 인지이론가들(Ausubel, 1963, 1968; Bruner, 1960; Neisser, 1967)에게 중요한 선구자였으며 아울러 자극의 원천이었기 때문이다. 형태심리학의 몰락이라는 Hilgard의 가정은 1964년에 출간되었지만, 그것은 연합주의로부터 인지적 지향으로의 패러다임 이동(paradigm shift)이 시작되는 시점에서 약 1년 혹은 2년 앞서 집필되었다. 분명히, 어떤 패러다임의 소멸을 예측하는 것은 항상 위험한데, 왜냐하면 그것은 밀접하게 관련된 오리엔테이션(orientation)의 탄생 및 재탄생을 자극할 수도 있는 애매한 상태 속으로 지나가고 있는 것처럼 보이는 것과 같기 때문이다.

확실성을 가지고 예측될 수 있는 유일한 발달은 아마도 패러다임은 변할 것이라는 점이다(Tobias, 1988). 현재 패러다임이 어떤 것이라 하더라도, 그것 역시 지나갈 것이며, 아마도 약간 다른 형태로 재탄생될 것이다. 이상적으로는, 앞선 패러다임 아래에서 조절하기 어려웠던 연구 및 실제적 문제를 새로운 패러다임이 보다 효과적으로 다루는 것이 가능하도록 해야만 한다는 것은 물론이다.

　　현재는 구성주의 패러다임이 학습과 수업에 관한 이론과 연구를 지배하고 있으며 수업에 크게 영향을 미치고 있다 할지라도, 학습이론의 전반적인 목적에 있어서의 흥미로운 변화는 지난 30년 동안 계속 일어났다. 이전에, Thorndike(1932), 헐(Hull, 1951) 그리고 Skinner(1953)와 같은 연합주의 이론가들, 그리고 형태주의 학파에 속해 있었던 학자들과 같은 인지이론가들은 인간과 동물 양쪽의 모든 행동을 서술하는 포괄적인 이론을 개발하려고 작정했다. Anderson(1983)은 인간 학습을 명시적으로 다루는 꽤 일반적인 이론을 제안했지만, 일반적으로 오늘날의 연구는 포괄적인 학습이론을 검증하는 데에 덜 집중해 왔으며, 몇 가지만 언급하자면 오히려 메타 인지, 오해의 분석, 그리고 전문가－초보자의 차이 저변에 있는 것들과 같은 중요한 과정을 이해하는 데 더욱 집중해 왔다(Shuell, 1986, 1996). 보다 일반적인 패러다임보다는 구체적이고 중요한 과정에 대한 집중이 논의에 포함된 이슈를 보다 명료한 쪽으로 유도하는지의 여부는 좀 더 지켜봐야 한다.

　　이 장의 나머지는, 구성주의 수업에 관한 논쟁에 있어서의 주된 이슈가 논의될 것이며 이런 이슈들을 명료화하는 데 도움을 줄 수 있는 연구가 제시될 것이다.

●○ 동　기

　　구성주의 접근의 저변에 있는 한 가지 가정은 그런 수업이 다른 접근보다 학생들을 더욱 동기화시킬 것이라는 점이다(Herman & Gomez, 이 책). 일상생활에서 중요한 문제를 다루는 학습이 보다 학문적인 자료나 혹은 Rosenshine(이 책)이 서술했던 과정－산출 교수 절차보다 학생들을 더욱 동기화시키리라고 가정하는 것은 합리적인 것 같다. 그러므로, Herman과 Gomez도 명기했던 것처럼, 자신들의 장 이외에서는 동기에 대한 구체적인 논의를 거의 찾을 수 없었다는 것은 놀라운 일이었다. 더욱이, 다시 한번 Herman과 Gomez를 제외하고서, 양 측 논쟁의 어느 한 쪽 편에 있는 장에서도 자신들의 수업방법의 동기적 효과에 대한 일단의 연구가 인용되지 않은 것 또한 놀라운 일이었다. 특히 그런 것(동기적 효과)은 구성주의 수업의 핵심요소들 가운데 하나이기 때문에 이런 가정은 반드시 연구되어야만 한다.

　　마찬가지로, Rosenshine이 서술했던 절차를 지지하는 사람들은 학생들의 동기에 대한 자신들의 효과를 결정할 필요가 있다. Fletcher(이 책)가 명기했던 것처럼, 이런 절차 가운데 많은 것들이 따분한 "훈련과 살해(drill and kill)" 연습으로 조롱받아 왔지만, 그 또한 암시했던 것처럼, 그런 반복 훈련은 잘 작동했고 학생들은 그런 반복 훈련을 즐겼다는 것을 입증했다. 그렇다면 연구는 구성주의 수업 지향이나 혹은 명시적 수업 지향에 따라 준비된 수업자료로 공부하는 동안 학생들의 동기를 비교하는 것이 요구된다는 것은 분명하다.

어떤 수업이라 하더라도 그런 수업방법의 절차에 따라 준비된 동일한 교과를 포함하고 있는 자료에 대한 학생들의 태도를 비교함으로써 그 수업의 동기적 영향력을 연구할 수 있다. 동기적 이슈에 대한 연구는 흔히 학생들의 동기적 목적 지향을 평가하는 자기보고식의 질문지(self-report questionnaires)를 실시함으로써 수행된다. 동기적 목적을 숙달(mastery)과 수행(performance)으로 분류하고 각기 접근 유인가(approach valence)와 회피 유인가(avoid valence)를 가지는 네 가지로 분리하는 것에 대해 신중해야 할 이유가 있다(Pintrich, 2000). 어딘가 다른 곳(Tobias & Everson, 출판 중)에서 제안했던 것처럼, 동기적 목적에 대한 2 x 2 개념화가 자기보고식의 인벤토리(inventory)를 활용한 연구로부터는 지지를 받고 있지만, 학생들이 자신의 동기에 대해 자유롭게 얘기할 때 이런 개념을 지지하는 증거는 거의 나타나지 않는다는 것을 제시하는 연구가 있다(Pressley, Van Etten, Yokoi, Freebern, & Van Meter, 1998; Light, 2001; Nathan, 2006).

동기적 목적 지향 질문지보다는 상이한 동기 지수(different indices of motivation)를 활용하는 것이 보다 효과적일 수도 있을 것이다. 그런 한 가지 측정치가 지속성(persistence)(Tobias & Everson, 출판 중)인데, 그것은 학생들이 어떤 과제나 활동에 대해 얼마나 오랫동안 계속하는지를 관찰하는 것이다. 물론, 지속성이 더 클수록, 보다 높은 동기가 있는 것으로 가정될 수 있을 것이다. 지속성에 대한 수행 측정치를 얻는 것은 시간이 소요되기 때문에, 학생들에게 자신이 했으면 하는 구체적 과제를 선택하도록 요구하는 것처럼 학생들이 구체적인 행동적 의도(specific behavioral intention)를 표현하도록 하는 것은 덜 어렵다. 행동적 의도의 한 가지 교육적 사례는 학생들의 강사에 대한 평가 연구였다(Tobias & Hanlon, 1975). 강사에 대한 학생들의 느낌에 대한 유용한 측정치는 그 강사와 함께 동일한 영역 내에 있는 또 다른 코스를 자신들이 이수할 의도가 있는지의 여부였다는 것은 합리적이었다. 학생들이 그 강사나 혹은 다른 많은 강사 가운데 어떤 사람과 함께 일련의 다음 코스에 등록할 자신들의 의도를 표현할 수 있도록 가짜 사전 등록 절차가 실행되었다.

행동적-의도 문헌에 대한 메타 분석(Webb & Sheeran, 2006)은 의도에 있어서 중 −대 변화(a medium-to-large change)가 행동에 있어서 소−중 변화(a small-to-medium change)로 유도한다는 것을 보여주었다. 구성주의 혹은 명시적 수업을 위한 동기에 대한 연구는 아마도 동일한 교과목을 다루고 있는 대안적인 수업자료, 방법, 혹은 수업의 유형 가운데 선택하게 함으로써, 학생들에게 구체적인 의도를 밝히도록 요구할 수 있었다. 선택 가운데 반수가 분명히 구성주의 수업으로 확인되어 졌다면 나머지 반은 명시적 수업이 되는 것으로 인식되어야만 할 것이다.

또 다른 제안은 수업 중 동기를 유발하기 위해 컴퓨터 게임을 활용하는 것이다. 게임은 일반적으로 참여자들 사이에 높은 동기(Tobias & Fletcher, 2007, 2008)를 유발하는 것으로 알려져 왔다. 구성주의나 혹은 명시적 수업 형태 가운데 하나로 개발된 게임으로부터 학습을 연구하거나, 혹은 수업계열의 완수를 위한 유인가(incentives)나 아니면 구체적으로 명시된 준거를 획득하기 위한 유인가로서 게임을 제공하는 것이 가능해야만 할 것이다.

●○ 인지적 처리와 영역 구조

구성주의 수업이나 명시적 수업이 학생들의 향상된 학습으로 인도하는지의 여부에 대한 질문은 궁극적으로 각각의 수업방법이 보다 효과적이고 "심층적인(deeper)" 인지적 처리에 관여하는지 아니면 보다 빈번한(frequent) 처리에 관여하는지의 여부에 달려 있다. 앞에서 제시했던 것처럼(Tobias, 1982), 보다 빈번한 처리로 유도하거나 혹은 추측하건데 상이하면서도 보다 효과적인 인지전략에 관여함으로써만 대안적 수업방법(alternate instructional methods)은 상이한 결과로 유도할 수 있다. 불행하게도, 몇 가지 예외(Sweller, Schwartz et al., 이 책)와 함께, 이 책에서 논의된 논쟁은 그런 질문에 대한 많은 연구를 생성하지 못했다. 그러므로, 수업방법이나 혹은 처리의 빈도나 강도를 조사함으로써 유발되는 인지 과정을 확인하는 연구가 시급히 요구된다. 이런 이슈를 둘러싸고 있는 가장 설득력 있는 미사여구보다 그런 연구가 구성주의와 명시적 수업 간의 차이를 명확히 하기 위해 더 많은 것을 할 수 있다.

Kirschner, Sweller 및 Clark(2006)는 구성주의 수업이 명시적 수업보다 작동기억에

대해 더 큰 짐을 부과한다고 주장했다. 이 책이나 혹은 어딘가 다른 곳에 있는 구
성주의자들은 외관상으로는 그런 가정에 분명하게 도전하지 않는다. 특히 Jonassen
(이 책)은 그런 주장에 동의했으며, 여타 이 책에 있는 구성주의자가 서술한 장 어
디에서도 혹은 이 영역에 있는 문헌에서도 이견이 전혀 나타나지 않는다. 그럼에도
불구하고, Kirschner 등의 주장은 관련 영역의 연구에 의존하고 있으며, 분명히 구
성주의나 명시적 수업의 추천에 따라 개발된 수업을 비교하는 것에 의해 직접적으
로 테스트된 적이 없다는 것을 명기하는 것은 흥미롭다. 이 책이 그런 문제를 연구
하기 위해 양쪽 캠프에 있는 학자들을 자극할 수 있기를 기대한다. 그런 연구는 수
업방법들 간의 차이를 명확히 하기에 하나의 중요한 공헌이 될 것이다.

상이한 수업방법에 의해 작동기억에 부과되는 인지 부하에 대한 연구는 Paas,
Tuovinen 및 Van Gerven(2003)이 서술했던 자기보고식의 평가를 활용할 수 있었다.
대안적으로, Brünken, Plass 및 Leutner(2003)는 쉬운 과제에 대한 반응시간이 그런
평가를 위해 사용될 수 있을 것이라고 제안한다. 마지막으로, Kyllonen(1996)은 작
동기억을 평가하기 위한 종합적인 테스트 일체(test battery)를 서술하고 있다.

Mayer(이 책)의 행동적 활동(behavioral activity)과 인지적 활동(cognitive activity) 간
의 구별과 수업 공정(processing of instruction) 또한 이런 논의를 위해 유용하다. 반
드시 학습으로 유도하지 않는 어떤 수업에서 자극되는 학생들의 행동적 활동과 학
습으로 유도하는 학생들의 인지적 활동 간의 혼란을 명료화하는 것이 중요하다고
Mayer는 제안한다. 물론, Mayer의 구별은 상이한 수업방법에 의해 관여된 인지적
과정이 확인되어 왔으며, 더 나아가 그런 연구를 수행하는 것의 중요성을 강조한다
는 것을 전제로 한다.

많은 학자들 가운데, Schwartz 등, Gresalfi와 Lester, Spiro와 DeSchryver, 그리고
Fletcher(모두 이 책에 있음)는 구성주의 수업방법과 명시적 수업방법은 상이한 목
적을 위해 유용할 것이라고 제안한다. 강사나 개발자의 의도는 어떤 유형의 결과가
가장 효과적으로 획득되었는가를 결정하는 데 있어서 결정적인 요인이 아니며, 결
과를 결정하는 것은 관여된 인지적 과정이다. 그러므로, 관여된 과정을 확인할 필
요성이 또 다시 강조된다.

Gresalfi와 Lester(이 책)는 수학을 가르치는 데 있어서 수업 목적과 수업 실제를
조정하는 것의 중요성을 논의하며, 구성주의와 지시적 수업의 수업 실제에 대한 예
시를 제공한다. 그런 조정은 유용하지만, 조정에 의해 관여된 인지 과정에 대한 확

인은 훨씬 더 중요하다. 상이한 수업 실제가 사용되고 있다는 것을 보여주는 수업에 대한 관찰은 수업 실제가 상이한 인지 과정을 사용한다는 것을 입증하지 않는다. 만약 관여된 그 과정이 서로 다르지 않다면, 결과도 다르지 않을 것이다.

영역 구조

이 책에서 그리고 보다 일반적으로(Kuhn, 2007) 양쪽 모두에서, 구성주의 저자들은 명시적 수업이 예컨대 타이핑하기와 같은 구조화된 영역에 적절하다는 것에 동의하는 것 같다(Savery & Duffy, 1996). 이 책에서 Spiro는 구성주의 수업이 비구조화된 영역에는 이상적이지만, 구조화된 영역에는 그렇지 않다는 것을 특히 명확하게 지적한다. 구조화된 영역을 활용하는 구성주의와 명시적 수업 형태에서 학습자료를 준비함으로써 그리고 그 다음에는 의도적으로 그 구조를 저하시킴으로써 실험적으로 이런 가정을 탐구하는 것이 유용할 것이다. 이것은 McNamara, Kintsch 및 Songer(1996) 그리고 Kintsch(이 책)에 의해 행해진 연구처럼 내용의 일부를 제거함으로써, 혹은 논리적으로 덜 조직화된 것에 학습자료의 계열을 변화시킴으로써, 그리고 아마도 임의적으로 조직화된 수업계열을 포함시킴으로써 완성될 수 있을 것이다(Tobias, 1973a).

자신이 아마도 동일한 구인일 것이라고 결론지은 작동기억과 지능에 대한 측정치 간의 높은 상관을 Kyllonen(1996)이 보고했다는 것이 반드시 명기되어야만 한다. 만약 그런 결론이 후속 연구에 의해 검증된다면, 구성주의 수업은 지적으로 역량 있는 학생들에게 보다 효과적인 반면, 명시적 수업은 능력이 떨어지는 학생들에게 보다 이익이 될 것이라는 하나의 흥미로운 가설이 제시된다. 또한 Clark(이 책)에 의해 언급되었던 것처럼, 그런 가설 또한 Cronbach와 Snow(1977) 그리고 Gustafson과 Undheim(1996)의 적성처치 상호작용(ATIs)에 대한 문헌의 리뷰에서 모두 등장했다.

유사한 가설이 학생들의 선행 영역지식의 측면에서 진술되었으며, 적성처치 상호작용을 포함하여 인간의 학습과 수업을 다루는 질문을 검토하기 위해 프로그램화된 수업자료를 활용하는 연구프로그램(Tobias, 1973b, 1976, 1989)에서 지지되었다. 그 가설은 일반적으로 낮은 수준의 선행 영역지식을 가진 학생들은 보다 꼼꼼하게 조직된 자료와 일반적으로 더 많은 수업 지원으로부터 이익을 얻는다는 것을 예측했는데, 그런 조직과 지원은 총명한 학생들에게는 덜 필요한 것으로 기대되었다. 한 연구(Tobias, 1973a)에서 친숙한 내용과 새로운 내용 두 가지 모두 논리적인 배열이나 무선적인 배열 가운데 한 가지로 배열되었다. 기대되었던 것처럼, 친숙한 내용에 대한 배열들 간에는 아무런 학습차가 없었지만, 생소하고, 기술적(technical)인 자료에 대해서는 엄청난 차이가 나타나(사후 테스트 변량의 31%를 설명하며, 1.25라는 커다란 효과를 산출함), 그런 내용에 대해 수업 지원이 요구되었다는 것을 확인하고 있다.

지능과 성취도의 측정치는 보통 .40와 .70(Deary, Strand, Smith, & Fernands, 2007) 사이의 상관이 있다. 따라서, 지적으로 보다 역량 있는 학생들이나 보다 총명한 학생들에게 구성주의 학습자료에 대한 가설적인 우월성 간에는 거의 차이가 없을 것으로 기대된다. 그러나, 선행 영역지식의 측면에서 상호작용을 공식화하는 데에는 몇 가지 장점이 있다. 첫째, 선행 지식은 실험적으로 쉽게 변경될 수 있지만, 지능은 변경될 수 없다. 학생들은 다양한 친숙성을 지닌 학습자료에 임의적으로 할당되거나 어떤 학생들은 연구자료와 이미 친숙할 수도 있을 것이다. 둘째, 학생들의 지식이 평가될 때, 그 평가는 수업이 일어날 영역으로부터의 지식을 표집한다. 그러므로, 사전 테스트는 그 영역을 공부하는 데 중요한 동일한 인지과정 가운데 어떤 부분에 관여하기 쉬우며, 이런 과정을 확인하는 것의 문제를 다소 축소한다. 더욱이, 이미 제시했던 것처럼(Tobias, 2003), 선행 지식의 평가는 맥락에 있어서 선행 학습이 발생했던 것에 유사하거나 혹은 현저하게 다른 것으로부터 획득될 수 있어서, 상황에 부여된 구성주의 주장의 중요성을 검토하는 것을 가능하게 한다. 마지막으로, 지식과 흥미의 효과에 관한 흥미로운 연구 질문 예컨대, 흥미가 제한된 선행 지식을 보상할 수 있는지의 여부와 같은 질문이 탐구될 수 있다. 흥미와 선행 지식은 심지어 약 20%의 공통분산을 가지고 있다고 추정된다(Tobias, 1994) 하더라도, 연구를 위해 그런 겹침은 변수들 가운데 하나는 높고 다른 것은 낮은 참여자를 확인하는 것을 여전히 가능하도록 해야만 한다.

일관성 있고 잘 쓰여진 텍스트와 어떤 자료를 제거함으로써 의도적으로 덜 일관성 있게 제작된 텍스트를 비교하는 연구에서, 계열성 연구결과(Tobias, 1973a)는 McNamara 등(1996; 이 책 Kintsch의 장 참조)에 의해 보고된 것과 유사했다. 회상이 요구되었을 때 학생들은 항상 잘 조직된 텍스트로부터 더 많은 것을 학습했지만, 보다 심층적인 이해가 요구되었을 때, 높은 배경지식을 가진 학생들은 잘 쓰여진 버전(version)보다는 빈약하게 준비된 버전으로 더 잘 수행했다. 빈약하게 준비된 수업자료에서, 무엇이 학습되어야 할지를 결정하는 데 학생들의 선행 지식이 가장 중요하다는 것은 분명하다.

따라서, 텍스트 처리(text processing), 적성처치 상호작용 연구, 프로그램화된 수업 자료를 사용하는 공부, 그리고 인지유연성이론(Spiro, 이 책)과 같은 상이한 영역으로부터 수렴된 증거는 구성주의 자료가 총명한 학생들에게 차별적으로 효과적일 수도 있는 반면, 명시적 수업은 보다 덜 총명한 학생들에게 보다 이익이 될 수도 있다는 하나의 일반적인 가설을 제안한다. 또한 구성주의 수업은 보다 총명한 학생들에게 요구하는 것보다 영역 지식이 거의 없는 학생들로부터 더 많은 작동기억을 요구한다는 도전받지 않은 가정에 의해 그런 가설은 지지되고 있다.

●○ 가이던스, 수업 지원, 그리고 선행 지식

요구되는 가이던스의 유형, 그리고 제공되어야만 할 가이던스의 양에 관해 끊임없는 의견 차이가 있었지만, 여러 장에서 학습이 발생하도록 하는 데 어느 정도의 가이던스가 필요하다는 일반적인 동의가 있었다. Rosenshine(이 책)은 가이던스의 중요성을 입증하고 있는 과정－산출 연구 문헌에서 상관적 증거와 실험적 증거 두 가지 모두를 리뷰했다. 아마도, 가이던스에 대한 강조는 명시적 수업의 지지자(이 책의 Sweller, Clark, and Kirschner 장 참조)들에 의한 논지로부터 갑자기 나타나기 시작했으며, Swaak과 de Jong(2001) 같은 구성주의자들에 의해 확증되었는데, 일반적으로 발견학습에서 가이던스가 거의 제공되지 않을 때 그리고 구성주의 수업에서 가이던스가 더 많이 제공될 때 학생들이 당황하는 경향이 있다.

내가 선호하는 것(Tobias, 1982)은 가이던스보다 더욱 폭넓게 생각하는 것으로서, 부가적인 형식의 수업 지원(instructional support) 즉, 학생들이 학습하도록 도와주는 모든 유형의 조력을 생각해 보자. Clark(이 책) 또한 수업방법에 대한 동의어로 그 용어를 사용하고 있지만, 그 역시 수업 지원을 언급하고 있다. Wise와 O'Neill(이 책)은 가이던스라는 용어가 설명, 피드백, 도움, 모델링, 스캐폴딩, 절차적 지시 등과 같은 수업 지원 형식을 포함하는 것 같다는 것을 암시한다. Clerk(이 책) 또한 가이던스에 대한 조작적인 그리고 사전적인 정의는 매우 다양하다는 것을 암시한다. Herman과 Gomez(이 책) 또한 이런 용어로 생각하고 있는 것 같다. 그러므로, 논의를 가이던스에 제한하기보다는, 이런 부가적인 형식의 수업 지원을 논의하고 연구할 필요가 있다.

  Wise와 O'Neill의 장에서 대체로 무엇이 가이던스를 구성하는가에 관해 제기된 질문은 구체적인 사례로 예시되는 다양한 형식의 수업 지원에 대한 위계(hierarchy)를 개발하는 것의 중요성을 강조한다. Clark(이 책)도 그런 위계가 필수적이며, 질문에 답하고 의견 차이를 명료화하기 위해 그런 위계가 많은 것을 할 수도 있다는 것에 동의한다. Klahr(이 책)는 자신의 몇몇 연구에서 연구절차에 대한 코멘트가 동일한 연구를 구성주의인 것으로 그리고 지시적 수업의 한 가지 사례가 되는 것으로 서술했다고 적고 있다. 수업 지원 유형의 위계가 얻어질 수 있다면, 동일한 연구에 대한 그런 모호한 해석은 감소될 것이라는 점은 분명하다. 그런 위계를 개발하는 것은 하나의 중요한 이론적인 연구 기여가 될 것이다.

  학생들에게 도움을 제공하는 것(offering help)은 이 책에서, 그리고 일반적으로 구성주의 수업의 효능성에 대한 논의에서 하나의 중요한 관심사이다. Alevin, Stahl, Schworm, Fischer 및 Wallace(2003)는 상호작용적인 학습 환경을 다루는 연구를 리뷰했다. 그런 리뷰를 통해 "학생들은 흔히 도움 기능(help functions)을 매우 효과적으로 사용하지 못하거나 혹은 심지어 그런 도움 기능을 전적으로 무시하고 있다는 증거를 제공하는 연구가 수적으로 증가하고 있다"(p. 278)고 제시했다. 마찬가지로, 설명의 효과성에 대한 리뷰에서, Wittwer와 Rankl(2008)은 "수업 설명(instructional explanation)의 제공이 반드시 학습결과를 촉진하지는 않는다는 것을 대다수의 경험적 연구가 보여주었다"(p. 52)고 제시한다. 다른 한편으로, 메타인지적 지식 모니터링 연구(Tobias and Everson, 출간 중)에서, 도움은 56% 정도로 광범위하게 사용되었다는 것을 연구 결과는 암시했다. 물론, 앞으로의 연구는 조력이 광범위하게 사용되는 조건이나 혹은 거의 사용되지 않은 조건을 분명하게 하는 것이 요구된다. 만약 도움이 아주 희귀한 상황에서만 광범위하게 사용된다는 것을 미래 연구가 발견하게 된다면, 그리고 대부분의 수업 맥락에서 Wittwer와 Rankl 그리고 Alevin 등의 연구결과 두 가지 모두가 지지된다면, 거의 사용되지 않는 특징에 관한 중대한 논쟁을 가질 이유는 거의 없을 것이다.

  수업 지원과 다른 형태의 조력에 대한 논의에서, 학생들의 선택은 혼란을 초래하는 변수가 될 수도 있다. Alevin 등(2003)은 "낮은 선행 지식을 가진 학생들 — 가장 도움을 필요로 하는 학생들 — 은 도움이 자신들의 통제하에 있을 때 도움을 가장 적절하게 사용하지 못할 가능성이 크다"(p. 298)고 결론지었다. 자신들이 조력 선택 시기에 대해 빈약한 판단자(poor judges)라는 것을 암시하면서, 그런 옵션이 자신들에게 가장 유익하기 때문이라는 이유보다는 일이 보다 수월해지도록 하기 위해 학생들은 옵션을 선택한다는 것을 Clark(1982; Segrue & Clark, 2000) 역시 보여주었다. 덧붙여, 사전에 이용가능한 읽기 자료를 리뷰하는 것과 같은 선택적인 수업 지원은 높은 선행 영역 지식을 가진 학생들에게 이익이 되었던 반면 리뷰를 요구하는 것은 낮은 선행 영역 지식을 가진 학생들에게 이익이 되었다는 것을 보여주었다 (Tobias, 1989). 그러므로, 연구는 수업 지원의 활용과 학생들의 선택을 교차시킬 필요가 있는데 즉, 하나의 옵션으로서 혹은 내용을 통한 학생들의 진전에 따라 요구하게 하는 것 가운데 하나로 이용가능한 수업 지원을 가지게 할 필요가 있다. 덜 총명한 학생들에게는 위임하는 지원(mandating support)이 보다 이익이 될 수도 있는 반면, 총명한 학생들은 자신들이 원할 때마다 지원을 선택하는 옵션으로부터 가장 이익을 볼 수 있도록 상이한 형식의 수업 지원에 대한 학생들의 선택이 선행 영역 지식과 상호작용하는지의 여부를 그런 연구는 명료화 할 수 있을 것이다.

구성주의 관점에서 그런 연구를 수행하는 것은 다소 어려울 수도 있는데, 그 이유는 구성주의자들은 보통 학생들에게 자유 선택(free choice)을 주는 것을 제안하며, 일반적으로 학생들이 할 필요가 있는 것을 위임하는 것을 피하기 때문이다. 그럼에도 불구하고, 학생들이 수업 계열(instructional sequence)에 빠져있다는 암시에 의존하는 옵션의 사용을 요구하는 구성주의 수업 계열을 개발함으로써 이 문제를 연구하는 것이 가능해져야만 한다. Clark 그리고 Wise와 O'Neill의 장(이 책)은 그런 연구에서 사용될 수 있었던 상이한 유형의 수업 지원을 서술하고 있다.

필요 없을 때 학생들에게 지원을 제공하는 것은 기껏해야 시간의 낭비이며, 최악의 경우 학생들을 지루함과 비효과적인 학습으로 인도한다는 것에 모든 수업방법은 동의할 것이다(이 책 Clark의 장도 참조). 이런 아이디어는 Kalyuga, Ayres, Chandler 및 Sweller(2003)에 의해 보고된 전문가 역전 효과(expert reversal effect)에 대한 연구에 의해 지지되고 있으며, 또한 Sweller, Mayer 그리고 Fletcher(이 책)의 장에서도 논의되었다. 현재, 그것은 학생들이 학습할 필요가 있는 지원만 제공하는 것이 되어야만 하며, 성공하기 위해 학생들이 필요한 것을 스스로 결정할 수 있을 때 지원을 철회되거나 보류하는 것이 되어야만 한다는 것은 하나의 기예(art) 이상이다. 물론, 그런 할당을 하는 것으로서의 기예가 연구에 기반을 둔 처방이 되도록 연구에 의해 이런 실천 원칙을 지원하는 것이 중요하다.

●○ 구성주의 수업 논쟁에서의 갖가지 이슈

시간, 교수 능력, 그리고 다양한 결과와 같은 많은 변수에 대한 연구는 일반적으로 수업과 함께 다루는 이슈를 분명히 할 필요가 있으며 특히 구성주의와 명시적 수업 간의 차이를 분명히 할 것이 요구된다. 이런 내용들이 아래에서 논의될 것이다.

시 간

Klahr(이 책)는 자신의 장에서, 자신의 수업 조건을 구성주의 연구자의 수업 조건과 비교한 다음 후자가 상당히 많은 시간을 차지한다는 것을 암시하며 구성주의 수업은 명시적 수업보다 실질적으로 더 많은 시간을 소요한다는 것을 제시하고 있다. Schwartz 등의 장에 있는 사례 또한 그런 수업은 학생들과 연구자들 모두에게 더 많은 시간을 소요하게 하는 것이라고 제시한다. 구성주의와 명시적 수업 간의 비교 연구에서 수업을 완수하기 위해 필요한 시간에 주의를 기울이는 것이 중요하며, Fletcher(이 책)의 장에서 언급된 또 다른 측면의 비용 – 효과 이슈에 주의를 기울이는 것이 중요하다.

Fisher와 Berliner(1985)는 학생들이 교육과정 자료에 소비했던 관여 시간의 양은 학습에 대한 하나의 중요한 기여자(major contributor)라는 것을 입증했으며, Suppes, Fletcher 및 Zanotti(1975, 1976) 또한 도달했던 결론으로서, Fletcher(이 책)의 장에서 논의되었다. 사실상 상이한 수업 접근의 어떤 이익이라도 학생들이 과제에 보냈던 시간량으로 귀인될 수 있는지의 여부를 확인하는 것이 중요하다. 바람직한 수업 결과를 얻기 위한 시간을 최소화하는 것은 훈련공동체에서 하나의 중요한 관심사인데, 그 이유는 피훈련자들이 일반적으로 훈련기간 동안 경비를 지급받기 때문이다(Tobias and Fletcher, 2000). 교육연구자들은 학생들이 학습하기 위해 소요하는 시간에 관심을 덜 기울이는 경향이 있는데, 보통 그것은 무료이기 때문이다. 다른 한편으로, 학생들은 시간 낭비인 수업에 정말 지루해 할 수도 있으며, 궁극적으로 학습을 감소시킨다. 그러므로, 학습에 보내는 시간의 효과에 대한 그리고 훈련공동체에서 자신들의 동료가 가지고 있는 것과 같은 시간이라는 이슈에 교육연구자들이 주의를 기울이는 것이 유용할 것이다.

더 나아가, 만약 대안적인 수업접근이 현저하게 상이한 시간량을 요구한다면, 그것은 비용-효과 이슈(Fletcher, 1999; Fletcher and Chatelier, 2000) 즉, 어떤 접근에 따른 이득이 어떻게 주장된다 할지라도 요구되는 부가적 시간을 투자할만한 가치가 있는지의 여부를 평가하기 위한 검토의 중요성을 강조한다. Schwartz 등(이 책)은 구성주의 절차에 의해 배우는 학생들에게 전이가 더 높았기 때문에 구성주의 수업에 필요한 더 많은 양의 시간은 그만한 가치가 있다는 것을 시사했다. 되풀이하면, 수업설계자는 수업접근을 결정하는 데 있어서 즉각적인 결과(immediate outcomes)와 장기적인 결과(long-term outcomes) 두 가지 모두의 중요성을 고려할 필요가 있다는 것을 Schwartz 등의 연구결과는 시사한다. 결국, 수업방법과 학생들의 시간의 선택에 관한 결정은 상이한 수업방법을 비교하는 연구에 의해 결정될 수 없는 가치에 관한 질문이지만, 그런 연구는 합리적인 결정에 이르기 위해 요구되는 자료를 제공할 수 있다.

교사 능력

Klahr(이 책)는 자신의 장에서, Kirschner(이 책)에 의해서도 지지된 견해인, 예컨대 발견적 접근은 보통 대부분의 교실에서 찾게 되는 것보다 더 높은 수준의 교사 지식과 능력을 요구한다는 것을 시사한다. 교사 지식과 능력이라는 이슈 또한 더 많이 연구할만한 가치가 있다. 만약 어떤 수업방법이 일반적으로 유능한 그리고/혹은 총명한 교사를 요구한다면, 교수 능력이나 상이한 내용영역에 대한 지식의 측면에서 대부분의 교사가 평균 근처에 몰려있기 쉬운 학교에서, 그것이 얼마나 효과적일 수 있는지에 관한 질문이 제기될 수 있다. 모집단에서 드물게 발생하는 능력을 요구하는 어떤 수업방법도, 개인이 그런 능력을 위해 선택될 수 없는 상황에 일반적으로 적용될 때 비효과적일 수밖에 없다. 아마도 이러한 염려에 대응하여, Herman과 Gomez(이 책)는 그런 개발 활동이 어떤 것이라 할지라도 평균적인 교수 능력을 가진 대다수의 개인들을 우수한 교사로 바꾸는데 성공했는지의 여부를 살펴보는 것이 남아있지만, 교사의 전문성 개발은 자신들의 프로그램에서 하나의 필수적인 구성요소였다는 것을 시사한다.

학습결과

　앞서 암시했듯이, 많은 장(특히 이 책의 Schwartz *et al.,* Spiro, and Fletcher 참조)은 구성주의 수업과 명시적 수업이 상이한 목적을 위해 유용할 수도 있음을 제안하고 있다. 그것이 수업결과를 연구하는 데 몇 가지 어려움을 만들어내는데, 그 이유는 수업결과를 검토하기 위해 성공에 대한 상이한 준거가 사용되어야만 하기 때문이다. 일반적으로, 구성주의 연구자들은 구성주의 수업이 인지적으로 보다 복잡한 결과를 위해 이상적이라고 주장한다. 예를 들어, Schwartz 등(이 책)은 구성주의 수업이 사람들로 하여금 수업이 종결된 한참 후에 분명해지는 미래학습을 준비시키는 데 이상적일 수도 있는 반면 명시적 수업은 격리된 문제해결(sequestered problem solving)에 최적일 수도 있다는 것을 시사한다. 그러므로, 연구자들은 수업이 끝난 후 바로 그리고 또한 어느 정도 지난 후의 두 가지 모두에 대해 학습을 평가해야만 한다. 또한 대안적 수업 접근이 복잡성에서 상이한 내용을 위해 최적이라는 가설을 테스트하기 위해 연구 또한 다양한 복잡성을 가진 다수의 수업 표본을 활용할 필요가 있을 것이다. 마지막으로, 그런 연구에서 동기 및 태도의 결과(attitudinal out-comes) 또한 평가되어야만 한다. 왜냐하면 궁극적으로 동기적 차이가 상이한 인지적·행동적 결과로 유도할 수도 있기 때문이다.

●○ 최종적 생각

　2007 AERA 논쟁이 조직화되었을 때, 구성주의 수업이 성공적이었는지 아니면 실패였는지의 여부에 대해 이미 인쇄물에서 내가 취했던 입장으로서, 내 자신을 절충적인 입장(a eclectic)으로 서술했다(Tobias, 1992). 학생들을 진짜 문제에 몰두하게 하고 스스로 해결책을 생각해내도록 하는 구성주의 접근은 직관적으로 매력적이었다. 전통적인 교실에서 일어나는 활동에서보다는 그런 활동에 참여하기 위해 학생들이 보다 동기화되었다고 느끼리라는 것은 합리적인 것 같았다. 그러므로, 구성주의 활동에서 동기가 증가되었음을 입증하는 연구를 거의 찾을 수 없다는 것은 실

망스러웠다.

여기서 개인적인 언급이 유용할 수도 있다. 투사적 진단기법(projective diagnostic techniques)이 일반적으로, 특히 Rorschach는, 많은 비판을 받고 있을 때 나의 박사학위는 임상심리학이었다. 이런 기법을 위한 논리는 주목하지 않을 수 없었으며 사람들의 성격이 모호한 자극에 대한 자신들의 해석에 중요한 영향력을 가지고 있다는 것은 합리적인 것 같았다. 불행하게도, 투사적 기법의 타당성을 지지하는 경험적인 증거는 대부분 부정적이었다. 아직도 투사적 기법에 관해 가르치는데 특화된 여기저기 산재해 있는 소수의 촌락을 제외하면, 임상심리학자들을 훈련시키는 데 있어 지금 그런 기법들은 비교적 중요하지 않은 요소이다.

투사적 기법의 사례는 구성주의 수업에 관해 제기되는 이슈와 유사한 것 같다. 이 책에 있는 모든 장과 관련 문헌을 신중하게 읽고 또 읽어본 결과 구성주의 입장을 옹호하는 자극적인 수사학은 있지만, 상대적으로 그것을 지지하는 연구는 거의 없다는 것을 나에게 암시했다. 예를 들어, Schwartz 등(이 책)이 구성주의 수업은 미래학습을 위해 개인들을 준비시키는데 더 낫다는 자신들의 가정에 대한 연구를 수행하는 것을 보는 것은 고무적이다. 불행하게도, 자신들이 인정하고 있는 것처럼, 그 가설을 입증하고 있는 연구가 너무나 적다. 위에서 제시되었던 것처럼, 연구자와 참여자 양쪽 모두에게 그런 연구는 명시적 수업의 지지자들에 의해 주장된 절차보다 복잡한 절차가 필요하며 보다 많은 시간이 소모된다. 그러나, 지지하는 연구가 없다면 이것은 단지 일련의 흥미로운 가설로 남아있을 뿐이다.

구성주의자들에 비해, 명시적 수업 옹호자들은 미사여구보다는 연구에의 참조에 의해 자신들의 제안을 더 많이 정당화하는 것 같다. 구성주의 접근은 지금까지 거의 20년 동안 강하게 주장되었으며, 그 동안 그들이 자극했던 연구가 얼마나 적은지를 아는 것은 놀랍다. 만약 구성주의 수업이 Hilgard(1964)가 형태심리학에 적용했던 동일한 준거에 의해 평가된다면, 그 패러다임에 의해 자극된 연구의 부족은 구성주의 견해의 옹호자들을 위한 걱정의 원인이 되어야만 한다.

Chall(2000)은 대체로 구성주의 접근과 유사한 학생중심 수업과 일반적으로 명시적 수업에 필적하는 교사중심 수업을 비교하는 문헌을 리뷰했다. 그녀는 보통 교사중심 접근이 특히 낮은 사회경제적 배경을 가진 아동들에게서 보다 높은 성취로 귀결되었다는 것을 발견했는데, 이는 위에서 제시된 그런 학생들을 위한 명시적 수업의 가설적 우월성에 유사한 발견이다. Chall은 학생중심 접근을 주장하는 사람들에 의해 연구결과가 얼마나 빈번하게 무시되었는지에 의해 특히 인상을 받았다. 이 책의 한 가지 목적은 연구자와 실천가들이 자신들의 입장을 위한 연구 기반을 신중하게 검토하도록 일깨우는 것이었다. Chall의 논의, 이 책에 있는 많은 장과 이어지는 대화 그리고 구성주의 수업을 지지하는 빈약한 연구 기반은 그 입장을 옹호하는 사람들이 자신들의 입장을 지지하기 위한 연구를 수행하거나, 혹은 필요하다면 자신들의 입장을 수정하는 것의 중요성을 강조하고 있다.

이 장과 이 책 전체는 연구 지원이 시급히 요구되는 영역을 확인했다. 온갖 신조를 가진 연구자들은 자신들의 주장을 지지하기 위해 이런 질문을 탐구하도록 자극 받기를 기대한다. 결국, 수사학의 강력함보다는 그런 연구 결과가 수업에 대한 구성주의와 명시적 접근 두 가지 모두의 생존 능력을 결정해야만 한다. 작고한 우리의 동료 Dick Snow는 한 때 교육개혁에 대한 연구를 파나케이아 정원(panacea garden)을 거니는 임의적 산책(random walk)에 불과한 존재로 서술했다. 여기서 제안되는 연구는 수업 접근을 위한 굳건한 연구 기반을 제공하는 데 도움을 주어야만 하며 오늘의 만병통치약이 내일의 실패로 되지 않기를 기대한다. 이론적 패러다임은 오고 가지만, 학교에서 그리고 훈련 맥락에서 학습자들에게 효과적인 수업을 제공하는 문제는 여전히 남는다.

▣ 참 고 문 헌 ▣

Aleven, V., Stahl, E., Schworm, S., Fischer, F., & Wallace, R. (2003). Help seeking and help design in interactive learning environments. *Review of Educational Research*, *73*, 277–320.

Allen, B. J., Otto, R. G., & Hoffman, B. (2000). Case based learning: Context and communities of practice. In S. Tobias & J. D. Fletcher (Eds.), *Training and re-training: A handbook for business, industry, government, and the military* (pp. 443–471). New York: Macmillan Reference.

Anderson, J. R. (1983). *The architecture of cognition.* Cambridge, MA: Harvard University Press.

Anderson, J. R., Reder, L. M., & Simon, H. A. (1996). Situated learning and education. *Educational Researcher, 25*(4), 5–11.

Anderson, J. R., Reder, L. M., & Simon, H. A. (1998). Radical constructivism and cognitive psychology. In D. Ravitch (Ed.), *Brookings papers on education policy* (pp. 227–278). Washington, DC: Brookings Institution Press.

Andrews, D. H., & Bell, H. H. (2000). Simulation based training. In S. Tobias & J. D. Fletcher (Eds.), *Training and retraining: A handbook for business, industry, government, and the military* (pp. 357–384). New York: Macmillan Gale Group.

Ausubel, D. P. (1963). The psychology of meaningful verbal learning. New York: Grune & Stratton.

Ausubel, D. P. (1968). *Educational psychology: A cognitive view.* New York: Rinehardt, & Winston.

Bower, G. H., & Hilgard, E. R. (1981). *Theories of learning* (5th ed.). Englewood Cliffs, NJ: Prentice Hall.

Bruner, J. (1960). *The process of education.* Cambridge, MA: Harvard University Press.

Brünken, R., Plass, J. L., & Leutner, D. (2003). Direct measurement of cognitive load in multimedia learning. *Educational Psychologist, 38*, 53–61.

Chall, J. (2000). *The academic achievement challenge: What really works in the classroom.* NewYork: Guilford.

Clark, R. E. (1982). Antagonism between achievement and enjoyment in ATI studies. *Educational Psychologist, 17*, 92–101.

Cronbach, L. J., & Snow, R. E. (1977). *Aptitudes and instructional methods: A handbook for research on interactions*. New York: Irvington.

Deary, I. J., Strand, S., Smith, P., & Fernandes, C. (2007). Intelligence and educational achievement. *Intelligence, 35,* 13−21.

Dewey, J. (1938). *Experience and education*. New York: Macmillan.

Duffy, T. M., & Jonassen, D. (1992). *Constructivism and the technology of instruction: A conversation*. Hillsdale, NJ: Erlbaum.

Fisher, C. W., & Berliner, D. C. (Eds.). (1985). *Perspectives on instructional time*. New York: Longman.

Fletcher, J. D. (1999). Using networked simulation to assess problem solving by tactical teams. *Computers in human behavior, 15,* 375−402.

Fletcher, J. D., & Chatelier, P. R. (2000). Military training. In S. Tobias & J. D. Fletcher (Eds.), *Training and retraining: A handbook for business, industry, government, and the military* (pp. 267−288). New York: Macmillan.

Gustaffson, J., & Undheim, J. O. (1996). Individual differences in cognitive functions. In D. C. Berliner & R. C. Calfee (Eds.), *Handbook of educational psychology* (pp. 186−242). New York: Macmillan Reference.

Hilgard, E. R. (1964). The place of Gestalt psychology and field theories in con−temporary learning theory. In E. R. Hilgard (Ed.), *Theories of learning and instruction. 63rd Yearbook of the National Society for the Study of Education* (Part 1, pp. 54−77). Chicago, IL: University of Chicago Press.

Hull, C. L. (1951). *Essentials of behavior*. New York, CT: Yale University Press.

Kalyuga, S., Ayres, P., Chandler, P., & Sweller, J. (2003). The expertise reversal effect. *Educational Psychologist, 38,* 23−31.

Kirschner, P. A., Sweller, J., & Clark, R. (2006). Why minimal guidance during in−struction does not work: An analysis of the failure of constructivist, discovery, proble−based, experiential and inquiry−based teaching. *Educational Psychologist, 41,* 75−86.

Kuhn, D. (2007). Is direct instruction the answer to the right question? *Educational Psychologist, 42,* 109−113.

Kuhn, T. S. (1970). *The structure of scientific revolutions* (2nd ed.). Chicago, IL: University of Chicago Press.

Kyllonen, P. C. (1996). Is working−memory capacity Spearman's g? In I. Dennis & P.

Tapsfield (Eds.), *Human abilities: Their nature and measurement* (pp. 49−76). Mahwah, NJ: Lawrence Erlbaum Associates.

Light, R. J. (2001). *Making the most of college: Students speak their minds.* Cambridge, MA: Harvard University Press.

McNamara, D. S., Kintsch, E., Songer, N., KIntsch, W. (1996). Are good texts always better? Interactions of text coherence, background knowledge, and levels of un − derstanding in learning from text. *Cognition and Instruction, 14,* 1−43.

Nathan, R. (2006). *My freshman year: What a professor learned by becoming a student.* London: Penguin Books.

Neisser, U. (1967). *Cognitive psychology.* New York: Appleton, Century, Crofts.

Paas, F., Tuovinen, J. E., Tabbers, H., & Van Gerven, P. W. M. (2003). Cognitive load measurement as a means to advance cognitive load theory. *Educational Psychologist, 38,* 63−71.

Pintrich, P. R. (2000). The role of goal orientation in self−regulated learning. In M. Boekarts, P. R. Pintrich, & M. Zeidner (Eds.), *Handbook of self−regulation* (pp. 451−502). San Diego, CA: Academic Press.

Pressley, M., Van Etten, S., Yokoi, L., Freebern, G., & Van Meter, P. (1998). The met − acognition of college studentship: A grounded theory approach. In D. Hacker, J. Dunlosky, & A. G. Grasses (Eds.), *Metacognition in educational theory and practice* (pp. 347−366). Mahwah, NJ: Erlbaum.

Savery, J. R. & Duffy, T. M. (1996). Problem−based learning: An instructional model and its constructivist framework. In B. G. Wilson (Ed.), *Constructivist learning en − vironments: Case studies in instructional design* (pp. 135−148). Englewood Cliffs, NJ: Educational Technology Publications.

Semb, G. H., Ellis, J. A., Fitch, M. A., & Kuti, M. B. (2000). On the job training (OJT): Theory, research, and practice. In S. Tobias & J. D. Fletcher (Eds.), *Training and retraining: A handbook for business, industry, government, and the military* (pp. 289−311). New York: Macmillan Reference.

Shuell, T. J. (1986). cognitive conceptions of learning. *Review of Educational Research, 56,* 411−436.

Shuell, T. J. (1996). Teaching and learning in a classroom context. In D. C. Berliner & R. C. Calfee (Eds.), *Handbook of educational psychology* (pp. 726−764). New York: Macmillan Reference.

Shute, V. J., Lajoie, S. P., & Gluck, K. (2000). Individualized and group approaches to training. In (Eds.), *Training and retraining: A handbook for business, industry, government, and the military* (pp. 171–207). New York: Macmillan Reference.

Skinner, B. F. (1953). *Science and human behavior.* New York: Macmillan.

Skinner, B. F. (1954). The science of learning and the art of teaching. *Harvard Educational Review, 24,* 86–97.

Sugrue, B., & Clark, R. (2000). Media selection for training. In S. Tobias & J. D. Fletcher (Eds.), *Training and retraining: A handbook for business, industry, government, and the military* (pp. 208–234). New York: Macmillan Gale Group.

Suppes, P., Fletcher, J. D., & Zanotti, M. (1975). Performance models of American Indian students on computer–assisted instruction in elementary mathematics. *Instructional Science, 4,* 303–313.

Suppes, P., Fletcher, J. D., & Zanotti, M. (1976). Models of individual trajectories in computer–assisted instruction for deaf students. *Journal of Educational Psychology, 68,* 117–127.

Swaak, j., & de Jong, T. (2001). Discovery simulations and the assessment of intuitive knowledge. *Journal of Computer Assisted Learning, 17,* 284–294.

Thorndike, E. L. (1932). *The fundamentals of learning.* New York: Teachers College Press.

Tobias, S. (1973a). Sequence, familiarity, and attribute by treatment interactions in pro–grammed instruction. *Journal of Educational Psychology, 64,* 133–141.

Tobias, S. (1973b). Review of the response mode issue. *Review of Educational Research, 43,* 193–204.

Tobias, S. (1976). Achievement treatment interactions. *Review of Educational Research, 46,* 61–74.

Tobias, S. (1982). When do instructional methods make a difference? *Educational Researcher, 11*(4), 4–9.

Tobias, S. (1988). Paradox in educational psychology. *Theoretical and Philosophical Psychology, 8,* 42–44.

Tobias, S. (1989). Another look at research on the adaptation of instruction to student characteristics. *Educational Psychologist, 24,* 213–227.

Tobias, S. (1992). An examination of some issues in the constructivist–ISD contriversy from an eclectic perspective. In T. M. Duffy & D. H. Jonassen (Eds.),

Constructivism and the technology of instruction (pp. 205−209). Hillsdale, NJ: Lawrence Erlbaum.

Tobias, S. (1994). Interest, prior knowledge, and learning. *Review of Educational Research, 64*, 37−54.

Tobias, S. (2003). Extending Snow's conceptions of aptitudes. *Contemporary Psychology, 48*, 277−279.

Tobias, S. & Everson, H. T. (in press). The importance of knowing what you know: A knowledge monitoring framework for studying metacognition in education. In D. L. Hacker, J. Dunlosky, & A. Graesser (Eds.), *Handbook of metacognition in education.* New York: Routledge.

Tpbias, S. & Fletcher, J. D. (2000). *Training and retraining: A handbook for business, industry, government, and the military.* New York: Macmillan Gale Group.

Tobias, S., & Fletcher, J. D. (2007). *What research has to say about designing computer games for learning. Educational Technology, 47*(5), 20−29.

Tobias, S., & Fletcher, J. D. (2008). *What do we know about the learning effectiveness of computer games?* Paper presented at annual convention of the American Educational Research Association, New York, NY, March.

Tobias, S. & Hanlon, R. (1975). Attitudes towards instructors, social desirability and be−havioral intentions. *Journal of Educational Psychology, 67*, 405−408.

Vygotsky, L. (1962). *Thought and language.* Cambridge, MA: MIT Press.

Vygotsky, L. (1978). *Mind in society.* Cambridge, MA: Harvard University Press.

Webb, T. L. & Sheeran, P. (2006). Does changing behavioral intentions engender be−havior change? A meta−analysis of the experimental evidence. *Psychological Bulletin, 132*, 249−268.

Wittwer, J. & Renkl, A. (2008). Why instructional explanations often do not work: A framework for understanding the effectiveness of instructional explanations. *Educational Psychologist, 43*, 49−64.

제 **18** 장
의사소통 라인 수립과 연구 의제 *

Thomas M. Duffy   *School of Education, Indiana University*

"구성주의와 수업 설계: 성공인가 실패인가?" 그것은 이 책의 근원적인 질문이었다. 그다지 놀랍지 않은 답변은 성공 혹은 실패가 보는 사람의 눈에 달려 있다는 것인 것 같다. 이 장에서 표현된 다양한 관점을 보는 것은 유익하다. 나는 특히 절충안(a middle ground)을 찾으려는 Kintsch(이 책)와 Fletcher(이 책)의 노력에 즐거웠고, 가이던스의 차원 및 상이한 맥락 변수를 가진 상호작용을 이해하기 위해 협동적인 연구 의제를 요청하는 Clark(이 책) 그리고 Wise와 O'Neill(이 책)의 노력에 만족했다. 또한 나는 여러 장에서 제기되었던 논의의 우수함에 즐거웠으며, 그것은 많은 이슈에 주의를 기울이게 하는 데, 그리고 상이한 관점의 저변에 있는 논리적 근거를 명료화하는 데 도움을 주었다. 사실, 몇몇 저자들은 다른 장을 읽은 후 기대했던 것보다 더 많은 것들에 대안적인 견해를 가진 저자들과 동의했다고 나와의 대화에서 코멘트했다.

나는 여러 장들에서 분명했던 매우 뚜렷한 이견에 우선적으로 초점을 맞추고, 그런 이견에서 반영되는 소통 실패 저변에 있는 가능한 요인들을 이 장에서 논의하고 싶다. 그 다음에는 장에서 주된 초점이며 일반적으로 두 가지 관점 간의 중요한 구별 변수로 간주되는 가이던스 혹은 스캐폴딩(scaffolding)을 논의할 것이다. 가이던

* 이 장의 준비는 Fort Benning 소재 미육군연구소(US Army Research Institute)와 개인 간 동의를 통한 기금에 의해 일부 지원받았음.

스나 스캐폴딩이 견해들을 서로 구별하지는 않는다고 나는 주장할 것이다. 그보다
는, 근본적인 이견, 그리고 그런 견해들을 구별하는 요인은 학습을 위한 자극으로
서 학습자 목적에 대한 견해 즉, 이해형성 욕구(the need for sense making)인 것 같
다. 여타 이슈는 그 뒤에 따라온다. 마지막으로, 나는 대답하지 않은 채로 지나갔던
질문 즉, 탐구교육과정을 채택하려는 교사의 능력을 간단하게 정리하고자 한다.

●○ 의사소통 실패

　Kirschner, Sweller 및 Clark(2006)는 이 책에 앞선 그들의 논문에서, 구성주의에 기
초하고 있는 수업을 "최소한으로 가이드 된(minimally guided)" 것으로 성격 규정했
다. 그 견해는 이 책에 있는 그 논문의 첫 번째 두 저자인 Sweller와 Kirschner의 장
에서 계속되고 있으며, 그런 견해는 Klahr와 Mayer의 장에서도 반영되고 있다. 사
실, Klahr는 발견학습 비교 조건을 "발견학습에서 구조의 결여라는 하나의 패러디
가 되는 것 이상으로, 실제 우리의 발견 조건은 발견학습이 전형적으로 실천되는
것보다 더 많은 스캐폴딩을 포함했다"(이 책 p. 297)고 서술하고 있다. 그리고
Mayer는 "학습자가 학습 중 행동적으로 능동적이어야만 하는 수업에 하나의 처방
으로서 구성주의를 보기"(이 책, p. 184)를 제안한다. 그는 자신의 관점 즉, 행동적
인 활동보다는 인지를 강조하는 관점과 구성주의를 대조하기를 계속한다. 이런 저
자들이 구성주의자들의 장을 읽은 후, 전형적으로, 이런 견해는 논의 속에 집요하
게 지속되었다.

　그러나, 구성주의 저자들은 가이던스가 필수적이며, 그것은 단지 가이던스의 맥
락에 대한 문제라는 것을 일관되게 주장했다. 그리고 그 장에서 서술된 연구에 대
한 검토에서, 그리고 예컨대 「학습과학저널(The Journal of the learning Sciences)」과
같은 핵심적인 학술지에서, 심지어 지시적 수업(Schwartz, Lindgren, & Lewis, 이 책)
에서도 상당한 가이던스가 있는 수많은 연구를 우리는 발견하며, 그리고 즉각적인
수업 맥락에서뿐만 아니라 수업이 발생하는 보다 큰 학교 맥락에서도 일관성 있는
구조(가이던스) 필요성에 대한 강조(Herman & Gomez, 이 책; Duschul & Duncan, 이
책; Kolodner et al., 2003)를 발견한다. 사실, 이 책에서 서술된 연구 가운데 가이던
스가 없는 것은 하나도 없다.

구성주의자들은 그들 자신의 근시안적인 견해 즉, 가이던스나 스캐폴딩의 유효성의 기저를 이루는 메커니즘 특히 정보처리적 메커니즘에 관해 얘기하는 것에 외견상 혐오감을 가지고 있다. 결과적으로, 가이던스를 위한 이유와 가이던스를 위한 처방은 빈약하게 정의된다. 꽤 합리적으로 Klahr(이 책)는 다양한 구성주의 수업모형에 대한 조작적인 정의 즉, 핵심적인 변수를 확인하는 정의를 요구한다. 구성주의 수업 접근이 그렇게 빈약하게 정의되어 있음을 생각할 때, 나는 Klahr의 좌절을 이해할 수 있으며, Kirschner(이 책), Sweller(이 책), 그리고 Mayer(이 책)의 오해를 이해할 수 있다. 사실, 아마도 구성주의자들은 구성주의의 수업적 함의—확실히 비구조화된 문제—에 관한 학습을 지원하기 위한 학습 환경을 반드시 설계해야 한다.

이런 차이는 기껏해야 소통을 어렵게 만들뿐이다. 내가 생각하기에 두 가지 이론적 관점 사이의 이런 분리의 근저에 있는 세 가지 요인 즉, 이론적 근시안(theoretical myopia), 과정 대 산출에 초점 맞추기, 그리고 연구자들이 직면하는 인지 부하(cognitive load)를 다루려고 한다.

이론적 근시안

이런 논의에서 어려움의 대부분은 우리가 어떻게 알게 되었는가에 대해 경쟁 관계에 있는 이론으로 연구하고 있는 저자들로부터 발생한다. 전통적인 모형은 학습을 습득 과정(a process of acquisition)으로 보는 컴퓨터 사용 은유(computing metaphor)에 기초하고 있는 정보처리모형이다. 이런 프레임워크 즉, 이 책에서 논의된 지시적 수업의 기저를 이루는 프레임워크에서, 지식은 습득된 후에 적용되는 하나의 대상(object)이다. 예를 들면, 지시적 수업 장에서 강조점은 개념과 절차가 습득될 수 있도록 인지 부하를 줄이는 데 있다.

구성주의 견해는 학습 참여 은유(participation metaphor for learning)가 지배하는 사회문화적 관점을 반영하고 있다. 구성주의 견해는 학습은 행하기(doing)에 있다는 것을 강조한다(Brown, Collins, & Duguid, 1989; Barab & Duffy, 2000). 따라서, 참여 은유와 함께, 학습은 다양한 측면의 사회 참여에 있다. 사람은 항상 앞으로 무엇인가 되려고 학습한다(One is always learning to be). 즉, 학생, 수학자, 축구선수, 부모, 지역사회의 구성원이 되기 위해 학습한다. 그리고 사람이 학습함에 따라, 그 사람은 그 집단의 일원으로서 자신의 정체감(sense of identity)을 개발한다. 구성주의 견해는 습득되고 머릿속에 저장되는 개념이라기보다는, 사회적 실제의 일부 즉, 참여로서의 개념에 초점을 맞추고 있다.

계속적인 은유의 통합 요청과 함께 이런 은유는 지난 10년 넘게 광범위하게 논의되어 왔다(Sfard, 1998; Cobb, 1994; Mason, 2007). 기본적인 수준에서, 이것은 어려운 과제인 것 같다. 우리는 어떻게 학습을 머릿속에 저장된 개념의 습득으로 그리고 또 학습을 개념들이 사회적으로 구성되고 상황화되는(situated) 담론 실제(discourse practices)로 볼 수 있는가? 그러나, 우리가 보다 실제지향적인 접근에서 출발하고 잠시 동안 인식론을 떠난다면, 합리적인 중복(reasonable overlap)이 있을 것 같다. 개인적 정보처리 즉 기억, 주의, 지각은 확실히, 우리가 학습한 것을 결정하는 데 중요하다. 마찬가지로, 학습은 확실히 행하는 데 있으며 정체감 발달의 일부분이다. 우리는 특정 공동체 안에서 담론과 활동에 참여할 우리의 능력 즉, 참여하고 활동하는 우리의 능력에 근거한 연구자, 부모, 그리고 공동체 구성원으로서 우리의 지위를 판단한다.

은유의 통합을 찾는데 실패한 결과는 이 책에서 자신들 연구의 설계와 해석에서 그리고 자신들이 증거가 된다고 간주하는 것에서 너무나 흔히 서로 과거를 말하고 있는 저자들에게서 반영되고 있다. 구성주의를 비판하는 사람들은 학교교육에서의 그런 이해나 사회에서의 멤버십이라는 보다 커다란 맥락을 고려하기보다는 성공을 위해 협소하게 인식된 학습과제와 준거에 초점을 맞추고 있다. 학습이 효율적일 수도 있지만, 그것은 확실히 불활성 지식(Whitehead, 1929) 즉, 교실을 넘어 활용되지 않는 지식으로 귀결될 것 같다. 그리고 이것은 수업 접근을 교실과 학교교육 실제 속으로의 통합이라는 성공에 대한 있음직한 결여를 고려조차 하지 않는 것이다(Herman & Gomez, 이 책; 그리고 Fishman, Marx, Blumenfeld, Krajcik, & Soloway, 2004 참조).

마찬가지로 구성주의자들은 최소한 직접적 참조(direct reference)라는 측면에서, 학습자의 정보처리를 무시한다. 사실, 구성주의자들은 정보처리에 관해 부정하는 것으로부터 고통을 받고 있는 것 같다. 하나의 수업 접근은 그것이 학교의 루틴 속에 묻혀 있다면 그럴 경우에만 작동한다는 것을 명기하면서, 그들은 루틴을 형성하는 것에 관해 말한다. 그리고 그들은 학습을 지원하기 위한 다양한 도구를 얘기하지만, 이런 도구는 대부분 기억 부담을 줄이기 위해, 주의를 지시하기 위해, 시각화(지각)를 돕기 위해, 개념들 간의 연계를 수립하기 위해 기여한다. 이 모든 것들은 정보 처리를 지원하는 것을 반영하지만, 정보처리 개념들에 어떤 참조도 아직 거의 없다.

구성주의자들(사회-역사적 그리고 상황적 관점)에게 정보처리를 포함하도록 요청하는 것은 단순히 환원주의(reductionism)에 대한 요청이라고 주장될 수도 있을 것이다. 구성주의 접근은 대화와 사회적 맥락에 대해 초점을 맞추고 있다. 정말, 단지 머릿속에 있는 인지가 아니라, 분산 인지(distributed cognition)(정말로 많은 풋내기들을 난처하게 하는 개념)를 강조한다. 그러나, 나는 그것이 환원주의자의 관점이 아니라는 것을 주장하고자 한다. 확실히 스캐폴딩에 초점을 맞추는 것은 정보를 관리하는 것에 초점을 맞추는 것이며, 따라서 정보처리이론(인지적 부하를 포함하여)은 스캐폴딩을 이해하는 데 기여할 어떤 것을 가지고 있을 수도 있다고 간주하는 것은 꽤 합리적이다. 더욱이, 구성주의자는 스캐폴딩을 논의하기 위한 어떠한 강력한 이론적 틀도 아직 개발하지 못했다(Pea, 2004).

구성주의 이론의 한 부분으로서의 정보처리를 위한 명백한(나에게) 여지에 덧붙여, 또한 구성주의가 정보처리이론으로부터 어떻게 성장하게 되었는지에 대한 어느 정도의 인식은 있어야만 한다. 우리는 개혁보다는 진화를 살펴 볼 필요가 있다. Sinatra와 Mason(2007)이 적고 있는 것처럼, 그것은 마치 정보처리 위에 세우기보다는 정보처리를 대치하려고 구성주의자들이 시도하고 있는 것과 같다. 사실, 정보처리에 대한 고려는 Jonassen(이 책)이 제시하는 것처럼, 보다 복잡하고 상황적인 학습 환경에서 그 모형의 단점을 확인하는 데 도움을 줄 수도 있을 것이다. 그것은 또한 어떤 측면의 학습 환경과 과제가 정말로 진정한 맥락의 일부분이며 무엇이 외부로부터의 인지적 부하를 창출하는지를 더 잘 이해하는 데 도움을 줄 수도 있을 것이다.

충돌하는 연구 방법

지시적 수업 연구자들은 엄격하게 통제된 실험에서 변수들이 조작되는 연구에 초점을 맞추어 왔다. 그 주장은 이런 접근이 우리들로 하여금 무엇이 작동하는지 (Slavin, 2002)에 관해 인과적 추론을 도출하도록 하는 유일한 방법이라는 것이다. 그 결과는 그들이 믿기에 효과적인 수업에 핵심인 명확한 일련의 변수들에 대한 하나의 초점이 되어왔다. 우리가 그런 문헌에 다가갈 때, 실습 전략, 사례의 활용, 프레젠테이션에서 매체의 활용 등에 대한 연구를 찾기를 기대한다. 그들은 구성주의자로부터도 동일한 구체성(specificity)을 요구한다. 다시 말해 구성주의 수업이 지시적 수업과 어떻게 다른지에 관해 어느 정도의 구체화를 Klahr는 간청한다.

이번에는 구성주의자들이 실험방법은 너무나 제한적(too limiting)이라고 주장한다. 실험적 방법[「Educational Researcher」, 2003(1); 「Journal of the Learning Sciences」, 2004(1) 비교]의 단점에 대한 엄청난 논의가 있어왔으며, 나는 여기에 그런 것들을 다시 제기하지 않겠다. 그러나, 기본적인 주장은 변수의 효과를 이해하는 데 맥락이 중요하다는 것이다. Engle(2008, p. 2)이 명기했던 것처럼, "학생들이 학습했던 것을 전이할 개연성이 있는지의 여부가 중요한 것은 단지 그들이 학습한 것의 내용뿐만 아니라, 그 내용을 학습하는 맥락이 어떻게 상호작용적으로 정의되는지를 포함하기 때문이다." 이런 학습의 상황성(situativity)은 이 책을 통해 반영되고 있다. Herman과 Gomez는 수업 체제의 중요성을 논의하면서, 특정 수업 체제 예컨대, 인수 분해를 가르치는 것의 성공은 학교의 보다 큰 수업 맥락과 사회적 맥락에 의존하게 될 것이라고 주장하고 있다. 마찬가지로, Duschl과 Duncan(이 책)은 몇 해에 걸쳐 영역 학습을 통합함으로써, 학습 진전의 중요성을 주장하고 있다. Gresalfi와 Lester(이 책, p. 268)는 Lave와 Wenger(1990)의 연구에 기초하여 가장 폭넓은 상황성에 대한 견해를 제시하면서 다음과 같이 진술하고 있다;

　　학습은 사람, 사회적 규범과 기대 같은 요소들, 책이나 계산기, 역사, 제도적 기대, 그리고 개인적 인지구조와 같은 자원을 포함하는 시스템에 있어서의 변화를 통해 성취되는데, 이 모든 것들은 분리될 수 없는 방식으로 함께 작동한다.

따라서, 구성주의 접근은 풍부한 학습 환경을 연구하는 것으로서, 그런 환경의 맥락 속에 있는 변수를 검토한다. 설계 기반 연구(design-based research: DBR, 이하 DBR로 표기함) 방법론은 이런 상황적 연구나 현장 연구 접근에서 사용되는 혼합적 방법으로부터 인과적 추론을 도출하는 것을 지원하기 위해 진화하고 있다. 기본적으로 DBR 접근은 실제 즉, 그런 환경 속에 있는 개인의 (학습) 실제에 대한 이론을 개발하는 데 초점을 맞추고 있다. 그 전략은 학습 환경 속에 있는 핵심 변수에 대한 우리의 이해를 점진적으로 정교하게 하는 일련의 설계와 재설계 사이클을 활용하는 것이다. 변수는 조정되며, 맥락 속에는 설계 대조들(design contrasts)이 있지만, 그런 것들은 기껏해야 전형적으로 준 실험 설계(quasi-experimental designs)를 반영한다. DBR 전략은 이론적인 모형 수립 전략과 상당 부분 보조를 맞추고 있다. 우리가 그런 상황에서 행동을 이해하고 궁극적으로 행동을 예측하려고 시도함에 따라 변수는 확인되고 정제된다. 실험연구는 변수를 분리하기 위해 사용될 수도 있지만, 진짜 테스트는 그런 변수들이 전체적인 모형 속으로 통합될 때이다.

나는 실험적 패러다임의 한계를 극복하기 위해 그리고 학습을 참여과정으로 이해할 필요성을 충족시키기 위한 전략으로서 DBR 접근을 강력하게 지지한다. 그러나, 나는 그런 접근의 저변에 있는 연구의 지위(status)에 불편함을 느끼고 있다. 진실을 말하자면, 다양한 학습 환경을 묶는 중요 변수가 무엇인지를 이해하는 데 곤란을 겪고 있다. 나는 명료성의 결여에 관해 같은 불편함을 가지고 있기 때문에, 특징을 정의하기 위한 Klahr의 호소로 자주 되돌아간다. 좋은 문제의 매개 변수(parameters)는 무엇인가? 만약 어떤 교사가 수업계획을 개발하고 있다면, 촉진되어야 할 탐구 유형에 관해 우리는 그에게 무엇을 말해주는가? Bereiter(2002)는 이것에 관해 광범위하게 얘기하고 있으며 Engle(2008)은 자신의 연구에서 그것을 탐구해 왔지만, 전반적으로 이런 이슈에 대한 연구는 드물다. 마찬가지로, 학습을 스캐폴딩하고 가이드하는 것은 결정적인 반면, 스캐폴딩(「Journal of the Learning Science」, 2004)에 대한 최근의 논문은 핵심적인 변수가 무엇인지 그리고 핵심 변수들을 범주화하는 방법에 대해 거의 일치하고 있지 않음을 보여준다. 사실, 어디에서 그 가이던스가 점진적으로 제거되는지의 스캐폴딩(scaffolding)과 어디에서 가이던스가 수행(예컨대, 계산기)에 영구적인 조력이 되는지의 수행 지원(performance support) 사이를 구별하기에서조차 약간의 실패가 있었음을 Pea(2004)는 명기하고 있다. 비록 그것들이 제한적일 수 있다 하더라도, 이것은 지시적 수업에 대한 장에서 우리가 발견하는 분명한 일련의 변수들과는 거리가 멀다.

아마도 이런 구체성의 결여로 귀결되는 것은 DBR 연구전략의 원리에서보다는 실제에 있다. 예를 들어, 현장연구 사이트를 관리하는 데 있어 실질적인 요인은 방대하며 수업에 있어 실질적인 이슈는 이론적 변수와 함께 뒤섞인다. 사실, 현장 사이트는 수업 노력의 성공에 있어 수업 변수만큼이나 학교 문화, 역량, 정책/관리를 이해하는 데 전념한다(예를 들어, Blumenfeld, Fishman, Krajcik, Marx, & Soloway, 2000 참조). 이론적인 것과 실제적인 것의 상호작용에 대한 우리의 이해는 학습과정을 이해하는 데 믿을 수 없을 정도로 중요하지만, 사실 그것은 구성주의자의 상황적 관점을 분명히 반영하며, 다른 학습상황에 적절할 수도 있고 보다 광범위하게 테스트되어야만 하는 이론적 변수 예컨대, 개인교수(tutoring), 숙고(reflection) 등의 매개 변수나 차원 등에 대한 명료성 결여 가능성 또한 있다.

DBR 접근의 두 번째 잠재적인 영향력은 각 연구팀이 그들 자신의 현장 환경에 초점을 맞추고 있는 사일로 효과(silo effect)이다. 공통적인 변수(Orrill, Hannafin, & Glazer, 2004; Kolodner et al., 2003)가 있는 것은 확실하지만, 그런 공통성은 아주 표면적인 수준에 머무르는 경향이 있다. 수업적으로 관련된 변수의 매개 변수에 관해 그리고 그것이 그런 상이한 환경에서 학습/참여에 어떻게 영향을 미치는지에 관해 구체적이고자 노력하는 영역 사이트를 교차하는 협력을 우리는 거의 보지 못한다.

인지 과부하

마지막으로, 두 가지 이론적 캠프 간의 소통 실패는 인지적 과부하(cognitive over-load)의 기능일 수도 있다. 저자들과 함께 작업하는 과정에서, 몇몇 저자들은(양쪽 "캠프"로부터 온) 자신들의 특정 관점 밖에 있는 문헌을 추적하는 것의 어려움과 그로 인해 다른 견해와 약간의 비친숙성(unfamiliarity)을 고백했다고 명기했다. 물론, 이것이 전부는 아니라 할지라도, 우리들 대부분이 직면해 왔던 문제이다. 출판사들을 위한 학술지의 수익성(profitability)과 논문발표에 대한 압박감(publish-or-per-ish)을 주는 학계의 요구는 "동업자에게 평가된(peer reviewed)" 연구라는 그런 책을 만들어 왔는데, 우리들 대부분은 다양한 관련 연구 영역 — 경계 넘기(boundary cross-ing)가 어렵다 — 에서 평판을 유지하는 것이 불가능하다. 그러나, 진정한 진전은 우리가 경계를 넘을 때 — 자신들의 활동 범위를 벗어나 대안적인 관점에 심각하게 관여할 때 일어난다는 것을 실천공동체에 대한 연구(예컨대, Wellman, 1971)로부터 알고 있다. 이것은 현재의 맥락 속에 있는 것처럼 경쟁적인 관점뿐만 아니라, 문제나 이슈에 전적으로 상이한 학문적 접근을 취할 수 있는 관점도 포함하고 있다.

접촉의 편협성을 극복하는 것은 어려우며 출판 수요와 기회 하에서 아마도 이루기 불가능할지도 모른다. 그러나, 그 이슈를 정리하기 위한 몇 가지 가능한 전략이 있다. 첫째, Clark(이 책) 그리고 Wise와 O'Neill(이 책)이 제안하고 있는 것처럼, 우리는 공동연구 노력을 수립할 수 있었다. 그 협력은 수업을 위한 시험대 즉, 공동연구의 구성원들이 자신들의 수업이론을 시험하고, 비교하고, 개선하기 위해 활용할 수 있는 잘 정의된 학습결과와 인구학적 명세화(demographic specification)를 수립할 수 있을 것이다. 그러면 각 이론가들은 자신들 이론에 대한 공동적이고 진보적인 개발은 물론 대안적 견해의 연구결과에 비교를 허용하는 공통 맥락(common context)에서 그들 자신들의 이론을 테스트할 수 있을 것이다. 물론, 이런 공통 환경, 특히 우리가 찾는 학습 결과에 동의를 얻기 위해 트릭(trick)이 있을 것이다. 그러나, 현재 논의에서 어떤 공통적인 참조 포인트(common reference points)의 결여 및 조건을 통제하는 허수아비(혹은 잘 모르는)를 기꺼이 만들어 내려는 마음은, 의미 있는 대화를 불가능하지는 않다 하더라도 어렵게 만든다.

또한 출판 산업도 이런 과정을 촉진할 수 있었다. 보다 많은 학술지는 출판된 각 논문을 위한 논의 형식 즉, 누구나 참여할 수 있는 온라인 논의가 아니라, 그 연구 분야에서 리더의 다양한 관점에 참여하기 위한 체계적인 시도를 채택할 수 있었다. 물론, 「행동 및 뇌 과학(Behavioral and Brain Science)」과 「과학교육에서의 문화 연구(Cultural Studies in Science Education)」에서 우리는 이에 대한 탁월한 사례들을 가지고 있다.

마지막으로, 기금 지원기관(funding agencies) 또한 단지 공동적인 노력을 축적하는 데 있어서 뿐만 아니라, 관점을 교차하는 인정 요건(grant requirement) 속으로 담론을 수립하는 데 있어 그 과정을 촉진할 수도 있을 것이다. 사실, 대부분의 미국과학재단(National Science Foundation: NSF) 노력에서 리뷰 패널(review panel)은 그런 다양성을 제공하며, 그들이 자신들의 작업에 대한 이해의 결여를 확실히 반영하는 코멘트를 읽을 때-적어도 그들이 그 리뷰를 읽을 때 제안자로부터 불평소리를 불러내는 것은 드문 일이 아니다. 그러나 그것이 바로 포인트이다. 유일한 관심은 양 쪽 진영에 대한 보다 깊은 이해를 촉진하는 하나의 대화보다는 그 제안자에게로 가는 피드백만 있다는 것이다.

●○ 은유의 수업 함의

나는 이제 지시적 수업과 구성주의 관점 각각의 연구 저변에 깔려있는 습득(acquisition)과 참여(participation) 은유로부터 생기는 수업 이슈에 보다 직접적으로 초점을 맞추고 싶다. 내가 생각하는 것은 두 가지 관점의 특징을 구별하는 핵심인데, 이 책의 여러 장에서 발견된 강조로부터 무엇이 다른지를 먼저 논의할 것이다.

그 다음에 나는 그 두 가지 관점을 대조하는 데 있어서 그리고 교사와 수업설계자를 위한 가이던스를 개발하는 데 있어서 우리가 체계적으로 정리할 필요성이 있는 몇 가지 연구 변수를 논의할 것이다.

이 책에 있는 많은 저자들은 그 두 집단을 구별하는 핵심 이슈가 제공되는 가이던스의 본질(the nature of the guidance)이라는 점을 제시하고 있다. 초기의 강조가 가이던스의 양(Kirschner *et al.,* 2006)에 있었던 반면, Wise와 O'Neill(이 책)은 반드시 다루어져야만 할 다중 차원의 가이던스를 명기했으며 Clark(이 책)는 가이던스에 초점을 맞추는 공동연구 프로젝트가 하나의 중요한 목적이라는 것에 동의했다. Fletcher(이 책)는 가이던스의 종류, 훈련과 실습수업(drill and practice instruction)을 사용할 시점 그리고 시뮬레이션을 사용할 시점에 초점을 맞추고 있다.

나는 가이던스가 그 두 가지 관점을 구별하는 영향력이 큰 이슈가 아니라는 것을 주장하고 싶다. 시뮬레이션 그리고 훈련 및 실습 양쪽 모두 참여 및 습득 은유와 일치한다. 능동적이고 상황적인 참여를 통해서는 물론 강의와 독서로부터 학습한다는 것 그리고 가끔씩, 훈련과 실습이 필요하다는 것을 우리 모두가 동의한다고 나는 생각한다. 이미 명기했던 것처럼, 이 책에 서술된 많은 구성주의 환경은 상당한 가이던스를 제공했다. 예를 들어, Spiro와 DeSchryver(이 책)는 개념적 전망(conceptual landscape)을 종횡으로 교차하는 가운데 있는 학습자들을 지원하면서, 그들을 다양한 마이크로 학습 환경(micro learning environments)에 관여시키고 있다. 그리고 Herman과 Gomez(이 책)는 보다 많은 국지적인 루틴을 위해 학교 수준의 지원 체제(제도)를 서술하고 있다. 사실, Schwartz 등(이 책) 그리고 Schwartz와 Bransford(1998)는 자신들의 "구성주의" 수업 설계에서 강의와 사례 및 실습을 제공하고 있다. 따라서 구별하는 것은 가이던스의 양도 아니고 가이던스의 유형도 아니다.

연구를 위해 원동력이 되어야만 할 변수를 구별하는 것은 학습을 위한 자극이다. 지시적 수업의 관점으로부터 학습을 위한 자극은 거의 논의되지 않았다. 물론, 학생들은 학습을 위해 동기화되어야만 하지만, 그것은 일반적으로 학습되어야 할 것이나 혹은 가르치는 방법에 영향을 미치기보다는 일반적인 활성제(general activator)로 보인다. 가장 일반적으로, 학생들은 어떤 것이 왜 학습에 중요한지, 그것이 어떻게 활용될 것인지(가끔씩 그것이 다음 학습 단계를 위해 필수적일 것이라는 것을 포함하여), 그리고 그들의 학습목표가 무엇이 되어야만 하는지를 배운다. 따라서, 학습자의 학습목표에 관계없이 수업이 설계되고, 학습기대가 설정되며, 전이 가정

(transfer assumption)이 만들어진다. 이것은 습득되어야 할 개념을 객관화하는 하나의 습득 은유와 보조를 같이 한다.

  대조적으로, 학습을 위한 자극은 구성주의 관점에 핵심적이다. 참여 은유에 근본은 개인이 이해하기(sense making)에 관여한다는 것이다. 즉, 학습은 세상을 이해하려는 욕구에 의해 혹은 참여할/"할(do)" 수 있다는 욕구에 의해 자극된다(Brown *et al.*, 1989; Brown & Duguid, 1991). 이해하기는 Kintsch(이 책)의 상황 모형과 유사하다. 학습자는 문자로 된 텍스트(literal text) 즉, 교재기반에 대한 글자 그대로의 이해(literal comprehension of the textabse)를 뛰어넘어 텍스트를 이해하기 위해, 그들은 그 토픽을 보다 크고 풍부한 맥락 속에 놓고 그런 맥락으로부터 그것을 이해할 수 있어야만 하다고 Kintsch는 주장한다. KIntsch는 그 텍스트를 "이해하는(make sense)" 데에 활용될 상황모형 결정에 배경 지식은 물론 문화와 목적의 역할을 서술하고 있다.

  만약 학습자가 상황 모형을 가지고 있지 않다면, 이해하는 것이 거의 없을 것이라는 점을 초기 연구로부터 우리는 알고 있다. 예를 들어, Bransford와 Johnson(1972)은 자신들이 "세탁부(washerwoman)"라는 칭호를 제공받을 때까지 하나의 텍스트 단락을 거의 이해하지 못했다는 것을 발견했다. 그런 칭호, 그리고 한 세탁부의 상황을 마음 속에 그릴 수 있는 능력과 함께, 그 텍스트는 모든 참여자들에게 실질적으로 이해된다. 마찬가지로, 한 개인의 학습목적이나 목표는 습득되는 것 즉, 정보가 이해되는 방법에 영향을 미친다. Anderson, Reynolds, Schallert 및 Goetz(1977)는 모호한 텍스트 단락의 이해에서 이것을 입증했다. 참여자들은 그것이 어떤 레슬러에 관한 것이었음을 들었을 때, 그들은 그 텍스트를 레슬링 시합 즉, 그런 해석으로 유도되는 죄수의 프롬프트를 언급하는 것으로 쉽게 이해했다. 그 단락은 양쪽 관점으로부터 이해되었지만, 참여자들의 흥미나 제공된 제목은 그들이 그 구절을 해석했던 방법뿐만 아니라 학습했던 것에도 영향을 미쳤다.

  위의 결과가 학습을 지원하기 위해 우리는 단지 배경지식(위의 사례에 있는 칭호)을 제공해야만 하며, 따라서 지시적 수업모형을 제안하고 있다고 혹자는 의심할 수 있다. 그러나, Schwartz 등(이 책)에 의해 논의된 일련의 연구에 의하면 학습자는 반드시 학습욕구(need for learning)를 가지고 있어야만 하며, 지시적 수업이 반드시 이해하기 욕구(need for sense making)에 적절해야 한다는 것을 암시하고 있다. 또한 이것은 학습자가 욕구를 가지기 전에 배경지식이 주어져야만 한다는 또 다른 고전적 연구(Perfetto, Bransford, & Franks, 1983)에 의해서도 입증되었다. 참여자의 반은 각각 20초 동안 12개의 진술문을 보았으며 각각에 대해 예컨대, "어떤 장관은 매주 두세 쌍과 결혼한다"는 것의 진실성 수준을 평정했다. 그 후 그들은 그들의 다음 과제가 조크를 위한 해결책을 제공하는 것이라고 들었는데, 예를 들면,

미국에 있는 어느 작은 마을에 살았던 어떤 남자가 같은 마을의 서로 다른 20명의 여자와 결혼했다. 모두 아직 살아 있으며 그 남자는 그들 가운데 어느 누구와도 이혼한 적이 없다. 지금까지 그는 그 어떤 법도 위반하지 않았다. 당신은 설명할 수 있겠는가?

이 과제에서 그 답을 학습했던 학생들은 그런 학습에 참여하지 않았던 학생들보다 더 잘하지 못했다. 따라서, Schwartz와 Bransford(1988)가 제안하고 있는 것처럼, 이야기하기 시간이 있지만, 아무런 욕구도 없다면(그것은 그 시간이 아니다), 그 이야기하기로부터 아무것도 학습되지 않을 것이다. 학습과정은 개인으로 하여금 자신들의 보다 커다란 세계관과 일치하는 방식에서 그 상황을 해석하도록 허용하거나 아니면 예컨대, 개념적 변화가 있을 때 그런 커다란 세계관을 수정하도록 허용하는 상황모형을 만들어내는 것 가운데 하나이다. 수업의 역할은 그런 이해하기를 지원하는 것이지 지시하는 것이 아니다.

개인의 목적

이런 고전적 연구와 그때(예컨대, Bereiter, 2002 참조)부터의 상당한 양의 연구는 학습자의 목적이 주어진 경험으로부터 무엇이 학습될지를 결정할 것이라는 점을 시사한다. 따라서, 학생들은 테스트에 통과하거나 혹은 그 개념이 어떻게 기능하는지 혹은 그 개념이 세상에서 어떻게 적용될 수 있는지를 더 잘 이해하기 위해 학습할 수도 있다. 각 결과는 레슬링과 형무소 암시가 Anderson 등(1977)의 연구에 있는 문단으로부터 상이한 학습으로 유도하는 것만큼이나 상이한 학습으로 유도할 것이다. 그러므로, 수업설계 관점에서, 학교교육의 문제보다는 그 영역의 문제에 학습자를 참여시키는 것이 필수적이다. 즉, 우리는 테스트를 통과하기 위한 혹은 (자료에 대한 상이한 이해로 유도하는 상이한 목적)에 의해 획득하기 위한 학습보다는 학생들이 세상을 다르게 보는 즉, 학생들이 세상을 항해하기 위해 새로운 도구를

가지는 그런 방식으로 물리학에 관해 학습하기를 원한다. 우리는 영역 관련 목적에 대한 주인의식을 어떻게 육성하는가 즉, 우리는 학교교육의 영역에 참여하기보다는 물리학(세계관 상황 모형)의 영역에 참여를 어떻게 육성하는가?

확실히, 수업을 자신의 흥미로부터 이끌어내도록 하는 것은 학생들이 주인의식 (ownership)을 갖도록 하는 가장 직접적인 방식이다. 평생학습에서, 탐구는 전형적으로 코스에서 강사에 의해 주도되기보다는 오히려 학생이 탐구심을 갖고 도달한다. 따라서, 학습 환경은 단지 학생들의 이미 수립된 탐구(강사는 그것을 그런 방식으로 이해하지 않을 수도 있지만)를 지원하기 위한 자원일 뿐이다.

이것은 학습 환경을 분석하는 데 있어서 하나의 중요한 고려이다. 예를 들어, Duschl과 Duncan의 장에 대한 논의에서, Klahr는 자신들의 DNA의 구조의 발견에 대한 Crick과 Watson의 고전적인 논문으로부터 학습했던 사람들의 수를 언급하고 있다. Klahr는 많은 사람들이 그런 지시적 수업으로부터 근원적인 개념적 변화(학습)를 경험했다는 것을 제시하고 있다. 그것이 지시적 수업으로부터의 학습이라고 하지만, 나는 심지어 교사에 의한 부가적인 지시적 수업과 함께 그 논문으로부터 거의 배운 것이 없는, 유전학 코스에 있는 훨씬 더 많은 대학생들에게 지적할 수 있다. Klahr가 얘기하고 있는 사람들은 이미 유전학 이슈에 몰두하고 있는 사람들이라는 것 – 그들은 이미 그 영역 탐구에 열중했다 – 그리고 유전학에 관한 자신들의 이해 형성하기에 논문이 도움을 주었다는 것이 차이점이다. 대조적으로 대학생은 아마도 십중팔구 시험 통과라는 과제와 함께 정보에 접근할 것 같으며 유전학 이론과 적용으로의 탐구에 진짜로 참여하지 않는다. 따라서, 학습자의 목적을 이해하는 것 – 그들이 구성하려고 애쓰는 상황모형 – 은 수업방법의 영향력을 이해하는 데 중요하다.

나의 대학생은 초보자인 반면 Klahr의 학습자는 전문가였으며 따라서 그 차이는 단순히 전문가 – 초보자 차이일 뿐이라고 주장될 수도 있다. 확실히 전문가들이 그런 경험으로부터 얻었던 통찰 수준을 대학생들이 얻으리라고는 기대되지 않을 것이다. 그러나, 대학 수준(혹은 고등학교 수준)이라 하더라도 유전학에 대한 공부와 DNA를 이해하는 것은 근본적인 개념적 변화 즉, 세계에 대한 개인의 해석에 있어서의 변화로 유도할 수 있다. 유전학 이론에 관한 이해하기에 충분히 관여하는 학생들이 고전적 논문에 의해 자극받지 않고 그런 논문으로부터 배우지 못했다면 그것은 교수와 수업설계 관점에서 실망스러울 것이다. 우리는 아직 대학 수업에서 그런 관여를 거의 보지 못하며 - 오히려 초점은 학교교육 목적 즉, 성적을 얻기 위해 반드시 재생산되거나 혹은 행해져야만 하는 것에 있다.

　수업 효과를 위한 해석상의 초점으로서 학습자의 이해 형성하기 목적이라는 역할에 대한 또 다른 사례로서, Rosenshine(이 책)의 체스 학습하기에 대한 논의를 간단히 고려해 보자. 그는 체스에 대한 수많은 책이 있으며, 지시적 수업이 체스 같은 비구조화된 문제에 적절하다는 것을 주장하기 위해 이것을 활용한다는 것을 명기하고 있다. 그러나 이것이 진정으로 한 달 동안의 코스에서 전형적인 방법의 부과된 읽기, 사례들, 그리고 이미 구체화된 연습 맥락에서 제공된 지시적 수업인지를 단순히 상상해 보라. 나는 그것이 체스를 하기 위해 그 어떤 사람이라도 선택할 학습방법이라고 생각하지 않는다. 나는 초보자와 전문가가 자신들의 게임을 증진하기 위해 책(분명히 다른 책이겠지만)을 활용하는 데 비슷할 것이라고 기대한다. 책은 가이던스로서 기여한다. 그러나 그런 가이던스는 학습자가 체스 놀이에 참여하는 만큼 그들의 목적을 지지하게 된다는 것을 주목하라. 보다 많은 초보자 개인에게, 그런 체스 책들은 자신들이 했던 것에 대해 숙고하기 위한 참조 가이드로서 혹은 당면 문제를 해결하기 위해 해야 할 필요가 있는 참조 가이드로서 기여할 것이다.

이해 형성하기를 위한 자극으로서 프로젝트와 문제

　지금까지 논의는 학생들이 생성하는 학습목적에 대해 초점을 맞추었는데, 그것은 비공식적인 평생학습에 적절하다. 그러나, 지식 포럼(Knowledge Forum)(Scardamalia & Bereiter, 1999; Bereiter, 2002)과 올보르 대학(Aalborg University)(Kjersdam & Enema 가, 1994)이 함께 한 노력은 그것이 정치적 의지만 있으면 실현할 수 있다는 것을 암시하고 있지만, 전통적인 학교교육의 맥락에서, 정치적으로 학습을 감독하기 위해 학생들의 목적에 의존하는 것은 일반적으로 실현성이 없다. 따라서, 구성주의 관점에서 수업 연구의 대부분은 수업에 사용하기 위해 설계된 프로젝트와 문제에 학생들이 참여하도록 하는 데 초점을 맞추고 있다. 물론, 단순히 학생들에게 문제를 주는 것은 도움이 되지 않는다. 즉 그렇게 하는 것은 과제를 완수하기 위해 그리고 제기되는 어떤 평가라도 통과하기 위해 있는 학습 요구를 가진 학교 문제로 쉽게 바뀔 수 있다. 따라서, 문제 및 프로젝트 기반 학습에 있어서 결정적인 구성 요소는 문제에 학생들을 참여하게 하는 것이며 그들에게 주인의식을 주는 것이다(Barrows,

1986, 1992; Savery & Duffy, 1995; Bereiter, 2002). 결정적이라고 제안되지만, 학습자의 목적의 효과와 학습된 것의 소유권(sense of ownership)에 대한 연구는 거의 없다.

대부분의 탐구학습 문제는 매우 구체적인 맥락 예컨대, 환자 진단하기, 호수에서 오염물질 결정하기, 날씨 예상하기, 동물 서식지 설계하기, 정원 유지하기 등에 처해지게(be situated) 되는 경향이 있다. 예컨대, 게임과 시뮬레이션, 역할놀이 시나리오처럼 많은 문제들이 인공적(artificial)이거나, 혹은 압축되었을 때 삐져나오는 것 없이 하나의 오레오(Oreo) 과자에 어느 정도의 크림이 적합할까와 같이 문제를 가장한다(pretend). 이런 문제 가운데 대다수는 예컨대, 입체 모형을 세우는 것처럼 미심쩍은 연합학습 결과를 가진 구성요소 세우기를 가지고 있다. 마지막으로, 많은 문제는 학문을 교차하거나 혹은 하나의 학문 속에서 개념을 교차하여 통합적인 반면, 다른 것들은 매우 협소하게 초점을 맞추고 있다. 학습된 것에 대해 이런 문제 차원을 조정하는 것의 효과를 검토하는 어떤 연구라도 있는지를 나는 거의 모르고 있다.

구체적인 문제가 학습자에게 매우 동기유발적일 수 있으며, 그들은 직접 해보는 문제(hands-on problem)를 해결하고 있다는 것을 우리는 알고 있지만, 학습 결과는 무엇인가? Bereiter(2002)는 이런 문제가 두 가지 결점을 가지고 있다고 주장했으며, 나는 실제적 경험이 증명한다고 생각한다. 첫째, 학생들은 실제적인 것, 예컨대, 포스터를 창출하는 것, 물 샘플을 얻기 위해 호숫가로 다가가는 것 등에 너무나 많은 시간과 주의를 소비하는 경향이 있다. 개념에 대한 학습은 프로젝트를 "행하기(doing)"라는 실제성을 위해 흔히 무시된다. 늘 그런 것처럼, 시간이 제한될 때 이것은 특히 진실이다. 사실, 어떤 문제가 한 달 동안 지속되었던 문제중심 학습 커리큘럼에 참여하고 있는 대학원생을 면담하고 있었을 때, 그 학생들의 유일한 불만은 결국 시간 제약 때문에 뛰어넘을 수밖에 없었던 몇몇 개념에 대한 더 나은 이해를 되돌아가 개발하기 위해 자신들은 시간이 필요했다는 것이었다. 실제적인 것은 그것이 성적의 근거였기 때문에 반드시 행해져야만 한다(만약 내가 나의 포스터를 하지 않았다면, 내가 학습했던 것을 아무도 모를 것이다. 즉 물 샘플을 위해 호수에 가지 않으면, 지적 작업을 위한 자료를 가질 수 없을 것이다). 개념에 대한 이해는 시간 제약을 맞추려고 잘리게 될 것이며, 이해하기보다는 성적을 얻기 위해 학교교육과 아울러 반드시 행해져야만 하는 것에 대한 초점으로 유도할 것이다. 프로젝트 작업의 혼란은 Sweller(이 책)가 외생적인 인지적 부하에 표현한 관심과 유사하다.

구성주의자는 외생적인 학습 요구라는 이슈에 대해 거의 초점을 맞추지 않는다. 아마도 이것은 이론가들이 어떤 공통적인 관심을 발견할 수도 있는 영역이다(또한 Whitney, Ritchie, & Clark, 1991 그리고 상황 모형을 형성하는 것에 대한 범위 내에 있는 개인차 효과 참조).

둘째, 보다 심각한 것으로, Bereiter(2002)는 이런 실제적인 문제가 학습자들의 주의를 너무 좁게 문제해결에 초점을 맞추는 경향이 있다고 주장한다. 즉, 그들은 문제를 해결할 수 있을 만큼만 개념을 이해하려고 하며, 그것이 그들 관심의 초점이다(다시, 학습자의 목적이라는 이슈). 그러나, 그들은 보다 심층적인 방식에서 개념을 이해하는 데 관심이 없다. 즉, 그런 맥락의 범위를 넘어 적용할 만큼의 이슈 속으로 들어가는 보다 심층적인 탐구에 그들은 참여하지 않는다. 어떤 점에서는, 프로젝트를 완성하기 위한 학습은 시험을 통과하기 위한 학습과 매우 유사한데, 양쪽 다 개념에 대한 협소한 이해로 유도한다. 우리는 이것을 상황모형에 대한 개발(텍스트를 보다 넓은 이해와 활용 속으로의 통합)이 없는 Kintsch(이 책)의 텍스트 기반에 대한 이해(그런 텍스트에 대한 문자적 이해)와 유사하다고 생각할 수도 있다. 따라서, 예를 들면, 혹자는 그것이 특정 프로젝트에 관련되어 있고 적용되기 때문에 운동과 힘을 배울 수도 있으며, 혹은 그것이 많은 설명 사례와 함께 학생들과 강사에 의해 생성되는 일상적 경험 속에서 명백하기 때문에 운동은 하나의 탐구 이슈가 될 수도 있을 것이다(Bereiter, 2002).

문제의 복잡성

지금까지 우리는 커리큘럼에 의해 제한된(constrained) 하나의 단일 개념이나 한 세트의 개념이 되는 경향이 있는 것에 초점을 맞추어 왔다. 그러나 물론 학교 바깥에서, 문제와 이슈는 그렇게 깔끔하게 포장되어서 오지 않는다. 사실 Jonassen(이 책)은 탐구 기반 학습 환경의 초점은 전형적으로 다양한 영역이나 학문을 포함하는 비구조화된 문제의 활용에 있어야만 한다고 주장한다. Lesh, Yoon 및 Zawojewski(2007)는 바람직한 문제의 질을 위해 유사한 학문 분야에 걸친 논거를 만들고 있다.

나는 이런 이슈를 평가하는 어떤 연구도 알지 못하지만 그것은 커리큘럼 함의를 가지고 있기 때문에 확실히 실제적인 적절성이 있다. Herman과 Gomez(이 책)는 학생들이 학문 경계를 넘어서는 보다 크고 통합적인 문제에 초점을 맞추고 있다. Herman과 Gomez가 그것을 서술하고 있는 것처럼, 교사들이 수많은 과학 개념과 관계에 대한 학습뿐만 아니라 문해 기능(literacy skills)의 개발도 함께 보았을 때, 수업 시간 투자를 더 많이 수용하고 있었다. 마찬가지로 Stinson(2004)은 자신이 속한 오하이오 대학 문제 중심 MBA와 학부 커리큘럼에서 보다 큰 통합적인 문제를 위해 주장하고 있다. Stinson은 재정, 인사, 마케팅 등을 통합하는 전체적인 비즈니스 문제를 활용하고 있다. 학생들이 한 달 동안 작업할 수도 있는 어떤 문제는 단순히 "야후가 살아남을까"처럼 틀지어질 수도 있을 것이다. 이것은 학생들에게 각 학문 속에 있는 협소한 문제, 예컨대, 마케팅 문제를 주는 것과 같은 빈번한 전략과 대조된다(Duffy and Kirkley, 2004). Lesh 등(2007)이 하는 것처럼, Stinson은 이런 여러 학문에 걸친 접근으로 학생들은 상이한 관점에서 이슈를 바라보는 기능을 개발한다는 것을 주장하고 있다. 관점 취득에 있어서의 이런 융통성에 더하여, 이런 통합적인 경험이 개인적인 개념에 대한 보다 풍부하고 보다 변별적인 이해로 유도할 것이라는 것을 우리 또한 기대하게 된다. 그러나 Stinson 프로그램에 있는 학생들과의 면담에서, 심지어 핵심 개념을 이해하기에 충분한 심층적인 이해(자신들의 폭넓은 활용을 위해)를 자신들이 갖고 있지 않다는 것을 이해할 때조차 행해진 문제를 얻기 위해 학생들이 밀어붙이는 시간 압박(time pressure)이 계속되었다.

문제 복잡성이라는 이런 이슈는 전체 학습 대 부분 학습 영역에서, 적어도 부분으로 떨어진다. 전체−부분 대 부분−전체 학습에 대한 상당한 연구가 있지만, 대부분은 전통적인 지시적 수업 관점의 맥락에서 행해져 왔다. 이런 연구에 대한 리뷰가 시작될 필요가 있으며 부분에서 전체 전략(part-to-whole strategy)인 지시적 수업에 대비되는 전체에서 부분 전략(whole-to-part strategy)인 탐구학습으로부터의 이슈를 검토하는 새로운 연구 요구가 확인될 필요가 있으며, 거기서 전략은 문제의 범위나 비구조성뿐만 아니라 탐구와 결과 측정을 위한 지원도 고려한다.

●○ 실제적 고려

논의에서 발생했던 두 가지 실제적인 이슈 즉, 구성주의에서 영감 받은 학습 환경에서 가르치는데 요구되는 노력의 양과 기술의 수준에 대한 간단한 논의로 나는 이 장을 결론내리고자 한다. 그 이슈는 교사가 기금을 받고 전문가가 지원을 빌려주기 위해 가까이에 있는 연구 주도권(research initiative)을 넘어, 학교에서 구성주의 수업을 시행하는 실행가능성(feasibility)이다. 우리는 종종 구성주의 환경은 매우 복잡해서 많은 시간과 노력을 소요한다는 걱정을 듣는데, 교사는 그렇게 많은 일에 책임이 있으며 학교 커리큘럼은 그렇게 긴 학습 업무(learning engagements)를 조절할 수 있는가? 이런 것들은 이런 혁신적인 학습 환경의 규모 확장과 지속성에 있는 이슈들임에 틀림없다. Fletcher와 Kintsch 둘 다 Herman과 Gomez에게 이런 시간과 노력이라는 이슈에 관해 질문했다. Fletcher는 "교사의 입장에서 당신들이 제안한 루틴과 도구를 준비하는데 그리고 가이던스를 시행하는 데 훨씬 더 많은 '일거리(work)'가 있는 것 같다 … 당신들의 접근의 전반적인 실행가능성에 관해 무엇이라고 말할 것인가?"(이 책, p. 77)라고 물었다. Kintsch는 Herman과 Gomez의 수업 접근에 관해 흥분을 표현했지만 학생들이 개별적으로 공부하고 있을 때 시의적절한 피드백이 어떻게 그들에게 제공될 수 있는지 의아하게 여겼다.

Herman과 Gomez는 이런 질문에 두 가지 응답을 제시하고 있는데, 내가 생각하는 그 응답은 문제중심 학습 환경 가운데 많은 것들에 적용할 수 있을 것이다. 첫째, 교사들은 과중한 노력의 양에 동일한 걱정을 가지고 있었지만, 예컨대, 독서와 같은 여타 커리큘럼 목적이 과학 문제에 대한 연구에서 성취되고 있는 것을 이해했을 때, 완화되었다는 것을 Herman과 Gomez는 명기했다. 둘째, Herman과 Gomez는 교사들의 노력을 지원하기 위해 공학의 중요성을 명기했다. 공학 인터페이스(technology interfaces)는 공유 자료를 제공할 수 있으며, 따라서 예컨대, 학생들의 공부에 대해 교사들이 모니터하고 피드백을 주는 것을 허용한다. 더욱이, 쉬운 모니터링을 허용하는 계기판(dashboard)을 제공하려는 노력은 피드백 노력을 훨씬 더 효과적으로 만들 것이라고 그들은 주장한다.

나는 공학 해결책(technology solution)이 구성주의 접근을 대표한다고 생각한다. 전형적으로 학습과정의 관리와 촉진을 지원하기 위한 공학 도구의 사용에 상당한 무게가 주어진다. 그러나, 학교와의 경험에 의하면(experience with schools) 공학은 그것이 촉진을 위한 도구인 만큼 종종 시간 낭비라는 것을 시사하고 있다. 나는 중요한 도구가 있다고 생각하며 우리는 하나의 연구 관점에서 그 일을 계속하기를 원하는 것은 확실하다. 그러나 대학 지원을 갖지 못한, 자료 올리기에 온갖 종류의 제한을 가진 컴퓨터시스템을 갖고 있는, 그리고 공학에 아직 편안함을 느끼지 못하는 그런 교사들에게, 실제 수업 실행(actual classroom implementation)이란 무엇인가? 2000년에, 27%의 교사들만이 교실에서 공학을 사용하는 데 잘 준비되어 있다고 느꼈다. 2000년에 74%의 교사들이 공학 관련 전문성 개발(professional development)을 가졌던 반면, 그들(딱 31%는 고등학교 교사에 초점을 맞추고 있음) 중 23%만이 교실에서 공학을 활용하기 위해 잘 준비되었다고 느꼈다(Parsad, Lewis, & Ferris, 2001). 따라서 규모 확장은 단지 공학의 활용에 초점을 맞추었던 직업 발달의 양과 질에 상당한 증가를 요구할 것이다.

그 논의에서 제기되었던 두 번째 실제적인 이슈는 교사의 능력 즉, 교사들의 특정 과학 지식뿐만 아니라 교육학적 내용 지식이었다. Kirschner는 Duschl과 Duncan 논문에 대한 논의에서 꽤 강력하게 다음과 같이 이 이슈를 제기했다: "그것이 '교사가 적절한 과학 지식을 가지고 있는 것에 의존한다면 ... [그리고] 준비에 있어서 그리고 재직하는 동안 과학 특유의 직업 발달을 유지한다면(NRC, 2007, 10장, p. 1)' 지원과 가이던스는 어떻게 주어질 수 있는가?"(이 책, p. 325).

Kirschner는 미국과 오스트레일리아에서 과학이나 수학을 가르치기 위한 교사의 준비 결여에 대한 자료를 계속 제시한다. Duschl과 Duncan은 탐구기반 수업에 능력 있고 자신 있는 교사를 개발하기 위해 2-3년 넘게 100시간의 전문성 개발이 소요된다는 것을 제시하고 있는 연구를 지적하고 있다. 나는 그것이 지나치게 낙관적이라고 생각한다. 예를 들어, Parsad 등(2001)은 1년에 8시간 이상의 직업 발달을 받았던 교사들 가운데 오직 37%만 그런 경험의 기능으로 상당히 개선된 자신들의 교수(가르치는 것)를 느꼈다는 것을 발견했다.

Parsad 등은 또한 72%의 교사들이 자신들의 교과목과 관련된 전문성 개발에 참여했다고 보고했다는 것을 발견했다. 그러나, 오직 23%만이 32시간 이상을 보냈으며, 대략 그 시간량은 교사가 1년마다 요구할 것이라는 것을 제시했다. 따라서 Duschl과 Duncan에 의해 제안된 요구를 단순히 충족하기 위해서는 내용 영역 속에 있는 전문성 개발에 4배 증가될 필요가 있을 것이다. 그리고 이것은 위에서 논의된 공학 안에 있는 전문성 개발에 부가될 것이다.

　Duschl과 Duncan은 우리가 "학습에 대한 연구를 학교의 수업 문화에 맞추는지 아니면 학습 연구를 조절하기 위해 학교문화를 바꾸는지?"(이 책, p. 326) 여부를 계속 질문한다. 그러나 물론 우리는 문화 변경의 어려움을 알고 있으므로 그 질문은 공학에 관련된 질문과 유사하다. 즉 교사가 기술을 개발하는 동안 그 사이에 우리는 무엇을 하는가이다!.

　나는 적절히 정리되지 않았던 구성주의 논의를 위해 규모 확장과 지속가능성이 결정적인 이슈라고 생각한다(유사한 걱정과 잠재적으로 효과적인 규모의 사례를 위해 Blumenfeld et al., 2000 그리고 Fishman et al., 2004 참조). 현장 기반 연구(field-based research)로의 구성주의 이동은 학습에 영향을 미치는 상황 변수들을 더 잘 이해하는 것이었다. 그러나, 참여할 교사들에 대한 지급액의 영향력과 연구자들에 의해 제공되는 바로 사용할 수 있는 가이던스는 그런 연구의 초점이 될 정도로 아주 흔한 것 같지는 않다. 우리는 단지 이상적이지만 비현실적인 수업 접근을 설계하고 있는가? 연구자가 거기에서 자원 교사와 함께 연구하고 있는 한 시범될 수 있지만, 재원이 끝나거나 혹은 평가하려는 시도가 있을 때면 허물어지는 어떤 접근은 행정가와 교사들에게 매우 호도하는 충고로 유도할 수 있다. 물론, 관련된 비판은 지시적 수업과의 작업으로 만들어질 수 있다. 그런 작업은 실험적 맥락에서 가장 자주 실행되며, 특정한 제안 속에 있는 Herman과 Gomez처럼 만약 그 수업이 완전한 학교교육 맥락에서 효과적인지는 불분명하다. 각각의 경우에, 그 처방 원리는 대단하지만 일반적인 실제에서 실패인지의 여부를 질문할 필요가 있다.

●○ 요약 및 결론

　이 장은 이 책에서 제기된 몇 가지 핵심적인 이슈 가운데 몇 가지 내가 생각했던 것에 대한 숙고이다. 나는 모든 장에 대해 코멘트하려 하지 않았으며 확실히 다른 이슈 예컨대, 내가 코멘트하고 싶었던 전문가와 초보자에 대한 많은 논의가 있었다. 이 장의 초점이었던 세 가지 이슈는 저자들이 과거에 서로 얘기했던 정도, 핵심적인 수업 연구 이슈, 그리고 심지어 현장에서 행해졌다 할지라도 서술된 연구가 연구 맥락의 바깥에서도 (저울로) 달 수 있고 지속가능할 것인지의 여부에 대한 실제적인 관심이다.

확실히 우리는 정보처리 요구에 대한 수업 설계의 영향력을 인식할 필요가 있다. 구성주의와 지시적 수업 저자들은 각기 상이한 방식으로 처리 요구(processing demands)를 다루지만, 구성주의자는 정보처리의 역할에 대해 거부하는 입장에 있는 것 같기 때문에, 그런 차이는 연구에서 비교 주제가 아니다. 마찬가지로, 습득 은유 및 학습되어야 할 개념의 객관화와 함께, 지시적 수업 연구자들은 우리가 그 속에서 학습하며 아울러 우리가 학습하는 이유가 있는 더욱 커다란 맥락을 부적절한 것으로 혹은 오히려 학습에 "외생적(extraneous)"인 것으로 보고 있는 것 같다. 패러다임을 교차하는 공동적인 노력이 이런 학습 사업(learning enterprise)의 성공에 결정적이라고는 하나(Sfard, 1998), 나는 그런 협동을 촉진하는 세 가지 제안을 제시하며, 있을 것 같은 참호(entrenchment)를 고려해 볼 때 나는 거의 기대를 하지 않는다.

대부분 장의 초점이 가이던스에 대한 상이한 접근에 주어지고 있는 반면, 두 가지 입장이 학습 자극에 대한 견해에서 다르며, 그것은 평가는 물론 가이던스에 있어서의 차이를 지시하는 이런 차이들이라고 나는 주장한다. 지시적 수업 연구자를 위해서가 아니라 구성주의자들을 위해서(나의 해석에서), 학습은 학습자의 이해하기의 과정이다. 학습은 알고자 하는 (이해하기 위해) 학습자의 요구에 의해 가동된다. 따라서, 구성주의자들에게, 학습을 위한 자극 즉, 문제나 프로젝트 혹은 학생들의 흥미와 그런 자극에 대한 학생들의 주인의식은 학습과정의 중요한 결정자(critical determiners)이다. 학습은 학생의 탐구에 있으므로, 구성주의자들을 위한 가이던스는 구체적인 정보를 위한 지각된 요구가 있기 전에 지시되지 않고, 탐구에 반응해서 존재한다. 습득 은유와 함께, 지시적 수업 연구자들은 단순히 학생들이 지식을 습득하도록 도와주려고 한다. 학습과정에 대한 매우 상이한 틀짓기이다!

앞으로 나아가면, 혼합방식 연구 전략(mixed-methods research strategy)이 양쪽 집단에게 보다 현저하게 된다는 것은 확실히 중요하다. 교실에서 자연적인 연구(naturalistic studies)의 더 많은 활용은 지시적 수업 연구자들로 하여금 자신들의 핵심 변수들(key variables)과 상호작용하는 관련 변수들(relevant variables)의 범위를 더 잘 이해하도록 도와 줄 것이며, 물론 단순히 자신들의 관점에 대한 이론적 테스트보다는 상황적인 테스트를 제공한다. 이런 폭넓은 견해는 관련된 실험적 연구 요구를 정의하는 데 있어서 그리고 구성주의자들을 이해하고 소통하는 데 있어서 엄청나게 도움을 줄 것이다. 다른 한편으로, 구성주의자들에 의한 약간의 실험적 연구의 포함은 핵심 변수를 더 잘 확인하고 이해하는 데 도움을 줄 수도 있을 것이며 저변에 있는 메커니즘에 대해 어느 정도의 더 큰 구체성과 명료성으로 유도할 수도 있을 것이다. 상황적이고 참여적인 관점으로부터의 이론적 개발이 훨씬 더 어렵지만 만약 진전이 있으려면, 변수, 관계, 그리고 메커니즘에 대한 어느 정도 더 커다란 구체성에 대한 분명한 요구가 있다.

◘ 참 고 문 헌 ◖

Anderson, R. C., Reynolds, R. E., Schallert, D. L., & Goetz, E. T. (1977). Frameworks for comprehending discourse. *American Educational Research Journal, 14*, 367−381.

Barab, Sasha & Duffy, Thomas (2000). From practice fields to communities of practice. In D. Jonassen & S. Land (Eds.), *Theoretical foundations of learning environments* (pp. 25−56). Mahwah, NJ: Lawrence Erlbaum Associates.

Barrows, H. S. (1986). A taxonomy of problem based learning methods. *Medical Education, 20*, 481−486.

Barrows, H. S. (1992). *The tutorial process*. Springfield, IL: Southern Illinois University School of Medicine.

Bereiter, C. (2002). *Education and mind in the knowledge age*. Mahwah, NJ: Lawrence Erlbaum.

Blumenfeld, P., Fishman, B., Krajcik, J. S., Marx, R. W., & Soloway, E. (2000). Creating usable innovations in systemic reform: Scaling−up technology−embedded project−based science in urban schools. *Educational Psychologist, 35*(3), 149−164.

Bransford, J. D., & Jonassen, M. K. (1972). Contextual prerequisites for understanding: Some investigations of comprehension and recall. *Journal of Verbal Learning and Verbal Behavior, 11*, 717−726.

Brown, J. S., Collins, A., & Duguid, P. (1989). Situated cognition and the culture of learning. *Educational Researcher, 18*, 32−42.

Brown, J. S., & Duguid, P. (1991). Organizational learning and communities−of−practice: Toward a unified view of working, learning, and motivation. *Organization Science, 2*(1), 40−57.

Cobb, P. (1994). Where is the mind? Constructivist and sociocultural perspectives on mathematical development. *Educational Researcher, 23*, 13−20.

Duffy, Thomas M., & Kirkly, Jamie R. (2004). Learning theory and pedagogy applied in distance learning: The case of Cardean University. In T. Duffy & J. Kirkly (Eds.), *Learner centered theory and practice in distance education: Cases from higher education*. Magwah, NJ: Lawrence Erlbaum and Associates.

Engle, Randi (2008). *Framing interactions to foster generative learning: A situative explanation of transfer in a community of learners classroom*. Paper presented at the

International Conference of the learning Sciences, Utrecht, Netherlands.

Fishman, B., Marx, R., Blumenfeld, P., Krajcik, J. S., & Soloway, E. (2004). Creating a framework for research on systemic technology innovations. *The Journal of the Learning Sciences, 13*(1), 43–76.

Kirschner, P. A., Sweller, J., Clark, R. (2006). Why minimal guidance during instruction does not work: An Analysis of the failure of constructivist, discovery, prob-lem–based, experiential and inquiry–based teaching. *Educational Psychologist, 41*, 75–86.

Kjersdam, F., & Enemark, S. (1994). The aalborg experiment: Project innovation in uni-versity education. Aalborg, Denmark: Aalborg University.

Kolodner, J., Camp, P., Crismond, D., Fasse, B., Gray, J. Holbrook, J., et al. (2003). Problem–based learning meets case–based reasoning in the middle–school sci-ence classroom: Putting learning by design(tm) into practice. *Journal of the Learning Science, 12*, 495–548.

Lave, J., Wenger, E. (1990). *Situated learning: Legitimate peripheral participation.* Cambridge: Cambridge University Press.

Lesh, R., Yoon, C., Zawojewski, C. (2007). John Dewey revisited: Making mathematics practical versus making practice mathematical. In R. Lesh, E. Hamilton, & J. Kaput (Eds.), *Models & modeling as foundations for the future in mathematics education* (pp. 315–348). Hillsdale, NJ: Erlbaum.

Mason, Lucia (2007). Introduction: Bridging the cognitive and sociocultural approaches in research on conceptual change: Is it feasible? *Educational Researcher, 42*, 1–7.

Orrill, C. H., Hannafin, M. J., & Glazer, E. M. (2004). Disciplined inquiry and the study of emerging technology. In D. H. Jonassen (Ed.), Handbook of research for edu-cational communications and technologies(2nd ed., pp. 335–354). Mahwah, NJ: Lawrence Erlbaum Associates.

Parsad, B., Lewis, L., & Ferris, E. (2001). *Teacher preparation and professional development.* Washington, DC: National Center for Education Statistics.

Pea, R. (2004). The social and technological dimensions of scaffolding and related theo-retical concepts for learning, education, and human activity. *Journal of the Learning Sciences, 13*, 423–451.

Perfetto, G. A., Bransford, J. D., Franks, J. (1983). Constraints on access in a problem solving context. *Memory & Cognition, 11*(1), 24–31.

Savery, J., & Duffy, Thomas M. (1995). Problem based learning: An instructional model and its constructivist framework. *Educational Technology, 35*, 31–38.

Scardamalia, M., Bereiter, C. (1999). Schools as knowledge building organizations. In D. Keating & C. Hertzman (Eds.), *Today's children, tomorrow's society: The devel-opmental health and wealth of nations* (pp. 274–289). New York: Guilford.

Schwartz, Daniel L., & Bransford, John D. (1998). A time for telling. *Cognition and Instruction, 16*, 475–522.

Sfard, A. (1998). On two metaphors for learning and the danger of choosing just one. *Educational Researcher, 27*(2), 4–13.

Sinatra, G. M., Mason, L. (2007). Beyond knowledge: Learner characteristics influencing conceptual change. In S. Vosniadou (Ed.), *Handbook on conceptual change* (pp. 560–582). Mahwah, NJ: Lawrence Erlbaum Associates.

Slavin, R. E. (2002). Evidence-based education policies: Transforming educational practice and research. *Educational Researcher, 31*(7), 15–21.

Stinson, John (2004). A continuing learning community for graduates of an MBA program: The experiment at Ohio University. In T. Duffy & J. Kirkley (Eds.), *Learner centered theory and practice in distance education: Cases from higher education* (pp. 167–182). Mahwah, NJ: Lawrence Erlbaum and Associates.

Wellman, B. (1971). Crossing social boundaries. *Social Science Quarterly, 52*, 602–624.

Whitehead, A. N. (1929). *The aims of education and other essays.* New York: Macmillan.

Whitney, P., Ritchie, B., & Clark, M. (1991). Working memory capacity and the use of elaborative inferences in text comprehension. *Discourse Processes, 13*, 133–146.

찾아보기

저자 및 편집자 약력

Sigmund Tobias

컬럼비아 대학교, 사범대학, 도시소수민족 교육연구소(Institute for Urban and Minority Education) 우수연구교수(Distinguished Research Scientist)

Thomas M. Duffy

인디애나 대학교 학습공학연구센터 설립자, 동대학교, 교육대학, 교육공학 Barbara Jacobs Chair

역자 약력

방선욱

연세대학교 교육학과 졸업
연세대학교 대학원 교육학 석·박사
현 청주대학교 사범대학 교직과 교수

〈논 문〉
구성주의적 교육관의 이론적 함의와 적용가능성 고찰 외 다수

〈저 서〉
교육심리학의 이해 외 다수

〈관심 분야〉
사회적 구성주의, 스캐폴딩, 자기조절학습, 자기효능감, 메타인지 등